Peter Strauch
Meine Zeit steht in deinen Händen

PETER STRAUCH

Meine Zeit steht in deinen Händen

Biografie

SCM
Hänssler

SCM

Stiftung Christliche Medien

Der SCM Verlag ist eine Gesellschaft der Stiftung Christliche Medien, einer gemeinnützigen Stiftung, die sich für die Förderung und Verbreitung christlicher Bücher, Zeitschriften, Filme und Musik einsetzt.

3. Auflage 2017

© der deutschen Ausgabe 2015
SCM-Verlag GmbH & Co. KG · Max-Eyth-Straße 41 · 71088 Holzgerlingen
Internet: www.scm-haenssler.de · E-Mail: info@scm-haenssler.de

Die Bibelverse sind, wenn nicht anders angegeben, folgender Ausgabe entnommen:
Lutherbibel, revidierter Text 1984, durchgesehene Ausgabe
in neuer Rechtschreibung 2006,
© 1999 Deutsche Bibelgesellschaft, Stuttgart.

Bilder im Innenteil:
Seite 11 oben, Seite 12 oben, Seite 13 oben: © idea
Seite 14 oben und unten: © Walter Schwesig
Alle weiteren Bilder privat: © Peter Strauch

Umschlaggestaltung: Kathrin Spiegelberg, Weil im Schönbuch
Titel- und Autorenbild: Sven Lorenz, Essen
Satz: Satz & Medien Wieser, Stolberg
Druck und Bindung: CPI books GmbH, Leck
Gedruckt in Deutschland
ISBN 978-3-7751-5608-0
Bestell-Nr. 395.608

Für meine Enkel
Lukas, Niklas und Jonas

INHALT

Vorwort 9

Teil 1
1943–1962: Kindheit und Jugend in Ronsdorf 11

Teil 2
1962–1966: Theologische Ausbildung in Ewersbach 49

Teil 3
1966–1973: Gemeindedienst in Hamburg-Sasel 77

Teil 4
1973–1983: Leitung der Bundesjugendarbeit in Witten 119

Teil 5
1983–1991: Als Bundespfleger in den Gemeinden unterwegs . 235

Teil 6
1991–2008: Leitung im BFeG und der Evangelischen Allianz . 301

Teil 7
Ab 2008: Ruhestand in Wetter 499

Anmerkungen 570

Abkürzungen 574

VORWORT

Dieses Buch ist ein Geschenk. Auch an mich persönlich, der es sich gewünscht und immer wieder einmal angemahnt hat. Vor allem aber für jeden in unserer missionarischen Jesus-Bewegung, der gemeinsam mit Peter Strauch unterwegs war und ist. Der seine Lieder singt, von seinen Predigten ermutigt oder von seinen Büchern und Texten bewegt wurde. Es ist so etwas wie eine Geschichte der letzten 40 Jahre – in Geschichten: spannend, persönlich, nah – Exemplarisches aus einem großen kleinen Leben.

Peter und ich teilen die Liebe zu Biografien – nichts ist spannender als das Leben! Nichts ist inspirierender, gültiger, wesentlicher als Erkenntnis, die auf der Langstrecke der Wirklichkeit gewonnen wurde. Nichts hat mehr Gewicht als das, was jemand aus der Mitte seiner Erfahrungen heraus zu teilen bereit ist. Es schafft Nähe, Orientierung, persönliche Messpunkte. Es lässt das große Glück der Gemeinsamkeit erleben: So ähnlich sind die großen Lebensthemen – Sehnsucht, Hoffnung, Glück, Schmerz, Trauer, Liebe, Auftrag, Erfüllung. Archaische Muster, die uns verbinden.

Jeder wird seine ganz eigene Sicht auf Peter Strauch haben: Für mich war er der Jugendpastor und Liederdichter und wurde zum Mentor und Freund. Andere haben ihn als Prediger, Autor, Evangelisten, Präses oder Vorsitzenden der Deutschen Evangelischen Allianz erlebt. Alle aber, die Peter persönlich begegnen, werden den einen Wesenszug herausstellen, der alles überstrahlt: seine Herzlichkeit und Wärme. Peter Strauch ist einer, bei dem man sich zu Hause fühlt.

Das hat auch etwas zu tun mit einer Tugend, die für ihn zum Leuchtturm geworden ist: echt zu sein, wahrhaftig, integer. Und dazu gehören eben nicht nur die großen Gaben, sondern auch

Grenzen, Selbstzweifel und Fragen. Aber in diesem immer wieder zu erkämpfenden Mut zu sich selbst ruht er und ist nah, offen und herzlich. Es ist darum auch seine vertrauensvolle Väterlichkeit, die mir immer gutgetan hat und gerade in den Anfangsjahren meines Berufswegs über manche Klippe half.

Das wichtigste Vorbild aber ist Peter für mich an der Stelle, die uns vielleicht am tiefsten verbindet: dem Wunsch, Jesus zu folgen, jesusnah zu leben. »*Jesus, wir sehen auf dich*« heißt nicht zufällig eines seiner beliebtesten Lieder. Und genau in diesem Wunsch ist sein Leben so reich und fruchtbar geworden. Ein Leben als Vorbild für viele – definitiv für mich. Deswegen ist dieses mit großer Offenheit geschriebene Buch so wichtig: die Landkarte einer persönlichen Biografie als Inspiration für gelingendes Leben.

Ulrich Eggers
Geschäftsführer SCM Verlagsgruppe

TEIL 1

1943–1962:
KINDHEIT UND JUGEND
IN RONSDORF

Angesteckt von Gottes Feuer

Bereits im Jahr 2004 trat der SCM Verlag mit der Bitte an mich heran, meine Lebensgeschichte niederzuschreiben. Dabei wurde mir angeboten, auch ein anderer könne das übernehmen, wenn ich bereit sei, sie ihm zu erzählen. Ich winkte ab, der Zeitpunkt sei noch nicht da, und wenn, dann wolle ich es selber tun. Kurz vor meinem Ruhestand willigte ich dann ein – das liegt sieben Jahre zurück. Aber die Barriere wurde höher und höher: Was soll ich schreiben? Was gehört in eine Autobiografie und was nicht? Ist die Versuchung nicht allzu groß, mich ins beste Licht zu rücken und dabei unaufrichtig zu sein? Bin ich in der Lage, dieser Versuchung zu widerstehen? Und wenn, mache ich mich dann nicht sehr verletzlich? Und überhaupt: Wer bin ich schon? »Eigentlich nichts Besonderes«, pflegte Paul Deitenbeck von sich zu sagen – wie viel mehr trifft das auf mich und mein Leben zu.

Und außerdem geht es dabei ja nicht nur um *meine* Geschichte, auch die Menschen an meiner Seite sind betroffen: meine Frau, meine Kinder, meine Geschwister. Meine Lebensgeschichte lässt sich nicht schreiben und verstehen ohne sie. Diese Schwelle empfand ich als besonders hoch. Doch der Entschluss ist gefasst: Jetzt schreibe ich. Und bevor Sie, meine Leserinnen und Leser, diesen Text in Ihren Händen halten, werden ihn bereits meine Frau, meine Töchter und meine Geschwister gelesen haben, besonders die Teile, die sie betreffen. In diesem Buch steht also nichts, womit nicht auch sie einverstanden sind.

So sitze ich jetzt also am PC und schreibe meine Biografie. Offen gesagt, ich liebe Biografien, in meinem Bücherregal beanspruchen sie den größten Raum. Es ist spannend, zu lesen, wie das Leben eines Menschen verlaufen ist. Nein, es müssen keine Heldensagen sein, ganz im Gegenteil. Am meisten sprechen mich Lebensgeschichten an, die von einem schwachen Menschen handeln und von einem starken Gott. Das ist auch die Art, wie die

Bibel über Menschen schreibt. Sie machen Fehler, sie versagen, manchmal verstricken sie sich geradezu in Schuld. Hätten wir von König David nicht erfahren, dass er in einer schwachen Stunde Ehebruch beging und dabei nicht einmal vor einem Mord zurückschreckte – seine Geschichte würde uns wohl längst nicht so nah rücken. Das gilt auch für den Jünger Petrus, der während der Verhaftung seines Meisters sogar schwor, mit dem angeklagten Jesus nichts zu tun zu haben. Weshalb faszinieren uns gerade solche Figuren? Vermutlich, weil wir selbst nicht viel anders sind. Aber außerordentlich beeindruckend ist es, wenn Gott solche Leute in den Griff bekommt. Ganz erstaunlich, was er dann aus ihrem Leben macht. So geht es auch mir.

»Jeder alte Busch ist zu gebrauchen.« Vor vielen Jahren las ich diesen Satz bei Major W. Ian Thomas, dem Gründer und Leiter der »Fackelträger«. Schon wegen des »Busches« sprach er mich an. Was für einen »Busch« gilt, gilt schließlich auch für einen »Strauch«. Major Thomas schrieb diesen Satz in seiner Auslegung der Berufungsgeschichte des Mose (2. Mose 3–4). Mose, damals noch Hirte der Schafherde seines Schwiegervaters, entdeckt eines Tages einen Busch, der brennt, aber nicht *verbrennt*. Neugierig geworden, will er sehen, was es damit auf sich hat. Da spricht Gott zu ihm: »*Mose, tritt nicht herzu! Zieh deine Schuhe aus! Denn der Ort, auf dem du stehst, ist heiliges Land*« (2. Mose 3,5). Major Thomas meint, der Busch selbst sei wohl nichts Besonderes gewesen, eben ein ganz normaler Wüstenstrauch. Aber Gott hatte ihn angesteckt, und so brannte und brannte und brannte er – ganz ohne »Burn-out«.

Jeder alte »Strauch« ist zu gebrauchen. Nein, etwas Besonderes bin ich nicht. Das Besondere ist, dass der lebendige Gott mich vor vielen Jahren mit seinem Feuer angesteckt hat. Davon will ich jetzt erzählen. Das geschieht in sieben Lebensabschnitten, obwohl mein Buch nicht wirklich chronologisch geordnet ist. Immer wieder gibt es Gedankenverknüpfungen zwischen den einzelnen Kapiteln, und ich lasse ihnen relativ weiten Raum. Dabei nenne ich viele Namen, andere nicht, wie sollte es auch anders sein. Gibt es Unangenehmes zu berichten, so werden selbstverständlich keine Namen erwähnt.

Und noch etwas sei zuvor mitgeteilt: Ich schreibe dieses Buch aus meiner subjektiven Sicht. Auch wenn es darin um Erfahrungen in Freien evangelischen Gemeinden, anderen Kirchen, Gremien und Zusammenschlüssen geht, Sie werden immer nur meine persönlichen Ansichten finden und keine objektive Geschichtsschreibung – wobei es die ohnehin nicht gibt. Und dabei bemühe ich mich auch für solche Leserinnen und Leser verständlich zu schreiben, die nicht in meinem freikirchlichen und evangelikalen Lebensraum, ja vielleicht nicht einmal bei den Christen zu Hause sind.

Apropos »Leserinnen«: Meine weiblichen »Leser« bitte ich um Entschuldigung, wenn ich bei einer maskulinen Bezeichnung nicht immer auch die feminine Form ausführe. Das ist keine Geringschätzung, im Gegenteil. Aber es wird holprig, wenn bei einem »Christen« zugleich die »Christin« genannt werden muss und bei einem »Leser« die »Leserin«. Wer immer Sie sind, ob Frau oder Mann, ich freue mich über Sie und darüber, dass Sie dieses Buch lesen. Neben eher grundsätzlichen Gedanken über Gott und die Welt werden Sie hier auch die kleinen Dinge finden: Theologisches und Weltliches, Sonntags- und Alltagsgeschichten, manchmal auch Bagatellen, die nicht gerade weltbewegend, aber doch unterhaltsam, humorvoll und manchmal ganz einfach menschlich sind. Schließlich habe ich beim Schreiben nicht nur Kollegen (und Kolleginnen!) vor Augen, sondern auch Normalverbraucher, besonders auch junge Leute, nicht zuletzt meine Enkel. Und sollte es Passagen geben, die Ihnen allzu kompliziert oder allzu simpel zu sein scheinen, dann blättern Sie einfach darüber hinweg. Ein Buch macht's möglich.

Im Krieg geboren

Wenn ich in unserer jetzigen Wohnung aus dem Fenster schaue, sehe ich auf der anderen Talseite das Haus, in dem ich im Januar 1943 geboren wurde. Die Stadt, in der ich wohne, heißt Wetter. Wunderschön liegt sie in einer weiten Ruhrkurve am Hang des Harkortberges. Gegenüber ist der heute ebenfalls zu Wetter gehörende Ort Volmarstein mit seiner Burgruine zu sehen. Aufgewachsen bin ich zwar in Wuppertal, aber mein Geburtshaus steht erstaunlicherweise in der Stadt, in der meine Frau und ich nun unseren Lebensabend verbringen. Dabei haben wir uns unseren Wohnort nicht daraufhin ausgesucht. Es hätte auch eine ganz andere Stadt sein können.

Meine Mutter kam aus dieser Stadt. Ihr ursprüngliches Elternhaus befindet sich nur 500 Meter Luftlinie von unserer jetzigen Wohnung entfernt im Stadtteil Volmarstein. Gerade einmal drei Jahre war sie alt, als ihr Vater Ernst Bühne mit 29 Jahren in den Ersten Weltkrieg zog. Ich habe keine Ahnung, ob er zu denen gehörte, die mit Begeisterung aufgebrochen sind – in der irrigen Meinung, nach wenigen Wochen wieder zurück zu sein. Auf jeden Fall wollte er nicht, dass die beiden Töchter seinen Abschied mitbekamen. Aber dann begegnete er ihnen doch, als er das Haus verließ. Die kleine Magdalene lag im Kinderwagen und war eben erst ein Jahr alt – in meinem Leben sollte sie noch eine wichtige Rolle spielen. Neben ihr stand die dreijährige Ruth, meine Mutter. Mein Opa habe dann, so wurde erzählt, die Kleine aus dem Kinderwagen genommen, an sich gedrückt und ziemlich abrupt zurück in den Wagen gelegt. Die Trennung von seiner Frau und seinen Kindern fiel ihm wohl sehr schwer.

Gleich im ersten Kriegsjahr wurden er und einige seiner Kameraden tödlich von einer Granate getroffen. Das war während eines Gottesdienstes im Unterstand. Seine Taschenbibel steht in meinem Bücherschrank. Sie war neben dem Ehering wohl das einzige

Überbleibsel, das meine Oma nach dem Tod ihres Mannes erhielt. »Gefallen für Volk und Vaterland« nannte man das damals. Am Ehrenmal in Wetter und in der Volmarsteiner Kirche finde ich seinen Namen in der Liste der »Gefallenen«. Doch in seiner Bibel steht handschriftlich, wohl von ihm selbst eingetragen: »Leben wir, so leben wir dem Herrn. Sterben wir, so sterben wir dem Herrn«, und darunter: »Sedan, 6. Oktober 1914«.

So wurde meiner Oma bereits mit 29 Jahren der Mann genommen (sie war so alt wie er), und meine Mutter stand ohne Vater da. Ernst Bühne, so hieß es, soll musikalisch gewesen sein. Ab und zu spielte er in der Volmarsteiner Kirche die Orgel. Meine Oma hat erzählt, dass er in einem Gottesdienst, in dem das Licht ausfiel, mithilfe des Blasebalgtreters weiterspielte. Er wollte vielleicht eine Panik vermeiden. Erst als das Licht wieder brannte, hat er aufgehört. Auch diese alte Dorfkirche liegt in Sichtweite unserer Wohnung. Die geistliche Heimat des Opas war der CVJM.

Zwei Jahre später, am 8. Dezember 1916, heiratete meine Oma ein zweites Mal. Trauprediger war der Pfarrer Franz Arndt (1848–1917), eine bedeutende Persönlichkeit in Volmarstein. Er gründete die »Evangelische Stiftung«, die mit ihren vielen Einrichtungen und Häusern den kleinen Ort noch heute prägt. Mit ihrem Mann Eduard Wollenweber und ihren beiden Töchtern Ruth und Magdalene bezog meine Oma dann das Haus in Altwetter auf dem Harkortberg. Dort wurde ich 27 Jahre später geboren.

Die Wurzeln meines Vaters liegen im Bergischen Land – so nennt man den südöstlichen Teil von Nordrhein-Westfalen. Der Name hat nichts mit der geografischen Beschaffenheit dieser Gegend zu tun, sondern stammt von den frühen Landesherren, den Grafen von Berg. Auch Wuppertal liegt im »Bergischen«, obwohl es die Stadt bei der Geburt meines Vaters noch gar nicht gab. Das »Wuppertal« bestand bis 1929 aus vielen Einzelstädten, Ronsdorf war eine von ihnen. Dort lernten meine Eltern sich kennen.

Begonnen hatte das erstaunlicherweise über Diakonissen, die es seit 1896 in Wetter gab. 1927 zog die Diakonissenschaft nach Solingen-Aufderhöhe (heute: Diakonisches Werk Bethanien), aber in Wetter blieb das Altenheim »Salem« unter der Leitung einiger Diakonissen zurück. Meine Tante und meine Mutter halfen dort hin und wieder aus. Eine der Diakonissen übernahm später die Leitung eines Ronsdorfer Kinderheims. Über diesen Kontakt begann zunächst meine Tante Magdalene dort zu arbeiten und ein wenig später auch meine Mutter. Mein Vater und sein Freund Alfons Simmerkus wohnten ganz in der Nähe, und beide gingen in diesem Kinderheim ein und aus.

Manchmal gingen meine Mutter und er gemeinsam mit den Kindern spazieren. Dabei verliebte meine Mutter sich in meinen Vater, wagte es aber nicht, mit ihm darüber zu reden. Nur ihrer Schwester Magdalene erzählte sie davon. Die teilte meinem Vater unumwunden mit, dass ihre Schwester Ruth ihn liebe. Es sei doch nicht gut, wenn er und Ruth mit den Kindern spazieren gingen, ohne eine Beziehung zueinander zu haben. Er solle doch daran denken, wie schnell die Leute reden. Irgendwie muss sie meinen Vater mit dieser seltsamen Logik beeindruckt haben, auf jeden Fall kam es zum Geständnis der Liebe zwischen Karl und Ruth. Am 8. Juli 1939 verlobten sie sich, und am 19. Februar 1941 heirateten sie. Wieder war Krieg und mein Vater in Russland stationiert. Zur Hochzeit gewährte man ihm einen kurzen Heimaturlaub.

Am 10. Januar 1943, gegen drei Uhr morgens, wurde ich in Wetter geboren. Bereits 1942 war meine Mutter mit Zwillingen schwanger gewesen, aber durch einen Sturz hatte sie die beiden Kinder verloren. Nun war die Sorge groß, bei meiner Geburt könne ein ähnliches Unglück passieren. Meine Mutter brachte mich im Wohnzimmer ihres Elternhauses zur Welt. An diesem 10. Januar, einem Sonntag, lautete die Losung der Herrnhuter Brüdergemeine: »Der Herr wird für euch streiten, und ihr werdet stille sein« (2. Mose 14,14), ein geradezu programmatisches Wort für mein späteres Leben.

Zum Zeitpunkt meiner Geburt kämpfte die 6. Armee unter Generalfeldmarschall Paulus vor Stalingrad. Ihre Situation wurde immer aussichtsloser, doch in der Heimat erfuhr man offiziell nichts davon. Der Propagandaapparat der Nazis lief auf Hochtouren und verkündete weiter Siegesparolen, obwohl Historiker heute die Schlacht um Stalingrad als Wende dieses schrecklichen Krieges betrachten. Meine Tante Magdalene hatte bereits 1938 geheiratet und wohnte in Wuppertal. Als die Fliegerangriffe dort immer gefährlicher wurden, holte meine Oma sie nach Wetter. Über eine Frau Harkort, die sich nach dem Ersten Weltkrieg für kriegshinterbliebene Frauen einsetzte, hatte sie Kontakt zum Gut Schede. Dort wurden meine Tante und ihr Sohn Hans-Hermann untergebracht, später auch meine Mutter und ich. Manchmal gehen meine Frau und ich dort durch den wunderbaren Scheder Wald und bewundern das alte Herrenhaus, das inzwischen ein lohnenswertes Ziel auf der Route »Industriekultur« ist (www.route-industrie kultur.de). Ich habe noch Fotos, die meine Mutter und mich dort im »Blauen Salon« zeigen, hinter uns die großen Glasfenster mit dem Blick auf den Rasen und den Wald.

Im Sommer 1944 wurde mein Vater mit seiner Einheit nach Polen verlegt. Es muss dort für ihn zunächst relativ ruhig gewesen sein, denn im darauffolgenden Winter packte meine Mutter ihren kleinen Sohn in warme Decken und besuchte meinen Vater. Ich besitze noch ein Foto davon, es wurde im Januar 1945 an meinem zweiten Geburtstag aufgenommen. Ich sitze in einen dicken Schal eingemummt auf einem Tisch, rechts und links die beiden Geburtstagskerzen und hinter mir meine glücklichen Eltern. Jedes Mal, wenn ich das Bild betrachte und daran denke, in welcher Zeit es gemacht wurde, wird mir bewusst, wie verliebt und auch risikofreudig meine Eltern gewesen sein müssen. Vielleicht haben sie aber auch nicht geahnt, wie gefährlich die Situation im Osten war.

Buchstäblich mit einem der letzten Züge fuhr meine Mutter mit mir in die Heimat zurück und erreichte schließlich nach einer abenteuerlichen Reise über Berlin Wuppertal. Meine Tante, ihre resolute Schwester Magdalene, holte uns am Elberfelder Bahnhof ab. Noch viele Jahre später bekam ich zu hören, wie verdreckt, aber auch vergnügt ich damals gewesen sei.

Nach Kriegsende im Mai 1945 wohnten wir einige Jahre in Wuppertal-Cronenberg bei meiner Tante, auch noch nach der Heimkehr meines Vaters. Er war nur wenige Wochen in Schleswig-Holstein in englischer Kriegsgefangenschaft und kehrte an Leib und Seele relativ unversehrt daraus zurück. Das ließ sich von dem Mann meiner Tante Magdalene nicht sagen – er wurde erst Anfang der 50er-Jahre aus russischer Kriegsgefangenschaft entlassen. Wir Kinder kannten ihn nur ernst, still und in sich gekehrt. Die Erfahrungen des Krieges und der Gefangenschaft haben ihn lebenslang gezeichnet.

Frommes Wuppertal

Von Wuppertal sagt man, die Kinder kämen mit Bibel, Gesangbuch und Regenschirm zur Welt. Mit dem Regenschirm, weil es in Wuppertal sehr oft regnet, und mit Bibel und Gesangbuch, weil die Stadt den Ruf hat, sie sei besonders fromm. Davon kann heute kaum noch die Rede sein, aber im 18. und 19. Jahrhundert ist das wohl so gewesen.

Das kirchliche Leben im Wuppertal war geprägt von einer manchmal auch sehr eigenwilligen Frömmigkeit. Das gilt besonders für den Stadtteil Ronsdorf, in dem ich aufgewachsen bin. Ronsdorf war bis 1929 eine selbstständige Stadt, ebenso wie alle anderen Stadtteile des heutigen Wuppertal. Im »Tal« dominierten die beiden seit jeher miteinander rivalisierenden Städte Elberfeld und Barmen. Ronsdorf dagegen liegt südlich des Wuppertals

»überm Berg«. Der Gründer der Stadt, der Bandwirker Elias Eller (1690–1750), verließ 1737 das »sündige Babel«, wie er Elberfeld nannte, und kaufte von seinem Bruder Samuel einen Teil des früheren Familienhofes »Ronsdorf«. Er nannte ihn »Zion«. Auslöser zu diesem Schritt waren Visionen und Prophetien seines Hausmädchens Anna Katharina vom Büchel (1698–1743), das er später auch heiratete. Mit einer Gruppe von Anhängerinnen und Anhängern richtete er sich in Ronsdorf ein. Eller selbst bewohnte die »Stiftshütte« in der Mitte, die Häuser seiner Anhänger waren alle darauf ausgerichtet. Noch heute ist diese ursprüngliche Straßenführung erkennbar und macht eine gute und sinnvolle Verkehrsführung schwierig. Elias Eller muss gute Kontakte zum preußischen Hof gehabt haben, denn schon 1745 wurden dem kleinen Ort die Stadtrechte gewährt. Der erste Prediger dieser religiösen Gemeinschaft war Daniel Schleiermacher (1697–1765), der Großvater des berühmten Theologen Friedrich Schleiermacher (1768–1834) in Berlin.

Doch Gruppierungen wie die »Ellersche Sekte« waren im Bergischen Pietismus eher die Ausnahme. Für viele Fromme galt das Wuppertal im 18. und 19. Jahrhundert – neben dem Siegerland und Württemberg – als ein Zentrum der Erweckungsbewegung. Vor allem im 19. Jahrhundert beeinflusste der Pietismus das kirchliche Leben im Tal an der Wupper. Neben den großen, ebenfalls pietistisch geprägten Kirchen entstanden fromme Gemeinden, Gemeinschaften und Missionsgesellschaften. Gleichzeitig gab es aber auch, vor allem im Verlauf der frühen Industrialisierung, eine zunehmende Entfremdung der Menschen vom kirchlichen Leben. Einer der Väter des Kommunismus, Friedrich Engels (1820–1895), zählt schließlich auch zu den Söhnen dieser Stadt. Zwar war auch seine Familie vom Pietismus geprägt (noch als Teenager schrieb Engels fromme Gedichte), dann aber rechnete er in scharfen Texten mit der Frömmigkeit seiner Familie und seiner Heimatstadt ab.

Etwa zur gleichen Zeit (1854) traten in Wuppertal einige Personen aus der Reformierten Kirche aus und gründeten die erste Freie evangelische Gemeinde (FeG). Auslöser dazu war nicht etwa eine rationalistische und bibelkritische Verkündigung in den großen Kirchen der Stadt, sondern ein grundsätzlich anderes Verständnis von Gemeinde. Hermann Heinrich Grafe (1818–1869) und seine Freunde gelangten zu der Überzeugung, dass eine Gemeinde nur aus Menschen bestehen kann, die sich persönlich zum Glauben an Jesus Christus bekennen. So verstanden sie ihren Kirchenaustritt als einen Gewissensakt und nicht etwa als den Versuch, eine bessere oder gar reine und unfehlbare Gemeinde ins Leben zu rufen. Von Anfang an war es ihnen wichtig, mit allen Christen Gemeinschaft zu pflegen, unabhängig davon, welcher Kirche sie angehörten. 20 Jahre nach der Gründung dieser ersten FeG schlossen sich bereits 22 solcher Gemeinden – ebenfalls in Wuppertal – zu einem Bund zusammen, dem heutigen Bund Freier evangelischer Gemeinden (BFeG). Er sollte für mein weiteres Leben eine große Bedeutung haben.

Wie schon erwähnt, wuchs ich in den ersten Jahren meines Lebens in Wuppertal-Cronenberg auf. Dort lebten wir mit meiner Tante Magdalene und ihrem Sohn Hans-Hermann in einer gemeinsamen Wohnung. Es waren nur wenige Jahre – aber sie prägten mich. Mein Cousin Hans-Hermann, den alle »Hansel« nannten, war vier Jahre älter als ich und damit so etwas wie mein älterer Bruder. Seine »Mutti« wurde auch von mir »Mutti« genannt – im Unterschied zu meiner Mutter, die ich »Mami« nannte. Meine jüngeren Geschwister machten mir das später nach. Hansel, der vor einigen Jahren ganz plötzlich starb, sollte in meinem Leben noch eine wichtige Rolle spielen, doch das hebe ich mir für später auf.

Leben in der Blombachstraße 9

1948 wurde meinen Eltern eine Wohnung in Ronsdorf angeboten, die unmittelbar über dem Gemeindesaal der dortigen Freien evangelischen Gemeinde lag. Wer sie bewohnte, hatte die Aufgabe, auch die Räumlichkeiten dieser Gemeinde zu betreuen, und da ihr für die Veranstaltungen nur *ein* Saal zur Verfügung stand, musste der beinahe an jedem Tag umgeräumt werden. Dienstags übte der Chor, mittwochs kam die Gemeinde zur Bibel- und Gebetsstunde zusammen, freitags traf sich der Jugendkreis, samstags die Jungscharen, und am Sonntag war selbstverständlich Gottesdienst und im Anschluss daran die Sonntagsschule (Kindergottesdienst). Eine Hausmeisterfamilie hatte also jede Menge zu tun, ganz zu schweigen vom Heizen während der Wintermonate. Eine Zentralheizung gab es ja noch nicht. Zwei abenteuerliche Gasöfen und vor allem ein großer Kohleofen mussten an kalten Tagen den Raum wärmen. Auch wir Kinder wurden mit diesen Pflichten betraut.

Beim Umzug nach Ronsdorf war ich gerade vier Jahre alt, mein Bruder Diethelm wurde 1947 geboren, ein knappes Jahr später meine Schwester Bärbel. Das Familienleben in unserer neuen Wohnung spielte sich in drei Zimmern ab, es gab keinen Flur, geschweige denn ein Badezimmer.

Wollte man ins Schlafzimmer, so musste man von der Küche durchs Wohnzimmer gehen. Die Toilette, ein »Plumpsklo«, lag zwischen zwei Etagen auf dem Flur und wurde auch von anderen Leuten im Haus benutzt. Der Wasserhahn lag zunächst im Hausflur, erst Jahre später wurde in unsere Küche eine Wasserleitung gelegt. Zum Baden stellte meine Mutter in der Küche eine Zinkbadewanne auf den Boden. Das Badewasser musste dann Eimer für Eimer vom Flur herangeschafft werden. Das mag in heutigen Ohren geradezu asozial klingen, aber damals lebten viele Menschen so.

Lag ich abends im Bett, hörte ich unten im Saal die Gemeinde singen. Einige der Lieder haben sich mir tief eingeprägt. Unvergesslich ist mir ein Besuch des Evangelisten Paul Schmidt vom Bibellesebund. Er brachte das Lied »Fürchte dich nicht, denn du bist mein« nach Ronsdorf mit. In keiner seiner Veranstaltungen war ich dabei, aber diesen vertonten Bibeltext mit der Oberstimme konnte ich oben im Schlafzimmer hören, und er ist mir bis heute unvergesslich geblieben.

Ronsdorf und das große dreistöckige Schieferhaus in der Blombachstraße – ich denke gern daran zurück. Vom Speicherfenster aus konnte man auf den gesamten Stadtkern sehen, den Markt, das Rathaus, die Straßen, die darauf zuliefen. Allerdings war das alles in unseren ersten Ronsdorfer Jahren ein großes Trümmerfeld. Lange war die Stadt während des Krieges vor Fliegerangriffen verschont geblieben, aber im Mai 1943 wurde sie in Schutt und Asche gelegt. Vermutlich aufgrund ihrer vielen Bandwirkerbetriebe war sie für die feindlichen Luftverbände ein lohnendes Ziel. Es war am 29. Mai gegen Mitternacht, als die sogenannten »Christbäume« den Nachthimmel über Ronsdorf erhellten. Das waren Leuchtmarkierungen, die den nachfolgenden Bombern anzeigten, wo sie ihre zerstörerische Fracht abwerfen sollten. Anschließend fielen Hunderte von Spreng- und Brandbomben auf die Innenstadt. Die Gebäude in der Blombachstraße gehörten zu den wenigen alten Fachwerkhäusern, die den Angriff überstanden.

Die Trümmerruinen waren für uns Kinder ein zwar verbotener, aber doch großartiger Abenteuerspielplatz. Direkt neben unserem Haus war ein Keller halbwegs stehen geblieben; durch den Eingang sah man in ein dunkles, geradezu unheimliches Loch. Dahinter reckte sich eine hohe Brandmauer auf, sie lud unwiderstehlich zum Klettern ein. Daran schloss sich ein weiteres Trümmergrundstück an. Wir überquerten es, wenn wir einkaufen gingen, um auf diese Weise den Gang zu einem kleinen Lebensmittelladen abzukürzen. Fast täglich wurde ich hier zum Einkaufen geschickt, in der einen Hand die verbeulte Milchkanne, in der anderen das Geld, um die Milch zu bezahlen.

In der Blombachstraße 9 wohnten wir im zweiten Stock. Später bezog ich ein kleines Dachzimmer, eine geradezu abenteuerliche Bude. Ein Bett, ein Tisch, ein Stuhl und ein kleiner Schrank – für mehr war in dem Zimmer kein Platz. Ich darf mir heute nicht annähernd vorstellen, meine Enkel würden die Dinge tun, die ich damals in meiner Dachbude angestellt habe. Elektronische Geräte, für die meine Eltern keine Verwendung mehr hatten, nahm ich mit auf mein Zimmer. So war ich stolzer Besitzer eines alten Grammophons mit Schellackplatten. Darauf fanden sich so tiefsinnige Lieder wie »Heimat, deine Sterne« und »Ich bin nur ein armer Wandergesell«.

Oder ich denke an das alte Radio mit dem umfangreichen Kurzwellenband: Die Frequenzen der Sender aus der großen weiten Welt lagen so dicht beieinander, dass man beim Drehen des Knopfes eine ruhige Hand brauchte. Zeitweise legte ich auch einen ausgebauten Lautsprecher nach unten in unsere Wohnung – auf diese Weise »erfreute« ich unsere Familie mit eigenen Rundfunksendungen. Das Kabel dazu baumelte über zwei Stockwerke hinweg an der Rückseite des Hauses von Fenster zu Fenster. Dabei benutzte ich einen alten Kopfhörer als Mikrofon. Ich kann mich erinnern, dass ich bei meinen Basteleien mindestens zweimal einen kräftigen Stromstoß von 220 Volt erhielt – wenn ich daran denke, geht mir das noch heute durch und durch.

Ein besonderes Erlebnis war die Weihnachtsnacht. Dann saß ich in meiner Dachbude vor dem Radio und lauschte den Weihnachtsliedern aus aller Welt. Und ich saß da in der gespannten Erwartung, dass ich um sechs Uhr in der Frühe zur Bescherung nach unten in die Wohnung gerufen wurde. Die Weihnachtsbescherung gab es in unserer Familie immer am ersten Weihnachtsfeiertag. Beim Weg durchs Treppenhaus sah ich durch das Flurfenster die Ruine der lutherischen Kirche. Ihr Turm ragte aus dem dunklen Trümmerfeld heraus und war mit einem hell erleuchteten Spruchband geschmückt. »Welt ging verloren, Christ ist geboren« war darauf zu lesen. Jedes Jahr machte das einen großen Eindruck auf mich. Die »verlorene Welt« hatte ich ja mit den Trümmern und Ruinen buchstäblich vor Augen. Und das »Christ ist geboren« erlebte ich in dem sich der Familienfeier anschließenden Gottesdienst.

Übrigens lief das Bescherungsritual bei uns noch ganz klassisch ab: Erst mussten wir Kinder uns waschen und anziehen, dann erklang das Glöckchen, und dann durften wir ins Wohnzimmer. Dort wurde die Weihnachtsgeschichte gelesen, ein Lied gesungen und die Pracht auf dem Weihnachtstisch enthüllt. Bis zu diesem Augenblick war der Tisch mit einer großen Tischdecke (oder war es ein Bettlaken?) abgedeckt. Ich habe das alles noch vor Augen: den mit reichlich Lametta und Weihnachtskugeln geschmückten Baum, die Teller mit den Süßigkeiten und die Geschenke auf dem Wohnzimmertisch. Vermutlich wird das nach heutigen Maßstäben eher bescheiden gewesen sein, aber für uns Kinder war es der Inbegriff der Kostbarkeit und des Reichtums.

Übrigens gab es bei diesem Ablauf am Weihnachtsmorgen ein architektonisches Problem: Das zum Weihnachtszimmer umfunktionierte Wohnzimmer lag zwischen Schlafzimmer und Küche, und da wir Kinder zum Waschen und Anziehen zunächst in die Küche mussten, ließen unsere Eltern sich etwas Besonderes einfallen. Meine Geschwister und ich (als ich noch nicht meine Dachmansarde bezogen hatte) wurden mit verbundenen Augen durchs Wohnzimmer geführt, denn wir sollten vor der offiziellen Bescherung die weihnachtliche Pracht ja noch nicht sehen. Während ich davon schreibe, rieche und spüre ich geradezu noch die Atmosphäre dieses Raumes. Alles war zum Greifen nah und doch noch ganz und gar verborgen. Manchmal habe ich diese Situation als Bild für unseren Weg als Christen gebraucht. Noch können wir Gott und seine Herrlichkeit nicht sehen, und doch ist sie da und uns ganz nah, wenn auch noch unsichtbar. Dabei fällt mir eine Strophe des bekannten Gedichtes von Dietrich Bonhoeffer ein:

Wenn sich die Stille nun tief um uns breitet,
so lass uns hören jenen vollen Klang
der Welt, die unsichtbar sich um uns weitet,
all deiner Kinder hohen Lobgesang.[1]

Die unsichtbare Welt existiert bereits, aber unseren natürlichen Sinnesorganen bleibt sie noch verborgen.

Ein schüchterner Schüler

Bei unserer Ankunft in Ronsdorf wurde ich zuerst in den Kindergarten geschickt. Der war im sogenannten »Waterhüsken« untergebracht, dem ursprünglichen Heim des 1842 in Ronsdorf gegründeten CVJM. Den Namen hatte das kleine Haus, weil es in diesem Heim für junge Männer zwar reichlich Wasser, aber keinen Alkohol gab. Wenn ich an den Kindergarten denke, fällt mir vor allem die Quäkerspeise ein: eine Art Milchsuppe, die nach dem Krieg von den Quäkern, einer amerikanischen Kirche, gespendet wurde. Ich löffelte sie aus einem Emaillekochgeschirr, das schon mein Vater in Russland benutzt hatte. Entsprechend zerkratzt und verbeult sah es aus, aber die Quäkerspeise schmeckte herrlich daraus.

Mit sechs Jahren wurde ich dann eingeschult. Eigenartig, wie einsam und unverstanden ich mich oft in der Schule fühlte. Zwar hatte ich Freunde, traf mich auch mit ihnen, aber im Großen und Ganzen empfand ich mich doch oft allein. Das hing auch mit meinem frommen Umfeld zusammen. In der FeG hatte ich mein Zuhause und auch den Eindruck, ich sei etwas ganz Besonderes. Unsere Wohnung lag ja unmittelbar über dem Gemeindesaal. Da sich die Kinder erst nach dem Gottesdienst zur Sonntagsschule (dem Kindergottesdienst) trafen, mussten wir während des Gottesdienstes ganz leise sein.

Vielleicht war das der Grund, weshalb ich schon als kleiner Junge mit meinem Opa gerne zum Gottesdienst ging. Er hatte dort seinen Stammplatz, und ich saß neben ihm. »Sieh mal, wie brav der kleine Kerl bei seinem Opa sitzt«, wurde ich gelobt, was mich natürlich mächtig motivierte. In der Schule dagegen war ich oft unsicher und schüchtern. Musste ich etwas laut vorlesen, begann meine Stimme nach wenigen Sätzen zu beben. Je aufgeregter ich war, desto schlimmer wurde es. Eigenartig, diese Schüchternheit, die ich – auch wenn das nur wenige glauben – bis heute nicht wirklich losgeworden bin.

Unsere Familie hatte damals nicht viel Geld, was sich in der Schule auch an meiner Kleidung zeigte. Einmal hatte ich eine Strickjacke an, die hin und wieder auch meine Schwester Bärbel trug. Ich staune heute selbst, dass das überhaupt möglich war. Immerhin ist Bärbel fünf Jahre jünger als ich. Die Jacke muss ihr also entweder sehr weit oder mir sehr eng gewesen sein. Auf jeden Fall wurde ich in der Schule darauf angesprochen und schämte mich fürchterlich.

Einmal waren wir mit der Klasse im Sauerland zu einer Wanderfahrt, und mein Vater besuchte mich in der Jugendherberge in Radevormwald. Wie gerne wäre ich mit ihm wieder nach Hause gefahren! Das Gefühl des Alleinseins und Heimwehs spüre ich heute noch, wenn ich daran zurückdenke. Nach der vierten Klasse wechselten einige meiner Mitschüler aufs Gymnasium, aber bei uns zu Hause war das kein Thema, es wurde nicht einmal in Erwägung gezogen.

Ein Lichtblick war mein Cousin Hansel. Er wohnte mit seinen Eltern – der Vater war inzwischen aus russischer Kriegsgefangenschaft heimgekehrt – noch immer in Cronenberg. Mit der Straßenbahn brauchte ich ca. eine Stunde für die Fahrt zu ihm (mit zweimal umsteigen), mit dem Fahrrad nicht viel länger. Mit Hansel konnte ich über alles reden, meine Geschwister waren dafür noch zu klein. Auch er war ein sensibler Mensch und verstand vieles, was mich bewegte.

Die Schulferien verbrachte ich meist bei meinen Großeltern in Wetter. Die jüngsten Schwestern meiner Mutter, Zwillingsschwestern, wohnten auch in der Wohnung, und ich genoss es, während dieser Zeit dort das einzige Kind zu sein. Stundenlang spielte ich mit kleinen Autos auf dem Linoleumfußboden, das aufgedruckte Muster wurde in meiner Fantasie zu abenteuerlichen Straßen. In den Abendstunden holte ich meine Tante Martha ab, sie arbeitete als Verkäuferin im Reformhaus in der Kaiserstraße. Oft machte ich mich extra früh auf den Weg, stempelte den Absender des Reformhauses auf unzählige Prospekte der Firma Rabenhorst, die damit für ihre Fruchtsäfte warb (»Rotbäckchen«). Oder ich stand mit einem kleinen Schreibblock an der Kaiserstraße und schrieb die Autokennzeichen der vorüberfahrenden Autos auf – bei dem heutigen Verkehr ein Ding der Unmöglichkeit. Sonntags unternahmen wir weite Wanderungen zur Hohensyburg oder zur Burg Volmarstein auf Wegen, über die meine Frau und ich heute als Senioren wandern. Der Sonntagmorgen gehörte allerdings dem Gottesdienst: Erst ging ich mit meinem Opa zur FeG, den Kindergottesdienst besuchte ich anschließend mit meinen Tanten in der Lutherkirche. Dort zog mich besonders die große Pfeifenorgel an.

Erste Schritte im Glauben

Als junger Mann hatte mein Vater in der Nachbarstadt Lennep den Beruf des Bäckers und Konditors erlernt. Schon während seiner Lehrzeit musste er zwischen drei und vier Uhr nachts in der Backstube sein, um mit dem Meister und den Gesellen das Brot für den neuen Tag zu backen. Beim Militär hatte er dann den Lkw-Führerschein gemacht und war während des Krieges in Polen und

Russland als Kraftfahrer unterwegs. Nach Kriegsende fand er dann nicht mehr in seinen erlernten Beruf zurück. Nachdem er das relativ freie Leben auf der Straße geschmeckt hatte, wollte er es nicht mehr mit der Enge einer Backstube tauschen. Zunächst begann er als Fahrer in einer Brotfabrik. Mag sein, dass er auch dort ab und zu in der Backstube stand, aber meist war er mit dem Lieferwagen unterwegs, um den Kunden das Brot auszuliefern. Danach begann er als Fahrer bei einer Speditionsfirma, deren Eigentümer Mitglied der FeG Ronsdorf war. Diese Kombination war nicht ganz spannungsfrei, und so wechselte er einige Jahre später noch einmal den Arbeitsplatz. Aber seiner Tätigkeit als Kraftfahrer blieb er treu.

Wir Kinder profitierten davon, denn wenn es sich mit den Schulaufgaben vereinbaren ließ, waren wir mit ihm auf den Straßen des Bergischen Landes und des Ruhrgebiets unterwegs. Während mein Vater mit dem Beladen des Wagens beschäftigt war, setzte ich mich auf den Fahrersitz, übernahm das Lenkrad und fuhr in meiner Fantasie abenteuerliche Strecken. Manchmal ließ mich mein Vater aber auch tatsächlich während der Fahrt das Lenkrad halten. Auf der ansteigenden Landstraße zwischen Elberfeld und Ronsdorf rückte ich vom Beifahrersitz ganz nah an ihn heran und lenkte das Auto mehr oder weniger sicher durch die Kurven.

Doch was meinen Vater wirklich bewegte und ihm viel bedeutete, war seine Mitarbeit in der Gemeinde. Viele Jahre leitete er die Jungschar- und Sonntagsschularbeit. Zeitweise kamen dabei über 100 Kinder zusammen, mehr als die FeG Ronsdorf damals Mitglieder hatte. Im Oktober 1951 nahm er sogar an einem internationalen *Ökumenischen Weltkongress für Kindergottesdienst und Sonntagsschularbeit* in Hamburg teil. Obwohl ich damals erst acht Jahre alt war, erinnere ich mich noch, wie begeistert er von dort zurückkehrte und uns von dem Kongress, und von der Weltstadt Hamburg erzählte. Dass ich in dieser Stadt einmal selbst einige

Jahre leben würde – daran habe ich damals nicht im Traum gedacht.

Schon Anfang der 50er-Jahre begann mein Vater mit Kinderfreizeiten. Zunächst fuhren er und seine Mitarbeiter mit der Jungschar auf den »Wartenberg«, ein Jugendheim in den Ruhrbergen zwischen Wetter und Witten. Bis heute gibt es dieses Heim, und für meine Frau und mich sollte es später noch eine ganz besondere Bedeutung haben.

Im Unterschied zu heute war das Haus damals natürlich sehr einfach und geradezu primitiv. Obwohl ich mit acht Jahren noch nicht das erforderliche Alter hatte, durfte ich doch schon dabei sein. Ich erinnere mich, dass in einer dieser Freizeiten einige Jungen zum Glauben an Jesus Christus fanden, auch mein Cousin Hansel gehörte dazu. Klar kannte er schon vorher das Evangelium, aber während dieser Freizeit nahm er Jesus für sich ganz persönlich in Anspruch. Auslöser war ein Erlebnis mit dem legendären Hausvater des Wartenbergs, Adolf Rudloff. Dieser Mann ging mit den Jungen eines Tages in den Wald und blieb vor einem abgestorbenen Baum stehen. Der Baum trug keine Blätter mehr, seine Rinde war morsch und blätterte ab. »Jungs«, sagte Adolf Rudloff, »schaut ihn euch genau an: Mitten im Wald steht er und trägt den Namen *Baum* wie die anderen Bäume auch. Und doch gibt es da einen entscheidenden Unterschied: Die Bäume um ihn herum sind grün, voller Leben. Dieser Baum dagegen ist tot.« Und dann verglich er den Baum mit den Christen und sprach über die Gefahr, in einem Kreis lebendiger Christen zu leben und doch innerlich tot zu sein.

Hansels Mutter, die schon erwähnte Tante Magdalene, holte uns nach dieser Zeit auf dem Wartenberg ab, und wir gingen über die Landstraße durchs Ruhrtal nach Wetter. Unterwegs erzählte Hansel ihr, dass er zum Glauben an Jesus gekommen sei, und schlagartig wurde mir damals klar, dass mir etwas Entscheidendes fehlte. Tage später sprach ich mit meiner Mutter vor dem Einschlafen darüber, und sie erklärte mir, was ich tun müsse, um auch zu Jesus zu gehören: »Sag ihm einfach, dass du sein Eigentum sein willst, und öffne dein Herz für ihn.« In dieser Nacht fand ich zum Glauben an Jesus und wurde ein Christ, und ich war überglücklich darüber.

1953 folgte eine Jungenfreizeit auf dem »Hornberg«, einem Jugendheim des Diakonischen Werkes Bethanien in Solingen-Aufderhöhe. Auch an diese Zeit kann ich mich gut erinnern. Vielleicht um uns zur Disziplin zu erziehen, wurde bei den Mahlzeiten ein ungewöhnliches Spiel gespielt. Auf ein akustisches Zeichen des Leiters hin wurden alle Bewegungen »eingefroren«. Egal ob jemand seine Brotschnitte schmierte, einen Bissen zum Mund führte oder Tee ausschenkte – er durfte sich nicht mehr bewegen. Selbst das Kauen wurde unterbrochen, kein Wort mehr geredet. Erst wenn der Leiter ein erneutes Zeichen gab, kehrte wieder Leben in die Kinder ein. Wer auch immer dieses Spiel erfunden hat – es bot eine tolle Möglichkeit, aus lautstarken Jungs für eine kurze Zeit friedliche Lämmer zu machen.

In Holland

Doch das alles wurde noch übertroffen von der Freizeit im darauffolgenden Jahr. Im August 1954 fuhr mein Vater mit zwei weiteren Leitern und 23 Jungen nach Holland. Auch ich als gerade Elfjähriger durfte mitfahren. Monate zuvor hatte mein Vater ein holländisches Ehepaar kennengelernt, Gottlieb und Sophie Köhler aus Rotterdam. Auf deren Einladung hin lebten wir als Freizeitgruppe eine Woche in dieser eindrucksvollen Hafenstadt. Eine sich anschließende zweite Woche verbrachten wir mit holländischen Kindern in der Nähe der Stadt Ede. Heute lässt sich kaum noch nachempfinden, was es in der Mitte der 50er-Jahre des vergangenen Jahrhunderts bedeutete, ins Ausland zu reisen.

Nie vergesse ich unseren Spaziergang am ersten Abend durch Rotterdam: Wir wohnten in einem Seemannsheim mit dem Namen »Veilige Haven« (sicherer Hafen), und da es von dort nur ein Katzensprung zum Maastunnel war, unterquerten wir noch am ersten Abend die an dieser Stelle fast 600 Meter breite »Nieuwe Maas«. Noch nie hatten wir einen so großen Hafen gesehen, geschweige denn trockenen Fußes einen Fluss unterquert. Danach suchten wir wieder unser Quartier »Veilige Haven« auf und legten uns schlafen. Dazu mussten Matratzen auf den Boden des Saals gelegt werden, der uns während des Tages als Speiseraum diente. Tag für Tag starteten wir von dort unter Leitung von »Tante Sophie« unsere Ausflüge. Wir bewunderten die Modellstadt Madurodam, staunten über das riesige Panorama des Malers Mesdag in Den Haag und sahen – für viele von uns zum ersten Mal – die Nordsee im Kurort Scheveningen. Dort aß ich meine ersten »Bratkartoffeln in der Tüte«, damals ein außergewöhnliches Erlebnis, heute ganz banal als Pommes frites bekannt.

Nur einmal wollte uns ein Bademeister den Eintritt ins Freibad verweigern, weil wir Deutsche waren. Neun Jahre nach Kriegsende und nach einer für die Niederländer leidvollen Besatzungszeit war das eine durchaus verständliche Reaktion. Unvergesslich bleibt mir auch die sich anschließende Woche in Bennekom, einem kleinen Ort in der Nähe der Stadt Ede. Wir sangen: »Blij, blij, mijn hart is altijd blij« und andere holländische Lieder, die mich noch viele Jahre begleitet haben. In dem holländischen Liederheft aus jener Zeit, das ich noch besitze, stehen die Autogramme von Sophie und Gottlieb Köhler, und von Fritz Niemeyer, einem holländischen Evangelisten, der für uns Kinder packende Andachten hielt.

Die geheimnisvolle Welt der Tasten

Ich denke, ich muss etwa acht Jahre alt gewesen sein, als wir von einer Nachbarsfamilie ein altes Harmonium geschenkt bekamen. Was das ist, muss man heute erklären. Ein Harmonium ist ein Tasteninstrument, ähnlich einem Klavier oder einer Orgel. Wie bei einem Akkordeon erzeugen den Klang Metallzungen, durch die ein Luftstrom geleitet wird. Beim Akkordeon geschieht das durch Ziehen und Drücken des Blasebalgs, beim Harmonium benutzt man dazu zwei große Fußpedale. In vielen christlichen Familien und Gruppen gab es damals diese Instrumente, manche nannten sie etwas respektlos »Psalmenpumpe«. Besonders Kirchen und Gemeinden, die sich keine Pfeifenorgel leisten konnten, begleiteten ihren Gemeindegesang damit.

Vielleicht weil ich der Älteste von damals drei Geschwistern war, wurde ich ausgewählt, das Spielen des Harmoniums zu erlernen. Als Lehrerin stellte sich eine Frau aus unserer Gemeinde zur Verfügung, Else Hilger – wir Kinder nannten sie »Tante Else«. Jeweils an einem Tag in der Woche kam sie in unsere Wohnung, erklärte mir Noten und Fingersatz und gab mir Aufgaben für die kommende Übungsstunde auf. Nun war ich zwar durchaus fasziniert von dem Instrument, aber ich entwickelte meine eigene Art, darauf zu spielen. Hin und wieder begleitete ich die Lieder in der Sonntagsschule, auch während der Hollandfreizeit, leider immer in C-Dur, weil ich dazu nur die weißen Tasten brauchte. Das machte die Sache zwar erheblich einfacher für mich, haute aber nicht immer hin: Mal war die Begleitung der Lieder zu hoch und mal zu tief.

Aber schwerwiegender war noch ein anderes Problem: Ich geriet in Konflikt mit Tante Else. Meine Harmoniumlehrerin war darüber nämlich ganz und gar nicht erbaut, und auch für mich wurden die Übungsstunden zunehmend zur Qual. Eines Tages, ich war allein zu Hause, hielt ich sogar die Wohnungstür für mei-

ne Lehrerin verschlossen. Ich hörte sie durchs Treppenhaus kommen, hörte, wie sie an die Wohnungstür klopfte, in atemloser Stille
wartete ich, bis sich ihre Schritte wieder entfernten. Als meine
Eltern dann nach Hause kamen, fanden sie schnell heraus, was
geschehen war, und ich musste Tante Else aufsuchen und mich bei
ihr entschuldigen. Sie wohnte mit ihrer Mutter und ihren Schwestern in einer »Nissenhütte«, das waren Wellblechhütten mit einem
halbrunden Dach. Viele Menschen lebten damals so, nachdem
ihre Wohnungen ein Opfer der Bomben geworden waren. Die
Entschuldigung fiel mir noch schwerer als die Übungsstunde.
Schließlich spitzte sich die Situation dermaßen zu, dass der Har-
moniumunterricht ganz aufgegeben wurde.

Als ich etwa 14 oder 15 Jahre alt war, ergriff Tante Else noch
einmal die Initiative: Sie lud mich ein, einmal in der Woche zu ihr
zu kommen und den Unterricht wieder aufzunehmen. Wie dankbar bin ich ihr heute dafür! Wie oft treffe ich Menschen, die irgendwann mit dem Erlernen eines Musikinstrumentes begonnen
haben, aber auf halbem Wege stehen geblieben sind. Das wäre
auch bei mir nicht anders gelaufen, hätte ich nicht diese resolute
und ein wenig penetrante Tante Else gehabt. Sie war und blieb eine
strenge Lehrerin. Auch der wieder aufgenommene Unterricht war
kein Zuckerschlecken für mich (und wohl auch nicht für sie). Ein
gewisser Ausgleich bestand für mich darin, dass in der Nähe der
neuen Wohnung meiner Harmoniumlehrerin die Wohnung meiner Großeltern lag. So besuchte ich sie nach den Übungsstunden,
und meine Oma sorgte dafür, dass es dann eine meiner Lieblings-
speisen gab: Reibekuchen.

Noch während ich bei Tante Else Unterricht nahm, bekam ich
den Auftrag, ab und zu im Gottesdienst die gemeinsamen Lieder
zu begleiten. Aber wehe, ich spielte die Melodie so, wie die Gemeinde sang, und nicht präzise, wie sie in den Noten stand! Meist
noch unmittelbar nach dem Gottesdienst bekam ich dann einen
kräftigen Rüffel. »Egal, was und wie die Leute singen, du hast zu

spielen, was da steht«, prägte meine Lehrerin mir immer wieder
ein. Außerdem quälte sie mich durch alle Dur- und Moll-Ton-
arten. Zwar war ich stolz auf meine Gabe der Improvisation und
wurde von vielen dafür gelobt, aber von ihr hörte ich nie, dass sie
sich darüber freute. Unerbittlich lehrte sie mich nach Noten zu
spielen. Und rückblickend ist mir klar: Genau das war der Druck,
den ich damals brauchte. Ich hätte sonst nur meiner (musikalischen) Fantasie freien Lauf gelassen und wäre musikalisch nicht
wirklich weitergekommen.

Irgendwann verließ ich dann das Harmonium. Zwar habe ich
mir 1957 von meinem ersten selbst verdienten Geld für 970
Mark (!) noch ein solches Instrument gekauft, doch es machte mir
immer weniger Freude. Bei einer Nachbarsfamilie durfte ich ab
und zu auf dem Klavier spielen, und bei meinen Verwandten in
Wetter und Cronenberg fand ich Zugang zu einer Pfeifenorgel.

Wie schon erwähnt, hatten meine beiden Tanten in Wetter ihr
geistliches Zuhause in der Lutherkirche. Sie brachten mich auch in
Kontakt mit einem jungen Theologiestudenten, der als Organist in
Wetter sein Zubrot verdiente. Er ließ mich während des Kinder-
gottesdienstes spielen und vertraute mir manchmal den Kirchen-
und Orgelschlüssel für den Sonntagnachmittag an. Mit Begeisterung saß ich dann in der großen, leeren Kirche auf der Orgelbank
und spielte, was immer mir einfiel. Geistlich fanden er und ich
damals keinen Draht zueinander, er konnte recht spitze Bemerkungen über meine Frömmigkeit machen. Aber später wurde er
ein von Gott gesegneter Pfarrer in Herne. Bernd Schlottoff, so sein
Name, gab sogar einige Liederbücher heraus (»Songs junger Christen«) und wurde in der Evangelischen Kirche von Westfalen ein
Fachmann für missionarischen Gemeindeaufbau.

Und was die Kirchenorgel in Cronenberg betraf, so war mein
Cousin Hansel die Schlüsselperson. Er war mit dem Kantor der
dortigen Lutherkirche befreundet und lernte von ihm viel über
den Aufbau und die Funktionsweise einer Pfeifenorgel. Alles, was

ich darüber weiß, weiß ich von ihm. In dieser Kirche durfte ich manchmal einen Aushilfsdienst für den dortigen Organisten übernehmen. Das machte mir viel Freude, und ich bekam dafür sogar Geld.

Man trifft sich bei den Strauchs

Unsere FeG Ronsdorf war ein überschaubarer Kreis. Viele Gemeindemitglieder nannten wir Kinder »Onkel« und »Tante«, wie das damals in pietistisch geprägten Gemeinden und Gemeinschaften durchaus üblich war. Zu einigen wenigen hielt ich Distanz, aber die meisten empfand ich als freundlich, fröhlich und liebenswert. Überhaupt hatte ich als Kind nicht den Eindruck, dass unsere FeG in Ronsdorf eng und gesetzlich war. Erst später fiel mein Urteil darüber differenzierter aus. Der bergische Pietismus hatte zwar auch eine ernste Seite, aber im Allgemeinen war er durchaus frisch, fromm, fröhlich und frei (um das Leitwort des Turnvaters Jahn zu gebrauchen). Johannes Rau sagte dazu in Erinnerung an seinen Vater, der Blaukreuz-Prediger in Wuppertal war: »Er war nie verklemmt, nie sauertöpfisch-pietistisch. Christen, die nicht lachen konnten, fand er zum Weinen.« Damals fühlte ich mich in diesem Umfeld durchaus wohl. Die alten »Brüder« dort rauchten wie die Schlote, alkoholische Getränke dagegen waren verpönt (im Gegensatz zum württembergischen Pietismus, wo es sich genau umgekehrt verhielt).

Da wir im Haus der Gemeinde wohnten, bekamen wir Kinder selbstverständlich vieles von dem mit, was die Gemeindemitglieder bewegte. Für manche Besucher war es völlig normal, nach dem Gottesdienst noch schnell zwei Treppen hoch bei der »Ruth« vorbeizusehen. Im Nachhinein bewundere ich meine Mutter dafür, wie sie diesen Ansturm bewältigt hat. Es kann ihr nicht leicht gefallen sein, denn sie war nicht der Typ, der so etwas locker organisierte. Außerdem war sie mit ihrem Mann und ihren Kindern (inzwischen waren wir vier) völlig ausgelastet. Meine Schwestern Bärbel und Ilse-Ruth haben davon mehr mitbekommen als ich. Ich erinnere mich, dass eine Frau nach einem Abendmahlsgottesdienst völlig aufgelöst in unsere Wohnung kam. Irgendjemand hatte ihr den Abendmahlskelch ungeschickt gereicht, und dabei hatte sich der Inhalt über ihr Kleid ergossen. Meist aber waren es schöne und auch humorvolle Begegnungen und Gespräche.

Nicht nur sonntags, auch in der Woche wurde unsere Wohnung zu einer Art Begegnungsstätte. Wenn sich der Chor traf, und ebenso vor der Bibelstunde, sah man schnell mal bei Strauchs vorbei. Da die Gemeinde noch keinen Pastor hatte, war unsere Wohnung auch für auswärtige Redner ein Anlaufpunkt. Otto Krüger, ein liebenswerter Prediger aus der FeG Elberfeld, kam hin und wieder nach Ronsdorf, um in der Frauenstunde eine Bibelarbeit zu halten. Vorher kam er in unsere Wohnung, um sich bei einer Tasse Kaffee zu stärken. Und da er ein sehr kinderfreundlicher Mensch war, durfte meine kleine Schwester Bärbel ihm während dieser Zeit eine Schleife ins Haar binden. Aber irgendwie musste er vergessen haben, was auf seinem Kopf geschah, vielleicht hatte er es auch gar nicht mitbekommen. Auf jeden Fall erregte sein Kopfschmuck bei den Frauen eine enorme Heiterkeit, und er kam schnell zurück nach oben in unsere Wohnung, um seine Haartracht in die gewohnte Ordnung zu bringen.

Auch ein Erlebnis mit dem Chor ist mir in Erinnerung. Abends hingen an den Klinken der Wohnungstüren in unserem Hausflur Brotbeutel mit dem abgezählten Brötchengeld. Der Bäcker, der am frühen Morgen ins Haus kam, lieferte anhand dieses Betrages die Zahl seiner Brötchen aus. Das reizte einige, nach der Chorstunde den eingelegten Betrag einer alleinstehenden älteren Dame kräftig zu erhöhen. Sie, die nie mehr als ein Brötchen nahm und darüber hinaus ein sehr ordnungsliebender Mensch war, sah sich am Morgen einer wahren Flut von Brötchen gegenüber. Sie reagierte völlig fassungslos und verstand die Welt nicht mehr, aber wir Kinder konnten ihr bei der Bewältigung dieses Überangebotes problemlos helfen.

Das Dürselenhaus

In Ronsdorf hieß das christliche Vereinshaus »Dürselenhaus«. Der Name ging auf Gerhard Dürselen (1808–1887) zurück, der im 19. Jahrhundert Pfarrer in Ronsdorf war. Er gründete 1842 im bereits erwähnten »Waterhüsken« den »Jünglingsverein« und nahm 1855 in Paris auch an der Gründungsveranstaltung des CVJM-Welt-bundes teil (wie auch Henry Dunant, der Gründer des Roten Kreuzes). Im Dürselenhaus fanden nicht nur Anfang des Jahres die Allianzgebetswochen statt, sondern fast alle übergemeindli-chen Veranstaltungen. Und so sehr ich auch in unserer FeG mein Zuhause hatte, zog es mich doch schon früh zu diesen Zusammen-künften der Gläubigen aus den verschiedensten Ronsdorfer Kir-chen und Gemeinden. Glücklicherweise war mein Vater diesen Treffen gegenüber sehr aufgeschlossen, und so nahm er mich schon als kleinen Kerl dorthin mit.

Mitte der 50er-Jahre kamen amerikanische Christen ins Dürse-lenhaus und machten uns zum ersten Mal mit »Flanellbildern« bekannt. Das waren bunte, auf Papier gemalte biblische Figuren und Szenen, deren Rückseite man mit Flanell beschichtet hatte und die dann auf der ebenfalls mit Flanell bespannten Tafel hafte-ten. Auf diese Weise entstand, während jemand eine biblische Ge-schichte erzählte, gleichzeitig ein eindrucksvolles Bild vor unseren Augen. Von da an wurde in fast allen Sonntagsschulen und Kin-dergottesdiensten mit Flanellbildern gearbeitet.

Es war 1956 und ich war gerade 13 Jahre alt, als ich zum ersten Mal in unserer Stadt eine kleine »Erweckung« erlebte – so nennen Christen das, wenn in etablierten Kirchen und Gemeinden neues geistliches Leben aufbricht. Und wieder waren es Veranstaltungen im Dürselenhaus. Tina Blatz, Harold Goldmann und Larry Swanson hießen die drei Missionare, die dort eine Veranstaltungsreihe durchführten, die vor allem von jungen Leuten besucht wurde. Die drei kamen aus Kanada, gehörten zur Europa-Mission und reisten aus Österreich an. Es war die Zeit des Ungarn-Aufstandes, und an der österreichisch-ungarischen Grenze hatten sie Flüchtlinge mit Verpflegung, Kleidung und dem Evangelium versorgt. Davon wussten sie beeindruckend zu berichten. Tina Blatz (»Tante Tina«) hatte eine besondere Begabung, Kindern die Geschichten von Jesus zu erzählen, Harold war ein begabter Prediger, und Larry begleitete mit seinem Akkordeon die Lieder der drei und ebenso unseren gemeinsamen Gesang.

Eigentlich war es nichts Besonderes, aber während dieser Woche brach plötzlich eine geistliche Sehnsucht unter uns jungen Leuten auf. Viele kamen zum Glauben an Jesus Christus. Die Veranstaltungsreihe begann im kleinen Saal des Dürselenhauses und musste wegen des starken Andrangs in den großen Saal verlegt werden. Besonders die Jugend der Evangelisch-Lutherischen Kirchengemeinde wurde davon erfasst.

Auch für meinen persönlichen Weg wurden diese Veranstaltungen mit den Kanadiern entscheidend. Ich habe ja bereits erzählt, dass ich als kleiner Junge nach einem Abendgespräch mit meiner Mutter zum Glauben fand. Das war eine sogenannte »Kinderbekehrung«. Weder war sie von tiefer Sündenerkenntnis begleitet, noch spielten dabei große Überlegungen im Blick auf mein zukünftiges Leben eine Rolle. Damals habe ich ganz einfach Jesus für seine Liebe gedankt und mein Leben für ihn geöffnet. Jetzt aber betonte Harold Goldmann in seinen Predigten, wie wichtig eine persönliche und eindeutige Entscheidung für Christus sei. »Jesus hat sich für dich entschieden, jetzt entscheide du dich für ihn und folge ihm nach«, lautete seine Kernbotschaft an diesen Abenden. Und plötzlich erkannte ich, dass dies eine nicht zu unterschätzende Seite des Christseins ist. So betete ich nach einem solchen Abend in meinem Dachzimmer: »Jesus, was immer du mit mir vorhast, ich will dir folgen! Nimm mein Leben – mit allem, was dazugehört – in deine Hände!«

Wenn mich heute jemand fragt, wann ich Christ geworden sei, dann sage ich: Das war damals als Sieben- oder Achtjähriger nach jenem Abendgespräch mit meiner Mutter. Aber jetzt als 15-Jähriger bekam mein Leben einen neuen Schub. Ich wollte Jesus folgen, wohin auch immer. Natürlich ahnte ich nicht, wohin mein Weg einmal führen sollte. Und doch denke ich rückblickend, dass damals bereits meine Berufung als Prediger des Evangeliums begann. Bei allem, was danach folgte, stand für mich der Weg in den sogenannten »vollzeitlichen Dienst« bereits fest. Klar gab es auch Zeiten, in denen ich Gott aus der Spur lief. Mein Leben als Teenager wurde durchaus von Verunsicherungen und Zweifeln begleitet. Ich musste herausfinden, was mir bloß anerzogen worden war und worin mein eigener, ganz persönlicher Glaube bestand. Trotzdem, diese radikale Botschaft der Kanadier war damals genau das Richtige für mich und wurde prägend für mein weiteres Leben.

Begeistert von christlicher Musik

In der Mitte des Jahres 1957 endete meine Schulzeit. Wie sollte es nun weitergehen? Eines Tages erzählte mein Vater, er habe eine kleine Firma kennengelernt, die unter anderem Uhrmacherwerkzeug herstelle. Der dortige Chef habe ihm erzählt, dass er noch einen Lehrling suche. Eigentümlich, wie das Leben manchmal verläuft – irgendwann stellte ich mich diesem Mann vor. Seine Firma war zwar extrem klein, aber er war Meister und durfte Lehrlinge ausbilden. Sein Betrieb lag in einem Shed, so nannte man jene typischen Anbauten im Bergischen Land, in denen die Webstühle der Bandwirker liefen. In Ronsdorf gab es eine ganze Menge davon. Hier nun hatte er seine Werkstatt. Vier Personen arbeiteten in dem Raum: der Chef, ein Geselle und zwei Lehrlinge.

So begann ich im Spätsommer mit einer Lehre als Werkzeugmacher für Kleinstwerkzeuge. Von unserer Wohnung bis zu dieser kleinen Firma waren es nur 20 Minuten Fußweg; mittags ging ich zum Essen nach Hause. Gearbeitet wurde von morgens um sieben Uhr bis zum frühen Abend, außerdem auch am Samstagvormittag.

Ich kann nicht sagen, dass ich mit großem Interesse bei der Sache war. Dieser Beruf blieb mir eigentlich immer wesensfremd, trotz Abschluss als Geselle und einer sich anschließenden zweijährigen Tätigkeit in einem größeren Betrieb. Als Vorbereitung für meinen späteren Weg wäre vermutlich ein anderer Beruf und vor allem eine weitere Schulbildung sinnvoller gewesen. Und doch half mir diese Berufserfahrung später, mich in das Leben von Menschen hineinzuversetzen, die in ähnlich praktischen und auch handwerklichen Berufen tätig sind.

Teenager brauchen etwas, für das sie sich begeistern können, und so eigentümlich es klingt: Für mich war es die fromme Welt mit ihrer Musik. Stundenlang spielte ich im leeren Gemeindesaal Harmonium – nicht nur nach Noten, ich improvisierte auch nach wie vor mit Begeisterung. Mit der Zeit lernte ich alles kennen, was es an Liedern in der christlichen Szene gab – angefangen von den alten Kirchenchorälen bis hin zu den Erweckungsliedern des 19. und frühen 20. Jahrhunderts. Ganze Liederbücher spielte ich durch.

Mein Morgen begann in der Regel auf meiner Dachbude mit den christlichen Sendungen von Radio Luxemburg, sie liefen ab fünf Uhr im 15-Minuten-Takt über den Sender, und ich liebte sie vor allem wegen ihrer Musik. Da hörte ich Hermann Schulte und seine Sendereihe »Frohe Botschaft im Lied«, Anton Schulte und Mitschnitte aus seinen Evangelisationen, das Janz-Team mit seiner unverwechselbaren Erkennungsmelodie (»O, wie süß es erklingt …«). Viele dieser Melodien und Texte prägten sich mir tief ein. Hinzu kam, dass ich Anton Schulte, Leo und Hildor Janz, Corrie ten Boom und anderen auf Veranstaltungen in Wuppertal begegnete. Sie predigten und sangen in der »Baustraße«, einem Versammlungsraum der Elberfelder Brüdergemeinde.

Noch eine Person gehört in diese Reihe: Peter van Woerden, der Neffe von Corrie ten Boom. Er war ein hervorragender Musiker und setzte geradezu meisterhaft seine Gabe der Improvisation ein. Seine Begleitsätze habe ich sorgfältig studiert und vieles von ihm gelernt. Auch ihn hörte ich morgens über Radio Luxemburg, lernte ihn aber auch in einer Veranstaltung in Elberfeld kennen. Jahre später begleitete ich das Duett Elisabeth und Hannelore Jacobi auf dem Klavier bei einer Schallplattenaufnahme in Wetzlar. Peter van Woerden spielte die Orgel dazu. Leider wurde sein Part erst später eingespielt, und wir sind uns nie begegnet.

Mein Freund Werner

Nach 1954 fanden vorerst keine weiteren Kinderfreizeiten mehr in Holland statt. Nun hatte es 1953 in den Niederlanden eine große Sturmflut gegeben, weite Flächen im Südwesten des Landes standen damals unter Wasser. Dazu gehörte auch der Besitz eines Landwirts auf Schouwen-Duiveland. Durch das Meerwasser war sein Land versalzen und unfruchtbar geworden, und er wollte es verkaufen. Das schon erwähnte holländische Ehepaar Köhler und weitere Mitglieder ihrer Gemeinde in Rotterdam hörten davon und kauften das Land. Sie hatten den Plan, auf dem Gelände, auf dem noch ein Wohnhaus und eine alte Scheune standen, ein Freizeitheim zu errichten. 1959 reisten wir von Ronsdorf aus zum ersten Mal mit einer kleineren Freizeitgruppe dorthin.

Damals war Schouwen-Duiveland noch eine Insel, die man nur mit der Fähre erreichen konnte, heute ist sie eingebunden in die großen niederländischen Deltawerke und auf diese Weise mit dem Festland verknüpft. Ich habe noch das Bild vor Augen, als wir in »De Helle« (so heißt der Bauernhof) zum ersten Mal eintrafen: ein massives, aber vom Wasser gezeichnetes Steinhaus und eine halb verfallene Scheune. Nein, der erste Eindruck war nicht besonders einladend, aber während der Woche, in der wir dort wohnten, fühlten wir uns mehr und mehr zu Hause. Seitdem schlossen sich über die Jahre weitere Kinderfreizeiten an, Haus und Gelände wurden renoviert und immer schöner und die Freizeiten immer größer. Heute ist ein stattliches Freizeitzentrum daraus geworden (www.de-helle.de), und noch immer reisen Kinder und Erwachsene dorthin, um sich an Leib und Seele zu erholen. Für Kinder gab es zu Beginn der 60er-Jahre ja kaum Freizeitangebote, schon gar nicht im Ausland. Da sprachen sich unsere Ronsdorfer Hollandfreizeiten schnell herum und wurden zu einem attraktiven Angebot für viele Kinder, auch außerhalb unserer Gemeinde und unseres Ortes.

Nun hatte ich einen Freund. Er hieß Werner Krause und wohnte in Schwerte, einer Stadt knapp 50 Kilometer von Ronsdorf entfernt. Wir lernten uns bei einer Schulung für Jungscharmitarbeiter kennen, und zwar auf dem bereits erwähnten Wartenberg. Werner und ich verstanden uns sofort und wurden enge Freunde. Er leitete in Schwerte eine Kindergruppe und interessierte sich auch für unsere Hollandfreizeiten. Vermutlich nahm er mit seinen Jungen und Mädchen aus Schwerte 1960 zum ersten Mal daran teil. Aber ich erinnere mich viel mehr an das Jahr 1961. Wieder stand eine Hollandfreizeit auf dem Programm, und Werner reiste mit seiner Gruppe bereits am Vorabend an. Von Ronsdorf sollte es dann am nächsten Morgen mit zwei Bussen auf die Reise gehen. Werner und ich übernachteten in einem Zimmer über unserer Wohnung in der Blombachstraße, dort redeten wir miteinander bis in die Nacht hinein. Wir hatten beide die Sehnsucht, von Gott gebraucht zu werden, und dafür beteten wir auch. Und beide hatten wir das Empfinden, Gott wolle während der vor uns liegenden Freizeit etwas ganz Besonderes tun.

Es werden ca. 80 Kinder gewesen sein, die daran teilnahmen, auch ein großes Mitarbeiterteam gehörte dazu. Und wir erlebten stärker als sonst das Reden Gottes unter uns. Eine Reihe von Kindern kam zum Glauben an Jesus Christus. Die Gefahr, dass Kinder sich dabei gegenseitig beeinflussen und manipulieren, war uns durchaus bewusst, deshalb versuchten wir, dem entgegenzusteuern. Kamen Kinder noch am späten Abend, um Glaubensgespräche mit uns Mitarbeitern zu führen, so schickten wir sie erst einmal ins Bett und verschoben das Gespräch auf den nächsten Tag. Meist hielten die Betroffenen an ihrem Wunsch fest und standen am nächsten Morgen wieder auf der Matte. Niemand von uns konnte in die Herzen der Kinder sehen, aber wir hatten den Eindruck, dass ihre Motive echt waren. Rückblickend rate ich dringend, Kinderbekehrungen ernst zu nehmen. Aber gleichzeitig rate ich auch, ein Kind dabei niemals zu drängen. Als Mitarbeiterinnen und Mitarbeiter können wir höchstens Hebammen des neuen Lebens sein, nicht mehr. Und auch das nur mit großer Zurückhaltung und Geduld für das werdende Leben!

Auch wir Mitarbeiterinnen und Mitarbeiter wurden während dieser Freizeit in besonderer Weise vom Geist Gottes berührt. Ich erinnere mich noch, dass wir nach einem Zusammensein des Mitarbeiterkreises am späten Abend im Jungenschlafraum von Bett zu Bett gingen, um für die schlafenden Jungen zu beten. Wer die spätere Geschichte der FeG Ronsdorf kennt, wird immer wieder auf Menschen stoßen, deren Christsein dort in Holland seinen Anfang nahm.

Die Freundschaft mit Werner hatte über die Hollandfreizeiten hinaus Bestand. Wir unternahmen Ausflüge und führten immer wieder lange Gespräche miteinander. Und wir konnten über alles reden! Später verbrachten wir zwei Jahre gemeinsam auf dem Kronberg in Ewersbach. Ich studierte am Predigerseminar, Werner besuchte die Bibelschule. Im Nachbarort Steinbrücken lernte er dann seine Frau Bärbel kennen und lieben. Eines Abends, während eines Spaziergangs, erzählte er es mir, ich hatte nichts davon bemerkt. Edelgard und ich waren später auf der Hochzeit der beiden dabei.

Als ich dann Gemeindepastor in Hamburg war, haben wir noch öfter miteinander telefoniert. Aber die Kontakte wurden seltener, später hatten wir uns ein gutes Stück aus den Augen verloren. Umso schöner war ein Wiedersehen, das 2003 noch einmal zustande kam. Ich hatte in Pinea bei Calvi auf Korsika die Andachten übernommen, und – überraschend für Edelgard und mich – auch Werner und seine Frau Bärbel waren unter den Gästen. So verabredeten wir uns an einem Abend in einem Hafenrestaurant. Es war der Hochzeitstag der beiden, Werner und Bärbel hatten das Restaurant ausgesucht. Es war malerisch: Von unserem Tisch aus sahen wir, wie der Himmel sich im Licht der untergehenden Sonne färbte, die Farben spiegelten sich auf der weiten Wasseroberfläche der Calvi-Bucht. Und es war zwischen uns wie in alten Zeiten: Wir lachten und erzählten uns viel miteinander. Umso erschrockener war ich, als mich Bärbel drei Jahre später anrief und von Werners Krankheit erzählte. Jesus rief ihn am 16. September 2007 zu sich in sein himmlisches Reich. Vorher haben wir uns noch einmal in Meschede im Sauerland getroffen. Werner war dort in der Klinik. Ich betete um Heilung für ihn, Gott hatte es anders geplant.

Erste Liebe

Es gab damals nicht nur die großen Sommerfreizeiten, auch Wochenendfreizeiten waren sehr beliebt, und ein bevorzugter Ort dafür war der Wartenberg. Mit dem Zug brauchten wir von Ronsdorf etwa anderthalb Stunden dorthin. Vor allem für die Freien evangelischen Gemeinden des Ruhrgebiets hatte das dort errichtete Jugendheim eine große Bedeutung. Es gab ja noch den »Ruhrpott« im klassischen Sinn – mit rauchenden Schloten und der durch viele Schadstoffe belasteten Luft. Da war es Gold wert, ein Ausflugsziel im nahen Ardeygebirge zu haben – Naherholungsgebiet nannte man das.

Im Frühjahr 1961 waren wir Ronsdorfer zweimal im Abstand von nur einer Woche auf dem Wartenberg, zuerst als Mitarbeiterkreis der Sonntagsschule, dann eine Woche später mit den Kindern, die mit 14 Jahren aus der Sonntagsschule verabschiedet wurden. Dabei fiel mir eine »Diakonische Helferin« auf. Erst wenige Jahre zuvor hatte Paul Lenz, der damalige Bundesjugendpfleger des BFeG, zum ersten Mal zu einem »Diakonischen Jahr« aufgerufen, und erstaunlich viele junge Mädchen waren diesem Aufruf gefolgt. 70 Mark Taschengeld bekam eine Diakonische Helferin, außerdem wurden die Fahrtkosten für die Hin- und Rückfahrt übernommen. Bei unserer ersten Wochenendfreizeit schnappte ich ein paar Sätze des Hausvaters Adolf Rudloff auf, der meinem Vater erzählte, wie fleißig und gewissenhaft diese Diakonische Helferin mit anpackte. Die Stelle auf dem Wartenberg war für ein halbes Jahr eingerichtet – genau passend für Edelgard, meine jetzige Frau, die danach wieder in ihre bisherige Anstellung als Industriekauffrau zurückkehrte.

Ich kann mich nicht erinnern, dass wir Ronsdorfer in irgendeinem anderen Jahr zwei Wochenendfreizeiten hintereinander auf dem Wartenberg hatten, 1961 war das der Fall, und so hatte ich eine Woche später noch einmal die Gelegenheit, dieses sympathische junge Mädchen zu sehen. An diesem zweiten Wochenende unternahmen wir als komplette Gruppe einen Spaziergang zum nahe gelegenen Steinbruch, von dem aus man weit über die Ruhr hinweg auf Bommern sieht, auf den Stadtteil also, in dem Edelgard und ich später fast 30 Jahre mit unseren beiden Kindern gewohnt haben. Allerdings bekam ich 1961 nur wenig davon mit, mein

Sehvermögen engte sich mehr und mehr auf die Diakonische Helferin ein.

Nach diesem zweiten Aufenthalt vergaß ich auf dem Wartenberg meine Bibel, und ich weiß wirklich nicht mehr, ob das rein zufällig oder aus Absicht geschah. Auf jeden Fall hatte ich einen Grund, der Diakonischen Helferin zu schreiben, ich würde in den nächsten Wochen einmal vorbeikommen, um die Bibel abzuholen. (Warum schrieb ich nicht einfach dem Hausvater?) Und sie schrieb mir tatsächlich zurück! Was gäbe ich darum, diesen Brief noch zu haben! Aber meine Frau hat unsere gesamte umfangreiche Korrespondenz von damals schon vor Jahren »entsorgt«, als unsere Kinder begannen, Postbote zu spielen.

Am 13. Mai 1961 kreuzte ich also zum dritten Mal auf dem Wartenberg auf, und das nicht nur, um meine Bibel abzuholen. Ich weiß nicht mehr, worüber wir an diesem ersten gemeinsamen Abend gesprochen haben, aber wir machten einen weiten Spaziergang durch die Ruhrberge. Es wurde langsam dunkel, und wir küssten uns. Haben wir uns dabei etwas gesagt oder geschwiegen – auch das weiß ich nicht mehr. Aber ich weiß noch, welche Kleidung Edelgard trug und meine noch, ihr Parfum zu riechen …

Nie vergesse ich meinen ersten Besuch bei Edelgards Eltern in Halver, der Heimatstadt meiner Frau. Mir fiel es nicht leicht, mich ihren Eltern vorzustellen, und ich zögerte die Begegnung möglichst lange hinaus. Als dann der Besuch nicht weiter aufzuschieben war, machte ich mich auf den Weg nach Halver. Ich fuhr mit dem Linienbus durch den ganzen Ort, bis ich am Ortsausgang schließlich aussteigen musste, um nicht im nächsten Ort zu landen. Dann ging ich durch die Straßen den Weg zurück zu ihrem Elternhaus, drückte den Klingelknopf an der Tür und wurde mit großer Herzlichkeit empfangen. Schon nach den ersten Sätzen mit Edelgards Mutter und ihrem Vater (der sich immer schon einen Sohn gewünscht hatte) war alle Fremdheit verflogen, und ich habe mich bei ihnen schnell zu Hause gefühlt.

Auch Edelgard besuchte mich in Wuppertal. Zuerst kam sie auf Einladung meiner Mutter, ich wusste gar nichts davon. Plötzlich stand sie im Winter 1961 in unserer Küche – und nicht nur sie, sie hatte ihre Schwester Waltraud zur Verstärkung mitgebracht. Ich kam in die Wohnung und fiel aus allen Wolken, als ich Edelgard sah, und irgendwie waren mir die einfachen Verhältnisse bei uns zu Hause ein wenig peinlich. Es war der Adventssonntag, an dem die große Weihnachtsfeier unserer Sonntagsschule im Dürselenhaus stattfand, und ich war voll beschäftigt damit und gar nicht so traurig darüber.

Danach hatten wir fast noch ein Jahr vor uns, bevor im Oktober 1962 meine theologische Ausbildung begann. Ich lernte während dieser Zeit den Fahrplan des öffentlichen Busverkehrs zwischen Ronsdorf und Halver (mit zweimaligem Umsteigen!) immer besser kennen. Auch unsere Familien verstanden sich gut, und unsere Freundeskreise nahmen uns gegenseitig auf – was ja keinesfalls selbstverständlich war. Edelgard hatte eine Clique in Halver, mit der sie sich bestens verstand, und ich meinen Kreis in Ronsdorf, in dem ich zu Hause war. Im August 1962 nahm Edelgard sogar schon als Mitarbeiterin an der Hollandfreizeit teil. Die Monate vergingen schnell, je mehr unsere Liebe zueinander wuchs, desto mehr fürchteten wir uns vor der langen Zeit, die noch vor uns lag.

TEIL 2

1962–1966:
THEOLOGISCHE
AUSBILDUNG
IN EWERSBACH

Mein Weg auf den »heiligen Berg«

In pietistischen Kreisen redet man oft vom »vollzeitlichen Dienst«. Gemeint ist in der Regel eine hauptberufliche Tätigkeit innerhalb der christlichen Welt. Ich liebe diesen Begriff nicht, weil er schnell zu Missverständnissen führen kann. Schließlich lebt jeder Christ vollzeitlich für Christus, egal in welchem Beruf er tätig ist. So sollte es zumindest sein.

Der Gedanke an eine theologische Ausbildung begleitete mich schon vor meiner Lehre als Werkzeugmacher. Mit 17 Jahren schrieb ich zum ersten Mal die »Bibelschule Bergstraße« an und erkundigte mich dort nach den Aufnahmebedingungen. Vermutlich durch meinen Gemeindepastor angeregt, richtete ich dann den Blick auf die theologische Ausbildungsstätte des BFeG in Ewersbach. Allerdings waren damit für mich einige Barrieren verbunden. Ich hatte ja weder Mittlere Reife noch Abitur – würde ich mit einem einfachen Volksschulabschluss das dortige Lernpensum bewältigen können? Außerdem war ich seit über einem Jahr in ein Mädchen verliebt, und für sie und mich war das von Anfang an keine Spielerei. Ich hatte gehört, dass eine Liebesbeziehung in Ewersbach unerwünscht sei, dachte aber nicht daran, sie deshalb aufzugeben. Offen gesagt, war die Liebe zwischen meiner Freundin Edelgard und mir in dem Jahr, seit wir uns kannten, erheblich tiefer und stärker geworden. Als ein umfangreicher Fragebogen des Ewersbacher Predigerseminars (heute: Theologische Hochschule) bei mir eintraf, fand ich dort unter anderem die Frage: »Sind Sie verlobt – heimlich oder öffentlich?« Ich kreuzte »heimlich verlobt« an, beantwortete auch die anderen Fragen und schickte den Bogen zurück. Einige Wochen später bekam ich die Zusage zum Studium. Es sei alles für mich bereit, las ich. Anfang Oktober 1962 sollte es losgehen.

Am Wochenende davor hatten wir in Ronsdorf noch unseren »Hollandabend«. Dafür wurde jeweils eine umfangreiche Tonbildserie zusammengestellt. Hier führte mein Cousin Hans-Hermann Regie, in seinen VW-Bus hatte er ein ganzes Studio eingebaut, mit dem er während der Hollandfreizeiten viele Foto- und Tonaufnahmen machte. Da eine ganze Reihe Kinder aus kirchen- und gemeindefremden Familien kam, erreichten wir über diese Abende auch Eltern, die sonst kaum Berührung mit der FeG oder einer Kirche hatten.

Auch Edelgard hatte an der Hollandfreizeit im Sommer 1962 mit ihrer Mädchenjungschar aus Halver teilgenommen und war deshalb ebenfalls beim Hollandabend dabei.

Nie vergesse ich den herbstlichen Montagmorgen danach, als ich sie in der Frühe zum Bus nach Lennep brachte. Es war ja ungewiss, wann wir uns wiedersehen würden. Nach der Ewersbacher Seminarordnung sollte eine Heimreise erst in den Weihnachtsferien möglich sein. Der Abschied von ihr schmerzte mich geradezu körperlich, und als der Bus meinen Blicken entschwand, heulte ich wie ein Schlosshund. Dann musste auch ich mich auf den Weg machen. Es war eine aufwendige Reise mit der Bahn über Siegen nach Dillenburg, von dort mit einem Bummelzug durchs Dietzhölztal bis nach Ewersbach. Immer noch habe ich die Stimme eines älteren Seminaristen im Ohr, der uns auf dem Ewersbacher Bahnsteig mit lauter Stimme willkommen hieß und einige organisatorische Anweisungen gab. Dann begann der Aufstieg auf den »heiligen Berg«.

Ewersbach liegt fast am Ende des Dietzhölztals. Das Tal ist nach dem kleinen Fluss »Dietzhölze« benannt, der nach ca. 15 Kilometern bei Dillenburg in die Dill mündet. Bis zum Ausbruch des Zweiten Weltkrieges befand sich die »Predigerschule« noch in Wuppertal, erst nach Kriegsende verlegte man die theologische Ausbildungsstätte des BFeG nach Ewersbach. Dabei wurden die Baracken eines ehemaligen Arbeitslagers umfunktioniert. Anfang der 60er-Jahre baute man auf dem weitläufigen Gelände ein Seminargebäude mit Unterrichtsräumen und ein Altenheim. Aber die

Seminaristen (heute: Studierenden) wohnten nach wie vor in den nicht einmal ungemütlichen Holzbaracken. Das Gelände des Predigerseminars liegt am Hang des fast 700 Meter hohen Eichholzkopfes auf dem »Kronberg« und ist umgeben von weiten Wäldern. Hin und wieder hatte es Diskussionen gegeben, ob das Seminar nicht in einer Großstadt besser aufgehoben sei. Doch trotz eifriger Befürworter blieb man in dieser relativ abgelegenen Gegend.

Nun sollte das weitläufige Gelände also für vier Jahre mein Zuhause sein – eine große Umstellung für jemand, der das Leben auf dem Land nicht kennt. Ich kann nicht behaupten, dass ich meine Zeit dort mit großer Begeisterung begann. Mein Zimmer teilte ich mit einem anderen Wuppertaler. Wir kannten uns nur flüchtig, waren aber beide hocherfreut, uns zu begegnen und zusammen zu wohnen. Gerhard kam aus Vohwinkel und war ein großer, fürsorglicher und sehr verlässlicher Zimmergenosse.

Der erste Morgen begann mit einer Begrüßungsfeier im Seminargebäude, alle Lehrer und Seminaristen nahmen daran teil (Seminaristinnen gab es nicht, sie waren noch nicht zugelassen). Unser Anfängerjahrgang bestand aus zwölf Personen, die aus sechs verschiedenen Nationen kamen: Brasilien, Dänemark, Griechenland, den Niederlanden, der Schweiz und aus Deutschland. Nicht alle wollten das komplette Studium absolvieren, einige wie der Däne Frede und der Grieche Spiros hatten von Anfang an einen kürzeren Aufenthalt geplant. Allerdings wurden beide – trotz ihres kürzeren Aufenthaltes – sehr beschenkt: Beide fanden nämlich ihre Ehefrauen in Ewersbach. Sie waren Mitglieder der dortigen FeG und halfen manchmal bei diakonischen Arbeiten auf dem Kronberg aus. In diesen Zusammenhang gehört der damals gebräuchliche Satz: »Schwestern schlagt die Augen nieder, um die Ecke kommen Brüder ...«

Von Anfang an faszinierte uns die Vielfalt in unserer Klasse, in ihr kamen ja ganz unterschiedliche Typen, Frömmigkeitsstile und Kulturen zusammen. Das war ein Reichtum, den es über das Unterrichtspensum hinaus zu entdecken galt. Also hockten wir nicht nur auf unseren Buden und paukten griechische und (im zweiten Jahr) hebräische Vokabeln. Wir trafen uns auch bei Rik und Walter, denn sie bewohnten das größte Zimmer, und darin hatten alle Platz.

Aber wir lernten auch unsere Lehrer und ihre Eigenheiten kennen. Da war Hermann Ruloff, den wir ein wenig respektlos »Onkel Hermann« nannten; er versuchte uns die griechische Sprache und Kirchengeschichte nahezubringen. Heinrich Wiesemann war ein beeindruckender Alttestamentler, der nicht nur Hebräisch, Archäologie und Altorientalische Völkerkunde unterrichtete – er lebte auch (fast) wie ein Patriarch des Alten Testamentes und sah entsprechend aus. Mit seinem schlohweißen gewellten Haar erinnerte er uns an die Väter Israels, ganz zu schweigen von seiner großen Familie (16 Kinder) und den Schafen auf seiner Weide. Friedhelm Schirmer war der Jüngste im Lehrerkollegium, er unterrichtete Griechisch, Deutsch und Literaturgeschichte. Da er außerdem ein begeisterter Musiker war und den »Brüderchor« leitete, fand ich zu ihm besonders schnell Kontakt. Manchmal begleitete ich ihn sonntagnachmittags bei seinen Predigtdiensten und spielte in den Gemeinden die Orgel. Das waren meist elektronische Instrumente, die in den 60er-Jahren in Mode kamen.

Der Lehrer, von dem ich geistlich am meisten profitierte, war Dr. Fritz Laubach. Er unterrichtete Dogmatik, Ethik, Neutestamentliche Exegese und Philosophie. Fritz Laubach kam ursprünglich nicht aus frommen Verhältnissen, erst als junger Mann hatte er zum Glauben gefunden und daraufhin Theologie studiert und promoviert. Einige Jahre war er in der Studentenmission (SMD) tätig, dann wurde er Prediger einer Freien evangelischen Gemeinde im Siegerland. Seit einigen Jahren unterrichtete er nun in Ewersbach und machte uns unter anderem mit den Irrwegen der sogenannten »modernen Theologie« bekannt. Manchmal teilte er uns sehr persönlich mit, worauf es im Glauben wirklich ankommt.

Arthur Katzenmeier war der »Hausvater« des Predigerseminars, wenigstens wollte er das gerne sein. Er teilte uns während der
Woche zum Arbeitsdienst ein. Dieser Dienst bestand in der Regel
aus einer praktischen Tätigkeit am Montagvormittag und jeweils
zwei Mittagsstunden an den übrigen Wochentagen. Es gab Jahres-
zeiten, da ging es dabei ausschließlich um die Beseitigung herbst-
licher Blätter und großer Mengen von Schnee. Aber es gab
(manchmal) auch sehr nützliche Tätigkeiten. Zum Beispiel arbeitete ich monatelang mit Werner zusammen, der von Haus aus
Anstreichermeister war. Wir haben viele Wände und Decken gemeinsam tapeziert und gestrichen. Deswegen war ich später bei
unseren Wohnungsumzügen nie mehr auf einen Tapezierer oder
Anstreicher angewiesen und konnte viele Kosten sparen. Eine besondere Beziehung hatte ich zu Rik. Er lebte zwar in der Schweiz,
war aber Niederländer, und durch unsere Hollandfreizeiten fühlte
ich mich zu ihm besonders hingezogen. Rik und ich verbrachten
zeitweise unseren Arbeitsdienst im Altenheim. Freitags badeten
und wuschen wir einen älteren Herrn, der sein Leben im Rollstuhl
zubringen musste und zur Ganzkörperwäsche allein nicht fähig
war. Nicht immer trafen wir die für ihn richtige Wassertempera-
tur, manchmal war ihm das Wasser in der Wanne zu kalt. Heute
frage ich mich: Waren wir sensibel genug, um ihm unseren Badedienst so angenehm wie möglich zu gestalten? Hin und wieder
gingen wir sicher zu locker mit ihm um.

Gute Voraussetzungen für den »Hirtendienst«

Aber vor allem waren wir in Ewersbach, um zu studieren und uns
auf unseren späteren »Hirtendienst« vorzubereiten. Wenn ich
mich richtig erinnere, hat es bei mir während dieser Zeit nie große
Zweifel an meiner Berufung gegeben. Im Gegenteil, immer mehr
schälte sich heraus, dass der Dienst eines Predigers Gottes Auftrag

für mich war. Und heute weiß ich besser als damals: Meine Vorgeschichte in Familie und Gemeinde bot mir beste Voraussetzungen dazu.

Erstens hatte ich in Wuppertal viele Prediger gehört, die mich prägten. Einige von ihnen habe ich bereits genannt. Einen anderen muss ich noch nennen. Mein Vater gebrauchte in seinen Andachten mit Vorliebe die kleinen Erzählungen des Essener Pfarrers Wilhelm Busch. Auch mich sprachen sie an. Als Teenager hatte ich Wilhelm Busch in der Wuppertaler Stadthalle predigen gehört. Busch war ein meisterhafter Erzähler, und unmittelbar in seine Geschichten integriert war Jesus, die zentrale Person seiner Verkündigung. Er war in allem, was er tat, Jesus-zentriert. Sein Buch »Jesus unser Schicksal« besteht nur aus leicht korrigierten Mitschnitten seiner Predigten, aber bis heute finden Menschen durch dieses Buch zum Glauben. Von Wilhelm Busch habe ich alles gelesen, was mir in die Hände kam. Nein, man soll Vorbilder nicht kopieren, sondern kapieren. Aber genau darum ging es mir, und einige der Männer und Frauen, die ich während meiner Kindheit und Jugendzeit hörte, boten mir beste Möglichkeiten dazu.

Eine zweite gute Voraussetzung für meinen späteren Dienst war das sehr unmittelbare Leben mit Jesus in unserer Familie. Nein, sie war in keiner Weise fehlerlos. Im Gegenteil, unser Elternhaus war und ist auch verknüpft mit einer Schuldgeschichte, und darüber berichte ich später in diesem Buch noch mehr. Aber nie hatten wir Kinder den Eindruck, dass uns hier etwas Unechtes aufgetischt wird. In unserer Familie wurde kein Hebel umgelegt, um in einer fernen geistlichen Welt Jesus Christus zu erleben. Er gehörte ganz und gar zu unserer Lebenswirklichkeit. So haben es uns unsere Eltern und eine Reihe von Menschen in der Gemeinde vorgelebt.

Und dann war da drittens noch das nicht zu unterschätzende Praxisfeld. Ich bin ja aus der Arbeit mit Kindern in Sonntagsschule und Jungschar niemals verabschiedet worden. Schritt für Schritt wurde ich in die aktive Mitarbeit hineingeführt. Schon früh durfte ich erste Andachten halten, in der Jungschar Geschichten erzählen und Sonntagsschullektionen übernehmen. Selbst unser Gemeindepastor nahm uns als junge Leute in die Predigtarbeit hinein. Manchmal teilte er einen Bibeltext in einzelne Abschnitte auf und wies jedem von uns einen Textabschnitt zu. So lernte ich, vor Menschen zu reden. Das war eine enorme Hilfe für mich – gerade auch für meinen weiteren Weg. Der Baptistenprediger Charles Haddon Spurgeon (1834–1892) legte großen Wert darauf, dass die Studenten an seinem Seminar bereits *vor* dem Studium praktische Erfahrungen in der Gemeindearbeit hatten. Dabei filtert sich in vielen (nicht in allen) Fällen bereits heraus, ob jemand wirklich berufen ist.

Die Bibel im Mittelpunkt

Aber so wichtig die Praxis auch sein mag, die Theorie darf nicht unterschätzt werden. Wer immer nur predigt und wenig darüber weiß, wie er biblische Schätze heben und verwenden kann, steht in der Gefahr, bald gar nichts mehr weitergeben zu können und damit nichtssagend zu werden. Genau das sollte mir nicht passieren. Deshalb war ich auf dem Kronberg.

Es ist schwer, auf diesen wenigen Seiten zusammenzufassen, worin für mich das Studium in Ewersbach im Wesentlichen bestand. Ich bin überzeugt, es war wichtig, die biblischen Sprachen Griechisch und Hebräisch zu lernen, auch wenn ich gestehen muss, dass ich darin nie ein Meister war. Aber ihre Kenntnis ist für mich ein Schlüssel, biblischen Begriffen sorgfältig nachzugehen, ganz zu schweigen vom Lesen biblischer Kommentare. Zu den Kernbereichen meiner Ausbildung gehörten auch die Fächer Bibelkunde und Exegese. Der Unterrichtsstoff war zwar auf relativ wenige biblische Bücher und Texte begrenzt und konnte selbstverständlich nicht die gesamte Heilige Schrift umfassen. Aber er war ein guter Schlüssel zum eigenen Umgang mit dem Wort Gottes und der persönlichen Predigtvorbereitung. Und dann war da die Dogmatik, ein mir bis dahin völlig fremdes Gebiet. Nie zuvor hatte ich mich systematisch mit der Lehre vom Glauben beschäftigt, geschweige denn gefragt, worin genau die Glaubenslehre der Freien evangelischen Gemeinden besteht und welche Entwicklungen sie in unserer »Freikirche« genommen hat.

Unvergesslich ist mir in diesem Zusammenhang, wie uns Fritz Laubach den Theologen Karl Heim (1874–1958) und sein mehrbändiges Werk »Evangelischer Glaube und das Denken der Gegenwart« nahebrachte. Schade, dass diese wertvollen Bücher heute nur noch antiquarisch zu haben sind. Heims naturwissenschaftliche Erkenntnisse mögen ja zum Teil überholt sein, aber die Art und Weise, wie er Naturwissenschaft und Glaube verknüpfte, ist geradezu beispielhaft. Sie erinnert mich an den englischen Theologen John Stott (1921–2011), der von der Notwendigkeit des »Double Listening« sprach. Ich werde das später noch einmal aufgreifen.

Wenn ich meine theologische Ausbildung von damals mit dem Lehrplan unserer heutigen Theologischen Hochschule in Ewersbach vergleiche, wird mir bewusst, wie einfach und bescheiden das alles war. Es sind damals auch Fächer unterrichtet worden, deren Bedeutung man in keiner Weise gerecht wurde. Das gilt zum Beispiel für »Psychologie« und ähnlich leider auch für »Seelsorge«.

Doch das Wichtigste war und ist auch heute noch der Umgang mit dem Wort Gottes, der Heiligen Schrift. Von meinen Lehrern und auch von den Vätern des BFeG habe ich gelernt, dass wir in unseren Gemeinden zwar kein bestimmtes und ausformuliertes Inspirationsdogma haben (und uns auch auf keines festlegen lassen sollten), aber an die Inspiration der ganzen Bibel glauben. Wenn ich es richtig mitbekommen habe, gab es damals innerhalb der Lehrerschaft keine grundsätzliche Kritik an der Heiligen

Schrift. Aber es gab Spannungsfelder im Blick auf einzelne Aus-
legungsbereiche der Bibel. Es muss eine der ersten Unterrichts-
stunden gewesen sein, als wir Neulinge unseren Lehrer Heinrich
Wiesemann nach der Bedeutung des Wortes »Verbalinspiration«
fragten. Wir hatten es irgendwo aufgeschnappt und wollten ein
wenig mehr darüber wissen. Doch er reagierte sehr aufgeregt, griff
mit zittrigen Händen nach der schmalen Kollegmappe, die er
meist vor sich liegen hatte, und bemühte sich schließlich, uns die
Bedeutung dieses Begriffes zu erklären.

Ich weiß nicht mehr, was er dazu sagte, erst später erfuhr ich
den Hintergrund seiner Nervosität. Es gab im BFeG eine Ausei-
nandersetzung über die endzeitliche Bedeutung des Volkes Israel.
Einige (auch Mitglieder der Bundesleitung) unterstellten Heinrich
Wiesemann, der das Volk Israel sehr liebte, mindestens in dieser
Sache ein liberales und kritisches Bibelverständnis. Das hat ihn tief
getroffen. Später brachte er zu der umstrittenen Thematik sein
Buch »Das Heil für Israel« heraus, und es erschien im Stuttgarter
Calwer Verlag, was als Affront gegen den BFeG und seinen Bun-
des-Verlag aufgefasst werden musste. Aber hätte der Bundes-Ver-
lag dieses Buch je veröffentlicht? Mit Sicherheit nicht.

1963 brachte Gerhard Bergmann sein Buch »Alarm um die
Bibel« heraus. Ich kannte ihn aus Halver, der Heimat meiner Frau,
und mich störte, mit welcher Arroganz (so empfand ich es) manche meiner Lehrer über dieses Buch und die sich bildende »Bekenntnisbewegung« urteilten. Nein, vonseiten der Lehrerschaft
habe ich keine bibelkritischen Aussagen gehört, aber ich empfand
manchmal eine gewisse Überheblichkeit in der Art, wie man das
eigene theologische Denken mit anderen Personen und Bewegungen im Reich Gottes verglich. Das betraf auch so manche Äußerungen über Evangelisten und Missionswerke. Männer wie Leo
Janz und Anton Schulte, die mir aufgrund meiner persönlichen
Geschichte viel bedeuteten, wurden belächelt, ihre Evangelisationen als zu simpel und vor allem zu emotional bezeichnet. Oft

empfand ich, sie verteidigen zu müssen, was mir natürlich nicht gelang. Dafür war ich ein viel zu kleines Licht.

Erste Begegnungen mit Gemeinden

Aber es gab nicht nur das Studium in der Abgeschiedenheit des »Heiligen Berges«. Wichtig für mich waren auch die Begegnungen mit den Gemeinden. Das Dietzhölztal und das hessische Hinterland (Kreis Biedenkopf) sind ein altes Erweckungsgebiet, und es gibt in ihm eine ungewöhnliche Dichte von FeGs. Selbst in kleinsten Dörfern versammeln sich Sonntag für Sonntag erstaunlich viele Menschen, um auf das Wort Gottes zu hören. Es war vor allem im 19. Jahrhundert, als junge Männer aus dieser Gegend im Siegerland Arbeit fanden und dort mit lebendigen Christen in Berührung kamen. An den Wochenenden kehrten sie dann zurück in ihre Dörfer und brachten das Evangelium mit. So kam das Feuer der Erweckung ins hessische Hinterland. Aber so gespannt ich auch auf die Früchte dieser alten Erweckung war, so sehr wurde ich auch enttäuscht. In einigen Gemeinden schien das geistliche Leben erkaltet und verkrustet zu sein. Die Form war ihnen wichtiger geworden als der Inhalt. Das ist ein oft zu beobachtendes Phänomen in der Kirchengeschichte und ein typisches Merkmal für den Abkühlungsprozess geistlichen Lebens.

Schon in den ersten Wochen meines Studiums besuchte ich eine Familie, die ich aus Ronsdorf kannte, und ich besuchte nicht nur sie, sondern auch den Gottesdienst ihrer Gemeinde. Frauen und Männer saßen streng voneinander getrennt, und als auf der Männerseite keine Sitzgelegenheiten mehr waren, holte man mit viel Aufwand Stühle aus einem Nebenraum. Keiner der Männer kam auf den Gedanken, sich auf die linke Seite der Frauen zu setzen, was problemlos möglich gewesen wäre, denn dort waren noch viele Plätze frei.

59

In einer anderen Gemeinde wollte ich mich nach dem Schluss- und Segensword auf den Weg zum Ausgang machen, als ich bemerkte, dass alle Männer sitzen blieben. So nahm auch ich wieder Platz. Erst als die letzte Frau den Saal verlassen hatte und die Tür am Ausgang ins Schloss fiel (ich habe das Geräusch noch im Ohr), kam Leben in die »Brüder«. Sie standen auf und unterhielten sich und machten sich schließlich auch auf den Weg nach draußen. Als ich sie fragte, weshalb sie sich so verhielten, hatte keiner eine Antwort darauf. Es war eben so – und vor allem: Es durfte nicht geändert werden.

Einmal habe ich erlebt, dass die alten »Brüder« kein »Amen« sprachen, als eine »Schwester« betete. Das öffentliche Gebet einer Frau entsprach nicht ihrer Tradition. Hätte ich sie darauf angesprochen und nach einer Begründung gefragt, hätten sie mir vermutlich gesagt, dass es biblisch sei. Aber es wäre ihnen schwergefallen, eine entsprechende Bibelstelle zu nennen – die gibt es nämlich nicht. Einige Male ist mir auch in späteren Jahren begegnet, dass »biblisch« einfach als Synonym für »traditionell« gebraucht wurde.

Umso schöner ist es, wenn ich heute erlebe, wie viele dieser Gemeinden sich positiv verändert haben. Sie feiern Gottesdienste in großer Freude und Natürlichkeit und öffnen ihr Zusammensein für neue Besucherinnen und Besucher. Auch in der Gemeinde, zu der meine Bekannten aus Ronsdorf gehören, ist das so. Selbst einem Bürgermeister fiel diese positive Veränderung auf. Freudestrahlend erzählte er mir, wie sich aus seiner Sicht die FeGs in seiner Gegend verändert hätten. Früher hätten sie im Dorf meist ein abgekapseltes und auf sich bezogenes Leben geführt, doch das sei heute anders. »Wenn im Dorf ein Fest gefeiert wird, sind sie dabei«, sagte er, »und wenn wir Probleme haben, dann helfen sie mit, sie zu lösen.«

Neue Freundschaften

Nun konnte man am Ewersbacher Predigerseminar neben der vierjährigen theologischen Ausbildung für Pastoren auch eine zweijährige Bibelschule absolvieren. Zeitweise nahmen die Bibelschülerinnen und Bibelschüler an unserem Unterricht teil, zum Teil hatten sie eigene Unterrichtseinheiten. Zusätzlich wurden sie zu praktischen Übungen, bei Kinderwochen und Jungscharstunden in Gemeinden eingesetzt. Da ich mein altes Akkordeon nach Ewersbach mitgebracht hatte, war ich dabei ein begehrter Begleiter.

Auch mein Freund Werner Krause wurde Schüler dieser Bibelschule. Wir wohnten zusammen und genossen die gemeinsame Zeit. Ich habe bereits berichtet, dass er in einem Nachbarort seine Frau gefunden hat.

In dieser Zeit sind noch weitere Freundschaften gewachsen. Von Rik habe ich bereits erzählt. Neben dem Badedienst sangen wir auch gemeinsam im Altenheim. Rik spielte wie ich begeistert Gitarre. Ich denke zurück an eine alte Dame, bei der wir hin und wieder als Duett auftraten. Sie konnte außerordentlich schlecht hören, trotz eines großen Hörrohres, das sie uns während des Singens entgegenstreckte. Folglich setzten wir unsere ganze Stimmgewalt ein, um sie mit unseren Liedern zu erreichen. Das kam uns dann aber selbst so merkwürdig vor, dass wir in schallendes Gelächter ausbrachen – was sie sichtlich irritierte und uns selbstverständlich peinlich war.

Auch Erhard Diehl aus der alten westfälischen Hansestadt Soest lernte ich in Ewersbach kennen. Er war zwei Klassen über mir; oft haben wir uns stundenlang unterhalten oder fuhren mit seinem Motorroller zum Lahnhof, einem beliebten und urgemütlichen Restaurant. Später war Erhard als Mitarbeiter während unserer Hollandfreizeiten dabei, und als Gemeindepastor brachte er seine gesamte Nürnberger Jugendgruppe nach »de Helle«. (Er hatte nach einem Zusatzstudium in Schottland einen Dienst als Pastor in der FeG Nürnberg begonnen.)

Unvergesslich ist mir in diesem Zusammenhang auch eine Rückfahrt von Halver nach Ewersbach. Die Weihnachtsferien lagen hinter uns, und der Seminarbetrieb sollte wieder beginnen. Erhard und Werner hatten mich in Halver mit ihren Motorrollern abgeholt, und es war spät geworden. Auch Rik war dabei und saß wie ich auf dem Soziussitz. Vom Siegerland aus mussten wir die »Haincher Höhe« überqueren, einen Gebirgszug mit über 600 Meter Höhe. Es war bereits nach Mitternacht, und am Fuß des Berges stellte sich heraus, dass bei Werners Roller der Sprit ausging. Was sollten wir tun? Eine Tankstelle gab es nicht, schon gar keine, die um diese Zeit noch geöffnet hatte. Und zum Schieben war der Berg zu lang und zu steil. Einer von uns kam auf die Idee, ein wenig Benzin von dem einen Roller in den leeren Tank des anderen zu geben. Aber dazu fehlte uns ein Gefäß. Ich denke, es war Erhard, der von Weihnachten oder Silvester noch eine Flasche Sekt bei sich hatte, und uns blieb nur die Möglichkeit, die Flasche zu leeren, damit wir sie für den Sprittransfer nutzen konnten. So tranken und genossen wir also zunächst den Sekt (wenn ich mich richtig erinnere, war die Flasche nicht sehr groß), um danach den Motorrollertank mit dem notwendigen guten Tropfen zu versorgen. Auf diese Weise bezwangen wir dann die »Haincher Höhe« und landeten einige Zeit später wohlbehalten in Ewersbach.

Und da war Dieter Martschinke, der ein Jahr später als ich auf den Kronberg kam. Er weckte meine Liebe zu Negro Spirituals. Dieter kam aus Berlin, spielte Gitarre und zeigte mir Griffe, von denen ich bisher keine Ahnung hatte. Daran habe ich dann weitergearbeitet – an der Liebe zu Negro Spirituals und an raffinierten Barrégriffen auf der Gitarre. Während der Hollandfreizeiten wurde daraus später ein Männerquintett. Nach dem Vorbild des »Golden Gate Quartett« sangen Werner Krause, Erhard Diehl, mein Cousin Hansel, mein Bruder Diethelm und ich diese wunderbaren

Lieder. Selbst bei Gesangsgottesdiensten in der Renesser Kirche traten wir auf. Titel wie »Just a little talk with Jesus« und »Somebodys knocking at your door« habe ich heute noch im Ohr, und ich kann nur hoffen, dass sie auch unseren Zuhörern so viel Freude machten wie uns.

Der Kronberg und die Liebe

Wie schon berichtet, haben Edelgard und ich uns bereits ein gutes Jahr vor meiner theologischen Ausbildung in Ewersbach getroffen und lieben gelernt. Schnell wurde uns klar, dass wir unseren Weg gemeinsam gehen wollen – aber wie sollten wir eine so lange Wartezeit durchstehen? Damals war es ganz selbstverständlich, dass sich die Seminaristen während der Zeit ihrer Ausbildung nicht öffentlich verlobten. Das wurde erst nach Abschluss und bestandener Prüfung gestattet. Und eine Hochzeit war auch dann noch nicht möglich, denn das erste Jahr im Pastorendienst galt als »Probejahr«. Daraus ergab sich eine außerordentlich lange Wartezeit, und nicht alle Paare haben das unbeschadet überstanden. Manche hielten nicht durch und trennten sich. Einige meiner Leserinnen und Leser mögen jetzt denken, das sei ein guter Härtetest gewesen, doch ich glaube nicht daran. Vor allem aber glaube ich nicht an die »geistlichen« Begründungen, die diese Schulordnung untermauern sollten.

Aber davon abgesehen waren die Fahrten nach Hause, geschweige denn zu der Liebsten, während der Unterrichtswochen insgesamt nicht erwünscht. Man solle sich auf das Studium konzentrieren, hieß es. Für das Zusammensein mit Edelgard blieben also nur die Ferienzeiten. Nach wie vor arbeiteten wir im Sommer gemeinsam als Mitarbeiter bei den Hollandfreizeiten mit. Umso schwerer fiel mir danach die Rückkehr auf den Kronberg. In den beiden letzten Jahren des Studiums kamen dann noch »Weihnachtsdienste« hinzu: Wir Seminaristen wurden über die Festtage auf umliegende Gemeinden verteilt, um den dort tätigen Pastoren bei den vielen Predigtdiensten zu helfen. Das bedeutete: Wir verbrachten vielleicht noch den Heiligen Abend bei unseren Lieben zu Hause, mussten dann aber in der Frühe des ersten Weihnachtstages zu unseren Dienstorten aufbrechen.

Offen gesagt, war es für mich nur schwer einsehbar, weshalb ich am ersten und zweiten Weihnachtstag (und oft auch am Sonntag danach) über die Dörfer ziehen sollte, um dort Stunden zu halten (so hieß das damals). An den anderen Sonn- und Feiertagen des Jahres lief der Dienst dort ja auch ohne Hilfe von außen. Im letzten Jahr meines Weihnachtsdienstes habe ich meine Quartiergeber gefragt, ob ich Edelgard mitbringen dürfe. Aber sie befürchteten das Gerede im Dorf und baten mich, allein zu kommen. Es genügte damals ja schon die gemeinsame Übernachtung bei Verwandten oder Freunden, um die Fantasie der Leute anzuregen. Mag sein, dass sich daran nichts ändern ließ, aber musste man Rücksicht darauf nehmen?

Im letzten Jahr meiner theologischen Ausbildung setzte ich mich über das Verbot der Heimreise während der Unterrichtswochen hinweg. Mir stand inzwischen ein Motorrad zur Verfügung, und so machte ich mich manchmal sonntags nach dem Gottesdienst auf den Weg nach Halver, um wenigstens am Nachmittag und Abend bei meiner (heimlichen) Braut zu sein. Am frühen Montagmorgen fuhr ich mit meiner Zündapp zurück nach Ewersbach, um zum Arbeitsdienst wieder pünktlich auf dem Kronberg zu sein (montags war kein Unterricht). Im letzten Jahr hatte die älteste Klasse den Seniorendienst, das bedeutete unter anderem, um sechs Uhr morgens bereits über die Flure zu gehen und die Leute zu wecken. Manchmal traf ich nach meiner Fahrt erst kurz vor sechs Uhr am Morgen in Ewersbach ein. Um in der Frühe mit dem Motorrad nicht an allen Lehrerwohnungen vorbeizuknattern, stellte ich die Maschine an einen Feldweg unterhalb des Seminargeländes ab und ging über eine Kuhweide zu Fuß zu unserer Wohnbaracke. Zwei Stunden brauchte ich in der Regel für die knapp 100 Kilometer zwischen Halver und Ewersbach. Die A45 (Sauerlandlinie) existierte ja noch nicht, die Reise ging also über Bundes- und Landstraßen quer durchs Sauer- und Siegerland. In kalten Nächten packte ich alte Zeitungen unter meine Jacke, denn richtige Motorradkleidung hatte ich nicht. Und da es am frühen Morgen in den Tälern oft neblig war, konnte ich auch mit der dürftigen Motorradbrille nichts anfangen. So stand ich gar nicht so selten am Morgen mit roten Augen müde und durchgefroren in den Barackengängen und weckte meine Kommilitonen.

Mit dem Predigerseminar unterwegs

Dreimal waren wir während der Jahre in Ewersbach mit dem gesamten Predigerseminar zu »Evangelistischen Einsätzen« unterwegs – so hießen diese einwöchigen Veranstaltungen mit einer zum Glauben einladenden Verkündigung. Sie fanden während meiner Seminarzeit in Homberg am Niederrhein, in Hannover und in Nürnberg statt.

In Homberg schliefen wir Seminaristen in einer alten, historischen Jugendherberge (Hebeturm) am Rheinufer. Tagsüber waren wir unterwegs, um die Menschen zu den Abendveranstaltungen einzuladen. Die Stadt Homberg war damals noch eine typische Ruhrgebietsstadt mit Stahlbrennern und rauchenden Schornsteinen. Das galt noch mehr für die unmittelbar auf der anderen Rheinseite gelegene Stadt Duisburg. Diese auswärtigen Evangelisationseinsätze sollten uns Seminaristen helfen, während der theologischen Ausbildung die missionarische Praxis nicht aus dem Blick zu verlieren. In dieser Hinsicht erfüllten sie durchaus ihren Sinn.

Freie evangelische Gemeinden hatten von Beginn ihrer Geschichte an eine starke evangelistisch-missionarische Ausrichtung.

Das war durchaus gewollt. Schon der Gründer der ersten FeG in Deutschland, Hermann Heinrich Grafe (1818–1869), unternahm viel, um seine Heimatstadt Wuppertal mit dem Evangelium zu erreichen. Und er verfolgte dieses Ziel auch gemeinsam mit den Christen anderer Kirchen und Gemeinden. Den ersten Pastor der FeG Elberfeld-Barmen, Heinrich Neviandt (1827–1901), fand man oft am Sonntagmittag nach dem Gottesdienst am Elberfelder Bahnhof, wo er christliche Traktate verteilte.

Bereits 1904 wurde im BFeG ein Evangelisationswerk gegründet, das sich zum Ziel gesetzt hatte, »das Evangelium da zu verkündigen, wo keine oder noch wenig lebendige Verkündigung des Evangeliums ist« (aus dem Bericht über die FeG-Bundeskonferenz am 1./2. Juli 1904). Nach dem Zweiten Weltkrieg bekam die Arbeit vor allem durch die Missionszelte einen neuen Schub. Das waren mobile Versammlungsräume für Evangelisationen, die man dort einsetzte, wo die missionarische Herausforderung am größten war. 1965 wurde daraus die heutige »Inland-Mission« des BFeG. Es lag also ganz und gar im Konzept einer frei-evangelischen Pastorenausbildung, die jungen Männer für diesen Auftrag zu sensibilisieren und ihnen entsprechende Erfahrungen zu vermitteln.

Veranstaltungsort in Homberg am Rhein war die Glückauf-Halle, der Redner, Paul Lenz, besaß ein ganz besonderes Charisma für die evangelistische Verkündigung. Er predigte die Gute Nachricht von Jesus Christus in einer Sprache, die jeder verstehen konnte, auch solche Besucher, die nicht mit Bibel und Kirche vertraut waren. Selbstverständlich weiß ich von diesem Einsatz vor über 50 Jahren in Homberg kaum noch Details, aber ich erinnere mich, dass die Einladezettel (heute: Flyer) ausgingen und wir plötzlich, ohne etwas Schriftliches in der Hand zu haben, die Menschen mit unseren eigenen Worten auf die Abende aufmerksam machen mussten. Das war eine echte Herausforderung, aber gleichzeitig sehr lehrreich.

Neben unserem Seminarchor und den niederrheinischen Gemeindechören wirkte auch der Sänger Franz Knies als Solist an den Abenden mit. Er saß, während Paul Lenz predigte, direkt hinter ihm, und als Paul an einem Abend über die Gewissheit des ewigen Lebens sprach, drehte sich Paul plötzlich um und fragte ihn: »Stimmt das, Franz?« Und der antwortete mit lauter Stimme: »Ja!«

Im Jahr darauf (1964) evangelisierten wir in Hannover. Dort war Oskar Achenbach Pastor einer jungen FeG. Die Evangelisation fand diesmal nicht in einer Halle statt, sondern in einem großen Zelt, das zunächst von uns Seminaristen aufgebaut werden musste. Das war harte körperliche Arbeit, und einer der großen Heringe (Verankerungsstangen) wollte einfach nicht in den Boden gehen. Da kam Friedhelm Sticht hinzu, der erst seit Kurzem Rektor des Predigerseminars war. Er nahm den Vorschlaghammer und schlug mit aller Kraft zu. Dabei feuerten wir ihn an, was ihm erheblichen Auftrieb gab. Noch einmal holte er mit dem Hammer aus, und plötzlich ging der Hering erstaunlich leicht in den Boden. Alle waren begeistert – bis plötzlich Wasser aus der Erde schoss. Es stellte sich heraus, dass er die Hauptwasserleitung von Hannover-Linden getroffen hatte. In kürzester Zeit entstand ein kleiner See, und das bereits in Teilen aufgebaute Zelt musste wieder abgebaut und 150 Meter versetzt erneut aufgebaut werden.

Auch in Hannover gingen wir von Haus zu Haus und kämmten auf diese Weise ganze Stadtteile durch. Morgens ab sechs Uhr standen wir an den Betriebstoren der Firma »Hanomag«, um die Arbeiter zu den Zeltabenden einzuladen. Diesmal wurde das musikalische Soloprogramm von Theo Eckhardt übernommen, einem Sänger aus dem idyllischen Eibelshausen, einem Nachbarort von Ewersbach. Soweit ich weiß, hatte Theo nie Gesangsunterricht gehabt. Er war ein Naturtalent und wurde durch die Arbeit des Sängers Hildor Janz so stark motiviert, dass er selbst begann, auf solchen Veranstaltungen zu singen. Manchmal kam er zu mir auf den Kronberg und bat mich, ihm Liedbegleitungen aufs Tonband zu spielen. So konnte er auch dann seine Lieder vortragen, wenn er keinen Begleiter auf dem Klavier oder der Orgel hatte. In Hannover habe ich ihn auf einem Harmonium begleitet, auch wenn ich das heute kaum fassen kann. Sicher, es war eine andere Zeit, aber für die Stadt wird diese Art von Musik auch damals kaum angemessen gewesen sein. Von der später in den Grundwerten der Willow Creek Community Church geforderten »exzellenten Qualität« war das weit entfernt.

Von der Zeit in Hannover habe ich noch etwas in Erinnerung, und das hat mit dem evangelistischen Einsatz des Predigerseminars nur wenig zu tun. Noch bevor wir uns auf den Weg in die niedersächsische Landeshauptstadt machten, informierte uns Fritz Laubach über das kulturelle Angebot in Hannover. So konnten wir bereits in Ewersbach auswählen, was wir an den beiden freien Abenden vor Beginn der Evangelisation in Anspruch nehmen wollten. Ich entschied mich für eine Vorstellung im Landestheater und einen Konzertbesuch. So saß ich dann in Verdis Oper »Die Räuber« und genoss den festlichen Abend im Landestheater. Aber ganz und gar unvergesslich ist mir ein Konzert in der Stadthalle – dort spielten der amerikanische Pianist Van Cliburn und das Radio-Symphonieorchester Berlin. Zum ersten Mal hörte ich damals Tschaikowskys Klavierkonzert Nr. 1 b-Moll und Dvořáks Sinfonie »Aus der Neuen Welt«. Vermutlich war es überhaupt das erste Konzert, das ich jemals besuchte, denn von zu Hause kannte ich solche kulturellen Genüsse nicht. Außerdem war da noch ein wunderschönes Orgelkonzert in der Marktkirche. Als ich vor wenigen Wochen beim Schlussgottesdienst der Allianzgebetswoche in dieser Kirche zu predigen hatte, dachte ich an dieses Erlebnis vor genau 50 Jahren (1964).

Unser dritter evangelistischer Einsatz fand 1966 statt, also im letzten Jahr meiner Ewersbacher Zeit. Wieder war der Veranstaltungsort ein Zelt, und wieder waren wir Seminaristen von Haus zu Haus unterwegs, um Menschen zu den Veranstaltungen einzuladen. Diesmal predigte Ernst Wilhelm Erdlenbruch. Er war über viele Jahre Leiter der Inland-Mission des BFeG und hat vor allem in der Gemeindegründungsarbeit Impulse gesetzt. Dieser Verkündigungsdienst war nicht einfach für ihn, denn vonseiten der Seminaristen und besonders der Dozentenschaft gab es auch Kritik an seinem Predigtstil. Es mag ja sein, dass das bei einem gemeinsamen Projekt unumgänglich ist, aber kritische Äußerungen gehören erst *nach* einer Evangelisation auf die Tagesordnung und nicht mittendrin. Denn schließlich ist jede Evangelisation in gewisser Weise ein Fronteinsatz (Epheser 6,21), bei dem alle Beteiligten zusammenstehen sollten. Dieser Grundsatz war mir auch später bei allen Evangelisationen wichtig.

Mit Erhard Diehl besuchte ich übrigens während dieser Zeit in Nürnberg zum ersten Mal einen ALDI-Markt. Erhard war begeistert von der ALDI-Geschäftsphilosophie: minimale Ladeneinrichtung bei vergleichsweise günstigen Preisen und guter Qualität. Später fand ich bei Dieter Brandes, dem früheren Geschäftsführer von ALDI Nord, dazu ein Zitat von Antoine de Saint-Exupéry: »Vollkommenheit entsteht nicht dann, wenn man nichts mehr hinzufügen kann, sondern wenn man nichts mehr wegnehmen kann.« Ich weiß, das hat nun wirklich nichts mit dem Anlass unserer Nürnbergreise zu tun, und vielleicht gehört es auch gar nicht hierher. Aber das wiederum habe ich von meinem Lehrer Fritz Laubach gelernt: Er stieß bei (fast) allem, was ihm begegnete, auf Bemerkenswertes, das sich einzuprägen lohnt. Dabei denke ich an ein Erlebnis während meiner ersten Monate in Ewersbach zurück. Wir unternahmen als Predigerseminar einen Tagesausflug ins Frankfurter Senckenberg-Museum, aber der Ausflug hatte nach unserem Eindruck nicht viel gebracht. So saßen wir ein wenig enttäuscht auf der Rückfahrt im Zug von Frankfurt nach Dillenburg. Da schaute Fritz Laubach in unser Abteil hinein, und als wir mit ihm über unsere Enttäuschung sprachen, kam er auf die Begegnung mit dem leitenden Professor des Museums zu sprechen. Der hatte uns nämlich wenige Stunden zuvor von der internationalen Vernetzung der Wissenschaftler erzählt, zum Beispiel wenn es darum geht, neue naturwissenschaftliche Erkenntnisse untereinander auszutauschen. Davon müssten wir lernen, meinte Fritz Laubach, auch in unserem Bereich. Und nachdenklich fügte er hinzu: »Aus fast allen Begegnungen und Erfahrungen lassen sich neue Denkanstöße gewinnen, man muss nur dafür offen und lernbereit sein.«

Erste eigene Lieder

Selbstverständlich spielte auch während der Ewersbacher Zeit die Musik eine große Rolle für mich. Unter den Lehrern war in dieser Hinsicht Friedhelm Schirmer die Person, die mir am nächsten stand. Er wohnte mit seiner Frau Brigitte zuerst in einer Nachbarbaracke, und manchmal lud er mich ein, mit ihnen klassische Musik zu hören. Wenn ich heute daran denke, was es damals bedeutete, an einem einfachen DUAL-Plattenspieler zu sitzen und Musik zu hören! Einen Stereoklang kannte man ja noch nicht – oder richtiger: Ich kannte ihn noch nicht! Ich erinnere mich, dass uns einige Jahre später mein Cousin Hansel einen Stereoplattenspieler zur Hochzeit schenkte, er hatte nicht einmal ein Gehäuse. Ich baute ihn schließlich in eine bescheidene Holzkiste der Firma »Schinkenhäger« ein, in der vorher die typischen Tonflaschen ihr Zuhause hatten. Meine Frau und ich kamen sogar in den Genuss des Stereoklangs, weil ich mir überlegte, für den einen Kanal unser Radio zu nutzen und für den anderen den Verstärker meines Grundig-Tonbandgerätes. Das funktionierte tatsächlich – zwar etwas umständlich, aber der Erfolg war überwältigend.

In den letzten beiden Ewersbacher Jahren begann ich dann, eigene Lieder zu schreiben – zuerst für die Hollandfreizeiten und auch für einen Bundesjungschartag. Auslöser waren meine schon beschriebenen »Improvisationen« auf dem Harmonium, aber auch ein »Jugend für Christus«-Team auf einem Campingplatz bei Renesse. Ich war ganz begeistert von den Liedern, die ich dort hörte, sie haben mich richtig inspiriert. Mit ihren Liedern lösten sie bei mir etwas aus, was ich in den nächsten Monaten und Jahren immer mehr als persönliche Gabe Gottes entdeckte. So erhielt ich den Auftrag, für den Bundesjungschartag ein Lied zu schreiben. Eine wichtige Vorgabe dafür lautete: Was immer auch Inhalt dieses Liedes sein wird, das Jungscharmotto »Fest und treu« muss darin enthalten sein. Und so sangen wir schließlich auf den beiden Bundesjungschartagen 1965 in Nordrhein-Westfalen und in Hessen:

Wir sind eine Mannschaft, die zu Jesus steht,
die mit festen Schritten folgt ihm unentwegt.
Fest und treu! Das Motto unserer Jungschar.
Fest und treu! Ruft's in die Welt hinein.
Fest und treu! So folgen wir dem Heiland.
Fest und treu! Das soll die Losung sein.[2]

In einem von mir aufbewahrten Bericht unserer damaligen Jungscharzeitschrift über diesen Tag lese ich: »Peter Strauch vom Predigerseminar hatte das Singen übernommen. Ein eigens von ihm für diesen Tag verfasstes und vertontes Lied wurde mit heller Begeisterung gelernt und gesungen.« Was allerdings nicht darin steht, ist das offene Wort meines Bruders Diethelm zu diesem Lied. Er sagte mir in seiner ihm eigenen direkten Art, die Melodie erinnere ihn doch sehr an das Lied: »Da sprach der alte Häuptling der Indianer: Wild ist der Westen, schwer ist der Beruf.« Und auch die Melodie des Refrains wurde von ihm nicht verschont, denn sie erinnerte ihn an den Operettenschlager: »Auf der grünen Wiese hab ich sie gefragt, ob sie mich wohl liebe. ›Ja‹, hat sie gesagt!« Und so schwer es mir auch fiel, es einzugestehen: Er hatte recht. Seitdem lässt mich die Frage nicht mehr richtig los: Ist die Melodie wirklich von dir, oder gab es sie schon?

Es entstanden auch Lieder für die Hollandfreizeiten. Anfang der 60er-Jahre hatten wir Kontakt zu der evangelisch-reformierten Kirchengemeinde in Renesse bekommen, und es bürgerte sich ein, dass wir dort in jedem Jahr an einem Abend einen deutsch-niederländischen Gesangsgottesdienst durchführten. Während des Sommers waren ja viele deutsche Touristen an der holländischen Küste, und viele von ihnen zeigten sich offen für eine solche Veranstaltung, auch wenn sie an ihren Heimatorten keineswegs in die Kirche gingen. Selbst der niederländische Pastor van Liere setzte sich für unsere Gesangsgottesdienste ein, hielt eine kurze Predigt und übersetzte unsere Zwischentexte ins Holländische. Hunderte von Menschen drängten sich zu einem solchen Abendgottesdienst in den großen Kirchenraum, buchstäblich jeder Platz war besetzt. Auch für diese abendlichen Gesangsgottesdienste begann ich also Lieder zu schreiben, zum Beispiel ein Freizeitlied (»Wir wollen singen«), das später in der Liederbuchreihe »Jesu Name nie verklinget« erschien. Es enthält so romantische Zeilen wie:

Ob wir im Kreis am Lagerfeuer reichen einander die Hand,
ob wir im Glanz der Abendsonne ziehen auf weitem Strand:
Wir dürfen wissen, alles Frohe gibt uns der Herr auf den Weg.
Ihm zur Ehre, ihm zum Lobe ich meine Stimme reg.[3]

Außerdem gehört in diese frühe Zeit mein erstes in einem Liederbuch veröffentlichtes Lied (»Singt von Jesus«, Born-Verlag). Es begann mit der Zeile:

Wir sind junge Menschen, wir sind so wie du.
Und doch sind wir anders. Nun fragst du: Wieso?
Wir wollen es sagen, wir sagen es gern:
Wir haben den Heiland, wir haben den Herrn.[4]

Eigenartig, wenn ich diese Texte heute lese, denke ich manchmal: Darauf hättest du besser verzichten sollen. Sie kommen mir vor wie ein Mix aus frommen Redewendungen, persönlichem Erleben und oft sehr erzwungenen Reimen. Längst nicht alles, was ich damals geschrieben habe, hält meinem heutigen Maßstab stand. Trotzdem gehören diese Lieder zu meiner Geschichte. Das Lied »Wir sind junge Menschen« hat der Jugendevangelist Wolfgang Heiner (damals Leiter des »Missionstrupp Frohe Botschaft« in Großalmerode) später auf einer Schallplatte veröffentlicht, gesungen wurde es von einem Frankfurter Jugendchor.

»The Heralds«

Erhard Diehl begann nach Abschluss seiner theologischen Ausbildung in Ewersbach zunächst noch nicht mit dem Gemeindedienst, sondern entschloss sich zu einem Zusatzstudium in Edinburgh (Schottland). Dort lernte er eines Tages die Band »The Heralds« kennen. Sie spielte und sang christliche Lieder im Dixieland-Style und erreichte damit vor allem kirchenfremde Menschen. »Weshalb sollte man das nicht auch einmal in Deutschland versuchen?«, sagte er sich und berichtete in der damaligen Jugendzeitschrift »Der Pflüger« darüber. Dieser Bericht wurde aufmerksam von dem Siegener Pastor, Berufsschullehrer und Autor Günther Klempnauer gelesen, und da einige seiner Schüler ebenfalls christliche Musik machten, schrieb er Erhard Diehl einen Brief. Erhard verwies ihn daraufhin an mich, denn er hatte mir ein Tonband von dieser schottischen Band zugeschickt. Und da ich damals noch Seminarist auf dem Kronberg war, standen dort an einem Sonntagnachmittag drei Männer auf der Matte: Günther Klempnauer, Siegfried Fietz und Klaus Panthel. Ich rührte einen guten Kaffee in unseren dicken »Buderus-Tassen« an, und wir hörten uns die Musik der Schotten an. Dann tauschten wir uns aus und gingen anschließend noch in den Saal des Seminargebäudes, um selbst ein wenig Musik zu machen: Siegfried Fietz und sein Freund Klaus Panthel auf der Gitarre, ich auf unserem kleinen Orgelpositiv. Nicht im Traum hätte ich damals gedacht, es hier mit einem der später erfolgreichsten christlichen Liedermacher zu tun zu haben.

Monate später kamen »The Heralds« zum ersten Mal zu einer Konzerttournee nach Deutschland. Sie trafen in Ronsdorf ein, es muss an einem Sonntagvormittag gewesen sein. In unserem kleinen Gemeindesaal waren die Kinder zur »Sonntagsschule« zusammengekommen, und mein Vater, der nicht überblickte, welch ein Aufwand damit verbunden war, fragte, ob die Band nicht den Kindern etwas vorspielen könne. Und so packten die schottischen Sänger und Musiker ihre Verstärker und E-Gitarren aus, und für wenige Minuten erklangen in dem bescheidenen Saal in der Blombachstraße Skiffle- und Dixieland-Rhythmen.

Bei den folgenden Konzerten gestaltete Siegfried Fietz mit seiner Band das Vorprogramm. Dabei trug er seine ersten selbst geschriebenen Lieder (unter anderem »Längst schon vergessen«) vor. Danach sprossen die christlichen Bands wie nach einem warmen Frühlingsregen aus dem Boden. Schallplatten wurden produziert (»Songs der Frohen Botschaft«), neue Liederbücher gedruckt. Es waren die Anfänge einer kreativen Musikbewegung, die über Jahre fortdauerte und bis heute kein Ende gefunden hat. Rückblickend ist es für mich keine Frage, wie sehr Erhard Diehl an dieser Entwicklung beteiligt war. Zwar hat er weder Musik gemacht noch geschrieben, aber er war ein wertvoller Ideenlieferant und knüpfte wichtige Kontakte – ob bei den »Heralds« und ihren Nachwirkungen, bei dem späteren »Förderband« für junge Nachwuchskünstler als Leiter der »Jungen Welle« des ERF oder auch als Initiator der christlichen Künstlervereinigung »Das Rad« (gemeinsam mit Manfred Siebald). Durch ihn kam es bei mir auch zu meiner ersten und einzigen Begegnung mit Cliff Richard. Erhard hatte noch vor seinem Wechsel von Nürnberg nach Hamburg ein Konzert mit ihm organisiert, und ich war dabei.

Zu dem Orgelpositiv auf dem Kronberg muss ich noch ein paar Sätze schreiben. Mit Tasteninstrumenten waren wir im Ewersbacher Predigerseminar nur sehr sparsam ausgestattet, es gab auf dem gesamten Gelände kein einziges Klavier. Im Speisesaal und im Altenheim stand jeweils ein Harmonium und im Seminargebäude dieses Orgelpositiv. Es hatte richtige Orgelpfeifen und legte seine Spieler auf traditionelle Kirchenmusik fest. Eigentlich stand diese kleine Orgel in einem Klassenraum, der sich durch eine mobile Wand auf die doppelte Größe erweitern ließ. Viele Festveranstaltungen fanden hier statt, auch die legendären Weihnachtsfeiern, auf die wir Seminaristen uns wochenlang vorbereiteten.

Unvergesslich ist mir ein Theaterstück mit dem Titel »Hirten und Flüchtlinge«. Ich war darin »Flüchtling« und musste der Rolle gemäß eine Zigarette rauchen. Es war das einzige Mal, dass ich rauchte, weder davor noch danach habe ich eine Zigarette angefasst. Es kann auch nicht sehr überzeugend gewesen sein, jedenfalls wurde mir das später gesagt. Mit der festlichen Weihnachtsfeier schloss dann jeweils unser Schuljahr ab, am Morgen darauf fuhren wir nach Hause in die Ferien. Wenn am späten Abend alle gegangen waren und ich allein in dem Gebäude war, öffnete ich weit das Fenster, setzte mich an die Orgel und spielte Weihnachtslieder. Das Seminargebäude war ja von Feld und Wald umgeben, erst über 100 Meter entfernt standen das Altenheim und die Schulbaracken. Oft wurde ich später darauf angesprochen, auch von Leuten, die nicht in engster Nachbarschaft zum Seminar wohnten. In der nächtlichen Stille muss die weihnachtliche Orgelmusik wohl weit zu hören gewesen sein.

Irgendwann im Frühsommer 1966 saß ich im Speisesaal des Predigerseminars und spielte auf dem Harmonium. Da kam Fritz Laubach, der mich wohl von draußen gehört hatte, in den Raum, um mir eine Frage zu stellen: »Bruder Strauch, können Sie sich vorstellen, Ihren Dienst nach Abschluss Ihrer Ausbildung in Hamburg zu beginnen?« Ich konnte, und so kam es dann. Was ich damals vermutlich noch nicht wusste: Auch Fritz Laubach zog im Herbst 1966 in die große Hansestadt an der Elbe. Er beendete sein Lehramt in Ewersbach und wurde der neue Leiter der Freien evangelischen Gemeinde in Hamburg. Das sollte für mein weiteres Leben noch eine wichtige Bedeutung haben.

TEIL 3

1966–1973:
GEMEINDEDIENST
IN HAMBURG-SASEL

Der alte Holstenwall

Fast 400 Kilometer lag meine Heimat Wuppertal von Hamburg entfernt, und doch gab es schon Berührungen mit dieser Stadt. Unser Haussender in Wuppertal war der NWDR, damals noch ein Zusammenschluss des Nordwestdeutschen und des Westdeutschen Rundfunks. Als Kind hörte ich über diesen Sender die Schulfunksendungen und den Kinderfunk, und viele Beiträge kamen aus Hamburg. Es waren oft Geschichten und Lieder aus Hagenbecks Tierpark, vom Jungfernstieg und den Landungsbrücken. Und aus dem NDR-Funkhaus an der Hamburger Rothenbaumchaussee hörte ich samstags meine Lieblingssendung: 15 Minuten lang spielte »Gerhard Gregor an der Funkorgel«. Die Erkennungsmelodie dieser Livesendung habe ich noch heute im Ohr.

Auch über die Freie evangelische Gemeinde am Hamburger Holstenwall hatte ich schon als Kind ein paar Sätze aufgeschnappt. Auf einer Geburtstagsfeier in Lüdenscheid erzählte Rudolf Ahrens (Pastor der dortigen FeG) von ihr, auch von Friedrich Heitmüller, dem Leiter dieser größten Gemeinde im BFeG (die zweitgrößte war damals die FeG Lüdenscheid). 1965, ein Jahr vor meinem Abschluss in Ewersbach, war Dr. Fritz Laubach einer der Redner auf der Hamburger Glaubenskonferenz, und er lud unsere Seminarklasse ein, ihn zu begleiten. So konnte ich also endlich die Stadt und die Gemeinde kennenlernen, von der ich schon als Kind so viel Beeindruckendes gehört hatte.

Die Hamburger Freie evangelische Gemeinde hat im BFeG ihre ganz eigene Geschichte. Sie entstand zur Zeit der großen Choleraepidemie im Spätsommer 1892. Damals erkrankten in wenigen Wochen 17 000 Menschen an dieser schrecklichen Krankheit, und über 8 000 starben daran. Eine Gruppe engagierter Christen fühlte sich durch diese Situation besonders herausgefordert und startete eine dreiwöchige Evangelisation in der Stadt. Außerdem begannen sie angesichts des unbeschreiblichen Elends mit einer diakonischen Arbeit. Das war die Geburtsstunde der »Stiftung Elim« (heute: Stiftung Freie evangelische Gemeinde in Norddeutschland). Erst im Januar 1935 schloss sich diese Gemeinschaft unter der Leitung von Friedrich Heitmüller mit 3 200 Gemeindegliedern und 230 Diakonissen dem BFeG an. Bis dahin war sie Mitglied im »Gnadauer Verband«, einem Zusammenschluss von Gemeinschaftsverbänden innerhalb der Evangelischen Kirche.

Unsere Seminarklasse war längst nicht mehr so groß, wie sie 1962 begonnen hatte. Wenn ich mich richtig erinnere, nahmen nur fünf Seminaristen an dieser Reise teil. Wir wurden bei Gemeindefamilien in Hamburg-Billstedt einquartiert und fuhren von dort jeden Morgen durch den Berufsverkehr in die Innenstadt. »Glaubenskonferenz am Holstenwall«, das bedeutete 1965: täglich drei Veranstaltungen von Montag bis Mittwoch, je anderthalb Stunden. Ihr ging ein Wochenende mit einem Jugendabend und einem Jahresfest voraus. Am Donnerstag folgte dann der Missionsabend. Vor den Abendveranstaltungen wurden die Redner und wir Seminaristen in einer Schwesternwohnung verpflegt. Am Mittag gab es mit allen anderen Teilnehmerinnen und Teilnehmern im großen Saal eine Konferenzsuppe. Dazu wurde in jedem Jahr ein Ochse geschlachtet, gespendet von einem Bauern, der auch zu einer FeG gehörte.

Es fällt mir schwer, die besondere Atmosphäre dieser Tage zu beschreiben. Tatsache ist: Ich fühlte mich von Anfang an wohl. Schnell hatte ich einen »Stammplatz« gefunden – auf der obersten Empore, ganz vorn, mit einem großartigen Blick auf die Kanzel und dem, was dahinter lag. Der Versammlungsraum am Holstenwall hatte den Charme eines alten Opernhauses: Es gab eine große bestuhlte Grundfläche, darüber zwei umlaufende Emporen. An der Stirnwand, an der in einem Opernhaus Vorhang und Bühne zu sehen sind, lag auf der Höhe der ersten Empore das »Schwalbennest«, darüber eine große Orgel mit beeindruckenden Pfeifen. Das sogenannte Schwalbennest bestand aus einer Kanzel und einem Vorhang, der meist geöffnet war. Dahinter befanden sich ein Schreibtisch, Sitze für die Redner und der Spieltisch der Orgel.

Wie schon beschrieben, hatte ich von meinem Platz aus einen freien Blick auf den Rednerbereich und vor allem auf den Orgelspieltisch mit seinen zwei Manualen. Von dort begleitete eine temperamentvolle Organistin den Gemeindegesang. Friedrich Heitmüller hatte diese Frau schon als junge Kirchenmusikerin an den Holstenwall gerufen. Da sie nicht nur die Tasten drückte, sondern sich außerdem während des Orgelspiels im Rhythmus bewegte, hatte er ihren Spieltisch hinter den Vorhang verlegen lassen. Emmy Dietz (oder wer immer die Orgel spielte) saß nun also nicht mehr für jedermann sichtbar im »Schwalbennest«, sondern im Hintergrund, durch den Spieltisch weitgehend verdeckt. Nur von Plätzen wie meinem, auf der obersten Empore ganz vorn, konnte man sie noch sehen und sich an ihrem Temperament erfreuen. Später, als ich längst Pastor in Hamburg war, saß ich manchmal neben ihr auf der Orgelbank und hörte ihren eindrucksvollen Geschichten zu. Sie hatte eine Eigenart, die für mich beispielhaft wurde, obwohl sie mich anfangs irritierte. Emmy Dietz wechselte hin und wieder vom Erzählen ins Beten, und zwar ganz plötzlich und unerwartet, man bekam den Übergang kaum mit. Am Anfang reagierte ich ein wenig unsicher. Was tun? Hände falten? Augen schließen? Doch dann sprach sie bereits wieder mit mir, und das Gespräch lief ganz natürlich weiter. Darin wurde sie mir ein Vorbild für ein Leben, in das Gott immer integriert ist. Wie Mose lebte sie mit dem, den sie nicht sah, als sähe sie ihn (Hebräer 11,27b).

Zurück zu meinem Platz auf der Empore. Ich sah von dort oben die Redner auf der Kanzel, ihre Bibeln und Predigtmanuskripte und auch das kleine rote Licht, das aufflammte, wenn der Redner seine Zeit überzog. Allerdings habe ich es nicht ein einziges Mal in Funktion gesehen. Pro Veranstaltung sprachen auf der Konferenz in der Regel zwei Prediger, und die Vorträge mussten selbstverständlich zeitlich aufeinander abgestimmt sein. Inhaltlich schien das allerdings weniger wichtig, denn ich erinnere mich, dass sich zwei Redner in ihren Predigten widersprachen. Nein, es war kein grundlegender Widerspruch, er unterstrich sogar den Reichtum einer sorgfältigen Bibelauslegung. Das Thema 1965 war das »Vaterunser«, und bei der Bitte: »Dein Reich komme« (Matthäus 6,10) betonte der eine von beiden, dass dieses Reich bereits hier und heute mit Christus angebrochen sei, während der andere die Erhörung dieser Bitte vor allem nach der Wiederkunft von Jesus Christus in der Herrlichkeit Gottes erwartete.

Die Glaubenskonferenz schloss damals (und wohl auch noch heute) mit dem »Herrlichkeitslied«. Selten habe ich eine Versammlung so singen gehört! Wir standen alle auf und sangen:

Wenn nach der Erde Leid, Arbeit und Pein,
ich in die goldenen Gassen zieh ein,
wird nur das Schaun meines Heilands allein
Grund meiner Freude und Anbetung sein.[5]

Heute wird manchmal von einer Gänsehautatmosphäre gesprochen. Gemeint ist eine Situation, in der einem ein Schauer über den Rücken läuft – und genauso war es auch hier. Ich verstehe jeden Skeptiker, der darin eine gefährliche Flucht aus der Alltagsrealität wittert. Es gab eine Zeit, da stand auch ich solchen Liedern eher kritisch gegenüber. Vielleicht wagte ich es aber auch nur nicht, mich zu ihnen zu bekennen. Wie auch immer, heute singe ich mit großer Freude vom Himmel, denn nur wer weiß, wohin er geht, kann gelassen im Hier und Heute leben. Im Lauf der Jahre habe ich einige solcher bewegenden Momente bei Schlussliedern auf Konferenzen erlebt. Bei der Allianzkonferenz in Bad Blankenburg ist es das Lied »Gott mit euch, bis wir uns wiedersehen«, zu dem die Teilnehmerinnen und Teilnehmer in der Konferenzhalle ihre Taschentücher schwenken. In Baptistengemeinden ist es das

Lied »Gesegnet sei das Band«, bei dem sich alle an den Händen halten und ergriffen sind. Und am Holstenwall war es eben dieses »Herrlichkeitslied«. Und was den Inhalt betrifft – er könnte kaum treffender sein. Denn nicht die »goldene Pracht« wird in der neuen Welt Gottes das Ausschlaggebende und alles Überragende sein, sondern Jesus und Jesus allein!

Ankunft in den Walddörfern

Mein erster Dienstort als 23-jähriger Pastor sollte also die Freie evangelische Gemeinde in Hamburg-Sasel sein – und das löste bei Edelgard und mir nicht nur Freude aus. Unmittelbar nach Abschluss der theologischen Ausbildung durften wir uns zwar verloben (und haben es auch getan), aber auf die Hochzeit mussten wir nach wie vor warten. Außerdem war die Entfernung nach Hamburg erheblich weiter als zwischen Halver und Ewersbach. Das dämpfte deutlich unsere Begeisterung. In diesem Zusammenhang stießen wir auf ein Bibelwort aus dem Johannesevangelium: »Als es aber schon Morgen war, stand Jesus am Ufer, und die Jünger wussten nicht, dass es Jesus war« (21,4a). Das traf und tröstete uns. Ich besaß eine Ansichtskarte von Hamburg, eine Nachtaufnahme mit der Silhouette des beleuchteten Alsterufers. Die schnitten wir in der Mitte durch, schrieben auf beide Hälften diesen Bibeltext und legten sie in unsere Bibeln. Sie sollten uns daran erinnern, dass Jesus bereits an Ort und Stelle ist. Wir spielten auch verschiedene Möglichkeiten durch, wie wir die geografische Entfernung verkürzen könnten. Bei diesen Überlegungen entdeckte ich eine Werbung für das Jugendseminar der Baptisten in Hamburg-Horn. Auf dem Gelände ihres Theologischen Seminars in Wandsbek an der Rennbahnstraße war ein Jugendseminar eröffnet worden, gedacht als Zusatzausbildung für Mitarbeiter in der Jugend- und Kinderarbeit. Es schien uns eine wertvolle Vorbereitung für Edelgards Mitarbeit in der Gemeinde zu sein. Vor allem lag es nur 10 Kilometer von meinem neuen Dienstort entfernt.

Sasel ist ein Stadtteil im Hamburger Nordosten und gehört mit Volksdorf, Bergstedt, Ohlstedt und einigen weiteren Orten zu den Hamburger Walddörfern. Die S-Bahn braucht von dort bis in die Hamburger Innenstadt knapp 30 Minuten. Bis zum Zweiten Weltkrieg war Sasel ein eher ländlicher Ort, umgeben von Feldern und Seen. Aber mit den Bombenangriffen im Juli 1943 wurde Hamburg zum Ruinenfeld, und viele Einwohner zogen hinaus aufs Land. Inzwischen hat Sasel fast 24 000 Einwohner, und im benachbarten Poppenbüttel, das auch zum Einzugsgebiet der Saseler FeG gehört, leben 23 000 Einwohner. Die Gemeindearbeit begann 1935 zuerst mit einem Hausbibelkreis, doch nach dem Krieg weitete sie sich aus. 1951 wurde mit dem Bau eines Gemeindehauses in Sasel begonnen, 1962 kam ein Erweiterungsbau hinzu. 1966, bei meinem Dienstbeginn, war die FeG Sasel Teil des Walddörfer-Bezirkes mit Bibelkreisen in Ohlstedt-Duvenstedt, Volksdorf, Farmsen, Großhansdorf und Schmalenbeck. Auch Ahrensburg gehörte noch zum Gemeindebezirk, die FeG dort hatte bereits ein eigenes Haus gebaut und seit Kurzem hatte sie auch einen eigenen Gemeindepastor. Bevor ich in den Norden Deutschlands zog, waren mir diese Orte gänzlich unbekannt, erst nach und nach lernte ich ihre Eigenarten und Schönheiten kennen.

Am 1. September 1966 begann mein Dienst, drei Wochen zuvor bekam ich einen Brief von meinem zukünftigen Vikariatsvater. Er schrieb mir, wie sehr er sich freue, dass ich »zur Ableistung meines Probedienstjahres« nach Hamburg-Sasel komme. Außerdem bat er mich, meinen Dienst doch möglichst eine Woche früher anzutreten, denn: »Sie könnten dann am Sonnabend die Jungschar und Jungenschaft übernehmen und vielleicht auch am Sonntag, dem 28. August, bei einem evangelistischen Einsatz im Alstertal mitwirken.« Ein wenig mulmig wurde mir, als ich dann noch die folgenden Sätze las: »Was werden Sie an Mobiliar, Büchern etc. mitbringen? Höchstwahrscheinlich werden Sie bei einer gläubigen Witwe, die nicht weit vom Gemeindehaus entfernt wohnt, ein möbliertes Zimmer bekommen können.« Und einen besonderen Charme hatte auch die Frage gegen Ende seines Briefes: »Besitzen Sie eigentlich schon einen Führerschein? Wir haben für Sie natürlich kein Fahrzeug zur Verfügung, könnten Sie aber doch – falls Führerschein vorhanden – im Kfz-Dienst einsetzen.« Ja, im Kfz-Dienst wurde ich dann tatsächlich eingesetzt – mit einem alten VW-Bus, einem VW-Bulli, für den Liebhaber heute teures Geld bezahlen. Gut, dass die Eltern der Kinder, die ich schon in der ersten Woche zum biblischen Unterricht (in Hamburg hieß das »Christenlehre«) aus Ahrensburg und Volksdorf abholte, keine Ahnung hatten, dass ich erst wenige Wochen zuvor im ländlichen Ewersbach meinen Führerschein gemacht hatte.

Eine Woche vor Dienstbeginn fuhren Edelgard und ich nach Hamburg-Sasel, um meine Bücher und die wenigen Möbel an meinen künftigen Wohnort zu bringen. Bei »Frau Zietz« an der Saseler Chaussee sollte ich ein kleines Zimmer bewohnen – mit einer noch viel kleineren Küche. Frau Zietz war eine echte Hamburgerin, ich genoss es geradezu, wenn sie ihr unverfälschtes Hamburgisch sprach. Sie war auch eine Liebhaberin plattdeutscher Gottesdienste. Das Gleichnis vom verlorenen Sohn, so erzählte sie mir einmal, könne man zu Herzen gehend nur auf »plattdütsch« richtig predigen. Schade, was das betrifft, konnte ich ihren Wunsch nicht erfüllen. Hin und wieder kam es vor, dass sich jemand mit ihr einen Scherz erlaubte. Sie wurde angerufen, meldete sich mit »Hier Zietz«, worauf am anderen Ende der Leitung jemand patzig sagte: »Dann schließen Sie doch das Fenster!«

Auf dieser »Vortour« lernten meine Braut Edelgard und ich auch Schwester Hanna Meesen kennen. Sie war Elim-Diakonisse und Gemeindeschwester im Walddörfer-Bezirk. Und sie war eine Art »Coach« für junge Pastoren. Da Georg Schmidt, so hieß der für Sasel zuständige Pastor, noch zusätzlich die kommissarische

Leitung der Hamburger Gesamtgemeinde hatte, achtete Schwester Hanna darauf, dass die jungen »Nachwuchskünstler« im Hirtendienst den notwendigen Drill erhielten. Für mich war sie eine echte Hilfe. Hatte ich eine Frage, dann ging ich zu ihr. Eine Woche später war es dann so weit: Ich begann mein »Probedienstjahr« in Hamburg-Sasel.

Endlich im Gemeindedienst!

Vor mir liegt der Gemeinderundbrief des Walddörfer-Bezirkes mit dem Dienstplan für den September 1966, ich habe ihn aufbewahrt. An zwei Sonntagsgottesdiensten hatte ich in Sasel zu predigen, elf Bibelstunden an verschiedenen Orten zu halten, fünf Kinderstunden zu übernehmen, und vier Mal war ich in diesem Monat zuständig für Jungschar und Jungenschaft. Langeweile war also nicht zu befürchten. Nicht gerade beruhigend klangen die Sätze, die Georg Schmidt diesem Plan noch hinzufügte, den ich zwei Wochen vor Dienstbeginn bekam: »Die Bezeichnung *Str* weist darauf hin, dass diese Bibel- und Kinderstunden von Ihnen gehalten werden. Bei den Wochenbibelstunden ist es möglich, mit einer Ausarbeitung an allen Orten zu dienen. Das gilt natürlich auch für die Kinder- und Jungscharstunden an den verschiedenen Plätzen. Für die Sonntagsgottesdienste muss jedoch ein anderer Predigttext gewählt werden, da Besucher der Wochenbibelstunden zum Teil sonntags zum Gottesdienst kommen.« Heute frage ich mich: Wie habe ich das bloß alles geschafft?

Hinzu kommt, dass sich damals noch alle zwei Wochen (!) die hauptamtlichen Mitarbeiterinnen und Mitarbeiter des gesamten Gemeindebereichs der Stiftung Elim zu einer Mitarbeiterkonferenz (Miko) trafen. Die Hamburger Freie evangelische Gemeinde reichte ja von Cuxhaven an der Elbmündung bis nach Geesthacht an der Zonengrenze, von Neustadt an der Ostsee bis nach Schneverdingen in der Nordheide. Sie war in 17 Gemeindebezirke unterteilt, hatte 3 122 Gemeindeglieder (1967) und 21 Prediger (Pastoren). Manche von ihnen legten für die Fahrt zur Miko jedes Mal 120 Kilometer zurück, hin und zurück das Doppelte. Ich hatte es nicht so weit, meist trafen wir uns im Krankenhaus Elim in Eimsbüttel. Erstaunlicherweise habe ich diese Mitarbeiterkonferenzen geliebt. Sie bestanden aus einer kernigen Bibelarbeit und einem Arbeitsgespräch. Neben den Gemeindepredigern gab es damals noch eine ganze Reihe Elim-Diakonissen, die im Gemeindedienst tätig waren. Als junger Pastor tat das Auftanken gut – nicht nur mit dem Dienstwagen an der hauseigenen Tankstelle (die gab es tatsächlich), sondern auch für mich persönlich. Ich brauchte diesen geistlichen Input!

Bereits am Tag meines Dienstbeginns, also am 1. September 1966, lernte ich den »Gemeindeältesten« Wilhelm Bösehans kennen. Ich hatte an diesem Donnerstagabend eine Bibelstunde in einer Schule in Hamburg-Duvenstedt zu halten, und er bot sich an, mich zu begleiten. Ich war ja ein junger Mann von gerade 23 Jahren, er dagegen eine erfahrene und außerordentlich starke Persönlichkeit. Während er mit mir sprach, kurvte ich mit dem VW-Bus angespannt durch die dunklen und mir unbekannten Straßen, aber die Anspannung wurde durch meinen Beifahrer noch wesentlich erhöht: Was mein Ziel als Gemeindeprediger sei? Welche Schwerpunkte ich setzen wolle? Welchen Stellenwert das Gebet für mich habe? (Diese Frage wurde verbunden mit einer Einladung zum Hausgebetskreis an meinem freien Tag.) Es war fast wie bei einem Examen, jedenfalls fühlte ich mich so. Mühsam versuchte ich, während ich nach Antworten suchte, die schmalen Duvenstedter Straßen, aber auch meine Predigt, die ich in wenigen Minuten zu halten hatte, im Blick zu behalten.

Die Bibelkreise im Walddörfer-Gebiet liefen damals noch wie Gottesdienste ab, man sang zwei Lieder, und dazwischen wurde gepredigt und ein Gebet gesprochen. Offen gesagt, fiel mir das

Predigen an diesem ersten Abend meines Gemeindedienstes in keiner Weise leicht. Aber am Ende fand ich in Wilhelm Bösehans einen Gemeindeältesten, der mir zwar manchmal schmerzhaft offen seine Meinung sagte, aber von dem ich wusste, dass er es gut meint und mich niemals hinter meinem Rücken kritisiert. Und vor allem: Er war echt. Auf ihn komme ich später noch einmal zu sprechen.

Das Hamburger Werk

Fast alle Gemeinden im weiten Umfeld des Holstenwalls entstanden durch solche Bibelkreise, nicht nur im Hamburger Stadtgebiet, sondern auch weit darüber hinaus. Wurden die Wohnungen zu klein, versuchte man Schulklassen zu mieten, und reichten die nicht mehr aus, wurde an den Bau eines Gemeindehauses gedacht. Gleichzeitig achtete man in der Zentrale des Werkes sorgfältig darauf, dass diese Predigtstationen sich nicht verselbstständigten. So war es durchaus üblich, dass man zum Beispiel in Cuxhaven, 120 Kilometer von Hamburg entfernt, im Schaukasten vor dem Gemeindehaus las: »Freie Evangelische Gemeinde Hamburg, Holstenwall 21, Zweigstelle Cuxhaven«. In den 50er-Jahren, also vor meiner Zeit, versuchte man auch noch, die Personalpolitik entsprechend zu gestalten. Als ständige Beziehungspersonen vor Ort gab es die Elim-Diakonissen, sie blieben oft über viele Jahre in einem Bezirk. Die Prediger dagegen wurden monatlich neu auf das Gesamtgebiet aufgeteilt.

Am 1. April 1965 war Friedrich Heitmüller von Gott »heimgerufen« worden, deswegen lernte ich ihn nicht mehr kennen. Er muss eine ausgesprochene Führungspersönlichkeit gewesen sein, von großer Statur, eine Respekt gebietende Erscheinung. Er war erst 24 Jahre alt, als er zum zweiten Prediger der Christlichen Gemeinschaft »Philadelphia« berufen wurde (so der Name der Gemeinde damals). Viele, die ihn noch gekannt hatten, erzählten mir von seiner beeindruckenden persönlichen Ausstrahlung. Auf seinen Dienstreisen war er mit einem Mercedes und eigenem Chauffeur unterwegs. In den Gottesdiensten trat er mit großer Autorität auf. Manche nannten sein Auftreten auch dominant und autoritär. Aber zweifellos war er ein Mensch, den Gott gesegnet hatte und als Segensträger gebrauchte. In vielen seiner Evangelisationen kamen Menschen zum Glauben. Unter seiner Leitung weitete sich die Arbeit aus. Sein Buch »Aus 40 Jahren Dienst am Evangelium«, das mir bei meiner Einsegnung in Sasel überreicht wurde, ist eine Fundgrube für junge Pastoren (und nicht nur für sie!). Und immer wieder stieß ich auf Menschen, die tief beeindruckt von ihm waren, und das waren nicht nur Christen.

Als ich im September 1966 nach Hamburg kam, war bereits eine vorsichtige Dezentralisation des Werkes eingeleitet worden. Trotzdem fanden Mitgliederaufnahmen nur in der »Muttergemeinde« am Holstenwall statt, unabhängig davon, aus welchem Ort die Leute kamen. Auch mit der Abschlussfeier der »Christenlehre« verhielt es sich so – dieser festliche Segnungsgottesdienst fand ebenfalls ausschließlich am Holstenwall statt. Fritz Laubach leitete dann, als er im September 1966 die Leitung übernahm, eine weitere Stärkung der Ortsgemeinden ein.

Gemeinde aus allen Generationen

Eine der wichtigsten Aufgaben für einen Gemeindepastor ist es zunächst, Vertrauensbrücken zu den Menschen in seiner Gemeinde zu bauen. Sind sie geschaffen, kann er eine Menge bewegen. Nach meiner Erfahrung ist das bei den Alten leichter als bei den Jungen, jedenfalls empfand ich das so in der FeG Sasel. Dabei war ich ja selbst erst 23 Jahre alt. Vielleicht war aber auch genau das der Grund für die älteren Gemeindemitglieder, mich zu »betüddeln«, wie man in Hamburg sagt. Wie auch immer, wir fanden schnell einen Draht zueinander. Dabei halfen wenige Wochen nach meinem Dienstbeginn die Fahrten zur Glaubenskonferenz. Gerade die alten Leute aus der Gemeinde waren ja kaum in der Lage, mit öffentlichen Verkehrsmitteln zum Gemeindehaus am Holstenwall zu gelangen. So bot ich ihnen besonders für die Vormittags- und Nachmittagsveranstaltungen meinen Fahrdienst an. Dafür stand der schon erwähnte Gemeinde-VW-Bus zur Verfügung. Morgens zwischen acht und neun Uhr begann ich also damit, die Senioren an den Wohnungstüren einzusammeln, um mit ihnen in die Innenstadt zu fahren. Unter ihnen gab es echte Originale.

Ich denke an Herrn Verbarg, der, bevor er zum Glauben kam, in Hamburg ein Restaurant besaß. Wenn er in unseren kleinen Bus einstieg, las er uns zuerst die Tageslosung und den dazugehörenden Lehrtext vor. Körperlich war er ein eher schmächtiger Mann, aber mit einer brennenden Liebe zu Jesus. Meist hatte er uns viel zu erzählen – auch bei Zusammenkünften in der Gemeinde. Als man ihm einmal sagte, für seinen Gesprächsbeitrag bleibe leider keine Zeit, man wolle jetzt miteinander beten, begann er sein Gebet mit den Worten: »Herr Jesus, das habe ich dir noch gar nicht gesagt«, und dann erzählte er nicht nur dem Herrn Jesus, sondern auch uns, was er noch auf dem Herzen hatte.

Auch Irma Höpfner war ein solches Hamburger Original; in der Gemeinde wurde sie liebevoll »Irmchen« genannt. Sie war eine besonders freundliche und fürsorgliche Frau. Während der ersten Monate in Hamburg hatte ich bei ihr meinen Mittagstisch. Als ich sie kennenlernte, war sie zwar schon über siebzig, aber erst wenige Monate mit ihrem Mann Alfred verheiratet. Auch eine kränkliche und oft klagende Dame wohnte bei Höpfners im Haus. Mit großer Geduld hörte sich Irmchen ihre Leidensgeschichten an und versuchte sie aufzumuntern. Einmal hatte sie gutherzig einen »Kunstmaler« aufgenommen. Er hatte an ihrer Haustür gestanden, um sich Geld zu erbetteln, Irmchen hatte ihn hereingebeten und ihm Essen und Kleidung gereicht. Am nächsten Morgen rief sie mich an und bat mich, ihren Gast in die Hamburger City zum Arbeitsamt zu fahren, um ihm bei der Vermittlung einer Arbeitsstelle behilflich zu sein. Wir fuhren mit der S-Bahn in die Stadt, und »mein« Kunstmaler unterhielt alle, die in unserer Nähe saßen, auch mich baute er in seine zu Herzen gehende Geschichte ein.

Und da war Frau Wolperding, die am Poppenbütteler S-Bahnhof wohnte, und zwar dort, wo jetzt das große und schicke Alster-Einkaufszentrum (AEZ) steht. Später, als unsere Kinder geboren waren, freute sie sich jedes Mal riesig, wenn Edelgard sie mit Christina und Kerstin besuchte. Sie bewohnte eine Baracke, wie es sie damals im Umfeld von Hamburg viele gab. Zu unserer FeG gehörten viele ältere Menschen, die während des Krieges ihre Wohnungen in Hamburg verloren hatten. Manche kamen auch aus Ostpreußen oder anderen Gegenden des Ostens und hatten auf der Flucht Schreckliches erlebt. Oft genügte es schon, ihnen still zuzuhören und mit ihnen zu beten.

Viele weitere Mitfahrerinnen und Mitfahrer zum Holstenwall könnte ich nennen, die etwa 40-minütige Fahrt wurde nie langweilig, es gab viel zu erzählen und kaum eine bessere Möglichkeit für mich, Verbindungen zu knüpfen. Unser erster Gemeindebus damals war alt und klapprig, er hatte bereits viele Kilometer auf dem Buckel, als ihn die Gemeinde übernahm – ein Wunder, dass er noch durch den TÜV gekommen war. Einmal löste sich während der Fahrt die Befestigung der Mittelbank, die Bank kippte nach hinten und mit ihnen die, die darauf saßen. Plötzlich hörte ich Schreie, und als ich mich erschrocken umdrehte, sah ich nur noch die nach oben gestreckten Beine. Es hätte schlimm ausgehen können, aber die alten Leute nahmen es mit Humor.

Was die jungen Leute in der Gemeinde betraf, so war die Beziehung zu ihnen nicht ganz so einfach zu knüpfen. Für Jugendliche gab es in der FeG Sasel zwei Angebote: Da war zum einen der

Jugendkreis und zum andern die Jungenschaft. Der entscheidende Unterschied zwischen den beiden Gruppen hatte weniger mit dem Alter zu tun als vielmehr mit ihrer Kultur. Die Jungenschaftler waren vom CVJM geprägt, kleideten sich gerne mit dem entsprechenden Outfit (Hemd und Halstuch) und hätten am liebsten noch Feuer mit dem Stein geschlagen, anstatt ein simples Streichholz zu benutzen. Ich habe mich immer schon mit solch rauen und zünftigen Gesellen etwas schwergetan, aber in Sasel wurde ich von Anfang an auf sie »angesetzt«. Erst später kam ich dahinter, dass es zwischen dem Gemeindeprediger und einigen seiner Gemeindeältesten hier gewisse Rivalitäten gab. Georg Schmidt war eher mit dem Jugendkreis verbunden, dieser Kreis gehörte zu seiner Geschichte, viele der jungen Leute hatte er begleitet und geprägt. Jungschar und Jungenschaft lagen wiederum einigen Gemeindeältesten näher (wohl auch durch ihre Söhne bestimmt). Diese von der Pfadfinderschaft geprägte Gruppe hatte einen prächtigen Leiter: Victor Gross.

Wie auch immer, für einige Leute stand fest: Der neue Pastor sollte ein Mann für die Jungenschaft sein, und so wurde mir diese Arbeit besonders ans Herz gelegt. Bereits im Frühsommer 1967 war ich mit den Jungs auf der Schwentine unterwegs, einem kleinen Fluss zwischen Eutin und Malente. Die Faltboote für die Fahrt hatten sie sich selbst gebaut. Wir verbrachten die Nächte in großen Koten, das sind mit Baumstämmen und Zeltplanen aufgestellte Zelte, die eigentlich in Lappland ihr Zuhause haben. In der Mitte einer solchen konischen »Hütte« befindet sich eine Feuerstelle, auf der man Tschai (Tee) kochen kann. Auch zu großen Fahrten war ich mit den Jungen unterwegs.

1968 wanderten wir drei Wochen durch Norwegen, dafür hatte ich mir extra eine Bundhose und einen »Affen« zugelegt (ein mit Fell bespannter rechteckiger Tornister). Hemd und Halstuch bekam ich geliehen. Das Wetter war großartig, und es gab kaum Probleme – ausgenommen bei einem Gottesdienst in Stavanger, bei dem ich predigte und von einem deutschen Hafenarbeiter übersetzt wurde. Er war kein Christ und hatte große Mühe zu begreifen, um was es in der Predigt ging. Einige aus der norwegischen Gemeinde waren da schneller und riefen ihm während meiner Predigt die passenden Vokabeln zu.

Von Stavanger aus wanderten wir dann durchs Land, Tag für Tag. Bäume für unsere Koten gab es genug, und auch Aufstellplätze dafür zu finden war kein Problem. In den kleinen norwegischen Orten suchten wir in der Regel zuerst den Dorfladen auf und deckten uns mit frischen Brötchen und der herrlichen »Filmjölk« (Dickmilch, Sauermilch) ein. Unvergesslich für mich ist der Aufstieg zum »Prekestolen« (Predigtkanzel), einem aus dem Berg herausragendem Felsplateau, das wie eine Kanzel 604 Meter über dem Lysefjord liegt. Mir stockte der Atem, während die Jungs, auf dem Bauch liegend, vom Felsen in die Tiefe schauten. So riesig und umwerfend der Ausblick auch war – ich war glücklich, als wir alle wieder wohlbehalten bei unseren Koten eintrafen. In der dünn besiedelten norwegischen Landschaft fielen wir natürlich (positiv!) auf, selbst eine Zeitung berichtete von den deutschen Jungs, die auf Wanderschaft durch Südnorwegen sind.

Als wir auf der Rückreise wieder in Kristiansand eintrafen, hatten wir noch einige Stunden Zeit, bevor die Fähre uns über das Skagerrak zurück nach Dänemark brachte. Beim Rundgang durch die Stadt fiel uns eine kleine Gruppe von Christen auf, die auf einem Platz sangen und Einladungen verteilten. Ein etwa zwölfjähriges Mädchen mit einer wunderschönen Stimme war dabei, ihr Vater begleitete es auf einer kleinen elektronischen Orgel. Erst später fand ich heraus, dass es sich um Evie Tornquist handelte, die später unter dem Namen »Evie« mit vielen ihrer Schallplatten in Norwegen, Schweden und den USA bekannt wurde.

Die Familie Tornquist lud uns zu einer Abendveranstaltung ein, und da wir noch genügend Zeit bis zum Ablegen der Fähre hatten, nahmen wir die Einladung gerne an. So gerieten wir in die bewegte Versammlung einer Pfingstgemeinde. Das heftige Weinen und Stöhnen wurde immer wieder von lauten Halleluja-Rufen unterbrochen. Das war nicht nur für meine Jungen ungewohnt, sondern auch für mich. Vorher hatte man uns als deutsche Gäste willkommen geheißen und gebeten, ein Lied zu singen. Und so erklang aus rauen Jungenkehlen (wie sollte es auch anders sein) das Lied »Fest und treu wie Daniel war ...«.

Am schwierigsten ist es nach meiner Erfahrung allerdings, die jungen Erwachsenen zu erreichen: Sie verhalten sich erst skeptisch und fragen kritisch prüfend, wie und wer denn der neue Pastor ist. Auch in Sasel empfanden das meine Frau und ich in den ersten Wochen. Doch das sollte sich ändern, und wie das geschah, empfehle ich keinesfalls zur Nachahmung, vor allem nicht für Gemeindepastoren.

Irgendwann fiel unsere Chorleiterin aus, oder richtiger: Sie legte ihr Amt nieder. Das war ein herber Verlust, denn es gab viele Sängerinnen und Sänger in Sasel, und die Chorarbeit sollte und musste irgendwie weitergehen. Ich erinnere mich nicht mehr genau, wie es dazu kam, aber irgendwann erklärte ich mich (für den Übergang) zum Dirigieren bereit. Bereits in Ewersbach hatte ich einige Male den »Brüderchor« dirigiert und in Ronsdorf einen Singkreis geleitet, deshalb war die Situation nicht ganz ungewohnt für mich. Trotzdem: Auf die Frage, ob ein Pastor die Leitung des Gemeindechores übernehmen soll, kann es im Normalfall nur ein klares Nein geben (kein Dozent in Ewersbach hätte anders geantwortet). Aber es war eben kein Normalfall, und um es mit Humphrey Bogart zu sagen: Die Übernahme des Dirigentenamtes wurde »der Beginn einer wunderbaren Freundschaft«. Die Chorleitung verschaffte mir den Zugang zu den jungen Erwachsenen – und nicht nur zu ihnen. Auch junge Leute kamen in den Chor, und die, die älter wurden (was ja unvermeidlich ist), verließen ihn nicht. Wir wuchsen zusammen, besuchten mit dem Chor meine

Heimatgemeinde in Wuppertal-Ronsdorf, sangen bei Evangelisationen und bei vielen anderen Anlässen. Vor allem sangen wir auch (fast) an jedem Sonntag im Saseler Gottesdienst.

Eines Tages erhielt ich einen Brief von meinem früheren dänischen Mitseminaristen in Ewersbach. Frede Byg wohnte mit seiner »Ewersbacher« Frau Christa in Aarhus, und dort gab es einen Chor. »Wie wäre es«, schrieb er, »wenn sich unsere Chöre besuchten? Wir kommen zu euch, und ihr kommt zu uns.« Die Idee war gut und die Offenheit dafür groß, auch von unserer Seite. Und eines Tages war es so weit. Die Dänen besuchten uns in Hamburg, sahen sich mit uns die Stadt und ihre Sehenswürdigkeiten an, und Monate später machten wir uns nach Aarhus zum Gegenbesuch auf den Weg und waren beeindruckt von der alten Universitätsstadt am Kattegat. Und was vermutlich das Beste war: Weder die Dänen noch wir übernachteten in Hotels und Pensionen. Stattdessen öffneten wir unsere Häuser. Dabei entstanden Freundschaften, die zum Teil noch heute bestehen – nach über 40 Jahren!

Verliebt, verlobt – und immer noch nicht verheiratet

Kehren wir noch einmal zurück zum Beginn meines Gemeindedienstes im Herbst 1966. Meine Braut besuchte inzwischen das Jugendseminar und fand das Programm sehr gut. Auch die Gemeinschaft unter den Kursteilnehmern erwies sich als hervorragend. Aber das Schönste für mich war, dass sie endlich in meiner Nähe lebte. Zu den Kinderstunden holte ich sie ab, und wir gestalteten die Stunden gemeinsam. Und als die Adventszeit mit den vielen Advents- und Weihnachtsfeiern in den Bibelkreisen begann, fuhr sie mit und brachte sich ein. Doch kurz vor Weihnachten ging der Lehrgang am Jugendseminar seinem Ende entgegen, und wir mussten uns nach einer Wohnung und Arbeitsstelle für sie umsehen.

In Ohlstedt wohnte eine Frau, die ich regelmäßig zu den Bibelstunden in der Duvenstedter Schule abholte. Eines Abends auf der Rückfahrt erzählte sie mir von einigen Zimmern in ihrem Haus, die sie gerne als Wohnung vermieten wolle. Ich wurde hellhörig, und noch am selben Abend sah ich mir die Zimmer an: ein Schlafzimmer, ein Wohnzimmer mit einem kleinen Balkon, eine Küche, allerdings ohne Wasseranschluss. Einen Wasserhahn gab es nur in einer winzigen Toilette. Nur mit Mühe konnte ich dort aufrecht stehen, und an eine Dusche, geschweige Badewanne war in dem kleinen Raum nicht zu denken. Trotzdem, am nächsten Tag sahen meine Braut und ich uns die Wohnung gemeinsam an und unterschrieben den Mietvertrag. Es war damals schwierig, in Hamburg überhaupt eine passende Wohnung zu finden, und wenn man sie fand, war sie kaum bezahlbar. So waren wir trotz einiger Einschränkungen zufrieden. Die Lage konnte man nur als hervorragend bezeichnen. Hamburg-Ohlstedt ist ein sehr schönes Wohngebiet am Rand des Hamburger Stadtgebietes, umgeben von vielen Wäldern und weiten Wanderwegen. Mit dem Auto brauchten wir von dort zum Saseler Gemeindehaus nur 20 Minuten. Außerdem fand Edelgard eine Arbeitsstelle nur 25 Minuten Fußweg entfernt in einer chemischen Reinigung. Das war zwar nicht ihr Traumjob, aber es reichte, um Geld zu verdienen, und das hatten wir dringend nötig. Eigentlich gab es bei alldem nur ein gravierendes Problem: Wir durften nicht heiraten.

Noch vor Weihnachten zog Edelgard in Ohlstedt ein, und ich begann zwischen zwei Wohnungen zu pendeln. Wenn ich nicht zu Diensten unterwegs war, arbeitete ich tagsüber in unserer Ohlstedter Wohnung, am späten Abend fuhr ich dann zur Übernachtung auf mein Zimmer bei Frau Zietz, um am nächsten Morgen in der Frühe wieder zurück nach Ohlstedt zu fahren. Vor allem aufgrund des regelmäßigen Motorengeräusches am späten Abend bekam das eine Nachbarin mit, und es war nicht ganz einfach, ihr den Sachverhalt zu erklären. Und das ging nicht nur dieser Nachbarin so, auch in der Gemeinde war die Situation für einige unverständlich (soweit sie es mitbekamen, wir sprachen kaum darüber). Anfang des Jahres 1967 fasste ich mir ein Herz und schrieb an die Leitung des BFeG einen Brief mit der Bitte, endlich heiraten zu dürfen. Von meinem Vorgesetzten Dr. Fritz Laubach und meinem Vikariatsvater Georg Schmidt wurde ich dabei unterstützt. Ich besitze noch eine Kopie dieses Briefes und staune über meine Argumentation, ich habe wirklich alles versucht, der Bundesleitung die Entscheidung leicht zu machen. Aber ich hatte keinen Erfolg damit. Auf dem Kronberg in Ewersbach war inzwischen eine turbulente Zeit angebrochen, immer mehr Ewersbacher Seminaristen fanden sich mit dieser Regelung nicht mehr ab. Die Leitung unseres BFeG fürchtete wohl, mit einer Genehmigung für uns einen Präzedenzfall zu schaffen.

Wenn ich heute zur Theologischen Hochschule auf den Kronberg komme und die Häuser und Wohnungen der Studierenden und ihrer Familien sehe, empfinde ich unsere Situation damals wie ein Relikt aus einer längst vergangenen Welt und Zeit. Mag sein, dass das Theologiestudium als Vater oder als Mutter auch seine Tücken hat; es wird nicht immer einfach sein, Studium und Familienleben miteinander zu verbinden. Aber die Regelung damals tat den meisten von uns nicht gut. Es wurde versucht, sie geistlich zu begründen, aber gerade das schien mir eher ungeistlich zu sein.

Doch am 31. März 1967 war es so weit: Edelgard und ich durften tatsächlich noch vor Abschluss des Probedienstjahres heiraten. Es hatte sich nämlich relativ schnell geklärt, dass wir in der FeG Sasel blieben. Die Gemeinde und ihre Leitung wollten es so, und auch wir waren gerne damit einverstanden. Die Hochzeit fand dann in Halver statt, auch eine Abordnung der FeG Sasel nahm daran teil. Gustav Irle, der langjährige Prediger in Halver, traute uns. Irritationen gab es allerdings drei Stunden vor unserem Hochzeitsgottesdienst, als Edelgard und ich mit unseren Trauzeugen vor dem Standesbeamten saßen. Nicht dass der Mann etwas falsch gemacht hätte, aber mein schwarzer Anzug war erschreckend groß – was sich vor allem bei den Ärmeln und Hosenbeinen bemerkbar machte. Meine Hände sahen kaum das Tageslicht, und meine Hose war so lang, dass ich beim Gehen fast ins Stolpern geriet. Erst in der Wohnung stellte sich dann heraus, dass ich in der Aufregung den Anzug meines Schwagers gegriffen hatte, der deutlich größer war als ich. Doch auch wenn ich auf dem Standesamt im falschen Anzug steckte, im Traugottesdienst war ich ganz ich selbst.

Nach der Hochzeit gab es zwar keine Hochzeitsreise, dazu fehlte uns das Geld. Aber im Frühsommer hatte ich einen »Kurpredigerdienst« an der Ostsee zugesagt, den weiteten wir zur Hochzeitsreise aus. Die Stiftung Elim besaß in Timmendorfer Strand ein Erholungsheim, und zur geistlichen Betreuung der Gäste wurden in den Sommermonaten Pastoren aus den Hamburger Gemeinden eingesetzt. Außer der täglichen Morgenandacht und einigen Veranstaltungen am Abend blieb meiner Frau und mir viel Zeit, und so wanderten wir Tag für Tag als frisch Verheiratete an der Ostsee entlang. Zum ersten Mal entdeckten wir das Steilufer zwischen Niendorf und Travemünde, es gab dort ein schön gelegenes Café auf der Mitte des Weges. Manchmal saßen wir auch nur im Timmendorfer Kurpark auf der Bank und freuten uns an der schönen Umgebung und aneinander.

Es war ein herrliches, sonniges Wetter in diesen ersten Junitagen des Jahres 1967, aber im Nahen Osten tobte der Krieg zwischen Israel und seinen Nachbarn, später »Sechs-Tage-Krieg« genannt. Eine ältere Dame, die manchmal im Kurpark neben uns saß, sprach von ihrer Angst. Sie hatte im Zweiten Weltkrieg Furchtbares erlebt und fürchtete, so etwas könne wieder auf uns zukommen. Doch dann ging alles unfassbar schnell vorüber, wenigstens schien es so. Die Israelis eroberten die Golanhöhen, den Gazastreifen, die Sinaihalbinsel und vor allem Ostjerusalem. Ich bin mir nicht sicher, ob es im Erholungsheim »Bethanien« einen

Fernseher gab, aber die vor Glück weinenden israelischen Soldaten an der Klagemauer habe ich heute noch vor Augen.

Erst am 5. November 1967 folgte dann meine Einführung als Pastor der FeG Sasel. Mein Chef Fritz Laubach predigte über Jesaja 50 (Vers 4 und 5) und betonte, wie wichtig es für einen Pastor sei, das geöffnete Ohr eines Jüngers zu haben. Nur dann könne er im richtigen Augenblick das Richtige sagen. Und Georg Schmidt gab mir eine Platzanweisung von Jesus weiter (Johannes 12,26): »Wo ich bin, da soll mein Diener auch sein.« Auch ein Grußwort meines Bruders Diethelm habe ich noch in Erinnerung. Er erzählte von unserem gemeinsamen Besuch bei einer alten Hamburger Dame. Sie hatte Diethelm und mich zum Kaffee eingeladen, und wir unterhielten uns angeregt. Und während wir sprachen, nahm ich den Deckel von der Zuckerdose, bediente mich (damals süßte ich den Kaffee noch) und setzte ihn gedankenverloren auf das Milchkännchen. Allerdings war das etwas größer als die Zuckerdose, es gab ein glucksendes Geräusch, und der Deckel war abgetaucht. Mein Bruder meinte tröstend, das könne mir mit Gott nicht passieren: »Wenn er dich an einen Platz beruft, dann gehst du nicht unter.« Und so war es auch, untergegangen bin ich bis heute nicht. Aber ich stieß an meine Grenzen, und immer, wenn ich das überspielen wollte, ging es mir schlecht.

Gemeinde für Gemeindefremde

In der Gemeinde ging es gut voran, die Leute freuten sich offensichtlich über meine Predigten, und ich fühlte mich angenommen. Und doch gab es anfangs auch Spannungen, die nicht offen zutage traten, sondern für andere versteckt in mir lagen. Einer der Ältesten fragte mich eines Tages eher nebenbei, welche Schulbildung ich hätte. Er ging selbstverständlich davon aus, dass ich ein gutes Abitur vorweisen konnte oder zumindest die mittlere Reife. Als ich zu seiner Überraschung beides verneinte, meinte er, ich solle das niemandem sagen. Er hat das sicher nicht böse gemeint, aber ich hatte ein Problem, und in gewisser Weise blockierte es mich, ich war nicht mehr wirklich frei.

In der Nähe von Ohlstedt gibt es ein großes Naturschutzgebiet, den Duvenstedter Brook. Dort, auf weiten Wegen durch die stille Landschaft, versuchte ich mein Problem zu klären. Ich sprach mit dem, der mich in den Dienst gerufen hatte, und kein Mensch störte mich dabei. Ich sagte ihm, ich wolle nicht eine Person darstellen, die ich nicht bin. Und ich vertraute mich ihm neu mit meinen Begabungen und Begrenzungen an. Mir war völlig klar: Nur so würde aus mir die Persönlichkeit werden, die Gott gebrauchen kann und will. Wenn ich mich richtig erinnere, schrieb ich mir damals das folgende Zitat von Corrie ten Boom in meine Bibel: *»Du wirst nie den Sieg erringen, den Christus dir geben will, wenn du dich ihm nicht ganz auslieferst. Und wenn du das willst, dann tue es jetzt. Gib ihm nicht die Person, die du sein möchtest, sondern die du bist.«* Besonders der letzte Satz wurde zu einem Schlüsselsatz für mich.

Das klingt, als habe die Problematik damit ihr Ende gefunden, doch das war nicht so. Immer wieder einmal beschäftigte mich meine begrenzte Schulbildung. Vermutlich bekam kaum jemand etwas davon mit, dieses »Defizitgefühl« saß ja tief in mir und wurde stärker, je nachdem auf welchem Parkett ich mich bewegte. Selbstverständlich habe ich Erklärungen parat: mein Elternhaus, die damalige Zeit – aber was soll's?! Viel wichtiger ist, dass Gott mich Schritt für Schritt weiterführte und mir in jeder Lebenssituation die dafür erforderlichen Voraussetzungen gab. Und er gab mir auch viele Möglichkeiten, das nachzuholen, was ich von Haus aus und über die Schule nicht mitbekam.

Schon immer hatte mich die Frage beschäftigt, wie wir als Christen am besten zum Glauben an Jesus Christus einladen können. Was erschwert diese Einladung? Welche Barrieren richten wir auf, die nicht sein müssten? Was schleppen wir an frommem Kulturgut mit uns herum, das den Kern unseres Glaubens verdunkelt und ihn für unsere säkularen Zeitgenossen unverständlich macht?

In Sasel gab es die klassischen Evangelisationen, sie hatten keinesfalls ausgedient. In der Erwartung, dass Jesus Menschen zum Glauben rufen will, wurden sie regelmäßig geplant und auch durchgeführt. Und kräftig gebetet wurde dafür! Es gab einen Hausgebetskreis, der sich montags in Privatwohnungen traf. Nie zuvor hatte ich erlebt, wie so viele Menschen in so kurzer Zeit so viel miteinander beten können. Man musste sich anstrengen, um in der dichten Gebetsfolge eine Lücke zu finden. Und dabei ging es völlig unkompliziert zu. Fiel einer Beterin oder einem Beter bei der Fürbitte ein Name nicht gleich ein, dann half ihm ein anderer weiter. Und bei alldem hatte ich nicht den Eindruck einer oberflächlichen Gebetsroutine. Ganz im Gegenteil, die Erwartung an den Herrn aller Herren war wirklich groß. Ich bin heute mehr denn je überzeugt: Ein wesentlicher Grund für das innere und äußere Wachstum der FeG Sasel in den 70er- und 80er-Jahren ist hier zu suchen. Ein starker Motor beim Gebet war der schon erwähnte Wilhelm Bösehans. Der Hausgebetskreis war sein Herzensanliegen.

Im Sommer 1967 wurde ein Zelt für 300 Personen auf dem Platz gegenüber dem Gemeindehaus im Renettenweg aufgestellt, etwa dort, wo heute das neue Gemeindezentrum steht. Wir verteilten viele Einladungen, manchmal ging ich auch frühmorgens zum Poppenbütteler S-Bahnhof, um die Leute auf die Zeltwoche hinzuweisen. Auch das Heimatblatt »Alster-Anzeiger« nutzten wir, schafften es sogar auf Seite eins. Als Evangelisten sprachen Karl Heinz Knöppel, der Präses des BFeG, und Fritz Laubach, der seit einigen Monaten der Leiter unserer Hamburger Gesamtgemeinde war. Auch die Kinder wurden zu besonderen Veranstaltungen eingeladen, Elisabeth Jacobi hatte das übernommen, die als

»Kindermissionarin« arbeitete und später die Initiatorin unseres ersten Ferienbibelkurses (FBK) im BFeG wurde. Außerdem gab es ein mehr oder weniger ansprechendes Musikprogramm. Aber erreichten wir trotz all dieser Anstrengungen nicht doch nur die Frommen und kaum die Zielgruppe, die wir eigentlich erreichen wollten?

In den Sommermonaten veranstalteten wir an den Sonntagnachmittagen »Evangelistische Einsätze« am Alsterwanderweg. Eine mobile Lautsprecheranlage wurde aufgestellt, unser Bläserchor spielte, ich packte mein Akkordeon und die Gitarre aus, und wir versuchten mit Liedern und Textbeiträgen die Aufmerksamkeit der Spaziergänger zu gewinnen. Aber so richtig erfolgreich waren wir nicht damit. Vor einigen Wochen gingen meine Frau und ich dort noch einmal spazieren und kamen auch an den Ort, an dem diese Einsätze stattfanden. Vieles ging mir dabei durch den Kopf. Was haben wir damals richtig, was haben wir falsch gemacht?

Schon damals stellte sich heraus: Nicht über punktuelle Sonderaktionen erreichen wir die meisten Leute, sondern in den regelmäßigen Gottesdiensten. Sie waren in der Regel gut besucht. Also ergab es Sinn, sie noch stärker zu nutzen, um gemeindefremde Menschen zu erreichen.

Das war die Geburtsstunde einer Veranstaltungsreihe, die dann über mehrere Jahre unter dem Titel »Der besondere Gottesdienst« lief.

Damit mich jetzt niemand falsch versteht: Auch evangelistische Sonderaktionen sind sinnvoll, außerdem ist die Situation von Ort zu Ort verschieden. Aber bis heute ist es keine Frage für mich, dass ein ansprechender Gottesdienst mit einer guten Predigt und zielgruppenorientierter Musik vor allem in den größeren Städten eine enorme Zugkraft hat. Erstaunlich viele Menschen sind offen dafür, ja, haben geradezu Appetit darauf. Allerdings müssen sie von dem Angebot wissen. Was das betrifft, bin ich allerdings oft erschüttert über unsere verpassten Gelegenheiten. Gepflegte Internetauftritte sind noch immer eine Rarität.

Für uns in Sasel gab es noch kein Internet, wir träumten nicht einmal davon. Aber wir nutzten die Wege, die uns zur Verfügung standen. Um die besonderen Gottesdienste bekannt zu machen, fertigten wir kleine, handliche Karten an. Neben der Einladung zu dem entsprechenden Termin stand dort, was für diese Gottesdienste charakteristisch war: ein aktuelles Gesamtthema, ein abwechslungsreiches, oft unkonventionelles Programm, moderne geistliche Musik, eine 15-Minuten-Predigt, das alles gestaltet von Christen, die erfahren haben, dass Jesus Christus lebt.

In der Praxis bedeutete das für uns: Wir schneiden von Zeit zu Zeit einen Gottesdienst auf gemeindefremde Besucher zu. Die Sprache muss allgemein verständlich und die Musik ansprechend sein. Die Länge der einzelnen Beiträge darf die Gäste nicht überfordern. Zwar galten diese Kriterien für jeden unserer Gottesdienste, aber im »besonderen Gottesdienst« waren sie uns »besonders« wichtig. Und selbstverständlich sollte dieser Gottesdienst auch unseren eigenen Leuten gefallen, denn nur dann würden sie ihre Freunde und Nachbarn mitbringen.

Heute verfügen Gemeinden über ganz andere Möglichkeiten zur Programmgestaltung, aber damals war es tatsächlich etwas »Besonderes«. Der ohnehin schon gut gefüllte Gemeindesaal wurde so voll, dass es immer schwieriger wurde, noch ernsthaft zu den »besonderen Gottesdiensten« einzuladen. Wo sollten die Leute sitzen?

Dieses Saseler Projekt sprach sich daraufhin auch im BFeG herum. Als ich 1970 an der Evangelistenrüstzeit teilnahm (so hießen die Tagungen in Solingen, bevor sie später auf die Insel Langeoog verlegt wurden), wurde ich gebeten, darüber zu berichten, und ich erinnere mich noch an meine Aufregung dabei. Es gab damals meines Wissens nur eine FeG, die Ähnliches versuchte, das war die FeG Gießen.

»gospel night«

Aber einen Bereich des »besonderen Gottesdienstes« habe ich noch nicht erwähnt: die Musik. Auch die Lieder sollten ja verständlich und ansprechend sein, mit möglichst eingängigen Melodien. Selbstverständlich galt dem mein besonderes Interesse. So begann ich, für diese Gottesdienste Lieder zu schreiben. Ich suchte nach Melodien, die haften bleiben, selbst wenn man sie nur einmal hört. Auch nach einprägsamen und sich wiederholenden Kernaussagen suchte ich und brachte sie meist im Refrain unter. Die Leute sollten die Melodien und Texte möglichst noch am nächsten Morgen im Ohr und vielleicht sogar im Herzen haben. Auf diese Weise entstanden Titel wie »*Jesus Christus starb für mich*«, »*Herr, wir wissen, dass du lebst*«, »*Jesus Christus kennt dich*«, »*Jesus hat es verheißen*« und viele andere.

Das alles war selbstverständlich nur möglich, weil die Sängerinnen und Sänger des Chores begeistert mitzogen. Erst in jenen Tagen wurde mir so richtig bewusst, wie gut Gott das mit meiner Chorleitung eingefädelt hatte. Neue Lieder zu schreiben ergibt ja nur Sinn, wenn man Menschen hat, die sie singen. Unser Chor machte mit großer Begeisterung mit. Auch Solisten gehörten dazu, ein Geschwisterpaar, Renate und Gerd, übernahmen diesen Part. Inzwischen ist Gerd schon lange im Himmel.

Ich weiß, heute sind viele dieser Lieder nicht mehr modern, das kann ja auch gar nicht anders sein. Manche Titel sind außerdem so einfach gestrickt, dass man sie nach einer gewissen Zeit zur Seite legen muss. Außerdem waren »Eintagsfliegen« darunter, die nur wenige Male gesungen wurden und dann verschwanden. Trotzdem komme ich immer wieder ins Staunen, dass einige dieser Lieder von damals die Zeit überdauert haben. Wenn ich heute irgendwo in einer pietistisch geprägten Gemeinde das Lied »Jesus Christus starb für mich« anspiele, kennen die Leute das Lied und singen mit.

Aber musikalisch wirkten auch noch andere Personen in den »besonderen Gottesdiensten« mit, Künstler, die sich damals innerhalb der christlichen Szene noch in der Startphase befanden. Das wiederum ist eine andere Geschichte, die so begann: Erhard Diehl hatte nach seinem Pastorendienst in Nürnberg eine Berufung nach Hamburg angenommen und war inzwischen Jugendpastor der FeG in Norddeutschland. Während dieser Zeit startete er mit einer neuen Veranstaltungsreihe für junge Leute am »Holstenwall«, die unter dem Namen »gospel night« bekannt wurde. Diese Veranstaltungen fanden an Samstagen statt und begannen erstaunlicherweise erst um 21 Uhr. Und was damals wirklich aufregend war: Die vertrauten Stuhlreihen wurden dazu aus dem Saal entfernt und stattdessen Matratzen und Sitzpolster ausgelegt. Noch heute kann ich es kaum fassen, dass das die Zustimmung der Holstenwaller Gemeindeleitung fand. Aber es zeigt auch, wie viel sich ein Jugendpastor leisten kann, wenn er das Vertrauen der Gemeindeältesten hat.

Die »gospel night« wurde ein großer Erfolg. Aus ganz Hamburg und der Umgebung rückten junge Leute an und weit über die FeG hinaus. Gestaltet wurden die Abende von eigenen Mitarbeitern und auswärtigen Gästen.

Schaut man sich heute die Liste der Mitwirkenden an, dann sind darunter inzwischen bekannte Namen der »evangelikalen« Musikgeschichte. Manfred Siebald gehört dazu, er war noch ein junger und wenig bekannter Sänger und Gitarrist. Auch Johannes Nitsch war dabei, er trat damals mit seinen Geschwistern als »Neukirchner Team« auf und war noch keine 20 Jahre alt. Leider hat Gott ihn schon 2002 zu sich in die Ewigkeit gerufen. Auch Arno Backhaus und Andreas Malessa wirkten bei der »gospel night« mit. Sie kamen von der »Initiative junger Christen«, einer missionarischen Jugendarbeit im Waldecker Land. Als Duo »Arno und Andreas« sangen sie Jahre später auf vielen Jugendveranstaltungen.

Doch dass ich die »gospel night« im Zusammenhang mit unserer FeG Sasel und ihrem Gottesdienstprojekt nenne, hat noch einen besonderen Grund. Nach den Holstenwall-Veranstaltungen am Samstagabend sangen und spielten diese Künstler oft im Saseler »besonderen Gottesdienst«. Erhard und ich stimmten die Termine aufeinander ab. Das trug zweifellos zur Attraktivität dieser Gottesdienste bei und ergab auch für die Künstler mit ihren meist weiten Anfahrten einen Sinn. Und auch ich persönlich bekam Kontakt zu ihnen, hin und wieder wurden Freundschaften daraus.

Hat der »besondere Gottesdienst« unsere Erwartungen erfüllt? Klar wären hier noch Steigerungen möglich gewesen. Aber es kamen Menschen in unser Haus, die sonst vermutlich nicht gekommen wären. Und das Beste: Einige von ihnen kamen zum Glauben an Jesus. Und das Zweitbeste: Der »besondere Gottesdienst« beeinflusste auch den »normalen« Gemeindegottesdienst! Seine besondere Prägung schaffte in den regelmäßigen Gemeindegottesdiensten Raum und Akzeptanz für neue Formen und Akzente. Zum Beispiel war die Begleitung der Lieder mit Klavier, Gitarre und Schlagzeug in der FeG Sasel schließlich nichts Außergewöhnliches mehr. Einmal sprach mich auf der Heimfahrt vom Gottesdienst eine ältere und eher konservative Diakonisse an. »Bruder Strauch«, sagte sie, »früher war vieles so ernst und so steif in unseren Gemeinden. Wie schön, dass das heute anders ist.« Ich stimmte ihr gerne zu. Wer also einen »normalen« Gottesdienst verändern will, sollte mit einem »besonderen« Gottesdienst beginnen. Das hat Auswirkungen auf sein gesamtes Gottesdienstprogramm.

Der Gottesdienstbesuch erhöhte sich weiter, selbst als das kaum noch möglich war. Zwar wurde der Büchertisch in den Vorraum verlegt und noch ein kleiner Nebenraum geöffnet, aber die niedrige Decke ließ sich nun mal nicht nach oben verschieben, und die Luft im Saal wurde knapp. Es war schon fast normal, dass beim zweiten oder dritten Chorlied eine Frau aus dem Sopran nach hinten fiel – nicht weil charismatische Elemente bei uns Eingang gefunden hätten, sondern weil der Sauerstoff knapp wurde. Doch die Männer, die hinter ihr standen, kannten das schon und fingen sie jeweils mit gekonnten Griffen auf. Aber auf Dauer musste man über den Bau eines größeren Hauses nachdenken, doch das geschah erst nach meiner Zeit.

Die kleinen Sträucher

Im Januar 1968 wurde unsere älteste Tochter geboren. Wir wohnten noch in Ohlstedt und machten uns Gedanken über den weiten Weg zum Krankenhaus. Selbstverständlich gab es auch Krankenhäuser in der Nähe, aber für uns stand fest, unser Kind sollte im Krankenhaus Elim geboren werden. Bis dorthin brauchte man mit dem Auto von Ohlstedt eine halbe Stunde. Doch je nach Tageszeit konnte das erheblich länger dauern. Das Krankenhaus Elim mit über 200 Betten gehörte zur Stiftung Elim, war also in gewisser Weise ein FeG-eigenes Krankenhaus. Es hatte in Hamburg einen außerordentlich guten Ruf, sowohl was die ärztliche Versorgung, als auch was die Pflege betraf. Mir war das Haus auch deshalb vertraut, weil wir uns dort alle zwei Wochen zur »Miko« (Mitarbeiterkonferenz) trafen. Übrigens kam auch unsere derzeitige Bundeskanzlerin, Angela Merkel, in diesem Krankenhaus zur Welt, das war im Juli 1954. Wenige Wochen später zog ihr Vater, der Pfarrer in Hamburg war, mit seiner Familie in die DDR.

Als das vom Arzt angekündigte Datum näher rückte, hielten wir Auto und Gepäck bereit, um möglichst schnell aufbrechen zu können. Als Fahrzeug diente wieder unser alter Gemeindebus. Weil er immer klappriger wurde und uns beim Fahren kräftig durchschüttelte, nannten wir ihn scherzhaft unseren »Geburtshelfer«. Vermutlich hat er die Ankunft unserer Kinder tatsächlich beschleunigt.

Am späten 14. Januar, einem stürmischen Abend gegen 22 Uhr, ging es dann los. Es war ruhig auf den Straßen, und wir trafen zeitig genug im Krankenhaus Elim ein. Als ich meine Frau und ihr Gepäck an der Wochenstation abgegeben hatte, wurde ich wieder nach Hause geschickt. Die Anwesenheit des Vaters bei der Geburt war damals ja noch kein Thema, darüber wurde noch nicht einmal diskutiert. Irgendwann gegen Morgen bekam ich dann einen Anruf, dass unsere Tochter geboren war, das Kind sei gesund und die Mutter glücklich. Das konnte ich selbstverständlich auch vom Vater sagen. So machte ich mich wieder auf den Weg nach Eimsbüttel ins Krankenhaus.

Erst eine gute Woche später durfte ich unsere Tochter Christina und meine Frau Edelgard nach Hause holen, so lange dauerte der Aufenthalt im Krankenhaus damals, selbst wenn die Geburt ohne Komplikationen verlief. Komplikationen ergaben sich allerdings jetzt in unserer Ohlstedter Wohnung. Nur ein Wasserhahn, dazu in einer kleinen Toilette – wie sollte man unter diesen Umständen die vielen Windeln waschen, ganz abgesehen von allem anderen, was für die Pflege eines Säuglings notwendig war? Einige Tage nachdem Edelgard mit der kleinen Christina zurück in unserer Wohnung war, fiel das Wasser ganz aus, und wir richteten Waschzeiten im Saseler Gemeindehaus ein. Noch während ich das hier niederschreibe, staune ich darüber, wie vor allem meine Frau das damals bewältigt hat.

Als Kerstin, unsere zweite Tochter, geboren wurde, wohnten wir bereits im Saseler Gemeindehaus. Es war eine Dachwohnung, die sich über alle Gemeinderäume erstreckte, mit einer Loggia und einer großen Terrasse. Durch unseren neuen Wohnort war die Fahrt zum Krankenhaus Elim etwas kürzer geworden, und auch unsere zweite Tochter meldete sich am späten Abend an. Auch hier verlief die Geburt problemlos, und als Edelgard eine Woche später mit diesem zweiten kleinen Strauch in Sasel eintraf, stand auch genügend fließendes Wasser zur Verfügung. Inzwischen hat-

107

ten wir »sogar« in der Küche einen Wasserhahn, ganz zu schweigen vom Bad und der schnuckeligen kleinen Badewanne.

Aber wie das damals in den Gemeinden so war, hatte man das Haus mit geringen finanziellen Mitteln und viel Eigenarbeit gebaut. Das hinterließ an einigen Stellen Spuren, zum Beispiel in meinem Arbeitszimmer. Dort hatte der Fußboden ein so starkes Gefälle, dass ich einmal ein wenig beunruhigt einen Statiker aus der FeG Ahrensburg bat, sich das anzusehen. Er meinte, die Schräge gebe dem Raum eine besondere Note, statisch sei die Sache völlig bedenkenlos. Alles in allem wohnten wir gerne im Saseler Gemeindehaus, unsere Kinder hatten viel Platz zum Spielen auf der großen Terrasse.

Pastoren und ihre Frauen sind verständlicherweise nicht immer glücklich, wenn ihre Wohnung im Gemeindehaus liegt, aber für uns damals war es genau das Richtige. Hätten wir noch mit unseren kleinen Kindern in Ohlstedt gewohnt, wäre Edelgard vom Gemeindeleben weitgehend ausgeschlossen gewesen. So konnte sie fast immer an den Veranstaltungen teilnehmen. Wir hörten ja unten in den Gemeinderäumen, wenn unsere Töchter oben riefen oder weinten, auch ohne Babyfon (keine Ahnung, ob es so etwas überhaupt schon gab). Edelgard konnte dann schnell in die Wohnung gehen und nach unseren Kindern sehen.

Später kam noch ein »Strauch« dazu, nämlich meine Schwester Bärbel. Sie arbeitete als Gemeindehelferin in Eppendorf und wohnte zeitweise im großen Gemeindehaus am Holstenwall (erste Empore, links). Später begann Bärbel eine Ausbildung und wohnte bei uns in Sasel.

Meine erste Trauung

Inzwischen hatten sich meine Schwerpunkte in der Jugendarbeit verlagert, die Jungenschaft lag in den Händen von Rolf, der von

Anfang an in dieser Arbeit zu Hause war und den die jungen Männer schon immer als Leiter akzeptierten. Auch bei der Fahrt nach Norwegen war er dabei gewesen. Ich hatte es jetzt mehr mit dem Jugendkreis zu tun, obwohl er über ein eigenes Leitungsteam verfügte.

Eines Sonntags nach dem Gottesdienst bat mich ein junges Paar um einen Gesprächstermin. Als wir dann zusammensaßen, sagte mir der junge Mann, seine Freundin erwarte ein Kind. Nun gehörten die Themen »Was ist die Ehe?« und »Wann beginnt sie?« schon immer zur christlichen Jugendarbeit. Immer noch bin ich überzeugt, dass das Miteinanderschlafen in den Schutzraum der Ehe gehört, auch wenn das heute viele anders sehen. Und ebenso bin ich der Ansicht, dass eine Ehe nicht nur aus einer persönlichen Absprache zwischen zwei Verliebten besteht, sondern ebenso eine öffentliche Angelegenheit ist. Damals war das in christlichen Kreisen noch ziemlich unumstritten. Trotzdem wurde in Jugendgruppen darüber diskutiert.

Während die beiden nun mit mir sprachen, schwirrte mir vieles durch den Kopf. Ich hatte in solchen Fällen von Haustrauungen gehört, von Hochzeiten mit möglichst wenig Öffentlichkeit, sozusagen schamhaft versteckt in Hinterzimmern. Aber von Anfang an war mir klar, dass dies nicht der richtige Weg sein konnte. Dann plötzlich nahm unser Gespräch eine für mich überraschende Wendung. Die beiden bestanden darauf, es möglichst bald im Jugendkreis zu sagen. Noch bevor man die Schwangerschaft sah, sollten die anderen von ihnen selbst erfahren, dass sie miteinander geschlafen hatten. Und sie wollten nicht nur Gott, sondern auch ihre christlichen Freunde um Vergebung bitten. Und genauso geschah es dann. Es war meine erste Trauung, und wir feierten einen fröhlichen Hochzeitsgottesdienst, mit weißem Brautkleid und allem Drum und Dran. Ihr Geständnis bewirkte mehr, als ich durch viele Bibelarbeiten und Vorträge darüber hätte ausrichten können.

Später kam ein junges Paar in die Gemeinde, das vom christlichen Glauben nur wenig wusste. Unbekümmert lebten und schliefen sie zusammen, obwohl sie nicht verheiratet waren. Aber schon bald nachdem sie zum Glauben an Jesus gefunden hatten, wurde ihnen klar, dass ihr Lebensstil nicht dem Willen Gottes entsprach. Ohne Druck, ohne dass ich überhaupt etwas dazu sagte (soweit ich mich erinnere), zogen die beiden auseinander und baten mich, sie zu trauen. Diese Konsequenz begegnete mir erstaunlicherweise vor allem bei jungen Leuten, die nicht aus christlichen Familien kamen.

»Abende für Menschen unserer Tage« – das war der Titel, unter dem wir im November 1969 in einer Schule in Hamburg-Wellingsbüttel fünf evangelistische Veranstaltungen anboten. Unser Ziel war, dass diese »Menschen unserer Tage« nicht nur in unserer Werbung auftauchten, sondern auch tatsächlich zu den Abenden erschienen. Dafür setzten wir die Veranstaltungen aus unterschiedlichen Bausteinen zusammen: Musik, Filme, Kurzansprachen und Gespräche. Die Filme liehen wir von »World Wide Pictures« (Billy-Graham-Film) aus, als Sängerin unterstützte uns Frannie Faasen aus Utrecht in den Niederlanden, und unser Redner war Erhard Diehl.

Während dieser Tage kam ein junger Mann zum Glauben, der später mein Schwager wurde, denn er verliebte sich in meine Schwester Bärbel. Eines Abends (Monate später) stand Uwe in der Küchentür und hielt um die Hand meiner Schwester an, so wenigstens haben es meine Frau und ich in Erinnerung. Uwe war nicht nur für Bärbel ein großes Geschenk, er war und ist es auch für unsere ganze Familie. Inzwischen sind die beiden über 40 Jahre verheiratet, und zu ihrer Familie gehören Kinder und Enkelkinder.

Die »Jesus-People« in Hamburg

1971 erschienen in vielen deutschen Illustrierten und Tageszeitungen Berichte über eine Bewegung in Kalifornien, die bereits Ende der 60er-Jahre aufkam und anscheinend nur ein Thema kannte: Jesus. Die deutsche Presse nahm das zum Teil mit grellen Überschriften auf. Besonders die »Bunte« aus dem Burda-Verlag berichtete mit vielen Fotos darüber, ihr Artikel erschien später als Sonderdruck (»Besser als Hasch«). Obwohl die Wochenzeitung »DIE ZEIT« damals schrieb: »Die neue Bewegung wird von den Kirchen und den Rechten bejubelt«, meldete sich eine Reihe von Kirchenvertretern kritisch zu Wort. Der Wiener Kaplan Adolf Holl sah in ihr eine reine Modeerscheinung, und Klaus Reblin, damals Hauptpastor von Sankt Katharinen in Hamburg, beklagte die Intellektfeindlichkeit und den theologischen Fundamentalismus der Bewegung. Selbstkritisch fügte er aber hinzu: »Mag sein, dass die Jesus-Revolution eine Revolution der Naivität ist. Aber ist Naivität notwendig ein Makel? Naivität kann auch ein Anzeichen für Zukunftsträchtigkeit sein.« Und anschließend zitierte er ein Jesus-Wort: »Wenn ihr nicht werdet wie die Kinder, werdet ihr nicht ins Himmelreich kommen.« Fast zeitgleich wurde im »Hamburger Abendblatt« von Volkhard Spitzer berichtet, Pastor einer Gemeinde am Berliner Nollendorfplatz: »Nimmt die Bewegung jetzt Kurs auf Europa? Berlin erlebte schon die erste Taufzeremonie im Hochgefühl …« Auch in der Hamburger Innenstadt tauchten Jesus-People auf. Der Baptistenpastor Herbert Krause nahm viele dieser jungen Christen in seinem »JesusCenter« auf, weil sie in den etablierten Kirchen (auch Freikirchen!) kein Zuhause fanden. Mit seinem Team veranstaltete er große »Jesus-Festivals« mit ungewohntem Outfit und neuer Musik.

Das alles ließ uns in Sasel nicht unberührt und nahm auch Einfluss auf unsere Jugendarbeit. Auch auf mich persönlich machte die Jesus-Bewegung einen großen Eindruck: ihre Freude, ihre Ausstrahlung und nicht zuletzt ihre Musik. Fünf Jahre später lernte ich ihre Auswirkungen in Kalifornien kennen, und ich begriff: Es handelte sich nicht nur um eine Modeerscheinung, ganz im Gegenteil. Ihre Folgen waren tief greifend und bewirkten eine nachhaltige Veränderung etablierter Kirchen und der Gesellschaft.

Auch theologisch löste die Bewegung Fragen bei mir aus. So eigentümlich und für mich beschämend es klingen mag: Zum ersten Mal beschäftigte ich mich gründlich mit dem Thema »Heiliger Geist«. Immer wieder war bei den Jesus-People von ihm die Rede – und es war nicht nur die Rede davon, es gab auch Auswirkungen dieser Kraft zu sehen. Ich nahm eine Konkordanz zur Hand und studierte alles, was ich im Alten und Neuen Testament über den Heiligen Geist und seine Wirkungen fand. Es wurde dann eine persönliche Entdeckung und der Beginn einer neuen Phase meines Dienstes, als ich irgendwann niederkniete und den Vater im Himmel um ein von seinem Geist erfülltes Leben bat.

Bis heute bin ich überzeugt, dass es keinen Anfang mit Christus ohne die Gabe des Heiligen Geistes gibt (Apostelgeschichte 2,38). Ein Christ muss sich allerdings fragen: Hat der Heilige Geist *mich*? Verfügt er über mich? Im Epheserbrief mahnt Paulus Christen, ein Leben in der Kraft des Heiligen Geistes zu führen. Wäre das automatisch der Fall, hätte er sie nicht mahnen müssen. Und im Gegensatz zur älteren Lutherbibel, in der es noch hieß: »Werdet voll Geistes«, findet sich jetzt in der aktuellen Ausgabe die nach dem griechischen Grundtext korrekte passive Form: »… lasst euch vom Geist erfüllen« (Epheser 5,8b).

Leben im Geist ist eben nicht zuerst Willenssache, sondern bedeutet, sich ganz konkret an Gott auszuliefern. Nach einer Formulierung von Francis Schaeffer, auf den ich noch zu sprechen komme, nenne ich es eine »aktive Passivität«. Meine Aktivität besteht nicht darin, dass ich das Steuer selbst in die Hand nehme, sondern mich vom Geist Gottes steuern lasse. Und nicht meine Kraft, sondern *seine* Kraft liefert mir die dazu notwendige Energie.

Diese Erfahrung hat meine Arbeit als Pastor merklich entkrampft. Dieses Thema und die damit verknüpften Konflikte zwischen sogenannten Charismatikern und Anticharismatikern sollten in meinem späteren Dienst noch eine Rolle spielen.

Die ersten Plattenaufnahmen

Wenn ich mich richtig erinnere, lernte ich durch die Jugendarbeit auch Christoph und Evelyn kennen. Sie waren miteinander befreundet und machten gemeinsam Musik. Christoph begann auch eigene Lieder zu schreiben, und die beiden brachten sich und ihre Lieder bei unseren Veranstaltungen ein.

Vermutlich durch meinen Cousin Hansel und sein mobiles Tonstudio kamen wir dann irgendwann auf den Gedanken, eine Schallplatte zu machen. Vier Chorlieder von mir sollten darauf Platz finden. Und da ich die Begleitung am Klavier übernahm, bat ich meinen Bruder Diethelm um die Leitung des Chores. Christoph vermittelte den Kontakt zu einer landeskirchlichen Gemeinde in Hamburg-Winterhude, deren Kirche über eine gute Akustik verfügte. Am 18. September 1971 war es dann so weit: In der Paul-Gerhardt-Kirche sangen wir vom späten Nachmittag bis gegen drei Uhr morgens, dann hatten wir die Tonaufnahme endlich im Kasten. Aber waren wir zufrieden damit? Damals vielleicht schon, die Ansprüche waren noch nicht so hoch. Außerdem standen uns nicht annähernd die technischen Aufnahmegeräte zur Verfügung, die heute selbst für Laien selbstverständlich und finanziell erschwinglich sind.

Ein gutes Jahr später wagten wir es ein zweites Mal, diesmal sollte es eine Langspielplatte mit 14 Titeln sein. Der Aufnahmeraum war die Aula einer Schule in der Nähe des Saseler Gemeindehauses. Das machte die Sache erheblich einfacher. Außerdem investierten wir zuvor ein ganzes Wochenende an der Ostsee, um die Lieder gewissenhaft einzuüben. Auch Christoph und Evelyn wirkten daran mit und selbstverständlich auch unsere Solisten Renate und Gerd. Wieder war Hansel der Tontechniker und nahm die Lieder auf sein UHER-Gerät auf. Mein Bruder Diethelm stand erneut als Dirigent zur Verfügung. Und ganz abgesehen vom Resultat: Das Singen und Musizieren machte viel Freude, und die Gemeinschaft während der Aufnahme war großartig! Doch ehrlicherweise sei gesagt: Auch diese Schallplatte ist heute nur noch von Leuten zu genießen, die uns ausgesprochen wohlgesonnen sind. Und selbst für sie (und uns, die wir dabei waren) hat sie heute nur noch dokumentarischen Wert.

Bereits Monate vor diesen Tonaufnahmen rief mich der Verleger Friedrich Hänssler an, den ich damals noch nicht persönlich kannte. Er hatte in Verbindung mit der Sinti-Gemeinde »Geborgenheit« in Hamburg zu tun und wollte von mir wissen, ob er meine Lieder veröffentlichen dürfe. Keine Ahnung, woher er wusste, dass ich überhaupt Lieder schrieb. Vielleicht hatte man es ihm bei den »Sintis« in Wilhelmsburg erzählt, denn dort predigte ich manchmal sonntagabends. Auf jeden Fall willigte ich ein. Der Hänssler Verlag war der führende Musikverlag in der pietistischen Welt. Wenn ich wollte, dass meine Lieder über den Kreis unserer FeG Sasel hinaus gesungen wurden, dann waren sie dort bestens aufgehoben. Die ersten Lieder von mir erschienen dann im Liederbuch »Jesu Name nie verklinget«.

Der Hänssler Verlag hat diese Reihe bis zu einem sechsten Band fortgesetzt, sie ist ein Stück musikalischer Zeitgeschichte im evangelikal-pietistischen Raum. Die Liednummern wurden von Band zu Band weitergeführt und enden im letzten Band mit der Nummer 1842. Das Lied, das unter dieser Nummer abgedruckt ist, steht nicht nur am Schluss einer erfolgreichen Liederbuchreihe, es beschließt auch so manchen Gottesdienst: »Geh unter der Gnade« von Manfred Siebald. Von mir stammen insgesamt 56 Lieder in diesen Liederbüchern.

Manchmal werde ich von Leuten, die christliche Lieder schreiben, gefragt, welche Schritte man gehen müsse, um eigene Titel zu veröffentlichen. So eigentümlich es klingt: Ich weiß es nicht. Sicher gibt es da ganz unterschiedliche Möglichkeiten, und wer überzeugt ist, dass Gott ihm eine Gabe als Liedermacher anvertraut hat, muss keine Hemmungen haben, seine Lieder bekannt zu machen. Aber für mich persönlich ist es immer wichtig und richtig gewesen, nicht selbst die Türen zu öffnen, sondern zu warten, ob und bis Gott sie aufschließt. Nie habe ich mich irgendwo beworben, niemals habe ich einem Verlag angeboten, ein Buch oder ein Lied zu schreiben, nie um eine Veröffentlichung gebeten, jedenfalls erinnere ich mich nicht daran. Das gilt auch für dieses Buch.

Eine neue Berufung

Irgendwann im Frühsommer 1972 erreichte mich ein Anruf von Arthur Nagel aus Witten. Er fragte, ob er meine Frau und mich einmal besuchen dürfe. Arthur Nagel war ein Pastor unseres Gemeindebundes und damals Leiter der Bundesjugendarbeit. Ich weiß nicht, ob er mir bereits am Telefon sagte, was sein Anliegen war, aber ich vermute es. Bei seinem Besuch in Sasel informierte er uns nun über die Einzelheiten.

Im Jugendarbeitskreis des BFeG hatte man über Arthurs Nachfolge gesprochen. Ihm ging es gesundheitlich nicht gut, und außerdem lief 1973 sein Wahlturnus als Bundesjugendpfleger aus. Bei den Überlegungen, wer nun seine Nachfolge antreten könnte, war man auf mich gekommen. Nun wollte er wissen, ob ich dafür überhaupt offen sei.

Eigenartig, dass ich in diesen Zweig des BFeG berufen werden soll, ging es mir durch den Kopf. Von Haus aus hatte ich es viel mehr mit Kindern zu tun gehabt, und es gab Zeiten, da glaubte ich, dass dies einmal der Schwerpunkt meiner Berufung werden könnte. So sah es wohl auch der damalige Bundessonntagsschulpfleger Rudolf Ahrens, denn er schrieb mir später in Verbindung mit seinem Segenswort, er hätte sich meinen Weg eigentlich anders gedacht. Für die Jugendarbeit brachte ich kaum Erfahrungen mit, in Sasel war sie ja kein Schwerpunkt meines Dienstes gewesen. Offen gesagt, ich weiß bis heute nicht genau, was für die Anfrage an mich ausschlaggebend war. Es hätte doch näher gelegen, sich zuerst im Jugendarbeitskreis umzusehen, dort saßen befähigte Jugendleiter aus allen Gemeinden und Kreisen des BFeG.

Zunächst einmal gab ich Arthur Nagel nach unserem Gespräch gar keine Antwort mit, die erwartete er auch noch nicht. Edelgard und ich sprachen und beteten anschließend viel darüber. Und irgendwann wurde uns klar, dass dies der richtige Weg für uns sein könnte. So teilte ich Arthur Nagel meine Offenheit mit, und er gab sie im September 1972 an den Jugendarbeitskreis weiter. Daraufhin schlug dieser Kreis mich einstimmig zur Berufung vor. Knapp sieben Jahre war ich im Gemeindedienst in Hamburg-Sasel, es sollte in meinem über 40-jährigen Dienstleben die einzige Gemeindearbeit bleiben. Nie mehr danach wurde ich Gemeindepastor, obwohl ich oft eine Sehnsucht danach hatte. Bis heute habe ich sehr gute Erinnerungen daran, und das wird wohl auch so bleiben. Wenn ich hin und wieder von der Saseler Gemeinde schwärme, warnt mich meine Frau. Sie meint, ich verkläre die Vergangenheit, und vermutlich hat sie damit recht.

Trotzdem war ich versucht, gegen Ende von zwei Dienstperioden (der Leiter der Bundesjugendarbeit wird jeweils für vier Jahre gewählt) nach Sasel zurückzukehren. Wilhelm Bösehans, zu dem ich später ein gutes, freundschaftliches Verhältnis hatte, besuchte uns in Witten und überbrachte uns einen Ruf der Saseler Gemeindeleitung. Zunächst waren Edelgard und ich sehr offen dafür, gingen dann aber doch nicht darauf ein. Wir hatten den Eindruck, unser Weg in der Bundesarbeit sei noch nicht zu Ende, und heute zweifle ich nicht daran, dass dieser Eindruck richtig war. Und ganz

abgesehen davon – ist es überhaupt ratsam, an denselben Dienstort zurückzukehren? Ich bin da sehr unsicher. Die Gemeinde hätte
ein Bild von ihrem Pastor gehabt, das nicht mehr stimmte, und
umgekehrt wäre es wohl nicht anders gewesen. Man kann nicht
dort wieder beginnen, wo man einmal aufgehört hat.

TEIL 4

1973–1983:
LEITUNG DER BUNDES-JUGENDARBEIT IN WITTEN

Erster Besuch in der geteilten Stadt

Noch bevor ich offiziell meinen Dienst im Frühsommer 1973 beim BFeG in Witten begann, gab es Reisen und Begegnungen, die mich auf meine neue Aufgabe vorbereiteten. Anfang März 1973 nahm ich zum ersten Mal am Jugendarbeitskreis teil, dem Gremium, mit dem ich es in Zukunft am meisten zu tun haben würde. Er setzte sich aus den Kreisjugendpflegern und einigen fachkundigen Persönlichkeiten (so die offizielle Bezeichnung) zusammen. Auch erstaunlich viele Mitglieder der Bundesleitung gehörten dazu. Das sollte sich aber ändern, denn im Gegensatz zu meinem Vorgänger war ich von Anfang an Mitglied der Bundesleitung, dafür hatte der Jugendarbeitskreis lange gekämpft. Die Bundesleitung ist das Gremium, das allen Freien evangelischen Gemeinden als Ratgeber zur Verfügung steht und ihre gemeinsamen Interessen vertritt. Zwar durfte ich nicht qua Amt zu ihr gehören (das war das Ziel des Jugendarbeitskreises), aber qua Person.

Wenn ich an diese erste Begegnung mit dem Jugendarbeitskreis denke, kam ich mir einerseits vor wie beim TÜV (viele kannten mich ja noch nicht), andererseits gab es auch eine Reihe von Leuten, die mich ermutigten, die neue Aufgabe gelassen anzugehen. »Es wird längst nicht alles so heiß gegessen, wie es gekocht wird«, tröstete mich Hans-Jürgen Schmidt, der Redakteur der Jugendzeitschrift »Der Pflüger«, und so banal dieser Satz klingen mag, er machte mir Mut.

Zwei Wochen später traf ich mich mit Johannes Schmidt in Ostberlin. Auslöser war ein Termin, den Gunhild Leppert mit ihm hatte. Gunhild Leppert war die Sekretärin der Jugendgeschäftsstelle, und da sie aufgrund einer langen Erkrankung meines Vorgängers monatelang dort als einzig ansprechbare Person fungierte, arbeitete sie sehr selbstständig und mit großer Kompetenz. Sie nahm an den Geschäftsführertagungen der Arbeitsgemeinschaft Evangelischer Jugend (AEJ) teil und kümmerte sich unter anderem auch um finanzielle Möglichkeiten für unsere Partner in den DDR-Gemeinden. Das machte sorgfältige Absprachen mit unseren Leuten im Osten notwendig, also auch mit Johannes Schmidt. Er war Pastor der FeG Berlin-Adlershof, aber gleichzeitig für die Jugendarbeit im BFeG in der DDR zuständig. 1976 wurde er Bundesvorsteher (Präses) dieses Gemeindebundes.

In Berlin war ein Übergang nach Ostberlin mit einem Tagesvisum möglich, im Unterschied zur erheblich komplizierteren Einreise in die DDR. Die »Hauptstadt der DDR« genoss in dieser Hinsicht einen Sonderstatus. So flog ich also am 22. März von Hamburg nach Berlin-Tempelhof, übernachtete dort im Gemeindehaus der FeG und traf mich am nächsten Morgen mit Gunhild Leppert im Bahnhof Friedrichstraße.

Für Leserinnen und Leser, die die Teilung Berlins nicht mehr erlebt haben, sei kurz die Situation geschildert: Der Bahnhof Friedrichstraße war ein großer Kreuzungspunkt zwischen dem Westen und dem Osten der Stadt. Er gehörte zur »Hauptstadt der DDR« und stand deshalb auch ganz unter ihrer Kontrolle. Als ich vor einigen Wochen noch einmal durch diesen belebten Bahnhof ging, wurde mir bewusst, wie schwer sich heute die bedrückende Atmosphäre von damals nachempfinden lässt. Es gab zwei Westberliner U-Bahn-Linien, die unter dem Ostsektor der Stadt hindurchführten, bis sie dann wieder nach einer Reihe von Stationen Westberlin erreichten. Halten durften sie in den Ostbahnhöfen selbstverständlich nicht. Sie reduzierten nur während der Durchfahrt ihre Geschwindigkeit, und durch die Scheiben sah man trübe erleuchtete Bahnsteige mit patrouillierenden Grenzsoldaten. Einen Stopp gab es nur im Bahnhof Friedrichstraße, Haltepunkt für U-Bahnen, S-Bahnen und Fernbahnen aus Ost und West. Beide Seiten waren innerhalb des Bahnhofs streng voneinander getrennt. Der einzige Durchlass war die Grenzübergangsstelle, ein schmaler Gang, an der Seite ein Schalter mit dem Grenzbeamten, an der Decke ein Spiegel, der den Einblick von oben ermöglichte. Es gehörte zur Strategie der DDR-Behörden, diesen Übergang so unübersichtlich wie möglich zu halten.

Trotz meines relativ guten Orientierungssinns und meiner vielen Einreisen in den folgenden Jahren habe ich die Struktur dieses Bahnhofs nie wirklich begriffen. Man wurde durch ein Gewirr von Treppen und Gängen zur Grenzkontrolle geführt. Dort angekommen, hieß es zunächst warten. Man bekam einen Zettel, nicht größer als ein Los, auf den eine dreistellige Nummer gedruckt war. Meist dicht gedrängt zwischen anderen Reisenden, lauschte man dann in dem fensterlosen Raum angespannt einer Lautsprecherstimme, die von Zeit zu Zeit eine Reihe von Nummern aufrief. Erst wenn die eigene Nummer darunter war, durfte man die enge Schleuse betreten, in der hinter einer Glasscheibe der Grenzbeamte saß. Er überprüfte den Pass und verglich Passfoto und Gesicht. Als ich ein halbes Jahr später wieder diesen Grenzübergang benutzte, stimmte mein Passbild nicht mehr, denn ich hatte mir einen Bart wachsen lassen. Ich versuchte die Situation mit einer lockeren Bemerkung zu entschärfen, aber Humor gehörte nicht zur Ausstattung eines DDR-Beamten. Das galt vor allem für die Frauen. Sie waren meist noch strenger (und humorloser) als ihre männlichen Kollegen.

War dann die Grenze überschritten, der Zwangsumtausch getätigt, das Tagesvisum ausgehändigt, folgten 30 Minuten S-Bahnfahrt nach Berlin-Adlershof. Dort, nach 20 Minuten Fußweg zur Handjerystraße, war die kleine Geschäftsstelle des BFeG im Gemeindehaus untergebracht. Wäre da nicht die Berliner Mauer gewesen, hätte ich von meinem Übernachtungsquartier in Tempelhof nach Adlershof keine 20 Minuten gebraucht, so aber wurde die Fahrt zu einer zeitraubenden Reise.

Im Stadtteil war das Haus der FeG als »Schwedenkapelle« bekannt, denn der »Svenska Missionsförbundet« (Schwedischer Bund Freier evangelischer Gemeinden) hatte der Gemeinde diese Holzkapelle 1948/1949 geschenkt.

Bei dieser für mich ersten Begegnung mit Johannes Schmidt beschränkte sich die verfügbare Zeit auf einen halben Tag, aber in den Jahren danach war ich viele Male bei ihm, und es stand mehr Zeit zur Verfügung. Oft war die Begegnung später auch mit einem Gottesdienstbesuch in der FeG Adlershof verknüpft. Zwar durfte ich dort als »Bürger des kapitalistischen Auslandes« nicht predigen, doch es bestand die Möglichkeit, ein »längeres« Grußwort zu sagen.

Der Rückweg in den Westen führte dann durch den »Tränenpalast«, der Ausreisehalle am Bahnhof Friedrichstraße mit großen Glasscheiben im Stil der 60er-Jahre. Der Volksmund sprach vom »Tränenpalast«, weil sich dort vor der Grenzübergangsstelle manchmal erschütternde Szenen abspielten. Oft waren es ja Familien, die voneinander Abschied nehmen mussten. Das Tagesvisum reichte bis Mitternacht, dann musste man die Grenze passiert haben. Was geschah, wenn man später kam, habe ich nie ausprobiert. Der »Tränenpalast« gehört heute zur Stiftung »Haus der Geschichte« und kann noch an Ort und Stelle besichtigt werden.

Ich wurde bei dieser ersten Rückkehr in den Westen von einem DDR-Grenzbeamten zur Seite genommen. Er ging mit mir in einen mit Stellwänden abgetrennten Raum und befahl mir barsch, meine Geldbörse zu öffnen. Jedes kleine Fach musste ich ihm zeigen, jeden kleinsten Papierschnipsel auf den Tisch legen, staunend nahm ich wahr, was ich alles in meiner Geldbörse hatte. Später hatte ich tatsächlich manchmal Notizen und Papiere dabei, oft habe ich sie irgendwo an meinem Körper versteckt, aber wirklich sicher waren sie auch da nicht. Nur gut, dass das alles vorüber ist und wir heute ungehindert durchs Brandenburger Tor schlendern können. Nur wer die Situation damals kennengelernt hat, kann heute ermessen, was für ein Geschenk das ist.

Ankunft in Witten

Im Juni 1973 zog ich mit meiner Familie dann endgültig nach Witten, unsere beiden Töchter waren fünf und drei Jahre alt. Mein Vorgänger Arthur Nagel hatte in Wuppertal gewohnt, aber Ernst Lenhard, der damalige »Bundesrechnungsführer«, schlug uns eine Wohnung in Witten-Bommern vor. Und trotz meiner Vorliebe für meine Heimatstadt Wuppertal haben wir uns dann für die Wittener Wohnung entschieden. Von dort waren es fünf Minuten Fußweg bis zu meinem Büro im Bundeshaus.

Das damalige Bundeshaus lässt sich selbstverständlich nicht mit der heutigen Zentrale des BFeG vergleichen. Als ich mit meiner Arbeit begann, waren dort außer der Jugendgeschäftsstelle nur die Bundesgeschäftsstelle und die Bundessparkasse (SKB) untergebracht.

Das Haus der örtlichen FeG gab es noch nicht, sie hatte im ersten Stock des Bundeshauses ihren Gemeindesaal. Den größten Bereich auf dem Gelände nahm der Bundes-Verlag ein, mit ihm hatte 1927 die Geschichte dieses Grundstücks begonnen. Der Bundes-Verlag war es auch, der 1950 dem BFeG Räume zur Verfügung gestellt hatte. Aber die Räumlichkeiten blieben auf das Notwendigste beschränkt. Bundesvorsteher (Präses) und Bundespfleger (Bundessekretär) wohnten noch in Siegen und mussten zu jeder Sitzung nach Witten anreisen. Der Leiter der Inland-Mission war in Essen zu Hause, auch für diesen Arbeitsbereich gab es noch kein eigenes Büro. Nicht einmal für die Bundesleitung stand ein geeigneter Sitzungsraum zur Verfügung, die Sitzungen fanden oft im Jugendheim auf dem Wartenberg statt. Als Familie wohnten wir in einem Wohnhaus der Bundessparkasse; alle in diesem Haus gehörten zur FeG, und eine Reihe von ihnen war beim BFeG angestellt. Das muss nicht unbedingt gemeinschaftsfördernd sein; später habe ich das in manchen Zentralen von Kirchen und christlichen Organisationen eher problematisch erlebt, aber in unserem

Haus gab es da keine Probleme. Deshalb kann ich auch so offen darüber schreiben.

Meine offizielle Einsegnung als Leiter der Bundesjugendarbeit fand allerdings schon einige Tage vor unserem Einzug statt, und zwar am 27. Mai 1973 bei einem Bundesjugendtreffen in der Siegerlandhalle. Prediger in diesem Einsegnungsgottesdienst war Pfarrer Johannes Hansen, damals Leiter des Volksmissionarischen Amtes der Evangelischen Kirche von Westfalen. Wir kannten uns aus meiner Hamburger Zeit, dort hatte ich ihn auf der Glaubenskonferenz am Holstenwall gehört und war fasziniert von seinem Predigtstil. Er pflegte weder Kanzelton noch Kanzelsprache. Wenn er sprach, war der »Holstenwall« mit seinen großen Emporen bis auf den letzten Platz gefüllt. Selbst in den Treppenhäusern saßen und standen die Leute. Doch Johannes Hansen schien mit jedem Einzelnen im Gespräch zu sein – freundlich, ernsthaft, humorvoll, dem Inhalt seiner Verkündigung angemessen. Später besuchte er uns in Sasel, vermutlich war das meine erste persönliche Begegnung mit ihm. Das Gespräch damals am Frühstückstisch, sein kurzer Eintrag ins Gästebuch, seine Nähe und Natürlichkeit, das alles hinterließ einen tiefen Eindruck bei mir und meiner Frau.

An diesem Nachmittag in der Siegerlandhalle bot er mir das Du an, und in den Jahren meines Wittener Dienstes wurde er mir ein guter Freund. Das Musikprogramm in der Nachmittagsveranstaltung hatten die Janz-Team-Singers übernommen. Irgendjemand aus dem Jugendarbeitskreis hatte bei der Planung befürchtet, ihre Musik könne zu weich und emotionsgeladen sein, doch das Gegenteil war der Fall. Zeitlich lief diese Veranstaltung allerdings völlig aus dem Ruder. Johannes Hansen flüsterte mir zu, er könne mir wohl nur noch ein kurzes Segenswort sagen. Aber auch kurze Worte können ja prägnant und unvergesslich sein. Von Fritz Schwarz, dem früheren Superintendenten in Herne, wird erzählt, dass er ebenfalls Redner auf einer Veranstaltung war, die kein Ende nehmen wollte. Als er schließlich nach vorn gebeten wurde und auf der Kanzel stand, zitierte er eine Liedzeile: »Suche Jesus und sein Licht, alles andere hilft dir nicht.« Sprach's und setzte sich wieder.

Wie erwähnt, fand meine Einsegnung im Rahmen eines Bundesjugendtreffens statt, und am Samstagabend stand eine »Multi-Media-Show« auf dem Programm. Die Jugend eines Bundeskreises (den ich nicht verraten werde) hatte sie mit großem Aufwand vorbereitet. Die Show sollte »ein echter Knaller« werden, und das wurde sie auch, aber anders als geplant. Es entstand ein unbeschreibliches Chaos mit vielen Projektoren und Leinwänden, mit kurzen Filmsequenzen, Bildern und Wortbeiträgen, niemand schien mehr durchzublicken.

Am späten Abend saßen meine Frau und ich mit dem Leitungsteam in »Kochs Ecke« zusammen, einem Hotel in der Nähe der Siegerlandhalle, wo wir übernachteten. Arthur Nagel meinte ironisch, einen besseren Abgang hätte er sich nicht wünschen können. Und Ernst Wilhelm Erdlenbruch, der für die Veranstaltung am nächsten Morgen verantwortlich war, wurde unsicher, ob er das Programm nach diesem Abend wie geplant lassen könne. Aber die Vormittagsveranstaltung war ein Gottesdienst mit dem Ronsdorfer Jugendchor, und sie wurde zu einem geistlich tief gehenden und eindrücklichen Erlebnis. Ich bekam damals allerdings einen ersten Eindruck davon, wie spannungsvoll die Verantwortung hinter den Kulissen sein kann, und wie sehr man gerade dort von einer sorgfältigen Vorbereitung und der Leitung des Heiligen Geistes abhängig ist.

Erinnerungen an Grönland

Meine erste große Jugendfreizeit fand im Sommer auf Grönland statt, und sie kam zustande, weil mein Freund und früherer Kommilitone Frede Byg dort zwei Jahre lang als Lehrer arbeitete. Der

126

dänische Staat hatte ihm angeboten, für zwei Jahre den Schuldienst im grönländischen Julianehåb zu übernehmen, und da Frede und seine Frau Christa schon immer einen gewissen Hang zum Abenteuer hatten, zogen sie mit ihren drei kleinen Kindern für diesen Zeitraum dorthin. In ihren Briefen, aber auch nach ihrer Rückkehr nach Dänemark berichteten sie begeistert davon, und irgendwann wurde unter uns die Idee geboren, dort eine deutsch-dänische Freizeit anzubieten. Durch meine neue Aufgabe wurde das jetzt konkret. So schrieben wir eine Grönlandfreizeit für junge Dänen und Deutsche aus, und über 60 Personen nahmen daran teil.

Im Juli 1973 starteten wir unseren gemeinsamen Flug in Kopenhagen, hatten in Island eine Zwischenlandung (Keflavik) und landeten schließlich auf der größten Insel der Welt. Noch heute habe ich die weite weiße Fläche des Inlandeises vor Augen, die sich unter unserem Flieger in der Sonne spiegelte. Ein wenig später tauchten dann die Fjorde der zerrissenen Westküste auf, wie kleine weiße Tupfen waren Eisberge darauf zu sehen. Unser Zielflughafen in Narsarsuaq bestand aus einer einzigen Landebahn, umgeben von kahlen Bergen und wenigen Häusern. Von dort sollte es mit einem Helikopter weitergehen, aber der konnte nicht alle Teilnehmer fassen und stellte nach zwei Flügen wegen Nebel seine Arbeit ein. So blieb ich mit etwa 20 Leuten am Flughafen zurück, und wir mussten uns für die Nacht eine Bleibe suchen. Wir fanden sie in einer Lagerhalle. Am nächsten Morgen war das Wetter wieder klar, der Helikopter konnte fliegen und brachte uns zu den anderen nach Julianehåb. Von dort schloss sich eine ca. 15 Kilometer lange Wanderung an, bis wir schließlich das einfache Landschulheim erreichten. Das sollte nun für zweieinhalb Wochen unser Zuhause sein.

Mit über 60 Leuten lebten wir dort ohne Elektrizität und fließendes Wasser – das war eine echte, aber auch schöne Herausforderung. Vor dem Haus lag der Fjord mit seinen Eisbergen, um uns herum waren Hügel und Berge, und wenn wir sie bestiegen, sahen wir in der Ferne das Inlandeis schimmern, jene große Eisfläche, die sich über ganz Grönland erstreckt, viele Hunderte von Kilometern lang. Aber was macht man mit über 60 Leuten in einer solchen Einsamkeit? Zunächst einmal mussten wir den Sicherheitsvorschriften entsprechen, und dazu gehörte ein Funkgerät, über das wir uns täglich zu melden hatten. An den Vormittagen trafen wir uns zur Bibelarbeit über die Zehn Gebote (2. Mose 20,1-17). Uns ging auf, dass Gott uns damit das Leben nicht erschwert, er will es vielmehr durch seine Gebote bewahren. Wir hörten und begriffen, wie Gott sich unser Leben wünscht – und wer sollte besser wissen, was gut für uns ist, als der, der uns geschaffen hat?! An den Nachmittagen und Abenden saßen wir in vielen Interessengruppen beim Schein der Petroleumlampen zusammen, führten lange Gespräche, spielten, sangen gemeinsam, und einige von uns schrieben ein neues Lied, das später in Deutschland veröffentlicht wurde:

Woher weiß ich, was du willst,
wenn ich mich entscheiden muss?
Menschen raten mir so viel,
Hilfen gibt's im Überfluss.
Du versprichst, du versprichst,
ich will dich mit meinen Augen leiten.
Du bist da, du bist da,
umgibst mich von allen Seiten.[6]

Ein besonderes Erlebnis aber war zweifellos die Trauung von Jürgen-Peter und Hildegard. Nachdem sie unmittelbar vor Antritt der Reise standesamtlich geheiratet hatten, wünschten sie sich auf Grönland einen ganz einfachen, ihrer Lebenssituation angemessenen Hochzeitsgottesdienst. Und den feierten wir eines Abends mit grönländischen Wiesenblumen, Querflöten- und Gitarrenmusik.

Die beiden gaben sich vor Gott und vor uns das Versprechen, einander treu zu sein und sich zu lieben in guten und schweren Tagen, und das, bis der Tod sie trennt. Inzwischen hat sie der Tod getrennt, Hildegard ist schon seit einigen Jahren bei Jesus in seiner Herrlichkeit. Als wir wieder in Deutschland waren, haben mein Cousin Hansel und ich über diese Grönlandfreizeit eine Tonbildserie zusammengestellt. Die zeigten wir im Herbst 1973 im Jugendarbeitskreis, danach auch in vielen Jugendgruppen.

Aber noch etwas anderes hatte ich von Grönland mitgebracht. In einem Haus ohne Elektrizität und fließendem Wasser ist die tägliche Rasur nicht ganz einfach, und so verzichtete ich darauf. Das hatte natürlich unübersehbare Folgen, denn ich erschien bei meiner Rückkehr mit einem Bart. Meine Kinder reagierten ängstlich, einige Erwachsene mit Unverständnis – mit Ausnahme meiner Frau, der mein Bart gefiel.

Erst später erfuhr ich, dass es in einer Gemeinde, in der ich einige Wochen später zu predigen hatte, wegen meines Bartes Probleme gab. »Darf jemand mit Bart auf die Kanzel?« Das war die Frage, die die dortige Gemeindeleitung ernsthaft beschäftigt hat. Und entlastend für sie sei hinzugefügt: Mitte der 70er-Jahre war der Bart noch ein Zeichen des Protestes – anders als heute, wo es dabei eigentlich nur noch um eine Geschmacksfrage geht. Und übrigens: Ich durfte dort predigen.

Frischgebackener »Bundesjugendleiter«

Schon von Sasel aus hatte ich jeweils im Herbst an den »Evangelisten-Rüstzeiten« teilgenommen. Hinter diesem merkwürdigen Namen verbarg sich nichts Militärisches, sondern eine Tagung mit einer evangelistischen, erwecklichen und seelsorgerlichen Zielsetzung. Die Zielgruppe waren Evangelisten und Pastoren im BFeG. Als ich im Herbst 1966 meinen Pastorendienst begann, fanden diese viertägigen Rüstzeiten noch auf dem Gelände des Diakonischen Werkes Bethanien in Solingen-Aufderhöhe statt. Erst 1972 hatte man sie ins Erholungsheim »Bethanien« auf die Insel Langeoog verlegt. Dieser Ortswechsel erschien anfangs ziemlich abwegig. War es überhaupt möglich, eine ausreichende Zahl von Pastoren zu einer Tagung auf die Insel zu bekommen? Aber in Solingen wurde es immer schwieriger, kontinuierlich mit einer verlässlichen Zahl von Teilnehmern zu tagen. Manche Pastoren kamen später, andere reisten früher ab, und wieder andere nutzten den Tagungsort, um Besuche in der Umgebung zu machen. So suchte man nach einem eher abgelegenen Ort und wurde schließlich auf Langeoog fündig. Dort hat das Diakonische Werk Bethanien, das als selbstständiges Werk zum BFeG gehört, ein Ferien- und Tagungszentrum. Man ging davon aus: Wer einmal auf der Insel ist, wird sie auch so schnell nicht wieder verlassen. Und so war es. Die Tagungen auf der Insel Langeoog wurden ein voller Erfolg und sind es noch heute.

Im Herbst 1973 sollte ich als frischgebackener Bundesjugendleiter ein Referat über »Missionarische Jugendarbeit« auf der Langeooger Tagung halten. Es war mein erstes Referat vor einem solch großen Kreis von Pastoren, und das alles war ziemlich aufregend für mich. Ich war ja in keiner Weise ein Experte für missionarische Jugendarbeit, wie sollte ich kompetent darüber reden? Als frischgebackener Bundesjugendleiter wollte ich nicht gleich große Töne spucken. Aber dann erzählte ich einfach von unserer Saseler Arbeit und von unseren Begegnungen mit den Jesus-People. Ich versuchte deutlich zu machen, was hinter dieser Bewegung steht und wie groß bei jungen Leuten die Sehnsucht nach echtem Leben ist. Ich erzählte von dem Musical »Hair«, das ich mir in Hamburg sehr sorgfältig angesehen hatte, auch von dem Sänger Claude und seinem Lied:

Wo geh ich hin? Folg ich den Wolken?
Wo ist der Weg, den ich nicht seh?
Warum erst leben, um dann zu sterben?
Ich weiß nicht recht, ob ich das je versteh.[7]

Vielen Christen war nicht bewusst, dass hinter der Hippiebewegung eine große Sehnsucht steckte, eine verzweifelte Suche nach einem Sinn des Lebens und nach wirklichem Glück. Die Jesus-People waren die Antwort darauf.

Wenn ich mir heute meinen Terminkalender der ersten Monate in der Bundesjugendarbeit ansehe, wird mir bewusst, wie groß damals die Offenheit für geistliche Themen unter jungen Leuten war. Niemals später war ich zu so vielen Offenen Abenden und Jugendevangelisationen unterwegs wie in dieser Zeit. In den Schulen gab es Schülergebetskreise, man traf sich in der großen Pause in Klassenräumen zum Beten. Vermutlich gäbe es dafür heute kaum noch eine Genehmigung. Ich empfand es als Privileg, in einer solchen Zeit meine Arbeit unter jungen Leuten zu tun. Das muss in meinem Referat auch irgendwie rübergekommen sein. Danach sprach mich der damalige Bundesvorsteher (Präses) Karl Heinz Knöppel an. Er meinte, das sei ein guter Auftakt in meine neue Aufgabe gewesen. Damit hätte ich bei den Pastoren jetzt offene Türen.

Zwei Brüder auf Reisen

Im Sommer 1973 wechselte nicht nur ich meinen Arbeitsbereich, sondern auch mein Bruder Diethelm. Er beendete den Schuldienst als Grundschullehrer und wurde beim Bibellesebund angestellt, einer Organisation, die das Ziel hat, Menschen aller Altersgruppen mit der Bibel bekannt und vertraut zu machen. Ausgelöst durch Diethelms beruflichen Wechsel, aber auch durch unsere gemein-

131

same Begeisterung für die Musik und das Singen und nicht zuletzt, weil wir uns hervorragend verstanden, planten wir ein gemeinsames Projekt: missionarische Singefreizeiten.

Auf der Suche nach einem geeigneten Haus machten wir uns eines Tages im November 1973 nach einer Abendveranstaltung auf den Weg nach Südtirol. Es war eine lange Nachtfahrt mit Nebel und Graupelschauern, bei der Fahrt über den Brenner kam noch Schnee hinzu. Aber das Haus in Südtirol erwies sich als ungeeignet, und enttäuscht fuhren wir über den Brenner zurück bis Innsbruck, wo wir übernachteten. Ich meine, es sei bei einem Hähnchen im »Wienerwald« gewesen, als uns einfiel, dass das Janz-Team über ein Haus im Südschwarzwald verfügt, das Haus »Palmgarten« in Kandern. Spontan entschlossen wir uns, am nächsten Tag dort vorbeizufahren. Das war nicht so abwegig, wie es klingt, denn wir hatten noch ein Wochenende für junge Leute in Baden-Baden auf dem Programm, da war der Umweg nicht allzu groß. Das Haus des Janz-Teams in Kandern wurde dann für zehn Jahre der zentrale Ort unserer Singefreizeiten. Alle zwei Jahre waren wir dort, dazwischen auch an anderen Orten, aber davon erzähle ich noch. Es gab tatsächlich Teilnehmer wie Mary, die an allen Singefreizeiten teilgenommen haben.

Doch zur Übernachtung in Innsbruck bleibt mir noch etwas nachzutragen: Wir fanden ein Zimmer unmittelbar über dem »Wienerwald«, der grüne Schriftzug dieser Restaurantkette mit dem laufenden Hähnchen leuchtete matt ins Hotelzimmer. Aber bevor wir uns dort müde in die Betten legten, entdeckten wir ein Plakat des Tiroler Landestheaters: An jenem Abend wurde Verdis Oper »Die Macht des Schicksals« gespielt, und wir erstanden tatsächlich noch zwei Karten. Ich persönlich habe kaum noch Erinnerungen daran, aber für Diethelm wurde der Abend zu einer Inspirationsquelle zur Vertonung eines Bibeltextes aus dem Johannesevangelium: »Bleibet in mir und ich in euch ...«. Er schrieb ein Stück für Solo und Chor, einige Monate später gehörte es zum

Repertoire unserer Singefreizeit, und 1976 brachte es der »Jugend für Christus«-Chor auf seiner LP »Hoffnung« heraus.

Unsere Rückreise von dieser denkwürdigen Fahrt am 25. November 1973 ist insofern bemerkenswert gewesen, weil es der erste von vier autofreien Sonntagen in Deutschland war. Die Bundesregierung hatte an diesem Ewigkeitssonntag und den drei folgenden Adventssonntagen den Individualverkehr verboten. Der israelisch-arabische Jom-Kippur-Krieg führte damals dazu, dass erstmals Öl als Waffe eingesetzt wurde. Man kann sich das heute kaum noch vorstellen: Die Menschen spazierten über die leeren Autobahnen und machten die Hauptverkehrsstraßen in den Städten zu Fußgängerzonen. Mein Bruder Diethelm und ich hatten eine Sondergenehmigung als »Dienstreisende«. Ich war an allen vier Sonntagen unterwegs, was bei manchen für Unmut sorgte, denn die Spaziergänger auf den Straßen fühlten sich in ihrem Vergnügen gestört und vermuteten schnell, dass sich da jemand selbstgefällig über das staatliche Verbot hinwegsetzte. Zweimal wurde ich an diesen Sonntagen von der Polizei angehalten, und erst als ich ihnen meine Sondergenehmigung gezeigt hatte, durfte ich meine Fahrt fortsetzen.

Im anderen Teil Deutschlands

Im Frühjahr 1974 reisten meine Frau und ich zum ersten Mal in die DDR, um dort eine Familie Grosse zu besuchen. Nach der Teilung Deutschlands wurden in westdeutschen FeGs Adressen aus ostdeutschen Gemeinden weitergegeben mit dem Ziel, dort Not leidende Familien mit Paketen zu unterstützen. Daran hatten sich auch Edelgards Eltern beteiligt, und auf diesem Weg war eine herzliche Freundschaft entstanden, aber bisher ohne die Möglichkeit einer persönlichen Begegnung. Für meine Schwiegereltern war das auch nicht mehr möglich, denn Edelgards Vater verstarb relativ früh, und für meine Schwiegermutter war die Reise einfach zu weit. So luden Christel und Gerhard Groose uns als die nächste Generation zu sich ein. Sie wohnten in Radeburg, einer kleinen Stadt gut 20 Kilometer nördlich von Dresden.

Aber dies war nur der offizielle Anlass der Reise, es gab noch einen weiteren, und der war inoffiziell. Gerhard Grosse war Mitglied der Bundesleitung der FeG in der DDR, und ich sollte während dieser Zeit an einer Mitarbeiterschulung (Rüste) für junge Leute teilnehmen. Doch das durfte auf keinen Fall öffentlich werden. Gerade im Jugendbereich waren alle Westkontakte strengstens untersagt. Gerhard und Christel holten uns also im Februar 1974 am Dresdner Hauptbahnhof ab und fuhren mit uns zu ihrer Wohnung nach Radeburg. Die Wohnung befand sich in einer alten Villa, unmittelbar am Radeburger Kleinbahnhof gelegen, das Haus hatte zur Zeit des Dritten Reiches in der Widerstandsbewegung eine gewisse Rolle gespielt. Von Anfang an verstanden wir uns gut und fühlten uns bei ihnen zu Hause.

Außer bei meinem kurzen Tagesbesuch in Ostberlin war ich bis dahin noch nie in der DDR gewesen, und die Kleinstadt Radeburg war etwas völlig anderes als »die Hauptstadt der DDR«. Während das nahe gelegene Dresden im Februar 1945 eine schreckliche Bombardierung erlebt hatte, mit einem gewaltigen Feuersturm und über 25 000 Toten, war Radeburg davon völlig unberührt geblieben. Der malerische Marktplatz, die hübsche Kirche, verträumte Straßenzüge mit alten Häusern – es schien, als sei die Zeit dort stehen geblieben. Allerdings galt das wohl auch für den Putz der Häuser, sie hatten dieses typische Grau wie fast alle DDR-Städte in jener Zeit. Auch das typische Braunkohlearoma stand zwischen den Häusern, leicht durchsetzt vom Benzingemisch der Trabis, die mit dem unverwechselbaren Geräusch des Zweitakters durch die wenig befahrenen Straßen tuckerten.

Direkt hinter unserem Schlafzimmer endete die Strecke der Lößnitzgrundbahn, einer Schmalspurbahn zwischen Radebeul und Radeburg. Die kleinen Lokomotiven, die dort vor unserem Schlafzimmerfenster rangierten, stießen unglaubliche Mengen Dampf aus. Für uns hatte das alles einen gewissen Charme, vor allem die Fahrt mit dem Bähnchen nach Moritzburg, aber die Frauen, die an der Bahnstrecke ihre Wäsche zum Trocknen aufhängten, werden das anders empfunden haben. Am ersten Vormittag mussten wir mit unseren Gastgebern nach Dresden, um uns bei der entsprechenden Behörde zu melden. Dort erhielten wir unsere schriftliche Aufenthaltsgenehmigung. Außerdem mussten wir uns bei Grosses mit Namen, Adresse und Geburtsdatum ins Hausbuch eintragen, ein Buch, das auf behördliche Anordnung in jedem Haushalt der DDR zu führen war.

Schon am nächsten Tag kam Johannes Schmidt aus Berlin, um mich mit nach Bad Klosterlausnitz zu nehmen, einem geschichtsträchtigen Ort in der Nähe des Hermsdorfer Autobahnkreuzes. Dort besaß die FeG ein 1967 erbautes Haus, das gleichzeitig für Gruppen genutzt werden konnte. Das spätere, mit westdeutscher und internationaler Hilfe dort errichtete »Grafehaus« gab es zu diesem Zeitpunkt noch nicht.

Wir fuhren etwa 160 Kilometer in Richtung Thüringen, dann erreichten wir das große Ost-West-Kreuz der Autobahn und wenige Augenblicke später Bad Klosterlausnitz. Etwa 25 junge Leute nahmen mich dort ein wenig verhalten, aber doch freundlich auf. Die Zurückhaltung hing wohl damit zusammen, dass ich aus dem Westen kam, der Umgang mit Westlern war nicht allen vertraut und erschien einigen vermutlich auch nicht ganz ungefährlich. Als ein junger Mann, der seinen Wehrdienst gerade bei der NVA (Nationale Volksarmee) ableistete, hörte, wer ich war, wäre er fast wieder abgereist, denn als Soldat waren ihm Kontakte mit Personen aus dem westlichen Ausland strengstens untersagt. Ich wurde auf dieser »Rüste« um eine Bibelarbeit und ein Referat gebeten und brachte auch heiß begehrte neue Lieder mit. Ebenso nahm ich anschließend auch Lieder mit in den Westen, denn vor allem die

Lieder von Jörg Swoboda und Theo Lehmann waren bei uns sehr gefragt.

Das war nicht so einfach, wie es klingt, denn offiziell war dieser Weg selbstverständlich verschlossen. Lieder wurden auf unterschiedlichsten Wegen kopiert und in den Osten bzw. Westen geschmuggelt. Einmal traf ich mich heimlich mit einem baptistischen Liedermacher aus der DDR im Dresdner »Ratskeller«. Wir tauschten Erfahrungen, aber auch Texte und Noten aus, das war durchaus nicht ungefährlich. Bei diesem ersten Mal schlief ich mit den anderen Teilnehmern im Gemeindehaus, und als ich am nächsten Morgen im Waschraum stand, begrüßte mich jemand und sagte: »Banner«. Ich verstand ihn erst nicht und begriff relativ spät, dass er auf meine Seife anspielte. Bis auf den Dresdner Raum (»Tal der Ahnungslosen«) war ja überall in der DDR Westfernsehen zu empfangen, und die Leute kannten die Werbeeinblendungen besser als ich. In den Jahren darauf schien den Verantwortlichen meine Übernachtung im Gemeindehaus zu gefährlich zu sein, und ich wurde in einem Privathaus untergebracht. Dabei musste allerdings zuerst die spannende Frage geklärt werden, ob ich mich ins »Hausbuch« eintragen sollte. Wenn ich mich richtig erinnere, entschieden sich meine Gastgeber dagegen.

Ich habe viele Personen aus dieser Zeit in Erinnerung, beeindruckende junge Leute, die mit großer Entschiedenheit ihren Weg als Christen in der sozialistisch-atheistischen Gesellschaft gingen. Als Schüler riskierten sie es, von den Lehrern vor der versammelten Klasse als rückständige Menschen bezeichnet zu werden. Andere verrichteten als Bausoldaten ihren Dienst. In der DDR war das die einzige Möglichkeit, den Dienst mit der Waffe zu verweigern. Oft waren sie dabei Schikanen ihrer Vorgesetzten ausgesetzt, und nach der Ableistung ihres Dienstes verloren sie nicht selten auch alle beruflichen Aufstiegschancen. Ich erinnere mich an einen Pastor aus der Nachbargemeinde in St. Gangloff, der meist ein wenig später zu unserer Tagung stieß. Bei der Diskussion äußerte

er sich mit unverhohlenem Ärger über die politische Führungs-
riege (»Parteibonzen«). Das geschah dann mit so lauter Stimme,
dass einige ängstlich zu den Fenstern sahen, um sich zu vergewis-
sern, dass sie geschlossen waren. Die Begegnungen – auch in den
darauffolgenden Jahren – beeindruckten mich tief, und ich denke
bewegt daran zurück. Viele Namen könnte ich nennen, aber wo
soll ich beginnen, wo aufhören?

Bei späteren Besuchen habe ich es gewagt, mit meinem Dienstwagen zu den Schulungen zu reisen, allerdings nicht bis Bad Klosterlausnitz, das wäre in dem überschaubaren Ort zu auffällig gewesen. Stattdessen fuhr ich mit einem der Pastoren zu seiner
Mutter in der Nähe von Gera, und dort versteckten wir meinen
Passat in einem Schuppen. Anschließend legten wir die letzten
Kilometer mit dem Linienbus zurück. Heute frage ich mich allerdings, ob das Verstecken des knallgelben Westwagens in diesem
Schuppen nicht auffälliger war als die Fahrt nach Bad Klosterlausnitz. Vermutlich hat die Stasi damals mehr gewusst, als wir ahn-
ten, ich habe nie die Möglichkeit in Anspruch genommen, die entsprechenden Unterlagen in Berlin einzusehen.

Tilo Naumann, ein Pastor aus Dohna, machte uns während
einer solchen »Rüste« mit Predigten von Theo Lehmann bekannt,
die er mit seinem Kassettenrekorder aufgenommen hatte. Auch
ich lauschte gebannt Theo Lehmanns radikal-evangelistischer
Verkündigung mit dem herrlichen sächsischen Humor und den
unüberhörbaren Anspielungen auf das DDR-Regime. Liebend
gern wären die Regierenden ihn damals losgeworden, aber seine
Predigten waren sorgfältig ausformuliert, auf diesem Weg war er
nicht zu fassen. Und freiwillig in den Westen gehen war für ihn
keine Option. Er predigte monatlich in der Schlosskirche von
Karl-Marx-Stadt (Chemnitz), und junge Leute strömten in Scharen zu seinem Gottesdienst. Einmal wurden auch Gunhild Leppert
und ich dazu eingeladen. Tilo Naumann und Manfred Leisering
nahmen uns mit nach Karl-Marx-Stadt, aber ausgerechnet an die-

sem Sonntag fiel der Gottesdienst aus. So überspielten wir einige von Tilos Predigten auf die Minikassetten eines Diktiergerätes, und ich nahm sie versteckt in meinen Socken mit in den Westen.

Jahre später, im letzten Jahr der DDR, predigte Theo Lehmann beim »Christival« in Nürnberg auf dem ehemaligen Reichsparteitagsgelände vor 30 000 Teilnehmern, und gemeinsam mit Jörg Swoboda sangen wir zum ersten Mal:

Dass dein Wort in meinem Herzen starke Wurzeln schlägt
und dein Geist in meinem Leben gute Früchte trägt,
deine Kraft durch mich die Welt zu deinem Ziel bewegt,
Herr, du kannst dies Wunder tun.[8]

Theo und ich wohnten im selben Hotel, und eines Morgens begegneten wir uns beim Frühstück und sprachen kurz miteinander. Obwohl wir in unterschiedlichen politischen Systemen aufgewachsen waren, empfanden wir sofort eine starke Bruderschaft. Bei späteren Begegnungen in Bad Blankenburg vertiefte sich das noch. Das gilt auch für Begegnungen mit Jörg Swoboda, der meist mit Theo Lehmann zusammenarbeitete. Viele ihrer Lieder sind gemeinsam entstanden. Das erste Lied, das mir von den beiden in Erinnerung ist, hatten sie zur Jahreslosung 1982 (Jesaja 26,4) geschrieben, und Ulrich Parzany druckte es in seiner Zeitschrift »Schritte« ab:

Wer Gott folgt, riskiert seine Träume,
setzt eigene Pläne aufs Spiel.
Auch als Verlierer kommt ihr nicht zu kurz.
Gott bringt euch an sein gutes Ziel.
Vertraut auf den Herrn für immer;
denn er ist der ewige Fels.
Die Mächtigen kommen und gehen,
und auch jedes Denkmal mal fällt.

Bleiben wird nur, wer auf Gottes Wort steht,
dem sichersten Standpunkt der Welt.
Vertraut auf den Herrn für immer;
denn er ist der ewige Fels.[9]

Die Strophe über die »Mächtigen« und ihre »Denkmäler« hatte eine ganz besondere Bedeutung, weil Theo Lehmann Pfarrer in Karl-Marx-Stadt war. Dort gab es seit 1971 einen sieben Meter hohen Bronzekopf von Karl Marx, über 40 Tonnen schwer. Inzwischen musste auch dieser »Mächtige« abtreten, und sein Manifest gehört der Vergangenheit an. Das monströse Denkmal steht allerdings noch.

Kehren wir zurück nach Radeburg und damit zu unseren Freunden Gerhard und Christel Grosse. Viele Male waren Edelgard und ich bei ihnen – während meiner Zeit in der Bundesjugendarbeit, aber auch noch danach in anderen Aufgabenbereichen. Während des Tages zeigten sie uns die Schönheiten Dresdens und der Sächsischen Schweiz, abends saßen wir zusammen in ihrem Wohnzimmer mit dem großen Kachelofen und sprachen über unsere Erfahrungen und Begegnungen im Osten und im Westen. Gerhard hatte noch ein eigenes Optikergeschäft und konnte sich deshalb seine Zeit erstaunlich frei einteilen. Da er auch den Finanzhaushalt im BFeG der DDR verwaltete, war er oft zu Sitzungen und Gesprächen unterwegs. Später wurden ihm auch Dienstreisen in den Westen genehmigt, den Kirchen gestand man dafür einen gewissen Freiraum zu.

Einmal ließ sich seine Dienstreise zeitlich mit unserer Heimfahrt aus der DDR nach Witten verbinden. Kurz vor Antritt der Reise saßen wir beim Frühstück in seiner Radeburger Wohnung zusammen, und meine Frau und ich erzählten von unserer Zeit in Hamburg. Dabei gerieten wir wohl ins Schwärmen, denn plötzlich war der Gedanke da, auf unserer Rückreise mit dem Auto anstatt über Eisenach und Herleshausen über Hamburg in den Westen zu fahren. Das war nicht ganz legal, denn Gerhards Reisegenehmigung war jeweils an den direkten und damit kürzesten Weg gebunden. Gesagt, getan. Wir fuhren also zunächst in Richtung Norden, benutzten den Berliner Ring und standen schließlich an der DDR-Zollgrenzstelle bei Lauenburg. Der Grenzbeamte sah kritisch in Gerhards Papiere, wollte etwas sagen, aber Gerhard setzte gekonnt das undurchdringliche Gesicht eines Parteifunktionärs auf. Aus der Reisegenehmigung ging nicht hervor, in wessen Auftrag er reiste. Der Beamte stockte und ließ uns ohne einen Einwand passieren. Noch nie hatten Edelgard und ich die Grenze der DDR so schnell überquert. So standen wir eine Stunde später in der Abendsonne an den St.-Pauli-Landungsbrücken und genossen die frische Hafenbrise.

Ein neues Gesangbuch

Ich war noch Pastor in Hamburg-Sasel, als man mich fragte, ob ich bereit sei, an einem neuen Gesangbuch für den BFeG mitzuarbeiten, und da mir das Gemeindesingen seit jeher wichtig war, sagte ich gerne zu. Wenn ich mich richtig erinnere, war vor allem Waldemar Brenner dabei die treibende Kraft. Im BFeG kannte man ihn als Schriftleiter (Redakteur) unserer Gemeindezeitschrift »Der Gärtner«, aber er hatte auch bereits an der Herausgabe des »Jugendpsalters« mitgewirkt, einem Jugendliederbuch, das in den 50er-Jahren erschien. Es wurde gleichzeitig für die Jugendgruppen der FeGs und der Baptistengemeinden herausgegeben, im baptistischen Oncken Verlag erschien es unter dem Titel »So singen wir«. Die Sitzungen fanden im Haus des »Christlichen Sängerbundes« (CS) in Wuppertal statt. Auf der ersten Fahrt dorthin blieb ich mit unserem alten Gemeindebus kurz vor Bremen liegen. Ich hatte meine Schwiegermutter und eine kleine Nichte dabei. Nachdem ein ADAC-Helfer den Bulli zu einer Werkstatt nach Oyten geschleppt hatte, warteten wir dort einige Stunden, bis mein Cousin Hansel eintraf, der auf meinen Anruf hin kam und uns noch in der Nacht zu meinen Eltern nach Wuppertal brachte. So konnte ich trotz der Schwierigkeiten am nächsten Morgen bei der Sitzung im Westfalenweg sein.

Der Christliche Sängerbund hatte damals schon eine fast 100-jährige Geschichte hinter sich, er gehörte untrennbar zur Chorarbeit der evangelischen Freikirchen. Aber ich will nicht verschweigen, dass ich ihn manchmal mit gemischten Gefühlen wahrnahm. Wie ich bereits erzählte, wurde ich als Kind und Jugendlicher in Ronsdorf vom erwecklich-pietistischen Liedgut geprägt. Es waren Lieder wie »Ich bin durch die Welt gegangen«, »Solang mein Jesus lebt« und »Kommt, stimmet alle jubelnd ein«, mit denen ich aufgewachsen bin. Dazu kamen auch neuere Titel wie »Herr, lass deine Fahnen wehen einmal noch in unserm Land« von Pfarrer Walter Börner (1903–1979), geschrieben Ende der 40er-Jahre nach einem Gang durch die Trümmerstadt Nürnberg. Durch die Evangelisationen des Janz-Teams und von Anton Schulte fanden dann die sogenannten »englischen Heilslieder« wieder neu Eingang in unsere Gemeinden. Der älteren Generation waren sie ja bereits bekannt, aber in uns jungen Leuten brachten sie erstaunlicherweise etwas Neues zum Klingen. So sangen wir mit Begeisterung »Du großer Gott, wenn ich die Welt betrachte«, »Lasst die Küstenfeuer brennen« und »Jesus enttäuscht uns nie«.

Interessant ist, dass auch der Christliche Sängerbund ursprünglich in diesem Bereich sein Zuhause hatte, mehr noch: Viele der Heilslieder aus dem 19. Jahrhundert haben über Ernst Gebhardt (1832–1899) ihren Weg in unsere Liederbücher gefunden. Gebhardt war ein methodistischer Pastor und Bundesvorsitzender des CS. Er hat viele englischsprachige Lieder ins Deutsche übersetzt und auch eigene Titel geschrieben. Aber nach dem Zweiten Weltkrieg schlug der CS eine deutlich andere Richtung ein. Er entfernte sich nicht nur von den alten Heilsliedern, auch die neueren pietistisch-erwecklichen Lieder passten nicht mehr in sein Programm. Das führte in den Jugendgruppen der FeGs zu einer gewissen Polarisierung. Während die einen aus dem wesentlich vom CS bestimmten neuen »Jugendpsalter« sangen, war für die anderen das vom Hänssler Verlag herausgegebene Buch »Jesu Name nie verklinget« der Favorit.

Selbstverständlich kannte ich den »Jugendpsalter«; als er herauskam, war ich gerade 14 Jahre alt. Und keine Frage, auch ich liebte einige »Hits« aus diesem Buch. Lieder wie »Auf Seele, Gott zu loben«, »Wohl denen, die da wandeln« und »Nun gehören unsre Herzen ganz dem Mann von Golgatha« gehören auch heute noch zu meinen Lieblingsliedern. Genauso berühren mich Abendlieder wie »Noch hinter Berges Rande« mit dem Text von Rudolf Alexander Schröder. Auch die kleinen Singsprüche von Paul Ernst Ruppel liebe ich und vieles andere, was im »Verlag Singende Gemeinde« erschienen ist.

Aber ich habe nie verstanden, warum der CS sich so einseitig auf eine bestimmte Richtung festlegte und mehr oder weniger herablassend von Liederbüchern wie »Jesu Name nie verklinget« sprach. Nach meiner Überzeugung wurde damit ein wichtiger Zweig missionarisch-erwecklichen Singens abgetrennt. Pfarrer Otto Riecker hatte diesen ersten Band der Reihe »Jesu Name nie verklinget« herausgegeben. Er ist der Gründer der Bibelschule Adelshofen. Unvergesslich, wie er von einer beginnenden Erweckung in diesem kleinen Dorf im Heilbronner Land erzählt. Angefangen hatte es mit der Allianzgebetswoche 1955. Riecker schreibt: »Plötzlich war Gott auf eine beängstigende Weise nahe. Es war atemberaubend. Da war eine lautlose Herrlichkeit und Präsenz (Gegenwart).« Riecker beschreibt auch, wie viel in jenen Tagen gesungen wurde. Die Erweckung schlug sich – wie so oft in der Geschichte – unmittelbar im Singen nieder: »Wir sangen die schlichten, volksmäßigen Lieder, die zu Herzen gingen: Komm zu dem Heiland, komme noch heut! … Hört, Jesus ruft: Kommt alle her! … Offen

steht Jesu erbarmendes Herze ... Lasst die Küstenfeuer brennen! ...
Die Lieder wurden auch im Dorf gesungen: Ich weiß einen
Strom ... Am Kreuze meines Heilands ... Welch Glück ist's, erlöst
zu sein ...«[10] Es ist eigentümlich, dass es in Zeiten geistlicher Aufbrüche oft gerade diese einfachen Lieder sind, die auf andere überspringen und Menschen bewegen. Auch ich erinnere mich, dass
wir damals in Ronsdorf mit dem Liederbuch »Sing mit« von »Jugend für Christus« durch die Landschaft zogen, immer wieder
stehen blieben und gesungen haben. Nein, ich plädiere keinesfalls
dafür, das Singen auf das sogenannte »erweckliche Liedgut« zu
begrenzen, aber wir schneiden uns von einer wertvollen Inspirationsquelle geistlichen Lebens ab, wenn wir diese Lieder als zu
simpel und billig abwerten.

Leider schlug sich diese Haltung auch in unserer Gesangbuchkommission nieder. Brachte ich diese Lieder ein, so wurde ich be-
lehrt, sie hätten in solch einem Buch nichts zu suchen. Ich vergesse
nicht, wie mir der damalige Geschäftsführer des CS mit einem
Beispiel begreiflich machen wollte, worauf es bei einem solch
»hochwertigen« Gesangbuch ankomme: Bei einem Besuch des
Kölner Doms könne man beides finden, sagte er mir, Verkaufs-
buden mit kurzlebigem Kitsch, aber auch kunstgewerbliche Läden,
in denen hochwertige Kunst angeboten wird. Es könne durchaus
sein, dass man bei einer Sehenswürdigkeit beides fände, Kunst und
Kitsch, aber niemals fände man es unter *einem* Dach. Mit anderen
Worten: Diese einfachen (kitschigen) Lieder gehören einfach nicht
in ein solches Buch.

Selbstverständlich fand ich das anmaßend, und – wenn ich
ehrlich bin – es hat mich auch ein wenig verletzt. Denn es standen
damals auch erste Lieder von mir zur Debatte, aber sie schienen
diesem Mann nicht einmal diskussionswürdig zu sein. Wenn ich
heute sehe, dass einige meiner Lieder im »Evangelischen Gesangbuch« und im neu erschienenen katholischen »Gotteslob« zu finden sind, denke ich manchmal an jene frühen Tage der Gesang-

buchkommission zurück. Zugegeben, das sind sehr menschliche und vielleicht auch eigensüchtige Überlegungen. Außerdem waren meine Lieder damals noch relativ unbekannt, es war noch nicht auszumachen, welche davon »überleben« würden. Und auch das sei offen bemerkt: Von den vielen Liedern, die ich damals und in den folgenden Jahren schrieb, haben längst nicht alle den Wandel der Zeit überstanden. Manfred Siebald sprach einmal von »Jugendsünden«; solche »Jugendsünden« kenne auch ich – es sind Titel, von denen ich heute sage, ich hätte besser auf sie verzichtet.

Das Projekt wurde dann nicht weitergeführt, weil sich während unserer Arbeit die Möglichkeit ergab, mit dem Bund Evangelisch-freikirchlicher Gemeinden ein gemeinsames Gesangbuch herauszugeben. Die FeG Düsseldorf, in der ein Mitglied unserer Gesangbuchkommission zu Hause war, wollte aber auf das gemeinsame Buch nicht warten – sie brachte 1973 ihr eigenes Liederbuch heraus. Es wurde auch von einigen anderen Gemeinden übernommen. Und auch das sei noch erzählt: Im Musikausschuss jener ersten Gesangbuchkommission lernte ich Paul Ernst Ruppel kennen (1903–2006, bekannter Komponist, Kantor und Chorleiter), zwei- oder dreimal nahm er an einer der Sitzungen teil. Bei ihm fand ich nicht die Spur jener von mir empfundenen und beschriebenen Arroganz. Dieser so musikbegabte Mann brachte sich mit seinem Können in einer außerordentlich bescheidenen Haltung ein und half uns auch bei Titeln, die zweifellos nicht seinem Musikverständnis und Können entsprachen.

1973 begann dann die neue Gesangbuchkommission mit der Arbeit, diesmal mit dem Ziel, gleich vier Gemeindeliederbücher abzulösen: die »Glaubensstimme« der Baptisten, die »Reichslieder« der Hamburger FeG, die »Geistlichen Lieder« der Brüdergemeinden und den »Gemeindepsalter« der FeGs. Aus allen diesen Bereichen saßen »Brüder« (leider keine »Schwestern«) in der Kommission, und ich habe diese Zusammenarbeit in bester Erinnerung.

Allerdings wurde aus der Ablösung der »Geistlichen Lieder« nichts, ich bin auch nicht sicher, wie ernst das wirklich angestrebt wurde. Auf jeden Fall saß aber Rolf Brockhaus (1909–2001) mit am Tisch der Kommission, der Senior des R.Brockhaus Verlages und ein Kenner der Brüderbewegung. Seine geistliche Natürlichkeit und Originalität haben mich tief beeindruckt. Und auch wenn die Musikgeschichte in den Brüdergemeinden anders verlief – das Lied »Dem, der uns liebt« fand aus ihrem Bereich seinen Weg in die »Gemeindelieder«.

Übrigens hatte jeder Gemeindebund »seine« Lieder, auf die er auf keinen Fall verzichten wollte. Bei den Evangelisch-freikirchlichen Gemeinden waren es die Lieder von Julius Köbner (»Lobt in seinem Heiligtume« und andere), bei den FeGs das Grafe-Lied »Ein einig Volk von Brüdern« und bei der Hamburger FeG das bereits erwähnte »Herrlichkeitslied«. Da wurde dann im Blick auf die sonst strengen Kriterien gerne ein Auge zugedrückt. »Beheimatet« hieß die entsprechende Rubrik in unserem Auswahlkatalog. Die Heilslieder des 19. Jahrhunderts kamen wiederum über die Schiene »Internationales Liedgut« ins Buch. Darunter fanden sich Titel wie »Welch ein Freund ist unser Jesus«, »O Gott, dir sei Ehre« oder »Seligstes Wissen, Jesus ist mein«. Nach den sonst üblichen eher strengen Kriterien hätten sie wohl keine Chance gehabt. Es gab auch Kuriositäten, zum Beispiel dass ausgerechnet unter der Nummer 112 das Lied »O dass doch bald dein Feuer brennte« zu finden war. Und als das Gesangbuch schließlich in der DDR erscheinen durfte, musste aus dem Lied »Herr, deine Liebe ist wie Gras und Ufer« die Strophe »Und dennoch sind da Mauern zwischen Menschen« herausgenommen werden.

Auch diesmal war Waldemar Brenner dabei. Mit großer Geduld und ohne viel Aufhebens verrichtete er seine Arbeit am Liederbuch im Hintergrund. Und auch Günter Balders begegnete mir hier zum ersten Mal, ein Pastor der Baptistengemeinden und Kirchengeschichtler am Theologischen Seminar in Hamburg (heute:

Theologische Hochschule Elstal). Nie wieder habe ich einen Menschen getroffen, der über ein so umfangreiches Wissen zum freikirchlichen Singen in Geschichte und Gegenwart verfügt. Ohne ihn hätte das Buch nicht diese Qualität und diesen Erfolg gehabt. Denn ein Erfolg wurde das neue Liederbuch! Es war ein Renner und nüchtern gesagt auch eine »Segensquelle« für den bereits angeschlagenen Bundes-Verlag. Aber darauf komme ich noch.

100 Jahre Bundesgeschichte werden gefeiert

Im Mai 1974 feierte der BFeG einen großen Geburtstag. Im September 1874, also 100 Jahre zuvor, hatten sich in Wuppertal (Elberfeld-Barmen) 22 Gemeinden zu einer Bundesgemeinschaft zusammengeschlossen mit dem erklärten Zweck, »sich untereinander mit den empfangenden Gaben zu dienen, zu raten und hilfreiche Hand zu bieten«. Das Fest begann bereits am Freitag mit einem Jugendabend in der Siegerlandhalle. Es war die erste Großveranstaltung, die ich verantwortlich leiten sollte. Als wir mit dem Vorbereitungsteam in der Halle letzte Absprachen trafen, probte Manfred Siebald auf der Bühne, und sein Lied habe ich heute noch im Ohr:

Der Ast vor meinem Fenster schüttelt sich, als ob er friert,
als ob der kalte Abendwind ihm nicht behagt,
der mir die letzten Glockentöne von den Türmen bringt
und ein paar Wolkenfetzen heim ins Dunkel jagt.
Die Schaukel auf dem Spielplatz gegenüber ist verwaist,
doch noch nicht lang – sie ist noch warm und schwingt noch
*   sacht,*
und unten in den Straßen fällt der Blechwurm röchelnd aus-
*   einander*
und verliert sich in der Nacht.

Das Lied ist ein Abschiedslied an seine Frau nach seinem möglichen Tod und schließt mit dem Satz:

Ich gehe weiter, nur ein wenig weiter,
geh in Gottes Freude, geh in Gottes Licht hinein.
Ich war für ein paar Jahre dein Begleiter,
doch jetzt geh ich weiter, um bei meinem Herrn zu sein.[11]

Eigenartig, was man behält, und vor allem, in welchen Zusammenhängen man es behält. Noch immer empfinde ich dieses Lied als eines der stärksten Lieder von Manfred. Es ist in einer wunderschönen Sprache geschrieben und hat eine noch schönere tief gehende Aussage. Je älter ich werde, desto wichtiger wird es mir. Als Fan von Reinhard Mey und seiner vielen frühen Lieder über den Tod hatte ich immer vor, es Reinhard Mey zu schicken, habe es aber nie wahr gemacht.

Zurück zur 100-Jahrfeier in Siegen. Es war ein guter Jugendabend und insgesamt eine gute Konferenz mit über 5000 Teilnehmern. Der Samstagabend wurde mit vielen internationalen Gästen gestaltet, Ernst Schwedes, der damalige Bundespfleger, moderierte ihn mit viel Humor. Dabei trat auch der Chor des Trinity College auf, einer Ausbildungsstätte der Evangelical Free Church in den USA. Unvergesslich sein Lied »The King is coming!« von Bill Gaither. Die Sonntagsgottesdienste fanden gleichzeitig in der Siegerlandhalle und der Hammerhütte statt, einem damals bekannten Veranstaltungsort der westdeutschen Allianzkonferenz. Dort predigte Erhard Diehl über Johannes 15 und erinnerte dabei an Hudson Taylor, dem das Geheimnis dieses Bibeltextes erst nach vielen Jahren des Dienstes in China aufging. Damals schrieb er an seine Schwester:

»Als ich an den Weinstock und die Reben dachte, wie erleuchtete da der Heilige Geist mein Herz! Mir wurde klar, wie völlig verkehrt es gewesen war, dass ich hier immer selbst die Kraft und die Fülle aus ihm holen wollte. Ich erkannte nicht nur, dass Jesus mich nie verlassen würde, sondern auch, dass ich ein Glied an seinem Leibe war, von seinem Fleisch und seinem Gebein. Jetzt verstehe ich es: Der Weinstock ist nicht nur Wurzel, sondern alles – Wurzel, Stamm, Reben, Ranken, Blätter, Blüten, Frucht. Und nicht nur das ist Jesus, er ist auch Erde und Sonnenschein, Luft und Regen und zehntausendmal mehr als alles, was wir uns je erträumt und gewünscht haben …«

Vermutlich gäbe es von dieser Konferenz in Siegen noch anderes zu berichten, vielleicht Gewichtiges, Geschichtsträchtiges, was den Weg des Bundes und seiner Gemeinden anbelangt. Es ist eine subjektive Auswahl, die ich hier treffe, eben das, was mir in Erinnerung blieb. Mir wurde damals klar: Sollten wir als Bundesgemeinschaft irgendwann Jesus Christus aus den Augen und Herzen verlieren, vielleicht nicht verbal, sondern im wirklichen Leben, dann wäre es um uns geschehen. Vielleicht gäbe es uns trotzdem noch, aber wir wären ein lebloser Kirchenkörper und blieben ohne geistliche Frucht.

Das musikalische Programm am Sonntagmorgen in der Siegerlandhalle gestaltete übrigens wieder der Ronsdorfer Jugendchor, und ich hatte mich dabei an die musikalische Bearbeitung eines alten FeG-Liedes von Hermann Heinrich Grafe (1818–1869) gewagt:

Ein einig Volk von Brüdern, das ist das Volk des Herrn,
verzweigt in seinen Gliedern, doch eins in seinem Kern.

Jede Strophe hatte einen anderen musikalischen Satz, wechselte streckenweise sogar den Rhythmus, und in der letzten Strophe setzten die einzelnen Stimmen fugenartig nacheinander ein. Damit wollte ich den Inhalt dieses Liedes unterstreichen: Das Volk Gottes hat viele Klangfarben, Rhythmen und auch Einsätze; die einen gehen voraus, andere folgen nach. Doch bei aller Vielfalt ist die Gemeinde »eins in Christus«. Wenige Wochen nach dieser Feier in Siegen trafen sich einige von uns in einem Tonstudio in Gütersloh, um aus den vielen Tonbandmitschnitten der Veranstaltungen eine Doppel-LP zusammenzustellen. Reinhard Kawohl brachte diese Tondokumentation in seinem noch jungen Verlag heraus.

Lausanne – mehr als der Name einer Stadt

Nun ist es unmöglich, alles festzuhalten, was während der ersten Jahre in Witten mein Leben und auch das Leben meiner Familie füllte. Aber 1974 war für mich ein ganz besonderes Jahr, und das hing mit einem Ereignis in jenem Sommer zusammen, das bleibende Wirkungen auf mich hatte. In der »Kirchengeschichte« hat es sich mit dem Ort verknüpft, in dem es stattfand: Lausanne. Auf diesem »Internationalen Kongress für Weltevangelisation« trafen sich vom 16. bis 25. Juli ca. 2700 engagierte Christen aus 148 Nationen, um sich mit den Themen »Evangelisation« und »Mission« zu beschäftigen.

Als es in der Bundesleitung um die Frage ging, wer aus unseren Gemeinden daran teilnehmen solle, hatte ich als 31-Jähriger von Anfang an gute Karten. Das hing vermutlich mit der Lausanner Kongressleitung zusammen, denn um eine möglichst langfristige Wirkung zu erreichen, wünschte man sich die Teilnahme junger Leiterinnen und Leiter. Etwa 60 Prozent der Teilnehmer waren unter 45 Jahre alt, mindestens 400 sogar unter 25.

Doch zunächst trafen wir uns als deutsche Teilnehmer im Mai 1974 zu einem Vorbereitungstreffen in Wölmersen (Neues-Leben-Zentrum). Peter Schneider, der damalige Generalsekretär der Evangelischen Allianz (EA) und Billy-Graham-Übersetzer, machte uns mit dem Konzept von »Lausanne« vertraut. Es wurde viel diskutiert. Bei einigen war die Angst groß, aus diesem Kongress könne eine neue Organisation hervorgehen. So wurde Peter Schneider beauftragt, dieses »deutsche« Anliegen vorher in das Lausanner Leitungskomitee einzubringen.

Aber eine noch größere Sorge bestand darin, dass die Grenzen zwischen pietistisch-evangelikalen und pfingstlich-charismatischen Christen verwischt werden könnten. Wir befanden uns ja noch in der Zeit, in der die »Lager« der Evangelikalen und Charismatiker streng voneinander getrennt waren. Unvergesslich ist mir, wie Peter Schneider, der wohl aufgrund seiner internationalen Erfahrung relativ locker mit diesem Thema umging, »zurückgepfiffen« wurde. Als Generalsekretär der EA habe er die Linie des Hauptvorstandes zu vertreten, und der stand den Pfingstlern und Charismatikern mit großer Skepsis gegenüber.

Gemeinsam mit Erhard Diehl, der gerade von seiner Hamburger Jugendarbeit zum ERF (Evangeliums-Rundfunk) wechselte, trat ich im Juli die Reise in die Schweiz an. Das erklärte Ziel des Kongresses war, möglichst noch vor der Jahrtausendwende die gesamte Bevölkerung der Erde mit dem Evangelium zu erreichen. Wer das Foyer des Kongresszentrums betrat, hatte als Erstes eine riesige Weltkarte vor Augen, daneben stand unübersehbar: »Let the earth hear his voice.« Außerdem zeigte eine Zahl im Sekundentakt die Zunahme der Weltbevölkerung an. Vermutlich war es die bis dahin größte Zusammenkunft leitender evangelikaler Christen. Bereits Monate vorher hatten wir die Referate der Redner zugeschickt bekommen. So war es möglich, ihnen schriftlich Rückfragen zu stellen und uns wichtig erscheinende Gedanken hinzuzufügen. Die Referenten nahmen diese Rückmeldungen auf und bezogen sie nach Möglichkeit in ihre Referate ein.

Die Trennung zwischen Evangelikalen und Charismatikern war in Lausanne kein Thema mehr. Mit großer Begeisterung hörte ich dort Juan Carlos Ortiz predigen, Pastor einer Pfingstgemeinde aus Buenos Aires. Eindrücklich berichtete er von ihrer geistlichen Erneuerung. Jahre später hat mich sein Buch »Er ist Herr« (Verlag

Johannes Fix) tief bewegt. Und als verantwortlicher Leiter im Bereich Jugendarbeit nahm ich an einer Arbeitsgruppe mit Loren Cunnigham teil, dem Gründer und Leiter von »Youth with a Mission«, einer internationalen charismatischen Jugendbewegung. »Mobilisierung junger Leute für die Weltevangelisation« war das Thema dieses Seminars, und außer Cunningham arbeitete auch Georg Verwer mit, Gründer und Leiter von OM (Operation Mobilisation).

Doch die entscheidenden Impulse gingen von den Plenumsveranstaltungen aus. Rückblickend nehme ich an, dass es das Zusammenspiel von erwecklicher Verkündigung und guter evangelikaler Theologie war, das dem Lausanner Kongress eine besondere Note gab. Einerseits war er im besten Sinn erwecklich, dazu trugen Männer wie der ugandische Bischof Festo Kivengere bei. Unvergesslich, wie er von seiner persönlichen Bekehrung erzählte und von dem tief greifenden Umbruch seiner Kirche in Uganda: »Wir waren wie Luftballons, bei der kleinsten Berührung strebten wir auseinander. Doch dann brachte der Geist Gottes unser distanziertes Gefüge zum Platzen, und wir öffneten uns ihm und damit auch einander.« Zur Bestätigung sprang nach seinem Bericht eine ganze Reihe afrikanischer Bischöfe auf die Bühne, sie sangen und berichteten im besten Sinn »begeistert« von der ostafrikanischen Erweckungsbewegung. Auch Corrie ten Boom gehört in diesen erwecklichen Bereich. Sie machte uns in ihrer unnachahmlichen Art auf mögliche Fehlentwicklungen aufmerksam. Bis heute gebrauche ich manchmal ihre Geschichte vom kleinen Specht, dessen Baum, während er ihn mit dem Schnabel bearbeitete, von einem Blitz getroffen wurde. Aufgeregt flog der kleine Vogel anschließend durch den Wald und rief wieder und wieder: »Ich wusste gar nicht, welche Kraft ich in meinem Schnabel habe.« Dazu Corrie: »Egozentrischer Stolz – gerade auch in seiner frommen Ausprägung – verschließt unsere Augen für Gottes Wirken unter uns.«

Hinzu kam auf dem Lausanner Kongress aber auch eine fundierte biblische Theologie, zum Beispiel in dem Referat von John Stott, einem der damals bekanntesten evangelikalen Theologen. Seine Definition von Mission (ganzheitliche Sendung in Wort und Tat) und Evangelisation (Konzentration auf die Gute Nachricht von Jesus Christus mit dem Ruf zum Glauben) war grundlegend und hat Auswirkungen bis in unsere Zeit. Auch Michael Green gehört in diesen Zusammenhang, damals Leiter des St. John's College in Nottingham (England). Eindrücklich sprach er zu uns über die Voraussetzungen und Prinzipien von Mission in der Urgemeinde. Der deutsche Professor Peter Beyerhaus wiederum referierte über den Zusammenhang von Weltevangelisation und Reich Gottes und entlarvte damit ein vielfach sehr einseitig diesseitsbezogenes Reich-Gottes-Verständnis. Alles in allem war gerade dieses Ineinander von guter Theologie und persönlicher Frömmigkeit für mich wichtig, denn oft erlebte ich in meinem deutschen Umfeld, dass beides streng voneinander getrennt wurde.

Doch der eigentliche und nachhaltigste Impuls von »Lausanne« lag in dem Zusammenspiel von Evangelisation und sozialer Verantwortung. Damit eng verknüpft waren die Namen von Francis Schaeffer, Samuel Escobar und René Padilla. Sie vor allem traten für ein ungeteiltes missionarisches Engagement ein.

Francis Schaeffer hatte keine weite Anreise nach Lausanne. Das von ihm und seiner Frau gegründete Zentrum »L'Abri« liegt nicht weit von Lausanne entfernt im Rhônetal. In seinem Referat plädierte Schaeffer dafür, der Bibel auch in ihren historischen und naturwissenschaftlichen Aussagen zu vertrauen. Schon damals befürchtete er eine fortschreitende Trennung von Glaube und Realität – auch in evangelikalen Kreisen. Darüber hinaus zeigte er uns, dass der beste Bibelglaube zur toten Orthodoxie verkümmern kann, wenn er nicht wirklich gelebt wird. Schaeffer war überzeugt, dass die starke Ausstrahlung der Urgemeinde nicht in ihrer Lehre lag, sondern in ihrer Art des Zusammenlebens. Und dann begann er sehr konkret über Rassentrennung, über das Verhältnis zwischen Reichen und Armen und über andere Formen der Ungerechtigkeit im Zusammenleben der Menschen zu sprechen. Nach seinem Vortrag erhielt er vor allem von den Teilnehmern aus den afrikanischen und asiatischen Gemeinden lang anhaltenden Applaus.

René Padilla, stellvertretender Generalsekretär der »Internationalen Gemeinschaft evangelikaler Studenten Lateinamerikas«, kritisierte das »Kultur-Christentum« und meinte damit vor allem unsere westliche Lebensweise. Sie sei bei uns westlichen Christen so sehr mit dem Glauben verknüpft, dass wir das eine kaum ohne das andere denken könnten. Padilla im O-Ton: »Das Evangelium wird damit zu einer Art Ware, dessen Erwerb für den Verbraucher außerordentlich nützlich ist. Viele von uns westlichen Christen sind überzeugt: Christsein bedeutet Erfolg im Leben und persönliches Glück. Das Kreuz ist darum für viele von uns kein Ärgernis mehr, weil es zwar auf das Opfer Jesu Christi hinweist, uns aber nicht mehr zur Nachfolge auffordert.« Padilla rief uns Kongressteilnehmer zur Buße auf und meinte damit auch eine vollkommene Neuorientierung gegenüber den Menschen in der Welt. »Wenn Jesus Christus wirklich der Herr ist, dann heißt das für seine Jünger und Jüngerinnen, sich von den Herrschern dieser Welt und ihren Prinzipien abzuwenden.«

Und dann war da noch Samuel Escobar mit seinem Referat über »Evangelisation und die Suche des Menschen nach Freiheit, Gerechtigkeit und Erfüllung«. Der Generalsekretär der »InterVarsity Christian Fellowship« in Kanada wählte einen unvergesslichen Einstieg in seinen Vortrag: »Stellen Sie sich vor, unsere Erde wäre ein Dorf mit 100 Einwohnern. 93 der Dorfbewohner würden zuschauen, wie sieben Nordamerikaner die Hälfte allen zur Verfügung stehenden Geldes ausgeben.« Plakativ malte er dieses Bild mit weiteren Zahlen aus. Und dann folgerte er: »Als Mitglieder der reichen Sieben (westliche Christen) bemühen wir uns, von den 93 anderen so viele wie nur möglich für Christus zu gewinnen. Wir erzählen ihnen von Jesus, und sie schauen uns verständnislos dabei zu, wie wir mehr Nahrungsmittel verzehren, als sie jemals hoffen können zu essen.«

Beim Zuhören wurde jedem von uns klar: So kann es nicht weitergehen (heute ist das Zahlenverhältnis noch drastischer als 1974)! Samuel Escobar machte uns in seinem Referat bewusst, dass die Lage heute völlig anders ist als zur Zeit des Neuen Testamentes. Damals befanden sich die reichen und mächtigen Metropolen auf heidnischem Boden, und die Botschaft von der Erlösung breitete sich in einer armen abgelegenen Provinz aus. Heute aber ist es umgekehrt. Escobar im O-Ton: »Wir sollten uns ein für alle Mal von der falschen Vorstellung freimachen, dass die Sorge um die sozialen Zusammenhänge des Evangeliums von falscher Doktrin und Mangel an evangelistischer Überzeugung herrührt. Es ist ganz im Gegenteil die Sorge um die Integrität des Evangeliums, die uns dabei bewegen muss.« Eindrücklich warnte er vor einer Begrenzung des Evangeliums auf persönliche und pietistisch-religiöse Erfahrungen. Rückblickend ist es für mich keine Frage mehr: Diese Einheit von Evangelisation und Mission (im Sinne der Definition von John Stott) war ein ganz entscheidender Impuls von »Lausanne '74«.

Um das zu verstehen, darf man nicht vergessen, dass die christliche Welt in Deutschland zu diesem Zeitpunkt gespalten war. Auf der einen Seite beschäftigte sich ein großer Teil des kirchlichen Lebens ausschließlich mit der horizontalen Ebene des Evangeliums, die vertikale Seite war für sie kein Thema mehr. »Heil« und »Wohl« wurden voneinander getrennt. In den 50er- und vor allem in den 60er-Jahren hatte dies zu einer »Grundlagenkrise der Mission« geführt. 1970 veröffentlichte der Theologische Konvent der Bekenntnisbewegung »Kein anderes Evangelium« zu dieser Thematik eine Erklärung, die sieben unaufgebbare Grundelemente der Mission benannte. Schon ein Jahr zuvor hatten sich die evangelikalen Missionsgesellschaften in Deutschland (AEM) zusammengeschlossen. Auch die Gründung von »idea« 1971 (damals »Informationsdienst der Evangelischen Allianz«) und der KEP (Konferenz evangelikaler Publizisten) war eine Folge dieser Entwicklung.

Aber wie immer, wenn etwas als Korrektiv einer Fehlentwicklung ins Leben gerufen wird, bestand die Gefahr, nun die andere Seite zu überziehen. Vor allem junge Christen litten darunter, dass die Verantwortung für soziale Missstände in unserem Land und in der Welt für viele evangelikale Gemeinden kein echtes Thema mehr war. Angesichts dieser Situation war das Anliegen von »Lausanne« brennend aktuell. Hier wurde eben nicht das Ruder einfach herumgeworfen, sondern es anhand des Neuen Testaments neu justiert. Nirgendwo drückt sich das besser aus als in dem fünften Artikel der »Lausanner Verpflichtung«: »Da die Menschen nach dem Bild Gottes geschaffen sind, besitzt jedermann, ungeachtet seiner Rasse, Religion, Farbe, Kultur, seines Geschlechts und Alters, eine angeborene Würde. Darum soll er nicht ausgebeutet, sondern anerkannt und gefördert werden. Wir tun Buße für dieses unser Versäumnis und dafür, dass wir manchmal Evangelisation und soziale Verantwortung als sich gegenseitig ausschließend angesehen haben.« Unmissverständlich heißt es dann weiter: »Versöhnung zwischen Menschen ist nicht gleichzeitig Versöhnung mit Gott, soziale Aktion nicht Evangelisation, politische Befreiung nicht Heil. Dennoch bekräftigen wir, dass Evangelisation und soziale wie politische Betätigung gleichzeitig zu unserer Pflicht als Christen gehören. Denn beide sind notwendige Ausdrucksformen unserer Lehre von Gott und dem Menschen, unserer Liebe zum Nächsten und unserem Gehorsam gegenüber Jesus Christus.«

Billy Graham hatte dieses Thema schon in seiner Eröffnungsrede angesprochen. Er sagte uns Teilnehmern gleich zu Beginn, er hoffe, dass es auf dem Kongress möglich sein werde, das Verhältnis zwischen Evangelisation und sozialer Verantwortung neu zu definieren.

Übrigens, die »Lausanner Verpflichtung«, die insgesamt 15 Artikel umfasst, heißt nicht nur so, sie wurde auch in Form einer Verpflichtung und mit der Möglichkeit einer persönlichen Unterschrift jeder Teilnehmerin und jedem Teilnehmer ausgehändigt. John Stott bat uns in seiner Schlussansprache dringend, sie unter Gebet sorgfältig zu durchdenken und nicht leichtfertig zu unterschreiben. Im Schlussgottesdienst nach dem Abendmahl unterzeichneten dann viele die Verpflichtungskarte. Noch heute bewegt mich die Frage: Lebe ich, was ich damals unterschrieben habe?

Aber um der Wahrheit willen muss auch das gesagt werden: Wir Deutsche taten uns während des Kongresses zeitweise schwer. Wieder bewegten uns komplizierte Grundsatzfragen, und streckenweise stand die deutsche Gruppe während des Kongresses in der Gefahr, ganz auseinanderzubrechen. Zwischendurch kursierte sogar das Gerücht, einige seien schon abgereist. Erst das Gebet – nach großer Hilflosigkeit und Enttäuschung – brachte uns zusammen. Und am Schluss gab es das, was beim Vorbereitungstreffen in Wölmersen noch vehement abgelehnt wurde: eine Nachfolgeorganisation von »Lausanne«. Sie wurde den Teilnehmern nicht »von oben« übergestülpt, sondern war das Ergebnis eines Prozesses, der alle einbezog. 86 Prozent der Teilnehmer sprachen sich für eine Nachfolgeorganisation aus. So kam es zum »Lausanne Committee for World Evangelization« (LCWE), das heute noch Impulsgeber vieler evangelistischer und missionarischer Aktionen ist. Und erstaunlicherweise wurde auch ein deutscher Zweig dieser Bewegung ins Leben gerufen.

Einige Monate nach dem Lausanner Kongress trafen sich die Teilnehmer aus den deutschen FeGs in Ewersbach, um über die Nacharbeit zu sprechen. »Lausanne« sollte ja nicht nur ein punktuelles Ereignis bleiben, wir wünschten uns Auswirkungen davon in unserem Gemeindebund. 15 Leute von uns waren in Lausanne dabei, Mitglieder der Bundesleitung und Leiterinnen und Leiter einzelner Arbeitszweige. Gemeinsam erarbeiteten wir eine Strategie, wie »Lausanne« im BFeG konkret werden konnte. Bei allem galt »Evangelisation und Mission« als wichtigste Aufgabe. Zwar wurde zugestanden, dass nicht jeder Gemeindeprediger eine evangelistische Begabung hat und deshalb auf Ergänzung angewiesen ist, aber eindeutig sollte im Sinne von Matthäus 28,18-20 darauf in Zukunft der Schwerpunkt liegen.

Heute bin ich sicher, dass der Kongress von Lausanne für die Ausrichtung des BFeG in den nachfolgenden Jahren prägend war. Für viele Mitarbeiterinnen und Mitarbeiter wurden Evangelisation und Mission im besten Sinn »normal«. Zwar gehörte die Evangelisation traditionell schon immer zum Leben einer FeG, aber durch »Lausanne« wurde sie in möglichst viele Bereiche der Gemeinde und des Bundes integriert. Außerdem bekam sie eine neue Frische und Lebendigkeit. Selbst den Begriff »evangelikal« gebrauchten wir nach Lausanne mit großer Selbstverständlichkeit – und wurden damit innerhalb der Kirchenlandschaft (auch der Freikirchen!) hin und wieder zu Außenseitern. Nein, letztlich war es ja nicht der Kongress in Lausanne, der uns und viele andere in Bewegung brachte – es war Gottes Geist. Der aber gebraucht Gefäße, die ihm Menschen zur Verfügung stellen, und zu dieser Hingabe hatte uns »Lausanne« neu motiviert.

Im Jugendbereich waren es die sogenannten WMJ-Tagungen (Wochenenden für missionarische Jugendarbeit), bei denen Mitarbeiterinnen und Mitarbeiter auf Kreisebene biblisch-theologisch, aber auch ganz praktisch für missionarische Einsätze geschult wurden. Mit einem kleinen Team hatten wir dazu ein Wochenendprogramm erarbeitet, das aus verschiedenen Bausteinen bestand (Referat, Bibelarbeit, Straßeneinsatz). Am Sonntagvormittag endete die Tagung jeweils mit einem missionarischen Gottesdienst. Der Ablauf dieser Wochenenden war in allen Regionen bzw. Bundeskreisen gleich, es wechselten nur die Referenten. Ich selbst versuchte, an allen WMJ-Tagungen teilzunehmen, und ich denke, es ist mir auch gelungen. Schließlich boten sie mir eine großartige Möglichkeit, zu vielen Mitarbeiterinnen und Mitarbeitern eine Beziehung aufzubauen.

Ein großes Zelt auf Langeoog

Bereits seit den 60er-Jahren verfügte der BFeG über eine eigene Zeltmission. Ein Zelt bietet die Möglichkeit, auch dort Menschen in größeren Veranstaltungen mit dem Evangelium zu erreichen, wo keine Säle zur Verfügung stehen. Das hatte Jakob Vetter (1872–1918) bereits gegen Ende des 19. Jahrhunderts erkannt. Der Gründer der »Deutschen Zeltmission« sah damals vor seinem inneren Auge ein großes Zirkuszelt und hörte die Worte: »Das ist der Ort, in welchem du die Massen des Volkes unterbringst.« So erzählt er seine Berufungsgeschichte und berichtet, das Merkwürdigste bei dieser inneren Schau sei gewesen, dass er dabei bereits den ganzen Zeltbau mit seiner Inneneinrichtung vor Augen hatte. Es war eine Zeit, in der breite Schichten der Bevölkerung keine Kirche mehr besuchten. Vor allem die Arbeiterschaft wandte sich enttäuscht von den etablierten Kirchen ab. Die Zeltmission war eine Antwort darauf.

Im BFeG gab es in den 60er- und 70er-Jahren zwei Rundzelte mit jeweils 300 Plätzen, dazu ein Großzelt, das bis zu 1 000 Besucher fassen konnte. Für den Sommer 1974 wurde ein Einsatz des großen Zeltes auf der Insel Langeoog geplant. Paul Lenz und ich sollten die Evangelisten sein; eine Missionsfreizeit unter der Leitung von Helmut Mann (Pastor in Bad Wildungen), die aus ca. 40 jungen Leuten bestand, sollte uns unterstützen. Sie waren für den Auf- und Abbau des Zeltes verantwortlich, verteilten während dieser Tage Einladungen zu den Zeltveranstaltungen und gestalteten an den Abenden vor allem das Musikprogramm. Es war nicht ganz einfach, die jungen Leute auf der Insel unterzubringen, denn es war Hauptsaison, und da war jeder Platz mit Gästen besetzt.

Das galt auch für das Haus Bethanien, dem Erholungsheim unseres Diakoniewerkes Bethanien. Aber Schwester Hanna Liebe, die damalige Leiterin des Hauses, war ausgesprochen ideenreich, buchstäblich jede kleinste Ecke in »Bethanien« und im »Schwedenhaus« (dessen Name wie das Gemeindehaus in Berlin-Adlershof auf ein Geschenk der schwedischen FeGs hinwies) wurde für Schlafplätze genutzt.

Noch schwieriger war es, ein so großes Zelt auf die Insel zu transportieren – der Lkw musste ja auf dem Festland bleiben, da Langeoog zu den autofreien Inseln gehört. So wurde in Bensersiel das gesamte Material auf die Fähre geladen und dann vom Inselhafen mit Elektrokarren zum Zeltplatz gebracht. Vermutlich hat es in der Geschichte unserer Zeltmission nie wieder so viele Beschwerden und Anzeigen gegeben wie während dieser Evangelisation auf Langeoog. Das Zelt stand auf dem Platz vor dem Inselhospiz und war von Pensionen und Ferienhotels umgeben, und man musste nicht im Zelt sein, um zu hören, was drinnen gesprochen und gesungen wurde. Verständlicherweise war das für die Anwohner nicht nur ein Anlass zur Freude, ganz im Gegenteil. Andererseits habe ich bei Zeltmissionen nie wieder so viele kirchenfremde Besucher erlebt wie während der beiden Wochen auf Langeoog. Insofern hat sich der Aufwand gelohnt. Einmal kam ein Reiter samt Pferd ins Zelt geritten, und ich hatte während der Ansprache den Eindruck, beide lauschten aufmerksam meinen Worten. Nach den Veranstaltungen gab es viele Gespräche über den Glauben, auch unsere jungen Leute beteiligten sich daran. Und was das Beste war: Es fanden Menschen zum Glauben an Jesus.

In Schweden finden solche Zeltveranstaltungen an der Küste oft einen ganzen Sommer lang statt. Manchmal verlegen schwedische Kirchengemeinden während des Sommers ihr komplettes Programm in die Feriengebiete. Auf diese Weise erreichen sie Menschen, die sonst wohl niemals den Weg in die Kirche fänden. Bei uns gibt es ähnliche Ansätze mit der »Strandmission« des

Bibellesebundes, aber insgesamt haben wir diese »offene Tür« noch nicht richtig entdeckt.

Im Spätsommer dieses ereignisreichen Jahres starteten mein Bruder und ich dann mit unserer ersten Singefreizeit im Südschwarzwald. Das Hauselternpaar vom Haus »Palmgarten« nahm uns mit offenen Armen auf. Im großen Saal stand ein wohlklingender Flügel. Diethelm übte die Lieder ein, ich übernahm die Begleitung.

Es waren etwa 60 junge Teilnehmerinnen und Teilnehmer, die an dieser ersten Singefreizeit teilnahmen, und sie kamen aus ganz unterschiedlichen landes- und freikirchlichen Gemeinden. Wir schrieben die Freizeiten ja nicht nur im BFeG aus, sondern ebenso im Bibellesebund mit seinem überkonfessionellen Einzugsgebiet. Diese Vielfalt schlug sich dann bei unseren Konzerten nieder, zu denen wir in der zweiten Woche aufbrachen. Auch da arbeiteten wir mit Veranstaltern aus verschiedenen Denominationen zusammen, meist lagen sie im geografischen Umfeld unseres Standquartiers. »Konzert junger Christen« war auf den einladenden Plakaten zu lesen, aber wir sangen nicht nur, sondern erzählten den Besuchern auch, weshalb wir sangen, führten kurze Interviews mit Sängerinnen und Sängern und brachten jedes Mal mit einer kurzen Ansprache die Gute Nachricht Gottes auf den Punkt. Diese erste Singefreizeit in Kandern war eine so gute Erfahrung, dass sich neun weitere anschlossen, nicht nur im Haus »Palmgarten«, sondern an ganz verschiedenen Orten. Auch Freizeiten und Konzerte im Ausland gehörten dazu. Vermutlich haben sie wesentlich zur Verbreitung unserer Lieder beigetragen.

Schon die zweite Singefreizeit 1975 fand in Griechenland statt. Auch dort übten wir zunächst eine Woche an einem Ort. Dafür stand uns ein Haus der griechischen Freien evangelischen Gemeinden in Kap Sounion zur Verfügung, ca. 60 Kilometer südlich von Athen an der Küste gelegen. Die Begleitumstände waren allerdings schwieriger als in Kandern, es war Sommer und außeror-

dentlich heiß. Außerdem kam die für Südeuropa typische Magen-
und Darmerkrankung hinzu, vor allem während der Übungswo-
che in Kap Sounion fielen deshalb immer wieder Sängerinnen und
Sänger aus. Als wir dann in der zweiten Woche zu den Konzerten
aufbrachen, ließ sich die Hitze nur in entsprechend »luftiger« Kleidung ertragen. Das wiederum war jedoch in den griechischen Gemeinden ein Problem, denn schon ärmellose Blusen und Kleider
erregten bei älteren griechischen Christen Anstoß. So hielten wir
mit dem Bus oft einige Kilometer vor dem Einsatzort an einer
öffentlichen Damentoilette, und unsere Sängerinnen standen dort
in einer langen Schlange, um sich umzuziehen. Aber es war eine
wunderschöne Zeit mit vielen Erfahrungen großer griechischer
Gastfreundschaft.

Selbstverständlich besuchten wir auch historische Stätten dieses wunderbaren Landes. Im antiken Korinth wollten wir nachempfinden, was Paulus bewegte, als er diese Stadt betreten hatte,
im antiken Olympia starteten wir mit einem zugegeben sehr kurzen Probelauf, und im Theater von Epidauros staunten wir über
die sagenhafte Akustik, die es selbst bei 14000 Sitzen möglich
machte, auf den obersten Rängen jedes auf der Bühne gesprochene
Wort zu verstehen. Unvergesslich ist mir der Besuch der von
Heinrich Schliemann entdeckten Königsgräber in Mykene. Als wir
vor dem Löwentor mit seinen gewaltigen Steinquadern standen,
stimmte jemand ein Lied an, das zu den frühen Titeln von Siegfried Fietz gehört:

Seht, man musste sie begraben,
die der Welt Gebote gaben,
und ihr Wort hat nicht bestand.
Ihre Häuser wurden Trümmer,
ihre Münzen gelten nimmer,
die man in der Erde fand.

Und dann heißt es im Refrain:

Jesu Name wird bestehen,
Jesu Reich nie untergehen,
sein Gebot gilt allezeit.
Jesu Wort muss alles weichen,
und ihn kann kein Tod erreichen.
Jesus herrscht in Ewigkeit![12]

Renate Wagner hat diesen Text geschrieben, Siegfried Fietz hat ihn vertont. Und eine bessere Kulisse als dieses antike Grabfeld in Mykene war zu diesem Lied kaum vorstellbar.

Auch in Frankreich (Elsass) haben wir in einer der folgenden Singefreizeiten gesungen, ebenso in der Schweiz, in Österreich und Italien (Südtirol). Nach einem Konzert in der Musikmuschel des Meraner Kurparks sprach mich ein älterer Herr an. Er erzählte mir, dass er Jude sei und seine Familie in Auschwitz ermordet wurde. Und mit feuchten Augen fügte er hinzu: »Aber wenn ich diese Jugend sehe und singen höre, glaube ich an eine bessere Zukunft.« In Meran trafen wir einen Mann, der – ohne je irgendeinen Kontakt mit Christen oder einer christlichen Kirche gehabt zu haben – an einem Bücherstand eine alte Bibel gekauft hatte und durch sie zum Glauben an Jesus Christus fand.

Aber auch im BFeG gibt es schöne Tagungs- und Erholungshäuser, und selbstverständlich waren auch sie ein beliebter »Austragungsort« für unsere Singefreizeiten, vor allem das Seeschloss im Norden und der Forggenhof im Süden unseres Landes. Mit beiden verbinden sich eindrucksvolle Geschichten, die ich jetzt erzählen will.

Ein Schloss am Kellersee

Das Seeschloss liegt am Kellersee bei Eutin, in der beliebten »Holsteinischen Schweiz«. Meine Frau und ich hatten die Gegend bereits kennengelernt, als es das Seeschloss als Tagungs- und Erholungszentrum der Stiftung Elim noch gar nicht gab. Das war am Karfreitag 1967, wenige Tage vor unserer Hochzeit, auch meine Schwester Bärbel war dabei. Ich war gebeten worden, im Gottesdienst der FeG Eutin zu predigen, die sich damals noch in einem gemieteten Saal am malerisch gelegenen Marktplatz in Eutin traf.

Diesen Karfreitagsgottesdienst vergesse ich auch deshalb nicht, weil ich zusätzlich die Leitung des Abendmahls übernehmen sollte. In der ersten Reihe saß eine gewichtige Diakonisse, und ich war unsicher, ob ich bei ihr mit der Austeilung von Brot und Wein zu beginnen hatte oder bei dem »Bruder«, der die Leitung des Gottesdienstes hatte und auch in der ersten Reihe saß. Keine Ahnung, wie ich diese Frage entschieden habe, aber nach dem Gottesdienst wurden wir drei zum Mittagessen ins Diakonissen-Feierabendhaus Bethesda eingeladen, und das lag in unmittelbarer Nachbarschaft des späteren Seeschlosses am Kellersee.

Dieses so wunderbar gelegene Haus Bethesda geht übrigens auf einen Hamburger Großkaufmann und Millionär zurück, und für die Stiftung Elim verbindet sich mit ihm eine ganz besondere Geschichte, die ich unbedingt erzählen muss.

Der Mann hieß Hugo Preuß. Seine erste Begegnung mit Friedrich Heitmüller hatte nichts mit dem christlichen Glauben zu tun. Er bat Heitmüller vielmehr darum, ihn mit dem Generalfeldmarschall von Hindenburg in Verbindung zu bringen (Heitmüller kannte Hindenburgs Schwester). Friedrich Heitmüller lehnte das mit der Begründung ab, dies gehöre nicht zu seinem Dienst als Seelsorger und Prediger des Evangeliums. Danach hörte er zehn Jahre nichts mehr von Preuß, erst dann tauchte er eines Sonntags unter seiner Kanzel am Holstenwall auf. In einem der Gottesdienste bekam Preuß mit, dass Heitmüller und sein Komitee für die Diakonissen ein Erholungsheim an der Ostsee kaufen wollten, was aber nur möglich war, indem sie ein anderes Haus zum Kauf anboten. Hugo Preuß setzte sich mit Heitmüller in Verbindung und machte ihm klar, dass man in einer Zeit der Inflation (1923) keine Häuser verkauft. Daraufhin schenkte er der Stiftung das Erholungsheim Bethanien in Timmendorfer Strand (wo Edelgard und ich dann 1967 unsere Flitterwochen verbrachten). Zu dem Zeitpunkt war er noch kein Gemeindemitglied.

1925 endete der Pachtvertrag des Hamburger Krankenhauses, in dem die Elim-Diakonissen tätig waren, und es war völlig offen, wo und wie die Krankenpflege fortgesetzt werden konnte. Auch davon hörte Hugo Preuß und legte Heitmüller eine Million Goldmark auf den Tisch mit den Worten: »Davon sollen Sie ein Krankenhaus bauen.« Und als sich herausstellte, dass das Haus nur für zweieinviertel Millionen Goldmark errichtet und fertiggestellt werden konnte, suchte Preuß Heitmüller noch einmal auf und spendete auch die restliche Summe. Gott gab und gibt seiner Gemeinde ja immer wieder solche Leute, die mit Matthäus 6,33 Ernst machen und ihr Vermögen für das Reich Gottes zur Verfügung stellen. Zur Einweihung des Krankenhauses Elim am 12. Januar 1927 wollte Hugo Preuß nur kommen, wenn sein Name nicht genannt und seine Spende nicht erwähnt werde. Er kam dann tatsächlich, blieb aber im Hintergrund und verrichtete Aufgaben, die eher auf einen Hausmeister als auf einen Sponsor hinwiesen. Er empfing die Gäste und wies ihnen die Plätze zu.

Hugo Preuß war eine kirchlich orientierte Persönlichkeit und viele Jahre auf der Suche nach einem persönlichen Gott. Am »Holstenwall« fand er dann, was er immer gesucht hatte – oder richtiger: Er fand den, den er immer gesucht hatte! Eines Tages bat er Heitmüller, mit ihm in die »Holsteinische Schweiz« zu fahren, er wolle sich dort ein Grundstück ansehen. Als sie dort eintrafen, zeigte er ihm das Haus mit dem Grundstück am Kellersee und

fragte Heitmüller, ob er das für seine Diakonissen brauchen könne. Das war der Beginn des Diakonissen-Feierabendhauses Bethesda.

1980 eröffnete dann die Stiftung Elim das unmittelbar neben
»Bethesda« gelegene »Seeschloss«. Es wurde über zwei Jahrzehnte
ein beliebtes und begehrtes Haus für Tagungen und Freizeiten. Ich
erinnere mich an ein Gespräch mit Hinnerk Tietjen, der damals
die Leitung des Hauses übernahm. Bevor das Seeschloss eröffnet
wurde, begegneten wir uns auf einem Jugendtag. Hinnerk sprach
mich an, weil er herausfinden wollte, ob der Ausstieg aus seinem
Beruf und der Weg in eine neue Aufgabe der Weg Gottes für ihn
sei. Er und seine Frau Helga übernahmen dann nicht nur die Leitung im Seeschloss, sie prägten das Haus auch geistlich mit ihrem
fröhlichen Glauben und ihrer den Menschen zugewandten Art.
Bei unserer Singefreizeit wurden wir von den beiden und ihrem
Team nicht nur mit gutem Essen und freundlichen Räumen versorgt (was nicht zu unterschätzen ist), sondern sie standen auch
hinter unserem Auftrag des missionarischen Singens und halfen
uns, ihn während dieser Zeit im Norden umzusetzen. Jahr für Jahr
war ich auch zu den Herbsttagungen des BFeG im Seeschloss und
hatte schließlich mein »eigenes« Zimmer mit Seeblick. Heute ver-
misse ich diesen herrlichen Blick auf den Kellersee manchmal, der
entsprechend der Tages- und Jahreszeit immer wieder sein Aussehen veränderte.

Aber noch etwas kommt mir in diesem Zusammenhang in den
Sinn: Ging man vom Haus Bethesda wenige Schritte auf eine An-
höhe, dann stand man plötzlich vor einem Ferienhaus im Bunga-
lowstil. Auch dieses Haus gehörte zur Stiftung Elim. Es lag dort
versteckt zwischen den Bäumen und war einfach, aber gemütlich
eingerichtet. Ich habe dort einmal übernachtet, als im Haus Bethanien in Timmendorf während einer Mitarbeiterkonferenz (MiKo)
die Schlafplätze nicht reichten. Erst Jahre später fand ich heraus,
dass der Pfarrer Johannes Busch 1945 hier Unterschlupf gefunden

hatte. In einer abenteuerlichen Seefahrt über die Ostsee erreichte er in den letzten Kriegstagen Schleswig-Holstein und geriet dort in englische Kriegsgefangenschaft. Friedrich Heitmüller, der Johannes Busch von gemeinsamen Predigtdiensten kannte, nahm ihn dann in diesem Ferienhaus auf.

Von 1930 bis 1956 war Busch Pfarrer in Witten und viele Jahre Bundeswart des CVJM-Westbundes. Manchmal erzählen mir alte Wittener noch von ihm und von den Anfeindungen des Naziregimes, denen er ausgesetzt war. Seltsam, wie so vieles miteinander verwoben ist! Öfter in meinem Leben bin ich auf dieses Netz von Begegnungen und Beziehungen gestoßen, immer wieder einmal taucht es aus der Verborgenheit auf. Den weitaus größten Teil der Regie, die hier am Werk ist, bekommen wir allerdings nicht in den Blick. Nein, wir sind keinem blinden Schicksal ausgeliefert, sondern leben unter der Führung eines allmächtigen und liebevollen Gottes. Das Seeschloss gibt's immer noch, aber heute als Hotel unter privater Regie.

Ein Haus im Allgäu

Doch auch der »Forggenhof« bei Füssen im Allgäu war ein wunderbares Haus für unsere Singefreizeit. Der Blick von dort auf das Panorama der Lechtaler und Allgäuer Alpen ist so fantastisch, dass es schwerfiel, während der Chorproben im Haus zu sitzen und auf die Liedblätter zu sehen statt auf diese herrliche Pracht. Wie auf einer gewaltigen Bühne erhebt sich das Hochgebirge hinter den grünen Hügeln des Allgäus. Auch mit diesem Haus verknüpft sich eine spannende Geschichte.

Es war Ernst Schwedes, mein Vorgänger in der Bundespflege, der schon in den 70er-Jahren nach einem schönen Haus in den Bergen Ausschau hielt. Er war der Meinung, dass wir als BFeG für unsere Tagungen so etwas auch im Süden unseres Landes brauchten. Damals war er noch Mitglied des Jugendarbeitskreises, und ich erinnere mich, dass er an den Abenden nach der offiziellen Sitzung immer wieder davon sprach. Aber weder fand sich ein geeignetes Objekt, noch waren die finanziellen Mittel dafür vorhanden. Trotzdem hielt er an dem Ziel fest, und es gab auch Leute, die ihn dabei unterstützten.

Über den »Württembergischen Brüderbund« (heute: »Württembergischer Christusbund«) hörte Ernst dann von einem Haus am Forggensee, das zum Verkauf stand. So machte er sich mit dem Präses, dem Vorsitzenden des Finanzausschusses und einem weiteren Mitglied der Bundesleitung auf den Weg, um dann leider an Ort und Stelle erfahren zu müssen, dass das Objekt nicht mehr zu haben sei. Da die vier Männer nun einmal im Allgäu waren, hielten sie spontan nach einem anderen geeigneten Haus Ausschau. Dabei entdeckten sie den Forggenhof. Es handelte sich damals um ein typisch bayerisches Restaurant, das außer gutem Essen einige Gästezimmer anbot. Allerdings war der Wirt nicht zum Verkauf bereit. Aber die vier gingen auf einen kleinen Hügel (Bichl) hinter dem Haus, um dort für die Erfüllung ihres Wunsches zu beten. Einer der Anwesenden berichtete später: »Es war wie eine Beschlagnahme für Gottes Reich.«

Am nächsten Morgen waren die beiden Wirtsleute tatsächlich zum Verkauf ihres Hauses bereit, und so wurde der »Forggenhof« eine beliebte Tagungs- und Begegnungsstätte im BFeG. Außerdem gewann das Haus in den folgenden Jahren eine zunehmende Bedeutung für die jungen Gemeinden in der Umgebung. Das Allgäu gehört etwa seit Ende der 70er-Jahre zum Gemeindegründungsgebiet des BFeG. Im Swimmingpool des »Forggenhof« wurden die ersten Taufen durchgeführt.

Zu einem Haus für Tagungen und Begegnungen gehört selbstverständlich ein gutes Hauselternpaar, sonst ist die beste Ausstattung wenig wert. Es war Paul Lenz, von dem in diesem Buch auch schon die Rede war, der den Vorschlag machte, Hans Wilhelm und Trude Phlipsen dafür anzufragen. Paul Lenz war Pastor in Lüdenscheid, und die beiden gehörten zu seiner Gemeinde. Und sie waren tatsächlich bereit, gemeinsam mit ihren Kindern den Sprung nach Bayern zu wagen. Vor allem aber waren sie bereit, damit dem Ruf Gottes zu folgen, denn dass es Gottes Ruf war, stellte sich in den kommenden Jahren immer deutlicher heraus. Hans Wilhelm und Trude haben mit ihrer Ausstrahlung die Herzen vieler Menschen gewonnen.

Die ausgeprägte Gabe von Hans Wilhelm Phlipsen, Beziehungen zu knüpfen (und den Bayern ein Bayer zu werden), zahlte sich auch bei unserer Singefreizeit aus. Eines unserer Konzerte fand in Roßhaupten statt, dem Ort, zu dem der »Forggenhof« gehört. Ein wichtiger Schlüssel dazu waren die guten Beziehungen, die Hans Wilhelm und Trude zum Bürgermeister und anderen führenden Persönlichkeiten des Dorfes hatten. Der Saal war bis auf den letzten Platz gefüllt, und das Konzert fand in einer offenen und herzlichen Atmosphäre statt.

Übrigens kannte ich Hans Wilhelm schon seit Kindertagen. 1953, während der Freizeit auf dem »Hornberg« (Solingen), war auch die Lüdenscheider Jungschar dabei, und auch 1954 in Rotterdam war das der Fall. Als wir dann 1959 mit den Hollandfreizeiten in Schouwen-Duiveland begannen, war Hans Wilhelm inzwischen Jungscharleiter und nahm mit seinen Jungen an einer der frühen Hollandfreizeiten auf der Insel teil. Ich erinnere mich, dass er uns einmal in Ronsdorf besuchte und dabei unserem Pastor Helmut Georg über den Weg lief. Die beiden kannten sich noch nicht, und ich war nicht dabei. Hinterher kam Hans Wilhelm freudestrahlend zu mir und meinte, wir hätten einen tollen Prediger, der habe ihm gleich das Du angeboten. Als sie sich begrüßten, hatte sich unser Pastor mit »Georg« vorgestellt. Das alles ist lange her. Aber noch immer bietet sich der Forggenhof als hervorragende Tagungsstätte an.

Sag es allen in deiner Stadt

Nach zehn Jahren (1983), als mein Bruder Diethelm und ich unsere Arbeitsfelder wechselten, fanden auch unsere Singefreizeiten ein Ende. Oder richtiger: Sie fanden mit *uns* ein Ende, denn einige Chormitglieder setzten die Arbeit unter dem Namen »AKZENTE« fort. Einzelne Sängerinnen und Sänger brachten ihr Talent später beim »Förderband« ein, einer Sendung für Nachwuchskünstler, mit der Erhard Diehl beim ERF begonnen hatte. Viele der Lieder, die wir während dieser zehn Jahre geschrieben und gesungen hatten, erschienen in zwei Bänden für Jugendchöre unter dem Titel »Sag es allen in deiner Stadt« im Hänssler Verlag.

Nach dem Erscheinen des ersten Bandes versuchte ich ein Exemplar nach Ostberlin mitzunehmen, ich hatte es tief unten in meiner Fototasche versteckt. Der Grenzbeamte am Bahnhof Friedrichstraße sagte mir, ich solle die Tasche öffnen. Und als ich ihm noch relativ gelassen meinen Fotoapparat und einige Objektive entgegenstreckte, sagte er, nun solle ich den kompletten Tascheneinsatz mit seinen Fächern herausziehen – anscheinend kannte er meine Fototasche mindestens so gut wie ich. Und dann lag es da, ganz unverhüllt: das Liederbuch mit der Aufschrift »Sag es allen in deiner Stadt«. Zugegeben, der Titel war nicht besonders geeignet für eine Einreise in die DDR. Ich erhielt einen Vermerk aufs Tagesvisum und musste das Buch bei meiner Ausreise am Abend wieder vorzeigen. So gesehen lief die Sache noch glimpflich ab.

Heute bin ich manchmal mit meinen Liedern zu Mitmachkonzerten in Kirchen und Gemeinden unterwegs. Dann singe ich mit den Besuchern diese alten Titel aus den Singefreizeiten und erzähle ihre Entstehungsgeschichten. Und immer wieder sprechen mich anschließend Menschen an, die diese Jugendchorzeit aktiv miterlebt haben und sich gerne daran erinnern. Oft singen sie die Lieder sogar »stimmig« mit und brauchen dafür nicht einmal eine Noten- und Textvorlage (nach über 30 Jahren!). Die 80er-Jahre waren ja die große Zeit der Jugendchöre; sie hatten den Vorteil, dass sich viele daran beteiligen konnten, mehr als in den Tagen der Musikbands und der heutigen Lobpreisteams. Viele weitere Chöre wären hier zu nennen, mit denen ich auf Jugendveranstaltungen zusammen war: die Christussänger, der Erntebrücker und der Wolzhausener Jugendchor, Margret Birkenfeld mit ihrem Wetzlarer Jugendchor und besonders Klaus Heizmann, der mit seinen Liederbüchern den Chören das entsprechende Notenmaterial bot. Sie alle prägten in den 70er- und 80er-Jahren das Musikleben vieler freikirchlicher und auch landeskirchlicher Gemeinden. Auch der Geisweider Jugendchor mit dem Leiter Martin Falk gehörte dazu, sein Bruder Dieter (heute ein bekannter Pianist und Musikproduzent) begleitete die Lieder auf dem Klavier.

Die Bundesjugendtreffen

2011 haben meine Frau und ich mit Freunden die Bundesgartenschau in Koblenz besucht. Nachdem wir uns die Anlagen am Rheinufer angesehen hatten, schwebten wir mit der Kabinenbahn zur Festungsanlage Ehrenbreitstein hinauf. Und so schön die Blumenbeete dort oben auch waren – als ich dort stand, verlor ich sie aus den Augen und fühlte mich in eine andere Zeit versetzt. Dort oben, hoch über dem Rhein und der Moselmündung, genau auf dieser Fläche stand 1975 ein großes Zelt, davor die Gulaschkanonen des Technisches Hilfswerks (THW), außerdem eine große Spiel- und Begegnungsfläche, und am äußersten Ende des Geländes befanden sich Parkplätze mit vielen Pkws. Fast 3 500 junge Leute aus Freien evangelischen Gemeinden waren gekommen, um die Pfingsttage miteinander zu verbringen.

Bereits 1971 hatte ich mit jungen Leuten aus meiner Saseler Gemeinde am ersten Bundesjugendtreffen auf diesem Gelände teilgenommen. Mein Vorgänger Arthur Nagel hatte es geplant, aber er fiel wegen schwerer Krankheit aus. Doch durch den tatkräftigen Einsatz von Gunhild Leppert und einigen Pastoren aus dem Jugendarbeitskreis (Otto Fleschenberg, Werner Bachmann und andere) konnte das Treffen trotzdem stattfinden. 1975 sollte dann ein zweites Treffen in Koblenz folgen, und schon früh begannen wir mit der Vorbereitung. Mit einem kleinen Arbeitskreis planten wir das Programm und nahmen Kontakt mit der Stadt Koblenz auf, da wir auf deren Mithilfe angewiesen waren. Wir brauchten nicht nur die Genehmigung zur Nutzung dieses großen Platzes. Bei der Übernachtung der vielen Jugendlichen waren wir auch auf die Schulen in der Umgebung angewiesen. Schnell begriffen wir, dass nicht nur die Schulbehörde, sondern vor allem die Hausmeister für uns wichtig waren. Wenn sie nicht mitspielten, blieben die Klassenräume für uns verschlossen. Deswegen bauten wir auch zu ihnen Kontakte auf.

Eines der Probleme war, dass es in Koblenz damals keine Freie evangelische Gemeinde gab. Vieles musste daher von Witten aus vorbereitet werden, aber auch Leute aus der FeG Simmern im Hunsrück halfen mit. Der eigentliche Auf- und Abbau der großen Zelte, die Vorbereitung des weiten Geländes und der Klassenräume, auch viele Arbeiten während des Treffens übernahm ein spezielles Team. Wir hatten in unserer Jugendzeitschrift »Der Pflüger« dafür geworben, und aus dem ganzen Bundesgebiet nahmen junge Männer teil. Damit machten wir – auch in den Jahren darauf – beste Erfahrungen. Die Verpflegung übernahm eine Kolonne des THW, geleitet von Hermann Wader, einem Unternehmer aus Radevormwald, der dort zur FeG gehörte. Das THW war schon beim ersten Treffen 1971 dabei. Damals kamen die Männer gerade von einem Einsatz bei einem schrecklichen Unglück. Unmittelbar vor dem Jugendtreffen waren ein Schienenbus voller Kinder und ein Güterzug in der Nähe ihrer Heimatstadt (Dahlerau) zusammengeprallt. 46 Menschen, meist Kinder, kamen dabei ums Leben.

Keine Frage, die »Bujus« auf der Festung Ehrenbreitstein hinterließen in den 70er- und 80er-Jahren eine Segensspur. Immer wieder stieß ich darauf, wenn ich im Land unterwegs war – und bis heute werde ich darauf angesprochen. Drei Bundesjugendtreffen erlebte ich in Koblenz verantwortlich mit (1975, 1979, 1983), dann übernahm Dieter Martschinke die Bundesjugendarbeit und damit die Leitung der Treffen.

Beim nächsten Buju im Jahr 1979 lautete das Thema »Zielorientiert leben«, und Han Verleur aus der FeG München hatte dazu eine Münze angefertigt. Ich hatte Han auf einer unserer Singefreizeiten kennengelernt, und als er von seinem Beruf als Graveur erzählte, kam uns die Idee, für jeden Teilnehmer des Treffens eine Gedenkmünze anzufertigen. Sie sollte vor der ersten Veranstaltung ausgeliefert und während des gesamten Treffens getragen werden, gleichzeitig diente sie für die Teilnehmer als Erkennungszeichen. Auf der einen Seite der Münze war das Thema mit dem Logo der Freien evangelischen Gemeinden (Kreuz im Kreis) zu sehen, auf der anderen Seite eine Grafik der Festung Ehrenbreitstein mit der Jahreszahl 1979 eingraviert, dazu der Anlass und der Veranstalter. Die Teilnehmerzahl lag inzwischen bei ca. 4 000 Personen, und die Münzen trafen buchstäblich im letzten Augenblick ein.

Die Gruppe »Aufwind« übernahm unter der Leitung von Johannes Nitsch das Musikprogramm, und zum ersten Mal hörte ich Jan Vering, den manche die »schwärzeste Stimme« Deutschlands nannten. Jan war ein hervorragender Interpret von Negro Spirituals. Am ersten Pfingsttag kamen noch Arno und Andreas dazu, unvergesslich ihr Auftritt auf einem Lkw zwischen den Festungsmauern, es war eine unbeschreiblich fröhliche und lockere Atmosphäre. Die beiden gehörten zu den wenigen Musikern, die eine kräftige Portion Fröhlichkeit und Humor unmittelbar mit geistlichen Themen verknüpften, ohne dass eines auf Kosten des anderen ging. Zum ersten Mal fand damals auch ein Talentschuppen statt, die Idee dazu hatte Erhard Diehl. Junge Sängerinnen, Sänger und Musiker traten auf, die kaum jemand kannte. Sie bekamen die Chance, ihre eigenen Werke zu präsentieren, und Leute wie Werner Hucks und seine Schwester Elke traten dort zum ersten Mal vor einer großen Öffentlichkeit auf. Erhard Diehl, inzwischen Leiter der »Jungen Welle« beim ERF, lud manche von ihnen in seine Sendereihe »Förderband« ein.

Beim Bundesjugendtreffen 1983 mit inzwischen über 4000 Teilnehmern bekam jeder Teilnehmer einen kleinen Anhänger aus Holz, in den der Schriftzug »Nicht aufzuhalten« eingebrannt war, dazu ein Symbol in Form einer Pflanze, die einen harten Boden aufbricht. Das brachte uns auf die Idee, mit der Jesus-Bruderschaft in Gnadenthal Kontakt aufzunehmen, denn sie betreute ein Kloster in Israel (Latrun), und dort gab es Senfkörner. Das Gleichnis vom Senfkorn (Matthäus 13,31-32) sollte auch Thema einer Predigt sein. Die »Jesus-Brüder« gingen gerne darauf ein und belieferten uns tatsächlich mit der benötigten Menge an Senfkörnern, wobei wir zunächst über die kleine Packung erschrocken waren. Sollte dieses kleine Säckchen wirklich für über 4000 Leute reichen? Es reichte. Es war sogar mehr als genug! Eine großartige Veranschaulichung für das, was Christen erreichen können, wenn sie ihr Getto verlassen und sich einmischen in das Getriebe der Welt! Mit einem durchsichtigen Streifen Tesafilm, an dem ein paar Körner hafteten, beklebten wir jedes einzelne Tagungsheft und lieferten sie an die Teilnehmer aus. Klaus Teschner, Landeskirchenrat aus Düsseldorf und Initiator des Missionale-Treffens, war ganz begeistert davon und predigte eindrücklich und mit großer Freude am Sonntagmorgen von diesem kleinsten aller Samenkörner, das zu einem großen Baum wird, so groß, dass die Vögel in ihm nisten.

Doch es gab auch ein Bundesjugendtreffen, bei dem der Redner sich einfach nicht integrieren ließ. Trotz Themenvorgabe und vorhandener Programmbausteine machte er sein eigenes Programm.

Außerdem überzog er seine Redezeit so sehr, dass es schwierig wurde, die Teilnehmer noch rechtzeitig in die Quartiere zu bringen. Viele aus unserem Leitungsteam reagierten verärgert. Hinzu kam, dass er den Schritt zum Glauben in eine enge Form presste. Wer seine Bekehrung nicht so erlebt hatte, wie er sie beschrieb, wurde verunsichert und fragte sich anschließend: Bin ich überhaupt Christ?

Da ich am nächsten Morgen im Abschlussgottesdienst zu predigen hatte, arbeitete ich noch in der Nacht eine neue Predigt aus. Ich empfand es als meine Verantwortung, den Leuten zu sagen, entscheidend sei nicht das »Drum und Dran«, sondern das persönliche Bekenntnis zu Jesus Christus als Erlöser und Herrn. Wer zu ihm umkehrt, wird von Neuem geboren (2. Korinther 5,17) und gehört zum Volk Gottes, wie auch immer die Begleitumstände gewesen sein mögen. Und so feierten wir am nächsten Morgen einen fröhlichen und von Gott gesegneten Gottesdienst. Arno und Andreas machten die Musik. Und ich erlebte wieder einmal, dass Gott in den Schwachen mächtig ist. Doch auch das will ich nicht verschweigen: Ausgerechnet in der vorausgegangenen Abendveranstaltung mit der umstrittenen Verkündigung fand eine unserer Töchter zum Glauben an Jesus.

Das alles ging mir durch den Kopf, als ich im Sommer 2011 dort auf dem Gelände der Bundesgartenschau stand. Was mag aus den Menschen geworden sein, die hier vor rund drei Jahrzehnten ihr Leben mit Jesus begannen? Sind sie noch dabei? Sind sie wirklich »nicht aufzuhalten«?

Und noch etwas fiel mir ein. Ich dachte zurück an einen Kollegen, der damals Kreisjugendpfleger im Bergischen Kreis war. Es muss am Tag nach dem Buju 1979 gewesen sein, die Zelte waren abgebaut, die Gulaschkanonen abtransportiert, die Busse und Pkws zurück in ihre Heimatorte gefahren, der große Platz lag verwaist vor uns. Nur ein großer Abfallcontainer stand noch da, und es lagen noch Abfälle herum, die man wohl beim Säubern des

Platzes übersehen hatte. Klaus und ich waren als Einzige vom Leitungsteam noch vor Ort, wir gingen über den Platz und entdeckten den Dreck. Und dann half er mir, die Abfälle zu entsorgen. Auch auf ihn wartete genug Arbeit zu Hause, er hätte genügend Gründe gehabt, längst wie die anderen die Heimreise anzutreten. Aber er blieb und half. Das hat mich so bewegt, dass ich es nicht vergessen habe. Echter Einsatz zeigt sich eben nicht nur auf der Bühne, sondern auch dahinter und manchmal eben erst dann, wenn die Bühne längst abgebaut ist, wenn niemand mehr applaudiert. Gerne würde ich ihm das noch sagen und ihm dafür danken, aber ich weiß nicht, wo er heute lebt. Ich habe ihn aus den Augen verloren.

Doch ich muss auch noch von einem ganz anderen Bundesjugendtreffen erzählen, das nicht auf der Festung Ehrenbreitstein stattfand, sondern 1981 im Congress-Centrum in Hamburg (CCH). Dieter Martschinke war im Norddeutschen Kreis der verantwortliche Jugendpastor, und mit großer Freude bereiteten wir dieses Bundesjugendtreffen gemeinsam vor. Als Redner hatten Martin Voegelin aus der Schweiz und Johannes Hansen aus Witten zugesagt. Und für die Anreise der Jugendlichen ließen wir uns etwas ganz Besonderes einfallen. Anders als heute, wo Freie evangelische Gemeinden über ganz Deutschland verteilt sind, befanden sich damals die »Ballungszentren« der FeGs vor allem in Hessen und Nordrhein-Westfalen. Das brachte uns auf eine Idee. Wir buchten für beide Bundesländer zwei Sonderzüge, die jeweils über 700 junge Leute nach Hamburg bringen sollten. Da unmittelbar beim CCH der alte Kaiserbahnhof »Dammtor« liegt, war der Zielbahnhof vorgegeben, von dort zum CCH waren es nur wenige Schritte. Während der Bahnfahrt in den Norden gab es in beiden Sonderzügen eine hervorragende Moderation. Noch bevor Arno und Andreas auf unserem Hamburger Buju auftraten, hatten sie sich ausnahmsweise getrennt. In dem einem Zug moderierte Arno Backhaus und im andern Andreas Malessa. So begann für die

Jugendlichen in den Zügen das Programm bereits Stunden vor dem offiziellen Start.

Für die Musik im CCH hatten wir zwei Schweden eingeladen, Lars Mörlid und Peter Sandwall. Lars ist einer der Gründerväter des schwedischen Chores »Choralerna«, Peter ist in Skandinavien als musikalischer Leiter, Komponist und Pianist bekannt. Der Chor Choralerna war in Deutschland mit heißer und rockiger Musik bekannt geworden, und selbstverständlich erwarteten wir etwas Ähnliches auch von den beiden Schweden. Aber Lars und Peter sangen eher ruhige Lieder, balladenhaft. Ich weiß noch, dass ich während der Veranstaltung beunruhigt durchs Foyer des CCH ging, denn einige Leute hatten sich bereits abgesetzt und schienen dort ihr eigenes Programm zu machen. War das ein Protest gegen diese Musik? Aber es wurde ganz anders, als ich befürchtet hatte. Wen Lars und Peter nicht musikalisch erreichten, den erreichten sie durch ihre Echtheit und Natürlichkeit. Die Jugendlichen nahmen ihnen ab, dass sie mit ihren Liedern ihre Liebe zu Gott zum Ausdruck brachten und dass es ihnen um seine Ehre ging. Ihrem Auftritt in Hamburg folgten dann noch viele Konzerte in Deutschland, und ihre Lieder wie »Dein Wort ist meines Fußes Leuchte« und »Jesus, dir gehört mein Leben und Lobpreis« verbreiteten sich in Windeseile in den Gemeinden und Jugendgruppen.

Meine Frau Edelgard hat mir hin und wieder gesagt: »Wenn eine Anfrage aus Hamburg kommt, dann sagst du fast immer zu«, und damit hat sie recht. Hamburg und die FeG dort sind für mich bis heute so etwas wie die »erste Liebe« geblieben. 1975 wurde ich zum ersten Mal gefragt, ob ich bereit sei, auf der Hamburger Glaubenskonferenz zu predigen, und wie zu erwarten (würde meine Frau sagen), willigte ich ein. Die Konferenzen hatten noch die vertraute Form, allerdings fanden sie nun von Donnerstag bis Samstagabend statt. Der Zustrom der Menschen schien ungebrochen, besonders an den Abendveranstaltungen waren auch die großen Treppenhäuser mit jungen Leuten gefüllt. Der Besucherrekord lag bei ca. 1 400 Leuten.

Wenn ich das Haus am Holstenwall betrat, begrüßte mich im großen Eingangsflur der Hausmeister Uwe Kämpfer. Er sah mich an und sagte mir dann ein ermutigendes und verheißungsvolles Bibelwort. Vermutlich begrüßte er jeden Redner auf diese Weise, aber sein Zuspruch bedeutete mir viel und war jedes Mal eine Stärkung für mich. In den Veranstaltungen sprachen, wie schon beschrieben, jeweils zwei Verkündiger. Am letzten Konferenzabend hatte ich diesen Dienst gemeinsam mit Manfred Otto, dem Bundesdirektor der Evangelisch-Freikirchlichen Gemeinden. Manfred Otto predigte als Zweiter und rief die Besucher auf, nach vorne zu kommen und damit öffentlich auf den Ruf Gottes zu antworten. Das war in diesem Gebäude aufgrund der verschiedenen Emporen nicht ganz einfach, aber die Menschen kamen. Sie wurden eingeladen, nach Schluss der Veranstaltung in den Jugendraum im obersten Stockwerk zu kommen. Dort schloss sich an jenem Abend eine lange Reihe seelsorgerlicher Gespräche an.

Ich erinnere mich besonders an einen jungen Mann, der mir sagte, sein Moped sei eine Art Götze für ihn. Er spüre, wie sehr er daran gebunden sei. Heute Abend sei ihm klar geworden, dass das nicht richtig sei und er eine Entscheidung treffen müsse. Wir beteten miteinander, und er stellte sich Gott neu zur Verfügung. Im Blick auf das Moped bat er Jesus, ihn von der Bindung daran zu lösen, er möge ihm zeigen, was mit dem Gefährt geschehen soll. Dann verabschiedete er sich, und ich wandte mich einem anderen Gesprächspartner zu. Plötzlich hörte ich im Treppenhaus lautes Rufen: »Mein Moped wurde gestohlen! Mein Moped wurde gestohlen!« Es war der junge Mann. Er kam zurück, und als einige unserer Mitarbeiter ihn trösten wollten, rief er: »Begreift ihr denn nicht? Wir haben vorhin gebetet, dass Jesus mir zeigt, was ich damit tun soll. Jetzt ist es gestohlen, und damit ist alles geklärt!«

Es wurde ein langer Abend mit außergewöhnlich vielen Gesprächen.

Das erste »Christival«

Ich war noch nicht lange in Witten, als ich eine Einladung ins Weigle-Haus erhielt. Dort traf sich regelmäßig ein kleiner Kreis von Pfarrern, Pastoren und engagierten Leitern, denen die evangelistische Jugendarbeit wichtig war. Bereits in den ersten Sitzungen, die ich miterlebte, entstand der Plan für einen großen Mitarbeiterkongress. Ulrich Parzany war, wie bei so vielen späteren Projekten, dabei die eigentliche Triebfeder. Es sollte eine wirklich große Sache werden, auch Herbert Müller, der Geschäftsführer von »Neues Leben«, und der Billy-Graham-Übersetzer Peter Schneider brachten ihre Ideen ein. Beide hatten bereits viele Erfahrungen mit Veranstaltungen dieser Größenordnung.

Pfingsten 1976 war es dann so weit: Über 11 000 Dauerteilnehmer kamen zum »Christival« nach Essen. Das war weit mehr als ein punktuelles Großereignis – es wurde ein Startschuss für viele übergemeindliche Veranstaltungen und Kongresse in den nächsten Jahren und Jahrzehnten. Bei einer der Vorbereitungssitzungen wurde ich von Ulrich Parzany gefragt, ob ich bereit sei, gemeinsam mit Konrad Eißler (damals Pfarrer in der Stuttgarter Stiftskirche) die Bibelarbeiten zu übernehmen. Einerseits fühlte ich mich ein wenig überrumpelt, andererseits habe ich ziemlich schnell Ja gesagt. Das 15. Kapitel des Johannesevangeliums sollte während des Kongresses an drei Vormittagen ausgelegt werden; in der Halle 1 (Grugahalle) sprach Konrad Eißler, in der Halle 3/4 sollte ich sprechen. Noch nie hatte ich vor so vielen Menschen gepredigt – ich staune noch heute, dass Ulrich Parzany, der mich ja kaum kannte, dieses Risiko einging. Denn ohne Zweifel kam der Vorschlag von ihm. Vermutlich ging es darum, neben Konrad Eißler auch einen »Bibelarbeiter« aus dem Bereich der evangelischen Freikirchen zu präsentieren.

Für mich war es eine der Situationen, wie ich sie später noch viele Male erlebte: Ich sah darin eine Beauftragung Gottes und stellte mich ihr. Auch diese Aufgabe hatte ich mir ja in keiner Weise gesucht. Aber mir half auch, dass Bernd Bierbaum, ein junger Bremer Pfarrer, meine Bibelarbeiten moderierte. Durch seine Begrüßung, sein Eingangsgebet, durch die Art, in der das alles geschah, war er ein wunderbarer Wegbereiter und »Türöffner« für meine Bibelarbeiten. Noch bevor die Veranstaltung offiziell begann, saßen wir zusammen und beteten miteinander, und wenn ich danach in das dichte Gewusel der vielen jungen Leute blickte, wurde ich innerlich erstaunlich ruhig. Damals wuchs in mir eine Überzeugung, die mich ein Leben lang begleitet hat: Der unterschiedliche kirchliche Background ist nicht wichtig, wenn Menschen in Christus eine geistliche Einheit sind!

Aber das erste »Christival« bestand nicht nur aus großen Zentralveranstaltungen in den beiden Hallen. Das Besondere waren auch die 500 kleinen Gruppen, die morgens den »Missionarischen Grundkurs« durcharbeiteten. In drei Schritten wurde dort zuerst über den »Zeugen«, dann über das »Evangelium« und schließlich über den »Adressaten« gesprochen. Es war ja ein Mitarbeiterkongress und damit ein Schulungsangebot für junge Christen, die andere zum Glauben führen wollten. Außerdem fanden über 50 Seminare zu den unterschiedlichsten Themen statt. Musik gehörte selbstverständlich auch zum »Christival«. Zum ersten Mal hörte ich die kalifornische Gruppe »Love Song« mit dem Sänger Chuck Girard, der mir später in der kalifornischen Calvary-Chapel noch einmal begegnen sollte. Im Pfingstgottesdienst wirkten Hunderte von Bläsern mit, schon in der Einladung hatte man die Teilnehmer gebeten, ihre Instrumente mitzubringen. Die Schauspielerin und Sängerin Inge Brück erzählte in einer Abendveranstaltung, wie sie zum Glauben fand, und bezeugte das mit ihren neuen

Liedern. Und Manfred Siebald schrieb seinen »Christival«-Song, den vermutlich alle ergrauten Christivaler noch heute spontan anstimmen könnten:

Leben im Schatten, Sterben auf Raten –
haben wir was davon?
Hass und Empörung, Leid und Entbehrung –
ist das die Endstation?
Während die Fragen noch an uns nagen,
kommt einer her und ruft:
Lasst doch das Klagen, lasst es euch sagen:
Freude liegt in der Luft.

Und dann folgt der Refrain, der den Ton des gesamten »Christivals« wiedergibt:

Gott lädt uns ein zu seinem Fest! Lasst uns gehn
und es allen sagen, die wir auf dem Wege sehn.
Gott lädt uns ein! Das haltet fest, wenn wir gehn.
Worauf noch warten? Warum nicht starten?
Lasst alles andre stehn! [13]

Zwei Monate später waren mein Bruder und ich erneut mit unserer Singefreizeit unterwegs. Wir kamen 1976 wieder in Kandern zusammen, die Konzerte fanden in der Schweiz und in Süddeutschland statt. Zwischen einem Gesangsgottesdienst in Winterthur und einem Abendkonzert in Thayngen nutzten wir den Nachmittag für eine Dampferfahrt auf dem Rhein. Bei einem Zwischenstopp machten wir Rast in einem kleinen Café in Stein. Plötzlich sprach mich eine junge Kellnerin mit großen Augen an. Sie war eine der Teilnehmerinnen auf dem »Christival« gewesen und hatte dort nach der Bibelarbeit und einem Gespräch mit mir einen Anfang mit Jesus gemacht. Aber nun war sie Hunderte Kilometer von dieser Erfahrung entfernt, das »Christival« war Vergangenheit, und sie fühlte sich allein und verlassen an ihrem Ort. Wenn ich mich richtig erinnere, war sie auch die einzige Christin in ihrer Familie.

Nun war sie völlig perplex, mich an ihrem Arbeitsplatz zu treffen. Für sie wurde unsere Begegnung zum Zeichen, dass Jesus sie nicht aufgegeben hat, sondern auch an ihrem Wohnort und ihrer Arbeitsstelle bei ihr ist. Und mir wurde dabei neu bewusst, wie der gute Hirte für seine Herde sorgt und auch einzelne Schafe nicht aus den Augen verliert. Es stimmt: Niemand und nichts kann uns seiner Hand entreißen, es sei denn, wir lösen uns selbst von ihm und verlassen ihn. »Wollt ihr auch weggehen?«, fragte Jesus einmal seine Jünger, und er hätte sie gehen lassen, hätten sie es gewollt. Aber Petrus hatte längst erkannt, dass er ohne Jesus verloren ist. »Herr, wohin sollen wir gehen? Du hast Worte des ewigen Lebens« (Johannes 6,67-68).

Aber noch etwas will ich der Ehrlichkeit halber schreiben, auch wenn es weniger erfreulich ist. Als Leiter der Bundesjugendarbeit gehörte ich auch der Jugendabteilung der Vereinigung Evangelischer Freikirchen (VEF) an. Im Unterschied zu heute war das damals ein überschaubarer Kreis, oft saßen wir nur zu dritt zusammen. Selbstverständlich war das »Christival« damals auch bei unseren Sitzungen ein Thema, aber in der Planungsphase lief es völlig an diesem Kreis vorbei. Zwar gehörten Bischof Dr. C. Ernst Sommer von der Evangelisch-Methodistischen Kirche (EMK) und Generalsekretär Gerhard Claas vom Bund Evangelisch-Freikirchlicher Gemeinden (BEFG) zum Beirat des »Christivals«, einige Leiter aus unseren Freikirchen arbeiteten auch bei den Seminaren mit. Aber die Jugendabteilung der VEF hatte man nicht offiziell um ihre Mitarbeit gebeten und schon gar nicht nach ihrer Meinung dazu gefragt. Das sorgte bei meinen Kollegen für Verstimmung, und wenn ich es richtig in Erinnerung habe, waren sie beim »Christival« auch nicht dabei. Keine Frage, zu den Stärken von

Ulrich Parzany hat es nie gehört, möglichst viele Gremien in lange Entscheidungsprozesse einzubinden. Aber hätte er es getan, wäre vermutlich auch so manches spätere Projekt (»ProChrist«, »Pavillon der Hoffnung« auf der Expo 2000 usw.) nie zustande gekommen.

Meine »Christival«-Bibelarbeiten veröffentlichte der Kawohl Verlag dann unter dem Titel »Leben, das Kreise zieht«, und eine ganze Reihe von Jugendgruppen arbeitete mit dem Buch, denn darauf war es angelegt. (Nach den jeweiligen Kapiteln gab es zwei oder drei persönliche Fragen bzw. Fragen für eine Gruppenarbeit.) Reinhard Kawohl hatte ich ja bereits bei der Dokumentation der 100-Jahrfeier des BFeG in Siegen kennengelernt. In den folgenden Jahren wurde eine echte Freundschaft daraus.

Kalifornien

In den ersten Tagen des Jahres 1977 bekam ich einen Anruf von »Campus für Christus«, einer missionarischen Studentenbewegung. Sie lud mich zu einer knapp dreiwöchigen Studienreise nach Kalifornien ein. Ich war einigermaßen perplex. Woher kannten sie mich? Ganz sicher bin ich mir bis heute nicht, aber vermutlich waren meine Bibelarbeiten auf dem »Christival« der Auslöser. Wie auch immer, ich erklärte sehr schnell meine Bereitschaft und musste dann noch einige bestehende Termine verlegen, um bereits im März meinen ersten großen Flug über den Atlantik zu starten. Es war ein großes Projekt, das »Campus für Christus« hier in Angriff nahm. Fast 50 Pastoren und christliche Leiter aus Deutschland und Europa nahmen daran teil. Ziel war es, amerikanische Gemeinden und ein evangelistisches Projekt von »Campus für Christus« unter dem Namen »Here's Life America« kennenzulernen.

Am 10. März ging es dann los. In einem »Jumbo« mit über 300

Passagieren flogen wir nach Los Angeles und wurden auf verschiedene christliche Gemeinden verteilt. Rainer Harnisch (»Campus für Christus«), Lothar Velten (Stadtmission in Villach, Österreich), Gunther Kiene (»Fackelträger«) und ich wurden in Mission Viejo untergebracht, einer kleinen Stadt zwischen Los Angeles und San Diego. Es war ein unbeschreibliches Gefühl, über den sechsspurigen Highway zu fahren und am Straßenrand große Plakatwände mit einem Jesusbild zu sehen, daneben die Aufschrift: »Behold, I stand at the door, and knock« (»Siehe, ich stehe vor der Tür und klopfe an«). Überhaupt war diese Präsenz von christlichen Worten, Bildern, Filmen in öffentlichen Medien für uns Deutsche völlig ungewohnt. Während man damals bei uns mit etwas Glück und viel Pfeifen und Knacken das Programm des ERF empfing, liefen im kalifornischen TV-Programm rund um die Uhr christliche Sendungen.

Gunther Kiene und ich wurden von einer Familie Freeman aufgenommen. Die Gastgeberin empfing uns in fließendem Deutsch. Sie war vor über zehn Jahren von Münster/Westfalen in die USA gezogen und hatte dort zum lebendigen Glauben gefunden. Für ihren Mann war das zuerst ein großer Schock. Ein »Jesus-Freak« in der eigenen Familie? Damit hatte er nicht im Traum gerechnet. Für ihn war es ganz und gar unverständlich, wie man überhaupt einem »toten Mann« nachfolgen kann. Viele Fragen bedrängten ihn: Wie soll ich das meinen Kollegen erklären? Wie kann ich meine Kinder davor schützen? Was habe ich meiner Frau nur angetan, dass sie jetzt den Verstand verliert? Würde sie nun den Rest ihrer Zeit damit verbringen, ihn zu bekehren? Er traf eine Vereinbarung mit ihr: Es war ihr verboten, die Kinder zu »indoktrinieren«. Unter keinen Umständen dürfe sie ihm, ihrem Mann, etwas vorpredigen. Und während er im Haus sei, habe im Radio oder Fernsehen kein religiöses Programm zu laufen. Ebenso musste sie sich verpflichten, im Wohnbereich des Hauses niemals religiöse Bücher, Zeitschriften usw. herumliegen zu lassen.

»Aber«, so erzählte er uns, »die positiven Veränderungen im Leben meiner Frau waren für mich unübersehbar. Ich konnte in meinem Ärger äußerst gemein sein, aber was immer ich ihr auch antat, ich bemerkte ihre stille Liebe zu mir, und die nahm sogar während dieser angespannten Monate noch zu.« Eines Tages trafen die beiden eine weitere Vereinbarung: Wenn sie mit dem Rauchen aufhöre, sei er bereit, an einem Bibelkurs teilzunehmen. Was sie ihm allerdings dabei verschwieg: Der Kurs dauerte neun Monate, erforderte allabendlich eine halbe Stunde Hausaufgaben, und während der Lehrstunden habe man weder schlafen noch Witzblätter lesen dürfen. Bill hasste diese »Bibelstudy Fellowship« zwar, hielt das Programm aber durch und fand schließlich zum Glauben an Jesus. Todmüde fielen Gunther und ich an diesem ersten Abend bei Freemans in unsere Betten.

Am nächsten Morgen trafen wir uns bei Pastor Bush, dem Seelsorger der Grace Community Church in Mission Viejo. Vor anderthalb Jahren hatte er die Gemeinde gegründet, inzwischen gehörten ihr 300 Mitglieder an. Und seine Vision zielte auf 2000 Gemeindeglieder in zehn Jahren. Dabei schienen die Aufnahmebedingungen eher strenger als bei uns zu sein. Erstens war eine klare Bekehrung und Wiedergeburt Voraussetzung zur Mitgliedschaft, und zweitens war die Teilnahme an einem Kursus der Pastorenklasse Pflicht. Gemeint war damit ein Hauskreis für Anfänger im Glauben, den der Pastor selbst leitete.

Pastor Bush sagte uns bei diesem ersten Zusammensein, dass er niemals ein Paar trauen würde, bei dem einer der beiden Partner geschieden sei. Das hat mich damals stark beeindruckt. Ich kannte 1977 nur wenige geschiedene Paare, in unserer Pastorenschaft war mir kein einziges bekannt. Allerdings wusste ich, dass es sich in landeskirchlichen Gemeinden und auch in einigen Freikirchen anders verhielt.

Wie hat sich die Situation in den vergangenen Jahren geändert – nicht nur in meinem Umfeld, auch in meinem Denken!

Heute könnte ich der Entscheidung von Pastor Bush nicht mehr zustimmen – trotz des Jesus-Wortes in Matthäus 19,6. Zwar gilt für mich nach wie vor: »Was Gott zusammengefügt hat, das soll der Mensch nicht scheiden«, aber was ist, wenn eine Ehe gescheitert oder zerbrochen ist? Richtig ist, dass sich mit einer Ehescheidung immer Schuld verknüpft – manchmal eindeutig bei *einem* der Partner, meist aber bei beiden. Aber sagt Jesus nicht zu der Ehebrecherin: »Dann verurteile ich dich auch nicht«? Er sagt das nicht, weil er den Ehebruch zur Bagatelle erklärt, sondern weil er auch für diese Schuld am Kreuz gestorben ist (Jesaja 53,4-5; 2. Korinther 5,21). Seine Vergebung ist keine bruchanfällige Reparatur. Sie schafft eine Basis für einen möglichen Neuanfang (Johannes 8,11)!

Der Gottesdienst der Grace Community Church fand in einer Schule statt. Während der Predigt beobachtete ich die Zuhörer. Fast alle hatten ihre Bibel dabei. Sie schlugen den Predigttext und auch einige zusätzliche Bibelstellen auf und machten sich Notizen. Als uns einige Jahre später meine damalige Gastgeberin in Deutschland besuchte, war sie sehr bewegt, dass es auch in ihrer alten Heimat überzeugte Christen gibt. Vor ihrer Ausreise nach Amerika hatte sie solche Leute in ihrem Heimatland nicht kennengelernt. Aber sie teilte uns auch ihre Verwunderung mit, dass in unseren Gottesdiensten kaum einer seine Bibel mitbrachte. Dieses Mitlesen in der eigenen Bibel, meinte sie, sei doch wichtig, um sich den Text einzuprägen und sich weiter mit ihm zu beschäftigen. Ich stimmte ihr zu.

Einige Tage darauf trafen wir uns mit allen Teilnehmern unserer Studienreise im Gemeindezentrum der First Baptist Church in Downey, etwa 60 Kilometer von Mission Viejo entfernt. Dort tauschten wir unsere Erlebnisse aus. Viele erzählten von den Gottesdiensten, an denen sie teilgenommen hatten. Einer fand zum Beispiel in einer Autokirche auf einem großen Parkplatz statt. Es waren meist ältere und behinderte Menschen, die daran teilnahmen. Sie konnten in ihren Fahrzeugen bleiben, während der Pastor über die große Leinwand predigte. Andere hatten Robert Schuller in der großen »Crystal Cathedral« in Garden Grove gehört, einer reformierten Kirche, deren Gottesdienste in einem lichtdurchfluteten Raum stattfanden und auch in Deutschland über private Fernsehsender zu empfangen waren.

Gunther Kiene und ich wurden einige Tage später von unseren Gastgebern mit in die Calvary Chapel in Costa Mesa genommen. Da uns kein Sonntag mehr zur Verfügung stand, besuchten wir dort eine »ganz normale Bibelstunde«, an der fast 3 000 junge Leute teilnahmen. Chuck Smith, der Pastor dieser Gemeinde, hatte vor Jahren Kontakt zu Jugendlichen der Hippieszene bekommen, und viele von ihnen waren Christen geworden. Es war ja immer noch die Zeit der »Jesus-People«, und dort in Kalifornien wurde mir noch einmal klar: Es stimmte einfach nicht, wenn man in Deutschland die Jesus-Bewegung als oberflächliche und kurzzeitige Erscheinung abtat. Hier im Ursprungsland ging die Bewegung ernsthaft und tiefgründig weiter. Chuck Smith arbeitete in der »Bibelstunde« mit den jungen Leuten Vers für Vers eines Bibeltextes durch. Noch nie hatte ich eine solche Menge Jugendlicher so aufmerksam bei einer Bibelarbeit erlebt. Übrigens begegneten mir dort auch wieder Chuck Girard und einige Leute von »Love Song«, jener Musikband, die ich bereits beim »Christival« in Essen gehört hatte.

Bill und Jim – eine Versöhnungsgeschichte

Bei unserem Treffen in der First Baptist Church von Downey lernten wir auch Bill Bright (1921–2003) kennen, den Gründer und Leiter von »Campus für Christus«. Bill hatte zunächst als erfolgreicher Geschäftsmann in Los Angeles gelebt, kam dann 1945 in der Hollywood First Presbyterian Church zum Glauben und studierte schließlich an der Princeton University und dem Fuller Theological Seminary Theologie. Das Missionswerk arbeitet heute mit 26 000 vollzeitlichen und etwa 225 000 ehrenamtlichen Mitarbeitern in 191 Ländern der Erde. Manch einer wird sich an die sogenannten »Vier geistlichen Gesetze« (»Four Spiritual Laws«) erinnern, die zur Zeit der Jesus-Bewegung in christlichen Jugendgruppen kursierten. Bill Bright hatte sie 1952 formuliert, um den Weg zum Glauben in einprägsamen Schritten mitzuteilen. Die Bezeichnung »Vier geistliche Gesetze« war nicht unbedingt glücklich gewählt, aber das Konzept war gut, und viele junge Christen arbeiteten in der missionarischen Jugendarbeit damit:

1. *Gott liebt dich und hat einen wunderbaren Plan für dein Leben.*
2. *Der Mensch ist sündig und von Gott getrennt, deshalb kann er die Liebe und den Plan Gottes für sein Leben nicht erkennen und erfahren.*
3. *Jesus Christus ist Gottes einziger Ausweg des Menschen aus der Sünde. Durch ihn können wir die Liebe Gottes erkennen und erfahren.*
4. *Wir müssen Jesus Christus persönlich als Erlöser und Herrn aufnehmen, dann können wir die Liebe Gottes und seinen Plan für unser Leben erfahren.*

Ohne Frage habe ich auch viele kritische Stimmen zu diesen »vier Schritten« gehört – einigen Leuten sind sie zu simpel oder zu schematisch angelegt. Trotzdem bin ich überzeugt: Wer die »Vier geistlichen Gesetze« nicht sklavisch, sondern frei und eigenständig gebraucht, kann gute Erfahrungen damit machen. Mir sind sie bis heute eine Hilfe im Gespräch mit Menschen, die (noch) keine Christen sind. Heute sind sie unter der Überschrift »Gott persönlich kennenlernen« bekannt. Darüber hinaus gab es bei »Campus für Christus« noch eine ganze Serie von kleinen Heften, die überschaubar und einprägsam die klassischen Themen des Christseins behandelten. Bill Bright brachte sie unter der Überschrift »Mitteilbare Konzepte« heraus.

Doch noch etwas will ich über Bill Bright berichten und damit eine Thematik einleiten, die auch uns in Deutschland mehr und mehr beschäftigten sollte. Bill war politisch ein sehr konservativer Mensch, stand dem rechten Flügel der Republikaner nah, wie so mancher Evangelikale in den Vereinigten Staaten. Wir dagegen in der christlichen Jugendarbeit der späten 70er- und vor allem 80er-Jahre beschäftigten uns zunehmend mit den Fragen nach sozialer Gerechtigkeit und der Friedensbewegung und überlegten intensiv, welche Bedeutung das alles für uns als Christen hat. In unserer Jugendarbeit empfanden wir eine gewisse Nähe zu »Linksevangelikalen« wie Ronald Sider und Jim Wallis, die wir auch nach Deutschland einluden. Sie boten uns eine Kombination, die in unseren Gemeinden noch relativ unbekannt war: einerseits ein eindeutig von der Bibel geprägtes Evangelium, andererseits die Verantwortung für soziale Gerechtigkeit und den Frieden. Das Buch »Der Weg durchs Nadelöhr« (Aussaat-Verlag) von Ronald Sider war damals ein Renner bei jungen evangelikalen Christen.

Auch das Buch »Bekehrung zum Leben« von Jim Wallis gehörte dazu. Schon während seiner theologischen Ausbildung an der Trinity Evangelical Divinity School in Deerfield hatte er Kommilitonen um sich gesammelt, für die evangelikale Theologie und der Einsatz gegen Rassismus, Armut und Krieg keine Gegensätze waren. Für diese bekannte evangelikale Ausbildungsstätte, die eng mit der Evangelical Free Church verbunden ist und die mir später einen Ehrendoktor verlieh, war das eine spannungsreiche Herausforderung. »Sojourners« (Fremdlinge) nannte sich dieser Kreis von Studenten, aus dem später eine christliche Kommunität und weitere gemeinnützige Organisationen hervorgingen.

Bill Bright, der vor allem den moralischen Verfall Amerikas im Blick hatte, und Jim Wallis mit seiner Kombination von Evangelisation und sozialer Gerechtigkeit verkörperten in der evangelikalen Welt Amerikas zwei Pole, wie sie gegensätzlicher kaum sein konnten. Bill Bright versuchte in der amerikanischen Politik eine religiöse Rechte zu etablieren, und 1976 machte Jims Zeitschrift »Sojourners« daraus eine große Titelgeschichte. Darin berichtete sie auch über die Politisierung christlicher Gebets- und Basisgruppen um Bill Bright. Bill fühlte sich durch diesen Artikel bloßgestellt. Bei einem Essen evangelikaler Kirchenführer in Washington am Abend vor dem Gebetsfrühstück beim Präsidenten begegneten sie sich, und fast wäre es zu Handgreiflichkeiten zwischen ihnen gekommen.

Viele Jahre später, so berichtet Jim Wallis in seinem Buch »Wer, wenn nicht wir« (Brendow Verlag), nahmen beide erneut an einem solchen Essen teil. Jim Wallis schreibt: »Ich sah ihn (Bill Bright) am anderen Ende des Saales, ich schluckte und ging auf ihn zu. Er drehte sich um und schüttelte jemandem die Hand. Offensichtlich hatte er mich nicht erkannt, wir waren beide ein wenig älter geworden. Ich stellte mich vor, und er verstummte. Dann sagte ich: ›Bill, ich muss mich bei dir entschuldigen: Ich war vor einigen Monaten im selben Hotel wie du, und ich wusste, dass du dort warst. Ich hätte an deine Tür klopfen und versuchen sollen, nach so vielen Jahren den schmerzhaften Bruch zwischen uns zu kitten. Es tut mir leid, dass ich es nicht getan habe.‹« Jim Wallis schreibt weiter: »Der nun alte Mann Bill Bright sank in meine Arme und legte den Kopf auf meine Schulter. Dann sagte er: ›Ach, Jim, wir müssen einfach zusammenkommen. Es ist so lange her, und der Herr will, dass wir uns versöhnen.‹ Wir hatten beide Tränen in den Augen und umarmten uns lange. Dann sagte Bill: ›Jim, ich mache mir solche Sorgen um die Armen – was soll aus ihnen werden? Mit diesem Anliegen bringst du uns zusammen, und ich will dich unterstützen.‹« Jim Wallis schreibt: »Ich war überrascht und gerührt. Wir vereinbarten, uns bald zu einem ausführlicheren Gespräch zu treffen.« Dieses Gespräch gab es dann tatsächlich bei einer weiteren Begegnung in einem Hotel. Unmittelbar vor seinem Tod im Jahr 2003 schrieb Bill Bright an Jim Wallis noch einen Brief und fügte einen Scheck für die Zeitschrift bei, die ihn vor vielen Jahren an den Pranger gestellt hatte. Jim Wallis schreibt dazu: »Durch Bill Bright habe ich viel über die Verheißung und die Macht der Versöhnung gelernt. Ich werde nie mehr vergessen, dass ich auch mit Menschen zusammenkommen kann, die andere Meinungen vertreten. Das Evangelium Jesu Christi hat die Macht, Mauern zwischen uns einzureißen.«

Zurück nach Downey und meiner ersten Begegnung mit Bill Bright 1977 auf unserer Amerikareise. Bill sagte uns, worauf es bei einem Mitarbeiter Gottes ankomme. Und wieder begegnete uns damit eine seiner Stärken: Er brachte überschaubar und einpräg- sam in eine klare Struktur, wie wir als Diener Gottes zu leben haben. Ich habe diesen Vortrag damals auf einer kleinen Audio- kassette aufgenommen. Im Herbst desselben Jahres hatten mein Bruder Diethelm und ich eine Evangelisation in Winterthur. An- schließend suchten wir ein Chalet im Berner Oberland auf, hörten diese Kassette Stück für Stück, um anschließend darüber zu spre- chen und miteinander zu beten. Es war eine für uns Brüder wich- tige Klausur, die auch in unserem Leben Früchte brachte.

I found it

Nach der Woche in Mission Viejo flogen wir von Los Angeles nach Sacramento weiter, der Hauptstadt Kaliforniens. Während des Fluges erzählte mir ein junger Mann, diesen Flugzeugtyp habe man einige Monate aus dem Verkehr ziehen müssen, da einige der Maschinen absturzgefährdet seien. Nach dieser ermuti- genden Nachricht landeten wir dennoch sicher in Sacramento. Diesmal wurde ich gemeinsam mit Erhard Diehl bei einem jungen Ehepaar in Stockton untergebracht, einer Stadt ca. 88 Kilometer von Sacramento entfernt. Erhard lief ständig mit einem Aufnah- megerät herum, um Interviews und Reportagen für den ERF zu machen.

In Stockton und in Sacramento war unserem Veranstalter vor allem wichtig, dass wir »Here's Life America« kennenlernten. Die meisten evangelikalen Gemeinden in den beiden Städten beteiligten sich an diesem Projekt. Es begann mit einer groß angelegten Plakataktion, bei der überall in der Stadt der Slogan »I found it« (»Ich fand es«) zu lesen war – nicht nur auf Plakatwänden, sondern auch in Zeitungen, auf Ansteckern und sogar in regionalen Fernsehprogrammen. In einer zweiten Phase tauchte darüber hinaus ein weiterer Satz auf: »I found it – You can find it too«. (»Ich fand es – Du kannst es auch finden«). Darunter stand eine Telefonnummer, nicht mehr. Neugierig geworden, riefen Leute diese Nummer an. Sie wollten wissen, was da zu finden sei. Am anderen Ende der Leitung erzählten ihnen daraufhin freundliche Christen, dass sie Jesus Christus gefunden hätten und ihm nachfolgten. Viele Anrufer beendeten daraufhin das Gespräch, andere aber nahmen Kontakt mit ihren christlichen Gesprächspartnern auf, und einige von ihnen fanden auch zum Glauben.

Als ich später in Deutschland davon erzählte, meinte ein Pfarrer kritisch, eigentlich müsse es doch eher heißen: »He found me!« (»Er fand mich«). Entscheidend sei doch, dass Gott *uns* gefunden habe und nicht wir ihn. Richtig, damit fängt es an! Ohne diese Voraussetzung gäbe es weder uns noch die Gemeinde. Wenn Gott sich nicht von uns finden lässt, ist alles Suchen nach ihm umsonst. Aber wie im Gleichnis vom Schatz, den ein Mensch fand und daraufhin alles verkaufte, um ihn zu besitzen, gilt eben auch: »I found it« (Matthäus 13,44). Wir lernten Gemeindezentren kennen, in denen über 20 Personen an Telefonen saßen und mit interessierten Leuten ins Gespräch kamen. Für uns mag solch eine Telefonaktion zu unpersönlich sein, schließlich ist es besser, einem Menschen gegenüberzusitzen, ihn ansehen zu können, um ein Gespräch mit ihm zu führen. Aber in amerikanischen Großstädten, in denen schon aus Sicherheitsgründen kaum jemand seine Wohnung für ein solches Gespräch mit einem Fremden öffnet, ist das

Telefon vielfach besser geeignet. Und wenn ich es richtig sehe, ist das auch bei uns zunehmend der Fall. In Deutschland gab es später eine ähnliche Aktion mit dem Titel »Neu anfangen«.

Auch in Stockton besuchten wir eine First Baptist Church. Erhard Diehl und ich sollten am Sonntag im Frühgottesdienst ein Grußwort sagen, während zwei weitere Teilnehmer unserer Reise im zweiten Gottesdienst an der Reihe waren. Zwischen den Gottesdiensten fand die Sonntagsschule statt, die aus Bibelarbeitsgruppen für alle Altersgruppen bestand. Als wir schließlich mit unseren Gastgebern nach Hause kamen, war es schon früher Nachmittag. Am Vormittag hatten wir außer einer Tasse Kaffee nichts zu uns genommen und nun verständlicherweise Hunger. Doch anstatt mit uns zu essen, fragten unsere Gastgeber uns, ob wir alte Kleidung dabeihätten, sie würden gerne mit uns einen Spaziergang machen. Die Sache mit der Kleidung verstanden wir erst, als wir den Hund sahen, der uns auf dem Spaziergang begleiten sollte (oder wir ihn). Es handelte sich um einen Bernhardiner der Extraklasse, zumindest was die Größenordnung betraf. Und da das Tier äußerst kontaktfreudig war und ihm ständig das Wasser im und am Mund zusammenlief, gingen wir mit einer gewissen Zurückhaltung auf seine Annäherungsversuche ein.

Zur First Baptist Church gehörten auch viele deutschstämmige Amerikaner. In dem eher lockeren Abendgottesdienst wurde ich gebeten, Klavier zu spielen, und ich fragte die älteren Besucher nach deutschen Liedtiteln, die sie gerne wieder einmal hören wollten. Daraufhin wurden mir folgende Wunschlieder genannt: »Üb immer Treu und Redlichkeit«, »Lustig ist das Zigeunerleben« und »Ein feste Burg ist unser Gott«. Ich versuchte, ein wenig Ordnung in diese Zusammenstellung zu bringen und spielte dann das merkwürdigste Potpourri, das mir jemals vorgegeben wurde.

Der nächste Tag (Montag) war frei; Erhard Diehl und ich nutzten ihn zu einem Ausflug nach San Francisco. Gute 130 Kilometer legten wir dazu mit einem »Greyhound« zurück, einem dieser legendären amerikanischen Überlandbusse. Das brauchte viel Zeit, und es blieb uns leider nur ein kurzes Beschnuppern dieser herrlichen Stadt. So testeten wir die Cable Car, hielten in Fisherman's Wharf die Nase in den Wind und bestiegen das höchste Bauwerk der Stadt, um von Sicherheitsbeamten freundlich, aber bestimmt wieder zum Verlassen des Hauses aufgefordert zu werden (es war kein öffentliches Gebäude!). Dann mussten wir auch schon wieder zurück nach Stockton.

Rückblickend auf die knapp drei Wochen der Reise (10. bis 29. März 1977), bin ich überzeugt, dass die Erfahrungen und Begegnungen in Kalifornien für meinen weiteren Weg und Dienst prägend waren. Das hing allerdings weniger mit dem Projekt »Here's Life America« zusammen. Vielmehr beeindruckten mich die Christen und Gemeinden, die ich in Kalifornien traf. Sie vermittelten für mich einen Glauben und eine Weite, wie ich sie in unseren Breitengraden bisher nicht kennengelernt hatte. In vielen deutschen Gemeinden und Jugendgruppen berichtete ich anschließend davon.

Ein Gang durch das Kirchenjahr

Eine große Bedeutung hat für mich das Kirchenjahr. Leider findet es in unseren Freikirchen oft zu wenig Bedeutung. Als meine Familie und ich 1973 nach Witten zogen, hatten einige Familien aus der Gemeinde begonnen, sich am Heiligen Abend zu einer kleinen Feier im Gemeindesaal zu treffen. Jeder, der dabei sein wollte, war herzlich willkommen. Eine »Christvesper« gab es nicht. Der Wittener Gemeindepastor lebte außerhalb des Kirchenjahres, obwohl er vor seinem Dienstbeginn in der FeG landeskirchlicher Pfarrer war. Für meine Frau und mich waren die Weihnachtsgottesdienste in Sasel immer ein besonderer Höhepunkt gewesen. Ich hatte noch Bilder, Lieder, Sprechszenen und andere Materialien aus diesen

Gottesdiensten, und die brachte ich nun in Witten ein. Daraus wurde dann eine richtige Christvesper, und die Besucherzahlen nahmen von Jahr zu Jahr zu. Der Gemeindepastor gab mir dazu freie Hand, und auch sein Nachfolger freute sich, wenn ich die Christvesper übernahm. Ich muss gestehen, Advent und Weihnachten war der Zeitraum, in dem ich in der FeG Witten aktiv wurde – außerhalb dieses Zeitraums glänzte ich aufgrund meines Dienstes meist durch Abwesenheit. Für manche war mein Auftauchen in der Gemeinde wie die Vorankündigung des bevorstehenden Weihnachtsfestes. Ich begann, für die Christvespern Lieder zu schreiben, und so entstand eine umfangreiche Serie von Weihnachtsliedern. Titel wie »In der Nacht von Bethlehem«, »Gott wurde arm für uns« und »Wir wollen singen vom strahlenden Licht« gehören in diese Zeit. Es hatte in jenen Jahren schon eine gewisse Tradition, dass ich für jede neue Christvesper auch ein neues Lied schrieb.

Später übernahmen unsere Gemeindepastoren die Weihnachtsdienste. Die Veranstaltungen am Heiligen Abend bieten ja eine großartige Möglichkeit, Kontakte zu Menschen zu knüpfen, die ansonsten kaum noch eine Beziehung zu einer christlichen Kirche oder Gemeinde haben. Weihnachten scheint in dieser Hinsicht etwas ganz Besonderes zu sein. Oft habe ich darüber nachgedacht, weshalb das so ist. Es gibt zwei Sehnsüchte, die nach meiner Erfahrung in Verbindung mit dem Weihnachtsfest unser Leben stärker bestimmen als zu jeder anderen Zeit. Zum einen ist es die Sehnsucht nach einem Raum der Geborgenheit, der bei vielen von uns mit der Kindheit verbunden ist. Es gibt ein wunderschönes Lied von Reinhard Mey, in dem er dieses Gefühl beschreibt:

Und es soll Sonnabend sein und es soll Topfkuchen geben,
Und der soll schon auf dem Küchentisch stehn
Und eine Kanne Kakao und meine Tasse daneben
Und ich darf die braune Backform umdrehn.

Schokoladenflocken mit der Raspel gerieben
Auf der Schaumkrone meines Kakaos.
Manchmal wünscht' ich, es wär' noch mal viertel vor sieben,
Und ich wünschte, ich käme nach Haus!

Am Ende seines Liedes heißt es dann:

Manchmal wünscht' ich, die Dinge wär'n so einfach geblieben
Und die Wege gingen nur gradeaus.
Manchmal wünscht' ich, es wär' noch mal viertel vor sieben,
Und ich wünschte, ich käme nach Haus![14]

Gerade jetzt, im Herbst 2014, erlebte ich wieder bei einem Konzert von Reinhard Mey, wie in einem vollen Saal die Menschen rote Augen bekommen, wenn sie dieses Lied hören. Gestandene, sturmerprobte Männer waren darunter. Eigentümlich! Welche Saiten werden da in uns angerührt?

Zum anderen ist da aber auch das Empfinden, dass die gegenständliche, diesseitige Welt uns letztlich nicht zufriedenstellen kann. In uns ist eine Sehnsucht nach einer Welt, die außerhalb unseres Erfahrungshorizontes liegt, und sie meldet sich besonders an Weihnachten zu Wort. Marion Gräfin Dönhoff (1909–2002), eine aufmerksame und kluge Beobachterin unserer Gesellschaft, schrieb einmal: »Eine ausschließliche Diesseitigkeit schneidet den Menschen von seinen metaphysischen Quellen ab; denaturiert ihn zur Maschine und liefert ihn ohne Korrektur seinem eigenen Dünkel und Machtstreben aus« (aus: »Zivilisiert den Kapitalismus«). Mit anderen Worten: Wir Menschen können uns vielleicht »die Erde untertan machen«, aber echte Erfüllung werden wir dabei nicht finden, denn wir sind auf Transzendenz, auf Jenseitigkeit hin angelegt. Es ist die alte und immer noch gültige Erkenntnis der Eleonore Fürstin von Reuß (1835–1903):

Ich bin durch die Welt gegangen, und die Welt ist schön und
groß,
und doch ziehet mein Verlangen mich weit von der Erde los.

Dieses für manche von uns vertraute Lied beschreibt in einer alten Sprache erstaunlich gut die Situation des modernen Menschen. Es ist gut, wenn Gemeinden und ihre Pastoren dafür sensibel sind, diese Sehnsüchte aufnehmen und es verstehen, in Christvespern und Weihnachtsgottesdiensten darauf zu antworten.

Aber auch die Passionszeit, mit ihrer Passionsmusik mag ich. Sie hilft mir, das Leiden von Jesus und seinen Weg ans Kreuz in besonderer Weise zu bedenken. Und am Ostermorgen freue ich mich dann unbändig über seine Auferstehung ins Leben. Ostern, das verbindet sich in meiner Erinnerung auch mit frühmorgendlicher Bläsermusik im Scheder Wald. Meine Tanten nahmen mich mit zu diesen frühen Ostergottesdiensten der evangelischen Kirche hier in Wetter.

Was allerdings das Pfingstfest betrifft, so liegen die Dinge anders. Vom Norden bis tief in den Süden, im Osten und im Westen versammelt sich dann die Familie Gottes quer durchs Land. Auch in den FeGs wird diese Tradition gepflegt, vor allem in der jungen Generation. Wenn wir über Pfingsten im BFeG keine eigenen Treffen hatten, war ich meist als Gastredner zu anderen Pfingsttagungen unterwegs.

1980 hatte mich Karl Beyer zur Pfingstjugendkonferenz in Wiedenest eingeladen, Träger war die dortige Bibelschule (heute: Forum Wiedenest), die eng mit der Brüderbewegung verbunden ist. In Wiedenest sollte ich am Pfingstsamstag in der Nachmittags- und Abendveranstaltung predigen. Dass sich mein Einsatz auf den Samstag begrenzte, hatte mit einer Zusage in Hamburg zu tun. Bereits Monate zuvor hatte ich dort eine Predigt am Pfingstsonntag im CCH zugesagt. Das musikalische Programm in Wiedenest lag in Händen des »Jugend für Christus«-Chores. Besonders in der

Abendveranstaltung fiel mir das Predigen sehr schwer. Ich kann mich zwar nicht mehr an das Thema erinnern, aber als ich ein Lied von Ralf Bendix mit dem Titel »Alle Leute sagen, es gäbe keinen Teufel« zitierte, gab es Unruhe in der Halle. Ich bekam nicht wirklich mit, was geschah, Karl Beyer erzählte mir später, genau bei diesem Satz sei jemand aus einer Reihe vornüber gestürzt, und man habe ihn wegtragen müssen. Keine Ahnung, ob es da einen Zusammenhang gab, aber es war an jenem Abend, als bestünde zwischen den Zuhörern und mir eine undurchdringliche Wand. Ich hatte nach der Veranstaltung noch einen Nachtzug von Köln nach Hamburg eingeplant, auch das mag zu meiner erhöhten Anspannung beigetragen haben.

Nach meiner Predigt kam eine junge Frau aus dem Chor auf mich zu und fragte, ob sie mich sprechen dürfe. Ich hatte noch ein wenig Zeit und willigte ein, und dann legte sie los: »Sie haben zwar 30 Minuten lang gesprochen, aber Ihre Predigt lässt sich auf drei oder vier Minuten zusammenstreichen«, meinte sie. »Eigentlich haben Sie während der gesamten Redezeit so gut wie nichts gesagt.« Ich schluckte, fragte zurück, versuchte mich zu verteidigen und sie zu verstehen, aber ich fühlte mich kläglich dabei. Später hörte ich, dass sie Theologie studierte, vielleicht arbeitete sie an mir ihre ersten homiletischen Kenntnisse ab, ich weiß es nicht. Als ich dann endlich von Wiedenest aufbrach, war der Zug in Köln nicht mehr zu erreichen, und so musste ich die gut 400 Kilometer in der Nacht mit dem Pkw zurücklegen. Zwischen drei und vier Uhr morgens traf ich in Hamburg ein und legte mich in meinem Hotelzimmer noch einige Stunden aufs Ohr.

Gegen neun Uhr am Morgen ging ich dann ins CCH und geriet in ein spannungsreiches Gespräch. Dieter Martschinke und Ulrich Eggers hatten zu diesem Pfingstkongress eingeladen, und ihm den Namen »Commusication« gegeben, eine Wortschöpfung aus »Kommunikation« und »Musik«. Die viertägige Veranstaltung war so etwas wie ein Gospel-Rock-Festival, bei dem die Musik naturgemäß etwas lauter geriet. Das hatte am Abend zuvor den Unwillen einiger älterer Besucher erregt. Entrüstet hatten sie sich an Dr. Ulrich Betz gewandt, den Gemeindeleiter der Hamburger FeG. Doch in diesem Gespräch am Morgen spürte er sehr schnell, was das Ziel des Festivals war, und stellte sich mutig hinter das Leitungsteam. Wir beteten gemeinsam für den neuen Tag und erlebten dann einen »geistvollen« und eindrucksvollen Pfingstgottesdienst.

Zwei Jahre später folgte noch ein zweites Festival im CCH, diesmal unter dem Namen »Commusikultur«. Zur »Kommunikation« und »Musik« war nun die »Kultur« gekommen. Während sich beim ersten Festival bereits zehn deutsche, zwei amerikanische und eine britische Band beteiligt hatten, kamen nun viele christliche Künstler aus den unterschiedlichsten Sparten dazu. 1980 nahmen bereits 4500 Besucher an dem Festival teil, 1982 waren es 7000.

Aber zum Kirchenjahr gehört auch der »Totensonntag«. Wir nennen ihn »Ewigkeitssonntag«, weil er unseren Blick auf eine Wirklichkeit außerhalb von Raum und Zeit lenkt. Einige Male wurde ich während meines Dienstes mit dem Tod konfrontiert – zuerst als in der Saseler Gemeinde ein 19-Jähriger starb. Wir hatten für Günther gebetet, ihn mit Öl gesalbt und ihm die Hände aufgelegt, aber Gott nahm ihn uns. Für die Eltern und seine Schwestern war es ein großer Schmerz. Einmal erlebte ich eine Trauerfeier, bei der sich die Verwandtschaft vor dem aufgebahrten Sarg noch kräftig stritt. Es fiel mir nicht leicht, in der angespannten Atmosphäre das richtige Wort und den richtigen Ton zu finden.

Tief beeindruckt hat mich das Sterben des Vaters meines Schwiegersohnes. Das war schon gegen Ende meiner Dienstzeit, im Frühsommer 2006. Die Ärzte empfahlen ihm eine Herztransplantation, aber Klaus wollte das nicht. So war aus menschlicher Sicht vorhersehbar, dass er nicht mehr lange leben würde. Da er mich bat, auf seiner Beerdigung die Traueransprache zu halten, besuchte ich ihn zweimal im Krankenhaus.

Noch nie hatte ich bis dahin erlebt, dass jemand so ruhig und beinahe sachlich auf seinen Tod zuging. Klaus war überzeugter Christ und wusste, dass der Tod kein Schlusspunkt ist. Aber da war auch keine Euphorie, kein Überschwang, keine dramatische und beeindruckende Geschichte, das alles lag ihm nicht. Als wir miteinander über den Predigttext für den Trauergottesdienst sprachen, war die Antwort für ihn klar: »Ich bin der allmächtige Gott; wandle vor mir und sei fromm« (1. Mose 17,1). Klaus hatte dieses Bibelwort von seinem damaligen Berliner Gemeindepastor bekommen, es hatte ihn ein Leben lang begleitet. Gott stellt sich Abraham hier mit dem Namen »El Schaddai« vor, was wohl etwa heißt: Gott ist genug! Mehr als ihn braucht der Mensch letztlich nicht, weder im Leben noch im Sterben.

Einige Wochen später rief mich meine Tochter Kerstin an und sagte mir, dass ihr Schwiegervater gestorben sei. Als ich seine Frau Irmtrud anrief, erzählte sie mir von ihrem letzten Zusammensein mit Klaus. Fast eine Woche lebte sie noch mit ihrem Mann im Krankenhaus. Es war wohl eine sehr intensive Zeit, in der die beiden in großer Offenheit über das Sterben sprachen. Auch die Ärzte und Schwestern waren beeindruckt, wie ruhig und gelöst Klaus seinem Tod entgegenging. Klaus hat noch gesagt, so erzählte Irmtrud mir, er sei froh, dass ich bald in den Ruhestand ginge. Die Enkel brauchten einen Opa, mit dem sie reden könnten. Es sei so wichtig, so jemanden zu haben.

Übrigens, der Gemeindepastor, von dem Klaus das Bibelwort aus 1. Mose 17,1 bekam, war Karl Heinz Knöppel – ich habe in diesem Buch einige Male von ihm erzählt. Er gab mir in den 90er-Jahren ein Gedicht, das ich vertonte und das inzwischen in einigen Liederbüchern steht (»Du bist Immanuel«). Die zweite Strophe zeigt, wie wichtig auch ihm dieses Bibelwort war:

Wir sagen El Schaddai: Du bist genug!
Und du machst alles neu, kennst keinen Trug.
Du füllst den Mangel aus
und bringst uns einst nach Haus.
Ja, du heißt El Schaddai, und du bleibst treu.[15]

Geliebtes Schweden

Wenn ich heute meine alten Terminkalender durchsehe, wird mir bewusst, dass ich extrem viel auf Reisen war. Dabei ging es nicht nur um Termine in Sachen Jugendarbeit, fünf- oder sechsmal im Jahr war ich auch zu Evangelisationen unterwegs. Sie richteten sich an alle Altersgruppen, nicht nur an junge Leute. Für keine dieser Verkündigungswochen hatte ich mich angeboten, im Gegenteil, es war wie immer in meinem Leben: Ich wurde gerufen. Dabei bin ich keinesfalls der »klassische« Evangelist, der mit einem eher herausfordernden, vielleicht provokanten Verkündigungsstil die Menschen zur Entscheidung ruft. Meine Evangelisationen hatten eher einen seelsorgerlichen Ton – nicht unbedingt, weil ich das besser fand –, ich konnte es nicht anders, es entsprach meiner Art. Das führte hin und wieder dazu, dass Gemeinden beim Ausbleiben sichtbarer Resultate nach drei oder vier Abenden ungeduldig wurden und mich zu einer »härteren Gangart« ermunterten. Manchmal habe ich mich darauf eingelassen, aber das war nur selten gut. Ich kam mir dann vor wie einer, der fremde Kleider trägt – sie passten mir einfach nicht. Manche Veranstalter wollten aber auch gerade meinen Stil, also eine Art Freundschaftsevangelisation, in der ich den Besuchern mit offensichtlicher Wertschätzung begegnete und sie werbend und durchaus argumentativ zu einem Leben mit Jesus einlud.

Wie gesagt, das führte dazu, dass ich sehr oft unterwegs war und mich am Programm meiner Wittener Heimatgemeinde kaum beteiligen konnte. Aber was noch schwerer wog: Ich war auch relativ selten zu Hause. Wie meine Enkel aufwachsen, das erlebe ich heute intensiver, als ich es damals bei unseren Kindern erlebte. Und ohne meine Frau Edelgard wäre das nie und nimmer gut gegangen. Sie trug meine Berufung mit und wollte dabei nicht von anderen bedauert werden. Zwar wurden wir bei meinen Predigtdiensten oft als Familie eingeladen, aber wir gingen nur selten darauf ein. Unsere Kinder sollten wissen, wo sie zu Hause sind, auch was die Gemeinde betraf. Und das galt ebenso für meine Frau. Sie war nicht ausschließlich auf mich und mein Umfeld fixiert, sondern hatte ihre eigenen Interessen und arbeitete entsprechend ihrer Begabung in der Wittener Gemeinde mit. Edelgard gehörte zu einem Hauskreis und zum Gemeindechor, engagierte sich mit anderen im Bastelkreis und wurde auch für einige Jahre (als erste Frau!) in die Wittener Gemeindeleitung berufen. Später war sie über viele Jahre Mitarbeiterin in der Buchhandlung des Bundes-Verlages.

Doch bei einem solch bewegten Familienleben hat die Urlaubszeit ein besonderes Gewicht. Das wurde uns sehr schnell bewusst, und entsprechend planten wir. Suchten wir in Deutschland Ferienorte auf, so passierte es immer wieder, dass ich unterwegs von Passanten angesprochen wurde (»Sind Sie nicht ...?«). Mindestens seit meinen Bibelarbeiten auf dem »Christival« war das der Fall, aber auch aufgrund von Predigtdiensten innerhalb und außerhalb der FeGs. Oft war es ein schnelles Grüßen; manche Leute kamen aber auch nach zwei oder drei Sätzen auf ihre Gemeindesituation zu sprechen oder auf so spannende Themen wie »Die Rolle Israels in der Endzeit« und das »Tausendjährige Reich«. Besonders unsere Kinder fanden das ganz und gar nicht lustig, und so begannen wir, in den Sommerferien nach Schweden zu reisen – da sprachen uns nur selten »Bekannte« an.

Unsere Liebe zu diesem Land mit den vielen Wiesen, Wäldern und Seen war auf einer Konzertreise mit dem Ronsdorfer Jugendchor erwacht. Helmut Mülnikel, ein Ronsdofer, der mit einer Schwedin verheiratet ist und seit vielen Jahren als Pastor in Schweden lebt, hatte die Reise mit einem Freund vorbereitet. Mein Bruder Diethelm dirigierte den Chor, ich war als Pianist dabei. Auch Edelgard reiste mit. Die Konzerte in den Gemeinden des »Svenska Missionsförbundet« führten uns von Helsingborg bis nördlich von Jönköping und von dort weiter zur Westküste. Wir übernachteten in Privatquartieren, und es gab viele Begegnungen mit schwedischen Christen. Der Svenska Missionsförbundet, der zum Internationalen Bund Freier evangelischer Gemeinden gehört, hatte damals fast 90 000 Mitglieder, in Relation zur Einwohnerschaft Schwedens mit 9,5 Millionen Menschen ist das eine ausgesprochen große Zahl (zum Vergleich die Situation in Deutschland: 40 000 FeG-Mitglieder bei einer Bevölkerung von über 80 Millionen).

Oft blieb es nicht beim Konzert, wir saßen auch hinterher mit den Besuchern zusammen und tauschten uns aus. Ich erinnere mich an eine Gemeinde, in der es nach einem solch lockeren Zusammensein zu einem offiziellen Abschluss kam. Die Schweden sprachen ein Gebet, und da wir Deutschen meinten, es sei das Vaterunser, beteten wir laut mit, was schon vom unterschiedlichen Sprachrhythmus her einigermaßen schwierig war. Aber unser Gebet hatte längst das »Amen« erreicht, als die Schweden immer noch beteten. Erst danach erfuhren wir, dass es nicht das Vaterunser, sondern ein schwedisches Abendgebet war. Auf einer Insel an der Westküste waren die Gemeinden charismatisch geprägt, und wir feierten mit ihnen das Abendmahl. Man nahm das Mahl aus kleinen Einzelkelchen, und als ich ihn in der Hand hielt, schlug mir ein »Bruder« mit einer solchen Begeisterung auf die Schulter, dass ich das Glas mit dem Wein nur mühsam halten konnte. Mein Bruder Diethelm, der das beobachtete, hätte am liebsten laut losgelacht (was vermutlich auch kein Problem gewesen wäre) und konnte sich nur mühsam beherrschen.

Im Sommer desselben Jahres fuhren wir dann als Familie zum ersten Mal nach Schweden, das muss 1976 gewesen sein. Zu unserem Ferienhaus gehörte ein Boot, und einige Male ruderten wir mit unseren Kindern auf dem See und genossen die malerische Landschaft. Heute können meine Frau und ich nicht verstehen, wie wir das ohne Rettungswesten wagen konnten. Christina und Kerstin waren damals gerade einmal sechs und vier Jahre alt und konnten nicht schwimmen.

Zweimal waren wir an diesem See bei Falkenberg, dann wurde das Haus nicht mehr für Urlaube angeboten, und wir verlagerten unser Feriendomizil auf die Insel Öland. Mindestens fünfmal mieteten wir dort ein kleines Haus mit einer überdachten Terrasse, auf der wir bei Sonnenschein und Regen saßen. Eigentlich gingen wir nur zum Schlafen in das Haus, denn es war für zwei Erwachsene mit zwei Kindern äußerst eng. Fließendes Wasser gab es nicht, dazu suchten wir eine Pumpe auf, mit der wir unsere Wassereimer füllen konnten. Geduscht wurde mithilfe des Eimers und eines Küchensiebs, diese Vorrichtung erweckte mindestens den Anschein einer Dusche. Um unsere »Geschäfte« zu verrichten, benutzten wir ein kleines Plumpsklo hinter dem Haus. Das alles klingt nicht nur sehr einfach, so war es auch, aber wir haben diese Zeiten auf Öland sehr genossen. Noch heute spüre ich die warme Sonne des »Stora Alvaret«, einem kilometerlangen Kalkplateau mit einer ganz besonderen Flora.

Mitte der 80er-Jahre kauften Helmut Mülnikel und seine Frau Lisa ein Ferienhaus in der Nähe von Hässleholm. Über viele Jahre verbrachten wir dann dort drei Wochen im Sommer – in den ersten Jahren noch mit unseren Kindern, später dann als Ehepaar allein. Es ist eine typisch schwedische Landschaft, die dieses Haus umgibt, weite Felder, Wälder und klare Seen. Aber die Abgeschiedenheit hatte ihren Preis. So merkwürdig es klingt, manchmal ging uns die Stille und Einsamkeit auch ein wenig auf die Nerven. Lag man abends in den Betten, so war nur ab und zu in der Ferne die

Eisenbahn zu hören, sonst war alles ganz still – bis auf das Singen der Vögel am frühen Morgen.

Nur einmal wurden wir mitten in der Nacht gestört. Jemand klopfte laut an der Tür, und erschreckt wachten wir auf. Das Haus stand im Lichtkegel eines hellen Scheinwerfers, und wir wagten nicht die Tür zu öffnen. Mühsam verständigten wir uns mit zwei Männern hinter der verschlossenen Tür. Sie hätten kein Benzin mehr für ihr Auto, sagten sie uns. Aber wo sollten wir Benzin hernehmen? Einen Benzinkanister hatte ich nicht dabei, und überhaupt: Sollte ich jetzt mitten in der Nacht die Tür öffnen, zu meinem Auto gehen und dort Benzin abzapfen? So rief ich gegen drei Uhr morgens unseren Freund Helmut an, und seine Antwort war eindeutig: Nicht die Haustür öffnen! Helmut Mülnikel setzte sich mit der Polizei in Verbindung, und während wir warteten, wurde es draußen still. Als die Polizisten schließlich eintrafen, war von dem nächtlichen Besuch nichts mehr zu sehen. Im Lauf des nächsten Tages hörten wir: Es waren Jungs, die zu viel Alkohol getrunken hatten und in ihrem Zustand keinesfalls der Polizei begegnen wollten. Aber wie haben sie ihr Auto dann trotz fehlenden Benzins weggeschafft?

1999 waren wir noch ein letztes Mal in diesem Haus, nach langer Zeit wieder mit unseren Kindern. Bevor unsere jüngste Tochter heiratete, wollten die beiden noch einmal mit ihren Eltern Urlaub machen. Eigenartig, am Anfang waren wir gar nicht so begeistert von der Idee. Inzwischen hatten Edelgard und ich uns an die Urlaube zu zweit gewöhnt, empfanden sie als sehr schön und waren ein wenig unsicher, ob das als Familie auch so erholsam wäre. Diesmal hatten wir drei Wochen Urlaub geplant, zwei Wochen gemeinsam mit unseren Töchtern, die dritte Woche Edelgard und ich zu zweit. Es wurde eine wunderschöne Zeit mit unseren erwachsenen Kindern, mit vielen Gesprächen, Fahrradtouren, gutem Essen, Spielen und Faulenzen. Als die Woche vorüber war, Edelgard und ich vor dem Ferienhaus standen, unseren

Kinder nachwinkten und ihr Wagen langsam hinter den Bäumen verschwand, waren wir trotz des Sonnenscheins niedergeschlagen, standen mit feuchten Augen da und wussten nicht so recht, was wir mit uns anfangen sollten.

Während ich diese Sätze schreibe, wird mir bewusst, welch hohen Stellenwert für uns als Familie unsere Urlaubszeiten hatten, ein normaler Wochenrhythmus mit einem regelmäßigen freien Tag gelang mir ja nicht. Allerdings gelang es mir auch im Urlaub nicht immer, wirklich abzuschalten. So schrieb ich auf Öland Tag für Tag an dem Buch »Unterwegs erlebt«, alles handschriftlich, denn tragbare Computer gab es noch nicht, und meine Schreibmaschine wollte ich nicht mitschleppen. Außerdem entstanden Lieder für unsere Singefreizeiten, dazu gehörte in Schweden vor allem ein Lied, das ganz gut unsere Stimmung und Bewunderung für Gottes Schöpfung beschreibt:

Herr, ich sehe deine Welt, das weite Himmelszelt,
die Wunder deiner Schöpfung.
Alles das hast du gemacht, den Tag und auch die Nacht;
ich danke dir dafür.
Berge, Flüsse und die Seen, die Täler und die Höhn
sind Zeichen deiner Liebe.
Sonne, Wolken, Sand und Meer, die loben dich so sehr,
sie preisen deine Macht.
Darum bete ich dich an, weil ich nicht schweigen kann;
die Freude füllt mein Singen.
Staunend habe ich erkannt, ich bin in deiner Hand
und du lässt mich nicht los.[16]

Der Burn-out

Im Herbst 1980 hatte ich dann das Gefühl, dass mir alles zu viel wird. Seit den Sommerferien lagen fünf Evangelisationen hinter mir (Waldbröl, Stuttgart, Ahrensburg, Nürnberg und Witten) – zusätzlich zu dem, was an regulären Terminen ohnehin in der Jugendarbeit anfiel. Und die Evangelisationsveranstaltungen blieben nicht von zusätzlichen Terminen verschont. In Stuttgart wurde mir Minuten vor der Abendveranstaltung mitgeteilt, dass meine Lieblingstante gestorben sei. Am Morgen hatte ich mich noch nichts ahnend von ihr verabschiedet. Auch hatte ich bei der »Funkbude« mitgemacht, einer einwöchigen missionarischen Sendereihe des ERF, bei der Jugendliche ihre Freunde auf die eigene »Bude« einladen konnten. Als »Evangelisten« saßen wir während der Ausstrahlung im Wetzlarer Funkhaus, um bei den Anrufen, die unmittelbar nach der Sendung eintrafen, Rede und Antwort zu stehen.

Einige Wochen später trafen wir uns in Wetzlar, um die »Funkbude« auszuwerten. Anschließend musste ich weiter nach Frankfurt und nahm mir deswegen für die Fahrt eine ERF-Hörkassette mit. In Frankfurt ließ ich meinen Wagen am Stadtrand stehen und fuhr mit der S-Bahn in die Innenstadt. Als ich zurückkam, war die Seitenscheibe eingeschlagen und mein Radio mit der Kassette geklaut. Ihr Titel: »Der Pastor und die Straßenräuber«, eine Geschichte von Fritz Pawelzik. Zu gern hätte ich erfahren, wie die Geschichte ausgegangen ist – nicht nur bei Fritz Pawelzik, sondern auch bei dem, der meine Kassette geklaut hat. Leider habe ich nie mehr etwas davon gehört.

Kaum jemand kann sich heute noch vorstellen, was damals zum Aufgabenbereich eines Leiters der Bundesjugendarbeit gehörte. Zum Beispiel gaben wir als Jugendgeschäftsstelle Freizeitprospekte und Materialhilfen heraus, für deren Layout ich verantwortlich war. So klebte ich den Freizeitprospekt noch mit Zeichnungen und Fotos zusammen und rieb die Titel und Überschriften mit Letraset-Buchstaben ab (ein Verfahren, bei dem diese Buchstaben mit einem besonderen Griffel auf die entsprechende Stelle des Papiers gerieben werden). Buchstabe für Buchstabe ging das so. Gunhild Leppert tippte die Texte, und ich sorgte auf die bereits beschriebene Weise für ein geeignetes Layout. Nach heutigen Maßstäben ist das unvorstellbar, vielleicht war das aber auch schon damals falsch. Wie auch immer, als das Jahr fast vorüber war, war ich körperlich und seelisch ziemlich am Ende. So saß ich dann am 31. Dezember erschöpft im Jahresschlussgottesdienst unserer Wittener Gemeinde.

Seit vielen Jahren gehört es zur Tradition dieses Gottesdienstes, kleine Körbe mit Kärtchen durch die Reihen gehen zu lassen, auf denen Bibelverse stehen. Jeder durfte sich ein Kärtchen nehmen. Unser Gemeindepastor betont zwar immer, wir sollten nicht orakelhaft damit umgehen, trotzdem ist jeder gespannt, welches Bibelwort er diesmal ziehen wird. Auch mir ging das 1980 so. Wenn ich in meinen Kalender für 1981 sah, bekam ich Schweißausbrüche. Weshalb nur hatte ich so viele Zusagen gemacht? Wie sollte ich das jemals bewältigen können? Das Wort »Burn-out« kannte ich zwar noch nicht, überhaupt war das noch kein Thema in der Öffentlichkeit, aber etwas Ähnliches muss es gewesen sein. Das Bibelwort, das ich dann aus dem Korb zog, steht in Psalm 31,16a: »Meine Zeit steht in deinen Händen.« Das war *mein* Wort! Es bewegte mich tief. Schon in den ersten Stunden des neuen Jahres wurde ein neues Lied daraus. Handschriftlich, auf die Schnelle notiert, nahm ich es mit in den Ferienbibelkurs (FBK) und sang es dort mit den Teenagern zum ersten Mal:

Meine Zeit steht in deinen Händen.
Nun kann ich ruhig sein, ruhig sein in dir.
Du gibst Geborgenheit, du kannst alles wenden.
Gib mir ein festes Herz, mach es fest in dir.[17]

Als dann Mitte Januar der FBK hinter mir lag, musste ich mit der Arbeit ganz aussetzen – es ging einfach nicht mehr. Mit Herzbeschwerden, ständigen Kopfschmerzen und einer tiefen Niedergeschlagenheit ging ich zum Arzt. Danach versuchte ich zu Hause zur Ruhe zu kommen, aber es gelang mir einfach nicht. Meine Frau schirmte mich gegenüber allen Telefonanrufen und Anfragen ab, doch ich konnte mich einfach nicht entspannen. Die Bundesleitung sandte einen »Bruder« zu mir nach Hause, der sich mit Depressionen und seelischen Angstzuständen auskannte, aber ich verschloss ihm die Tür.

So entstand im Februar der Gedanke, meine vertraute Umgebung für einige Zeit zu verlassen und ganz allein an die holländische Küste zu fahren. Während der Urlaubszeit im Sommer ist diese Küste meist dicht mit deutschen Touristen bevölkert, aber jetzt, Anfang Februar, war ich dort fast allein. Ich suchte ein kleines Hotel bei Noordwijk auf und wanderte Tag für Tag durch den weiten Dünengürtel. Zunächst war ich innerlich wie blockiert, doch dann begann Gott mit mir in einer Weise zu reden, wie ich es schon lange nicht mehr erfahren hatte. Hier einige Splitter aus meinem Tagebuch:

- *Der Herr zeigt mir heute, dass ich mich zu sehr mit dem beschäftige, was andere mit Gott erlebt haben. Darüber habe ich sein Wort vernachlässigt ...*
- *Mein größter Wunsch sind »offene Augen« für die Wirklichkeit und den Reichtum Gottes (in Verbindung mit Epheser 1,18) ...*
  Drei Dinge erbitte ich mir vom Herrn:
  1. einen unverhüllten Blick auf ihn,
  2. größere Sensibilität für den Geist Gottes,
  3. Wirkungen dieses Geistes in meinem Leben ...
- *Heute Morgen, beim Gang durch die Dünen, beschäftigte mich das Wort vom Auge als Licht des Leibes (Lukas 11,33-36). Das Auge empfängt nur das Licht, produziert es nicht, kann es ja*

nicht einmal produzieren ... Lichtdurchlässig sein, das allein genügt!

- *Voraussetzungen sind die Ausrichtung auf Jesus und ein gereinigtes Fenster. Anmerkung: Als mir das aufging, brach die Wolkendecke auf, und die Sonne ließ die Dünen aufleuchten ...*
- *Meine Motive sind nicht sauber, oft mache ich mich selbst und nicht Jesus groß. Herr, reinige meine Motive! ...*
- *Heute wachte ich um fünf Uhr auf, und obwohl ich mir vornahm, wieder zu schlafen, tauchten Sorgen auf und ließen mich nicht mehr los ...*
- *Heute beim Wandern wurde mir wichtig, dass Jesus nicht nur der Anfänger, sondern auch der »Vollender« meines Glaubens ist (Hebräer 12,2) ... Der in mir das gute Werk begonnen hat, der wird's auch vollenden (Philipper 1,6). Selbst Wollen und Vollbringen kommen von ihm (Philipper 2,13) ...*
- *Für mich bleibt nur, auf ihn zu sehen und mich ihm ganz und gar auszuliefern (2. Chronik 20,15) ...*

Vor allem dieser letzte Text aus dem zweiten Buch der Chronik beschrieb ziemlich genau meine Situation. Ich fühlte mich damals wie Joschafat: »In uns ist keine Kraft gegen das große Heer, das gegen uns kommt ...« (2. Chronik 20,12).

Eines Morgens fiel mir ein Erlebnis auf einer Autofahrt ein, das Monate zurücklag. Mein Beifahrer (jemand aus der Bundesleitung) hatte mir eine harmlose Frage gestellt, und ich hatte gelogen. Es war eine völlig harmlose Geschichte, ich hätte ohne Gesichtsverlust die Wahrheit sagen können, aber nun war es geschehen, und ich kam nicht mehr raus aus der Sache. So ließ ich die Lüge stehen, und das Leben ging weiter. An jenem Morgen in Holland saß ich nun am Ende meines täglichen Weges auf einer Bank, betete, und plötzlich rückte diese Lüge wieder in mein Bewusstsein, und ich wurde den Gedanken daran nicht mehr los. Ich bekannte sie Jesus (nicht zum ersten Mal), doch der Druck wollte nicht weichen. Ich dachte: Was, wenn Gott will, dass ich die Lüge auch vor dem Menschen bekenne, den ich damals belogen hatte? Der Gedanke schien mir zunächst völlig abwegig, aber er blieb.

Wie gesagt, es war keine schwerwiegende Geschichte, die Sache lag Monate zurück. Was sollte der Betreffende denken, wenn ich jetzt erst damit zu ihm kam? Doch es half alles nichts, ich musste es tun, ich schrieb ihm einen Brief, bekannte ihm, dass ich ihn belogen hatte, und warf den Brief nach langem Zögern in den Kasten. Der Empfänger reagierte überrascht und beeindruckt, es stand nicht mehr das Geringste zwischen uns, und endlich war ich meine Last los. Weshalb bloß hatte ich mich so lange damit abgekämpft?! Schon damals ging mir auf: Je mehr Verantwortung jemand im Reich Gottes trägt, desto schwerer fällt es ihm, konkrete Sünden öffentlich zuzugeben. Zwar predigen wir die Gnade, aber wir leben sie kaum. Wir reden uns ein, wir würden mit dem Geständnis von Schuld und Versagen einen Autoritätsverlust erleiden, aber fast immer ist das Gegenteil der Fall. Oft ist es wie eine Befreiung, wenn Christen beginnen, ihr wahres Leben ins Licht zu rücken – nicht nur für sie selbst, auch für ihre Umgebung. Und ganz unabhängig davon: Es ist auch der biblische Weg.

An einem Morgen wachte ich auf und hatte das Gefühl, jemand zu brauchen, mit dem ich beten konnte. Doch mit wem? Zwar hatte ich am Sonntagmorgen den Gottesdienst in der Kirche (Hervormde Kerk) besucht, und der Pfarrer hatte mich mit seiner Predigt über das Sterben des Weizenkorns (Johannes 12,24) auch persönlich angesprochen, aber ihn aufsuchen, um mit ihm zu beten ...? Plötzlich kam mir Corrie ten Boom in den Sinn, sie war ja in Haarlem zu Hause, und die Stadt war nicht weit entfernt von meinem Aufenthaltsort an der Küste. Ich wusste, dass sie noch lebte, hatte aber keine Ahnung, ob sie noch dort wohnte. Trotzdem machte ich mich nach einigem Nachdenken kurz entschlossen auf den Weg.

Als ich in der Altstadt von Haarlem eintraf, brauchte ich mich nicht mehr um den richtigen Weg zu kümmern. Ich geriet in ein Gewirr von kleinen Straßen, bei denen die Fahrtrichtung vorgeschrieben war. Schließlich hielt ich in einer kleinen Haltebucht. Was nun? An einem typisch holländischen Haus mit großen Fenstern fiel mir ein aufgeklebter Israelstern auf, darüber der Text: »Israel – een wonder van God« (»Israel – ein Wunder Gottes«). Einen Augenblick dachte ich zwar daran, dort zu schellen, ging aber weiter zu einem Telefonhäuschen, um im Telefonbuch nachzuschauen, ob es eine Corrie ten Boom in Haarlem gibt (es gab ja noch kein Internet und keine Handys, deshalb der heute eher umständliche Weg). Doch ich kam nicht weiter. Wenn ich mich richtig erinnere, waren da zwar viele »Booms« aber nur eine Nummer mit dem Namen »ten Boom«, und das schien nicht die richtige Adresse zu sein. Also ging ich zurück, nahm allen Mut zusammen und drückte den Klingelknopf des Hauses mit dem Israelstern.

Eine alte Holländerin öffnete die Tür und sah mich misstrauisch an. Ein wenig unsicher fragte ich sie nach »Corrie ten Boom« – da leuchtete ihr Gesicht auf, und sie bat mich, hereinzukommen. Dort bot sie mir dann ein »Koppje Koffie« an. Und dann erzählte sie mir, dass das Uhrmachergeschäft der Familie ten Boom ganz in der Nähe gewesen sei (inzwischen weiß ich, wo es war), und dass Corrie nun in Amerika lebe, sie könne mir aber die Adresse besorgen (was sie auch tat). Und nachdem sie sich erkundigt hatte, wer ich sei, erzählte sie mir von ihren erwachsenen Kindern und von ihrer Not, dass sie keine Christen seien. Dann beteten wir miteinander und füreinander, und schließlich verließ ich ihr Haus und machte mich auf den Rückweg zu meinem Quartier. Zwar war ich Corrie ten Boom nicht begegnet, hatte aber einen Menschen gefunden, mit dem ich beten konnte. Genau das hatte ich mir am Morgen gewünscht.

Vieles wäre noch von dieser Zeit an der holländischen Küste zu berichten, es war eine geistlich dichte und intensive Zeit für mich, und ich habe davon in meinem Buch »Entdeckungen in der Einsamkeit« erzählt. Zwei Lieder sind während der Zeit damals in Holland entstanden, beide ganz und gar ungeplant. Das erste Lied erzählt von den Möwen, die ich an der holländischen Küste immer wieder beobachtet habe:

Die Möwen, sie fliegen und treiben im Wind,
als ob sie nicht wüssten, wo sie zu Hause sind,
sie fliegen und treiben über Wasser und Sand.
So treiben auch Menschen ziellos dahin
und suchen vergeblich nach einem Sinn.
Das Ziel ihres Lebens ist ihnen unbekannt.
Doch Gott hält für uns eine Wohnung bereit,
er gibt uns ein Zuhause schon in dieser Zeit,
denn er ist die Antwort, die heute noch gilt.
Dort wird unsre Sehnsucht gestillt.[18]

Es stimmt: Bereits in dieser Zeit gibt Gott uns einen Raum, in dem wir wirklich zu Hause sind, nicht erst nach dem Tod in Gottes neuer Welt. Das war damals meine Zuflucht während der tiefen Erschütterung in meinem Dienst. Und es ist kein Zufluchtsort, der uns den Blick auf die Wirklichkeit verschließt, ganz im Gegenteil. Gerade aus der Geborgenheit in Christus heraus kann ich die Welt sehen, wie sie ist, und muss nicht die Augen vor ihrer Ungerechtigkeit verschließen.

Das zweite Lied entstand fast am Ende meiner Zeit in Holland. Während eines Spaziergangs kam mir buchstäblich das komplette Lied in den Sinn, sowohl der Text als auch die Melodie. Als ich mein Zimmer betrat, musste ich es nur noch aufschreiben:

Jesus, wir sehen auf dich.
Deine Liebe, die will uns verändern,
und in uns spiegelt sich deine Herrlichkeit.
Jesus, wir sehen auf dich.

Jesus, wir hören auf dich.
Du hast Worte des ewigen Lebens,
und wir haben erkannt: Du bist Christus.
Jesus, wir hören auf dich.

Jesus, wir warten auf dich.
Du wirst kommen nach deiner Verheißung.
Alle Menschen, sie werden dich sehen.
Jesus, wir warten auf dich.[19]

Heute glaube ich fest: Die Zeit in Holland war sehr wichtig für mich. Und sie kam früh genug. Nicht nur um mein Programm zu reduzieren (was eigentlich nie so richtig gelungen ist), sondern für eine neue Gewichtung innerhalb meines Lebensstils. Ich hatte zu stark programm- und aktionsorientiert gelebt. Um es mit einem Bild zu beschreiben: In Holland gibt es weite und farbenprächtige Tulpenfelder, aber im Frühjahr schneiden die Tulpenzüchter auf manchen Feldern die blühenden Kelche der Blumen ab. Als ich das zum ersten Mal sah, konnte ich es kaum fassen. Aber der Fachmann weiß, was er tut. Um die im Erdreich verborgene Tulpenzwiebel möglichst stark werden zu lassen, verzichtet er auf die augenblickliche Schönheit der Blume. Er will, dass die ganze Kraft der Pflanze in die Zwiebel dringt. Auch was meine Aktionen und Programme betraf, war das so. Gott machte mir schmerzhaft klar, dass ich nicht wie bisher für ihn weiterleben sollte. Er blockierte, was ich öffentlich tat, damit ich im Verborgenen wachsen konnte. Denn was immer wir als seine Nachfolger tun: Unser geistliches Leben in der Öffentlichkeit pulsiert aus unserem geistlichen Leben in der Verborgenheit und nicht umgekehrt! Wir werden im öffentlichen Leben niemals mehr sein können, als wir im Verborgenen sind.

Zunächst betrachtete ich die Zeit an der holländischen Küste und Gottes Reden zu mir als mein persönliches Eigentum. Es ging mir wie den Menschen im Neuen Testament, denen Jesus verbot, über ihre Heilung mit anderen zu reden. Das hing auch damit zusammen, dass ich ohnehin in der Gefahr stand, zu schnell mit den Ohren anderer zu hören. Wenn ich einen Bibeltext las, dachte ich sehr schnell darüber nach, wie ich ihn am besten weitergeben könne, und wenn ich eine Predigt hörte, fragte ich mich, wie ich wohl darüber sprechen würde. Aber dann erzählte ich während unserer Sommer-Singefreizeit in Eutin an den Vormittagen in meinen Bibelarbeiten Tag für Tag von meinen Erfahrungen in Holland, und Monate später wurde ein Buch daraus. Es ist das einzige meiner Bücher, das über Jahrzehnte hinweg immer wieder aufgelegt wurde. Inzwischen ist es in der Reihe »Klassiker des Glaubens« erschienen. Ich habe mich dort umgesehen: Alle anderen Autoren dieser Reihe sind bereits im Himmel. Ich bin der Einzige von ihnen, der noch auf der Erde lebt.

Der Leiter der Bundesjugendarbeit wird jeweils für vier Jahre gewählt, danach kann er sich erneut zur Wahl stellen. Das geschieht auf Vorschlag des Jugendarbeitskreises. Gewählt wird allerdings im Bundesrat, einem Gremium, das aus den regionalen Zusammenschlüssen des BFeG besteht. Der engste Kreis, mit dem der Bundesjugendleiter sich berät, ist der »Kleine Jugendarbeitskreis«, wenigstens war das damals so. Mit ihm saß ich Ende 1980 zusammen, um über meinen weiteren Weg zu beraten, denn mein zweiter Turnus ging zu Ende, und inzwischen hatte ich fast acht Jahre Bundesjugendarbeit hinter mir. Ich hatte auch eine Anfrage meiner früheren Gemeinde in Hamburg-Sasel erhalten, sie wollte mich erneut als ihren Pastor berufen, und ich war bereits relativ weit darauf eingegangen. Andererseits war ich unsicher, denn Gott hatte mir bei den jungen Leuten viele Türen geöffnet – nicht nur in den Freien evangelischen Gemeinden, sondern auch darüber hinaus. Bei diesem Gespräch im Kleinen Jugendarbeitskreis hatte ich den Eindruck, die Leute würden mir offen sagen, wenn meine Zeit im Jugendbereich nach ihrer Einschätzung »abgelaufen« sei. Das Ergebnis unseres Gespräches war eindeutig: Dieser Kreis war überzeugt, ich müsse bleiben, und so stellte ich mich zum dritten Mal der Wahl.

Die Ruhrkreis-Krise

Die Herbsttagungen auf Langeoog waren über die Jahre zu einer festen Einrichtung geworden. 1975 hatten wir dort die Wirkungen des Heiligen Geistes in ganz besonderer Weise erlebt. Bei dem Angebot, sich segnen zu lassen, riss der Strom derer, die das für sich und ihren Dienst in Anspruch nahmen, einfach nicht ab. Über mehrere Stunden legten leitende »Brüder« anderen die Hände auf und segneten sie im Namen von Jesus. Auch ich erbat das für meinen Dienst, mehr denn je hatte ich in den vergangenen Jahren erlebt, wie abhängig ich davon war. »Wenn der Herr nicht das Haus baut, dann arbeiten umsonst, die daran bauen«, heißt es in Psalm 127. Das galt auch für das »Jugendhaus« des BFeG. Deshalb wollte nicht ich der Bauherr sein, auch nicht der BFeG sollte es sein, sondern Jesus selbst. Das war mein größter Wunsch.

Im Herbst 1980 waren wir wieder einmal als Pastoren auf der Insel Langeoog und erlebten Gottes Gegenwart sehr intensiv. Kurz zuvor hatte ich einen Bibelvers vertont, den wir auf dieser Langeoog-Tagung einige Male gemeinsam sangen. Der Text steht in 2. Chronik 7,14: »Wenn mein Volk, über das mein Name genannt ist, sich demütigt und betet und mein Angesicht sucht, dann will ich vom Himmel her hören, dann will ich ihre Sünden vergeben und ihr Land heilen.«

Wochen später war ich auf einer Wochenendtagung im Ruhrgebiet und traf dort Pastoren, die mir von neuen geistlichen Impulsen erzählten. Auf der Langeoog-Tagung habe es begonnen, sagten sie. Auch das Bibelwort aus 2. Chronik 7,14 sei mit ihnen

215

gegangen und habe in ihrem Dienst Neues bewirkt. Was dann aber folgte, gehört zu den schmerzlichen Erfahrungen meines Dienstes.

Drei dieser Pastoren begannen Wochen danach mit scharfen »Heiligungspredigten«, in denen sie alles verurteilten, was nicht auf ihrer Linie lag. Mit drastischen Worten erklärten sie Gemeindemitglieder, die ihnen und ihrer Erkenntnis nicht folgten, zu uneinsichtigen Sündern. Zweifellos waren sie davon überzeugt, im Namen Gottes zu sprechen. Vieles, was sie berichteten, schien auch geistlich gewirkt zu sein. Im Rückblick auf ihren bisherigen Dienst meinten sie, ihr Leben sei ohne Vollmacht gewesen. Einer sagte: »Ich war zwar bekehrt, aber nicht wiedergeboren.« Ein anderer unternahm weite Fahrten, um erkannte Sünde in Ordnung zu bringen. Auch Abhängigkeiten vom Alkohol und vom Rauchen kamen ans Licht, und die Pastoren sagten sich im Namen Gottes davon los. Alle drei berichteten von einem Neuanfang, von einer echten Wiedergeburt, die von ihnen kompromisslose Hingabe verlange. Und kompromisslos müsse deshalb auch ihre Predigt sein.

Es war ein Sammelsurium von richtigen, aber auch falschen Aussagen, von biblischen, gleichzeitig aber auch unbiblischen Gewichtungen, das machte die Beurteilung so schwer. Einer der drei Pastoren war neben seinem Gemeindedienst Kreisvorsteher, ein anderer Leiter der Kreisjugendarbeit. In einem Jugendgottesdienst hatte er die Anwesenden als »Kinder des Teufels« (Johannes 8,44) bezeichnet. Anschließend rief er sie drastisch zur Buße auf. Auch auf einer Ost-West-Begegnung in Berlin-Adlershof war er mir aufgefallen, er hatte mit einem scharfen Urteil auf einen Bericht unserer Partner aus dem Osten reagiert. Da ich für die Bundesjugendarbeit verantwortlich war, suchte ich ihn auf, und wir sprachen darüber. Er war völlig überzeugt, das Richtige gesagt und getan zu haben. Und: Viele in unseren Gemeinden seien zwar bekehrt, aber nicht wiedergeboren. Er und seine Frau luden mich

zum Mittagessen ein, und als wir die Mahlzeit zu uns nahmen –
auch seine Kinder und ein Verwandter waren dabei –, sagte er mir,
worin ich Gott ungehorsam sei. Zwar hätte ich ein geistliches Anliegen, doch Menschenfurcht hindere mich daran, es in der richtigen Art und Weise weiterzugeben. Nein, da war keine falsche
Lehre, wenigstens nicht in gravierenden Aussagen, es war die Einseitigkeit, mit der diese drei Pastoren Buße predigten und Urteile
fällten – ohne den werbenden und einladenden Ton der Liebe
Gottes.

Nach vielen Begegnungen und Gesprächen, nicht nur mit diesen Pastoren, sondern auch mit den Gemeinden und deren Lei-
tungskreisen, trennte sich der BFeG von ihnen. Daraufhin schrieben alle drei harte und verurteilende Briefe an die Gemeinden,
deren Pastoren sie gewesen waren. Einer von ihnen schrieb: »Dass
Gott von mir erwartet und fordert, die Gemeinde zu verlassen
(Epheser 5,10-11), bedeutet für die Freie evangelische Gemeinde
(Ort), dass sie nicht mehr zum Leib Jesu gehört. Menschliche
Organisationskunst, Management und Eifer werden sie vielleicht
als religiöse Organisation überleben lassen, aber der Geist Gottes
hat sie verlassen, und Jesus wird zum Gericht kommen ...« Ein
anderer schrieb: »Heute tue ich euch kund, dass ich der Gemeinde
den Rücken kehren muss, die sich nicht auf den Weg der Heiligung und Erweckung rufen ließ.« Und dann zitierte er Jesus, der
seinen Jüngern sagte: »Welche euch nicht aufnehmen und hören,
da geht von dort hinaus und schüttelt den Staub von euren Füßen«
(Markus 6,11).

In der Nähe von Lüdenscheid/Sauerland gab es etwa zur gleichen Zeit eine kleine FeG, die eine ähnliche Entwicklung nahm.
Sie war auch insofern mit der Situation im Ruhrgebiet verknüpft,
als ihr Leiter, ein ehrenamtlich tätiger Gemeindeältester, der Bruder einer der betroffenen Pastoren im Ruhrgebiet war. Junge Leute
brachen ihre Ausbildung ab, verließen ihre Elternhäuser, und je
mehr die umliegenden Kirchen und Gemeinden vor dieser Ent-

wicklung warnten, desto mehr nahm diese Gruppe das als Bestätigung für den eigenen Kurs. Der antichristliche Angriff sei ja in der Bibel bereits vorausgesagt, interpretierten sie die Situation. Schließlich führte am Ausschluss dieser Gemeinde aus dem BFeG kein Weg mehr vorbei.

Richard Lovelace spricht in seinem Buch »Theologie der Erweckung« (Francke-Verlag) von einer dreifachen Strategie der Finsternis gegen eine von Gott gewirkte Erweckung:

1. *Durch Verfolgung und Verleumdung zerstört sie die Erweckung oder bringt sie in Verruf.*
2. *Sie dringt in die Erweckung ein und liefert so weitere Gründe für ihre Verleumdung.*
3. *Sie lässt Scheinerweckungen entstehen, um uns zu täuschen und zu verwirren.*

Ich denke, hier war es das Eindringen in einen geistlichen Aufbruch, der im Herbst 1980 auf Langeoog so verheißungsvoll begonnen hatte. Es wäre allerdings ein Sieg des Satans, daraufhin die Schotten dicht zu machen und jede Erweckung einer Gemeinde von vorneherein zu verdächtigen.

Erinnerungen an ausländische Freunde

Es gehört zu einem solchen Arbeitsbereich, dass viele Beziehungen und Freundschaften entstehen. Wenn ich an die internationalen Kontakte in der Bundesjugendarbeit denke, fallen mir vor allem drei Namen ein: Max Bourgeois, Martin Voegelin und Siegfried Nuesch. Alle drei sind mir während dieser Zeit zu Freunden geworden.

Max Bourgeois war verantwortlich für die Jugendarbeit im Französischen Bund Freier evangelischer Gemeinden (Union des Églises Évangéliques Libres de France). Er spricht hervorragend deutsch, seine Frau Gisela kommt aus Köln. Unsere Zusammenarbeit wurde in gewisser Weise auch politisch gefördert, denn der Staat unterstützte damals deutsch-französische Projekte finanziell. Das deutsch-französische Verhältnis war ja über Jahrhunderte hinweg außerordentlich angespannt und führte zu einer Reihe kriegerischer Auseinandersetzungen. Dem wollten Charles de Gaulle (1890–1970) und Konrad Adenauer (1876–1967) ein für alle Mal ein Ende setzen, und so knüpften sie deutsch-französische Beziehungen, die 1963 zum berühmten deutsch-französischen Freundschaftsvertrag (»Élysée-Vertrag«) führten. Die Folge war unter anderem ein »Deutsch-Französisches Jugendwerk«, das laut Gründungsprotokoll die Aufgabe hatte, »die Bande zwischen der Jugend der beiden Länder enger zu gestalten und ihr Verständnis füreinander zu vertiefen«.

Ich glaube, es war Max, der die Idee hatte, das für unsere Arbeit zu nutzen. Und so planten wir für den August 1975 eine deutsch-französische Jugendfreizeit in Ewersbach. Dort wurde unter anderem mit Fotos und Texten gearbeitet, und es entstand eine eindrucksvolle Tonbildserie zum Thema »Hände«, Christoph Mohr aus Sasel wirkte wesentlich daran mit. Die Freizeit schloss mit einer öffentlichen Veranstaltung in der FeG Siegen. An diesem Abend wurde jedem Anwesenden klar, dass mindestens bei uns jungen Leuten die alten politischen Gräben zwischen unseren Ländern keine Bedeutung mehr hatten. In den folgenden Jahren arbeiteten Max und ich eng im Jugendkomitee des Internationalen Bundes Freier evangelischer Gemeinden (IFFEC) zusammen.

Um die Freizeit in Ewersbach vorzubereiten, hatten Edelgard und ich noch einige Wochen zuvor Max und Gisela in Paris besucht. Aber aus der Vorbereitung wurde nicht viel, denn in der Nacht nach unserem Eintreffen wurde ihr erstes Kind geboren, und so hatten die beiden kaum Zeit für uns. Das war im Juli 1975. Edelgard und ich waren zum ersten Mal in der berühmten

Stadt an der Seine und genossen das französische Flair. Wir schliefen in einem kleinen Hotel mit groß geblümter Tapete, das Frühstück wurde uns ans Bett gebracht. Zwei Tage später fuhren wir weiter zum »Eurofest«, einem Jugendmissionskongress in Brüssel, der von der Billy-Graham-Assoziation veranstaltet wurde. Junge Christen aus ganz Europa nahmen daran teil. Der Abschlussgottesdienst fand am 2. August 1975 im Heysel-Stadion statt. Zehn Jahre später kam es in diesem Stadion wegen eines Feuers zu einer Massenpanik, bei der 39 Menschen den Tod fanden.

Ich denke an viele Begegnungen mit Max zurück – im verschneiten Oslo, in einem schwedischen Hotel der FeG in Stockholm und vor allem bei einem internationalen Jugendlager in Griechenland, bei dem griechische und amerikanische Kleidervorschriften hart aufeinanderstießen. Aber auch in Frankreich trafen wir uns noch einige Male, erst in Paris und dann in Lyon. In Paris lehrte mich Max, wie man Weinbergschnecken isst – eher studienhalber, zum Genuss wollte es bei mir nicht so recht kommen. Unvergesslich ist mir das gemeinsame Essen in einem kleinen Lokal in Lyon. Es war zur Zeit des heißen französischen Wahlkampfes zwischen Valéry Giscard d'Estaing und François Mitterand. Während wir die französische Küche genossen, wurde auf dem alten Fernseher ein Fernsehduell der beiden Kontrahenten übertragen. Wir saßen in unmittelbarer Nähe des Geräts, und ich hatte den Eindruck, beide Politiker hatten ihre Anhänger auch in dem kleinen Speiselokal. Je temperamentvoller es beim Fernsehduell zuging, desto temperamentvoller wurde es auch um uns herum.

Wer sich jetzt wundert, dass hier so viel vom Essen die Rede ist und so wenig von inhaltlichen Fragen, der muss berücksichtigen, dass ich von Franzosen erzähle, also von Menschen, die wissen, wie wichtig gutes Essen ist. Wenig später begann die Planung eines internationalen Jugendlagers in »La Costette«, und ich wunderte mich über die ausführliche und sorgfältige Vorbereitung der Mahlzeiten. Max, der das mitbekam, meinte lächelnd: »Ja, das ist einer der Unterschiede zwischen euch Deutschen und uns Franzosen. Ihr Deutschen plant erst die Themen und dann das Essen, bei uns Franzosen ist das umgekehrt.« Und dann machte Max mir bewusst, dass es bei den Mahlzeiten um mehr als um eine bloße Nahrungsaufnahme geht. Essen, das bedeutet in Frankreich: Gemeinschaft, Genuss, Kommunikation!

Inzwischen haben wir Deutschen dazugelernt. Wer hätte sich in den 60er-Jahren vorstellen können, dass man bei uns in Fußgängerzonen an Tischen zusammensitzt und vor aller Augen miteinander isst und fröhlich ist! Heute hat selbst jede zweite Bäckerei eine kleine Sitzgruppe vor ihrem Laden. Und auch wir als Kirchen und Gemeinden haben dazugelernt. Während früher ein Gemeindehaus ein reiner Veranstaltungszweckbau war, werden heute funktionsgerechte Küchen und freundliche Gemeinschaftsräume eingeplant. Wir haben längst verstanden, wie gemeinschaftsfördernd das sein kann. »Sie blieben beständig in der Gemeinschaft«, heißt es unter anderem in Apostelgeschichte 2,42, und wer glaubt, dass das ausschließlich »geistlich« zu verstehen sei, hat meines Erachtens nicht verstanden, wie Gott den Menschen gewollt und geschaffen hat. Ein Mensch, der aus Geist, Seele und Leib (1. Thessalonicher 5,23) besteht, braucht auch körperliche Ausdrucksformen der Zusammengehörigkeit. Inzwischen leben Max Bourgeois und seine Frau Gisela mit ihren Kindern in Südfrankreich, und wir haben uns aus den Augen verloren, ich denke gerne an diese schöne Zeit zurück.

Martin Voegelin war mein Gegenüber in der Jugendarbeit der Schweizer Freien Evangelischen Gemeinden. Wenn ich mich richtig erinnere, begannen unsere ersten Kontakte mit der Jugendzeitschrift »PUNKT«. Martin gehörte wie ich zum Redaktionsteam. Wenn die Redaktionssitzungen in Witten stattfanden, schlief er bei uns. Einmal war er mit seiner Frau Esther bei uns zu Gast, und wir verstanden uns auch als Ehepaare prächtig. Auf einem Bundesjugendtreffen in Hamburg (1981) gehörte Martin zu den Rednern, und auch ich predigte bei ihm auf Jugendkonferenzen in der Schweiz. Martin und Esther wohnten damals in einem alten Berner Chalet in Niederhünigen. Dort befand sich die Geschäftsstelle der Schweizer Freien Evangelischen Gemeinden.

Wie eng unsere Beziehung und wie groß unser Vertrauen zueinander war, wird an der Einladung zu einer Tagung deutlich, die in den ersten Januartagen des Jahres 1983 im Diakonissenhaus Wildbad in der Schweiz stattfand. Martin hatte mich zu einer »Retraite« eingeladen – so nennen die Schweizer ihre Klausurtagungen, in denen sie sich mit eher grundsätzlichen Themen und Herausforderungen beschäftigen. Bei dieser Retraite der FeG-Jugendkommission war ein gemeinsamer Tag mit ihrer Bundesleitung eingeplant, und Martin bat mich, dabei eine Bibelarbeit über 1. Korinther 3,21–4,10 zu übernehmen. Ihm war auch wichtig, dass ich im Anschluss daran an einem klärenden Gespräch zwischen der Jugendkommission und ihrer Bundesleitung teilnahm, denn das Verhältnis zwischen beiden Gremien war nicht spannungsfrei. Das alles liegt über 30 Jahre zurück, niemand der damals Beteiligten ist noch dabei, deshalb wage ich es auch, darüber zu schreiben. Denn die Problematik, um die es hier unter anderem ging, hatte Bedeutung über die Schweizer Situation hinaus. Sie betraf auch uns damals in Deutschland und gehört zur Geschichte vieler Gemeinden in den 80er-Jahren.

Ich habe schon erzählt, wie sehr sich die christliche Jugendmusik in den 70er-Jahren wandelte. Mehr und mehr Bands und Jugendchöre kamen auf den christlichen Markt und bestimmten den Stil bei Offenen Abenden, Jugendtagen und den großen Jugendtreffen im Land. In den 80er-Jahren wurde die Frage immer lauter gestellt, ob diese Entwicklung überhaupt biblisch sei. Angefacht wurde die Diskussion durch verschiedene Bücher; exemplarisch sei hier das Buch des Schweizers Ernst Trachsel-Pauli genannt. Es hatte den Titel »Geistliche Musik«.

Bei allen auch guten Hinweisen (z. B. auf die Haltung und Einstellung von Sängerinnen und Sängern) kommt Ernst Trachsel-Pauli zu einem fragwürdigen Schluss: Ein wichtiges Kriterium für ein gutes geistliches Lied sei, dass es »lieblich« zu klingen habe. Damit bezieht er sich auf Kolosser 3,16, wo zwar in der alten Lutherübersetzung von »lieblichen« Liedern die Rede ist – tatsächlich kommt das Wort aber im griechischen Grundtext gar nicht vor. Der Begriff, den die Lutherbibel mit »lieblich« übersetzt, beinhaltet vielmehr das Wort »Gnade«. Folgerichtig übersetzt die »Elberfelder Bibel« mit ihrer sprichwörtlichen Genauigkeit: »Mit Psalmen, Lobliedern und geistlichen Liedern singt Gott in euren Herzen in Gnade!« Noch problematischer aber ist, was Trachsel-Pauli unter »lieblich« versteht: wohlklingende und harmonische Akkorde im Gegensatz zu fortdauernden Dissonanzen und Synkopen.

Ich bin sicher, was er hier schreibt, hat wenig mit der Bibel zu tun. Musik unterliegt einer sich wandelnden Kultur, ist zeitbedingt und hängt mit Volksgruppen und ihrem Musikempfinden zusammen. Ich bin ganz und gar nicht sicher, ob David uns mit seinen Klängen auf der Harfe heute wirklich erfreuen würde. Vermutlich wären uns die in den Psalmen genannten Melodien »Schöne Jugend« (Psalm 9,1) und »Die Hirschkuh, die früh gejagt wird« (Psalm 22,1) sehr fremd. Unsere Harmonielehre kommt aus dem Griechentum und hat damit heidnische Wurzeln. Mit anderen Worten: Was wir heute als schön, harmonisch oder als lieblich empfinden, geht nicht auf eine biblische Musiklehre zurück. Ob wir es wollen oder nicht: Die gibt es nicht. Das Kriterium für geistliche Musik ist nicht in Tonfolgen, Tonsätzen oder Rhythmen zu suchen, sondern in der Haltung und Einstellung, aus der heraus jemand musiziert, und welchen Stellenwert dabei das Lob Gottes und die Verkündigung für ihn haben.

Das Buch sorgte damals für erhebliche Unruhe in christlichen Gemeinden, eben auch in den deutschen und Schweizer FEGs, deshalb wurde das Thema bei dem Gespräch in Wildbad auf die Agenda gesetzt. Aber es gab noch einen weiteren Grund für die Unruhe beim Thema Musik: Ein Absolvent der Freien Evangelisch-Theologischen Akademie (FETA, heute STH) in Basel hatte über das Thema »Christ und Rockmusik« gearbeitet und hielt Vorträge darüber. Sie wurden über Audiokassetten verbreitet, und auch sie führten zu Auseinandersetzungen in den Gemeinden. Der damals noch junge Autor Jürgen Neidhart hatte Kontakte zu Schweizer FEGs, außerdem gab es eine Reihe von Gemeindepfarrern, die an der FETA studiert hatten und enge Beziehungen zu ihr unterhielten. Das alles war Grund genug, auch ihn zu dieser Retraite einzuladen und mit ihm ein klärendes Gespräch zu führen.

Im Nachhinein denke ich, es war ein gutes Gespräch. Einige aus der Bundesleitung kannte ich bereits vor dem Termin, und es bestanden durchaus Vertrauensbrücken zwischen uns, und die halfen uns. Dass das Gespräch bei Jürgen Neidhart etwas verändert hat, denke ich nicht, weiß es aber auch nicht – wir hatten nie wieder miteinander Kontakt. Er schien sich seiner Meinung sehr sicher zu sein, meinte genau zu wissen, welche Frequenzen und Rhythmen auf welche Körperteile einwirken.

Und ich? Auch ich blieb meiner Überzeugung treu. Heute verstehe ich aber besser, dass mir die Schweizer Bundesleitung bei diesem Gespräch mit einer gewissen Zurückhaltung begegnet ist. Vermutlich hatte das weniger mit der Thematik und meiner Einstellung zu tun. Ich bin nicht sicher, wie wir als deutsche Bundesleitung reagiert hätten, wenn ein junger Spund aus dem Ausland käme, um Konflikte zwischen der Bundesleitung und der Jugendarbeit zu schlichten.

Wie gesagt, das liegt über 30 Jahre zurück. Martin Voegelin schlug danach den Weg ein, der ihm immer schon sehr wichtig war: Er brannte mit großer Leidenschaft für das Thema »Mission«. Viele Jahre leitete er die »Schweizer Allianz Mission« (SAM), danach die »Arbeitsgemeinschaft Evangelischer Missionen« in der

Schweiz. Immer noch erhalte ich seinen Gebetsbrief einmal im Jahr, und Edelgard und ich nehmen Anteil daran, auch wenn wir uns schon lange nicht mehr begegnet sind.

Siegfried Nuesch kannte ich seit meiner Freundschaft mit Martin Voegelin, auch er war Mitglied der Jugendkommission der Schweizer FEGs, und auch er hat uns mit seiner Frau Vreni in Witten besucht.

Als ich später Präses des deutschen BFeG wurde, beschäftigten uns oft die gleichen Fragen und Themen, denn Siegfried hatte inzwischen ebenfalls den Vorsitz des Schweizer BFEG übernommen. Auch auf internationalen Konferenzen begegneten wir uns. Ich erinnere mich besonders an eine gemeinsame Reise durch Bulgarien. Der Leiter unserer Auslandshilfe, Paul Lenz, war dabei der Auslöser. Auch der Schweizer BFEG half den Gemeinden in Bulgarien und war mit unserer »Auslandshilfe« verbunden, und so reisten wir gemeinsam mit Paul nach Sofia. Dort wohnten wir im Haus von Pastor Christo Kulichev. Man hatte ihn während der kommunistischen Zeit eingesperrt und ihm das Kirchengebäude genommen. Nach der Wende half ihm der Internationale Bund Freier evangelischer Gemeinden, die Enteignung seiner Kirche rückgängig zu machen, was trotz der politischen Neuorientierung nicht einfach war. In Bulgarien herrschte eine unbeschreibliche Not; wir besuchten Gemeinden, sprachen mit den Gläubigen und predigten auch. Und da Siegfried und ich bei Kulichevs gemeinsam in einem Zimmer übernachteten, hatten wir viel Zeit zum persönlichen Gespräch.

Zuletzt sahen wir uns im Jahr 2000 auf einem Männertag in der Schweiz. Es waren diese verrückten Zeiten, in denen ich kaum zur Ruhe kam. Nach einem arbeitsreichen Tag fuhr ich noch am späten Freitagabend zum Dortmunder Hauptbahnhof, um von dort mit dem Nachtzug in die Schweiz zu reisen. Nach einem Umstieg in Basel holte mich Siegfried in Winterthur vom Zug ab. Er stand unmittelbar an der Tür meines Wagens, als der Zug hielt, obwohl im Bahnhof wegen eines Umbaus ein ziemliches Chaos herrschte. Er habe Jesus gebeten, unsere Begegnung in die Hand zu nehmen, sagte er mir, und fand es wohl in keiner Weise überraschend, dass wir uns quasi in die Arme liefen.

Ich war an diesem Samstagmorgen müde und abgespannt und auch unsicher, was meine beiden Referate betraf. Das Thema des Männertages lautete: »Wer bin ich, wenn mich keiner sieht?«. Darüber predigte ich nicht zum ersten Mal, später schrieb ich sogar ein Buch zu diesem Thema, und trotzdem war ich unsicher, wie ich es an diesem Tag angehen sollte. Ich bat Siegfried, mit mir zu beten, und spürte beinahe körperlich, wie gut mir das tat. Und wie so oft bei Terminen mit vorhergehenden großen Spannungsmomenten wurde es ein richtig guter Tag. 500 Männer waren gekommen, allein der Gesang war bewegend! Und viele der Männer dachten an diesem Tag über die Frage nach: »Wer bin ich, wenn mich keiner sieht?« Wir Männer wollen ja in der Regel Stärke zeigen und rivalisieren mit- und gegeneinander. Da ist es gut, einmal stillzustehen und nachzusehen, wer und was wirklich hinter unserer Fassade steckt. Was davon ist echt? Was ist geheuchelt? Und vor allem: Wer bin ich in Gottes Augen?

Dankbar fuhr ich am Abend mit Siegfried zu seinem Haus; es war sein Geburtshaus, und er hatte es sehr geschmackvoll umgebaut. Ich begrüßte seine Frau Vreni, und wir drei verbrachten einen schönen Abend miteinander. Siegfried erzählte, dass er im nächsten Sommer seinen Dienst als Bundesvorsitzender beenden werde und dann eventuell als Gemeindeberater arbeiten oder in den Gemeindedienst gehen wolle. Ich hörte ihm aufmerksam zu und spürte, dass er weder Enttäuschung noch Verbitterung ausstrahlte. Gerade angesichts des Geltungsdrangs, den ich von vielen Verantwortungsträgern kannte, hat mich seine Haltung bewegt. Und so kam es dann auch: Siegfried wurde Gemeindeberater, ohne zugleich Mitglied der Bundesleitung zu sein. Später sagte er einmal, gerade diese Unabhängigkeit habe ihm vonseiten der Pastoren und Ältesten großes Vertrauen eingebracht. 2007 übernahm er dann noch einmal den Bundesvorsitz. Ich wiederum fuhr noch in der Nacht mit dem Zug zurück nach Deutschland, um am nächsten Morgen zu einem Predigtdienst in Nürnberg zu sein.

Warum leben wir eigentlich nicht?

1983 war ich beinahe zehn Jahre Leiter der Jugendarbeit des BFeG und hatte Höhen und Tiefen erlebt. Ich begann meine Arbeit in der Zeit der Jesus-Bewegung, missionarische Teestuben entstanden, Schülergebetskreise wurden ins Leben gerufen, Jugendevangelisationen und Offene Abende durchgeführt, und viele junge Leute kamen zum Glauben. Nur so wurde 1975 das »Eurofest« in Brüssel möglich und 1976 das erste »Christival«. Aber die Zeiten änderten sich, mehr und mehr wurde nach den Konsequenzen für die Welt hier und heute gefragt. Prägten Christen die Gesellschaft? Zeigten sie glaubwürdige Modelle des Zusammenlebens? Waren sie anders als die weithin konsumorientierte Bevölkerung unseres Landes? Jesus sagte seinen Leuten: »Ihr seid das Licht der Welt! Ihr seid das Salz der Erde!« (Matthäus 5,13-14). Aber wo und wann leben wir als seine Nachfolger und tun, was er sagt? Das waren die Fragen, die der Kongress in Lausanne 1974 zwar schon eingeleitet hatte, die uns aber vor allem in den Jahren danach mehr und mehr beschäftigten.

Ein guter Spiegel dieser Entwicklung war unsere Jugendzeitschrift. Bis 1978 hieß sie noch »Der Pflüger«, 1978 wurde der »PUNKT« daraus, und 1979 übernahm Ulrich Eggers die Redaktion. Ulrich und auch seinen Bruder Dieter hatte ich während einer Evangelisation in Cuxhaven kennengelernt, das muss Mitte der 70er-Jahre gewesen sein. Wir hatten nach einer Abendveranstaltung noch spät zusammengesessen und herausgefunden, dass uns ähnliche Fragen beschäftigten. Wenn ich mich richtig erinnere, waren auch Renate Schaper und Dieters Frau Renate dabei. Besonders zu Ulrich riss der Kontakt danach nicht mehr ab. Wir arbeiteten zusammen beim Wechsel der Jugendzeitschrift vom »Pflüger« zum »PUNKT«, erlebten gute und schwere Zeiten des Bundes-Verlags, und eher aus der Ferne bekam ich in den 80er-Jahren das Werden der »WegGemeinschaft« mit, jener christlichen Lebens- und Arbeitsgemeinschaft, aus der inzwischen ein für viele Menschen prägendes geistliches Zentrum in Norddeutschland hervorgegangen ist (Dünenhof).

Ich habe die vielen kritischen Rückfragen noch im Ohr, die auch vonseiten der Leitung des BFeG damals gestellt wurden. Manche sahen in der Gründung der Kommunität eher die unausgegorene Idee einiger ökologisch bewegter »Spinner« als eine echte und ernst zu nehmende Beauftragung von Gott. Ulrich Eggers war für mich in den Jahren meines Dienstes in der Jugendarbeit, der Bundespflege und noch als Präses wie ein Seismograf, der mir anzeigte, wo es bei jungen Leuten, aber auch in den Gemeinden und der Pastorenschaft Erschütterungen gab, auf die ich achthaben sollte. Als Ulrich die Redaktion des »PUNKT« übernahm, standen ihm seine Frau Christel und ein freies Redaktionsteam zur Seite. Es bestand aus Leuten, die leidenschaftlich mit dem Anliegen des »PUNKT« verbunden waren. Wir alle sehnten uns nach einem engagierten Christsein angesichts der Herausforderungen unserer Zeit. Die Antwort darauf durfte und konnte nicht der Rückzug in eine abgeschottete Frömmigkeit sein.

Ulrich Eggers stellte mir damals auf der letzten Seite des »PUNKT« eine Kolumne mit dem Titel »Freunde« zur Verfügung. Dort konnte ich loswerden, was mich beschäftigte, meist verknüpft mit kleinen Alltagserlebnissen. Später schlug er mir vor, daraus ein Buch zu machen, allerdings wurden dazu noch weitere Texte gebraucht. So saß ich mit Block und Bleistift im Sommerurlaub an der schwedischen Küste, und während unsere Kinder in der Ostsee plantschten und meine Frau strickte (was damals große Mode war), schrieb ich die noch fehlenden Texte. Es standen ja noch keine transportablen Computer zur Verfügung, geschweige ein Notebook. »Unterwegs erlebt« lautete der Titel dieses neuen Buches, und für das Titelbild schoss Ulrich Eggers ein Foto, auf dem ich den Lesern aus der geöffneten Tür meines Passats entgegenlachte. Kurz nachdem das Buch erschienen war, hatte ich auf einem Jugendabend der Gerhard-Tersteegen-Konferenz in Mülheim zu sprechen. Ulrich Parzany moderierte die Veranstaltung und warb auch für mein Buch. Dabei meinte er scherzhaft im Blick auf das Titelbild: »Normalerweise fährt er zwar einen Mercedes, aber da das nicht so gut ankommt, zeigt er sich auf dem Buchtitel mit einem VW-Passat.« Monate später schrieb mir jemand einen Brief mit der ernst gemeinten Frage, ob ich denn tatsächlich einen Mercedes fahre. Wenn ja, fände er das ganz und gar nicht gut, von mir erwarte er mehr Ehrlichkeit.

»Ehrlichkeit« ist ein wichtiges Stichwort: Gegen Ende meiner Zeit als Leiter der Bundesjugendarbeit bewegte mich die Frage nach der Ehrlichkeit und Echtheit unserer Frömmigkeit mehr und mehr. Christen taten sich schwer damit, einen Blick in ihr Leben zu gestatten. Man empfand es als peinlich, öffentlich einzugestehen, dass ein frommes Leben nicht immer glückt. In Hauskreisen sagte man sich viele theologische Richtigkeiten, über eigene Zweifel und Versagen zu reden gehörte sich nicht. Zwar hatten die »68er« auch in unseren Gemeinden etwas bewegt, aber nur sehr verhalten und fast ausschließlich in der jungen Generation. Die aber ließ nicht locker und hinterfragte viele Traditionen, und wenn sie keine Antwort auf ihre Fragen bekam, war der Ausstieg nicht mehr weit. Andere zogen sich eher in eine innere Emigration zurück, formal waren sie zwar noch dabei, aber mit dem Herzen längst ausgetreten.

Beim Bundestag 1983 in Eibelshausen wurde ich nicht nur in meinen neuen Dienst als Bundespfleger eingesegnet (darüber berichte ich im nächsten Teil), ich hatte auch einen Vortrag zu halten. Das Thema lautete: »Welche Gründe führen dazu, dass junge Leute unsere Familien- und Gemeindetraditionen verlassen?« Hier hatte ich nun die Möglichkeit, den Gemeindedelegierten zu sagen, was mir während meiner zehnjährigen Bundesjugendarbeit in dieser Beziehung aufgefallen war. Dabei ging es vor allem um die Diskrepanz zwischen Anspruch und Wirklichkeit. In unseren Gemeinden wird traditionell viel Wert auf die Bibel und den Glauben gelegt, aber leider blieb das Leben dabei manchmal auf der Strecke. Das Problem bestand nicht darin, dass es unter uns Schuld und Versagen gab, aber man sprach nicht darüber, und das war verhängnisvoll. Und da Kinder und junge Leute eine hohe Sensibilität für Echtheit haben und ausgesprochen gute Beobachter sind, haben sie die Täuschung und Vertuschung schnell durchschaut.

Einige Zeit später wurde ein Buch daraus. Es hatte den Titel »Warum leben wir eigentlich nicht?«. Darin hielt ich fest, was mich zu Beginn der 80er-Jahre in der Jugendarbeit sehr beschäftigt hat: Was unterscheidet uns als Gemeinde von der Gesellschaft? Weisen nicht auch wir gesellschaftlich erfolgreichen Personen die oberen Ränge zu? Gaben wir jemandem, der gesellschaftlich gescheitert war, überhaupt noch eine Chance? Wie viel soziale Ungerechtigkeit gab es unter uns? Wenn ich auf meinen Reisen in einer Gemeinde predigte, wurden mir nach dem Gottesdienst hin und wieder mit einem gewissen Stolz Professoren und Unternehmer vorgestellt. Mit Gescheiterten und Randsiedlern wurde ich kaum bekannt gemacht – und wenn doch, dann hinter vorgehaltener Hand. Ist es nicht genau das, was Jakobus meint, wenn er schreibt, dass dem Reichen ein besonderer Platz angeboten wird, während der Arme einen Stehplatz einnehmen muss (Jakobus 2,1-4)? Wie können wir angesichts solch einer Diskrepanz zwischen Wort und Tat überhaupt aufrichtig bekennen, dass die Bibel die verbindliche Grundlage unseres Glaubens, unserer Lehre und unseres Lebens ist (Präambel des BFeG)? Was mich dabei besonders beunruhigte, war nicht nur die mangelnde Übereinstimmung zwischen Wissen und Tun, sondern dass wir sie nicht einmal bemerkten. Es gibt eine geradezu gefährliche Vertrautheit mit Bibeltexten, die uns immun gegen ihren Inhalt macht. Manche Bibelverse haben wir zwar abrufbereit im Kopf, sehen aber nicht (mehr), dass sie im schrillen Gegensatz zu unserem Lebensstil stehen. Eines der lesenswerten Bücher von Ron Sider hat den Titel »… denn sie tun nicht, was sie wissen« (in Umkehrung des Filmtitels »Denn sie wissen nicht, was sie tun«). Genau das war bzw. ist unser Problem.

In meinem Buch zitierte ich John Stott, der einmal schrieb: »Die Gemeinden sind oft wie der Golfklub am Ort. Nur dass das gemeinsame Interesse der Gemeindemitglieder Gott ist statt Golf.«[20] Keine Frage: Wir standen damals in der Gefahr, als christliche Gemeinde ein Abklatsch unserer Gesellschaft zu sein. Michael Höring überarbeitete mein Buch für eine Herausgabe in der DDR, das machte allerdings erforderlich, auf (fast) alle politischen Bezugspunkte zu verzichten. Ich weiß, es ist ein böser Vergleich: Aber verhalten wir uns nicht oft ähnlich? Wir filtern aus der Bibel heraus, was einen Stachel hat und uns schmerzhaft berühren könnte. Kein Wunder, dass das Ergebnis eher langweilig ist – vor allem für junge Leute, die sich mit dem, was dann noch bleibt, nicht zufriedengeben wollen.

Aber es gab im BFeG während dieser Jahre auch positive und glaubwürdige Zeichen der Sensibilität für die Probleme der Welt und benachteiligter Menschen. 1979, nach dem Sieg der Kommunisten in Vietnam, wurden dort Menschen in Umerziehungslager gesteckt und Tausende zu Tode gefoltert. Das führte zu einer Massenflucht vieler Vietnamesen aufs Meer. Die kleinen Boote, auf denen sie flohen, waren meist altersschwach und hoffnungslos überladen. Rupert und Christel Neudeck und ihre Freunde charterten angesichts dieser Not den Frachter »Cap Anamur« und konnten damit über 10 000 Menschen retten und weitere 35 000 medizinisch versorgen. Auch Deutschland erklärte sich bereit, diese »Boatpeople« aufzunehmen, aber sie brauchten Hilfe, um die Sprache zu erlernen und in unsere Gesellschaft hineinzufinden.

Vor allem unser damaliger Bundesrechnungsführer Jürgen Hedfeld empfand das als große Herausforderung. Auf seine Initiative hin entschieden sich Bundesleitung und Bundesrat zum Bau von sechs »Vietnamesen-Häusern« auf dem Kronberg in Ewersbach. In Verbindung mit dem Hessischen Sozialministerium trafen dann im Januar 1980 die ersten 41 Flüchtlinge ein, und es folgten weitere Gruppen, die jeweils für neun Monate an Sprachkursen teilnahmen und in die für sie fremden Gegebenheiten unseres Landes eingeführt wurden. Auch Gemeinden beteiligten sich daran, Patenfamilien, Wohnungen und Arbeitsstellen für sie zu finden. Und auch geistlich wurden sie gut versorgt. Sieben Gruppen durchliefen bis 1986 das Programm, heute wohnen in den Häusern Studierende der Theologischen Hochschule mit ihren Familien.

Noch einmal Berlin

Mit Berlin habe ich den Bericht über diesen Teil meines Lebens begonnen, mit Berlin soll er auch enden. Im Herbst fand in der Regel eine Ost-West-Begegnung auf der Ebene der Bundesjugendarbeit statt. Die Bundesregierung unterstützte das, es gab Geld dafür. Das ermöglichte es uns, jedes Jahr mit etwa acht Leuten aus dem Jugendarbeitskreis unsere Freunde im Osten zu besuchen. Treffpunkt war in der Regel die schon beschriebene »Schwedenkapelle« in Berlin-Adlershof. Über diese Begegnungen musste ein kurzer Bericht geschrieben werden, der nachwies, dass die Begegnung auch stattgefunden hatte. Selbstverständlich geschah das alles inoffiziell, wir Westler wohnten bei Gemeindemitgliedern in Westberlin und nutzten das Tagesvisum, um nach Ostberlin zu fahren, das war der unkomplizierteste Weg. Auf diese Weise entstanden nicht nur zwischen uns Hauptamtlichen Kontakte und Freundschaften, sondern ebenso zwischen denen, die ehrenamtlich und oft nur sporadisch daran teilnehmen konnten.

Da uns die Politik dafür Gelder zur Verfügung stellte, nahmen wir auch das reichhaltige kulturelle Angebot des Ostens an. Wir besuchten die Deutsche Staatsoper Unter den Linden und das Theater am Schiffbauerdamm. Hinterher gingen wir dann im Fernsehturm oder in einem Restaurant am Alexanderplatz essen, das alles selbstverständlich für ausgesprochen wenig Geld. Wenn wir die Restaurants betraten, war von Anfang an klar, dass die Kellner auf Westgeld hofften. Die westdeutsche Mark war sehr begehrt, da man damit relativ problemlos im Intershop gute Westware bekam. Aber wir hatten beim Essen auch unsere Freunde aus der DDR dabei, und so tauschten wir oft bei ihnen unser Geld in das für das Essen erforderliche Ostgeld um (was allerdings beim Bezahlen bei den Kellnern auf Enttäuschung und auch auf Verärgerung stieß).

Einmal, es war im Restaurant am Berliner Fernsehturm, hatte ich meinen Pass im Mantel vergessen und ging noch einmal zur Garderobenfrau, um mir den Mantel kurz geben zu lassen. Zugegeben, sie hatte viel zu tun, trotzdem hätte sie nicht so laut werden müssen. Was ich mir denn einbilde, rief sie, wir aus dem Westen meinten wohl, wir könnten es uns leisten, ihr zusätzliche Arbeit zu machen. Klar war mir das ausgesprochen peinlich. Vielleicht hätte sie ruhiger reagiert, hätte ich ihr gleich ein paar Westmark zugeschoben, aber diese Freiheit hatte ich nicht.

Als sich meine Zeit in der Bundesjugendarbeit dem Ende näherte, wollte ich auch unseren Kindern einmal Berlin zeigen. Sie hatten so oft auf mich verzichten müssen, und ich hatte ihnen viel über die geteilte Stadt erzählt. Nun sollten sie mit eigenen Augen sehen, was es damit auf sich hatte. Es wurde ein tolles Wochenende mit vielen unvergesslichen Eindrücken. Wir standen auf der

Brüstung am Brandenburger Tor und schauten in den anderen Teil der Stadt. Wir lasen die Dokumentationen am Checkpoint Charlie über die gefährliche Konfrontation im Oktober 1961, als sich amerikanische und sowjetische Panzer gegenüberstanden. Und wir waren auch in der Bernauer Straße – nirgendwo sonst wird einem so vor Augen geführt, was es für die Menschen bedeutet haben muss, am Morgen des 13. August 1961 mit einer Mauer vor dem Haus aufzuwachen. Am Sonntagmorgen machten wir uns in aller Frühe auf, um pünktlich zum Gottesdienst in der FeG Adlershof im Osten der Stadt zu sein. Dort hatten wir uns mit unseren Freunden Gerhard und Christel Grosse verabredet.

Beim Mittagessen am Müggelsee bei Köpenick erlebten wir dann, was in der DDR damals nicht ungewöhnlich war: einen nur halb vollen Speisesaal mit einer langen Menschenschlange davor und einen befehlsgewaltigen Kellner, der uns nach 40 Minuten Wartezeit im barschen Ton unseren Platz zuwies. Anschließend verbrachten wir gemeinsam einen schönen Nachmittag, um am Abend auf getrennten Wegen wieder heimzukehren.

Heute noch erzählen unsere Kinder hin und wieder von dieser Reise nach Berlin, und bei aller Freude über die gefallene Mauer und die wiedervereinigte Stadt sind sie dankbar, auch das geteilte Berlin noch erlebt zu haben. Nur wer diese Situation von damals noch vor Augen hat, kann in etwa ermessen, welch ein Geschenk die Wiedervereinigung unseres Landes ist.

TEIL 5

1983–1991:
ALS BUNDESPFLEGER
IN DEN GEMEINDEN
UNTERWEGS

Ein Maurer, der Risse ausbessert

Im Frühjahr 1982 stand fest, dass Ernst Schwedes, der bisherige Bundespfleger, die Leitung des Diakonischen Werkes Bethanien in Solingen übernehmen würde. Es galt also, einen Nachfolger zu bestimmen. Die »Bundespflege« umfasste Anfang der 80er-Jahre zwei große Bereiche, die allerdings eng miteinander verbunden waren: die Gemeinden und die Pastorenschaft. Das ist auch heute nicht viel anders, aber damals lagen beide Bereiche noch in der Verantwortung von nur einer Person – und das nicht regional, sondern bundesweit. 1980 gehörten 270 Gemeinden und knapp 23 000 Mitglieder zum BFeG, 1982 werden es mehr gewesen sein.

Irgendwann kam ich als möglicher Nachfolger von Ernst Schwedes ins Gespräch, ich weiß nicht mehr genau, durch wen und wann. Doch der Vorschlag war nicht unumstritten, auch in der Bundesleitung nicht. Es gab Bedenken, ob ich dazu geeignet sei; manchen war ich wohl nicht strukturiert genug und anderen zu viel unterwegs. Schwerer wog vermutlich die Frage, ob ich robust genug für diese Aufgabe sei. Als Bundespfleger stieß man oft auf erheblichen Widerstand – in den Gemeinden, aber auch bei den Pastoren. Bei Pastorenwechseln und -berufungen konnte der Bundespfleger unmöglich alle Beteiligten zufriedenstellen, und besonders die Begleitung bei Gemeinde- und Pastorenkonflikten bot viele Reibungsflächen. War ich dem gewachsen?

Ich erinnere mich, dass Gerhard Hörster, der frühere Rektor unseres Theologischen Seminars, ähnliche Fragen hatte. Im September 1982 nahmen wir gemeinsam an einer IFFEC-Konferenz in der Schweiz teil, und in der Mittagspause wanderten wir eine lange Strecke am Thuner See entlang, bei der er offen mit mir über seine Bedenken sprach. Es war ein gutes Gespräch. Auch ich war ja keineswegs sicher, ob dies mein Weg war. Hinzu kam, dass ich mich mitten in meinem dritten Turnus der Bundesjugendarbeit befand – sollte ich den einfach abbrechen?

Mittlerweile saßen viele, mit denen ich in den vergangenen zehn Jahren zusammengearbeitet hatte, in den Gemeindeleitungen – aus meiner Sicht sprach das für den Weg in die Bundespflege. So ließ sich vermutlich manches von dem verwirklichen, was wir in der Jugendarbeit angedacht hatten. Außerdem hatte ich meine Arbeit in den vergangenen Jahren nie ausschließlich auf die Jugendlichen begrenzt, sondern auch viele Gemeinden und ihre Leitungskreise besucht. Denn mir war von Anfang an klar: Wenn ich für die jungen Leute etwas erreichen wollte, brauchte ich gute Beziehungen zu den Verantwortungsträgern in den Ortsgemeinden.

Im März 1983 kam der Bundesrat in Langen bei Frankfurt zusammen, dort sollte ich als Bundespfleger berufen werden. Außerdem stand die Wahl meines Nachfolgers in der Bundesjugendarbeit auf dem Programm. Die Tageslosung für diesen 19. März stand in Jesaja 41,9: »Israel, du sollst mein Knecht sein; ich erwähle dich und verwerfe dich nicht.« Diese Zusage nahm ich damals sehr persönlich in Anspruch, auch wenn das dem eigentlichen Sinn dieses Bibelwortes nicht ganz entsprach. Nicht nur die Erwählung, auch die Tatsache, dass Gott seinen Knecht nicht verwarf, war mir dabei wichtig. Führte ich mein Leben so, wie es sich für einen Mitarbeiter Gottes geziemt? Entsprach ich in meiner Lebensführung diesem Amt? Was das betrifft, hatte ich erhebliche Zweifel. So nahm ich die Losung als persönlichen Zuspruch Gottes für mich. Gott würde schon wissen, weshalb er mich wollte, *wenn* er mich wollte. Er kannte meine Grenzen besser als ich. Mit dieser Offenheit ging ich in die Wahl. Ich habe die aktuelle Tageslosung damals aus dem Losungsbuch kopiert und in meine Bibel geklebt, ebenso das dazu ausgedruckte Gebet von Michel Quoist:

Herr, in einem Augenblick hast du mich ergriffen,
gezeichnet bin ich vom Feuer deiner Liebe!
Warum ich, warum hast du mich erwählt!

Ich kann's nicht ergründen.
Aber jetzt weiß ich dich nahe bei mir.
Alles ist nun leicht, alles voll Licht.
Danke, Herr, danke! [21]

Dieter Martschinke, mit dem ich schon seit Ewersbacher Zeiten verbunden war, wurde auf diesem Bundesrat in Langen zum neuen Leiter der Bundesjugendarbeit gewählt. Im Mai, an Pfingsten beim großen Bundesjugendtreffen in Koblenz, erfolgte dann die »Amtsübergabe«. Ich wurde verabschiedet und Dieter von Präses Karl Heinz Knöppel in den neuen Dienst eingesegnet. Eine Woche später folgte auf dem Bundestag in Eibelshausen meine Einsegnung als Bundespfleger. Karl Heinz Knöppel gab mir dazu ein geradezu prophetisches Wort (so empfand ich es): »Du sollst heißen, der die Lücken verzäunt und die Wege bessert, dass man da wohnen möge« (Jesaja 58,12). Dabei sagte er wörtlich: »Lückenbüßer zu sein, klingt in Menschenohren abfällig, nicht aber in Gottes Ohren. Bei ihm ist es vielmehr eine Gabe, die Demut, Flexibilität und Willigkeit erfordert.«

Rückblickend muss ich sagen: So habe ich mich tatsächlich später als Bundespfleger oft gefühlt: als Lückenbüßer. Noch treffender für mich finde ich dieses Bibelwort nach der Einheitsübersetzung: »Deine Leute bauen die uralten Trümmerstätten wieder auf, die Grundmauern aus der Zeit vergangener Generationen stellst du wieder her. Man nennt dich den Maurer, der die Risse ausbessert, den, der die Ruinen wieder bewohnbar macht.« Das war in der Tat in den Jahren als Bundespfleger mein Generalthema: Risse ausbessern! Oder anders formuliert: Immer wieder ging es um die Frage, wie alte, rissig gewordene Gemeinden Heilung finden und zu neuem Leben erwachen. Und bis heute bin ich davon überzeugt: Das Leben und die Ausstrahlungskraft einer Gemeinde ist keine Altersfrage, sondern allein eine Frage ihrer Nähe zu Jesus Christus!

Wieder war es Johannes Hansen, der an meinem Wechsel in die neue Aufgabe Anteil nahm. Er schrieb mir Ende März: »Lieber Peter! Eben lese ich, dass Du zum ›Bundespfleger‹ berufen worden bist. Dieser schöne Titel ist für mich nicht unmittelbar verständlich, aber offenbar hat man dir eine große Verantwortung übertragen, worüber ich mich von Herzen freue. Humorvoll könnte ich sagen: Nun pfleg mal schön! Aber ich will Dir lieber den vollen Segen unseres Gottes wünschen …« Und Konrad Eißler, der Pfarrer der Stuttgarter Stiftskirche, mit dem ich schon seit unseren gemeinsamen Bibelarbeiten 1976 auf dem »Christival« verbunden war, schrieb mir augenzwinkernd: »So grüße ich aus südlichen Gefilden den deutschen Bundespfleger! Mir kommt dieser wunderschöne Titel so vor, als ob Du zum Chef aller Raumpfleger und Raumpflegerinnen ernannt worden wärest. Aber du musst ja in der Tat den Staub der Sünde aus allen Stuben pflegen.«

Einige Male war ich bei Konrad Eißler zur Predigt in Stuttgart, und wir hatten ihn auch als Referenten zu unserer Pastorentagung auf Langeoog eingeladen. Wir lebten beruflich in sehr unterschiedlichen Welten, er in der Württembergischen Landeskirche, geprägt vom schwäbischen Pietismus und der großen »Scheffbuch-Busch-Familie«, ich in meiner freikirchlichen und im bergischen Pietismus verwurzelten Welt. Aber wir verstanden uns prächtig. Im Blick auf ein Gespräch, das wir während einer Dünenwanderung auf der Insel hatten, schrieb er mir später: »Ich lernte, dass auch die FeG nur zum Vorhof des Himmels gehört, nicht zum Himmel selbst. Aber darauf warten wir.« Einmal predigten wir beide auf einem »Gemeindetag« in Neumünster. Nach dem Vormittagsgottesdienst fanden wir uns schließlich allein auf dem Kirchplatz wieder, und wir nutzten die Zeit bis zur Nachmittagsveranstaltung zu einem guten Essen und einem ebenso guten Gespräch.

Ein anderes Mal hatte ich ihm eine Predigt im Schlussgottesdienst der Allianzgebetswoche in Stuttgart zugesagt. Zwar hatte ich Bedenken, weil ich bereits am Nachmittag in Worms zu predigen hatte, doch Konrad schrieb mir, das sei kein Problem, der Gottesdienst in der Stiftskirche beginne erst um 18 Uhr. Aber ich schaffte es nicht. Kurz vor der Abfahrt Stuttgart-Zuffenhausen gab es vor uns einen Unfall, und der Verkehr staute sich. Als ich schließlich an der Stiftskirche eintraf, sang die Gemeinde drinnen gerade das Schlusslied. Es gab ja noch keine Handys, und Konrad Eißler hatte einige Lieder singen lassen, bis er schließlich selbst das Wort ergriff.

Johannes Hansen hatte mir zu seinem Brief übrigens ein großes Poster des Rembrandt-Bildes vom »Verlorenen Sohn« gelegt. Es hing danach viele Jahre in meinem Arbeitszimmer und hielt mir vor Augen, dass man auch in den schmutzigsten Klamotten immer wieder nach Hause zum Vater kommen darf, ja, dass er sogar sehnsüchtig auf unser Kommen wartet.

Der Jahreskreis des Bundespflegers

Was genau ist nun die Aufgabe eines Bundespflegers? Um einen Einblick in meinen neuen Verantwortungsbereich zu geben, nenne ich zunächst einige Arbeitsschwerpunkte, die sich Jahr für Jahr wiederholten. Zu Beginn eines jeden Jahres schrieb ich einen Brief an die Pastorenschaft. Darin versuchte ich auf das einzugehen, was mir im Jahr zuvor an Gefährdungen und Defiziten im Pastorendienst aufgefallen war. Außerdem stellte ich aus meiner Sicht aktuelle Themen und Ziele eines Pastors heraus. Es gab zustimmende, aber auch kritische Reaktionen dazu aus dem Kollegenkreis.

Im Februar gingen die Einladungen für die Herbsttagungen heraus. Im Herbst zuvor hatten wir in einem Planungskreis bereits Themen dafür festgelegt, und ich hatte auch die Referenten angefragt und ihre Zustimmung erhalten. Nun ging es darum, dafür zu

werben. Im März oder April trafen wir uns im Anschluss an die
»Theologische Woche« (einer Pastorentagung, die jeweils im
Frühjahr in Ewersbach stattfindet) zu einer Sondersitzung des Arbeitskreises für Pastorenwechsel (AKP). Hier ging es vor allem um
die Verteilung der Dienststellen für die Absolventen des Theologischen Seminars. Sie wollten spätestens jetzt wissen, wohin im
Sommer ihre Reise ging. Die Gespräche mit den Gemeindeleitungen liefen an und vieles andere, was zur Vorbereitung ihres ersten
Gemeindedienstes wichtig war.

Heute wäre eine solch späte Planung, vor allem ohne eine echte
Mitsprache der betroffenen Männer und Frauen, gar nicht mehr
möglich.

Im Juni war ich als Bundespfleger in der Regel mit der Abschlussklasse des Seminars und ihrem Klassenlehrer zu einer
»Bundesrundfahrt« unterwegs. Ziel war es, einige Bundeswerke
kennenzulernen, vor allem unsere Diakonischen Werke in Solingen und Hamburg. Aber wir besuchten auf dieser Rundfahrt auch
Gemeinden und sprachen mit ihren Pastoren, meist aus dem Bereich der Inland-Mission. Nicht alle Absolventen waren mit dem
BFeG vertraut, mehr und mehr Studierende kamen »von außen«.
Immer gehörte auch das Bundeshaus in Witten zum Besuchsprogramm und dort ein Gespräch mit dem Präses und dem Geschäftsführer des BFeG. Soweit es möglich war, nahmen auch die
Ehefrauen der jungen Männer daran teil, auch meine Frau Edelgard reiste nach Möglichkeit mit, es ergaben sich dabei gute Möglichkeiten zu Gesprächen über den vor ihnen liegenden Dienst.

Die Sonntage im Juli, August und September hielt ich mir möglichst für Pastoren-Einführungsgottesdienste frei. Viele Pastoren
versuchten ihre Gemeindewechsel in die Sommerferien zu legen,
denn so ließ sich der Schulwechsel für ihre schulpflichtigen Kinder
besser verkraften. Einmal bekam ich einen bewegenden Brief von
einem Kind, das nicht verstand, weshalb der Vater die Gemeinde
wechseln sollte.

Die zweite Oktoberhälfte und auch der komplette November waren vor allem für die Herbsttagungen reserviert. Als Bundespfleger war ich ja nicht nur für die drei Langeooger Tagungen verantwortlich, sondern ebenso für die sich anschließenden Mitarbeitertagungen (früher: Ältestentagungen) auf dem Forggenhof und im Eutiner Seeschloss. Sie fanden damals zeitlich alle nacheinander statt, sodass ich alle Tagungen leiten konnte, wobei die Leitungsteams wechselten. Trotz der großen Zeitspanne von gut sechs Wochen, die ich dafür unterwegs war, machte ich das gern. Es war eine gut investierte Zeit mit vielen Begegnungen und Gesprächen – das wäre mir auch bei noch mehr Gemeindebesuchen nie möglich gewesen. Selbstverständlich schaute ich auch immer wieder bei meiner Familie vorbei, wir versuchten die wenigen Tage »zwischendurch« zu genießen – was allerdings nicht immer gelang. Als unsere Kinder größer waren, fuhr Edelgard mit auf die Langeoog-Tagungen und übernahm dort im Auftrag des Bundes-Verlages den Büchertisch.

Auf meine gesamte Zeit im BFeG gesehen, habe ich während der Bundespflege die meisten Kilometer zurückgelegt. Weder in der Bundesjugendarbeit noch später als Präses war ich so viel auf Reisen. Mindestens dreimal im Jahr trafen wir uns als AKP. Die Tagesordnung wurde bestimmt von Gemeinden, die einen Pastor suchten, und Pastoren, die sich einen Wechsel wünschten. Sie nahmen dann Kontakt mit mir auf, und wenn eben möglich, besuchte ich auch die Gemeindeleitungen. Es war wichtig zu hören, was die Wünsche beider Seiten waren, was die Gemeinden von ihrem neuen Pastor erwarteten, aber auch worin die wechselbereiten Pastoren ihre Begabungen und Schwerpunkte sahen. Ein gewisses Problem zeigte sich darin, dass die Wünsche der Gemeinden gar nicht so unterschiedlich waren, denn die meisten wollten einen erfahrenen und bewährten Pastor, am liebsten in der Mitte seiner Jahre – nicht zu jung, aber möglichst auch nicht zu alt. Dahinter stand die Sorge, dass bei einem älteren Pastor dann kein

Wechsel mehr möglich war und er bis zum Ruhestand in der Gemeinde blieb. Das konnte zwar durchaus gut sein, war aber auch manchmal problematisch.

Wenn die Gemeindeleitungen offen ihre Vorstellungen nannten, ließ sich selbstverständlich auch offen darüber reden. Viel schwieriger und gar nicht so selten aber war es, dass die eigentlichen Erwartungen mit frommen Sätzen verschleiert wurden. Das galt allerdings auch für die Pastoren. Auch bei ihnen begegneten mir oft viele fromme Worte über die gewünschte Führung des Herrn, obwohl Fragen nach Arbeitsplatz, Wohnort und Wohnung im Vordergrund standen. Weshalb sprach man das so selten offen aus? Daran war doch nichts Ehrenrühriges! Auch die Gehaltsfragen wurden, wenn überhaupt, nur versteckt angesprochen, obwohl sie für die meisten Pastorenfamilien wichtig waren. Um die Gespräche zu öffnen und zu erleichtern, stellten wir schließlich als AKP eine Liste von Themen und Fragen zusammen, die in ein Berufungsgespräch hineingehörten. Die gab ich dann sowohl den Pastoren als auch den Gemeindeleitungen.

Aber um ehrlich zu sein: Im AKP habe ich nicht selten erlebt, dass trotz guter Vorsätze die Notwendigkeiten unsere Vorschläge bestimmten. In der Theorie war klar: Junge Pastoren sollten möglichst nicht in Gemeinden starten, in denen sie überfordert werden. Doch die Praxis sah manchmal notgedrungen anders aus. Und auch das will ich offen schreiben: Es gab Pastoren, die sich durch ein langes Dienstleben schleppten, das sich für sie nur mit häufigen Gemeindewechseln realisieren ließ. Beide Seiten, die Gemeinden und die Pastoren (und nicht zuletzt ihre Familien), litten darunter. Richtiger wäre es gewesen, sie hätten sich einen anderen Beruf gesucht. Doch das ist leichter gesagt als getan. Ganz abgesehen davon, dass sie oft keine andere Berufsausbildung hatten – eine wichtige Rolle spielte dabei die Vorstellung, dass man einen Pastor, der seinen Pastorendienst vorzeitig beendet, schnell als Versager abstempelt. Es wäre wichtig, endlich zu begreifen, dass es nicht nur lebenslange, sondern auch zeitlich befristete Berufungen im Reich Gottes gibt. Oder präziser formuliert: Die Berufung zum Dienst für Gott gilt zwar lebenslang, aber die Streckenabschnitte können durchaus wechseln, und jeder sollte für solche Wechsel offen sein. Vermutlich brauchen wir diese Flexibilität gerade in der Zukunft mehr und mehr.

Gut, dass wir einander haben?

Der schwierigste Bereich in der Bundespflege war aber zweifellos die Begleitung bei Gemeindekonflikten. Es begann in der Regel damit, dass ein Pastor oder eine Gemeindeleitung um Hilfe baten. Bevorzugte Gelegenheiten dazu boten entweder die Tagungen für Pastoren in Ewersbach und auf Langeoog oder die Mitarbeitertagungen. Oft wurde ich dort bereits am ersten Abend angesprochen und gefragt, ob ich während der Tagung zu sprechen sei. Es kam vor, dass ich von den Referaten kaum etwas mitbekam, weil ich laufend solche Gespräche führen musste. Aber dabei blieb es nicht. Meist wurde ein weiterer Gesprächstermin vor Ort vereinbart, möglichst mit allen am Konflikt beteiligten Personen und Gruppen. Manchmal ging es dabei um offensichtliches Fehlverhalten, und so eigentümlich es klingt, solche Situationen ließen sich noch relativ leicht klären. Viel schwieriger war es, wenn beide Konfliktparteien – jede für sich genommen – im Recht zu sein schienen. Ich brachte ja keine spezielle Ausbildung für Konfliktberatung mit, sondern nur meinen bisherigen Erfahrungshorizont.

Selbstverständlich las ich viel zu dem Thema, redete mit Leuten, die in ähnlichen Bereichen tätig waren – trotzdem fühlte ich mich oft hilflos. Außerdem musste ich erkennen, was alles an Auseinandersetzungen in Gemeinden möglich war. Je kleiner die Gemeinde, desto schwieriger war es oft. Man kannte sich untereinander gut, was zwar Nähe schaffte, aber auch ein erhöhtes Risiko für gegenseitige Verletzungen ergab. Auch der Pastor hat es in einer überschaubaren Gemeinde nicht unbedingt leichter. Es gibt den scherzhaften Vergleich zwischen einer landeskirchlichen und einer freikirchlichen Gemeinde: In einer landeskirchlichen Gemeinde werden viele Schafe von einem Hirten geführt, in einer freikirchlichen Gemeinde ist es umgekehrt. Schwierig konnte es in einer kleineren Gemeinde auch werden, wenn es in ihr ein reiches Mitglied gab, von dem die Gemeinde finanziell abhängig war. Die allermeisten unserer finanzstarken Gemeindemitglieder gehen nach meiner Erfahrung verantwortungsbewusst mit ihrem Vermögen um, aber die Versuchung, damit Politik zu machen, ist zweifellos groß.

Auch verwandtschaftliche Beziehungen können in einer kleineren Gemeinde eine problematische Rolle spielen. Ich erinnere mich an eine Gemeindeversammlung, in der die Situation zu eskalieren drohte. Es gab gewaltige Flügelkämpfe, die sich an Familienclans, aber auch an konservativen und progressiven Gruppen in der Gemeinde festmachten.

Ich hatte unseren Präses Karl Heinz Knöppel dabei, und er machte schließlich den Vorschlag, dass jeder, der in Zukunft noch zur Gemeinde gehören wolle, innerhalb eines bestimmten Zeitraums eine Verpflichtung zu unterschreiben habe. Wer dazu nicht bereit sei, gehöre nicht mehr dazu. Mal abgesehen davon, dass dieser Weg rechtlich vermutlich gar nicht erlaubt war – wirklich gelöst hat auch das die Streitigkeiten nicht.

Vor allem aber habe ich gelernt, dass eine gute Konfliktlösung zwischen Christen nicht nur aus Verhaltensregeln besteht. Sie braucht ein von Grund auf neues Denken. Paulus schreibt: »Ertrage einer den andern und vergebt euch untereinander, wenn jemand Klage hat gegen den andern; wie der Herr euch vergeben hat, so vergebt auch ihr« (Kolosser 3,13). Das gesamte dritte Kapitel des Kolosserbriefes und das vierte und fünfte Kapitel des Epheserbriefes enthalten zahlreiche konkrete Anweisungen zum gemeinsamen Leben innerhalb einer Gemeinde. Es hat mich oft überrascht und auch enttäuscht, dass selbst langjährige Christen, die sich zur Bibel als dem inspirierten Wort Gottes bekannten, in solchen Situationen den Eindruck erweckten, als habe Paulus hier nicht den richtigen Durchblick gehabt. Nein, das haben sie nicht so gesagt, aber sie verhielten sich so. Die meisten von ihnen hätten normalerweise für die uneingeschränkte Gültigkeit des Wortes Gottes gekämpft, jetzt im Ernstfall spielte es für sie kaum eine Rolle.

Manchmal saß ich bis spät in der Nacht mit einem Kreis streitender Gemeindemitglieder zusammen, und nachdem wir uns endlich geeinigt und gebetet hatten, fuhr ich müde, aber auch erleichtert heim. Doch es kam gar nicht so selten vor, dass ich bereits beim Frühstück einen Anruf bekam, in dem mir einer der Beteiligten bewusst machen wollte, dass der vereinbarte Weg keine Lösung sein könne. Selbstverständlich sagte er mir das »vertraulich« und »unter dem Siegel der Verschwiegenheit«.

Die Kosten für ein stabiles und tragfähiges Zusammenleben in einer Gemeinde (und nicht nur da) sind höher, als wir denken: In Wahrheit braucht es Menschen, die bereit sind, den Kürzeren zu ziehen und die nicht mit Luchsaugen darauf achten, ob ihr Gegenüber die austarierten Absprachen auch einhält. Nur dann kann eine zerstrittene Beziehung heilen. Glücklicherweise habe ich auch das erlebt. »Seid niemandem etwas schuldig, außer dass ihr euch untereinander liebt«, schreibt Paulus im 13. Kapitel des Römerbriefes (Vers 8). Es ist das bekannte Kapitel über das Verhältnis des Christen zur Obrigkeit. Der Apostel legt Wert darauf, dass wir als Staatsbürger unsere Pflichten erfüllen. Aber was die Liebe zueinander betrifft, wird uns das nie gelingen. Niemals werden wir sagen können: Jetzt habe ich mein Soll erfüllt, und im Sinne eines Lastenausgleichs ist mein Gegenüber jetzt dran. Vergeben, wie Jesus es tat – nicht weniger ist gemeint. Eine Ausnahmeregel in Sachen Vergebung gibt es nicht! Und die Folgen mangelnder Vergebungsbereitschaft könnten nicht gravierender sein (Matthäus 6,15). Doch das schreibt sich so leicht. Es lässt sich wohl nur »in Christus« leben (Epheser 4,32).

Keine Ehe ohne Tränen

Mein Bruder Diethelm und seine Frau Gerti hatten in Solingen mit Eheseminaren begonnen; schwerpunktmäßig ging es dabei um verliebte, verlobte und jungverheiratete Paare. Nun wollten sie ein solches Seminar auch für Ehepaare in den mittleren Jahren durchführen, und sie fragten uns, ob wir dabei mitmachen würden. So trafen wir uns bei ihnen zur gemeinsamen Vorbereitung und legten die Themen und die Verantwortlichkeiten fest. Das Eheseminar sollte an einem Wochenende im Juni 1985 stattfinden, eine gute Woche zuvor tagten wir mit der Bundesleitung in Eutin, und dort erreichte mich ein Anruf meiner Frau. Sie war in Tränen aufgelöst. Bei der Vorbereitung auf das Eheseminar war ihr bewusst geworden, dass in unserer Ehe einiges nicht in Ordnung war. Ich hörte ihr Weinen, hörte, was sie sagte, und meldete mich kurz entschlossen von der Sitzung ab. Dann machte ich mich auf den Weg nach Hause. Dort sind wir beide dann weit durch die Landschaft gewandert und haben uns offen ausgesprochen. Vor allem von meiner Seite gab es einiges zu klären und auch zu bekennen.

Edelgard war und ist mein großes Glück. Allein eine Frau zu finden, die zu einer so langen Wartezeit vor der Hochzeit bereit war, ist schon ein besonderes Geschenk. Edelgard und ich kommen aus sehr verschiedenen Elternhäusern, und erst im Zusammensein mit ihr wurde mir bewusst, wie viel ich als selbstverständlich betrachtete und manchmal auch gedankenlos handhabe. Dazu gehörte auch mein Frömmigkeitsstil. Ich erinnere mich an einen Spaziergang bei meinem ersten Besuch in Halver. Als wir irgendwo auf den Höhen des Sauerlandes lange auf einer Bank gesessen und miteinander geredet hatten, schlug ich ohne weiteres Nachdenken vor, gemeinsam zu beten. Aber Edelgard schien das unmöglich zu sein. Ich bin mit dem »freien Gebet« aufgewachsen, aber für sie war das fremd. Ich musste lernen, ihr meinen Frömmigkeitsstil nicht einfach überzustülpen.

Während der Freizeiten meines Vaters gab es immer eine »freiwillige Gebetsgemeinschaft« – ich habe schon erzählt, wie schwer auch ich mich auf Freizeiten damit tat. Doch in meiner Familie war das anders, ich wuchs damit auf, dass wir als Kinder ganz selbstverständlich unsere Gebete frei formulierten. Meine Mutter erzählte von mir, ich hätte einmal bei einem Abendgebet zu Jesus gesagt, er solle doch den lieben Gott von mir grüßen. Und ein anderes Mal: »Herr Jesus, das andere erzähl ich dir morgen. Ich bin jetzt zu müde.« Wir Geschwister hatten auch keine Hemmungen, das gemeinsame Beten taktisch einzusetzen. Als wir zu Hause einmal irgendetwas angestellt hatten und unsere Eltern uns zur Rechenschaft ziehen wollten, sagten wir ihnen, das ginge jetzt nicht, wir hätten gerade eine »freiwillige Gebetsgemeinschaft« (diese Bezeichnung kannten wir von den Freizeiten). Ob es sie beeindruckt und uns geholfen hat, weiß ich nicht mehr. Aber für Edelgard war eine solche Gebetspraxis ungewohnt, und ich hatte keine Rücksicht darauf genommen (heute gehört das gemeinsame Gebet zu unserem Leben).

In unseren ersten Ehejahren wich ich schwierigen Gesprächen gerne aus. Ich war es nicht gewohnt, über unterschiedliche Standpunkte und Ansichten offen zu reden, um dann mit Edelgard gemeinsam nach einer Lösung zu suchen – das wiederum hatte *ich* nicht zu Hause gelernt. Vermutlich auch bedingt durch unsere lange Wartezeit, in der wir uns über Jahre kannten und doch nicht kannten, hatten wir Mühe, ein gemeinsames Leben einzuüben. Was für ein Geschenk, dass das schließlich doch gelang und wir beieinandergeblieben sind!

Aber auch nach diesem Eheseminar und denen, die noch folgten, lebten wir nicht ohne Tiefpunkte miteinander. Es muss kurz nach der Jahrtausendwende gewesen sein, als ich eines Morgens auf meinem Schreibtisch eine wunderschöne Doppelkarte fand. Darauf stand: »Wir teilen so viel durch all die Jahre. Wie bin ich glücklich, jemand zu haben wie dich.« Aber in dieser Doppelkarte lag ein handgeschriebener Brief, Edelgard hatte ihn in der vorausgehenden Nacht geschrieben. Der Brief ist sehr persönlich und schon gar nicht für die Öffentlichkeit bestimmt, aber ich habe die Erlaubnis, einige Sätze daraus zu zitieren. Edelgard schrieb: »Da ich nicht (mal wieder nicht) einschlafen kann und im Augenblick auch keine Möglichkeit sehe, mit Dir zu reden, will ich meine Gedanken und Gefühle in einem Brief zum Ausdruck bringen …« Und dann schrieb sie, wie schwer es ihr falle, über ihre Gedanken und Gefühle in unserer Beziehung zu sprechen. Dazu gehöre für sie eine Vertrautheit und eine Nähe, die zurzeit fehle. Wörtlich: »Es liegt wohl daran, dass jeder ein Stück sein eigenes Leben lebt und wir uns kaum Zeit für Gemeinsames nehmen. Meistens geht es doch um deine Arbeit und was dich da beschäftigt und bei mir um den Bundes-Verlag. Ich denke, dass das nicht unwichtig ist, aber alles hat seinen Platz. Dass du viel unterwegs bist, auch längere Zeit, ist kein Problem für mich. Aber dass du nur deine Arbeit siehst und auch möglichst nicht gestört werden willst und ich das Gefühl habe (…), dass eine Mauer zwischen uns liegt, das macht mir Kummer.«

Nach allem, was wir beide in den heute 47 gemeinsamen Ehejahren erlebt haben, steht fest: Eine perfekte, fehlerlose und spannungsfreie Ehe gibt es nicht, mindestens nicht bei uns. Paare, die das anstreben, stehen in der Gefahr, sich und anderen etwas vorzumachen, und das ist dann wirklich gefährlich. Gerade fromme Paare sind versucht, ihre Ehe zu idealisieren. Ein idealisiertes Leben ist aber nicht real, und das Aufwachen daraus kann sehr schmerzhaft sein. Wirklich wichtig sind Ehrlichkeit und Offenheit.

Echte Liebe kann das aushalten, ja mehr noch, sie kann daran wachsen.

Übrigens leiteten wir beide dann eine ganze Reihe von Eheseminaren – gemeinsam mit meinem Bruder und meiner Schwägerin. Und wir lernten: Gerade weil unsere Ehe nicht perfekt war (und ist!) und wir unsere Erfahrungen einbezogen, kam es zu vielen offenen und helfenden Gesprächen – im gemeinsamen Kreis der Teilnehmerinnen und Teilnehmer, aber auch persönlich von Paar zu Paar. Manchmal schloss ein Seminar damit, dass ein Ehepaar einen neuen Anfang machte und sich im Namen des dreieinigen Gottes segnen ließ.

Das Wort zum Sonntag

Im Frühjahr 1986 bekam ich einen Brief von Pfarrer Jürgen Goetzmann, dem Evangelischen Hörfunk- und Fernsehbeauftragten beim Westdeutschen Rundfunk. Ich hatte schon während einer Morgenandachtsreihe beim WDR mit ihm zu tun gehabt, und ich erinnerte mich an eine gute Zusammenarbeit. Nun schrieb er mir, ich sei zu einer Probeaufnahme für »Das Wort zum Sonntag« vorgesehen, einer Sendereihe, die seit Jahrzehnten am Samstagabend im ARD-Programm ihren Sendeplatz hat. So fuhr ich eines Tages nach Düsseldorf ins »Haus der Kirche« und sprach dort meinen vorbereiteten Text.

Im Oktober wurde ich zu einem »Curriculum« für einige »Wort zum Sonntag«-Sprecherinnen und Sprecher in Bad Urach eingeladen, auch Altmeister wie Jörg Zink nahmen daran teil. Nicht nur als einziger Sprecher aus einer evangelischen Freikirche, auch wegen meiner theologischen Couleur fühlte ich mich dort ein wenig als Außenseiter. Aber die anfängliche Fremdheit verlor sich schnell. Vor allem in den Pausen und an den Abenden ergaben sich gute Gespräche. Besonders Heiko Rohrbach ist mir in Erinnerung, ein Pfarrer der Evangelischen Kirche von Kurhessen-Waldeck, der dort für Erwachsenenbildung zuständig war. Ich kannte ihn bereits aus der Arbeitsgemeinschaft der Evangelischen Jugend (AEJ). Theologisch trennten uns Welten, aber in Bad Urach hatten wir einen persönlichen und wertvollen Austausch miteinander. Das galt auch für Gerd Höft, der über viele Jahre der Medienbeauftragte der Evangelischen Kirche im Rheinland war. Während dieser Tagung brachte jeder von uns einen Beitrag vor der Kamera ein, anschließend tauschten wir uns gemeinsam darüber aus. Sprecher wie Jörg Zink ließen uns an ihren langjährigen Erfahrungen teilhaben. Aber auch die Medienfachleute gaben uns wertvolle Tipps. Es ging nicht nur um inhaltliche Formulierungen, sondern ebenso um Sprechstil und Körpersprache.

Im Februar 1987 war ich dann zum ersten Mal mit einem eigenen »Wort zum Sonntag« dran. Eine knappe Woche vor der Ausstrahlung machte ich mich mit meinem »genehmigten« Text auf den Weg nach Köln ins WDR-Studio. Da zwei Sendungen relativ dicht aufeinanderfolgten, sollten gleich beide aufgezeichnet werden. Selbstverständlich stand ich unter Strom und war ziemlich angespannt. Friedhelm Lange, damals noch Leiter der Abteilung Kultur und Kirche beim WDR, nahm mich locker und freundlich in Empfang, sodass sich meine Befangenheit einigermaßen verlor. Er kannte mich, da er früher einmal im ERF tätig war. Ich solle mir beim Sprechen vor der Kamera die »PUNKT«-Leserschaft als Zuschauer vorstellen, meinte er.

Aber in den folgenden Sendungen begleitete mich vonseiten des Kirchenfunks ein junger Pfarrer, mit dem ich mich weder theologisch noch menschlich verstand. Die Chemie zwischen uns beiden stimmte einfach nicht, das machte die Zusammenarbeit schwierig. Noch schwerwiegender waren allerdings unsere inhaltlichen Auseinandersetzungen. Einmal wurde noch Minuten vor der Aufnahme mein Text geändert, unter großer Anspannung setzte ich mich in einen Nebenraum des Kölner Funkhauses und machte mich mit dem veränderten Text vertraut. Es ging ja darum, einen etwa vierminütigen Text ohne Unterbrechung auswendig zu sprechen. Ein Teleprompter, auf dem ich den Text mitlesen konnte, stand aus unerfindlichen Gründen nicht zur Verfügung, und in mein Manuskript schauen wollte ich während der Aufnahme nicht. Bei einer Tonaufnahme ist ein Unterbrecher kein Problem, aber bei einer Bildaufzeichnung hat ein Versprecher oder Gedankenaussetzer zur Folge, dass die gesamte Aufnahme noch einmal von vorn beginnen muss. Der Gedanke daran trug nicht gerade zu meiner Entspannung bei. So saß ich also vier Minuten lang vor einer ferngesteuerten Kamera in einem menschenleeren Raum, schaute in die Linse und versuchte mir den »einen« Zuschauer in seinem Wohnzimmer vor seiner Glotze vorzustellen (so wurde es mir empfohlen).

Zwei Sendungen wurden im Frühjahr 1987 ausgestrahlt, zwei weitere folgten im Herbst desselben Jahres. Im April und Mai 1988 war ich dann noch einmal mit zwei Sendungen dran, anschließend übernahm Jürgen Werth meinen Platz. Ich war ja interessanterweise nicht über die Schiene der evangelischen Freikirchen ins »Wort zum Sonntag« gekommen, sondern als Sprecher des evangelikalen Flügels der Christenheit. Vermutlich wollte man damit dem Vorwurf theologischer Einseitigkeit beim »Wort zum Sonntag« etwas entgegensetzen. Begonnen hatte diese Reihe mit Horst Marquardt, Direktor des ERF. Ich trat mit meinem »Wort zum Sonntag« seine Nachfolge an. Nach Jürgen Werth gab es meines Wissens niemanden mehr, der dem pietistisch-evangelikalen Flügel der Christenheit zuzuordnen war.

Nein, ich denke nicht besonders gerne daran zurück, obwohl es im Anschluss an die Sendungen zu guten Gesprächen kam. Meist wurde ich von Zufallszuschauern darauf angesprochen, zum Beispiel von der Eigentümerin einer kleinen Frittenbude in unserer Nachbarschaft. Während sie ihren Kunden Currywurst, halbe Hähnchen und andere kulinarische Köstlichkeiten servierte, lief im Hintergrund ohne Unterbrechung der Fernseher. Auf diese Weise hatte sie mich »entdeckt«. Von da an war ich ihr ganz persönlicher »Wort zum Sonntag«-Sprecher, so stellte sie mich jedenfalls ihren Kunden vor. Ähnlich erging es mir in einem kleinen, aber feinen Restaurant auf der Insel Langeoog. Dort gab es eine Kellnerin, die ganz begeistert war, wenn »der Mann aus dem Fernsehen« während der Herbsttagungen bei ihr erschien.

Es knirscht in der Bundesgemeinschaft

Als ich 1983 mit der Bundespflege begann, hatte ich mir vorgenommen, weniger »Feuerwehr« zu sein. Ich wollte nicht nur Konfliktherde löschen, sondern möglichst frühzeitig helfen, Konflikte zu lösen. Es sollte erst gar nicht zu verletzenden Auseinandersetzungen kommen. Aber nach fünf Jahren Bundespflege musste ich mir und anderen gegenüber eingestehen, dass mir diese vorbeugende Bundespflege nicht so recht gelang. Im Gegenteil, die Konfliktherde nahmen zu und dominierten immer mehr meine Arbeit. Hinzu kam die wachsende Zahl der Gemeinden und Pastoren. Als ich 1983 in die Bundespflege einstieg, hatten wir 170 Pastoren, 1986 waren es fast 200. Das führte in der Pastorenschaft dazu, dass man über Vertrauenspastoren nachdachte. Zwar gab es in der Bundesleitung bereits seit vielen Jahren einen Vertrauensmann der Pastorenschaft, aber auch der war als Einzelperson überfordert.

Aber es war wohl nicht nur die wachsende Zahl der Pastoren, die zu Spannungen führte, es war ein Konglomerat von inhaltlichen und strukturellen Fragen, die eine Reihe von Pastoren unzufrieden sein ließ. Im September 1986 baten einige von ihnen die Bundesleitung um ein »offenes, brüderliches Gespräch«. Als Begründung schrieben sie: »Uns bewegt die tiefe Sorge um die Einheit unseres Bundes. Wir sehen die Gefahr einer zunehmenden inneren Emigration nicht weniger Brüder der Predigerschaft und der jungen und mittleren Generation. Wir und sie sorgen uns um eine Entwicklung in unserem Bund, die dazu führt, dass sich mancher ausgegrenzt fühlt, obwohl er vom Grundverständnis unserer Gemeinden mit dem Herzen dabei sein möchte.«

Vier Wochen später, im Oktober 1986, konnte ich nicht an der Pastorentagung auf Langeoog teilnehmen, da ich in Bad Urach mit den »Wort zum Sonntag«-Sprechern zusammen war. Als ich nach Witten zurückkehrte und mich auf den Weg nach Langeoog machen wollte, traf ich unmittelbar vor meiner Abreise einen Kollegen, der gerade von der Pastorentagung zurückkam. Auf meine Frage, wie die Tagung verlaufen sei, meinte er: Er habe wegen seiner früheren Abreise zwar den offiziellen Schluss nicht mehr miterlebt, aber es sei zu einer heftigen Auseinandersetzung gekommen. Was war passiert?

Während der Pastorentagungen gibt es jeweils einen »Internen Abend«, dessen Tagesordnung sich aus bundesinternen Anliegen zusammensetzt. Dabei war es zu deutlichen Spannungen zwischen Bundesleitung und Teilen der Pastorenschaft gekommen, und die waren offensichtlich eskaliert. Dabei ging es um Fragen des Leitungsstils, aber darüber hinaus auch grundsätzlich um das Verhältnis zwischen Bundesleitung und Pastorenschaft. Die Pastoren hatten sich einen Sprecher gewählt, der alles auflistete, was es aus ihrer Sicht an der Bundesleitung zu bemängeln gab. Das machte sich dann vor allem an der Person des Präses fest. Der fühlte sich in dieser Situation von anderen Mitgliedern der Bundesleitung alleingelassen. Jahre später meinte er dazu, es sei ihm ergangen wie dem Apostel Paulus, der an Timotheus schrieb: »Es stand mir niemand bei« (2. Timotheus 4,16).

1987 entstand – vermutlich ausgelöst durch diese Situation – der »Wuppertaler Kreis«. Der Name hatte wohl mit seinem Sitzungsort zu tun, vielleicht aber auch damit, dass ihm vor allem Pastoren aus dem »Bergischen Kreis« angehörten. Dieser Kreis war ein Sammelbecken von kritischen Anfragen an die Bundes-leitung. Im September trafen Karl Heinz Knöppel und ich uns mit den Kollegen, die dazugehörten, in Wuppertal-Barmen, um zu hören, worin genau ihre Kritik an uns bestand. Manche wünsch-ten sich eher eine moderierende Bundesleitung. Es war auch von einem Klima der Angst in der Pastorenschaft die Rede: Wer öf-fentliche Kritik äußere, käme danach im Bund nicht mehr vor. Andere traten beim »Wort des Präses« für Koreferate ein. Dabei handelt es sich um eine jährliche Ansprache des Präses, in der er zur aktuellen Situation des BFeG, zu wichtigen Schwerpunkten und Herausforderungen Stellung bezieht.

Aber es ging zweifellos auch um inhaltliche Fragen. Als Beispiel wurde ein Gespräch zwischen Deutscher Evangelischer Allianz und Politikern genannt. Da sei von Abtreibung die Rede gewesen, aber kein Wort über Armut, Ausländerfragen und Menschenrech-te gefallen. Auch das Wort von der »theologischen Engführung« des Bundes tauchte auf. Dabei ging es um die Frage nach dem Verständnis der Bibel, aber im Zusammenhang damit auch um ethische Themen. Insgesamt verlief das Gespräch fair, aber es machte deutlich, dass es zwischen Bundesleitung und einem Teil der Pastorenschaft nicht zu unterschätzende Spannungen gab. Manches davon floss später in die Themen der »Theologischen Woche« ein.

Im Frühjahr 1988 warf eine Morgenandacht auf der »Theologi-schen Woche« allerdings in aller Schärfe die Frage nach dem »Schriftverständnis« auf. Einer unserer Pastoren hatte sich in die-ser Andacht kritisch zur Bibel geäußert (sie sei auch nur ein Buch). Es folgte ein Gespräch darüber zwischen ihm und einzelnen Mit-gliedern der Bundesleitung, im Anschluss daran noch ein weiteres Gespräch in einem größeren Kreis. Und obwohl versucht wurde, die Auseinandersetzung auf dieser Ebene zu klären, hatte eine rechts-evangelikale Zeitschrift davon Wind bekommen und da-raus eine Titelgeschichte gemacht. Die unübersehbare Schlagzeile lautete: »Skandal in Ewersbach«. Auch wenn viele in der Pastorenschaft und den Gemeinden diesem Artikel kaum Beachtung schenkten, trug der Aufmacher zweifellos zusätzlich zu einer gewissen Polarisierung bei.

Einer unserer Pastoren schrieb mir einige Monate später von einem Traum. Darin saßen FeG-Pastoren zusammen und sprachen über jene Andacht. Die einen meinten, der umstrittene bibelkritische Satz sei so nicht gefallen, andere waren der Meinung, er sei anders gemeint gewesen, und man müsse den Zusammenhang beachten.

Schließlich wurde eine Kassette in einen damals üblichen Kassettenrekorder gelegt, um noch einmal den genauen Wortlaut zu hören. Als die Aufnahme an die entscheidende Stelle gekommen sei, so berichtete der Schreiber mir, habe plötzlich das Bild seines Traumes gewechselt. Plötzlich sah er vor sich einen Sandstrand, auf dem wir Pastoren eine fröhliche Gemeinschaft bildeten. Jeder hatte sein Strandlaken ausgebreitet und darauf seine persönlichen Habseligkeiten gelegt: Fahrkarten, Bücher, Lebensmittel usw. Doch dann sei ein Sturm aufgezogen und habe alles durcheinandergewirbelt. Zunächst schien das zwar ganz lustig zu sein, aber dann habe sich gezeigt, dass vieles vom Wind verweht und im Sand begraben und nicht mehr auffindbar war. Da sei er erschrocken aufgewacht.

Der Pastor, der mir das schrieb, gehört zu den eher nüchternen Menschen. Er ist niemand, der Geschichten aufbauscht und Geträumtes vorbehaltlos für bare Münze nimmt, ganz im Gegenteil. Nachdem er mir alles geschildert hatte, fügte er noch hinzu, in diesem Traum habe es untrügliche Zeichen für das Aufkommen des Sturmes gegeben, doch die spielenden Pastoren hätten nicht darauf geachtet, geschweige denn sich gegenseitig gewarnt.

Nein, ich habe nie zu den Christen gehört, die für die Irrtumslosigkeit der Bibel kämpfen. Auseinandersetzungen um Inspirationsdogmen sind mir fremd, auch die »Väter« der Freien evangelischen Gemeinden haben den Streit darüber abgelehnt. Aber wer daraus zu erkennen glaubt, sie seien relativ großzügig mit dem Verständnis der Bibel umgegangen, liegt mit dieser Interpretation der FeG-Geschichte falsch. Es ist richtig, dass ein von Jakob Millard (1860–1938) überlieferter Satz lautet: »Wir glauben nicht an ein bestimmtes Inspirationsdogma«, aber in diesem Satz heißt es auch: »Wir glauben an die Inspiration der ganzen heiligen Schrift.« (Jakob Millard war Schulleiter des BFeG-Predigerseminars.) Im Glaubensbekenntnis der ersten FeG in Deutschland (1854) findet sich der Satz: »Wir glauben, dass die ganze Heilige Schrift, in allen ihren Teilen, von Gott eingegeben und die einzige untrügliche Richtschnur des Glaubens und Lebens ist.« Und Heinrich Neviandt, der erste FeG-Pastor, schrieb 1842 an einen Freund: »Und wenn alle Kirchenväter, Reformatoren und Prediger ›Nein‹ sagten, und die Bibel sagt ›Ja‹, so gilt der letzteren Stimme, und mir gebührt's, die Hand auf den Mund zu legen und kindlich zu glauben.«

Ein Verlag in der Krise

Aber zur Klimaverschlechterung trug noch etwas anderes bei: die Entwicklung des damaligen Bundes-Verlages. Er hat in unserer Bundesgeschichte zweifellos ein größeres Gewicht als vergleichbare Einrichtungen in anderen Freikirchen. 1887 wurde er von Friedrich Fries (1856–1926) mit einer christlichen Buchhandlung ins Leben gerufen, die Anfänge der Freien evangelischen Gemeinde in Witten sind unmittelbar damit verknüpft. Friedrich Fries war eine dynamische Persönlichkeit mit vielen kreativen Ideen. Man nannte ihn den »Bruder Superlativ« – zweifellos neigte er auch zu Übertreibungen. Heute hängt sein Foto im Flur des Bundeshauses in Witten, aber damals lag er oft im Clinch mit der Leitung des Bundes. Doch die Geschichte lehrt: Pioniere waren zu allen Zeiten auch ein wenig verrückt; sie wagten es, ungewohnte, manchmal riskante Entscheidungen zu treffen.

Bereits 1890 brachte Friedrich Fries seine erste evangelistische Zeitschrift heraus, 1893 erschien dann »Der Gärtner« (heute »Christsein heute«). Diese Zeitschrift war jahrzehntelang das Leib- und Magenblatt aller Freien evangelischen Gemeinden, hatte aber auch über diesen Kreis hinaus eine große Leserschaft, zeitweilig hatte er mehr Abonnenten, als es im BFeG Mitglieder gab. Ein Grund dafür war wohl auch der damalige Schriftleiter Wilhelm Wöhrle (1888–1986), seine gedruckten Kommentare waren beliebt und gefürchtet. 1922 hatte man ihn beauftragt, »den verbundenen Gemeinden zu dienen durch Schaffung eines grundsätzlichen Schriftentums und durch eine leistungsfähige Presse«. Im selben Jahr wurde die bisherige »Buchhandlung der Stadtmission« in »Bundes-Verlag eGmbH« umbenannt. Bis 1961 blieb Wilhelm Wöhrle der verantwortliche Verlagsleiter.

Alles in allem erlebte der Bundes-Verlag in den ersten Jahrzehnten des 20. Jahrhunderts eine starke Wachstumsphase. Buchproduktionen, Gesangbücher für alle Altersgruppen (Kinder-, Jugend- und Gemeindepsalter), einen christlichen Abreißkalender, aber auch weitere Zeitschriften gab er heraus – fast alles mit einem erstaunlichen Erfolg. Schon früh verfügte er über eine eigene Druckerei und eine Versandbuchhandlung, die vor allem die Gemeindebüchertische versorgte.

Das Jahr 1981 war in der Bundesrepublik insgesamt ein schwieriges Jahr. Die Wirtschaft litt unter einer lang anhaltenden Stagnation, und die Arbeitslosigkeit nahm gegenüber 1980 um 43 Prozent zu. Auch der Bundes-Verlag schloss das Geschäftsjahr damals mit einem erheblichen Verlust. Im Herbst 1982 wurde ein neuer Geschäftsführer berufen, der den Verlag durch neue Regelungen und Strukturen wirtschaftlich wieder auf gesunde Beine zu stellen versuchte. Die Versandbuchhandlung war bereits vorher an den R.Brockhaus Verlag gegangen und trat von da an als »Versandbuchhandlung R.Brockhaus und Bundes-Verlag« in der Öffentlichkeit auf. Das war sicher keine kluge Entscheidung, zumal die Versandbuchhandlung die Lebensader zwischen dem Verlag und den Gemeinden bildete.

Stattdessen verursachte die Druckerei erhebliche Kosten, denn in keinem anderen Bereich gab es so viele gravierende technische Umwälzungen wie hier. Als ich 1973 in Witten begann, waren in der Druckerei noch die Schriftsetzer bei der Arbeit. Dann folgten die Umstellung vom Blei- auf Fotosatz und viele weitere tief greifende Veränderungen. Ganze Berufe im Druckereigewerbe verschwanden. Um überhaupt als Druckerei noch wettbewerbsfähig zu sein, mussten neue Maschinen her, und weil sie so teuer waren, sollten sie möglichst rund um die Uhr laufen.

Aber es kamen noch weitere Probleme des Verlags hinzu. In der christlichen Verlegergemeinschaft ABCteam wurde vereinbart, dass auch beim Bundes-Verlag jedes Jahr zehn neue Titel erscheinen sollten. Einige davon verkauften sich gut, andere wurden zu Ladenhütern. Hinzu kam der Rückgang vertrauter Zeitschriften, die seit Jahrzehnten zum Bund gehörten, aber immer weniger Abnehmer fanden. Der einzige Lichtblick war die Jugendzeitschrift »PUNKT«, deren Redaktion Ulrich Eggers 1979 übernahm und an deren Entstehen er wesentlich beteiligt war. In einem anderen Zusammenhang habe ich schon davon erzählt.

1985 wurde das Schicksalsjahr des bisherigen Bundes-Verlags. Seine finanzielle Situation hatte sich derart zugespitzt, dass er in seiner bisherigen Form nicht mehr existieren konnte. Die Druckerei wurde endgültig aufgegeben, ebenso die Buchproduktion. Neu gegründet wurde eine »Bundes-Verlag GmbH«, angesichts der Größe des früheren Verlages ein bescheidenes »Überbleibsel«. Sie wurde eingerichtet, um ausschließlich die Zeitschriften des BFeG und bundesrelevante Literatur herauszugeben. Positiv formuliert hieß das damals: Wir konzentrieren uns jetzt auf unser Kerngeschäft!

Ich erinnere mich an eine denkwürdige Bundesratssitzung am 19. Oktober 1985, die in Wuppertal-Barmen stattfand. Hinterher sprach mich ein junger Pastor an und meinte, weshalb ich mich in der Aussprache nicht geäußert hätte, er habe das von mir erwartet. Aber mein Schweigen hatte vor allem mit den betroffenen Mitarbeitern zu tun, für die ich mich – auch in meiner Eigenschaft als Bundespfleger – verantwortlich fühlte. Im Redaktionsbereich handelte es sich um Pastoren, die ein Stück ihrer bisherigen Lebensperspektive verloren. Darüber hinaus arbeiteten im Bundes-Verlag Männer und Frauen, die zu unserer FeG in Witten gehörten und zu deren weiterem Weg es auch aus der Gemeinde kritische Anfragen an die verantwortliche Leitung des Verlages und des Bundes gab. Am 28. November erschien in der »Westdeutschen Allgemeinen Zeitung« (WAZ) eine große Schlagzeile zu den Vorgängen im Bundes-Verlag.

Am 1. Mai 1986 übernahm Erhard Diehl dann die Leitung des Verlages. Er hatte die Arbeit als Chefredakteur beim ERF aufgegeben und war nun für die Bundes-Verlag GmbH verantwortlich, die damals nur noch elf Personen beschäftigte (zuvor waren es rund 70 gewesen). Er übernahm diese Aufgabe mit dem klaren Ziel, als Bundes-Verlag in der Öffentlichkeit wieder ein Sprachrohr für das Evangelium zu sein. So litt er verständlicherweise darunter, dass die Buchproduktion und das Ladengeschäft aufgegeben worden waren. Auch für die Zeitschriften wünschte er sich ein Wirkungsfeld über den BFeG hinaus. Aber einige Mitglieder des Aufsichtsrates standen auf der Bremse und teilten aufgrund ihrer Erfahrungen seine Perspektive nicht.

Glücklicherweise gab es auch andere, wie den damaligen Präses Karl Heinz Knöppel und den Unternehmer Friedhelm Loh, der den Vorsitz des neuen Bundes-Verlages übernahm. Um dem Verlag wieder eine Zukunft zu ermöglichen, wurden konsequent neue Schritte eingeleitet und Verlustträger aufgegeben, auch wenn das schmerzlich war. Der Satz »Das haben wir immer so gemacht«

durfte im Haus nicht mehr fallen. Auf diese Weise konnte mit den Jahren, mit Ausnahme der Druckerei, alles wieder aufgenommen werden, was zum alten Verlag gehört hatte: die Versandbuchhandlung, das Ladengeschäft, die Buchproduktion, darüber hinaus auch eine Reihe neuer Zeitschriften.

Macht man sich diese teils schmerzhafte Geschichte bewusst, so ist der heutige »SCM Bundes-Verlag« mit seinen vielen auflagenstarken Zeitschriften ein echtes Wunder. Es fiel den Verantwortlichen nicht einfach zu, sie und die Mitarbeiterinnen und Mitarbeiter des Verlages arbeiteten hart daran. Daraus wurde dann im Juni 2000 die »Stiftung Christliche Medien« (SCM) und der Bundes-Verlag ein Teil davon. Stifter ist der Unternehmer Friedhelm Loh und Geschäftsführer Ulrich Eggers, der dem Verlag seit 1979 angehört. 1992 hatte er die Zeitschrift »family« ins Leben gerufen und 1996 die Zeitschrift »AUFATMEN«. Inzwischen ist die SCM die größte evangelikale Verlagsgruppe in unserem Land. Dass es die SCM mit ihren vielen Verlagen überhaupt gibt, ist vor allem der Führung Gottes zu verdanken, und es wird für die Zukunft entscheidend sein, dass das Bewusstsein dieser Abhängigkeit von ihm niemals verloren geht. Aber das gilt für alle christlichen Werke und Einrichtungen.

Doch kehren wir zurück zum Betriebsklima der Bundesgemeinschaft in der Mitte der 80er-Jahre. Nicht zuletzt durch die genannten Problemfelder wurde vor allem für die Bundespflege die Herausforderung immer größer – sie ließ sich nicht mehr von nur *einem* Bundespfleger und dem Präses (der ja in gewisser Weise auch in der Bundespflege tätig war) auffangen. Zunächst sah ich in einer stärkeren Begleitung auf regionaler Ebene eine Entlastung. Ich empfand das auch als sachgerecht, denn eines der Probleme bestand ja darin, dass der im Ernstfall »einfliegende Bundespfleger« nicht wirklich helfen konnte. Dafür wurde eine längere Begleitung vor Ort gebraucht. Auf einer erweiterten regionalen Ebene sollte eine solche Hilfe aber möglich sein, und so trat ich zunächst für diese Lösung ein. Allerdings war angesichts der finanziellen Lage klar, dass dafür nur ehrenamtliche Mitarbeiter infrage kamen. So bat ich im März 1988 auf der Bundesratssitzung in Friedensdorf darum, in den Bundeskreisen Gemeindeberater zu benennen und mir ihre Namen mitzuteilen. Auf diese Weise sollte ein Netz von Mitarbeitern in den damals 19 Bundeskreisen aufgebaut werden, mit denen ich als Bundespfleger arbeiten konnte.

Aber so gut die Absicht auch sein mochte – eine wirkliche Lösung wurde nicht daraus. In den anschließenden Diskussionen innerhalb der Bundesleitung schälte sich immer deutlicher die Ansicht heraus: Wir brauchen einen zweiten Bundespfleger. Dabei schwankte ich in meinen Vorstellungen hin und her und machte es der Bundesleitung nicht gerade leicht. Offen blieb vor allem die Frage, ob diese zwei Bundespfleger ihre Arbeitsbereiche inhaltlich oder regional aufteilen sollten.

Irgendwann entschieden wir uns dann für eine inhaltliche Teilung, also für einen Bundespfleger, dessen Schwerpunkt bei den Pastoren lag, und einem anderen, der sich vor allem um die Gemeinden zu kümmern hatte.

Am 17. Mai 1990 wurde dann Wolfgang Schulze als zweiter Bundespfleger berufen. Er übernahm den Schwerpunkt »Gemeinden«, während ich weiter für die »Pastorenschaft« zuständig war. Wolfgang hatte als Pastor Erfahrungen mit ganz unterschiedlichen Gemeinden gemacht, er hatte in alten und jungen FeGs gearbeitet. So war er bestens auf die Aufgabe vorbereitet.

Diagnose: Krebs

1989 wurde ein ganz besonderes Jahr, und es ist gut, dass wir nicht im Voraus wissen, was im Einzelnen auf uns zukommt. Am 19. Januar hatte ich auf dem Kronberg in Ewersbach mit dem Vertrauensrat der Pastorenschaft zusammengesessen. Ich war auf dem Weg zur Haincher Höhe, einem Bergrücken zwischen Hessen und Nordrhein-Westfalen, als mein Wagen plötzlich wegrutschte, gegen die Leitplanke stieß, sich quer stellte und sich nicht mehr bewegte. Ich konnte ohne Probleme das Auto verlassen und sicherte die Unfallstelle ab. Aber ich hatte noch kein Handy und bat einen vorbeifahrenden Autofahrer, im nächsten Dorf die Polizei anzurufen. Die kam dann auch nach einiger Zeit und nahm den Unfall auf. Es war ein sonniger Januartag, doch die Sonne hatte den Boden nicht überall erreicht, und so war die Schattenseite der Straße teilweise vereist. Das war die Unfallursache. Das Eigenartige ist, dass meiner Frau genau an diesem Tag gesagt wurde, sie habe einen verdächtigen Knoten in der Brust und müsse möglichst schnell ins Krankenhaus.

Es war wieder eine Zeit mit vielen Außendiensten, in den darauffolgenden Tagen war ich in Süddeutschland unterwegs, und als Edelgard am 26. Januar ins Krankenhaus kam, hatte ich am Vorabend noch eine Veranstaltung in Starnberg. Ich übernachtete vom 25. auf den 26. Januar bei Hermann und Elfriede Schürenberg. Hermann war viele Jahre Pastor der Freien evangelischen Gemeinden in Nürnberg und München und inzwischen im Ruhestand. Einige Male hatte ich bei ihnen in Schwabing übernachtet, sie waren für mich geistliche Eltern, denen ich viel Vertrauen entgegenbrachte.

An diesem Morgen lasen wir gemeinsam die Losung der Herrnhuter Brüdergemeine, sie stand in 2. Mose 15,26b: »Ich bin der Herr, dein Arzt.« Nein, ich gehe nicht orakelhaft mit Losungen um, habe aber oft erlebt, dass Gott mir damit sein Wort für eine konkrete Lebenssituation gibt. So war es auch an diesem Morgen, und ich nahm sie ganz kindlich aus seiner Hand. Hermann, Elfriede und ich beteten dann für Edelgard, und nach dem Frühstück machte ich mich auf den Weg nach Witten. Am Abend war ich bei Edelgard im Krankenhaus, wir haben noch lange miteinander gesprochen und gebetet, und am darauffolgenden Tag, einem Freitag, wurde Edelgard operiert.

In der Mittagszeit rief ich einige Male im Krankenhaus an, aber Edelgard war immer noch nicht aus dem Operationssaal zurück, und niemand konnte mir etwas Genaues sagen. Am frühen Nachmittag fuhren unsere jüngere Tochter Kerstin und ich ins Krankenhaus. Als wir dort eintrafen, schob man Edelgard auf einem Wagen durch den Flur, sie kam gerade aus dem OP und sah unglaublich blass und mitgenommen aus. Kerstin bekam einen Weinkrampf, und eine freundliche Schwester nahm sie beiseite. Sie fuhr dann zurück nach Hause, und unsere Nachbarin Irmtraud Happel kümmerte sich um sie und tröstete sie. Kurze Zeit darauf war ich mit Edelgard allein im Krankenzimmer, und ich hatte ein sehr intensives Empfinden der Nähe Gottes. Ich legte meiner Frau die Hände auf und betete, dass Jesus, unser gemeinsamer Herr, sie segnet und heilt.

Das Alleinsein und die Stille in diesem Zimmer, das Gefühl der unmittelbaren Nähe Gottes und das Vertrauen, dass er alles gutmachen wird, empfand ich als ein großes Geschenk. Edelgard, die von alldem nichts mitbekommen hatte, wachte einige Zeit danach aus ihrer Narkose auf.

Unsere Tochter Christina war während dieser Zeit in Hamburg und machte dort ihr Praktikum; es war sicher nicht leicht für sie, all dies aus der Ferne mitzuerleben. Kerstin ging es inzwischen besser. Und Edelgard schien merkwürdig getröstet und zuversichtlich zu sein – trotz der Krebserkrankung und der Amputation ihrer Brust. Mein Bruder Diethelm übernahm eine Evangelisation in Erlangen, die ich zugesagt hatte, sodass mir Zeit blieb, für meine Frau ganz da zu sein. Oft wanderten wir lange über die Krankenhausflure und redeten viel miteinander. Wenn ich dann am Abend nach Hause kam, rief ich Christina an, aber auch die vielen Verwandten und Freunde, die an Edelgards Erkrankung Anteil nahmen und für sie beteten. Manchmal wachte ich in der Nacht auf und bekam schreckliche Angst um meine Frau. Was wäre, wenn Gott sie zu sich nähme?

An einem dieser Tage ging ich in die Bochumer Universitätsbuchhandlung und machte mich in Fachbüchern zum Thema Krebs kundig. Da las ich dann in Prozentangaben, wie hoch bei unterschiedlichen Größen des Karzinoms die Überlebenschancen sind und vieles andere mehr. Das machte mich fast verrückt. Eigenartig, wie Gefühle wechseln. Während des Gebetes für Edelgard im Krankenhaus hatte ich mich so ruhig und geborgen gefühlt. Wenige Tage darauf und vor allem des Nachts war davon kaum noch etwas zu spüren. In einer Nacht stieß ich auf Markus 11,24: »Alles, worum ihr betet und bittet, glaubt nur, dass ihrs schon erhalten habt, dann wird es euch zuteil.« Ich klammerte mich daran und war doch so unsicher. An den Rand dieses Bibeltextes habe ich mir das Datum notiert: 31.01.1989.

Ich weiß, dass Gott nicht jede Krankheit heilt und dass man ihn auch nicht durch fromme Gebete dazu zwingen kann. Etwa zur gleichen Zeit gab es in unserer Wittener FeG noch eine weitere Frau mit der Diagnose Brustkrebs, und für sie wurde nicht weniger gebetet als für meine Frau. Aber Gott hat sie zu sich genommen. Auch ein uns nahestehender Pfarrer fällt mir ein. Während Edelgard im Krankenhaus lag, hat er sie noch besucht, mit ihr gebetet und ihr Mut zugesprochen. Wenige Monate darauf erkrankte auch seine Frau an Brustkrebs, und trotz vieler Gebete starb sie. Edelgard und ich nehmen es dankbar als Wunder, dass wir heute – nach 47 Jahren – noch immer zusammen sind. Aber das eigentliche, für jedermann verlässliche Wunder ist wohl die Zusage der Gegenwart Gottes in guten und in schweren Tagen. Nein, auch als Christen wissen wir nicht, was morgen sein wird, doch wir wissen, dass *er* da sein und uns halten wird (Matthäus 28,20; Johannes 10,28b)! Für einen außenstehenden Beobachter mag das nicht besonders viel sein, aber für den, der sich in solch einer Situation befindet, bedeutet es alles! Es muss schrecklich sein, sich zu sorgen, leiden zu müssen, keinen Ausweg zu sehen – und das alles mit dem Gefühl, einem blinden Schicksal ausgeliefert zu sein!

Für den Juli 1989 war ein Nachfolgekongress von »Lausanne '74« in Manila geplant, ich war bereits angemeldet, sagte aber aufgrund von Edelgards schwerer Erkrankung ab und machte den Platz für einen anderen frei. Während des Sommers nahmen wir uns dann viel Zeit füreinander. Es war, als habe Gott uns einander noch einmal neu geschenkt.

Aber mit der Zeit verblassen selbst solch tief greifende Erfahrungen. Erst als im Juli 2012 eine unserer Töchter ebenfalls mit der Diagnose Brustkrebs konfrontiert wurde, kam die Angst wieder zurück. Am 31. Juli fuhr ich unsere Christina ins Marienhospital, also in das Krankenhaus, in dem auch Edelgard vor 23 Jahren operiert worden war. Plötzlich war alles wieder da: die Sorge und das ständige Schwanken zwischen Zuversicht und Zweifel. Es stellte sich dann heraus, dass Christina noch viel aufwendiger operiert werden musste als zunächst angekündigt. Dennoch erlebte auch sie eine Kraft und Geborgenheit, die letztlich unerklärbar sind. Christina war es, die uns – so eigentümlich es klingt – fast begeistert von den freundlichen Ärzten und Schwestern erzählte, auch von guten Kontakten, die sich mit Patienten auf ihrem Zimmer ergaben. Edelgard und ich konnten über unsere Tochter nur staunen. Sicher, das blieb nicht so. Danach gab es bei unserer Tochter auch Phasen der Angst und der Niedergeschlagenheit, aber insgesamt blicken wir heute auch auf diese schwere Zeit dankbar zurück.

Offene Grenzen!

Was am 9. November 1989 in Berlin geschah, ist noch heute kaum zu fassen. Auf einer Pressekonferenz las das ZK-Mitglied Günter

Schabowski eine Mitteilung des Politbüros vor, die davon sprach, dass es jedem Bürger in der DDR gestattet sei, ohne einen besonderen Anlass und ohne das Vorlegen besonderer Dokumente in den Westen zu reisen. Und als ein Journalist ihn in das aufgeregte Stimmengewirr hinein fragte, ab wann diese neue Regelung gelte, blätterte er etwas unsicher in seinen Papieren und sagte schließlich: »Nach meiner Erkenntnis ist das ... sofort. Unverzüglich.« Das passierte gegen 19 Uhr, und bereits eine Stunde später verkündigte Hanns Joachim Friedrichs in der »Tagesschau« der ARD: »Die DDR hat mitgeteilt, dass ihre Grenzen ab sofort für jedermann weit geöffnet sind. Die Tore in der Mauer stehen weit offen.« Daraufhin setzten sich nach und nach Tausende in Bewegung, um noch in der Nacht einen Kurzbesuch in Westberlin zu wagen.

Bereits im Sommer, bei einem Urlaub in Großenbrode an der Ostsee, hatten Edelgard und ich im Fernsehen mitverfolgt, wie DDR-Bürger über Ungarn in den Westen flohen. Am 30. September folgte dann der berühmteste Halbsatz der Weltgeschichte – Hans-Dietrich Genscher sprach ihn vom Balkon der Deutschen Botschaft in Prag: »Wir sind gekommen, Ihnen mitzuteilen, dass heute Ihre Ausreise ...« Der Rest ging im Jubel von über 4000 Menschen unter, die seit Tagen im Garten der Botschaft auf die Ausreise in die Bundesrepublik warteten. Nun also war die Grenze zwischen Ost und West endgültig gefallen. Nur wer über Jahre miterlebt hat, wie unüberwindlich sie schien, kann in etwa ermessen, was das bedeutete.

Am Tag nach der Maueröffnung begann unsere Herbsttagung in Eutin. Ich fuhr sehr früh von Witten los, um noch Zeit für einen Kurzbesuch in Lübeck zu haben. Ich liebe diese Stadt. Immer wenn sich mir die Möglichkeit bot, habe ich mir ein wenig Zeit für sie genommen. Die historischen Kirchen mit ihren Orgeln, die kleinen Straßen und Hinterhöfe, das Buddenbrook-Haus und das Stöbern in der großen Weiland-Buchhandlung, das alles mochte ich sehr. Aber diesmal trieb mich noch etwas anderes nach Lübeck. Die Stadt lag unmittelbar an der Grenze zur DDR, und ich wollte sehen, was dort passierte. Den Wagen parkte ich weit außerhalb der Altstadt, da durch die Straßen kein Durchkommen war. Als ich weiter in Richtung Stadtmitte ging, nahm die Zahl der Trabis am Straßenrand deutlich zu. Selbst den kleinsten Parkraum in der Altstadt füllten sie, und unter ihren Scheibenwischern klemmten Rosen, sogar einen Geldschein entdeckte ich.

Im Zentrum schoben sich Menschenmassen durch die Fußgängerzone. Auf dem Marktplatz am Rathaus hatte man eine Gulaschkanone aufgestellt, wer wollte, bekam dort eine gute Suppe. Mittendrin stand Ulrich Wilckens, der damalige Bischof des Sprengels Holstein-Lübeck. Er begrüßte die »Schwestern und Brüder« aus der DDR und hieß sie immer wieder herzlich willkommen. Und nicht nur bei ihm, bei allen gewann ich den Eindruck, hier freut sich jeder über jeden. Es herrschte eine unbeschreibliche Heiterkeit in der Stadt, eine fröhliche, ja geradezu ausgelassene Volksfeststimmung. Von dieser Freude wurde dann auch unsere Tagung erfasst, die am Abend im Seeschloss begann. Ich erinnere mich an einen alten Mann in meiner Ronsdorfer Heimatgemeinde, der in der Bibelstunde regelmäßig für »unsere Schwestern und Brüder in der Ostzone« betete. Wenn ich es richtig in Erinnerung habe, bat er den Vater im Himmel auch um die Öffnung des »Eisernen Vorhangs«. Nun also war es tatsächlich geschehen! Hatte ich jemals an die Erhörung solcher Gebete geglaubt? Nein – und wenn doch, dann nur äußerst vage.

Jetzt, wo ich diese Sätze schreibe, liegt der Fall der Mauer 25 Jahre zurück. Inzwischen haben wir uns daran gewöhnt, und die Freude, die uns damals erfüllte, ist einer gewissen Nüchternheit gewichen. Manche Zeitgenossen sehnen sich sogar nach der DDR zurück. Das erinnert mich an das Volk Israel, das im Nachhinein die »Fleischtöpfe Ägyptens« so appetitlich fand (2. Mose 16,3). Eigentümlich, wie schnell sich angesichts aktueller Probleme selbst die schlimmste Vergangenheit verklärt. Auch die Bürger Lübecks denken heute vermutlich anders über die Grenzöffnung als damals. Die Euphorie ist gewichen, und viele begreifen mehr und mehr, dass das Zusammenwachsen nicht automatisch erfolgt, sondern gewollt sein will und gepflegt werden muss.

Aber ich persönlich komme immer noch nicht aus dem Staunen heraus, wenn ich heute Städte wie Leipzig, Dresden oder Berlin besuche. In der Dresdner Innenstadt fällt mir wieder die Zeit vor 1989 ein, die große leere Fläche zwischen Kreuzkirche und Prager Straße, vor allem der Trümmerberg der Frauenkirche mit dem Luther-Denkmal davor. Ich kann es kaum fassen, wenn heute die beeindruckende Sandsteinkirche mit ihrer gewaltigen Kuppel vor mir in die Höhe ragt. Während ihres Wiederaufbaus hatten uns unsere Freunde aus Radeburg Karten für das Weihnachtsoratorium besorgt, auf Initiative des Trompeters und Professors Ludwig Güttler erklang es im Rohbau der Frauenkirche. Selten hat mich die Musik Bachs und der Text des Evangelisten Lukas so berührt wie zwischen den noch mit Brettern verschalten Wänden. Als wir auf den rohen Sitzbrettern dem zwischen den Gerüsten singenden Chor lauschten: »Er ist auf Erden kommen arm, dass er unser sich erbarm …«, hatte das (fast) eine noch größere Wirkung als in der heute mit vielen festlichen Lichtern geschmückten Kirche.

Unsere Freunde Christel und Gerhard Grosse waren Liebhaber der klassischen Musik, und so besuchten wir auch zur DDR-Zeit mit ihnen Konzerte im Dresdner Kulturpalast. Dass ich ausgerechnet in diesem Saal einige Jahre nach der Wende predigen würde, hätte ich damals im Traum nicht gedacht. Der »Bund Christlicher Posaunenchöre« (BCPD) feierte in Dresden ein großes Fest und hatte mich um diesen Dienst gebeten. Während der Predigt hatte ich sogar die Plätze vor Augen, auf denen wir damals saßen. Unfassbar!

Ähnlich ging es mir in der St.-Hedwigs-Kathedrale in Berlin.

Auch in dieser Kirche predigte ich nach der Wende, und auch das kommt mir unwirklich vor. Diese katholische Bischofskirche gehörte zur DDR-Zeit zu unserem Besuchsprogramm, wenn wir mit der Abschlussklasse des Theologischen Seminars oder mit den Jugendmitarbeitern bei Ost-West-Begegnungen in Ostberlin waren. Nun hatte man mich gebeten, während des Schlussgottesdienstes des Schweigemarsches »1000 Kreuze für das Leben« zu sprechen. Er richtet sich in jedem Jahr gegen Abtreibung und Euthanasie. Vom Neptunbrunnen bis zur Kathedrale wurde er von Trillerpfeifen und Gegenparolen begleitet, die Gegner schrien: »Mein Bauch gehört mir!« und »Statt Jesus Christus Kommunismus!«. Auch der Satz »Hätt' Maria abgetrieben, wärt ihr uns erspart geblieben« war zu hören. In der Kirche predigte ich dann, dass jeder Mensch ein einzigartiges Geschöpf Gottes ist, von ihm gewollt und geliebt. Und da die Kirche das Ziel dieses Marsches war, war sie bis auf den letzten Platz gefüllt. Plötzlich, während ich sprach, sprangen zwei Frauen auf und meldeten sich lautstark zu Wort. Sie liefen nach vorn, entblößten ihren Oberkörper und küssten sich leidenschaftlich vor den Augen der erschrockenen Gottesdienstgemeinde. Fieberhaft überlegte ich, wie ich darauf reagieren sollte, betete still und wollte die Aktion irgendwie stoppen. Aber ehe ich mich versah, schritten Ordnungskräfte ein und drängten die beiden zum Ausgang. Jeder Mensch ein einzigartiges Geschöpf Gottes, von ihm gewollt und geliebt – das gilt auch für diese beiden Frauen!

Es war Anfang Februar 1990, als wir mit den Leitungsmitgliedern der beiden FeG-Bünde aus Ost und West in Berlin zusammenkamen, um über unseren weiteren Weg zu sprechen. Wir »beschnupperten« uns auch zum ersten Mal, denn nicht jeder kannte jeden. Wir dankten dem Vater im Himmel für das große Geschenk der deutschen Einheit und überlegten gemeinsam, welche Schritte jetzt erforderlich seien. Es kam dann dahin, dass die DDR-Gemeinden die Auflösung ihres Bundes beschlossen und einen

Sammelantrag zur Aufnahme in den »Bund Freier evangelischer Gemeinden in Deutschland« stellten. Das schien uns damals der am ehesten gangbare Weg zu sein. Am späten Abend dieser denkwürdigen Sitzung fuhren einige von uns noch zum Brandenburger Tor und versuchten sich als »Mauerspechte«. Noch heute ziert ein solches Mauerstück die Fensterbank in meinem Arbeitszimmer.

Vertrautes, fremdes Israel

Es ist Frühsommer 1990. Weit schweift mein Blick über den See Genezareth, sein hebräischer Name lautet »Kinneret«, weil er die Form einer Harfe hat. Unsere Reisegruppe besichtigt heute eine Diamantenschleiferei. Ich habe mich abgesetzt und sitze hoch oben im Gras auf einem Berghügel zwischen Tiberias und Magdala. Gegenüber, auf der anderen Seite des Sees, erkenne ich im Dunst die Golanhöhen, die seit Jahren unter israelischer Verwaltung stehen. Im Norden liegt Kapernaum, die Stadt, die Jesus zum Mittelpunkt seines Handelns in Galiläa machte. Viele Wunder Jesu geschahen dort. Und unmittelbar links, fast zu den Füßen »meines« Berges, liegt Magdala, die Stadt, in der vermutlich Maria Magdalena zu Hause war. Die Bibel sagt, dass Jesus sie von sieben Dämonen befreite (Lukas 8,2). Heute ist Magdala ein kleines Dorf mit einer archäologischen Ausgrabungsstätte, zur Zeit Jesu war Magdala ein bedeutender Ort. Überhaupt war das Nord- und Westufer des Sees Genezareths damals dicht besiedelt.

Es ist inzwischen mein zweiter Aufenthalt in Israel, vor zwei Jahren waren meine Frau und ich schon einmal in diesem Land. Ernst Schwedes hatte mich gefragt, ob ich die Bibelarbeiten übernehmen wolle, und ich hatte gerne zugesagt. So landeten wir 1988 zum ersten Mal auf dem Flughafen Ben Gurion, übernachteten in Tel Aviv und besichtigten am nächsten Tag Joppe, den kleinen Ort am Mittelmeer, in dem der Apostel Petrus durch eine Vision auf den Besuch in einem heidnischen Haus vorbereitet wurde (Apostelgeschichte 10). Von dort ging es dann weiter nach Haifa und ins Karmelgebirge.

Es war ein ganz besonderes Gefühl, durch eine Landschaft zu reisen, deren Ortsnamen mir seit Kindheitstagen bekannt sind. Nazareth, Kana, Kapernaum – all diese Orte kannte ich ja von klein auf aus den Berichten der Bibel, ich wusste, was in ihnen geschehen war. Nun sah ich sie in der Realität, allerdings ganz anders als in meiner kindlichen Vorstellungswelt. Es war nicht immer einfach, die heutige Wirklichkeit mit den biblischen Texten in Verbindung zu bringen. Den Jordan hatte ich mir größer vorgestellt, und auch Nazareth und Bethlehem sahen in meiner Vorstellungswelt anders aus als jetzt und hier. Ob die Verkündigungskirche in Nazareth, die Geburtskirche in Bethlehem oder die Grabeskirche in Jerusalem – all diese Orte machten es mir eher schwer, mich auf das zu konzentrieren, was damals dort wirklich geschehen war.

Größeren Eindruck hinterließen die Landschaften, die Hügel, der See, auch der Karmel, auf dem wir vor wenigen Tagen waren – mit uralten Mercedes-Limousinen hatte man uns dort hinaufgebracht. Eindrücklich und zum Schmunzeln war der Besuch eines Hirtenfeldes bei Bethlehem. Dort saßen wir bei schweißtreibendem Sonnenschein im Schatten einer Höhle, wie sie vermutlich Hirten zur Zeit Jesu benutzten, und sangen: »Welchen Jubel, welche Freude, bringt die schöne Weihnachtszeit«. Immerhin endet dieses volkstümliche Weihnachtslied mit dem Satz: »Jesus kann allein bereiten Freuden, die vergehen nicht«, und das gilt schließlich auch im heißen Sommer in Israel.

Immer wenn wir einen biblischen Ort besichtigten, las Ernst Schwedes den dazugehörenden Text aus der Bibel vor. Das half uns, biblisches Geschehen und den Ort, den wir vor Augen hatten, miteinander zu verbinden. Auf der ersten Israelreise hatten wir einen Reiseführer, dessen Sohn General in der israelischen Armee war, und irgendwie muss der Vater von ihm einiges übernommen haben. Auch uns gegenüber trat er auf wie ein General und kommandierte uns schonungslos von Ort zu Ort. Er las uns, wenn's sein musste, auch die Leviten. Noch immer habe ich seine markante Stimme im Ohr: »Kommen Sie her! Bleiben Sie stehen! Hören Sie zu!« Aber wir haben von ihm eine Menge über das Land gelernt.

Diesmal hatte unsere Reise in Jerusalem begonnen, der Blick vom Ölberg auf die Stadt, der Gang durch die Altstadt und an die Klagemauer, das alles lag bereits hinter uns. Dort in Jerusalem hatten wir einen freien Tag, und so gingen Edelgard und ich mit einigen Leuten unserer Reisegruppe noch einmal zum Ölberg hinauf. Von dort wollten wir durchs Kidrontal in Richtung Zionsberg wandern. Es war ein Samstagmorgen, also Sabbat, und als wir einen kleinen Weg durch Ostjerusalem benutzten, hielten uns einige arabische Jungen wohl für Juden, die ihren Sabbatspaziergang machten. Plötzlich flogen Steine, und alles Beteuern, dass wir nichts Böses im Sinn hatten, half nicht. Wir mussten laufen, um die Gefahrenzone möglichst schnell hinter uns zu lassen. Eine unserer älteren Teilnehmerinnen wurde dennoch am Fuß getroffen.

Auch auf der Sinaihalbinsel waren wir unterwegs. Auf der Fahrt zum Moseberg blieb der Bus plötzlich mitten in der Wüste liegen. So hatten wir – umgeben von Sand und Felsformationen – ungewollt über drei Stunden Aufenthalt, bis ein anderer Bus zur Verfügung stand. Aber was war das schon angesichts der 40 Jahre, die das jüdische Volk in dieser kargen Gegend umherwanderte!

In den folgenden Jahren waren Edelgard und ich noch einige Male mit Reisegruppen in Israel. Einmal stürzte ich auf der Jerusalemer Stadtmauer nahe dem Jaffator. Für Edelgard muss das sehr aufregend gewesen sein, aber da ich ohnmächtig war, habe ich davon nichts mitbekommen. Das passierte unmittelbar beim armenischen Viertel. Eine armenisch-christliche Familie, die meinen »Fall« von ihrer Wohnung aus beobachtet hatte, versorgte mich mit einer Decke, Zitronensaft und frischem Wasser. So kehrten meine Lebensgeister schnell zurück. Ich erwachte aus meiner Ohnmacht, sah erstaunt meine Frau und einige Teilnehmer unserer Gruppe über mir. Ich hatte den Eindruck, aus einem erquickenden Schlaf zu erwachen. Mit Edelgards Hilfe kehrte ich dann ein wenig angeschlagen ins Hotel zurück. Eine Rippe war angebrochen, wie mir mein Arzt in Deutschland später sagte. Dabei fällt mir der bereits erwähnte Verlagsleiter Wilhelm Wöhrle ein: Im hohen Alter reiste er einige Male nach Jerusalem und pflegte sich vorher jedes Mal mit einer gewissen Endgültigkeit von seinen Lieben zu verabschieden. Sein großer Wunsch war es, in Jerusalem zu sterben. Aber auch er kehrte, wie ich, immer wieder nach Deutschland zurück.

Nun also sitze ich hier auf diesem Berg in Galiläa, in einer Landschaft, die Jesus vor rund 2000 Jahren durchwanderte. Hier hatte er gelebt, geheilt, gepredigt und gelehrt. Vermutlich hatte er auch wie ich über den See geblickt. Doch das alles war ferne Vergangenheit. Wenn ich unsere Reisen betrachtete, wie sich die Touristenströme an den biblischen Stellen drängten und die Pilger sich an den sogenannten »heiligen« Stätten auf den Boden warfen und die Steine küssten, dann ging mir manchmal das Wort des Engels am leeren Grab durch den Kopf: »Was sucht ihr den Lebenden bei den Toten. Er ist nicht hier, er ist auferstanden« (Lukas 24,5-6)!

In Jerusalem besuchten wir auch das »Gartengrab«; es stammt aus der Zeit des Herodes, ist aber wohl nicht der historische Ort, an dem Jesus begraben wurde und auferstand. Doch jeder, der diesen Garten in der Nähe des Damaskus-Tores betritt, ist von seiner Schönheit und der plötzlichen Ruhe berührt. Das Gelände wird von der britischen »Gartengrab-Gesellschaft« verwaltet, der Erzbischof von Canterbury hatte es 1880 gekauft. Die Fremdenführer dort sind überzeugte Christen, sie machen den Besuchern bewusst, dass es letztlich ohne Bedeutung ist, wo genau Jesus gestorben und begraben wurde. Zwar sei die historische Tatsache der Kreuzigung Jesu überwältigend klar, aber auf ein Stück Erde zu zeigen und zu sagen: »Hier ist er gestorben«, sei unwichtig gegenüber dem Zeugnis: »Er ist *für mich* gestorben!« Donald Bridge, der in den 80er-Jahren für dieses Gelände verantwortlich war, bringt es in seinem Buch »Israel – Kein Land wie dieses« so auf den Punkt: »Nichts hängt davon ab, *wo* Jesus starb – aber alles hängt davon ab, *weshalb* er starb.« Wenn die Fremdenführer der »Gartengrab-Gesellschaft« am Grab ihren Vortrag beschließen, pflegen sie zu sagen: »Nun möchte ich Ihnen noch das Wunderbarste über das Grab Jesu sagen: Wo immer es auch ist, hier oder in der Grabeskirche – es ist *leer*!«

Worauf es beim Predigen ankommt

Es gab viele Gründe, die dazu führten, dass im Oktober 1990 auf dem Stuttgarter Killesberg der Evangelisationskongress »weitersagen« stattfand. Da war zum einen der deutsche Zweig der Lausanner Bewegung (heute: Koalition für Evangelisation), ein Sammelbecken für evangelistische und missionarische Aktionen. 1988 hatte auch das »Christival« eine Neuauflage erlebt, fast 19 000 Dauerteilnehmer waren dabei, das verlangte geradezu nach »mehr«. Vor allem hatten sich mit dem »Fall der Mauer« neue missionarische Herausforderungen ergeben: Nur 30 Prozent der DDR-Bevölkerung gehörten noch einer Kirche an, den meisten waren selbst die christlichen Feiertage fremd.

Wie das »Christival« sollte »weitersagen« ein Mitarbeiterkongress sein, allerdings für alle Altersgruppen. Er richtete sich einerseits an hauptamtliche Mitarbeiterinnen und Mitarbeiter, schloss aber auch ganz bewusst die vielen ehrenamtlich tätigen Männer und Frauen ein. An den drei Vormittagen wurden zunächst kernige Bibelarbeiten über die ersten fünf Kapitel des Römerbriefes gehalten, anschließend folgten Referate zu Grundsatzthemen der Evangelisation. An den Nachmittagen fanden außerdem eine breite Palette von Seminaren und auch ein evangelistischer Grundkurs statt, dazu trafen sich die Teilnehmer in vielen Gruppen. Die Tage schlossen jeweils mit einer festlichen Abendveranstaltung. Insgesamt 5000 Teilnehmerinnen und Teilnehmer waren gekommen, auch die Abschlussklasse unseres Theologischen Seminars nahm daran teil.

Ich war ja noch »Bundespfleger«, also verantwortlich für die »Pflege« von Gemeinden und Pastoren im BFeG, aber auch mich hatte man zu einem Grundsatzreferat angefragt. Mein Thema lautete: »Evangelisierende Gemeinde – ein schöner Traum«. Die beiden Grundsatzreferate an den Tagen zuvor hatten John Stott und Rolf Scheffbuch übernommen. Unmittelbar vor mir hielt Klaus Teschner seine Bibelarbeit über den »erneuerten Menschen« nach Römer 8. Wir beide kannten uns bereits von vielen Begegnungen und gemeinsamen Diensten. Inzwischen hatte er die Leitung des Volksmissionarischen Amtes der Evangelischen Kirche im Rheinland übernommen. Auch er ist eine »Frucht« der Arbeit des Jugendpfarrers Wilhelm Busch im Essener Weigle-Haus.

Klaus Teschner spielte wie ich hin und wieder Akkordeon, und irgendjemand kam auf die Idee, wir sollten gemeinsam Musik machen, das sei doch ein schöner Gag. So spielten wir tatsächlich zwischen seiner Bibelarbeit und meinem Grundsatzreferat auf dem »Schifferklavier« – zwar nicht als Klaus & Klaus (ein damals bekanntes Gesangsduo), sondern als »Klaus & Peter«. Was wir spielten, weiß ich nicht mehr, ich meine, es sei Manfred Siebalds »Christival«-Song gewesen (»Leben im Schatten«). Wie auch immer, unser Akkordeon-Duo wurde begeistert aufgenommen. Anschließend war es nicht schwer für mich, in der offenen und entspannten Atmosphäre mit meinem Referat zu beginnen, und ich erlebte in besonderer Weise Gottes Kraft.

Es ist eigenartig mit meinen Predigten auf Großveranstaltungen, ich hatte sie mir ja nie gesucht. Begonnen hatte es 1976 mit den »Christival«-Bibelarbeiten, danach folgten Einladungen zu Bundesjugendtreffen des EC (damals: Jugendbund für Entschiedenes Christentum), des CVJM (Christlicher Verein junger Menschen) und des »Württembergischen Brüderbundes«. Auf der »EXPLO 85« im Berliner ICC hatte man mir das Eingangsreferat anvertraut. »EXPLO« stand damals für »geistliche Explosion«, der Veranstalter war »Campus für Christus«. Wie später bei »Pro-Christ« gab es auch bei diesem Kongress bereits eine europaweite Satellitenübertragung.

Am 25. Mai 1989, also ein Jahr vor dem Kongress »weitersagen«, war ich einer der Redner auf dem »Gemeindetag unter dem Wort« im Stuttgarter Neckarstadion. Das Thema hieß »Aufsehen zu Jesus«, und zum Schluss meiner Ansprache hatte ich den Besuchern von einer Notiz erzählt, die ich mir bei der Anfrage von Rolf Scheffbuch gemacht hatte. »12 Minuten Aufsehen zu Jesus« stand auf dem Zettel. Ich empfahl den Leuten, daraus ein ganzes Leben zu machen, ein Leben mit dem Blick auf den, der Anfänger und Vollender unseres Glaubens ist (Hebräer 12,2).

Es ist eigenartig, ich kann nicht sagen, dass mit der Größe der Veranstaltung die Anspannung bei mir steigt. Auch ein Gottesdienst mit 50 oder 100 Besuchern kann für mich sehr anspannend sein. Es ist wohl eher die Zusammensetzung der Zuhörer, die mir beim Predigen hin und wieder Probleme macht. Ich predige gerne vor aufgeschlossenen Gesichtern. Wenn sie unberührt, verschlossen oder gar ablehnend sind, fällt mir das Sprechen sehr schwer.

Was die Zusammensetzung der Zuhörer auf dem Stuttgarter Evangelisationskongress betraf, so machte ich mir vorher viele Gedanken. Hier fand sich ja nicht nur der Pietismus zusammen. Wie »fromm«, wie eindeutig sollte ich in meiner Verkündigung sein? Viele Male ging ich in der Nacht davor in meinem Hotelzimmer auf und ab, betete und dachte darüber nach, wie ich predigen sollte. Aber Gott hatte mir zu dem vorgegebenen Thema eine wunderbare Geschichte anvertraut. Darin ging es um Jesus, der angesichts der vielen Menschen am See Genezareth Mitleid hatte, denn »sie waren wie Schafe, die keinen Hirten haben« (Markus 6,34b). Und dann sagte er seinen Jüngern: »Gebt ihr ihnen zu essen!« Und als sie ihm klarmachen wollten, dass das, was sie haben, viel zu wenig ist, befahl er ihnen: »Bringt her, was ihr habt!« Und sie brachten es ihm. Und dann nahm Jesus das Wenige, dankte seinem Vater im Himmel dafür und gab es zurück in die Hände der Jünger. Sie teilten es aus – und alle wurden satt!

In dieser Nacht vor meinem Vortrag passierte, was ich schon einige Male erlebt hatte: Bevor ich das, was ich vorbereitet habe, in der Predigt weitergebe, muss ich es selbst in Anspruch nehmen. So oft wurde ich von Selbstzweifeln geplagt, selbst heute ist das hin und wieder so. Dann steigen solche Fragen in mir auf: Wer bist du überhaupt? Was hast du denn schon? Du kommst aus einfachsten Verhältnissen und hast nicht einmal Abitur. All meine Defizite fallen mir dann ein und drohen mich nach unten zu ziehen. Auch in jener Nacht spürte ich diesen Sog. Und so paradox es klingt: Plötzlich sprach Gottes Geist durch meine eigene vorbereitete Predigt zu mir: Bring her, was du hast, und gib es dem Herrn. Und dann nimm es aus seinen Händen und teile es aus.

Mit großer Freude sagte ich am späten Vormittag den Kongressteilnehmern, was das eigentliche Geheimnis unserer evangelistischen und missionarischen Arbeit ist. Nein, entscheidend ist nicht, was wir haben, sondern was wir Gott geben, um es dann aus seiner Hand entgegenzunehmen und weiterzureichen. Wie viel oder wenig es dann auch immer sein mag – es reicht auf alle Fälle aus!

Die Qual der Wahl

Zu dem, was ich jetzt berichten will, müssen wir noch einmal in das Jahr 1989 zurückgehen. Im Herbst dieses Jahres fand der Bundestag des BFeG in Hamburg statt. Für einen Bundestag war das ein ungewohnter Ort, denn die meisten Gemeindedelegierten mussten eine weite Anreise auf sich nehmen. Meist trafen wir uns in einer größeren FeG in der geografischen Mitte unseres Landes. Dieser Hamburger Bundestag im September 1989 wurde mit der Glaubenskonferenz verknüpft, und eine ganze Reihe der Delegierten nahm das Angebot an, bereits am Donnerstag oder Freitag anzureisen und bis zum Sonntag zu bleiben. Gerhard Hörster und ich hatten Predigtdienste auf dieser Konferenz, und wir übernachteten beide im Mutterhaus der Diakonissenschaft in Hamburg-Niendorf. Gerhard predigte am Freitagabend über das Bibelwort aus 1. Petrus 4,10: »Dient einander, ein jeder mit der Gabe, die er empfangen hat, als die guten Haushalter der mancherlei Gnade Gottes.«

Ich wusste, dass man ihn angefragt hatte, die Nachfolge von Karl Heinz Knöppel anzutreten. Das war die Aufgabe der Kreisvorsteher, sie klärten unter sich, wer als Präses infrage kam, und wenn die betreffende Person einverstanden war, schlugen sie ihn zur Wahl im Bundestag vor.

Ich war glücklich über den Vorschlag Gerhard Hörster, mit ihm würde sich der BFeG auch in Zukunft im biblischen Fahrwasser bewegen. Gerhard und ich hatten uns am Morgen zum Frühstück verabredet, und er betrat auffallend fröhlich den Raum. Anhand seines gestrigen Predigttextes wisse er jetzt, dass er nicht der neue Präses unseres Bundes werden könne, erklärte er. Sein Auftrag gelte nach wie vor dem Lehramt am Theologischen Seminar. Ihm sei neu klar geworden, dass das Lehren seine Gabe sei, und mit ihr wolle er auch in Zukunft Gott dienen. Ich hatte den

Eindruck, dieses Bibelwort war so etwas wie eine neue Berufung für Gerhard oder zumindest eine Vergewisserung seines Lehramtes.

Was ich damals noch nicht ahnen konnte: Die Anfrage, mit der die Kreisvorsteher an Gerhard Hörster herangetreten waren, kam nun auf mich zu. Im Oktober des Jahres meldeten sich Klaus Tesch und Werner Steinbach im Auftrag der Kreisvorsteher bei mir an. Ihre Anfrage traf mich völlig unerwartet. Der Weg aus der Bundesjugendarbeit in die Bundespflege hatte ja noch eine gewisse Logik gehabt, aber Präses zu werden, das schien mir zunächst völlig abwegig zu sein. Repräsentieren war bisher nie meine Sache gewesen, und Sitzungen zu leiten fiel mir schwer. Außerdem hatte ich nie ganz meine Schüchternheit verloren – vor allem gegenüber Autoritätspersonen, wie ich sie aus der Bundesleitung und von zwischenkirchlichen Begegnungen kannte. Darüber hinaus war mein Englisch schlecht, schließlich musste der Präses sich auch auf internationalem Parkett bewegen können. Und hatte ich überhaupt die Kompetenz zu einem solch gewichtigen Leitungsamt? Alles in allem: Mir fielen viele Gründe ein, weshalb ich als Präses nicht infrage kam.

Im November, einige Wochen nach dieser offiziellen Anfrage, bekam ich einen Brief von Dr. Siegfried Cassier, der zu unserer Bundesleitung gehörte. Darin schrieb er mir Folgendes: »Ich nutze die Gelegenheit, Dir in Kenntnis der Anfrage an Dich wegen der Nachfolge von Karl Heinz Knöppel Mut zu machen zu einer selbstkritischen Prüfung Deiner Gaben und, wenn es irgend möglich erscheint, zu einem JA.« Und dann beschrieb er meine Stärken und Schwächen aus seiner Sicht und traf damit genau ins Schwarze: »Wenn ich Dich einigermaßen richtig kenne, liegen Deine Stärken in der liebevollen Seelsorge, in der Fähigkeit, Menschen zu gewinnen, in der Analyse, in der zu Herzen gehenden Predigt und natürlich in der Schriftstellerei und im Liedermachen. Noch mehr hineinwachsen kannst Du, wie ich es sehe, in die strenge

Tugend des Führens, Koordinierens und Entscheidens auch gegen Widerstände ...«

Der Präses des BFeG ist im Verhältnis zu den anderen Bundesleitungsmitgliedern »primus inter pares« (»der Erste unter Gleichen«), hat also keine besonderen Privilegien. Aber in der Praxis ist er Ansprechpartner, Ratgeber und in manchen Fällen auch Entscheider auf vielen Feldern der Bundesarbeit. Das gilt besonders, wenn sich Spannungsfelder zwischen Arbeitszweigleitern ergeben. Und selbstverständlich landet vieles, was von der Bundesleitung erwartet wird, zuerst bei ihm. Auch die Aufgabe, Zeitströmungen zu prüfen und wegweisende Empfehlungen zu geben (so die Verfassung des BFeG), geht zunächst über seinen Tisch – oft ist er es, der dazu Vorlagen erarbeitet oder in Auftrag gibt. Hinzu kommt das weite Feld zwischenkirchlicher und internationaler Beziehungen, denn der BFeG ist ja nur ein sehr kleiner Teil der weltweiten Gemeinde von Jesus Christus.

Um es deutlich zu sagen: Selten habe ich mich bei einer Anfrage so überfordert gefühlt. Und von Anfang an stand für mich fest: Bekomme ich von Gott kein eindeutiges JA, werde ich dieses Dienstamt, trotz aller Fürsprache von einigen Personen, nicht antreten. Ende 1989, im Jahresschlussgottesdienst unserer Wittener Gemeinde, zog ich wie jedes Jahr mein Kärtchen mit dem Bibelwort. Diesmal stand es in Psalm 25,3: »Keiner wird zuschanden, der auf dich harrt.« Mit diesem Wort ging ich dann Anfang 1990 in meine einwöchige Klausur. Ich wohnte in der Ferienwohnung meiner Hamburger Verwandten in Großenbrode, einem kleinen Ort an der Ostsee.

Am ersten Morgen nahm ich mein kleines Neues Testament mit den Psalmen und wanderte durch die fast menschenleere Küstenlandschaft zwischen Großenbrode und der Fehmarnsundbrücke. Vers für Vers las ich diesen Psalm 25 und sprach mit meinem Vater im Himmel darüber. Zunächst kam ich über den zwölften Vers nicht hinaus: »Wer ist der Mann, der den Herrn fürchtet? Er wird ihm den Weg weisen, den er wählen soll«, las ich da. Genau das wünschte ich mir ja, die Weisung Gottes für meinen Weg. Doch die Voraussetzung dazu sollte die Furcht Gottes sein. Offen gesagt, hatte ich immer schon Probleme damit gehabt. Stieß ich in der Bibel auf dieses Thema, versuchte ich, schnell darüber hinwegzulesen. Ich wollte nicht mit einem Gott leben, vor dem ich mich fürchten musste, mein Verhältnis zu ihm sollte vom Vertrauen geprägt sein. An diesem Morgen begann ich zu beten: »Herr, wenn die ›Furcht‹ die Voraussetzung ist, deinen Weg zu erkennen, dann zeige mir, was es heißt, dich zu fürchten.« Und Gott zeigte es mir.

In den Tagen darauf stieß ich immer wieder auf Bibeltexte, in denen es genau darum ging. In Sprüche 8,13 las ich: »Die Furcht des Herrn hasst das Arge; Hoffart und Hochmut, bösem Wandel und falschen Lippen bin ich feind.« In Psalm 34,12-15 stieß ich auf den folgenden Text: »Kommt her, ihr Kinder, hört mir zu. Ich will euch die Furcht Gottes lehren.« (Um diese Unterrichtsstunde hatte ich Gott ja gebeten.) »Wer möchte gern gut leben und schöne Tage sehen?« (Das wollte ich.) »Behüte deine Zunge vor Bösem und deine Lippen, dass sie nicht Trug reden. Lass ab vom Bösen und tu Gutes; suche Frieden und jage ihm nach.« Mir wurde schnell klar: Es geht nicht darum, Angst vor Gott zu haben, sondern ihn so zu lieben und ernst zu nehmen, dass ich seiner biblischen Vorgabe entsprechend lebe. Andererseits wusste ich aber auch: Das schaffe ich nicht. Zu viele Pleiten hatte ich schon hinter mir. Auch das sagte ich ihm. Da fiel mein Blick auf Jeremia 32,40: »Und ich will einen ewigen Bund mit ihnen schließen, dass ich nicht ablassen will, ihnen Gutes zu tun, und will ihnen Furcht vor mir ins Herz geben, dass sie nicht von mir weichen.« Genau darauf war ich angewiesen, dass Gott mich mit der Furcht und Ernsthaftigkeit ihm gegenüber beschenkt, und wieder erbat ich mir das von ihm. Auch Sprüche 28,14 entdeckte ich in diesem Zusammenhang: »Wohl dem, der Gott allewege fürchtet! Wer aber sein Herz verhärtet, wird in Unglück fallen.« Unabhängig davon, ob ich nun

Präses würde oder nicht: Ich spürte Gottes Seelsorge an mir in diesen Tagen, er brachte mich neu auf seine Spur.

Während der Woche in Großenbrode telefonierte ich oft mit meiner Frau. Sie wollte wissen, ob mir inzwischen mein weiterer Weg klar geworden sei. Aber trotz des Redens und der Zuwendung Gottes hatte ich von ihm noch keine klare Antwort. Am letzten Tag vor meiner Abreise las ich in der angegebenen Tageslese den Bibeltext Josua 1,6-9. Und plötzlich wusste ich: Das ist *mein* Wort! Manch einer wird jetzt denken, das ist bei diesem Text nicht weiter verwunderlich. Immerhin steht dort dreimal: »Sei getrost und unverzagt!«, geradezu eine Goldgrube für Leute, die nach einer Antwort und Bestätigung Gottes für ihre Berufung suchen. Auch ich hatte schon einige Male über diesen Bibeltext gepredigt. Aber an diesem Morgen des 8. Januar 1990 war es anders. Es lässt sich nicht beschreiben, und wenn es sich beschreiben lässt, ist es doch kaum vermittelbar: Ich war an diesem Morgen ganz gewiss, dass dies das Wort des lebendigen Gottes für mich ist! So teilte ich dann im Januar 1990 den Kreisvorstehern und der Bundesleitung mit: Wenn ihr mich rufen wollt, bin ich bereit.

Übrigens habe ich diese Zusage Gottes in den 17 Jahren als Präses noch einige Male gebraucht. So wichtig und notwendig ein ordentliches Wahlverfahren auch ist: Die innere Gewissheit meiner Berufung war in Josua 1 verankert, und als ich einige Jahre später ein Lied zu diesem Bibeltext schrieb, schrieb ich es auch für mich:

Ich lasse dich nicht fallen und verlasse dich nicht:
Sei mutig, sei mutig und stark!
Bläst dir der Wind entgegen und schlägt er dir ins Gesicht,
sei mutig, sei mutig und stark!
Der Gott, der dich geschaffen hat und dir das Leben gab,
der kennt dich gut und gibt dir Mut an jedem neuen Tag.
Er fängt dich auf, wenn du versagst. Du fällst in seine Hand.

Sei mutig, sei mutig und stark!
Und ist der Auftrag noch so groß und deine Kraft so klein,
Gott ist in schwachen Leuten stark und will ihr Heiland sein.
Vergiss nicht: Seine Kraft genügt und trägt dich lebenslang.
Sei mutig, sei mutig und stark!
Nun heb den Kopf und schaue auf, denn du hast Grund dazu.
Gott ist und bleibt der treue Gott, er liebt dich immerzu.
Durch Licht und Schatten führt er dich bis an sein großes Ziel.
Sei mutig, sei mutig und stark.[22]

Die Entscheidung ist gefallen

Im September 1990 kam dann in Ewersbach der Bundestag der Freien evangelischen Gemeinden zusammen. Während die Personen in allen übergemeindlichen Dienstämtern des BFeG vom Bundesrat gewählt werden, wird der Präses für jeweils sechs Jahre vom Bundestag gewählt. Der Bundestag setzt sich aus den Delegierten aller FeGs zusammen. Es war der erste gemeinsame Bundestag aller ost- und westdeutschen Gemeinden. Oder genauer: Den BFeG in der DDR gab es nicht mehr, denn jede FeG aus dem Bereich der früheren DDR war inzwischen dem westdeutschen Bund beigetreten. Auf diesem ersten »gesamtdeutschen« Bundestag wurde ich bei 355 gültigen Stimmen mit 334 Ja-Stimmen, 11 Enthaltungen und 10 Nein-Stimmen gewählt.

Karl Heinz Knöppel hatte es an diesem Bundestag schwer, sein »Wort des Präses« stand unter der Überschrift »Wir haben es gut!«. Von einigen der Anwesenden wurde das gründlich missverstanden, vielleicht wollten sie es aber auch missverstehen. Ihm wurde der Vorwurf der Selbstgefälligkeit gemacht. Dabei war das Thema von ihm als ein Wort der Dankbarkeit gegenüber Gott und seiner Führung gemeint. Einige der Anwesenden stellten im Gegensatz dazu die Bescheidenheit des bisherigen ostdeutschen Präses und der DDR-Gemeinden heraus. Dahinter stand nach meiner Einschätzung weniger eine Kritik am »Wort des Präses« als vielmehr Unzufriedenheit mit dem Verfahren des Zusammenschlusses. Es war ja auch eine brisante Situation: So dankbar vermutlich alle für den Zusammenbruch der DDR und ihres politischen Systems waren – für die Gemeinden bedeutete es zugleich ein Stück Preisgabe ihrer bisherigen Identität. Dazu kam das Gefühl, dass der große Partner im Westen den kleinen im Osten »schluckte«. Das entsprach zwar nicht der Realität, aber so wurde es von einigen gesehen, und es ergab keinen Sinn, davor die Augen zu verschließen. Auf diesem Bundestag wurde ich als neuer Präses des Bundes gewählt, ein Jahr später sollte ich den Dienst antreten.

Da ich als Präses bedeutend mehr als bisher im internationalen Bereich unterwegs sein würde und mein Englisch nicht besonders gut war, plante ich zunächst zu Beginn des Jahres 1991 einige Wochen zum Sprachstudium in England ein. Mein Vorgänger Karl Heinz Knöppel hatte mir das empfohlen und die Bundesleitung zugestimmt. So machte ich mich nach der Allianzgebetswoche am frühen Morgen des 19. Januar mit dem Wagen auf den Weg nach Calais. Politisch war es eine unsichere und bedrückende Zeit, denn im Irak tobte der erste Golfkrieg. Am Abend zuvor waren in Tel Aviv Raketen eingeschlagen, und man befürchtete einen Gegenschlag der Israelis.

Am frühen Abend erblickte ich die englische Küste, die Kreidefelsen von Dover leuchteten freundlich in der Abendsonne. Ich übernachtete in Folkestone und fuhr dann weiter an der englischen Südküste entlang bis nach Brighton. Dort warf ich einen schnellen Blick auf die Adresse der »Olivet English Language School« und suchte anschließend meine Unterkunft in Hove auf, einer Stadt in unmittelbarer Nachbarschaft von Brighton. Über die Sprachschule hatte man mir dort eine Unterkunft bei einer älteren englischen Dame besorgt. Elisabeth Lewis empfing mich freundlich und zeigte mir mein Zimmer. Es war ein bescheidener, aber angenehm eingerichteter Raum, das Badezimmer musste ich mit Mrs Lewis und einer brasilianischen Studentin teilen. Diese Wohnung wurde nun für fast sieben Wochen mein Zuhause.

Am nächsten Morgen machte ich mich wieder auf den Weg nach Brighton und saß schließlich mit meist jungen Leuten in einem Klassenraum der Sprachschule am Norfolk Square, um meine spärlichen Englischkenntnisse aufzubessern. Alles in allem waren diese Wochen eine in jeder Hinsicht ertragreiche Zeit. Mit den Lehrern verstand ich mich gut. Für die jungen Leute wurde ich so etwas wie ein älterer Freund und manchmal auch Seelsorger. Elisabeth versorgte mich jeden Morgen mit dem Frühstück, mittags und abends verpflegte ich mich selbst. Von Montag bis Freitag hatte ich Unterricht, und wenn ich nicht in der Schule war, paukte ich Vokabeln, übersetzte Texte, sprach dabei laut vor mich hin, so wie es mir von der Schule empfohlen wurde. In Elisabeths Wohnung stand für mich immer englischer Tee bereit, und beim Vokabellernen war der Gang zur Teekanne eine willkommene Abwechslung. Ich nutzte ihn in der Regel auch, um ein paar Sätze mit meiner Gastgeberin zu sprechen, die meist vor dem Fernseher saß. Das Fernsehen brachte während dieser Zeit fast ausschließlich Kriegsberichte aus dem Irak, die englischen Soldaten waren ja an den Kämpfen beteiligt, und die Bevölkerung nahm lebhaften Anteil daran.

Sonntags fuhr ich meist in aller Frühe mit der Bahn nach London und besuchte Gottesdienste ganz unterschiedlicher Kirchen und Gemeinden. So etwas war mir ja in Deutschland nicht möglich, und ich genoss diese Freiheit sehr. Und da fast alle Kirchengemeinden in England auch an den Sonntagabenden Gottesdienste anbieten, boten sich mir damit viele Möglichkeiten. Am liebsten besuchte ich die Gottesdienste in der »All Souls Church« am Langham Place, einer anglikanischen Kirchengemeinde in der Nähe der U-Bahnstation »Oxford Circus«. Es ist die Kirche, in der John Stott viele Jahre Hauptpastor war, sie ist ein Anziehungspunkt für

286

evangelikale Christen aus der ganzen Welt. Zweimal hörte ich John Stott dort predigen, und jedes Mal war die Kirche bis auf den letzten Platz gefüllt. Auch das »All Souls Orchestra« lernte ich kennen. Es spielte im Gottesdienst und begleitete – im Wechsel mit einer großen Orgel – die gemeinsamen Lieder. Das Orchester hatte gerade eine Aufnahme mit Liedern von Graham Kendrick veröffentlicht, auch Cliff Richard wirkte daran mit. Selbstverständlich suchte ich auch in Brighton die Gottesdienste einiger Kirchen auf, aber meist zog es mich an den Wochenenden nach London.

Ein Besuch bei Wesleys

An den Samstagen wurden zwar keine Gottesdienste angeboten, aber dafür besuchte ich andere »Pilgerstätten« der Stadt. An einem dieser Samstage machte ich mich auf den Weg zur »City of London«, dem historischen und wirtschaftlichen Zentrum der Stadt. Dort, nicht weit von der St. Paul's Cathedral entfernt, besichtigte ich »Wesley's Chapel«, eine Kirche, die John Wesley (1703–1791) erbauen ließ. Auch sein Wohnhaus ist dort noch zu sehen, ebenso eine Statue von ihm mit der Aufschrift: »The world is my parish.« Ich habe zwar niemals einer Methodistengemeinde angehört, aber die Bücher und Schriften John Wesleys hatten mich tief beeindruckt. John Wesley war ein Mann mit einem weiten Horizont, der die ganze Welt als sein Kirchspiel betrachtete (das ist gemeint mit »The world is my parish«). Meist auf dem Pferd sitzend, durchzog er das Land, um den Menschen das Evangelium zu predigen.

1735 reiste er mit seinem Bruder Charles nach Amerika, doch bereits nach zwei Jahren kehrte er nach England zurück. Schon 1728 hatte John die Priesterweihe der Anglikanischen Kirche erhalten. Er und sein Bruder lebten eine strenge orthodoxe Frömmigkeit, aber ohne einen lebendigen Glauben. Während der Überfahrt auf dem Schiff nach Georgia begegnete er Herrnhuter Familien – ein Anlass für ihn, noch während der Seereise die deutsche Sprache zu erlernen, um sich mit ihnen verständigen zu können. Auch an ihren Gottesdiensten nahm er teil. Sie waren Mitglieder jener Glaubensbewegung, die Nikolaus Ludwig Graf von Zinzendorf (1700–1760) gegründet hatte und die sich schon früh in europäischen Ländern und in den USA ausbreitete. Während eines schweren Sturms auf dem Atlantik war Wesley beeindruckt von der Ruhe und Fröhlichkeit dieser Leute.

Als er nach zwei Jahren und vier Monaten wieder in London eintraf, begegnete er auch dort Herrnhuter Christen. Die Glaubensgewissheit dieser Leute, ihr Vertrauen, dass Gott sie liebt und persönlich annimmt, war ihm fremd. Er, der schon während des Studiums einen »Heiligen Klub« mit Kommilitonen ins Leben gerufen hatte, der in Amerika als ernsthafter und äußerst konsequenter Pfarrer tätig war, sehnte sich nach dem, was diese Christen aus Herrnhut zweifellos hatten: die Gewissheit, zu Gott zu gehören und bei ihm geborgen zu sein. Besonders beeindruckte ihn Peter Böhler, einer der »Ältesten«. Er führte viele Gespräche mit ihm. In seinem Tagebuch schreibt Wesley: »Ich begann zu argumentieren, dass, wenn wir die Bibel buchstäblich auslegen würden, wir ein Problem hätten, weil wir zugeben müssten, dass unsere Erfahrung niemals im Einklang mit der Bibel steht. Darüber hinaus wolle ich es so lange nicht wahrhaben, bis sich lebendige Zeugen dafür finden würden. Er antwortete mir, dass er mir jederzeit solche Zeugen zeigen könnte, wenn ich es wünschte. Und so kam er auch am nächsten Tag wieder und brachte drei andere mit sich, die mir alle aus ihrer persönlichen Erfahrung bezeugten, dass ein wahrer, lebendiger Glaube an Christus von dem Bewusstsein der Vergebung aller vergangenen Sünden und einer Freiheit von allen gegenwärtigen Sünden begleitet wird. Sie waren sich einig, dass dieser Glaube das Geschenk, die freie Gabe Gottes ist und er es zweifelsohne jeder Seele schenken würde, die ernstlich

Peter Strauch
mit seinen Eltern
1945 in Cronen-
berg (im Hinter-
grund sein Cousin
Hansel)

Die Strauch-Geschwister – v.l.n.r.: Bärbel, Diethelm, Ilse-Ruth, Peter

Nikolaus in Ewersbach – übermütige Seminaristen
(Peter Strauch 2.v.l.)

Gesangsteam Hollandfreizeit (ganz rechts Peter Strauch)

Hochzeit mit Edelgard
am 31. März 1967

Am Steuer des
legendären Saseler
Gemeindebusses

Der junge Ehemann
in der Ohlstedter
Wohnung

Unterwegs mit der Saseler Jungenschaft

Der Sonne entgegen – Vater und Tochter in Schweden

Akkordeonklänge
in der Bundes-
jugendarbeit

Familienurlaub in Schweden

Vier Sträucher in der Natur – v.l.n.r.: Edelgard, Kerstin, Christina, Peter

Evangelistischer Einsatz am Alsterwanderweg

Konzerttournee des Ronsdorfer Jugendchors in Schweden

Der Internationale Kongress für Evangelisation 1974
in Lausanne – ein Meilenstein evangelikaler Kirchengeschichte

Bundesjugendtreffen in Koblenz, im Hintergrund Karl Heinz Knöppel

Singefreizeit in Kandern – Probe mit Diethelm Strauch

Im Jumbo auf dem Rückflug von Kalifornien –
in der Mitte: Peter Strauch und Erhard Diehl

Mit dem Saseler Gemeindebus durchs regnerische Norwegen

Beim
Straßeneinsatz
in Nürnberg

Als Prophet Nathan
im Musical DAVID
auf der Explo 1985
in Berlin

1987/88 im »Wort
zum Sonntag«

Predigt in der Siegener Hammerhütte – Allianzveranstaltung

Vorgänger und Nachfolger – mit Karl Heinz Knöppel

Ulrich Eggers interviewt Peter Strauch 1992 auf dem G!-Kongress in Kassel

Wegerkundung

Das traditionelle Gruppenbild mit (fast) allen Mitwirkenden und Ehrengästen der Blankenburger Allianzkonferenz

Als Prediger auf der Blankenburger Allianzkonferenz

Beim Interview im Alster-Einkaufszentrum

Ausgestattet mit der Ehrendoktorwürde – gemeinsam mit
Bill Hamel, dem Präsidenten der Evangelical Free Church of America

Die Musik – ein lebenslanger Begleiter

2008 – seit über vier Jahrzehnten ein starkes Team

und beharrlich danach sucht. Ich war nun vollkommen überzeugt, und ich entschloss mich, durch die Gnade Gottes so lange danach zu suchen, bis ich es finden würde ...«[23]

Am 24. Mai 1738 besuchte Wesley nachmittags einen Gottesdienst in der St. Paul's Cathedral und ging noch am Abend ein wenig widerwillig in eine religiöse Versammlung in der Aldersgate-Street. Dort hörte er, wie jemand Martin Luthers »Vorrede zum Brief an die Römer« las. Und dann berichtet John Wesley in seinem Tagebuch das, was vermutlich jeder gute Methodist auswendig weiß: »Ungefähr um ein Viertel vor neun, als er (Luther) über die Veränderung des Herzens sprach, die Gott durch den Glauben an Jesus Christus bewirkt, fühlte ich mein Herz seltsam erwärmt. Ich fühlte, dass ich Christus vertraute, ganz allein der Erlösung durch Jesus Christus; und plötzlich hatte ich die Gewissheit, dass er meine, gerade meine Sünden hinweggenommen und mich vom Gesetz der Sünde und des Todes befreit hatte.«[24]

Bezeichnend für John Wesley, auf den ich später noch einmal zurückkommen werde, ist die Konsequenz, mit der er nach dieser persönlichen Erfahrung das Evangelium predigte. Als sich die Kirchen für ihn verschlossen, predigte er auf der Straße weiter. Zu seinem Leben gehörte auch die Einheit von konsequenter evangelistischer Verkündigung und sozialem Engagement, die mir 1974 schon in Lausanne so wichtig wurde. Bei meinem Rundgang durch die Gebäude der methodistischen Anfänge stieß ich auf die Orgel von Charles Wesley (1707–1788), dem Bruder von John. Unfassbar, dass dieser Mann etwa 6000 Lieder geschrieben haben soll. Ich kenne nur wenige davon, aber sie sind tiefgründig, voll biblischer Substanz. Sein bekanntestes ist wohl das oft gesungene Weihnachtslied »Hark! The Heralds Angels Sing« (»Hört die Engelchöre singen«). Auch das Lied »Mit Jauchzen freuet euch« nach der schönen Melodie von Georg Friedrich Händel (1685–1759) gehört dazu.

Begegnung mit Spurgeon

Eine andere meiner Londoner Pilgerstätten war das »Tabernacle« von Charles Haddon Spurgeon (1834–1892). Allerdings ist von dem Kirchengebäude heute kaum noch etwas zu sehen. Über 6000 Menschen fanden im 19. Jahrhundert darin Platz, heute steht nur noch die Front mit den eindrucksvollen Eingangssäulen. Schon als ich an der U-Bahn-Station »Elephant and Castle« ausstieg, fiel mir diese etwas protzige Architektur in den Blick. Auf dem großen Querbalken, der auf den Säulen liegt, sind immer noch groß die in Stein gemeißelten Buchstaben zu sehen: »Metropolitan Tabernacle«. Darunter wurde ein modernes Schild mit der Aufschrift »Spurgeon Baptist Church« angebracht. Doch als ich nach dem Eingang suchte, fiel mir erst auf, dass hinter der großen Front nur noch ein mäßig großes und sehr schlichtes Gebäude steht.

Es war ein Samstag, und ich sah mich in der kircheneigenen Buchhandlung um. Ich erfuhr, dass 1970, als der jetzige Pastor die Leitung der Gemeinde übernahm, ihr nur noch 30 Mitglieder angehörten. (Inzwischen soll ihre Zahl wieder deutlich gestiegen sein.) Es gibt eben keine Automatik, mit der sich eine geistliche Geschichte fortsetzt.

Auch Charles Haddon Spurgeon gehört zu den Leuten, die für mein Leben prägend waren. Mit echtem Gewinn las ich vor vielen Jahren seine Autobiografie »Alles zur Ehre Gottes«. Auch einige seiner Predigten deckten bei mir geistliche Defizite auf. Und dann ist da noch Helmut Thielickes Buch über Spurgeon, es trägt den Titel »Vom geistlichen Reden« und beginnt mit zwei Spurgeon-Zitaten. Sie weisen auf die Leidenschaft hin, mit der Spurgeon predigte, aber auch auf seine Natürlichkeit: »Lassen Sie uns Menschen erretten durch alle Mittel unter dem Himmel; lassen Sie uns Menschen hindern, zur Hölle hinabzugehen.« Und das andere: »Ein kräftiger Schluck Seeluft oder ein tüchtiger Spaziergang im

Wind füllt zwar nicht die Seele mit Gnade, aber doch den Körper mit Sauerstoff, was das Nächstbeste ist.«

Ein Mann, der zur Anfangsgeschichte der FeG in Köln und Bonn gehört, war der Prediger Leopold Bender (1833–1914). In seinen Tagebuchaufzeichnungen über seine Englandreise berichtet er auch über einen Besuch bei Spurgeon im »Tabernacle«. Das muss um 1880 gewesen sein. Der Gottesdienst begann um elf Uhr, eine halbe Stunde vorher wurden die Türen geöffnet, und die Menschen strömten in den Saal. Bender schreibt von über 6 000 Menschen, die nach kurzer Zeit den Raum füllten, und im Gottesdienst lauschte er fasziniert ihrem Gesang. Zunächst durften er und sein Begleiter nur auf einem »Schieber« Platz nehmen, wohl ein Sitzbrett, das seitlich aus der Bank herausgezogen wurde. Die eigentlichen Plätze waren verkauft, aber wenn sich der Eigentümer bis fünf Minuten vor Beginn noch nicht eingefunden hatte, durften sie von Gästen besetzt werden. Leopold Bender und sein Begleiter hatten dieses Glück und erlebten den Gottesdienst auf gepolsterten Sitzen. Anschaulich beschreibt er, wie Spurgeon das Lied ankündigt, den Bibeltext liest und dann über das Wort »Aus Gnaden seid ihr gerettet durch den Glauben« predigt: »Ich konnte ziemlich jedes Wort verstehen, denn er sprach mit großer Ruhe und deutlich. Seine Stimme war glockenrein und füllte den großen Raum, ohne dass er sich sonderlich anstrengte. Die Aufmerksamkeit war sehr groß. Wie es schien, waren auch viele Fremde zugegen.« Am Nachmittag um 17 Uhr folgte dann der nächste Gottesdienst, und wieder predigte Spurgeon. Seine Predigten wurden Sonntag für Sonntag mitstenografiert, gedruckt und verkauft. Man fragt sich heute, wie Spurgeon dieses Arbeitspensum bewältigen konnte.

Zum Schmunzeln kommt man beim Lesen von Benders Reisebericht, wenn er davon erzählt, dass seine Gastgeberin ihm und seinem Freund für die Mittagspause ein Paket mit Butterbroten, Fleisch und Obst mitgab, sie aber verzweifelt nach einem Ort suchten, wo sie ihre Schätze verzehren konnten. Eigentlich musste man sein Essen in einem Gebäude zu sich nehmen, ihre Gastgeberin hatte ihnen auch eine Adresse gegeben, aber irgendwie öffnete sich das Haus nicht für sie. Und auf der Straße ein Butterbrot zu essen, dazu noch an einem Sonntag, das war wohl im London des 19. Jahrhunderts nicht möglich.

Gegen Ende des 20. Jahrhunderts hatte ich diese Probleme nicht. Manchmal suchte ich nach den Vormittagsgottesdiensten »Speakers' Corner« auf, einen Platz an der Ecke des Hyde Parks, an dem jeder so reden durfte, wie ihm der Schnabel gewachsen war. Dort sah ich Männer auf Stühlen und Kisten, die ihre Zuhörer leidenschaftlich zu überzeugen versuchten. Auch christliche Redner waren darunter. Manche trugen eher zur Belustigung ihrer Zuhörer bei, aber es gab auch jene, von deren Sprechweise und Gestik man lernen konnte. Schlagfertig reagierten sie auf Zwischenrufe, predigten humorvoll und doch auch mit großer Ernsthaftigkeit. Schade, dass es so etwas nicht in Deutschland gibt. Es wäre geradezu ein lohnenswertes Ziel für angehende Pastoren, sozusagen eine sinnvolle Ergänzung der Homiletik (Predigtlehre).

Wenn ich manchmal den relativ weiten Weg von Hove zur Sprachschule in Brighton zu Fuß zurücklegte, kam ich an einem kleinen Friedhof vorbei. Eines Tages entdeckte ich dort den Grabstein von Charlotte Elliot (1789–1871). Im Alter von 32 Jahren und als schwerkranker Mensch schrieb sie das Lied »Just As I Am«, bei uns bekannt unter dem Titel »So wie ich bin, komm ich zu dir«. Viele Jahrzehnte lang war es das Lied, das gesungen wurde, wenn in den großen Billy-Graham-Evangelisationen, aber auch beim Janz-Team Menschen eingeladen wurden, nach vorne zu kommen und auf diese Weise öffentlich zu bekennen, dass sie ein Leben mit Jesus Christus beginnen wollten. Es ist ein Lied, bei dem es eingefleischte Kirchenmusiker graust, es ist ihnen zu emotional, und einige würden auch sagen: zu manipulativ. 1960 reagierte Billy

Graham auf diese wohl nur in Deutschland geäußerte Kritik, indem er während des Aufrufs zum Glauben gar nicht singen ließ. Die Folge war, dass an diesem Abend noch mehr Menschen dem Aufruf folgten.

Auf dem Friedhof und bei der Beschäftigung mit Charlotte Elliot wurde mir bewusst: Es ist das Lied einer schwachen und kranken Frau, die Gott gebraucht hat und die nicht zuletzt mit diesem Lied vielen Menschen zum Segen wurde.

So wie ich bin, so muss es sein,
nicht meine Kraft, nur Du allein!
Dein Blut wäscht mich von Flecken rein.
O Gottes Lamm, ich komm', ich komm'!
So wie ich bin, vom Sturm gejagt,
mit bangen Zweifeln oft geplagt,
vom Feind bedroht und sehr verzagt.
O Gottes Lamm, ich komm', ich komm'!
Grad' wie ich bin, nimmst Du mich an.
Die Sündenschuld ist abgetan,
weil ich auf Dein Wort trauen kann.
O Gottes Lamm, ich komm', ich komm'!

Das Resultat meines Sprachstudiums war eher bescheiden, ich befürchte, Fremdsprachen gehören nicht zu meinem Gabenprofil. Aber die sechs Wochen in England waren darüber hinaus für mich eine reiche Zeit mit vielen Begegnungen, Anregungen und persönlichen Impulsen. Gegen Ende meines Aufenthalts suchte ich einen Ort an der Küste bei »Seven Sisters« auf, einer wunderschönen Formation aus weißem Kreidefelsen. Dort saß ich lange und zog ein persönliches Resümee – nicht nur meines Aufenthalts in England, sondern darüber hinaus der 25 Jahre, die ich inzwischen Prediger des Evangeliums war. Ich hatte viele Menschen kennengelernt, viele Erfahrungen gemacht – aber war ich dort, wo Jesus mich haben wollte? Bevor ich meine theologische Ausbildung begann, hatte ich geglaubt, als Prediger des Evangeliums liefe das geistliche Leben gewissermaßen wie von selbst. Das war, wie ich inzwischen wusste, ein großer Irrtum. Im Gegenteil, der »geistliche Dienst« hatte auch eine verführerische Seite. Allzu schnell wurde ich in eine Rolle gedrängt, in der ich funktionieren und gut sein musste, vor allem meine fromme Umgebung erwartete das von mir. Und je »größer« und »höher« die Position und das Amt, desto mehr wuchs der Druck. Würde ich dem in Zukunft standhalten können? Und dann passierte das, ohne das ich mir mein Leben heute gar nicht mehr vorstellen kann: Ich ging einen weiten Weg mit Jesus. Es gibt einen alten englischen Gospelsong, den ich vor vielen Jahren von Mahalia Jackson gehört habe. Mag sein, dass er ein wenig zu gefühlig ist (manche werden ihn kitschig nennen), aber er beschreibt, was inzwischen Teil meines Lebens ist:

I come to the garden alone,
While the dew is still on the roses;
And the voice I hear, falling on my ear,
The Son of God discloses.

And He walks with me, and He talks with me,
And He tells me I am His own,
And the joy we share as we tarry there,
None other has ever known.[25]

(Ich gehe allein in den Garten,
während der Tau noch auf den Rosen liegt.
Und die Stimme, die ich höre,
ist die sich mir offenbarende Stimme des Sohnes Gottes.

Und er geht mit mir, und er spricht mit mir,
und er sagt mir, dass ich ihm gehöre.

Und die Freude, die wir miteinander teilen,
während wir dort zusammen sind,
kann niemand sonst verstehen.)

Aus- und Einsteiger

Am 4. Juli 1991 bekam ich einen Anruf aus Witten. Erika Engels, Chefsekretärin in der Verwaltung des BFeG, teilte mir mit, dass der Verwaltungsleiter gekündigt habe. Ihr Anruf erreichte mich im Seeschloss in Eutin. Ich war gerade mit der Abschlussklasse des Theologischen Seminars auf der »Bundesrundfahrt«, am nächsten Tag sollte es weitergehen nach Berlin. Die Nachricht traf mich völlig unerwartet, obwohl diese Entscheidung vielleicht gar nicht so überraschend kam. Es war kein Geheimnis, dass unser Verwaltungsleiter mit meiner Wahl als Präses Schwierigkeiten hatte. 15 Jahre hatte er im BFeG gearbeitet – erst als Bundesrechnungsführer, dann als Verwaltungsleiter. Er hatte sich für die Zukunft wohl einen stärkeren Partner innerhalb des Hauses gewünscht, einen entscheidungsstarken, eher sachorientierten, vielleicht auch dominanten Leiter. Der war ich nicht, und das wusste er.

Ich habe mich daraufhin sofort aus der »Bundesrundfahrt« ausgeklinkt und bin nach Witten gefahren. Wenige Tage später trafen wir uns als Arbeitsausschuss der Bundesleitung zu einer außerordentlichen Sitzung in Ewersbach, beteten und überlegten gemeinsam, wie es weitergehen konnte. Dabei rückte erstaunlich schnell ein neuer möglicher Nachfolger in unser Blickfeld, und Ernst Wilhelm Erdlenbruch und ich trafen uns mit ihm und seiner Frau zum Gespräch. Doch auch der neue Verwaltungsleiter bzw. Geschäftsführer blieb nur wenige Jahre bei uns, dann kehrte er in seine frühere Tätigkeit zurück. Auch sein Ausstieg traf mich unerwartet. Ohne persönliche Absprache teilte er uns Anwesenden am

Ende einer Sitzung mit, dass er aufhören werde. Hinterher versuchten wir im kleinen Kreis in einem offenen und klärenden Gespräch aufzuarbeiten, was schiefgelaufen war. Nun sollte es durchaus möglich sein, dass jemand eine Aufgabe nur für eine begrenzte Zeit wahrnimmt. Damit hatte ich auch kein Problem. Was mich persönlich verunsicherte und auch ein wenig verletzte, war die Tatsache, dass es *vorher* kein persönliches Gespräch über die Situation gegeben hatte. Jedenfalls erinnere ich mich nicht daran.

Und selbstverständlich lag in der Beendigung seines Dienstes auch eine Anfrage an mich. Präses und Geschäftsführer sind im BFeG ein enges Gespann. Der Präses hat es eher mit Personen zu tun, während der Dienst des Geschäftsführers mehr sachorientiert ausgerichtet ist. Das Gegenüber des Präses sind vorwiegend die Bundessekretäre, die Arbeitszweigleiter und die Frauen und Männer der Bundesleitung. Der Schwerpunkt des Geschäftsführers liegt dagegen in der Verwaltung des Bundes. Er hat es eher mit den Finanzen und juristischen Fragen zu tun. Dafür steht ihm ein kleines, aber kompetentes Team von Mitarbeiterinnen und Mitarbeitern zur Verfügung. Und er arbeitet eng mit dem Finanz- bzw. Wirtschaftsausschuss zusammen. Das alles kann nur gut und möglichst reibungslos funktionieren, wenn Präses und Geschäftsführer eng und vertrauensvoll zusammenarbeiten. Ich war aufgrund meiner relativ breit gefächerten Verantwortung – auch außerhalb des BFeG – viel im Land unterwegs. Hinzu kamen die zwischenkirchlichen und internationalen Gremien und Kontakte. Das führte dazu, dass der Geschäftsführer oft auf sich gestellt war und wohl einen kompetenten Gesprächspartner innerhalb des Bundeshauses vermisste.

1995 standen wir also wieder ohne Geschäftsführer da, und ich bin Hans Diebel, dem damaligen Vorsitzenden des Finanzausschusses, dankbar, dass er uns half, die etwa sechsmonatige Vakanz zu überbrücken. Auch die Kompetenz von Erika Engels zeigte sich hier, bei der viele Fäden im Bundeshaus zusammenliefen.

In einer Sondersitzung des Bundesrates wurde dann im September 1995 Klaus Kanwischer als neuer Bundesgeschäftsführer gewählt, am 1. Dezember begann er seinen Dienst. Klaus und ich haben dann zwölf Jahre zusammengearbeitet und uns in guten und schwierigen Zeiten ergänzt. Bei Klaus hatte ich nie den Eindruck einer Rivalität. Im Gegenteil, unsere Zuständigkeitsbereiche waren klar geregelt, lagen aber auch nicht abgeschottet nebeneinander. Auch als Menschen und »Brüder« haben wir uns in unserer Unterschiedlichkeit gegenseitig geachtet und ergänzt.

Übrigens hieß der Präses des BFeG noch bei der Berufung meines Vorgängers »Bundesvorsteher«. Erst er hatte auf eine Änderung der Bezeichnung gedrungen. Der Begriff »Bundesvorsteher« rief wohl manchmal ein Stirnrunzeln hervor, und im zwischenkirchlichen Bereich gab es ihn nicht – manche dachten da wohl eher an einen Bahnhofsvorsteher als an den verantwortlichen Leiter des BFeG. Überhaupt ist es nicht gerade einfach mit den internen Bezeichnungen eines Verbandes oder Bundes. Oft sind sie nicht allgemeinverständlich und führen dann zu Missverständnissen. Von einem Gottesdienstleiter in der FeG Heiligenhafen wurde ich zu Beginn eines Gottesdienstes mit dem freundlichen Satz begrüßt: »Wir freuen uns sehr, dass der Bruder Strauch von der Bundeswehr hier ist und heute predigen wird.« Selbstverständlich meinte er den »Bund Freier evangelischer Gemeinden«, der Versprecher war ihm nicht einmal aufgefallen, die Bundeswehr war ihm halt geläufiger als der BFeG.

Wir sollten uns bei allen innergemeindlichen Titeln und Bezeichnungen auch um eine verständliche Sprache bemühen. Ich erinnere mich an eine Bundesratssitzung 1983 in Hagen-Hohenlimburg, in der es um die Änderung der Bezeichnung »Predigerseminar« in »Theologisches Seminar« ging. Einige Nachzügler sprachen sogar noch von der »Predigerschule«, so hieß die Ewersbacher Ausbildungsstätte noch Anfang der 60er-Jahre. Inzwischen ist ja auch das »Theologische Seminar« passé, und wir haben eine

»Theologische Hochschule« in Ewersbach (was allerdings bedeutend mehr als eine Namensänderung beinhaltet). Leider liefen die Diskussionen darüber oft mit einer Ernsthaftigkeit, als stünden unsere Glaubensüberzeugungen zum Ausverkauf. Auch mit dem Wechsel vom »Prediger« zum »Pastor« war das so.

Karl Heinz Knöppel wurde schließlich ganz offiziell vom »Bundesvorsteher« zum »Präses«. Allerdings, verständlicher war das nicht unbedingt. Viele Male musste ich zu Beginn einer Veranstaltung erklären, was ein »Präses« ist, und für einige war es sehr ernüchternd, dass der Begriff nichts anderes als einen »Vorsitzenden« meint. Den »Präses« gibt es heute wohl nur noch im kirchlichen Raum, und bei den evangelischen Landeskirchen nur im Rheinland und in Westfalen. Ulrich Parzany stellte mich zu Beginn einer Veranstaltung einmal als »Bischof« vor, und wenn's in diesem Zusammenhang nicht so hochtrabend klänge, hatte er im Grunde damit recht: Ein Bischof hat geistliche Leitungsverantwortung, steht den Gemeinden mit Rat zur Verfügung, achtet auf Zeitströmungen und ist Orientierungspunkt für seine Leute. Genau das ist die Aufgabe eines Präses im BFeG.

Im Sommer des Jahres 1991 verbrachten Edelgard und ich unseren Urlaub wieder in Schweden. Wir wohnten diesmal in einem schönen Ferienhaus am Tolkensee bei Ulricehamn. Eines Morgens saß ich am See und las noch einmal den Text, der zu meiner Berufung als Präses geführt hatte: »Sei getrost und unverzagt!« Oder mit den Worten der Einheitsübersetzung, die ich seit Jahren benutzte: »Sei mutig und stark!« Einige Male steht dieser Satz in dem kurzen Text (Josua 1,6-9), und der Mann, dem er gesagt wurde, war kein Anfänger. Josua hatte, als er dieses Wort von Gott bekam, bereits große Erfahrungen mit ihm gemacht. Er hatte den Kampf gegen Amalek angeführt, während Mose für den Sieg des Volkes betete (2. Mose 17,8-16). Er hatte das verheißene Land ausspioniert und trotz der bedrückenden Übermacht der Bewohner das Volk Gottes ermutigt, den Weg mit Gott weiterzugehen und das Land einzunehmen (4. Mose 14,6-30). Selbst als Mose die Zehn Gebote auf dem Berg empfing, durfte Josua ihn ein Stück des Weges begleiten (2. Mose 32,17).

Aber bisher war Josua immer zweiter Mann gewesen – das ist eine relativ komfortable Position. Der zweite Mann hat viel Verantwortung, aber immer noch einen vor sich, der im Ernstfall den Kopf hinhält. Doch jetzt war Mose nicht mehr da, jetzt stand Josua an der Spitze und trug die komplette Verantwortung für das Volk. Vor ihm lag der Jordan, dahinter die befestigte Stadt Jericho, am Horizont das Ziel, die Berghöhen Kanaans. Worauf hatte er sich da eingelassen?! Würde er es jemals schaffen, die Menschen über den Jordan und durch die befestigte Stadt ins verheißene Land zu bringen? Doch wenn Gott sagt: »Sei mutig und stark!«, dann niemals ohne Grund: »Der Herr, dein Gott, ist mit dir in allem, was du tun wirst« (Vers 9)! Diese Zusage war damals und ist heute absolut verlässlich. Darauf war auch ich angewiesen.

Am letzten Tag unseres Urlaubs saß ich noch einmal am See und stieß auf eine Karte, die mir unsere Tochter Kerstin geschickt hatte: »Ich, der Herr, verändere mich nicht« las ich da, ein Bibelwort aus Maleachi 3,6. Seine Zusage galt damals bei Mose, und sie gilt auch heute für mich. Darauf wollte ich mich verlassen – auch in den Monaten und Jahren, die jetzt vor mir lagen.

TEIL 6

1991–2008:
LEITUNG IM BFEG UND DER
EVANGELISCHEN ALLIANZ

Einsegnung in Solingen

Am 14. September 1991 kam der Bundestag in Solingen-Aufder-höhe zusammen, und daran schloss sich ein Gottesdienst an, in dem Karl Heinz Knöppel als Präses verabschiedet und ich in den neuen Dienst eingesegnet wurde. Im Bundestag hatte ich zum ersten Mal das »Wort des Präses« zu sprechen, und ich entschied mich für ein programmatisches Wort unter der Überschrift: »Worauf es ankommt«.

Im Festgottesdienst am Nachmittag verabschiedete Gerhard Hörster zuerst Karl Heinz Knöppel, der seit 1973 Präses unseres westdeutschen BFeG war. Man hatte ihn bereits 1965 als Bundespfleger berufen, er konnte also auf eine lange Strecke unserer Bundesgeschichte zurückblicken. Anschließend wurde ich in den neuen Dienst eingesegnet. Zuvor hatte man mich gefragt, wen ich mir für das Segensgebet wünsche, und ich hatte meinen Vorgänger Karl Heinz Knöppel genannt und ebenso Eberhard Rothstein, der viele Jahre den Bundesrat leitete und mir außerdem ein guter Freund war. Erst im Nachhinein wurde mir bewusst, dass ich auch Johannes Schmidt um diesen Segensdienst hätte bitten sollen, er war ja ebenfalls mein Vorgänger in diesem neuen Amt. Er hatte den BFeG in der DDR von 1975 bis 1990 geleitet. Wenn ich heute darüber nachdenke, wird mir bewusst, dass wir im Westen mit unseren »Geschwistern« aus den neuen Bundesländern nicht immer angemessen umgegangen sind. Es war zwar vieles gut gemeint, aber das reichte nicht. Es fehlte die für das Zusammenwachsen erforderliche Sensibilität, und unsere westliche Dominanz muss für sie manchmal verletzend gewesen sein.

Eine besondere Überraschung in diesem Gottesdienst war der musikalische Beitrag der Sängerinnen und Sänger von unseren früheren Singefreizeiten. Ihre Anwesenheit und ihr Segenslied taten gut.

Nach dem Einsegnungsgottesdienst kamen wir erneut im Speisesaal des Diakonissenhauses zusammen. Es wurden viele Abschiedsworte und Glückwünsche weitergegeben. Ernst Schwedes, damals noch Direktor des Diakonischen Werkes Bethanien, hatte alles sehr schön vorbereiten lassen und moderierte das Zusammensein. Auch meine beiden Eltern waren dabei und selbstverständlich unsere Kinder, Christina und Kerstin. Als wir wieder zu Hause waren, sprachen Edelgard und ich noch bis zwei Uhr nachts miteinander. Uns beiden war bewusst: Für uns begann jetzt eine neue Zeit mit neuen Herausforderungen, Begegnungen und Schwerpunkten. Um abzuklären, was auf uns zukam, hatten wir bereits Monate zuvor mit Karl Heinz und Christa Knöppel zusammengesessen; sie erzählten uns, wie sehr der Dienst als Präses auch ihre Ehe und Familie in Anspruch genommen habe. Deshalb äußerten Edelgard und ich vorher den Wunsch, dass nicht nur ich, sondern Edelgard und ich gemeinsam in diesen Dienst eingesegnet werden. Aber die für den Einsegnungsgottesdienst verantwortlichen Leute fanden dass nicht passend, und ich hatte zugestimmt.

Eine Woche später fand auch in der Hamburger FeG ein Wechsel in der Leitung statt. Fritz Laubach wurde aus seinem Dienst als Diakonievorsteher verabschiedet und Ulrich Betz, der bisherige Gemeindeleiter, übernahm die Gesamtverantwortung des Diakonischen Werkes Elim (heute: ELIM Diakonie). Damit sollten die Bereiche Gemeinde und Diakonie wieder enger miteinander verbunden werden. Beim Segensgebet kam nicht nur Ulrich Betz, sondern auch seine Frau Hildegard nach vorn, und wir legten beiden die Hände auf. Auf der Rückfahrt nach Witten meinte meine Frau, so habe sie sich das auch für uns gewünscht, und hatte Tränen in den Augen. Weshalb war ich bloß so schnell auf den Einwand meiner Gesprächspartner eingegangen?!

Schon als Bundespfleger war ich oft an Segensgebeten beteiligt, bei Pastoreneinführungen schienen sie mir das Wichtigste zu sein, und immer öfter hatte ich erlebt, dass auch die Ehefrauen der Pastoren den Segenszuspruch für sich wünschten. Mag sein, dass es für den formalen feierlichen Ablauf etwas eigentümlich wirkt, wenn der Ehepartner sich mit einsegnen lässt – aber gibt es denn etwas Besseres? Wünschen wir uns nicht geradezu, dass Ehefrauen die Berufung ihres Mannes (oder heute bei den Pastorinnen: ihrer Frau) teilen? Leiden wir nicht darunter, wenn das nicht geschieht? Selbstverständlich sollte man der Partnerin oder dem Partner hier völlige Freiheit lassen, jeglicher Druck wäre grundverkehrt. Aber wenn der öffentliche Zuspruch des Segens von beiden gewünscht wird, ist es unsinnig, ihn aus formalen Gründen zu verweigern. Der Zuspruch von Gottes Segen ist eben nicht nur ein Wort, sondern gleichzeitig Gottes Tat! In *seinem* Auftrag und Namen segnen wir. Auch die Auflegung der Hände gehört dazu.

Weil es dabei um Gottes Segen und nicht unseren Segen geht, müssen wir auch nicht viele Worte machen. Ich kann gar nicht aufzählen, wie viele irische Segenssprüche ich in den Jahren meines Dienstes bei unterschiedlichsten Anlässen gehört habe. Hätten die Iren wirklich so viele Segensworte hervorgebracht, sie hätten wohl kaum noch für andere Dinge Zeit gehabt. Inzwischen reagiere ich allergisch darauf. Weshalb sprechen wir den Segen Gottes nicht einfach mit den Worten der Bibel? Nach wie vor liebe ich es, nach dem Gottesdienst den Aaronitischen Segen zu sprechen: »Der Herr segne dich und behüte dich; der Herr lasse leuchten sein Angesicht über dir und sei dir gnädig; der Herr hebe sein Angesicht über dich und gebe dir Frieden« (4. Mose 6,24-26). Oder die trinitarische Segensformel: »Es segne und behüte dich (euch) der allmächtige und barmherzige Gott, der Vater, der Sohn und der Heilige Geist.« Manchmal gebe ich den Zuspruch des Segens mit 2. Korinther 13,13 weiter: »Die Gnade unseres Herrn Jesus Christus, und die Liebe Gottes und die Gemeinschaft des Heiligen Geistes sei mit euch allen. Amen.« Oder aber mit Philipper 4,7: »Der Friede Gottes, der höher ist als alle Vernunft, bewahre eure Herzen und Sinne in Christus Jesus.«

Sitzungen, Sitzungen, Sitzungen ...

Selbstverständlich hat der Präses des Bundes Freier evangelischer Gemeinden Sitzungen zu leiten: Bundesleitungssitzungen, Sitzungen des Geschäftsführenden Ausschusses, Arbeitszweigleitersitzungen, Arbeitsgespräche zwischen Bundesleitung und Kreisvorstehern, für eine befristete Zeit auch Sondersitzungen zu bestimmten Themen. Vor allem in der Bundesleitung erschien mir die Sitzungsleitung von Anfang an als Problem. Als ich im Alter von 30 Jahren Mitglied dieses Gremiums wurde, fiel es mir schwer, dort überhaupt den Mund aufzumachen. Mein Respekt vor den älteren und erfahrenen »Brüdern« war riesig. Manchmal legte ich mir die Worte erst zurecht, bevor ich sie in der Sitzung aussprach. Es ist eigentümlich: So frei ich auch in der Predigt bin, selbst vor Tausenden von Menschen – die Beteiligung an Sitzungsgesprächen und Diskussionen fällt mir schwer. So war es zumindest über viele Jahre. Doch es gab für mich keinen Weg daran vorbei.

Im Lauf der Zeit musste ich viele Sitzungen leiten, nicht nur innerhalb des Bundes, auch in den Bereichen der Freikirchen und der Deutschen Evangelischen Allianz. Doch zu Beginn meiner Zeit als Präses schien mir diese Schwelle unüberwindbar zu sein, und ich bat die beiden Bundessekretäre und den Geschäftsführer, sich an der Sitzungsleitung in der Bundesleitung zu beteiligen. Doch ganz glücklich war ich nicht damit, zumal uns dabei die Sitzungszeit aus dem Ruder lief. Bei einer langen Tagesordnung ist es besser, wenn die Regie in einer Hand liegt. So sprach ich mich nach einiger Zeit doch dafür aus, die Bundesleitungssitzungen komplett zu leiten. Und es wurde immer besser. Ich las einige Bücher zum Thema »Sitzungsleitung«, beobachtete im zwischenkirchlichen Bereich, wie das andere machten, und mit den Jahren geschah etwas, was ich vorher nicht für möglich hielt: Mir machte es richtig Spaß, Sitzungen zu leiten.

Meist trafen wir uns als Bundesleitung schon am Freitagmorgen, um gemeinsam zu beten, jeder von uns nannte die Gebetsanliegen aus seinem Bereich. Erst nach dem Mittagessen stiegen wir dann in die offizielle Tagesordnung ein. Bis dahin waren auch die ehrenamtlichen Mitglieder der Bundesleitung eingetroffen, für sie war es ja nicht leicht, die entsprechende Sitzungszeit mit ihren Berufen in Einklang zu bringen. Ich habe hohe Achtung davor, dass sie über ihre berufliche Belastung hinaus die relativ umfangreiche Arbeit in der Bundesleitung auf sich nahmen. Das gilt auch für den Finanzausschuss und andere Ausschüsse und Arbeitszweige des Bundes. Ohne die Ehrenamtlichen geht es einfach nicht, das gilt auch noch heute.

Begonnen habe ich unsere Sitzungen in der Regel mit dem Text der Tageslosung oder mit dem Lehrtext aus dem Herrnhuter Losungsbuch. Meist konnten wir am Samstagmittag unsere Arbeit beenden, manchmal tagten wir aber auch bis in den Nachmittag hinein. »Bete und arbeite« – diese Ordensregel der Benediktiner galt auch für uns in der Bundesleitung. Mehr und mehr integrierten wir das Gebet in die Sitzungszeit – nicht nur zu Beginn und am Ende der Sitzungen, sondern ebenso während der Arbeitsgespräche. Dann unterbrachen wir spontan die Diskussion und nahmen uns eine Gebetszeit für das, was gerade unser Thema war.

Dieses »Ineinander« von Arbeit und Gebet war mir bereits 1977 während meiner USA-Reise wichtig geworden. Dort standen wir manchmal mit unseren Gastgebern in der Küche, fassten uns spontan an den Händen und beteten für das, worüber wir gerade sprachen. Ich erinnere mich, dass ich meiner amerikanischen Gastgeberin von meiner Frau und unseren beiden Kindern erzählte, als sie mich unterbrach und sagte: »Come, let's pray for your family« (»Komm, lass uns für deine Familie beten«). Später begannen wir auf unseren Jugendleiter-Tagungen damit, wir nannten es das »integrierte Gebet«. Dabei hörten wir gemeinsam auf ein Bibelwort, schickten die Teilnehmer anschließend nach draußen und baten sie, mit offenen Augen zu beten. So konnten sie das, was ihnen vor die Augen kam, direkt ins Gebet hineinnehmen. Sie dankten zum Beispiel für eine schöne Blume am Weg, beteten für jemanden, der gerade die Straße überquerte, oder für das, was sie in der Zeitung lasen. Auch heute mache ich das hin und wieder, wenn ich unterwegs bin. Ich bete still für die Verkäuferin, die gerade meine Ware zusammenlegt, für die zwei alten Herren, die im Straßencafé lebhaft miteinander reden, für die Jungs, die auf der Wiese hinter unserem Haus wieder einmal Fußball spielen (obwohl das eigentlich verboten ist), für die Frau, die mir im Wartezimmer gegenübersitzt. Das »integrierte Beten« ist eine wunderbare Möglichkeit, die sichtbare Welt mit der unsichtbaren zu verknüpfen. So etwa lief das auch in der Bundesleitung. Um es mit Willy Brandt zu sagen (allerdings in einem völlig anderen Zusammenhang): Es wächst zusammen, was zusammengehört, unser Alltag und Gottes Wirklichkeit!

Zwischenkirchliche Gremien

Aber nicht nur die Sitzungsleitung bereitete mir am Anfang als Präses Schwierigkeiten. Problematischer noch empfand ich die Teilnahme an einigen Gremien im zwischenkirchlichen Bereich. Das betraf vor allem die Arbeitsgemeinschaft Christlicher Kirchen (ACK) und die Vereinigung Evangelischer Freikirchen (VEF). Normalerweise gehört die Teilnahme dort zum Aufgabenbereich des Präses, aber ich war glücklich über die Bereitschaft der beiden Bundessekretäre, mir diese Aufgabe abzunehmen. Was war der Hintergrund? Während meiner zehn Jahre in der Bundesjugendarbeit musste ich regelmäßig an den Sitzungen der Arbeitsgemeinschaft Evangelischer Jugend (AEJ) teilnehmen, doch meine Begeisterung dafür hielt sich in Grenzen. In den 70er-Jahren wurde dort unglaublich viel Papier produziert; auch während wir tagten, riss der Papierstrom nicht ab. Vorbereitende Sitzungspapiere sind gut und wichtig, aber was dort geschah, hielt ich nicht für effektiv. Zweimal im Jahr an jeweils drei Tagen musste ich in den Mitgliederversammlungen sitzen und hatte den Eindruck, es war verlorene Zeit.

Doch das eigentliche Problem saß tiefer, es hatte mit den inhaltlichen Themen der AEJ zu tun oder richtiger: mit der Art der Auseinandersetzung darüber. Zentrale Themen der AEJ waren damals Strategien gegen die Apartheidspolitik Südafrikas und die Unterstützung der Befreiungstheologen Lateinamerikas und viele andere sozialpolitische Fragen. Nicht dass das unwichtig gewesen wäre, aber mich störte die Ausschließlichkeit, mit der das zur Sprache kam. Hier drehte sich alles nur noch um die Gesellschaft und nicht mehr um Gott. Themen wie »Evangelisation und Mission« riefen in der AEJ – wenn überhaupt – nur ein mitleidiges Lächeln hervor. Dem Begriff »Mission« haftete der Vorwurf kolonialen Anspruchsdenkens an. Auch das war ein Grund gewesen, 1972 die »Arbeitsgemeinschaft Jugendevangelisation« (AGJE) ins Leben zu rufen. Es war damals ja die Zeit der sogenannten »Parallelstrukturen«. AEM (Arbeitsgemeinschaft Evangelikaler Missionen), »idea« (Informationsdienst der Evangelischen Allianz), die KEP (Konferenz Evangelikaler Publizisten) und der AfeT (Arbeitskreis für evangelikale Theologie) wurden während dieser Jahre ins Leben gerufen. Wer das heute kritisiert, weiß nicht, wie tief die Kluft im Protestantismus damals war. Es ging dabei eben nicht um irgendwelche Randgebiete der Frömmigkeit, sondern um den zentralen Inhalt des Evangeliums. Nicht nur wir freikirchlichen Jugendwerke litten darunter, auch die pietistisch geprägten Jugendverbände (CVJM, EC, MBK und andere) taten sich damit schwer. Im Plenum der AEJ waren wir »Frommen« komische Exoten. Allerdings stelle ich mir heute selbstkritisch die Frage: Weshalb haben wir uns nicht stärker mit unserem Proprium eingebracht? Möglichkeiten dazu hätte es durchaus gegeben.

Ich war bereits einige Jahre in der AEJ, als Klaus Teschner in die Mitgliederversammlung kam. Damals war er noch MBK-Direktor in Bad Salzuflen. Er war nicht gewillt, die theologische Ausrichtung der AEJ schweigend hinzunehmen, er brachte sich ein, diskutierte mit – unüberhörbar deutlich, aber zugleich mit einem entwaffnenden Humor. Wie auch immer, die AEJ-Erfahrung hatte unter anderem dazu geführt, dass ich mich zu Beginn meiner Zeit als Präses ausschließlich auf Gremien konzentrieren wollte, von denen ich mir Effektivität für meine Arbeit versprach. So entzog ich mich der ACK und ebenso der VEF, denn auch meine früheren Erfahrungen im Bereich freikirchlicher Jugendwerke waren nicht gerade ermutigend.

Wolfgang Dünnebeil, der ja zur gleichen Zeit seine Arbeit als Bundessekretär (früher »Bundespfleger«) aufnahm, war zur Vertretung unseres Bundes in der ACK bereit. Und unser Bundessekretär Wolfgang Schulze übernahm gemeinsam mit Wolfgang Kraska die Vertretung des BFeG in der VEF. Wolfgang Kraska war Bundesleitungsmitglied und Gemeindepastor der FeG Witten. Allerdings sollte sich mein Verhältnis in den darauffolgenden Jahren zu beiden Gremien ändern.

Ende 1994 erreichte mich ein Brief von Dr. Wolfgang Lorenz, dem Direktor des Diakoniewerkes Bethel in Berlin. Er war auch Präsident des Bundes Evangelisch-Freikirchlicher Gemeinden und ebenso Präsident der VEF. Wolfgang Lorenz bat mich um ein Gespräch, und da ich ohnehin in Berlin zu tun hatte, besuchte ich ihn. Das Mutterhaus des Diakoniewerkes Bethel an der Berliner Clayallee kannte ich bereits: Ich hatte zum einen dort einmal als Mitglied der Gesangbuchkommission übernachtet, zum andern an einer Wochenendfreizeit der Berliner FeG-Jugendgruppen teilgenommen, die im Tagungshaus auf dem Gelände des Mutterhauses stattfand. Dieter Martschinke leitete damals diese Freizeit, und ich vergesse nie, wie wir uns bei einem Spaziergang während der Mittagspause am nahe gelegenen Grunewaldsee plötzlich unter nackten Menschen vorfanden. Wir waren so sehr miteinander im Gespräch vertieft, dass wir den Wechsel zum textilfreien Areal gar nicht bemerkt hatten.

Dort also im Mutterhaus hatte Wolfgang Lorenz sein Büro, und im Gespräch fanden wir schnell eine Vertrauensbrücke zueinander. Es ging ihm um seine Nachfolge im Präsidium der VEF, und tatsächlich schaffte er es, meine Vorbehalte abzubauen und mich nicht nur zur Teilnahme, sondern auch zur Präsidentschaft der VEF zu bewegen. Das war für mich ein steiler Einstieg auf ein mir unbekanntes Terrain, aber da Wolfgang Schulze sich gleichzeitig als Schriftführer rufen ließ, konnten wir die Leitungsaufgabe gemeinsam gut bewältigen. Heute sehe ich, wie wichtig die VEF ist. In den folgenden Jahren kamen viele neue Mitgliedskirchen dazu. Der BFeG gehörte schon 1926 in Leipzig zu den Gründungsmitgliedern.

Und was die ACK betrifft: Dort blieb zwar Wolfgang Dünnebeil unser Vertreter, aber als Vorsitzender der Deutschen Evangelischen Allianz kam es später auch hier zu Begegnungen und Gesprächen. Dazu trafen wir uns dann in der Ökumenischen Zentrale (ÖC) in Frankfurt. Einer unserer FeG-Pastoren, Dr. Klaus Peter Voß, war in der ÖC als Freikirchlicher Referent angestellt. Unermüdlich bemühte er sich, freikirchliche Anliegen in die ACK einzubringen und umgekehrt in den Freikirchen den Blick für die ACK zu schärfen. Als BFeG haben wir ihm diese Aufgabe nicht gerade leicht gemacht.

Immer wieder beeindruckend: der Hamburger »Michel«

Ich war noch Bundespfleger, als ich 1987 in den Hauptvorstand (HV) der Evangelischen Allianz (EA) gerufen wurde. Eine Reihe von Leuten des HV kannte ich bereits persönlich, andere waren mir nur namentlich aus »idea«-Nachrichten und Veröffentlichungen bekannt. Ich war schwer beeindruckt und brauchte einige Zeit, um mich dort einzuleben und einzubringen. Wenn ich von meiner Zeit im Vorstand und der aktiven Mitarbeit in der EA erzähle, weiß ich nicht recht, wo ich beginnen und wo ich aufhören soll. Zunächst war ich also Mitglied im HV, dann ab 1994 zweiter Vorsitzender, von 2000 bis 2006 erster Vorsitzender, und nachdem Jürgen Werth 2007 dieses Amt übernahm, blieb ich noch bis 2011 im Geschäftsführenden Vorstand und im HV. Mit 68 Jahren schied ich dann satzungsgemäß aus.

Neben meiner Arbeit im BFeG gibt es sicher nichts, was ich mit einer so großen Überzeugung wahrgenommen habe wie meine Mitarbeit und spätere Leitungsaufgabe in der Evangelischen Allianz (EA). Ich habe bereits berichtet, dass ich schon in Ronsdorf zu den Allianzveranstaltungen mitgenommen wurde. Die EA blieb auch während der Hamburger Zeit mein Begleiter. Zwar war in Sasel und den umliegenden Orten kaum eine Zusammenarbeit auf Allianzebene möglich, aber im Gesamtbereich der »Freien und Hansestadt Hamburg« war sie durchaus aktiv. Die »EURO 70« mit Billy Graham und zwei Evangelisationen des Janz-Teams in der Hamburger Ernst-Merk-Halle wären ohne die EA kaum möglich gewesen.

Vor allem die jährlichen Abschlussgottesdienste der Allianzgebetswoche in der Hamburger St. Michaeliskirche waren beliebt und beeindruckend. Auch ich genoss diese gut besuchten Gottesdienste in der Anfang Januar noch weihnachtlich geschmückten Kirche. Zwar sollten Äußerlichkeiten nicht wichtig sein, aber der »Michel« ist eine wunderschöne Barockkirche ohne den barocken Überschwang, der mich in süddeutschen Kirchen manchmal stört. Von allen 2 500 Plätzen aus hat man in dem weiß gehaltenen Raum einen freien Blick auf die Kanzel. Links von ihr steht der 20 Meter hohe Marmoraltar mit dem gekreuzigten und auferstandenen Jesus Christus.

Als ich 2013 auf der Hamburger Glaubenskonferenz zu sprechen hatte, ging ich während einer Pause noch einmal in diese einzigartige Kirche. Es war ein Samstagnachmittag. Vom FeG-Gemeindezentrum sind es nur wenige Schritte bis dorthin. Viele Touristen bevölkerten den Raum, und ich setzte mich etwas abseits vom Menschenstrom in eine Bank. Wieder wurde mir angesichts der zahlreichen Besucher bewusst: Mögen die Gottesdienste in den großen Kirchen noch so schlecht besucht sein, das Interesse an den Kirchengebäuden und der Kunst darin ist ungebrochen. Weshalb wird das so wenig genutzt, um die Leute auf das Evangelium aufmerksam zu machen? Auch bei einem Gang durch die Dresdner Frauenkirche hatte mich diese Frage beschäftigt, auch sie hatte ich vor einigen Jahren voll kunstinteressierter Menschen angetroffen. Viele der Bilder und Skulpturen weisen ja unmittelbar auf die Geschichten der Bibel hin. Es wäre nicht schwer, dazu einen erklärenden und einladenden Text zu verfassen, der für die Besucher ausliegt.

Meine Augen wanderten zu dem hohen Altar mit dem Bild des Gekreuzigten. Wie viele Menschen mögen hier stehen mit einer ungeklärten Schuld ihrer Vergangenheit? Es sage keiner, das Empfinden einer solchen Last und Not sei überholt! Mit wenigen Sätzen ließe sich ihnen sagen, dass Jesus am Kreuz alle Sünden der Welt auf sich nahm und jedem vergibt, der ihn darum bittet (1. Johannes 1,9). Darunter sah ich das Bild des Auferstandenen, mit segnenden Händen steht er da, zu seinen Füßen die schlafenden Soldaten. Weshalb teilen wir den Betrachtern nicht mit, dass Jesus tatsächlich auferstanden ist und lebt – auch hier und jetzt (Johannes 14,19)? Wurden diese Bilder in den Kirchen nicht ursprünglich gemalt, um leseunkundigen Menschen die Bibel nahezubringen? Weshalb nutzen wir sie nicht für die Bibelunkundigen unserer Tage?! Mit einer kleinen ansprechenden Schrift, die man den Besuchern am Eingang überreicht oder dort auslegt, sollte das möglich sein.

Während ich in der Kirchenbank saß, ging mir die zurückliegende Zeit in Hamburg durch den Kopf. Etwa 40 Jahre war es her, als ich in dieser Kirche Professor Helmut Thielicke predigen hörte. Ende der 60er-Jahre stand er einmal im Monat auf dieser Kanzel, und in dem großen hellen Raum war dann jeder Platz besetzt. Auch schwere Auseinandersetzungen gab es hier: Im Januar 1968 störten linke Studentengruppen Thielickes Gottesdienst und verlangten anstelle der Predigt lautstark eine Diskussion. Der Professor bot ihnen an, nach dem Gottesdienst mit ihnen zu diskutieren, doch die Störer bestanden auf der Auseinandersetzung im Gottesdienst. Als der Protest sich fortsetzte und keine Ruhe einkehrte, stimmte die Gemeinde den Choral »Großer Gott, wir loben dich« an, und als es danach immer noch nicht ruhig wurde, ein zweites Lied. Angesichts des umfangreichen Liederzettels gaben die Störer dann schließlich auf.

Helmut Thielicke war damals vom Hamburger Bischof und der Hamburger Synode enttäuscht, denn sie drängten ihn, den nächsten Gottesdienst abzusagen. Aber die St. Michaelisgemeinde stand hinter ihm. So war er vier Wochen später wieder auf der Kanzel, und von da an blieb es in seinen Gottesdiensten ruhig. Helmut Thielicke hatte die große Gabe, sich in das Denken säkularisierter und intellektueller Zeitgenossen hineinzuversetzen, er fand einen ganz eigenen Zugang zu ihnen. Auch er gehört zu den Autoren, deren Bücher ich als junger Gemeindepastor verschlang. Gerade für junge Pfarrer und Gemeindehirten finden sich darin wertvolle Gedanken (»Auf Kanzel und Katheder«, »Auf der Suche nach dem verlorenen Wort«, »Leiden an der Kirche«). Er öffnete mir auch die Augen für eine Gesellschaftsschicht und ihr Denken, der ich in meinem Gemeindealltag kaum begegnete.

Aber noch etwas ganz anderes beeindruckte mich an ihm: Ich habe einen Freund, der einer von Professor Thielickes Studenten war. Als er später in seiner Gemeinde in Schwierigkeiten geriet und nicht weiterwusste, berichtete er seinem alten Professor in einem Brief von seiner Not. Und der reagierte prompt, hörte ihm zu und setzte sich für ihn ein. Ich bin nicht sicher, ob ich bei Hilferufen junger Pastoren immer so schnell und hilfsbereit reagiert habe. Pastoren fallen mir ein, die im Dienst scheiterten und den BFeG verließen. Weshalb bin ich ihnen nicht geduldiger nachgegangen? Hatte ich mir nicht vorgenommen und es ihnen auch oft versprochen, für sie da zu sein?! »Wenn du was hast, ruf mich an« – das ist so schnell gesagt.

Eines von Thielickes Erlebnissen im Hamburger Michel habe ich später auf einer Pressekonferenz erzählt. Das war 2002 im Bundespressehaus in Berlin, wir stellten das für 2003 geplante »Jahr der Bibel« vor. Mit Präses Kock, dem Ratsvorsitzenden der EKD, und Kardinal Lehmann von der Deutschen Bischofskonferenz war ich als Vorsitzender der EA eingeladen – solch eine Akzeptanz und Anerkennung wurde uns nur selten zuteil. Die Journalisten wollten wissen, weshalb wir ein »Jahr der Bibel« veranstalteten, und ich erzählte ihnen eine Begebenheit aus der Michaeliskirche: Zwei junge Philologiestudenten hörten in einem von Thielickes Michel-Gottesdiensten zum ersten Mal das »Vaterunser« und waren davon so ergriffen, dass sie den Text unbedingt haben wollten. Da ihn anscheinend jeder in der Kirche zu kennen schien, wagten sie nicht, danach zu fragen, sondern suchten den Text am nächsten Tag vergeblich in der Hamburger Staatsbibliothek. Auch in der Bibliothek der Theologischen Fakultät wurden sie nicht fündig. Da fiel ihnen ein, dass es sonntags im Radio Rundfunkgottesdienste gibt, und so setzten sie sich am nächsten Sonntag mit dem Stenogrammblock vor den Lautsprecher und stenografierten den Wortlaut mit. »So hatten wir das Vaterunser schließlich im Kasten«, erzählten sie später dem Professor (nachzulesen in: »Zu Gast auf einem schönen Stern«). Ich sagte den Journalisten: »Das ›Jahr der Bibel‹ dient dazu, damit so etwas nicht passiert, sondern Menschen wissen, wo sie diese wunderbaren Texte finden.«

Auch ich habe einmal im Michel gepredigt, es war im Winter in einem Schlussgottesdienst der Allianzgebetswoche, und ich hatte einen fremden Mantel an. Einige Wochen war ich mit ihm unterwegs gewesen, er war mir viel zu eng, aber da ich Mäntel, wenn überhaupt, meist offen trage, hatte ich es nicht bemerkt. Erst als mich meine Frau erstaunt fragte, was denn das für ein Mantel sei, wurde mir klar, dass er nicht mir gehörte. Ich musste mich in irgendeiner Garderobe vergriffen haben, aber es war nicht mehr herauszufinden wo. Zeitlebens war es mir wichtig, keine fremden Kleider zu tragen – auch im übertragenen Sinn. Ist das, was ich tue, mein eigenes Ding, oder verstelle ich mich anderen zuliebe? Auch während ich dies hier schreibe, bewegen mich diese Gedanken.

Bad Blankenburger Persönlichkeiten

Der Mauerfall 1989 hatte selbstverständlich auch Auswirkungen auf die EA. Im Frühjahr 1990 fuhr ich zum ersten Mal zu einer Allianzsitzung nach Bad Blankenburg in Thüringen. Bad Blankenburg ist ein malerischer Ort im Landkreis Saalfeld-Rudolstadt, aber 1990 war er noch schwer zu erreichen. Bei der Anreise mit dem Auto verließ man bei Erfurt die Autobahn und fuhr quer über die Dörfer. Immer wieder gab es nervenaufreibende Umleitungen. Doch als ich schließlich an Ort und Stelle war, fühlte ich mich schnell zu Hause. Ich war beeindruckt von Karlheinz Mengs, der das Allianzhaus damals noch leitete. Er konnte sehr anschaulich aus der DDR-Zeit erzählen, als noch über 5 000 meist junge Teilnehmer zu den Blankenburger Konferenzen kamen. Das Ereignis ließ auch den Puls der Regierenden höher schlagen, allerdings nicht vor Begeisterung. Der große Zulauf meist junger Leute passte ihnen absolut nicht ins Programm. Alle möglichen Schikanen ließen sie sich einfallen, um die Konferenzen zu behindern,

aber letztlich ohne Erfolg. Von Haus aus war Karlheinz Baptistenpastor, er hatte in den 50er-Jahren am Predigerseminar an der
Hamburger Rennbahnstraße studiert.

Später führte mich Reinhard Holmer, der damalige Direktor
des Allianzhauses, über das weite Gelände und zeigte mir die Konferenzhalle, die Ernst Modersohn (1870–1948) vor über 100 Jahren in kürzester Zeit erbauen ließ. Ich hatte die Autobiografie von
Ernst Modersohn gelesen (»Er führet mich auf rechter Straße«),
bis 1905 war er Pfarrer in Mülheim an der Ruhr und hatte dort
in der Stadt eine geistliche Erweckung erlebt. Danach folgte er
einem Ruf nach Bad Blankenburg, und obwohl er das Allianzhaus
gar nicht so lange leitete, war er die prägende Persönlichkeit der
Allianz. Seine Zeitschrift »Heilig dem Herrn« wurde deutschland-
weit bekannt und beeinflusste viele Christen.

Wer diese Halle mit ihren 1 800 Plätzen noch nicht gesehen hat,
sollte das schleunigst nachholen, auch heute zeigt sie sich noch so
wie in Modersohns Zeit. In meinem Arbeitszimmer liegt ein Stück
Mörtel aus dem Boden der Halle – nicht als »heilige Reliquie«,
sondern weil ich den Tick habe, Steine von Plätzen zu sammeln,
mit denen ich besondere Erinnerungen verbinde. So gehören auch
Steine vom Londoner »Speaker's Corner«, vom Kidrontal in Jerusalem und dem japanischen Vulkan Asama zu meinen »Schätzen«.

Der Worpsweder Landschaftsmaler Otto Modersohn war übri-
gens ein Bruder von Ernst. Manchmal, wenn meine Frau Edelgard
und ich über die A1 bei Bremen fahren, unterbrechen wir die Reise
und schauen uns in Fischerhude Otto Modersohns Bilder an. Die
Enkelin von Ernst Modersohn, Irmtrud Chmell, die noch in Bad
Blankenburg wohnt, erzählte mir, dass manchmal Liebhaber der
Bilder von Otto und seiner Frau Paula Modersohn-Becker nach
Bad Blankenburg kämen, um mehr über die Familie Modersohn
zu erfahren. Die Buchhandlung »Die Harfe« (heute »Lese-Insel
Harfe«) und der gleichnamige Verlag (bis 2013) gehen auf Ernst
Modersohn zurück.

Reinhard Holmer führte mich auch an das Grab der Gründerin des Blankenburger Allianzhauses und der gleichnamigen Konferenz: Anna von Weling (1837–1900). Auf dem Grabstein ist der vorletzte Vers der Bibel eingraviert: »Komme bald, Herr Jesus!« Anna wuchs an einem Fürstenhof in Neuwied auf, ihr Vater starb, als sie vier Jahre alt war. Die Mutter kam aus Schottland, und bei einem Verwandtenbesuch dort fand Anna unter der Predigt des Evangelisten Reginald Redcliffe zum Glauben an Jesus. Anna von Weling muss eine außerordentlich willensstarke Persönlichkeit gewesen sein. Sie sprach fünf Sprachen und schrieb unter dem Pseudonym Hans Tharau eine Reihe von Büchern. 1886 zog sie nach Bad Blankenburg und kaufte dort eine alte Villa am Fuß des Berges der Burg Greifenstein. Als von deutschen, böhmischen, polnischen und italienischen Arbeitern die erste Bahnstrecke durch den Thüringer Wald gebaut wurde, versorgte sie die Bauarbeiter mit Bibeln und Traktaten in ihren Muttersprachen. Sie gründete eine »Thüringer-Wald-Mission« und hatte dazu einen Wagen und ein Pferd zur Verfügung, dem sie den Namen »Vorwärts« gab. Unter großen Schwierigkeiten und Anfeindungen begann sie mit einer Sonntagsschularbeit und erreichte in kurzer Zeit bis zu 350 Kinder. Die Eltern lud sie zu Bibelstunden und Mütterabenden ein. Außerdem nahm sie elternlose Kinder auf.

Bereits im Juni 1886 setzte sie ihren Lieblingsgedanken um: Sie lud zu einer Allianzkonferenz ein. Aber niemand kam. Doch Anna von Weling ließ nicht locker. Im September desselben Jahres startete sie einen neuen Versuch, diesmal mit 28 Konferenzteilnehmern. Das Motto übernahm sie von der englischen Keswick-Konferenz: »Alle sind eins in Christus!« Einer der ersten Konferenzteilnehmer war Friedrich Wilhelm Baedeker (1823–1906), ein damals weit gereister Mann und lebendiger Zeuge für Jesus. Er wurde in Witten geboren und fand in England zum Glauben an Jesus Christus. Und da er den Wunsch hatte, auch in seiner Heimatstadt davon zu berichten, reiste er nach Witten, hielt dort einen Vortrag über die Weltstadt London, verknüpfte ihn aber zugleich mit dem Bekenntnis seines Glaubens. Das zündete bei einigen jungen Wittener Männern so, dass sie sich mit Baedecker am Weihnachtsmorgen 1867 in einem Konfirmandensaal trafen, um mehr darüber zu erfahren. Daraus entstand dann ein Bibelkreis, und einige junge Männer daraus gründeten die Freie evangelische Gemeinde in Witten, in der meine Familie und ich seit vielen Jahren zu Hause sind.

Während ich das hier schreibe, wird mir bewusst, dass Gott vieles miteinander verknüpft, was oberflächlich betrachtet zufällig nebeneinander zu existieren scheint. Wir sprechen heute vom weltweiten digitalen Netz, aber der Geist Gottes hat längst ein weltumspannendes Netz gespannt. Erst im Himmel werden wir sehen, wie sehr alles miteinander verflochten ist.

Auch auf Ernst Gebhardt (1832–1899) muss ich noch einmal zu sprechen kommen, ich habe ihn schon im Zusammenhang mit der Gesangbuchkommission und dem Christlichen Sängerbund erwähnt. Auch er war Teilnehmer der Konferenz im Jahre 1886 und blieb danach über viele Jahre mit dem Blankenburger Allianzwerk verbunden. Man nannte ihn den »Bruder Immerfröhlich«. Es existiert ein Foto von ihm, das ihn vor der Konferenzhalle zeigt, darauf ist Gebhardt umgeben von Kindern, vor sich ein Harmonium, auf dessen Rückwand »Immer fröhlich« und die Zahl »1891« zu lesen sind. Vermutlich ein Hinweis auf das ein wenig umstrittene Lied: »Lasst die Herzen immer fröhlich und mit Dank erfüllet sein«.

Ernst Gebhardt war Schwabe und Methodistenpastor. Das Singen und Liederschreiben waren seine großen Gaben. 1879 gründete er mit anderen zusammen den Christlichen Sängerbund, 1882 wurde er dessen Vorsitzender. Die vielen englischen Heilslieder, die ich während meiner Kindheit in den Zeltevangelisationen kennenlernte (z. B. »Komm zu dem Heiland, komme noch heut«, »Komm heim, komm heim, o, du irrende Seel«), hat Gebhardt alle in die deutsche Sprache übersetzt. Andere Titel (z. B. »Kommt, stimmet alle jubelnd ein«, »Ich weiß einen Strom, dessen herrliche Flut«) hat er selbst geschrieben.

Wenn ich manchmal in der großen Halle in Bad Blankenburg saß, ging mir die Geschichte dieses Gebäudes durch den Kopf. Fast alle Persönlichkeiten des Pietismus haben hier gepredigt, führende Köpfe der Gemeinschaftsbewegung, der evangelischen Freikirchen, aber auch des landeskirchlichen Pietismus. Auch der China-Missionar Hudson Taylor (1832–1905) predigte hier, ebenso Reuben Archer Torrey (1856–1928). Seine Lehre vom Heiligen Geist, die Berichte über die Erweckung in Wales und über die Heiligungskonferenzen in Brighton führten bereits 1905 in Bad Blankenburg zu Spannungen. Vier Jahre später kam es dann zur antipfingstkirchlichen »Berliner Erklärung«, und viele von denen, die in Bad Blankenburg ihr geistliches Zuhause hatten, unterschrieben sie. Werner Beyer, ein großer Kenner der Allianzgeschichte, vermutet sogar, dass sie wesentlich von Vertretern der Blankenburger Allianz initiiert wurde.

Während meiner Mitarbeit in der EA leitete und prägte Reinhard Holmer das Allianzwerk in Bad Blankenburg; nach 18 Jahren folgte er dann 2011 einem Ruf nach Elbingerode, wo er heute der Direktor des Diakonissen-Mutterhauses Neuvandsburg ist. Als sich 1989 die Grenzen zwischen Ost und West öffneten, war Jürgen Stabe Leiter der Evangelischen Allianz in der DDR, und Fritz Laubach, mein früherer Hamburger Chef, leitete sie in der Bundesrepublik.

Jürgen Stabe wohnt in Annaberg-Buchholz im Erzgebirge und war dort in der Evangelisch-Lutherischen Landeskirche Superintendent. Als ich zu einem Predigtdienst bei ihm war, zeigte er mir die wunderschöne St. Annenkirche. Eine Gruppe Touristen stand an der Eingangspforte, und die Leute fragten ihn nach einer Kirchenführung, sie hatten keine Ahnung, wer Jürgen Stabe war. Kurzentschlossen nahm er die Führung durch die Kirche selbst in die Hand. Nie zuvor hatte ich erlebt, dass Kunstgeschichte so lebendig und gleichzeitig evangelistisch sein kann, seine Erklärungen der Bilder und Skulpturen der St. Annenkirche wurden zu Hinweisen auf die Liebe Gottes und auf das Evangelium. Auch Fritz Laubach habe ich später in einer ähnlichen Funktion erlebt. Er und seine Frau verbrachten ihren Ruhestand zunächst in Marburg, und während dieser Zeit begann er, als Fremdenführer Besucher mit der Geschichte der Stadt und besonders der Elisabethkirche bekannt zu machen. Dabei gelang es ihm hervorragend, ihnen das Zeugnis der Elisabeth von Thüringen (1207–1231) vor Augen zu malen. Hier wurde also von beiden früheren Allianzvorsitzenden umgesetzt, was ich im Hamburger »Michel« und der Dresdner Frauenkirche vermisst hatte.

Die Vereinigung der Evangelischen Allianz in der DDR und der Bundesrepublik verlief übrigens anders als in den meisten anderen Kirchen und Werken, auch anders als im BFeG: Die westdeutsche Allianz schloss sich der ostdeutschen an. Jürgen Stabe wurde der erste gesamtdeutsche Allianzvorsitzende.

Im Hauptvorstand
der Deutschen Evangelischen Allianz

Der Hauptvorstand der EA traf sich zweimal im Jahr und das gleich über mehrere Tage. Eine meiner ersten Sitzungen in diesem Kreis fand in der malerischen Stadt Freudenberg im Siegerland statt. Dabei lernte ich Sven Findeisen kennen, er lief mir bei der Abreise über den Weg und fragte mich, ob ich ihn zum Bahnhof mitnehmen könne. Sven lebte in Norddeutschland und reiste mit öffentlichen Verkehrsmitteln, was in dieser Gegend nicht ganz einfach war. Sofort entstand eine Beziehung zwischen uns, seine Nähe und Anteilnahme auf der kurzen gemeinsamen Fahrt taten mir gut. Ich hatte den Eindruck, dass er sich wirklich für mich und meine Arbeit interessierte. Auch in den folgenden Sitzungen war es immer wieder diese geistliche und auch menschliche Nähe zu einzelnen Mitgliedern des relativ großen HV, in der ich mich wohlfühlte und die mich gerne zu den Sitzungen kommen ließ. Das kannte ich von anderen zwischenkirchlichen Gremien so nicht.

Im November 1988 tagten wir im Johannesstift in Berlin-Spandau. Ich erinnere mich vor allem daran, weil es bei dieser Gelegenheit eine inoffizielle Begegnung mit dem Allianzvorstand in der DDR gab. Gemeinsam mit einigen »Brüdern« fuhr ich mit einem VW-Bus zum Ort der Begegnung, und die zeitraubende Fahrt über die Grenze wurde vor allem deshalb dramatisch, weil einer von uns zwischen den Schlagbäumen dringend auf die Toilette musste (merkwürdig, was sich einem einprägt!). Als wir dann in Ostberlin zusammensaßen, bekam das Gespräch eine gewisse Dynamik, weil der Nachrichtendienst »idea« etwas geschrieben hatte, was die »Brüder« im Osten heftig kritisierten. Keine Ahnung, was es war, aber die Stimmung war sichtlich angespannt. Einer aus dem Allianzvorstand der DDR schenkte mir auf dieser Sitzung eine Festschrift, die zum 100-jährigen Bestehen des Allianzwerkes in Bad Blankenburg erschienen war. Als Widmung schrieb er mir hinein: »Zur Erinnerung an die Begegnung in Berlin am 30.11.88, Dein Martin Tschuschke«. Wenn ich es richtig sehe, sind wir uns danach nie wieder begegnet. Aber die Festschrift habe ich aufmerksam gelesen, und sie machte mich bereits neugierig auf den Ort, den ich später viele Male besuchen sollte.

Bei dieser Berliner Sitzung erzählte mir übrigens ein nicht unbedeutendes Vorstandsmitglied, dass er die Arbeit von Wolfram Kopfermann in der Hamburger St. Petrikirche (die Anskar-Kirche gab es noch nicht) sehr schätze und theologisch daran nichts auszusetzen sei. Das war insofern bedeutsam, weil die offizielle Linie des HV noch in deutlicher Abgrenzung zu den charismatischen Aufbrüchen verlief (wie auch zu den etablierten Pfingstgemeinden). Warum nur hatte dieser »Bruder« nicht den Mut, sich auch öffentlich dazu zu bekennen?

1994 wurde Dr. Rolf Hille zum ersten Vorsitzenden der EA gewählt und ich als sein Vize. Gerne denke ich an diese gemeinsame Zeit zurück. Rolf Hille war Rektor des Albrecht-Bengel-Hauses in Tübingen, eines Studienhauses für evangelische Theologiestudenten. Er folgte in dieser Position Gerhard Maier nach, dem späteren Bischof der Württembergischen Landeskirche. Hartmut Steeb, der Generalsekretär der EA, Rolf Hille und ich trafen uns einige Male in Tübingen zu Arbeits- und Planungsgesprächen, und ich denke, wir waren ein gutes Team. In diese Zeit fiel das 150-jährige Jubiläum der Weltweiten Evangelischen Allianz (WEA). Sie wurde 1846 in London gegründet, und mir selbst war vorher nicht bewusst, wie sehr sie damals schon in den gesellschaftspolitischen Bereich hineinwirkte. Bereits bei ihrer Gründung veröffentlichte sie eine Stellungnahme gegen die Sklaverei, neun Jahre später (1855 in Paris) setzte sie sich für Religionsfreiheit in der Türkei ein und 1867 für Religionsfreiheit in Neu-Kaledonien und in Russland. Hinzu kamen Proteste gegen den britisch-chinesischen Opiumhandel, gegen Kinderverlobungen in Indien, gegen die Unterdrückung von Christen in Ägypten usw.

Wir nutzten das Jubiläum, um die WEA ins Bewusstsein der Öffentlichkeit zu bringen, führten Pressekonferenzen durch und gaben Literatur heraus (unter anderem »Einheit in der Vielfalt« von Werner Beyer). Zur 150-Jahrfeier der WEA kam auch noch die 100. Blankenburger Konferenz hinzu – 1996 war also insgesamt ein großes Jubiläumsjahr. Rolf Hille, Hartmut Steeb und ich begannen während dieser Zeit mit Besuchen bei evangelischen und katholischen Bischöfen, auch sie wussten ja (leider) manchmal mit der Evangelischen Allianz nichts oder nur wenig anzufangen.

Unvergesslich ist mir das Gespräch mit Kardinal Meißner in Köln. Obwohl die Stadt nicht weit von meiner Heimat entfernt ist und ich viele Male in Köln war, wusste ich nicht, dass es mitten in der Stadt, nicht weit entfernt vom Hauptbahnhof und dem Dom, ein so abgeschiedenes Karree wie die Bischofsresidenz gibt. Als wir die Eingangspforte hinter uns hatten, umgab uns ein Park mit einer fast himmlischen Ruhe. Mit Kardinal Meißner sprachen wir über ethische Fragen, aber auch über das Zentrum unseres Glaubens, über Jesus Christus und seine Liebe zu uns, die wir als EA weitergeben wollten. Plötzlich wurde der Kardinal ganz still, hob ein wenig die Hand, als lausche er, und sagte: »Brüder, *Er* ist hier!«

Joachim Meißner war ja bis zur Wende Bischof von Berlin, und aus dieser Zeit erzählte er uns ein Erlebnis mit einer etwa zwölfjährigen Schülerin. Während der DDR-Zeit kam das Mädchen zu ihm und sagte: »Herr Bischof, in meiner Klasse bin ich die einzige Christin.« Kinder aus christlichen Elternhäusern konnten ja im marxistisch-leninistisch ausgerichteten Unterricht sehr einsam sein und wurden manchmal von den Lehrern vor der ganzen Klasse lächerlich gemacht. Der Kardinal erzählte uns, er habe daraufhin dem Kind geantwortet: »Überleg mal, bist du wirklich die Einzige, ist da niemand sonst?« Daraufhin habe sie ein wenig nachgedacht und schließlich gesagt: »Doch, da ist noch eine, eine Evangelische.« »Siehst du«, habe er gesagt, »da seid ihr schon zwei. Und wenn ihr euch am Montagmorgen seht, dann zwinkert ihr euch zu und denkt daran, dass Jesus gesagt hat: Wo zwei oder drei in meinem Namen beisammen sind, da bin ich mitten unter ihnen.«

Bei den Gesprächen mit den katholischen Bischöfen stellte sich in der Regel schnell heraus, dass wir in ethischen Fragen nicht weit auseinanderlagen. Das zeigte sich auch im Gespräch mit Bischof Johannes Dyba in Fulda und Kardinal Johannes Joachim Degenhardt in Paderborn. Kardinal Degenhardt war bei unserer Begegnung noch Erzbischof, Papst Johannes Paul II. hatte ihn erst 2001 zum Kardinal ernannt. In der Öffentlichkeit wurde er vor allem durch die Auseinandersetzung mit dem Theologen Eugen Drewermann bekannt. Er erzählte mir von einer Begegnung mit meinem Vorgänger Karl Heinz Knöppel. Der Erzbischof und er kannten sich von der ACK und fanden einen persönlichen Zugang zueinander. Erzbischof Degenhardt hatte Karl Heinz und seine Frau Christa einmal in ihrer Wohnung in Siegen besucht. Nicht alle hatten das verstanden, und es gab fromme Schreiber, die nur darauf warteten, solche Informationen über ihre Blätter unter die Leute zu bringen.

In besonderer Erinnerung habe ich eine Begegnung, die Hartmut Steeb und ich mit dem Bischof von Trier hatten. Heute ist Reinhard Marx Kardinal von München und Freising und Vorsitzender der Deutschen Bischofskonferenz, damals war er noch Bischof in der über 2000 Jahre alten Stadt an der Mosel. Wir hatten ein gutes Gespräch, kaum einen Bischof habe ich so natürlich und auch so brüderlich nah erlebt. Vom Fenster seiner Bischofswohnung aus zeigte er uns den Ort, an dem man den ersten christlichen Gebets- und Versammlungsraum diesseits der Alpen ausgegraben hatte, einen Kirchenraum, der auf das dritte Jahrhundert nach Christus zurückgeht.

Allianzvorsitzender

Im Jahr 2000 stand dann im HV die Wahl des nächsten Allianzvorsitzenden an, und nachdem klar war, dass Rolf Hille nicht weitermachen würde, kam auf mich die Frage einer Berufung zu. Sollte ich oder sollte ich nicht? Es fiel mir schwer, diese Frage zu beantworten. Vor allem empfand ich die Zusammenarbeit mit Rolf Hille als außerordentlich brüderlich und von einem starken Vertrauen geprägt. Ich betete, fragte gute Freunde und sprach vor allem mit meiner Frau darüber. Schließlich erklärte ich mich zur Berufung bereit, und Anfang Oktober wurde ich dann vom HV zum ersten Vorsitzenden der EA gewählt. In der darauffolgenden

Nacht konnte ich nicht schlafen, ich lag bis drei Uhr wach. Ich kannte das bereits, nach getroffenen Entscheidungen hatte ich öfter solche Attacken. So quälte ich mich durch bis zum Morgen. Als es dann Tag wurde, sah die Welt schon wieder anders aus. Als zweiter Vorsitzender wurde Theo Schneider berufen, der Generalsekretär des Evangelischen Gnadauer Gemeinschaftsverbandes. Auch zwischen uns bestand ein starkes Vertrauen. Manchmal wechselten Prediger vom Gemeinschaftsverband in den BFeG, was nicht unproblematisch war. Aber es gelang uns immer, fair und brüderlich damit umzugehen.

Die Vorstandssitzung endete mit dem Mittagessen, und am Nachmittag machte ich mich wieder einmal auf den Weg nach Hamburg zur Glaubenskonferenz. Ich übernachtete in Kirchheim und war am nächsten Tag Teilnehmer einer Podiumsdiskussion, in der es um das Thema »Evangelikale und Charismatiker« ging. Kurz zuvor erreichte mich Helmut Matthies telefonisch auf dem Dach eines Hamburger Parkhauses und interviewte mich. Er wollte wissen, welche Schwerpunkte ich als Allianzvorsitzender zu setzen gedenke. Es fiel mir noch schwer, präzise darauf zu antworten.

Es ist etwas Eigenartiges mit der Evangelischen Allianz oder vielmehr mit denen, die über sie reden und schreiben. Den einen ist sie zu eng, den anderen ist sie zu weit. Wem sie zu eng ist, der versteht kaum, weshalb sie überhaupt existiert, schließlich gibt es seit 1948 den Ökumenischen Rat der Kirchen (ÖRK). Mag sein, so kann man hören, dass die Evangelische Allianz 1846 notwendig war, aber ist sie es heute? Als sie gegründet wurde, gab es noch keine Vereinigung von Christen über Kirchengrenzen hinweg. Erst 1910 kam in Edinburgh unter der Leitung von John Mott (1865–1955) der Weltmissionsrat zusammen. 1925 traf sich in Stockholm die »Konferenz der Kirchen für praktisches Christentum« und 1927 in Lausanne die »Weltkonferenz für Glaube und Kirchenverfassung«. Aus diesen drei Strängen wurde nach dem Zweiten Weltkrieg der schon erwähnte ÖRK geboren, ein weltweiter Zusammenschluss von heute etwa 350 Kirchen in über 120 Ländern der Erde. Wozu braucht es da noch eine Evangelische Allianz, die in Deutschland nicht einmal eine Mitgliederstruktur kennt?

Die Evangelische Allianz ist kein Kirchen-, sondern ein Christenbund. Zwar hat sie in anderen Ländern auch Mitgliedskirchen, aber von Anfang an lag die Betonung bei ihr auf dem persönlichen Glauben. Auf ihrer Gründungskonferenz 1846 in London stellte sich schnell heraus, dass es bei den 921 Teilnehmern in den zentralen Themen des Glaubens eine große Übereinstimmung gab, im Kirchenverständnis dagegen unüberbrückbare Unterschiede. So einigte man sich auf eine gemeinsame Glaubensbasis, gab sich aber im Kirchenverständnis gegenseitig frei. Und was die Glaubensbasis betraf, so sollte sie so schmal wie möglich sein. Es ging den Teilnehmern nicht um ein neues Glaubensbekenntnis – es ging allein darum, die Grundlage ihrer Einheit zu benennen. Gleichzeitig sollte der Text eine Art »Aufnahmeprüfung« für die sein, die in den Reihen der Evangelischen Allianz mitarbeiten wollten. Das hat sich nach meiner Einschätzung bewährt. Noch heute nutzen viele christlichen Werke und Bewegungen die Glaubensbasis der Evangelischen Allianz, um ihre theologische Position zu markieren.

Als ich während meines Gemeindedienstes mehr und mehr mit der EA in Berührung kam, begegnete sie der »Ökumene« noch mit großer Zurückhaltung. Das galt auch gegenüber dem entsprechenden deutschen Gremium, der Arbeitsgemeinschaft Christlicher Kirchen (ACK). Zum einen hing das mit der bereits erwähnten Linkslastigkeit der Ökumene zusammen, aber es gab noch einen weiteren Grund, und ich will versuchen, ihn mithilfe der Freikirche zu beschreiben, in der ich zu Hause bin.

Einheit in Christus

Der BFeG nimmt seit Jahrzehnten in der ACK einen »Gaststatus« in Anspruch, ist also bewusst kein Vollmitglied. Und das hat weniger mit der gesellschaftspolitischen Ausrichtung der ACK zu tun, als vielmehr mit ihrem Grundverständnis. Die ACK beschreibt als Ziel ihrer Arbeitsgemeinschaft die Einheit der Christen und weist in diesem Zusammenhang auf Johannes 17 hin. Aber jedem unvoreingenommenen Leser dieses Bibeltextes wird klar, dass die dort beschriebene »Einheit« eine wesentliche Voraussetzung hat: den persönlichen Glauben an Jesus Christus! Jesus betet: »Ich bitte aber nicht allein für sie (die Jünger), sondern auch für die, *die durch ihr Wort an mich glauben werden,* damit sie alle eins seien« (Vers 20). Und im nächsten Vers wird beschrieben, wie diese an ihn Glaubenden miteinander leben sollen: »Wie du, Vater, in mir bist, so sollen auch sie in uns sein, damit die Welt glaube, dass du mich gesandt hast.« Mit anderen Worten: Hier wird eine Einheit beschrieben, wie sie nur durch den Geist Gottes möglich ist. Der aber wiederum wohnt ausschließlich in den an Christus Glaubenden (Johannes 14,16-18).

Selbstverständlich gilt das über Kirchengrenzen hinweg, denn unsere Denominationen und Konfessionen gab es ja noch nicht, als Jesus diese Worte sprach, und sie werden auch im Himmel keine Bedeutung mehr haben. Damit werte ich die Kirchen und Gemeinden keinesfalls ab. Wir brauchen sie! Nur in einer verbindlichen und kontinuierlichen Gemeinschaft lässt sich leben, was das Neue Testament unter einer Gemeinde versteht (Römer 12,9-21; Epheser 4; Kolosser 3,12-17 u. v. a.). Das will und kann die Evangelische Allianz nicht sein. Aber »eins in Christus« umfasst mehr als die Ortsgemeinde! Sie schließt alle Menschen ein, die »mit Ernst Christen sein« wollen (Martin Luther). Wer sich Jesus Christus im Glauben anvertraut, empfängt Gottes Geist (Johannes 7,39), ist von Gott geboren (1. Johannes 5,1) und gehört zum Volk

Gottes (1. Petrus 2,9-10). Das ist die einzige, aber notwendige Voraussetzung für die in Johannes 17 genannte Einheit, und sie umfasst das Volk Gottes weltweit – über alle von Menschen gesetzten Grenzen hinweg.

Die Evangelische Allianz versucht also nur nachzuzeichnen, was »in Christus« bereits Wirklichkeit ist. Sie existiert, um die Glaubenden zusammenzubringen, sie bei gemeinsamen Anliegen und Projekten zu unterstützen – nicht die Kirchen, sondern die Glaubenden aus den Kirchen! Selbstverständlich weiß ich, dass das ohne die offiziellen Kirchen und Gemeinden nicht geht. Ob Allianzgebetswochen oder Allianzevangelisationen – diese Veranstaltungen erfordern eine organisatorische Vorbereitung, die ohne die Beteiligung der bestehenden Kirchen und Gemeinden kaum möglich ist. Trotzdem ist es ein Unterschied, ob ich den Schwerpunkt auf den Glauben lege oder auf eine Kirchenmitgliedschaft. Und genau das ist der Unterschied zwischen Evangelischer Allianz und der ACK.

Manchmal wird mir gesagt, die Evangelische Allianz vertrete ein zu enges Denken, es führe unweigerlich in die Exklusivität einer frommen Kaste. Nach meiner Erfahrung ist genau das Gegenteil der Fall. Auf meinen Reisen habe ich mit Menschen gesungen und gebetet, die in einer mir völlig fremden kirchlichen Tradition zu Hause sind und deren Frömmigkeitsstil für mich manchmal sehr gewöhnungsbedürftig war. Aber in Christus waren wir Brüder und Schwestern, wir haben miteinander gesungen und gebetet und sogar gemeinsam das Abendmahl gefeiert! Ich erinnere mich an eine Tagung in Österreich, bei der ich Bibelarbeiten zu halten hatte, auch viele Katholiken nahmen daran teil. Bei aller Nähe in ethischen Fragen stimme ich mit vielen katholischen Lehrmeinungen nicht überein. Die Mariengebete sind mir nicht nur fremd, ich halte sie für unbiblisch, ebenso das Dogma von Mariä Himmelfahrt, die Lehre vom Fegefeuer und vieles andere mehr. Für einen Gemeindebund, der in seiner Präambel betont: »Verbindliche Grundlage für Glauben, Lehre und Leben in Gemeinde und Bibel ist die Bibel, das Wort Gottes«, sind sie nicht akzeptabel. Aber wenn wir beim Essen zusammensaßen, erzählten mir diese jungen Katholiken von ihrer Begegnung mit Jesus und ihrem Glauben an ihn, und ich wusste ganz ohne Frage: Wir sind Geschwister in Christus! Von konfessioneller Enge kann da nicht die Rede sein, ganz im Gegenteil.

Ob wir also in Christus zusammengehören und *eins in ihm* sind, entscheidet sich weder an unserer Liturgie, an unseren Gesängen, am Gebrauch oder Nichtgebrauch von Geistesgaben, nicht einmal an unserem Taufverständnis. Der Glaube an den gekreuzigten und auferstandenen Herrn ist der einzig entscheidende Zugang zu Jesus Christus und seiner Gemeinde! Genau das lebt die Evangelische Allianz. Oder besser gesagt: Das will sie leben. Auch sie steht in der Gefahr, Nebensächlichkeiten ins Zentrum zu rücken.

Kehren wir noch einmal zurück zum Verhältnis meiner Freikirche zur ACK. Freie evangelische Gemeinden reagieren deshalb so sensibel auf das Thema »Einheit«, weil es untrennbar zu ihrer Gründungsgeschichte und vor allem zu ihrer Identität gehört. Für die Väter der FeG war genau das der Anlass, sich 1854 von einer volkskirchlichen Gemeinde zu trennen, die diese Unterscheidung nicht kennt, in der also Glaubende und Nichtglaubende gleichermaßen Mitglieder der Kirche sind, zum Abendmahl eingeladen werden und Vergebung der Sünden zugesprochen bekommen. Wie soll eine solch gemischte Kirchengemeinde ehrlicherweise bekennen können: »So sind wir viele ein Leib, weil wir alle an einem Brot teilhaben« (1. Korinther 10,17)? Aus dieser Problematik heraus entstanden die Freien evangelischen Gemeinden.

Nun ist die ACK keine Kirche und will es auch nicht sein, es ist einzig und allein ihr Selbstverständnis, das den BFeG bisher gehindert hat, die volle Mitgliedschaft in ihr zu beantragen. Versteht man die ACK als das, was ihr Name sagt, als eine »Arbeitsgemeinschaft«, so ergibt die Zusammenarbeit der verschiedenen christlichen Kirchen durchaus Sinn. Die Zurückhaltung gegenüber der ACK darf auch nicht aus einer prinzipiell »antikirchlichen« Haltung gespeist werden. Es gab Zeiten (leider auch in FeGs), da lehnten freikirchliche Christen aus Prinzip das gemeinsam gesprochene Vaterunser ab, weil es in der »Kirche« gebetet wurde, und man war generell gegen Orgelspiel und Glockengeläut, weil es in den großen Kirchen erklang. Verstehen lässt sich eine solche »antikirchliche« Haltung nur auf dem Hintergrund einer Zeit, in der freikirchliche Christen in unserem Land noch vielen Schikanen ausgesetzt waren. Noch zu Beginn des 20. Jahrhunderts wurden freikirchliche Versammlungen mit Polizeigewalt aufgelöst und die Teilnahme an ihnen mit Gefängnisstrafen, Landesverweisen und empfindlichen Geldbußen bestraft.

Aber diese Zeiten gehören glücklicherweise der Vergangenheit an. Einer aus Prinzip antikirchlichen Einstellung rede ich selbstverständlich nicht das Wort. Wie sollte ich auch, wo ich so viele Freunde in den großen Kirchen habe, mit denen ich in Christus eng verbunden bin! Ehrlicherweise müssen wir heute sagen: Auch wir als BFeG – obwohl nur Gastmitglied – profitieren von der ACK. Seit dem FeG-Bundestag in Dortmund im Jahre 2002 ist es den Gemeinden ohnehin freigestellt, in regionalen ACKs Vollmitglied zu werden (und wie die Entwicklung im BFeG in Zukunft verlaufen wird, lässt sich nicht vorhersagen). Ich freue mich darüber, dass die Begegnungen zwischen VEF, EA und ACK heute meist unproblematisch verlaufen. In den vergangenen Jahren sind auf allen Seiten Vertrauensbrücken gewachsen, und das ist gut. Aber wenn es um geistliche Ziele und Strategien geht, empfinde ich – offen gesagt – die Evangelische Allianz nach wie vor als das geeignetere Instrument. Ich will versuchen, dass an einem Beispiel deutlich zu machen.

Aufbruch zu einer missionarischen Ökumene?

1998 begann die ACK mit einem »Konsultationsprozess über die gemeinsame Aufgabe der Mission und Evangelisation«. Im Mai 1999 fand dazu in Hamburg eine Studientagung statt, 60 Personen aus 17 verschiedenen Kirchen nahmen daran teil. Die Tagung sollte dazu dienen, geistliche Grundlagen zu klären und über missionstheologische Gemeinsamkeiten, aber auch offen über Gegensätze miteinander zu sprechen. Das geschah in Referaten, Arbeitsgruppen und einer Podiumsdiskussion. Fazit: Es kam ein Gespräch in Gang, bei dem am Ende der Tagung empfohlen wurde, solche Begegnungen auf regionaler und örtlicher Ebene fortzusetzen. Aber die Definition, was genau »Mission« und »Evangelisation« sind und wie beides umgesetzt und gelebt werden kann, blieb größtenteils offen. Vermutlich konnte das bei der Meinungsvielfalt über »Christsein« und »Glaube« auf der ACK-Ebene auch gar nicht anders sein.

Gute zwei Jahre später (2001) sollte eine Zwischenbilanz gezogen werden, und dazu fand in Würzburg eine weitere Tagung statt, zu der ich als Teilnehmer eines Podiumsgesprächs eingeladen war. Außer mir nahmen Bischof Axel Noack (EKD), der katholische Bischof Dr. Joachim Wanke und Pfarrer Dr. Mircea Basarb von der rumänisch-orthodoxen Gemeinde in München daran teil. Ich war als Präsident der VEF eingeladen.

Unser Gespräch verlief freundlich und fair, zeigte aber auch, wie weit wir in der Definition von »Mission« und »Evangelisation« auseinanderlagen. Das wurde auch in der etwa zum gleichen Zeitpunkt erschienenen EKD-Schrift »Das Evangelium unter die Leute bringen« deutlich. Da ist in der ansonsten guten Verlautbarung von den »treuen Kirchenfernen« die Rede, »die der Kirche als Mitglieder die Treue halten, Steuern zahlen, Spenden geben, die Kasualien für sich nutzen und gelegentlich bei festlichen Gottesdiensten Orientierung für ihr Leben suchen, aber den regelmäßigen

Gottesdiensten und Gemeinschaftsveranstaltungen oft fernbleiben«. Und es wird betont, dass ihnen »auf jeden Fall ein Platz in der Kirche gehört«.

Aber wenn das so ist: Was ist Kirche dann? Gehe ich allerdings davon aus, dass die Taufe per se einen Menschen zum Christen macht, ist eine solche Aussage nicht weiter verwunderlich, doch es wird äußerst schwierig, auf einer solchen Grundlage miteinander zu evangelisieren.

Ich war relativ oft als Evangelist zu missionarischen Veranstaltungen unterwegs, an denen sich landeskirchliche und freikirchliche Gemeinden gemeinsam beteiligten, und ich habe das gern getan. Aber erst nach und nach habe ich lernen müssen, wie wichtig eine vorhergehende Klärung der geistlichen Grundlagen ist. In den 90er-Jahren waren Jürgen Werth und ich zu missionarischen Abenden in der Inselkirche auf Langeoog. Jürgen sang seine Lieder, und ich hatte zu predigen. Unglücklicherweise hatte ich mich darauf eingelassen, dass die Abende jeweils mit einem Gesprächskreis abgeschlossen wurden, den der Inselpfarrer leitete. Menschlich verstanden wir uns prächtig, aber inhaltlich räumte der Pfarrer in den Nachgesprächen ab, was Jürgen und ich zuvor aufgebaut hatten.

Seitdem weiß ich: Bei aller Freude über eine große Kanzel, die viele Menschen erreicht, sollte mindestens vorher geklärt werden, was ein Christ ist und wie man einer wird! Auch bei unserer Podiumsdiskussion in Würzburg waren wir uns in diesen grundsätzlichen Fragen nicht wirklich einig. Hier begegnete uns zweifellos ein anderes Verständnis von Mission als in der Evangelischen Allianz und – ehrlicherweise sei es gesagt – im Neuen Testament. Trotzdem fühlte ich mich auf der Tagung mit Bischof Noack und Bischof Wanke in ihrem geistlichen Grundanliegen verbunden. Ich plädiere also nicht für Isolation, sondern für Transparenz. Es muss einsichtig sein, was wir wollen und ob unsere Ziele kompatibel sind.

Vergleiche ich nun den »Konsultationsprozess über die gemeinsame Aufgabe der Mission und Evangelisation« der ACK mit der Praxis innerhalb der Evangelischen Allianz, so benötigen wir dort keine langwierigen Grundsatzdiskussionen. Trotz aller Verschiedenheit unserer kirchlichen bzw. gemeindlichen Herkunft sind wir uns im Verständnis dieser Begriffe weitgehend einig. Auf diese Weise wurden bereits zahlreiche missionarische Projekte möglich (»Christival«, »ProChrist«, »Pavillon der Hoffnung«, »Spring« u. v. a.), bei denen die EA die Initiative ergriff oder zumindest unterstützend zur Seite stand. Hinzu kommen Missionswerke, deren Gründungsgeschichte mit der Evangelischen Allianz verknüpft sind. Selbst Bewegungen wie »Lausanne« oder »Willow Creek« wären kaum denkbar ohne sie. Manchmal meinen ihre Kritiker, aufgrund der schwachen Struktur der EA (keine Mitgliedschaft) sei sie zur Passivität verurteilt, doch das Gegenteil ist der Fall. Sie ist gerade nicht von Kirchenleitungen abhängig und hat dennoch aufgrund ihrer geistlichen Übereinstimmung in den eigenen Reihen eine hohe Zustimmung und einen nicht zu unterschätzenden Einfluss.

Trotzdem machen Gespräche über diese Themen innerhalb der ACK durchaus Sinn. Wie bei jeder guten Begegnung werden dabei falsche Bilder abgebaut, und es können Vertrauensbrücken entstehen. Und dann passiert das, was Dr. Klaus Peter Voß einführend in die Würzburger Tagung so beschrieb: »Mission – das für viele lange Zeit ein ›Unwort‹ war, entwickelt sich neu zu einem Schlüsselwort kirchlicher Selbstvergewisserung und Identitätsklärung. ›Weitergabe des Glaubens in der säkularen Gesellschaft‹ bzw. ›Missionarisch-Kirche-Sein‹ sind verstärkt zu einem Thema wachsender Dringlichkeit und Aktualität geworden.«

Ein erster FeG(G!)-Kongress nach der Wende

Als BFeG haben wir in den Jahren immer wieder erstaunlich gute Erfahrungen mit Kongressen gemacht. Es ließen sich relativ viele Menschen aus den Gemeinden bewegen, an einem zentralen Ort zusammenzukommen, um danach motiviert und gestärkt wieder an die Arbeit zu gehen. So bereiteten wir unmittelbar nach meinem Start als Präses den »G!-Kongress« vor. Das »G!« stand für »Geh!« und sollte im Sinne von Matthäus 28 möglichst viele Menschen in Bewegung setzen. Als ein Team von Leuten, mit denen ich vor Jahren schon in der Bundesjugendarbeit eng zusammengearbeitet hatte, planten wir gemeinsam das Programm. Inhaltlich griffen wir das Motto von »Lausanne II« in Manila auf: »Das ganze Evangelium durch die ganze Gemeinde der ganzen Welt!«

Da es der erste FeG-Kongress im vereinigten Deutschland war, gingen wir diesmal nach Kassel. Die Stadt mit ihrer zentralen Verkehrslage zwischen Ost und West hatte in den vergangenen beiden Jahren enorm an Bedeutung gewonnen. Außerdem gab es dort eine lebendige FeG, auch ihre beiden Pastoren setzten sich ganz für die missionarische Zielsetzung ein. Es sollte kein Bundeskongress im üblichen Sinn werden, sondern ein Mitarbeiterkongress. Dieses Ziel verfolgten wir bis hinein in die Umsetzung auf Kreisebene, also der Regionalstruktur unseres BFeG. Am letzten Tag des Kongresses waren 21 Regionaltreffen geplant, in denen zum Beispiel Gemeinden aus Nordrhein-Westfalen, Mittelhessen oder Berlin gemeinsam darüber sprachen, wie sie die Ziele des »G!-Kongresses« in ihrer Region umsetzen könnten. Wolfgang Schulze, unser Bundessekretär für die Gemeindearbeit, leitete diesen Prozess.

Ende April 1992 war es dann so weit, etwa 2000 Teilnehmer strömten in Kassel vom Donnerstag bis Sonntag zusammen, um neue Impulse für ihre Gemeinden aufzunehmen. Die Tage begannen jeweils mit einer kernigen Bibelarbeit. Unvergesslich für die,

die dabei waren, ist der »dreibeinige Hocker«, von dem Tom Houston (Schottland), der Direktor der Lausanner Bewegung, in seinem Grundsatzreferat sprach: Das Wort! Die Tat! Das Zeichen! Nur mit diesen drei Beinen bekomme der Hocker seine Stabilität. Zur »Tat« erzählte er uns, wie das Lausanner Komitee darum gerungen habe, Evangelisation (Wort) und soziale Verantwortung (Tat) miteinander zu verbinden. Drei mögliche Wege hätten sich dabei herausgestellt. *Erstens:* Eine soziale Aktion kann die Folge einer Evangelisation sein. *Zweitens:* Die soziale Aktion kann die Brücke zu einer Evangelisation sein. *Drittens:* Die soziale Aktion kann die Evangelisation als Partner begleiten. Es waren diese Konkretionen, die den Kongress so wertvoll machten. Da wurde nicht über alles Mögliche schwadroniert, sondern deutlich gesagt, wie es gehen kann. Das »Zeichen« stand bei Houston für das Werk und die Kraft des Heiligen Geistes. Wörtlich sagte er: »Als Evangelikale gehen wir davon aus, dass der Heilige Geist wirkt. Aber in dem Maße, wie unsere Gesellschaft säkularisiert wird, müssen wir den Heiligen Geist neu betonen. Die Worte des Evangeliums, selbst wenn sie von den Taten der sozialen Verantwortung begleitet werden, machen noch nicht das ganze Evangelium aus, wenn sie nicht durch die Kraft des Heiligen Geistes lebendig werden.«

Nicht von ungefähr interviewte Ulrich Eggers in diesem Zusammenhang Friedegard Warkentin, die von »ESER 21« erzählte, einer psycho- und sozialtherapeutischen Wohngemeinschaft in Augsburg. Diese Einrichtung nimmt junge Erwachsene in psychischen Lebenskrisen auf und begleitet sie. Wie oft hatte ich in Evangelisationen erlebt, dass Menschen zum Glauben fanden, die über ihre Glaubensentscheidung hinaus ein Umfeld brauchten, das ihnen half, psychisch zu heilen und stabil zu werden! In Augsburg war dieses Projekt aus der Gemeinde heraus entstanden, Jesus hatte es einigen Christen im wahrsten Sinne des Wortes »aufs Herz gelegt«. Auch weitere Projekte wurden an den Infoständen vorgestellt. Es ging nicht darum, sie zu kopieren, sondern zu kapieren, was möglich ist, wenn Christen nicht nur hören, was Gottes Geist ihnen sagt, sondern es auch tun.

Ulrich Parzany predigte über die »heilende Wirkung des Evangeliums,« und das geschah in einem so sensiblen und seelsorgerlichen Ton, wie es für ihn eher ungewöhnlich ist. Wörtlich sagte er: »Je älter ich werde, desto mehr spüre ich, dass die Zahl der nicht wiedergutzumachenden Versäumnisse steigt. Nichts ist mehr zurückzuholen, es gibt keine Rechtfertigung durch Erklärungen. Was ist da die heilende Wirkung des Evangeliums?« Und dann verkündigte er die heilende Wirkung der Vergebung unserer Schuld: »Damit habe ich als Christ angefangen zu leben, und ich hoffe, dass ich diese Medizin bekomme, wenn ich den letzten Schnaufer auf dieser Welt tue.« Anschließend rückte er uns die Szene aus Johannes 21 in den Blick, bei der Jesus seinen Jünger Petrus nach einem guten Frühstück dreimal fragt: »Hast du mich lieb?« Die ganze Peinlichkeit des Versagens in einem Mitarbeiterleben, die Kluft zwischen großen Worten und eigener Feigheit, zwischen guten Vorsätzen und trägem Nichthandeln, die Unfähigkeit, in Treue durchzuhalten – all das habe in dieser Frage gesteckt. Und was Ulrich dann sagte, enthüllte wirklich die heilende Kraft des Evangeliums: »Jesus wickelt seine Vergebung auf eine merkwürdige Weise in die Erneuerung der Berufung. Er sagt es einfühlsam. Es heißt nicht: ›Du bist 'ne Flasche, du hast mich verraten, aber ich vergebe dir das, weil ich dafür gestorben bin‹, sondern: ›Weide meine Lämmer.‹ Jesus hätte tausendfach Grund gehabt, Petrus zu kündigen. Alle von uns, die ›im Schaufenster‹ arbeiten müssen – Prediger, Evangelisten, Leiter –, produzieren mehr als andere Christenmenschen Gründe, derentwegen Jesus uns kündigen müsste. Deshalb gibt es keine wohltuendere Erfahrung des Evangeliums im Leben eines Mitarbeiters und einer Mitarbeiterin, als nach dem Versagen die Erneuerung der Berufung zu erfahren: Ja, ich gebrauche dich auch weiter. Du sollst mein Prediger bleiben.«

Es war wirklich ein Mitarbeiterkongress. 15 Basisseminare und 62 Praxisseminare gehörten dazu und viele, viele Begegnungen und Gespräche. Zum ersten Mal waren wir nach der Wende als BFeG zusammen, um uns gemeinsam dem Herrn aller Herren zur Verfügung zu stellen. Auch die Moderation von Wilfried und Elena Lill trug während der Tage in Kassel zu der aufgeschlossenen und fröhlichen Atmosphäre bei. Musikalisch geprägt wurde das Programm vom Wolzhausener Jugendchor, der Solistin Kathi Arndt und vor allem von Johannes Nitsch, den Gott elf Jahre später plötzlich zu sich nahm. Ich habe bereits erzählt, das ich Johannes zum ersten Mal auf der Hamburger »gospel night« begegnet bin. Als ich dann nach Witten zog und mit der Bundesjugendarbeit begann, trafen wir uns manchmal bei Offenen Abenden für junge Leute. Ich war dann für die Predigt verantwortlich, Johannes für die Musik. Oft war auch Anneliese dabei, seine große Liebe. Die beiden baten mich, sie zu trauen, und ich erinnere mich, auch bei seiner Hochzeit fiel es ihm schwer, nicht selbst in die Tasten zu greifen.

Im Sommer 2002 begegneten wir uns zum letzten Mal auf der Blankenburger Allianzkonferenz. Der Part von Johannes war dort eher bescheiden, manchmal begleitete er den Chor und das gemeinsame Singen. Aber auch das war typisch für ihn: Er suchte nicht den großen Auftritt, sondern brachte sich dort ein, wo er gebraucht wurde. Es ist ein besonderes Geschenk, wenn ein Künstler seine Berufung nicht aus dem Auge verliert, auch nicht mit zunehmendem Erfolg und Bekanntheitsgrad. Manchmal ließ Johannes bei Vorgesprächen offen, mit welchem Lied er die evangelistische Predigt aufgreifen und abschließen würde, er war ein sensibler Zuhörer und wach für das Wirken von Gottes Geist. Wir tagten gerade mit unserer Bundesleitung in Ewersbach, als ich am 5. September eine Nachricht von Birgitt Neumann bekam, in der sie mitteilte, dass Johannes gestorben sei. Er starb im Krankenhaus an einer Blutvergiftung (Sepsis), oder richtiger: Johannes starb, weil der Vater im Himmel ihn bei sich haben wollte, kaum zu verstehen für seine Frau Anneliese und die beiden Söhne. Jahrelang hatte ich noch eine SMS von ihm auf meinem Handy, in der er mitteilte, dass die OP für den 2. September geplant sei und er sich in Gottes liebevoller Hand geborgen wisse.

Johannes Nitsch und ich hatten für den »G!-Kongress« gemeinsam ein Lied geschrieben, in dem die Antwort auf die Berufung und Sendung Gottes ihren Ausdruck fand:

Jesus, leite mich mit deinen Augen!
Ich will gehen, weil du mich gehen heißt.
Doch weil meine Kräfte nicht viel taugen,
bitte ich um deinen starken Geist:
Nur in deiner Kraft will ich es wagen.
Ohne dich gelingt der Auftrag nicht.
Doch weil du mich sendest, will ich sagen:
»Jesus, ich will gehen. Sende mich.«

Vor mir liegt nun deine Welt
wie ein weites Erntefeld.
Doch so oft verschlafe ich die Zeit.
Herr, erwecke unser Land!
Weck dein Volk, das du gesandt!
Wecke mich, vertreib die Müdigkeit!

Doch das ist so schnell gesagt.
Wie oft habe ich versagt?!
Mein Versprechen löste ich nicht ein.
Fromme Worte, so vertraut,
hab ich allzu oft gebraucht,
Hilf mir, Herr, lass mich kein Heuchler sein.[26]

Ins Land der aufgehenden Sonne

Im Juni 1992, sieben Wochen nach dem Kasseler »G!-Kongress«, saß ich im Flugzeug auf dem Weg nach Japan. Meinen Aufenthalt dort bereitete Dankmar Hottenbacher vor, der schon viele Jahre als Missionar in Japan lebte. Am Abend vorher hatte ich ihn noch per Mail gefragt, ob er mir für meinen Aufenthalt eine Gitarre besorgen könne. Dabei hatte ich die Bemerkung fallen lassen, wie schade es sei, dass meine Frau nicht dabei sein könne (auch Edelgard war eingeladen). Dankmar mailte zurück: »Eine Gitarre können wir dir besorgen, eine Frau nicht.«

Es war mein erster Flug in ein asiatisches Land, und ich traf schon früh am Frankfurter Flughafen ein, um einen Fensterplatz zu ergattern. Der Flug verlief über einen Umstieg in Hongkong nach Nagoya, und die freundliche Chinesin am Schalter der Cathay Pacific reservierte ihn gerne für mich. Danach setzte ich mich in die belebte Abflughalle, und das Lied »Sonntagabend auf Rhein-Main« von Reinhard Mey fiel mir ein. Auch an diesem Dienstagmorgen war es ein »immerwährendes Kommen und Gehn, ein Hasten und Eilen, ohne aufzusehn«. Leider brachte mir der Fensterplatz auf dem zwölfstündigen Flug nach Hongkong wenig. Nach einer reichlichen Abendmahlzeit wurden wir freundlich, aber bestimmt gebeten, die Schiebeklappen vor den Fenstern nach unten zu ziehen. Wer wollte, bekam eine kuschelige Schlafdecke, und dann hieß es: »Schlafen« – was mir schon als Kind auf Befehl nicht gelang. Neben mir saßen zwei ältere und liebenswerte Chinesen. Zusätzlich zur Kuscheldecke ließen sie sich auch eine Augenbinde geben, dann zogen sie die Schuhe aus. Es dauerte nicht lange, da hörte ich ihr zufriedenes Schnarchen. Ich dagegen verfolgte unseren Flug auf dem Fernsehschirm: Auf der farbigen Landkarte bewegte sich das Symbol der Maschine langsam in Richtung Osten. Außerdem wurde ich über Flughöhe, Lufttemperatur sowie die Entfernung von Frankfurt und unserem Zielflughafen in Hongkong informiert. Jetzt erwies sich der Fensterplatz als gar nicht so vorteilhaft, denn bei meiner schwachen Blase musste ich einige Male zur Toilette und an den beiden Chinesen vorbei. Jedes Mal standen sie auf und verneigten sich tief, es war mir fast peinlich. Ich versuchte dem Toilettenbesuch zu widerstehen, was mir aber nur schwer gelang.

Endlich war die Zeit des Frühstücks gekommen, wir schoben die Sichtklappen hoch, und unter mir sah ich eine zerklüftete Berglandschaft. Während ich genüsslich meinen Kaffee schlürfte (das hatte ich gerade von meinen beiden Sitznachbarn gelernt), sah ich auf dem Fernsehschirm, dass die Boeing 747 schon bald in Hongkong landen würde. Die Losung stand an diesem Tag in Psalm 6,10: »Der Herr hat mein Flehen gehört. Mein Gebet nimmt der Herr an.« Dankbar betete ich für meine Frau und unsere Kinder und vertraute Jesus den neuen Tag an. Weshalb saß ich hier? Was war das Ziel meiner Reise?

Im BFeG haben wir eine Außenmission, eigentlich heißt sie »Allianz-Mission«, und das hängt mit ihrer Geschichte zusammen. 1889 wurde sie im heutigen Wuppertal gegründet. Auslöser war ein Aufruf von Hudson Taylor, der seit 1853 als Missionar in China lebte. Zwölf Jahre später gründete er in dem englischen Seebad Brighton die China-Inland-Mission; er und seine Missionsgesellschaft wurden weit über das Vereinigte Königreich hinaus bekannt. Seine Berichte über die Mission in China und auch seine persönlichen Erfahrungen bewegten damals viele Menschen – auch in Deutschland.

1889 gründeten der Barmer Kaufmann Carl Polnick (1858– 1919) und der amerikanische Evangelist Frederik Franson (1852– 1908) einen deutschen Zweig der China-Inland-Mission. Die beiden waren sehr eigenwillige Leute und fragten nicht viel nach vorhandenen Strukturen bestehender Kirchen und Gemeinden. Auch während meiner Dienstzeit habe ich solche Gründerpersönlichkeiten kennengelernt, manchmal verhalten sie sich so, als begänne mit ihnen die Kirchengeschichte. Aber es zeigte sich wie so oft im Reich Gottes: Gott schreibt auch auf krummen Linien gerade. Vor allem der umstrittene Franson wurde von Gott gebraucht, 14 Missionsgesellschaften und Gemeindebünde gehen auf ihn zurück. Da der Personenkreis der in Wuppertal gegründeten Mission aus ganz verschiedenen Denominationen kam, nannte man sie »Allianz-China-Mission«.

Bis zum Beginn des Zweiten Weltkrieges reisten über 100 Missionarinnen und Missionare nach China aus. Ich kann mich noch gut an die Missionsfeste in Solingen-Aufderhöhe erinnern, die wir von Ronsdorf aus besuchten. Besonders den Missionsleiter Kurt Zimmermann hatte ich in mein Herz geschlossen. Sein Buch »China – wie ich es erlebte« habe ich schon als Kind gelesen, oder zumindest habe ich es versucht. Es gab ja noch nicht die heutigen Kommunikationsmittel, die selbst größte Entfernungen auf einen geringen Abstand schrumpfen lassen. China, das war weit weg, und es war aufregend, von den Menschen und der Missionsarbeit aus diesem fernen Land zu hören und zu lesen. Die Abenteuergeschichten und Reiseberichte aus den entferntesten Ländern der Erde waren damals die Geschichten aus der »äußeren« Mission.

Bedingt durch die kommunistische Revolution unter Mao Tsetung (1893–1976), mussten 1952 alle Missionare China verlassen, sie wurden zu »unerwünschten Personen« erklärt. Auf der Suche nach einem neuen Arbeitsfeld rückte dann Japan in den Blick; 1954 wurden die ersten Missionare in das »Land der aufgehenden Sonne« gesandt. Allerdings passte der Name jetzt nicht mehr, und so wurde aus der »China-Allianz-Mission« die »Allianz-Mission-Barmen«, später kurz und bündig »Allianz-Mission«. Und da die FeGs keine eigene Außenmission hatten, aber immer mehr Missionarinnen und Missionare und auch Unterstützer aus den FeGs kamen, wurde die Allianz-Mission schließlich auch offiziell die Außenmission der Freien evangelischen Gemeinden. Als neuer Präses sollte ich nun in Japan und auf den Philippinen meinen

»Antrittsbesuch« machen, denn seit 1983 arbeitete die Allianz-Mission auch auf den Philippinen.

Inzwischen tauchten unter uns die ersten Hochhäuser auf, die Maschine befand sich im Anflug auf Hongkong. Den neuen internationalen Flughafen gab es 1992 noch nicht. Die Flugzeuge landeten noch mitten in der Stadt auf dem Kai Tak Airport, einem der schwierigsten Flughäfen der Welt. Trotz des starken Flugverkehrs hatte er nur eine Landebahn, was aber nicht einmal sein größtes Problem war. Die anfliegenden Maschinen mussten ihn außerordentlich dicht über den Häusern anfliegen und konnten erst im letzten Augenblick auf den Kurs der Landebahn einschwenken.

Jetzt genoss ich selbstverständlich meinen Fensterplatz. Doch während des komplizierten Anflugs fiel mir noch etwas anderes ein. Vor einigen Jahren hatte ich das spannende Buch von Jackie Pullinger über die »Ummauerte Stadt« (»Walled City«) gelesen, einer jungen Frau, die hier in Hongkong in unmittelbarer Nähe des Flughafens als Missionarin arbeitete. Durch sie fanden viele junge Leute zum Glauben an Jesus und wurden von Drogen frei. Die »Ummauerte Stadt« war ein riesiger Gebäudekomplex, der direkt unter uns in der Einflugschneise des Flughafens liegen musste, wobei das Wort »Gebäude« nicht wirklich zutreffend ist. Es waren viele Hundert kleiner Räume, die wie Schachteln übereinandergeschichtet waren, sie erreichten eine Höhe bis zu 15 Stockwerken. Fast 35 000 Menschen vegetierten darin, die Grundfläche hatte die Größe von zwei Fußballfeldern. Selbst auf den Dächern lebten noch Hunderte von Menschen unter alten Planen und Kartons. Das Abwasser und den Müll entsorgten sie über die Seitenwände. Gangs und andere Verbrecherbanden hatten in der »Walled City« das Sagen. In diese Welt kam Jackie Ende der 60er-Jahre, und Gottes Geist gebrauchte sie auf eine Weise, die man nicht kopieren kann (was man ja ohnehin niemals sollte). Wieder einmal zeigte sich diese gute Kombination von Wort, Tat und

342

Zeichen, also der drei Füße des Schemels, von denen Tom Houston auf dem »G!-Kongress« gesprochen hatte. 1994 wurde die »Ummauerte Stadt« abgerissen.

In Deutschland war es zwei Uhr morgens, als ich die Flughafenhalle in Hongkong betrat, sechs Stunden hatte ich hier Aufenthalt, zu kurz, um die Kontrollen zu durchlaufen und mir die Stadt anzuschauen. So brachte ich die mehrstündige Wartezeit in der großen Abflughalle zu und spürte zum ersten Mal, wie es ist, als »Bleichgesicht« in der Minderheit zu sein. Ich nutzte die Zeit, um meine Predigten und Bibelarbeiten für Japan und die Philippinen durchzuarbeiten. Am Nachmittag ging es dann mit dem Flieger über eine Zwischenlandung in Taiwan nach Japan. Die Maschine war kleiner als in der vergangenen Nacht. Neben mir saß ein Chinese, der mir zeigte und mich auch hören ließ, wie man eine gute Nudelsuppe zu sich nimmt. Es war Abend und bereits dunkel, als wir in Nagoya landeten, Dankmar und Christel Hottenbacher holten mich vom Flughafen ab. Mit ihrem Wagen fuhren wir dann nach Neo, einem Jugend- und Freizeitzentrum in den Bergen. Dort traf ich alle unsere deutschen Missionarinnen und Missionare an, soweit sie nicht im Heimaturlaub waren. Nach einem kurzen Nachtessen legte ich mich müde zu Bett. Doch trotz meiner Müdigkeit schlief ich nicht wirklich gut, und das lag keinesfalls an der Matte, auf der ich nach japanischer Sitte auf dem Boden lag.

Kurz bevor ich mich niederlegte, erzählte mir Christel Hottenbacher von den »Springern«: Das seien faustgroße spinnenartige Tiere mit fleischigen Füßchen, die im Deckengebälk des Raumes wohnten und sich hin und wieder fallen ließen. Über mir war ein solches Gebälk, und Christels »Gute-Nacht-Geschichte« nahm mir alle Müdigkeit. Da half auch nicht der Hinweis, die Tiere seien völlig ungefährlich. Kurz gesagt, ich schlief nicht gut, obwohl ich während der Nacht vom Besuch eines »Springers« verschont blieb. Dafür bekamen Christel und Dankmar gegen Morgen Besuch. Als

Christel aufwachte und für die Ruhe in der Nacht danken wollte, landete eines dieser Exemplare unmittelbar neben ihr auf der Bettdecke. So wenigstens habe ich ihre Geschichte in Erinnerung.

Drei Tage verbrachte ich mit der Missionarsgemeinschaft in Neo. Wir trafen uns zu Bibelarbeiten, führten Gespräche miteinander und unternahmen Spaziergänge in der Umgebung. Bei den Bibelarbeiten brauchte ich eine gewisse Anlaufzeit, vielleicht hing es auch mit der Rolle zusammen, die ich in diesem Kreis hatte. Erst allmählich wurde die Atmosphäre lockerer und das Gespräch freier und auch persönlicher. Wieder wurde mir bewusst, dass es vor allem die Spaziergänge sind, bei denen man zwanglos miteinander reden kann. In den Gesprächen hörte ich, wie groß die Herausforderung für einen Europäer ist, in einem Land mit so fremder Kultur und Mentalität zu leben und dabei Vertrauensbrücken zu den Menschen aufzubauen. Vor allem Dankmar und Christel Hottenbacher machten mich mit den Besonderheiten der Japaner vertraut. Dankmar war schon über 30 Jahre in Japan und hatte sich ganz bewusst auf die Gewohnheiten der Japaner eingestellt. Unvergesslich, wenn er davon erzählte, wie er zum ersten Mal ein japanisches Männerbad aufsuchte. Es dient nicht zuerst der Reinigung, sondern ist vor allem ein Gemeinschaftserlebnis. Und ein ganz besonderer Vertrauensbeweis besteht darin, wenn man sich dabei gegenseitig den Rücken schrubbt. Dankmar erzählte mir nicht nur davon, wir beide setzten es auch gemeinsam in die Praxis um.

Wir besuchten während dieser Zeit eine Reihe japanischer Gemeinden, danach kamen wir noch einmal in Neo zusammen, diesmal mit der japanischen Bundesleitung. In den Veranstaltungen wurde ich von dem Bundesvorsteher Paul Goto übersetzt, wir kannten uns bereits aus Deutschland. Als junger Mann hatte er hier ein Praktikum beim Bibellesebund und der Allianz-Mission gemacht. Als ich 2006 noch einmal in Japan war, gab es inzwischen mehrere Japaner, die als Gaststudenten in Deutschland gewesen waren und mich gerne bei meinen Bibelarbeiten übersetzen wollten. Aber zu einer flüssigen Übersetzung waren sie kaum in der Lage. Wenn ein Übersetzer nicht weiterwusste, halfen ihm die deutschen Missionarinnen und Missionare und riefen ihm das entsprechende Wort zu. Dadurch wurde der Fluss meines Vortrags oder der Predigt immer wieder unterbrochen, und ich musste neu beginnen. Das war nicht nur für mich ziemlich nervend, sondern vermutlich auch für meine Zuhörerinnen und Zuhörer. Bei meinen Auslandsreisen wurde mir später immer mehr bewusst, wie wichtig eine gute Übersetzung ist. Eine falsche Rücksichtnahme ist gerade in dieser Beziehung fehl am Platz.

Ich empfand die Japaner als außerordentlich höfliche und in gewisser Weise auch zurückhaltende und distanzierte Leute. Umso überraschter war ich, wenn ich sah, wie es Dankmar Hottenbacher mit seiner offenen und humorvollen Art gelang, diese »Schutzschicht« zu durchdringen. Nicht nur im Zusammensein mit Christen fiel mir das auf, sondern gerade auch in der Begegnung mit Japanern, die keine Christen sind. Ob wir tankten und ein ganzes Team unser Auto versorgte (was in Japan üblich ist) und uns anschließend wieder in den laufenden Straßenverkehr einwies oder beim Gespräch mit einer Verkäuferin in einem Laden – Dankmar hatte in kürzester Zeit Kontakt mit den Leuten, und die meisten freuten sich offensichtlich darüber.

Die Rücksichtnahme auf kulturelle Gegebenheiten ist sicher richtig und wichtig. Trotzdem habe ich den Eindruck: Entscheidender noch ist eine *echte,* auf den Menschen zugehende Freundlichkeit. Mag sein, dass wir den kulturellen Kammerton damit nicht immer präzise treffen, aber in allen Kulturen gibt es eine Sehnsucht nach einer von Herzen kommenden Liebe und Zuwendung.

Auf den Philippinen

Als 1992 mein Aufenthalt in Japan beendet war, flog ich wieder nach Hongkong und von dort nach Manila. Die Allianz-Mission arbeitet seit 1983 in Kooperation mit der Mission der amerikanischen *Evangelical Free Church* in diesem Inselstaat. Es war dunkel, als ich auf dem Internationalen Flughafen von Manila eintraf, und es herrschte ein unbeschreibliches Durcheinander. Ich wurde umringt von Taxifahrern, die mich und mein Gepäck in die Stadt fahren wollten. Einer hatte schon meinen Koffer in der Hand, und ich konnte ihn gerade noch aufhalten. Nur mit Mühe entdeckte ich in dem Gedränge Dave und Ursula Rose mit Bernd, einem Shorttermer, die mich abholten. Ein Shorttermer ist so etwas wie ein »Kurzzeitmissionar«, meist sind es junge Leute, die für eine kurze Zeit in einem Missionsland arbeiten und der Missionarin oder dem Missionar zur Hand gehen (manchmal ist es auch umgekehrt). Nicht selten wird aus einem solchen »Schnupperkurs« eine echte Berufung.

Es war schon spät, Bernd und ich fuhren direkt zu der Wohnung, in der ich übernachten sollte. Die Luft in dem Raum war stickig und feucht, die Temperatur sehr hoch, in meinem Zimmer ließ ich während der ganzen Nacht den Ventilator laufen. Er stand auf einem Stuhl vor meinem Bett, und zeitweise musste ich seine Geschwindigkeit so hoch einstellen, dass ich mir vorkam wie bei einem Motorradrennen (vermutlich sah ich auch so aus). Zwischendurch ging ich einige Male in einen Nebenraum und schüttete mir einen Kübel Wasser über den Kopf. Wenn ich ihn betrat, sah ich die Kakerlaken über den Boden weghuschen, sie gehören für mich zu jenen Lebewesen, von denen ich denke, sie wurden erst nach dem Sündenfall erschaffen. Offen gesagt war ich glücklich, als es endlich Morgen war und Bernd und ich am Frühstückstisch saßen.

An diesem ersten Vormittag fuhr ich mit Uschi (Ursula) Rose

zu einer Kinderstunde. Ich hatte immer geglaubt, ein guter Autofahrer zu sein, aber hätte ich in Manila fahren müssen – ich bin nicht sicher, wie und ob wir unser Ziel erreicht hätten. Eine Verkehrsordnung war beim besten Willen für mich nicht erkennbar, es war ein unfassliches Chaos, dazu ein ständiges Hupen und Drängeln. Erstaunlich war, dass wir uns trotz allem fortbewegten und irgendwie unser Ziel erreichten.

Die Kinderstunde war beeindruckend, überhaupt schienen die Kinder sehr offen zu sein. Schnell war mit ihnen ein Kontakt geknüpft, auch bei den späteren Begegnungen in philippinischen Kindergärten und Kindertagesstätten fiel mir das auf. Kinder sind so empfänglich für Liebe, Zuwendung und auch Bildung – oft geht mir das auch angesichts der wachsenden Flüchtlingszahlen in Deutschland durch den Kopf: Weshalb tun wir nicht viel mehr für sie? Weshalb lassen wir sie in ihren Unterkünften die Zeit totschlagen? Weshalb fördert der Staat nicht viel intensiver ihre Bildung und gibt ihnen angemessene Zukunftschancen? Vor Jahren hatten wir als FeG Witten eine Wohnung in der Stadt zur Verfügung, in der Gemeindemitglieder täglich türkischen, kurdischen, portugiesischen und auch deutschen Kindern bei den Schulaufgaben halfen. Die Jungen und Mädchen brachten auch ihre noch nicht schulpflichtigen Geschwister mit, für sie gab es Spielmöglichkeiten. Außerdem erzählten unsere Leute ihnen einmal in der Woche Geschichten von Jesus. Über die Kinder gab es wiederum Verbindungen zu den Müttern. Schon zur Zeit Jesu waren die Kinder besonders empfänglich für Gottes Liebe (Lukas 18,15). Leider wurde unsere Wittener Arbeit später aufgegeben.

Den Samstagabend verbrachten wir in der Missionarsgemeinschaft, wir machten eine Hafenrundfahrt mit einem Kahn, der sich wohl nur über Wasser hielt, weil jemand von der Besatzung unaufhörlich Wasser schöpfte. Anschließend aßen wir gemütlich in einem Restaurant. Es ist wichtig bei solchen Besuchen, auch eine dienstfreie entspannte Zeit miteinander zu verbringen, dabei lässt sich am besten reden, auch über Persönliches. Am Sonntag folgten dann zwei Gottesdienste, in denen viel gesungen wurde und ich zum ersten Mal das Lied »So ist Versöhnung« auf Philippinisch hörte.

Am späten Sonntagnachmittag wurde ich in das klimatisierte Gästehaus einer amerikanischen Mission umquartiert. Zwar fühlte ich mich bei dieser Entscheidung nicht ganz wohl, schließlich müssen ja auch unsere Missionarinnen und Missionare in diesem feuchtheißen Klima leben, aber in den beiden vorhergehenden Nächten hatte ich kaum geschlafen. Hitze war schon immer ein Problem für mich. Umso mehr bewundere ich unsere Leute, die über die Schwüle Manilas hinaus noch die Abgase des chaotischen Straßenverkehrs inhalieren müssen. Würde ein TÜV in Manila eingeführt, wäre die Stadt vermutlich auf einen Schlag autofrei. Bei jeder Fahrt durch die Stadt mit ihren zwölf Millionen Einwohnern (Metro Manila) staunte ich, dass es (meist) ohne Unfälle abging. Beherrschend im Straßenbild waren die Jeepneys, abenteuerliche und meist überfüllte Kleintransporter mit viel Chrom und frommen Aufschriften.

Mit Dave besuchte ich auch amerikanische Christen in einem bewachten Stadtviertel, wir passierten eine Schranke und mussten uns ausweisen. Es war ein sehr vornehmes Villenviertel, selten habe ich einen solchen Luxus in Deutschland gesehen. Dieser eklatante Kontrast zwischen Arm und Reich ist mir nirgendwo sonst so krass wie in Manila begegnet. Auch ein riesiges klimatisiertes Einkaufszentrum zeigten die Roses mir, auch hier wieder Luxus pur. Wenige Kilometer weiter dann die Hütten an einem Flusslauf, zusammengeschustert aus Brettern, Wellblech und Karton, ein Gemisch von Wasser, Abfällen, Fäkalien und einer stinkenden Kloake in den Armenvierteln dieser Megacity. Bewundernswert und kaum zu erklären ist für mich, wie sauber die Menschen in diesen Vierteln gewaschen und gekleidet sind. Auch die Gemeinden erreichen Leute aus diesem Milieu.

Aber wir blieben während meines Aufenthalts nicht in Manila. Zwei Tage später flog Dave mit mir auf die Insel Cebu, etwa 600 Kilometer von Manila entfernt. Dort hat die amerikanische Partnermission ihre Zentrale. Beim Blick aus dem Flieger wurde mir erst so richtig bewusst, dass die Philippinen aus einem Geflecht vieler Inseln bestehen. Über 1700 sollen es sein, davon sind 800 bewohnt. Auf der Fahrt von Cebus Flughafen nach Cebu City fielen mir wieder die Elendsviertel auf, diesmal standen die Hütten auf dünnen Stelzen buchstäblich im Wasser. Kleine Kinder sah ich auf schmalen, lose liegenden Brettern über der Wasseroberfläche spielen, Mütter ließen Eimer hinunter, um Wasser für ihre Wäsche zu schöpfen – ich kann nicht verstehen, wie das überhaupt funktioniert.

Lange saßen Dave und ich am Abend mit der »Feldleiterin« der Evangelical Free Church zusammen. Sie erzählte uns, wie wichtig in den philippinischen Gemeinden neben guter biblischer Lehre auch die Heilungsangebote seien. Die Philippinos brauchen die Erfahrung der heilenden Kraft Gottes, da sie von heidnischen Heilern und ihren Heilungsangeboten umgeben sind. Am nächsten Morgen saßen wir mit der philippinischen Bundesleitung zusammen, etwa 650 Gemeindeglieder hat die Evangelical Free Church auf Cebu, sie versammeln sich in 39 Gemeinden. Es wurde überlegt, ob man diese Gemeinden zumindest in Cebu City zusammenlegt. Eine große Gemeinde könnte anziehender sein und eventuell mehr Menschen mit dem Evangelium erreichen. Auch einige der Kindertagesstätten sahen wir uns an und sprachen mit ihren Leiterinnen. In den Gemeinden auf den Philippinen erlebte ich wirklich beides miteinander, Wort und Tat.

Am letzten Tag bevor ich wieder nach Deutschland aufbrach, fuhren Roses und eine weitere Missionarin (Christiane Weber) noch mit mir in die Nähe des »Pinatubo«, eines Vulkans, der fast 1500 Meter hoch ist und ein Jahr zuvor ausgebrochen war. Trotz frühzeitiger Warnungen und Evakuierungen kamen dabei fast 800

Menschen ums Leben. Einige Stunden lang fuhren wir durch eine Landschaft, auf der eine milchgraue Asche lag. Inzwischen hatte sie sich mit Wasser vermischt und war zu einer betonharten Masse geworden. Häuser waren bei dem Ausbruch verbrannt oder unter der Last der Asche zusammengebrochen, jetzt standen sie als abweisende Ruinen in der Landschaft. Der Pinatubo ruhte 500 Jahre, bevor es zu diesem schrecklichen Ausbruch kam. Am Tag darauf flog ich über Hongkong nach Deutschland zurück.

Trotz vieler missionarischer Aktionen in unserem Land dürfen wir nie die weltweite Mission aus den Augen verlieren, sie gehört untrennbar zum Auftrag Gottes an uns. »Geht hin in alle Welt, und predigt das Evangelium aller Kreatur!«, sagte Jesus seinen Jüngern, und er sagt es auch uns.

Allerdings sollten wir nicht so tun, als lägen die Missionsfelder noch immer vorwiegend in afrikanischen und asiatischen Ländern, in dieser Beziehung hat sich die Situation eher umgekehrt. Heute kommen afrikanische und asiatische Christen auch als Missionare zu uns.

Nach wie vor verbinden viele nichtchristliche Zeitgenossen das Wort »Mission« mit der Vorstellung von Macht und Gewalt. Das mag in der Kolonialgeschichte manchmal so gewesen sein, aber in der Bibel hat »Mission« einen völlig anderen Ton: »So bitten wir nun an Christi statt: Lasst euch versöhnen mit Gott!«, schreibt der Apostel Paulus (2. Korinther 5,20b), und sein Bitten schließt jeden Gewalt- und Machtanspruch aus. Während ich dies schreibe, höre ich in den Nachrichten vom Vordringen der Terrormiliz »Islamischer Staat« im Irak. Sie tötet jeden, der nicht zum Islam übertritt. Was für ein Kontrast zum biblischen Evangelium! Zum Leben mit Jesus Christus kann nur liebevoll eingeladen werden, und die Adressaten sind in ihrer Entscheidung frei. Jesus weinte über eine Stadt, die ihn ablehnte (»Wie oft habe ich deine Kinder versammeln wollen wie eine Henne ihre Küken …«, Lukas 13,34b), er zwang sie nicht, ihm nachzufolgen.

Doch noch ein anderer aktueller Trend wendet sich heute gegen »Evangelisation und Mission«, und wir dürfen ihn nicht unterschätzen. Nach der Vorstellung vieler Menschen haben wir nicht nur die Schöpfung zu bewahren, sondern auch die mit ihr verbundenen Kulturen und Religionen. Wer darauf keine Rücksicht nimmt, ist in ihren Augen ein Kulturbanause, der kein Gespür für den Schutz erhaltenswerter Traditionen hat. Wer wie ich Naturfilme liebt, wie sie der Sender ARTE ausstrahlt, wird wissen, was ich meine. Wir müssen lernen, wie Paulus in Athen (Apostelgeschichte 17,22-31) bei dem anzuknüpfen, was in allen Religionen zu finden ist: die Sehnsucht nach dem wahren Gott, der uns Menschen geschaffen hat und uns unendlich liebt. In allen Religionen geht es um den Weg des Menschen zu Gott, aber im Evangelium geht es um den Weg Gottes zu uns Menschen. Gott besucht uns in seinem Sohn Jesus auf dieser Erde, damit wir durch ihn in den Himmel kommen.

Das erste »ProChrist«

Bereits vor dem »G!-Kongress« wurde in den Reihen der EA und der deutschen Lausanner Bewegung der Gedanke wach, angesichts des wiedervereinigten Deutschlands eine große Proklamation des Evangeliums zu wagen. Es ist nicht überraschend, dass dabei Billy Graham in den Fokus kam. Schon unmittelbar nach der Wende wurde er zu einer Veranstaltung eingeladen, die im Frühjahr 1990 vor dem Reichstagsgebäude stattfand. Er predigte auch in der Berliner Gethsemanekirche, und seine Verkündigung dort hatte mich tief bewegt. Ich hatte Graham zuerst als 17-Jähriger in einem großen Zelt in Essen gehört, er hatte mich schon damals mit seiner Predigt erreicht. Aber einige Male hatte ich auch mitbekommen, dass selbst meine Freunde enttäuscht auf ihn reagierten, auch nach seinem Besuch 1982 in der DDR war das so. Sie empfanden seine

Verkündigung als zu einfach gestrickt, da sei nichts gewesen, was sie nicht schon wussten. Aber vermutlich war gerade das seine Stärke. Grahams Predigt war einfach. Doch letztlich erklärt auch das nicht das Geheimnis seines »Erfolgs«.

Mir fällt in diesem Zusammenhang eine Geschichte ein, die uns der Missionstheologe Georg W. Peters vor vielen Jahren erzählte: Als junger Mann hatte er 1963 bei einer Evangelisation von Billy Graham in Los Angeles mitgearbeitet. Am Abend hatten sich viele Menschen zu Christus bekannt, es muss eine außergewöhnlich bewegende Veranstaltung gewesen sein. Am Morgen darauf begegnete Georg Billy Graham beim Frühstück und fragte ihn, ob es dafür eine Erklärung gebe. Und er fügte hinzu: »Billy, ich weiß, du wirst sagen, es war der Herr; bitte beantworte trotzdem meine Frage: Gibt es darüber hinaus etwas, was für uns als Verkündiger besonders wichtig ist?« Billy Graham dachte einen Augenblick nach und sagte: »Weißt du, wenn ich auf dem Weg zur Kanzel bin und sehe in der ersten Reihe die Prominenten der Stadt, den Bürgermeister, die Professoren und weitere angesehene Persönlichkeiten, dann erfasst mich der Gedanke: Jetzt zeigst du denen mal, dass du predigen kannst und außerdem ein kluger Denker bist. Doch dann wird mir klar, damit würde ich dem lebendigen Gott die Ehre rauben, und so bete ich: ›Herr, bewahre mich davor, die Ehre, die allein dir gehört, für mich in Anspruch zu nehmen.‹« Auch Ulrich Parzany erzählte uns einmal eine ähnliche Geschichte von Wilhelm Busch. Irgendjemand hatte ihn nach einer Predigt gelobt und Busch habe geradezu wütend gerufen: »Rauben Sie dem lebendigen Gott nicht die Ehre!« (vielleicht auch, weil gerade hier seine Gefährdung lag). Ich weiß, dass sich solch plakative Beispiele missbrauchen lassen, aber ich glaube tatsächlich, dass das Geheimnis unserer Vollmacht unmittelbar mit unserer Ehrerbietung Gott gegenüber zu tun hat. Es ist ja eine uns von Gott verliehene Macht, die sofort ihre Kraft verliert, wenn wir anfangen, selbstsüchtig damit zu hantieren.

Die Veranstaltung vor dem Reichstagsgebäude hatte allerdings nicht den erhofften Zulauf. Wir standen im Regen und fragten uns, weshalb Gott uns nicht die Sonne scheinen ließ. Nun also wurde Billy Graham noch einmal nach Deutschland eingeladen. Zentraler Veranstaltungsort war die Grugahalle in Essen, hinzu kamen weitere Übertragungsorte per Satellitentechnik. Fünf Abende sollten es sein, vom 17. bis 21. März 1993. Auch auf dem »G!-Kongress« hatten wir bereits für »ProChrist« eingeladen.

Meine Mitarbeit bei der Vorbereitung von »ProChrist« bestand zunächst in der Leitung des Programmausschusses. Dort waren wir für den Ablauf der Abende verantwortlich, besonders für das Musikprogramm. Wir baten Cae und Eddie Gauntt, Manfred Siebald, Kathie Arndt und Johannes Nitsch, im Zentralprogramm in Essen mitzuwirken. Außerdem gab es ein halbstündiges Vorprogramm an den Übertragungsorten, dafür fertigten wir ein Programmraster als Hilfe für die Ortskomitees an. Auch ein großer Chor sollte am zentralen Veranstaltungsort singen, er bildete sich aus Sängerinnen und Sängern der mitwirkenden Gemeinden. Die Chorleitung übernahm Gerhard Schnitter. Er leitete damals noch die Musikabteilung des ERF und hatte Erfahrung mit großen Chören. Als wir uns im Programmausschuss für ein »ProChrist«-Lied aussprachen, das Abend für Abend gesungen werden sollte, machte Jürgen Werth den Vorschlag, ich solle das Lied schreiben, und da der komplette Programmausschuss dieser Meinung war, nahm ich den Auftrag an.

Ein Auftragslied ist eine besondere Sache, die meisten meiner Lieder sind ja ungeplant entstanden. Ein Auftragslied muss zu einem bestimmten Thema geschrieben werden, außerdem muss es auch zu einem bestimmten Termin fertig sein. Aber man kann sich nicht einfach hinsetzen und es termingerecht produzieren, wenigstens ist das bei mir nicht der Fall. Oft leidet meine ganze Familie darunter, ich stehe unter Druck, werde zunehmend nervös und bin kaum ansprechbar.

Das »ProChrist«-Lied sollte den Kern des Evangeliums auf den Punkt bringen, das war mir klar. Außerdem sollte es freundlich und konkret zum Glauben einladen. Zig Versionen hatte ich nach einigen Wochen auf dem Papier, spielte und sang sie meiner Frau vor und konnte mich doch nicht entscheiden, welche davon die beste war. Irgendwann war der Endtermin da, ich musste es aus der Hand geben, und meine Frau atmete auf. Bei einer »Pro-Christ«-Vereinssitzung in Kassel sangen wir es zum ersten Mal:

Kommt, atmet auf, ihr sollt leben,
ihr müsst nicht mehr verzweifeln,
nicht länger traurig sein.
Gott hat uns seinen Sohn gegeben.
Mit ihm kehrt neues Leben bei uns ein.

Ihr seid eingeladen, Gott liebt alle gleich.
Er trennt nicht nach Farben, nicht nach arm und reich.
Er fragt nicht nach Rasse, Herkunft und Geschlecht.
Jeder Mensch darf kommen, Gott spricht ihn gerecht.

Noch ist nichts verloren, noch ist Rettung nah.
Noch ist Gottes Liebe für uns Menschen da.
Noch wird Leben finden, wer an Jesus glaubt.
Noch wird angenommen, wer ihm fest vertraut.[27]

Am Mittwoch, dem 17. März 1993, war es dann so weit, in der gut besetzten Essener Grugahalle predigte Billy Graham, und die Veranstaltung wurde an 1 000 weitere Orte übertragen. Die Satellitentechnik machte es möglich, bei der »EURO 70« hatte man dazu noch Standleitungen gebraucht. Ulrich Parzany leitete die Veranstaltungen, stellte die mitwirkenden Künstler vor, begrüßte und interviewte besondere Gäste und knüpfte Verbindungen zu einzelnen Übertragungsorten. Und Abend für Abend wiederholten sich zwei Lieder, das gemeinsam gesungene »ProChrist«-Lied und ein Lied des Chores beim Aufruf zum Glauben. Es wird auch heute noch in den »ProChrist«-Veranstaltungen gesungen, es ist ein Gebetslied von Manfred Siebald und trifft unmittelbar die Situation eines Menschen, der sein Leben mit Jesus beginnen will: »Jesus, zu dir kann ich so kommen, wie ich bin.« Vertont hat es Johannes Nitsch.

Während der Veranstaltungen wurde mir die Verantwortung für die Gästebühne übertragen, dazu bekam ich die Namensliste der meist prominenten Persönlichkeiten aus Kirche, Politik und Wirtschaft. Ich kümmerte mich vor der Veranstaltung in einem besonderen VIP-Raum um sie und leitete sie dann wenige Minuten vor Beginn zu ihren Plätzen auf der Bühne. Das war eine angenehme und auch interessante Aufgabe. Eine Reihe der Promis kannte ich bereits, andere lernte ich zum ersten Mal an diesen Abenden kennen. Dazu gehörte Diether Posser (1922–2010), der frühere Finanzminister von Nordrhein-Westfalen. An einem der Abende hatten wir Zeit für ein längeres Gespräch, und er erzählte mir, dass auch er durch die Arbeit des Pfarrers Wilhelm Busch zum Glauben gekommen war. Posser war SPD-Mitglied und vor Jahren Mitkämpfer im Kabinett von Johannes Rau. Ich gewann den Eindruck eines Menschen, dessen Berufung das Wohl der Menschen seines Landes war.

Aber noch etwas habe ich bei dieser Gästebetreuung gelernt: Es gab zwei oder drei finanzstarke Unternehmer unter ihnen, und einigen Leitern von Missionswerken und anderen evangelistisch-missionarischen Einrichtungen schien es außerordentlich wichtig zu sein, einen Platz neben ihnen zu erhalten. Manche sprachen mich ganz offen darauf an. Vermutlich waren es weniger egoistische Motive, die sie dazu bewogen, als vielmehr die finanziellen Sorgen um das eigene Werk und die Hoffnung, einen kapitalstarken Sponsor zu finden. Mir wurde dabei zum ersten Mal wirklich bewusst, dass es auch eine Last sein kann, über viel Geld zu verfügen und entscheiden zu müssen, welcher Betrag an welcher Stelle für das Reich Gottes eingesetzt werden soll.

»ProChrist« ging nach 1993 weiter, nicht mehr mit Billy Graham, sondern mit Ulrich Parzany, das zeichnete sich schon während der Schlussveranstaltung in Essen ab. Es war wie bei Elia, als er Elisa den Mantel des Propheten überwarf (1. Könige 19,19). Billy Graham sprach in seinem Schlusswort Ulrich Parzany unmittelbar auf die Fortsetzung als Verkündiger an, und es klang wie eine Beauftragung für seinen zukünftigen Dienst. Ulrich übernahm dann die Verkündigung in den folgenden »ProChrist«-Evangelisationen, und über viele Jahre wurde eine Segensstrecke daraus.

Eine schöne Geschichte ereignete sich einige Jahre später in Verbindung mit der Theologischen Arbeitsgruppe von »ProChrist«. Sie gab von Zeit zu Zeit kleine Schriften heraus, um damit auch kritische Pastoren und Pfarrer für »ProChrist« zu gewinnen. In einer dieser Schriften sollte es um das Thema Kindertaufe gehen und um Vorschläge, wie sich »ProChrist« damit verbinden lässt. Da zur Trägerschaft von »ProChrist« aber auch Freikirchen gehörten, wehrte ich mich dagegen und machte darauf aufmerksam, dass die Taufe im Material von »ProChrist« nichts zu suchen habe. Als die Theologische Arbeitsgruppe sich dann wieder in Kassel traf, gab sie mir recht und zog die Schrift zurück. Rolf Scheffbuch, der den Vorsitz hatte, schrieb unmittelbar nach der Sitzung an den württembergischen Bischof Theo Sorg und an mich. Bei Theo Sorg, dem viel an dieser Verteilschrift zur Kindertaufe gelegen war, warb er um Verständnis, dass sie das Heft leider aus dem Angebot entfernen mussten. Mir schrieb er dagegen, dass mein Einwand berechtigt sei und der Ausschuss entsprechend reagiert habe. Das Problem war nur, dass Rolf Scheffbuch die beiden Briefe versehentlich in die falschen Umschläge steckte. So erhielt ich den Brief, der an Theo Sorg gerichtet war, und Theo Sorg den Brief an mich.

Mein Lied »Kommt, atmet auf« wurde noch in zwei weiteren »ProChrist«-Evangelisationen gesungen (1995, 1997). Für »ProChrist« in Bremen schrieb ich dann einen neuen Titel. Auch dieses neue Lied war wieder eine schwere Geburt, die aber schließlich zu einem guten Ergebnis führte. Im Jahr 2000 hatten die »ProChrist«-Abende das Thema »Gott ist da!«, und dementsprechend schrieb ich:

Singt ein Lied von Gott, dem Schöpfer dieser Welt,
dessen Allmacht niemals endet, dessen Werke ungezählt.
Gott erschuf auch uns, die Sinne, den Verstand.
Seine Gegenwart umhüllt uns, und wir sind in seiner Hand.

Gott ist da, Gott ist da. Er ist unbegreiflich nah.
Seine Güte lässt uns leben, seine Gnade uns vergeben.
Gott ist da, Gott ist da, er, der immer ist und war,
bleibt in Ewigkeit derselbe. Gott ist da.

Gott gibt uns sein Wort und zeigt uns sein Gesicht,
denn wer Jesus Christus ansieht, sieht in Gottes Angesicht:
Wie er Kranke heilt und wie er Sünder liebt,
wie er jeden Menschen achtet und am Kreuz sein Leben gibt.

Nichts ist, wie es war, und nichts bleibt, wie es ist,
wenn ein Mensch zu Jesus umkehrt und sein Leben lebt als (pro)
    Christ.
Dann erstrahlt die Welt in einem neuen Licht,
dann steht ihm der Himmel offen, weil Gott selber zu ihm
    spricht:

Ich bin da, ich bin da, bin dir unbegreiflich nah!
Meine Güte gibt dir Leben, meine Gnade will vergeben.

Ich bin da! Ich bin da! Ich, der immer bin und war,
bleib' in Ewigkeit derselbe. Ich bin da![28]

Meine Lieder auf unbekannten Pfaden

Jahre später, auf einem Willow-Creek-Kongress mit über 8000 Teilnehmern in Oberhausen, wurde mein Lied »Jesus, wir sehen auf dich« gesungen, und ein Baptistenpastor aus Stuttgart, der neben mir saß, fragte mich, wie man sich als Autor und Komponist des Liedes in einem solchen Moment fühlte. »Sehr gut«, sagte ich, und vermutlich habe ich hinzugefügt, dass das ja alles eine Gabe Gottes ist und ihm allein die Ehre dafür gehört. Aber gedanklich haben solche Situationen bei mir noch weitere Empfindungen ausgelöst.

Ich erinnere mich, dass Ulrich Eggers mir vor Jahren sagte, in einer Veranstaltung mit Richard von Weizsäcker auf dem Evangelischen Kirchentag sei mein Lied »Herr, wir bitten: Komm und segne uns« gesungen worden. Es war der Düsseldorfer Kirchentag 1985 mit von Weizsäckers berühmt gewordener Rede über »Die Deutschen und ihre Identität«. Oder ich sitze vor dem Fernseher, sehe die Sendung »24 Stunden Berlin« und höre plötzlich mein Lied »Meine Zeit steht in deinen Händen« beim Mitschnitt einer Trauerfeier. Ohne Frage ist bei mir in solchen Situationen auch Stolz im Spiel, aber noch viel mehr ein fast ungläubiges Staunen. Es ist doch merkwürdig: Da saß ich vor Jahren irgendwo allein und schrieb ein Lied, habe meine Freude und Traurigkeit hineingepackt, und dann wird etwas daraus, was Menschen bewegt, denen ich niemals begegnet bin und wohl auch niemals begegnen werde.

Hin und wieder muss ich aber auch schmunzeln – zum Beispiel als mir jemand schrieb, dass die DLRG (Deutsche Lebens-Rettungs-Gesellschaft) und die Freiwillige Feuerwehr mit dem Lied

»Herr, wir bitten: Komm und segne uns« den Segen für den Rettungs- und Löschdienst erbeten haben.

Es ist gut zehn Jahre her, da brachten mir Freunde das Textblatt eines Ökumenischen Gottesdienstes aus Husum mit. Es war ein Gottesdienst zur Vereidigung der Dienstanfänger der Landespolizei. Meine Freunde hatten ihn wohl als Gäste besucht und wurden von dem Segenslied nach der Vereidigung überrascht – wieder war es mein Lied »Herr, wir bitten: Komm und segne uns«, diesmal allerdings mit veränderten Strophen:

Für das Menschenrecht, für das Grundgesetz
haben wir stets einzutreten.
Wenn man uns verlacht, uns zu Feinden macht,
lass uns dessen sicher sein.
Nachts am Straßenrand, tags bei Raub und Brand,
werden Menschen auf uns warten.
In der Traurigkeit, mitten in dem Leid,
lass uns Freund und Helfer sein.
Lass uns aufrecht gehen, zu uns selber stehn,
um Zufriedenheit zu finden.
Dass die Polizei für uns Zukunft sei,
daran wollen wir jetzt baun.
Herr, wir bitten: Komm und segne uns …[29]

Nein, diesen Text habe ich nie zur Veröffentlichung freigegeben, und selbstverständlich sind solche Textänderungen nicht erlaubt. Aber das Beispiel zeigt, wie vertraut manche Leute inzwischen mit meinen Liedern sind.

Beim Stöbern in einer katholischen Buchhandlung entdeckte ich auf einer CD mit Marienliedern mein Lied »Meine Zeit steht in deinen Händen« – vereint mit Titeln wie dem Ave-Maria-Lied von Lourdes und einem »Gebet an die Jungfrau Maria«. Auf dem Cover sah ich ein Madonnenbild mit einem pausbäckigen Jesuskind. Ein anderes Mal im Erzgebirge erzählten mir einige Leute, mein Lied »Herr, wir bitten: Komm und segne uns« sei ihr »Song« bei den Montagsdemonstrationen gewesen.

Heute habe ich den Eindruck, dass Gott mir diese Gabe nur für eine begrenzte Zeit gegeben hat. Es entstehen bei mir kaum noch neue Lieder, und wenn ich versuche, eines zu schreiben, wird nichts Rechtes daraus. Auch der allgemeine Musikstil hat sich geändert und ist mir heute eher fremd. So denke ich dankbar an vergangene Zeiten zurück und widme mich fröhlich dem, was jetzt für mich dran ist.

Das leise, laute Finnland

Zum Aufgabenbereich des Präses gehören auch Begegnungen mit FeG-Bünden außerhalb unseres Landes, und von einigen möchte ich erzählen, weil sie für mich und meine Prägung wichtig waren – sie begannen allerdings schon vor meiner »Präseszeit«.

Bereits während meiner theologischen Ausbildung auf dem Predigerseminar in Ewersbach lernte ich Olavi Rintala kennen, einen jungen Mann aus Finnland; auch er studierte an unserem Seminar. Als ich 1973 in die Bundesarbeit nach Witten ging, lebte der Kontakt zu Olavi wieder auf. Inzwischen war er der Leiter des Verlags der finnischen Freien evangelischen Gemeinden, dort brachte er mein Buch »Warum leben wir eigentlich nicht?« auf Finnisch heraus (»Ennemän elämäa«). Als ich dann Bundespfleger war, lud er mich 1986 zu zwei Vorträgen auf einer Bundeskonferenz in Finnland ein. Sie fand in Seinäjoki statt, einem Ort rund 370 Kilometer nördlich von Helsinki gelegen. Es war Ende April, Edelgard konnte mitreisen, und wir entschlossen uns, nicht zu fliegen, sondern mit dem Auto durch Schweden zu reisen. So fuhren wir durch unsere geliebte schwedische Landschaft bis nach Stockholm und bestiegen dort die Nachtfähre nach Helsinki. Es war eine wunderschöne Überfahrt, die Schären vor Stockholm leuchteten in der Abendsonne, und das skandinavische Smörgåsbord auf dem Schiff schmeckte großartig. Es war so schön, dass ich viele Jahre später, bei einem erneuten Dienst in Finnland, die Reise noch einmal auf dieser Strecke zurücklegte.

Am 1. Mai 1986, einem Donnerstag, verließen Edelgard und ich in der Frühe das Schiff in Helsinki. Zunächst wirkte die Stadt noch wie ausgestorben, auf den Straßen zeigten sich unübersehbar die Spuren einer ausgelassenen Walpurgisnacht. Doch je mehr es in den Tag hineinging, desto mehr bevölkerte sich die Innenstadt. Der 1. Mai ist in Finnland nicht nur der Tag der Arbeit, sondern auch ein wildes und turbulentes Frühlingsfest. Jeder, der irgendwann das Abitur gemacht hat, holt seine weiße Studentenmütze heraus. Auch der übermäßige Konsum von alkoholischen Getränken gehört für viele dazu. Wir hatten in Helsinki eine Übernachtung eingeplant, sahen uns den Hafen, den weißen Dom und die Temppeliaukio an, eine moderne und beeindruckende Felsenkirche.

Schon auf der Fahrt durch Schweden hatte es Probleme mit meinem Wagen gegeben, deshalb suchten wir am nächsten Morgen einige Werkstätten auf, wurden aber jedes Mal abgewiesen. Zwischen dem 1. Mai und dem Wochenende sei da nichts zu machen, wurde uns gesagt, da hätten die Arbeiter frei. So machten wir uns auf den Weg nach Seinäjoki, wo ich am Abend meinen ersten Vortrag hielt. Am nächsten Morgen übernahmen es einige Gemeindeglieder, mein Auto in die Werkstatt zu bringen, und auf die Frage, wann ich spätestens wieder in Deutschland sein müsse, antwortete ich, am Himmelfahrtstag. Offensichtlich kennen die Finnen aber diesen Feiertag nicht. Mein Freund Olavi sah mich an und meinte schmunzelnd, ich könne beruhigt sein, Jesus würde mich auch in Finnland finden. Das wiederum verstand ich nicht, bis sich herausstellte, dass er den »Himmelfahrtstag« für den Tag der »Entrückung« hielt, den Zeitpunkt also, an dem Jesus seine

Gemeinde zu sich in den Himmel »entrückt«. Am Mittag war das Auto repariert, und nach meinem letzten Vortrag schauten Edelgard und ich uns noch ein wenig die Umgebung an.

Am Sonntagmorgen folgte ein für uns sehr ungewöhnlicher Gottesdienst in einer Freien evangelischen Gemeinde in Kauhava, einer nicht weit von Seinäjoki entfernten Stadt. Beim Singen und Beten fühlten wir uns dort wie auf einem stürmischen Meer, um uns herum wogte ein Seufzen, Weinen, »Jesus«- und »Halleluja«-Rufen. Es war so laut, dass wir kaum unser eigenes Wort verstanden, und beunruhigt fragte ich mich, wie ich bei diesem Lärm predigen sollte. Doch dann wurde es plötzlich ganz still, so als habe jemand den Stecker herausgezogen. Die Gemeinde lauschte aufmerksam und konzentriert meiner Predigt. Nach dem offiziellen Schluss blieben wir noch zusammen, unterhielten uns, und einer der »Brüder« aus der Gemeinde legte mir spontan die Hände auf und segnete mich.

Eigenartig. Nirgendwo sonst habe ich in ausländischen FeGs eine so starke charismatische Prägung erlebt wie in Finnland. Dabei sind die Menschen dort eher zurückhaltende, beinahe introvertierte Leute. Der Gemeindepastor machte auf mich einen fast schüchternen Eindruck, doch während der Anbetungszeit schien er außer Rand und Band zu sein. Nach meinem Eindruck öffnete sich hier ein emotionales Ventil, das normalerweise aufgrund seines Typs, vielleicht auch entsprechend der Landesmentalität eher verschlossen war. Ganz anders in Griechenland: Die Gemeindeleiter, die ich dort traf, lehnten einen charismatischen Frömmigkeitsstil vehement ab. Aber ihre Gottesdienste waren bereits so emotionsgeladen, dass ich mich fragte, ob hier überhaupt noch eine Steigerung möglich gewesen wäre.

Es gab nach dieser Finnlandreise noch eine unangenehme Überraschung bei unserer Ankunft in Deutschland. Als wir am 4. Mai in Travemünde die Fähre verließen, wurde unser Pkw mit einem Geigerzähler auf radioaktive Spuren untersucht. Erst da erfuhren wir, dass es im Kernkraftwerk Tschernobyl am 26. April eine Katastrophe gegeben hatte, erst nach einer zweitägigen Nachrichtensperre erfuhr die Welt davon. Und da Finnland an die Sowjetunion grenzt, wurden wir mit einer gewissen Vorsicht behandelt. Diese nukleare Katastrophe bewegte die Menschen daraufhin noch jahrzehntelang, aber wir hatten auf unserer Reise nichts davon mitbekommen.

Nördlich des Polarkreises

Nun weiß ich selbstverständlich, dass es bei einer geistlich-charismatischen Lebensführung um mehr als um emotionale Frömmigkeitsäußerungen geht. Das emotionale Singen, die Sprachenrede, das Seufzen und Weinen sind eher Begleiterscheinungen. Eine echte Offenheit für das Reden des Heiligen Geistes in Botschaften, Eindrücken und auch Bildern habe ich zehn Jahre später bei einem Bundesbesuch in Norwegen erlebt.

1996 fand die Konferenz des norwegischen Bundes in Bodö statt, und ich war als Gast eingeladen. Die kleine Stadt liegt nördlich des Polarkreises, etwa 1 200 Kilometer von Oslo entfernt. Wir trafen uns dort ebenfalls Anfang Mai, in den Nächten blieb es zu dieser Jahreszeit bereits hell.

Für die erste Nacht wurde ich bei einem jungen Ehepaar einquartiert, das am Stadtrand von Bodö lebte. Der erste Vormittag war noch veranstaltungsfrei, und so wanderte ich auf den nahe gelegenen »Hausberg«, setzte mich auf einen Felsen und genoss den Ausblick auf die schöne Umgebung. Zu meinen Füßen lag die kleine Stadt mit ihren typisch bunten norwegischen Häusern, dahinter der Fjord und die schroffen Berge und weit über dem Meer am Horizont das Gebirge der Lofoten, ich konnte es gerade noch mit bloßem Auge erkennen. Ich nahm mir Zeit zum Beten, telefonierte mit meiner Frau und war rundum glücklich. Was für ein

Geschenk ist ein solcher Einblick in Gottes großartige Schöpfung! Wie wunderbar hat er die Welt gemacht!

Am Nachmittag begann etwa 15 Kilometer entfernt die Konferenz. Das Tagungsgebäude mit den Ferienhäusern, unmittelbar an einem Fjord gelegen, erreichten wir mit einem Bus. Ich bekam mit zwei Finnen ein kleines Ferienhaus zugeteilt. Während der nächsten Tage standen vormittags und nachmittags Geschäftsverhandlungen auf dem Programm, am Abend Festveranstaltungen mit Predigten und viel Musik. In den skandinavischen Bundeskonferenzen werden alle großen Sitzungen und Verhandlungen der Bundesgremien auf der großen Konferenz zusammengelegt, auch die Ordination angehender Pastoren und die Aussendungsfeier der Mission. Die Tochter des Bundesvorstehers hatte mein Lied »Herr, wir bitten: Komm und segne uns« ins Norwegische übersetzt, und wir sangen es gemeinsam auf der Aussendungsfeier der jungen Pastoren.

In der Nacht konnte ich nicht schlafen, und ich wanderte nach Mitternacht am Fjord entlang und war erstaunt, einige der Brüder von der Konferenz beim Angeln anzutreffen. Auch mein Übersetzer war dabei, was am nächsten Tag allerdings Folgen hatte, denn als ich am nächsten Morgen die Andacht zu halten hatte, suchte man vergeblich nach ihm, er schlief wohl noch. Liv, eine Frau, die hervorragend Deutsch sprach, sprang für ihn ein.

Bei der Geschäftssitzung am Nachmittag, in der es um Finanzen ging, bat meine Dolmetscherin vom Vormittag plötzlich um das Wort. Der Verhandlungsleiter unterbrach die Debatte, und Liv sagte, der Herr habe ihr gezeigt, im Raum sei jemand mit starken Nackenschmerzen. Er dürfe sie gerne ansprechen, sie sei bereit, für ihn zu beten. Danach wurden die Finanzverhandlungen fortgesetzt. Mein Übersetzer Hallvard flüsterte mir zu, ein solches Wort sei zwar mitten in einer Finanzdebatte ungewöhnlich, aber in vielen norwegischen Gemeindegottesdiensten sei das durchaus normal.

In diesem Zusammenhang wurde mir ein Gespräch mit Ingolf Diesen wichtig, dem früheren Präses des norwegischen Bundes. Er wollte von mir wissen, ob es geistliche Bewegungen und Aufbrüche in Deutschland gebe. Und als wir darüber redeten, kam er auf die Anfänge der Pfingstbewegung 1907 in Kassel zu sprechen. Damals hatte dort eine Veranstaltungsreihe so turbulente Ausmaße angenommen, dass die Polizei einschreiten musste. In den kirchengeschichtlichen Dokumenten wird darauf hingewiesen, dass außer dem leitenden Evangelisten Heinrich Dallmeyer auch zwei norwegische Missionarinnen anwesend waren. Sie hatten die Gabe der Sprachenrede (Glossolalie), und manche Kirchengeschichtler vermuten, dass sie an der problematischen Entwicklung, die dann folgte, wesentlich beteiligt waren. Ingolf Diesen erzählte mir aber, er habe die beiden Missionarinnen noch gekannt, und er wisse von ihnen, dass sie mit dem Verlauf der Kasseler Veranstaltungen nicht einverstanden waren, sie hätten Heinrich Dallmeyer sogar vor der weiteren Entwicklung gewarnt. Die Leitung sei ihm zunehmend entglitten, und Menschen, die behaupteten, prophetische Botschaften empfangen zu haben, hätten immer mehr den Verlauf der Veranstaltungen bestimmt. Als die Warnung der beiden Norwegerinnen nichts bewirkte, seien sie noch vor Ende der Veranstaltungen abgereist.

In der Versammlung am Abend predigte Ingolf Diesen, und er erzählte, wie er zum Glauben fand. Das war im Dezember 1944. In Oslo sprach der Erweckungsprediger Frank Mangs (1897–1994). Als Ingolf mit seinen Freunden an der Osloer Bethlehemskirche (FeG) eintraf, um Mangs zu hören, stand bereits eine mehrere 100 Meter lange Menschenschlange vor der Tür. Aber ein Gemeindeältester, der die Jungen sah und vermutlich spürte, wie es innerlich um sie stand, besorgte ihnen noch Plätze. Während dieser Tage durfte Ingolf mit seinen Freunden in einem kleinen Raum wohnen. Die Gastgeber hatten die Möbel herausgenommen, damit die Jungen genügend Platz darin fanden. Viele Sünden seien ihm bei

den Predigten von Mangs bewusst geworden, aber auch die überwältigende Liebe und Gnade Gottes. Doch er habe einige Tage
gebraucht, bis er zum Glauben durchdrang. Dann aber sei eine
unbeschreibliche Freude in sein Herz gekommen.

Es klingt so simpel, wenn ich hier davon schreibe, aber als
Ingolf davon erzählte, spürten wir, dass es eine ganz besondere
Erfahrung der Nähe Gottes für ihn war, und sie übertrug sich auf
uns. 15 Jahre blieb die Erweckung in Oslo, erzählte er uns, und
Frank Mangs sei jedes Jahr wiedergekommen und habe dreimal
am Tag predigen müssen, so stark habe der Geist Gottes die Menschen damals wachgerüttelt und in die Versammlungen gezogen.
Am späten Abend sagte mir einer meiner beiden Zimmernach-
barn, dass er Frank Mangs noch kurz vor seinem Tod in einem
schwedischen Krankenhaus besucht habe. Nie wieder habe er den
Geist Gottes mit solch einer Intensität gespürt wie bei dieser Begegnung.

Es war eine aufrüttelnde und tief gehende Predigt, die der frü-
here Bundesvorsteher Ingolf Diesen an diesem Abend hielt. Und
es war ganz offensichtlich: Ingolf sehnte sich nach einer geistlichen
Erweckung. Er war der Meinung, unser Stolz, unsere Liebe zum
Materialismus und unsere Oberflächlichkeit hindere den Geist
Gottes daran. Zum Schluss sangen wir miteinander das Lied:

Alles will ich Jesus weihen, meines Geistes beste Kraft,
all mein Denken, all mein Streben, alles, was mein Tagwerk
schafft ...[30]

Ich erlebte diese Veranstaltung im hohen Norden Skandinaviens
auch sehr persönlich als einen besonderen Liebeserweis Gottes.

Unterwegs in Osteuropa

Beeindruckende Begegnungen hatte ich auch in der damaligen Tschechoslowakei. Auch mit dem FeG-Bund in diesem bis 1992 noch gemeinsamen Staat (heute getrennt in Tschechien und Slowakei) unterhielten wir als deutscher BFeG enge Beziehungen. Mit Jürgen Hedfeld, unserem damaligen Bundesrechnungsführer, flog ich nach Prag, und von dort starteten wir eine Reise durch die tschechoslowakischen Brüderkirchen. Seit Jahrzehnten gehörten auch sie zum Internationalen Bund FeG (IFFEC).

Über Brno (Brünn) bis nach Presov und Bardejov fanden Begegnungen, Gespräche und Veranstaltungen statt. In Presov (in der heutigen Slowakei) wurde Jürgen und mir eine gemeinsame Schlafcouch zugewiesen, was zumindest mich veranlasste, die Nacht über lange Strecken hinweg wach zu liegen. Daran wirkte vermutlich aber auch mein voller Magen mit, denn die Kalorienzufuhr bei der überwältigenden Gastfreundschaft unserer Gastgeber war außerordentlich. Jürgen Hedfeld musste dann zurück nach Deutschland, und ich setzte die Reise alleine fort.

Während der kommunistischen Herrschaft versuchten die Regierenden alles, um die christlichen Kirchen und Gemeinden in ihrer Arbeit zu behindern. Umso erstaunlicher war es, welch schöne und große Gemeindezentren einige von ihnen besaßen. Darauf angesprochen, erzählten sie uns, wie es dazu gekommen war. Brauchte eine Gemeinde ein neues Gemeindehaus, so kamen aus vielen umliegenden Gemeinden »Brüder« und »Schwestern« zusammen, um auf der Baustelle mitzuarbeiten. Es sei geradezu eine »Bauerweckung« ausgebrochen, wurde uns berichtet – neben der praktischen Arbeit am Bau habe man auch gemeinsam gesungen, gebetet und gegessen.

Auch in Bratislava, der jetzigen Hauptstadt der Slowakei, hatte die Gemeinde Ähnliches erlebt. Aber dort kam noch etwas Besonderes hinzu: Der »Rat der Stadt« Bratislava hatte es der Gemeinde zur Auflage gemacht, das Haus als ebenerdiges Gebäude zu errichten, jede Aufstockung wurde ihr strengstens untersagt. Da die Gemeinde aber einige Hundert Mitglieder hat, ergab ein Flachbau auf dem relativ kleinen Grundstück wenig Sinn. Kurz entschlossen begann man, das Haus »in die Tiefe« zu bauen. Geht man von der Straße in dieses Gemeindehaus hinein, so steht man nach einem Gang durchs Foyer plötzlich auf der zweiten Empore eines nach unten abfallenden großen und ansprechenden Saales. Auf diese Weise hat der Raum Sitzplätze für etwa 400 Personen, sieht aber von der Straße her völlig unscheinbar aus.

Am Ende dieser Reise kam es zu einer Begegnung, die mir unvergesslich bleibt, obwohl sie mit den Gemeinden dort unmittelbar nichts zu tun hatte.

Mein Begleiter brachte mich an einen Ort namens »Lidice«, etwa 20 Kilometer von Prag entfernt. Ich sah eine fast leere Talsenke mit großen Rasenflächen, aber, so wurde mir gesagt, bis zum Juni 1942 sei hier ein intaktes Dorf gewesen. Am 27. Mai 1942 wurde in Prag ein Attentat auf den SS-Obergruppenführer Reinhard Heydrich verübt, den Leiter des Sicherheitshauptamtes der Nationalsozialisten in der ČSSR. Als er acht Tage später an dem Attentat starb, wurde aus Rache das gesamte Dorf Lidice dem Erdboden gleichgemacht. Alle Männer über 15 Jahren wurden erschossen und 195 Frauen in das Konzentrationslager Ravensbrück deportiert. Die 98 Kinder des Dorfes brachte man nach Litzmannstadt, um sie nach rassischen Kriterien auszusondern. 13 von ihnen kamen zur Germanisierung in ein »Lebensborn-Heim«, die anderen wurden deportiert und vergast.

Während ich erschüttert auf die kahle Fläche der Talsenke starrte, kam ein älterer Mann auf mich zu. Als er hörte, dass ich Deutscher bin, sagte er mir, er sei eines der Kinder aus Lidice. Aus seiner Brieftasche griff er ein zerknittertes Foto, ein altes Familienbild, und zeigte es mir. In diesem Moment schämte ich mich, Deutscher zu sein. Seit dem Jahr 2000 steht dort eine von der

Künstlerin Marie Uchytilova geschaffene Bronzegruppe von 82 Müttern und Kindern, die an die Kinder von Lidice erinnert.

Was hat dieses Volk nicht alles erlebt, sowohl die Tschechen als auch die Slowaken! Erst die schreckliche Zeit des Nationalsozialismus, dann die Bedrückung vonseiten der Kommunisten. Als es dann Ende der 60er-Jahre das Hoffnungszeichen des Prager Frühlings gab, wurde auch diese zarte Pflanze mit Gewalt niedergetrampelt. Umso größer ist die Erfahrung, dass auch das kommunistische Regime weichen musste, gerade bei meinen Besuchen in Osteuropa wurde mir das immer wieder bewusst.

Ich erinnere mich an einen Besuch in Rumänien kurz nach dem Ende der Sowjetunion. »Brüder« aus der Gemeinde in Bukarest zeigten mir den riesigen Palast, in dem Nicolae Ceauşescu regiert hatte. Protzig steht er da, mitten in der Stadt, eines der größten Gebäude Europas. Ceauşescu hatte diesen Marmorpalast während der Zeit großer Armut in der Bevölkerung bauen lassen, 40 000 Wohnungen wurden dafür zwangsgeräumt, fast der gesamte historische Stadtkern mit 13 Kirchen und drei Synagogen musste abgerissen werden. Die Folterkeller Ceauşescus waren voll politischer Gefangener, darunter viele Christen. Während einer stolzen Rede, die Nicolae Ceauşescu kurz vor Weihnachten 1989 vor 100 000 Menschen hielt, schlug die Stimmung im Volk plötzlich um. Er wurde ausgebuht und musste schließlich mit dem Helikopter vom Dach seines Palastes flüchten. Kurze Zeit darauf wurden er und seine Frau gefasst und standrechtlich erschossen. Noch heute habe ich ihre toten Körper im Schmutz der Straße vor Augen, sie wurden damals immer wieder im Fernsehen gezeigt.

Der IFFEC

»Wenn jemand eine Reise tut, so kann er was erzählen«, heißt es in einem Gedicht von Matthias Claudius, und das geht auch mir so.

Ich habe bereits von meinen Reisen auf die Missionsfelder der Allianz-Mission und von bilateralen Begegnungen zwischen den FeG-Bünden erzählt. Aber seitdem ich Präses war, gehörte ich auch zum »Executive Committee« des Internationalen Bundes Freier evangelischer Gemeinden (International Federation of Free Evangelical Churches, IFFEC).

Der IFFEC wurde am 1. September 1948 in Bern gegründet, und es ist eine geradezu spannende Geschichte, wie es dazu kam. In Estland war es Karl Leopold Marley (1890–1981), der in den frühen 30er-Jahren nach Schweden reiste, um dort Geld für seine Immanuelkirche in Tallin zu sammeln.

Marley hatte Ingenieurstechnik in St. Petersburg studiert, später wurde er Offizier in der estnischen Armee und kämpfte 1914 erst gegen die deutschen Truppen, dann 1918 gegen die Bolschewiken, die sein Land besetzten. Vor allem aber war er Prediger und Leiter der estnischen Freien evangelischen Gemeinden. Karl Heinz Knöppel und unser damaliger Geschäftsführer Heinz-Adolf Ritter hatten ihn noch gegen Ende der 70er-Jahre besucht. In der Bundesleitung erzählten sie uns von dieser beeindruckenden Persönlichkeit.

In Schweden lernte Marley den Jugendsekretär Augustinus Kejer (1900–1969) kennen, der im »Svenska Missionsförbundet« tätig war. Der wiederum hatte Kontakte zu Werner Schnepper (1903–1945), einem deutschen Prediger in Berlin-Tempelhof, später in Wuppertal-Barmen. Dann kam auch Wilhelm Gilbert (1904–1998) dazu, unser späterer Präses im BFeG (1959–1973). Gemeinsam begannen sie, internationale Jugendtreffen zu planen, eines davon fand 1937 in Larvik (Norwegen) statt. So wurde mehr und mehr ein internationales Kontaktnetz geknüpft, und noch vor dem Zweiten Weltkrieg trafen sich Gemeindeleiter aus der Tschechoslowakei, Estland, Finnland, den Niederlanden, Norwegen, Schweden, der Schweiz und aus Deutschland in Prag (Tschechoslowakei) und in Aarhus (Dänemark). Allerdings geschah das alles noch auf der Basis persönlicher Freundschaften und noch nicht hochoffiziell.

Während des Zweiten Weltkrieges kamen diese Kontakte dann weitgehend zum Erliegen, zum einen weil während des Krieges die Fortsetzung der Reisen und Begegnungen gar nicht möglich war, zum anderen aber, weil das Weltbild des Naziregimes auch einen erschütternden Einfluss im Bund und in den Gemeinden hatte. Damals rief der Schriftleiter des »GÄRTNER« (die damalige Gemeindezeitschrift der Freien evangelischen Gemeinden) zum Gebet für Adolf Hitler auf, der »inmitten seiner tapferen Soldaten auf dem Kriegsschauplatz weilt«. An einer anderen Stelle war davon die Rede, »England habe in eigenartiger Verblendung beschlossen, einen neuen Weltkrieg herbeizuführen«. Und wiederum an einer anderen Stelle drückte der »GÄRTNER« seine Freude über den schnellen Sieg der deutschen Wehrmacht in Polen aus, denn sonst »wären unsere deutschen Volksgenossen schließlich durch blindwütigen polnischen Fanatismus und durch den Blutrausch eines schändlichen Untermenschentums vernichtet worden«. Selbst als Hitler im April 1940 Dänemark und Norwegen besetzen ließ, am 10. Mai die Besetzung Hollands und die Einnahme Belgiens begann und Frankreich seine Kapitulation erklären musste, war der »GÄRTNER« begeistert und jubelte: »Der Herr hat Großes an uns getan. Ehre sei Gott in der Höhe!« Es ist Hartmut Weyel zu danken, dass er diese historischen Quellen zugänglich gemacht hat. Erst nach Kriegsende am 8. Mai 1945, als viele Städte Europas in Trümmern lagen, begannen einzelne Leiter aus FeGs die Fäden über Ländergrenzen hinweg neu zu knüpfen.

Einer der schon vor dem Krieg Verbindungen zu skandinavischen Gemeinden hatte, war der Leiter der Stiftung Elim in Hamburg, Friedrich Heitmüller. Ich habe bereits in einem anderen Zusammenhang von ihm erzählt. Auch er hatte sich in der Anfangszeit nationalsozialistischem Gedankengut geöffnet, sich dann aber, als er erkennen musste, in welche Richtung die Naziherrschaft ging, deutlich davon distanziert. Walter Persson berichtet in seinem Buch über die Geschichte des IFFEC (»In Freiheit und Einheit«, Bundes-Verlag) anschaulich von einer Begegnung im Dezember 1945. Augustinus Keijer (1900–1969) und Einar Rimmersfors (1900–1980), zwei führende Persönlichkeiten aus dem Schwedischen Missionsbund, waren mithilfe der British Air Force in einer Militärtransportmaschine über Kopenhagen nach Hamburg gereist. Durch die Trümmer der zerstörten Stadt arbeiteten sie sich nach Eimsbüttel zum Krankenhaus Elim durch. Dort begegneten sie dann Friedrich Heitmüller. Er selbst schrieb, dass die beiden »wie vom Himmel gefallen« plötzlich in der Halle des Krankenhauses standen: »Sie waren gekommen, um zu sehen, ob wir noch lebten. Nur selten in meinem Leben habe ich eine so große und freudige Überraschung erlebt wie damals.« So wurden die alten Verbindungen nach dem Krieg neu geknüpft, und am 1. September 1948 kam es zur Gründung des Internationalen Bundes Freier evangelischer Gemeinden in Bern. Neun FeG-Bünde aus acht Ländern, beteiligten sich daran. Augustinus Keijer und Friedrich Heitmüller wurden ins erste »Executive Committee« gewählt. Die erste Vollkonferenz des IFFEC fand 1952 in Witten statt.

Der bereits erwähnte Wilhelm Gilbert war von 1966 bis 1974 Präsident des IFFEC. Als ich 1991 Präses des BFeG in Deutschland wurde, schrieb er mir einen Brief. Dabei gab er das Bibelwort an mich weiter, das sein Vorgänger Karl Glebe ihm 1949 bei seinem Dienstantritt im Gemeindedienst gegeben hatte: »Wie ich mit Mose gewesen bin, so will ich auch mit dir sein. Ich will dich nicht verlassen noch von dir weichen. Sei getrost und unverzagt« (Josua 1,5). Er konnte ja nicht wissen, dass es das Wort Gottes war, das mich für ein Ja zur Berufung als Präses geöffnet hatte.

Am 9. Juli 1994 luden er und seine Frau Irene Verwandte und Freunde zu einer großen Geburtstagsfeier ein, Wilhelm Gilbert feierte seinen 90. und seine Frau Irene ihren 75. Geburtstag. Auch meine Frau und ich waren geladen, und ich schrieb ein Lied für die beiden, das mir, inzwischen selbst im vorgerückten Alter, immer wichtiger wird:

Wenn Gedanken aufstehn in der Nacht
und dich nicht zur Ruhe kommen lassen,
dann vergiss nicht, dass da einer wacht,
der dich kennt und unbegreiflich liebt.

Wenn dich die Vergangenheit verklagt,
Schuld steht auf, die dir doch längst vergeben,
dann vergiss nicht, dir ist zugesagt:
Du bist frei, denn Christus starb für dich.

Fühlst du dich von Krankheiten bedroht,
lassen sich die Schmerzen kaum ertragen,
dann vergiss nicht, Gott sieht deine Not,
liebend sorgt er Tag und Nacht für dich.

Und wenn dich das Alter schließlich quält,
wenn die Tage dir nicht mehr gefallen,
dann vergiss nicht, dass dein Gott dich hält,
nichts entreißt dich seiner starken Hand.

Unser Vater im Himmel wird dich tragen,
seine Gnade ist jeden Morgen neu.
In den guten und in den schweren Tagen
bleibt er bei dir und ist dir immer treu.[31]

Doch noch etwas ist im Zusammenhang mit den internationalen Beziehungen des Berichtens wert: Auch wenn während des Krieges offizielle internationale Kontakte nicht möglich waren, begann die Verbindung zwischen den griechischen und deutschen Gemeinden genau in dieser Zeit. In Thessaloniki ging eines Tages ein deutscher Offizier (Siegfried Fuhrmann) in ein Ledergeschäft und entdeckte dort eine Bibel auf der Ladentheke. Er sprach den Inhaber darauf an, und die beiden fanden schnell heraus, dass sie »Brüder in Christus« waren und außerdem beide zu Freien evangelischen Gemeinden gehörten. Das war der Beginn einer intensiven Beziehung zwischen den deutschen und griechischen FeGs.

Meine erste offizielle Berührung mit dem IFFEC hatte ich bereits 1974. Als Leiter unserer Bundesjugendarbeit war ich bei der Vollkonferenz des IFFEC dabei. Sie sollte eigentlich in Griechenland stattfinden, wurde aber wegen des Zypernkonfliktes nach Deutschland verlegt. Eine der Abendveranstaltungen sollte besinnlich und meditativ ausklingen, und mit einfachsten Mitteln hatte ich dafür eine Tonbildserie zusammengestellt. Die Musik stammte aus dem damals populären Paulus-Oratorium von Siegfried Fietz, die Fotos hatte ich selbst gemacht.

1978 fand dann die nächste Vollkonferenz tatsächlich in Griechenland statt, wir tagten in Kap Sounion, wo der griechische Bund ein Tagungszentrum hat, es liegt in einer wunderschönen Küstenlandschaft. Ich kannte Kap Sounion ja bereits von unserer Singefreizeit, auch ein Internationales Jugendlager fand dort kurze Zeit später statt. Es haftet ganz besonders in meiner Erinnerung, weil in diesem Lager verschiedene Kulturen hart aufeinanderstießen. Die amerikanischen jungen Mädchen gingen selbstverständlich in ihren Bikinis schwimmen, in den Augen der jungen Griechinnen war das unanständig und für sie eine Unmöglichkeit. Selbst die ärmellose Bluse war für sie schon ein Problem. Dagegen tranken die Amerikaner keinen Wein, was wiederum für die Griechen undenkbar war. Ich erinnere mich, dass Thanos Karbonis, der Vorsteher der griechischen FeGs, den Rat des Paulus aus 1. Timotheus 5,23 (»Trinke nicht mehr nur Wasser, sondern nimm ein wenig Wein dazu um des Magens willen«) folgendermaßen auslegte: Paulus habe seinem jungen Mitarbeiter Timotheus nur *wenig* Wein empfohlen, weil er einen kranken Magen hatte. Wäre

Timotheus ganz gesund gewesen, hätte Paulus diese Einschränkung selbstverständlich nicht gemacht. Für uns alle waren diese kulturellen Unterschiede eine heilsame Lektion. Sie sind eben kulturbedingt und dürfen niemals ein Grund zur Spaltung zwischen Christen sein. Griechenland! Ich liebe dieses Land, besonders den Blick vom Poseidontempel in Kap Sounion aufs Mittelmeer mit der untergehenden Abendsonne.

Denkwürdige Referate und Gedankenanstöße

Seit ich Präses war, gehörte ich zum Internationalen Arbeitsausschuss (Executive Committee). Dort bereiten wir die IFFEC-Konferenzen vor. Neben den Geschäftssitzungen und den zu klärenden aktuellen Fragen standen auch Bibelarbeiten und Referate auf dem mehrtägigen Programm. Ein Referent, der mir noch besonders in Erinnerung ist, ist der Brite Lesslie Newbigin (1909–1998). Fast 40 Jahre hatte er als Missionar in Indien gearbeitet, weit über Indien und England hinaus wurde er als Missionstheologe bekannt. Auf einer Konferenz in der Schweiz hielt er Bibelarbeiten über den Römerbrief, Gerhard Hörster übersetzte ihn. Aber sein besonderes Thema war das Verhältnis zwischen Evangelium und westlicher Kultur. Ähnlich wie Francis Schaeffer (und doch ganz anders) war er ein Meister der Kulturanalyse. Er hielt es für außerordentlich wichtig, den Adressaten zu kennen, dessen Ohr und Herz wir mit dem Evangelium erreichen wollen.

Die größte Gefahr sah er darin, den Glauben zu privatisieren, so als habe er mit dem öffentlichen Leben nichts mehr zu tun. Newbigin plädierte für einen echten Dialog. Seine These: Wer fest in Christus verankert ist, wird unbefangen mit Andersdenkenden reden können – ohne Fanatismus, aber auch ohne falsche Zugeständnisse. Im Originalton: »Ein echter Dialog ist von Neutralität oder Indifferenz so weit entfernt wie eben möglich. Seine Grundlage ist die gemeinsame Überzeugung, dass es eine erkennbare Wahrheit gibt, und dass beide Seiten die ihnen jeweils bekannte Wahrheit zu bezeugen und deshalb auch auf das Zeugnis des anderen zu hören haben« (aus: Lesslie Newbigin, »Den Griechen eine Torheit«, edition aussaat).

Auch an einen Vortrag von Ulrich Parzany bei der Generalkonferenz 1998 in Emmetten (Schweiz) erinnere ich mich. Sein Thema lautete:»Evangelisation in der Postmoderne«. Er malte uns einerseits die großen Möglichkeiten vor Augen, die die Globalisierung und die Offenheit der westlichen Gesellschaften uns bieten, aber ebenso die Unwilligkeit der Postmoderne, irgendeine Form der absoluten Wahrheit zu akzeptieren. Sein Plädoyer:»Evangelisation muss vielmehr ein Lebensstil als ein Programm sein!« Für ihn gehört aber unbedingt die Verkündigung dazu. »Weil Jesus der Herr der Herren ist, ist das Evangelium eine öffentliche Wahrheit, die auch gepredigt werden muss.« Nach Ulrich Parzany haben wir dem Inhalt des Evangeliums treu zu sein, gleichzeitig aber sehr beweglich, wenn es um Lebensstil und Methodik der Arbeit geht.

2004 trafen wir uns in Seattle, um die »Internationale Theologische Konferenz« vorzubereiten, es war eine meiner letzten Sitzungen im IFFEC. Vom Internationalen Airport Seattle-Tacoma fuhren wir in eine gebirgige und abgelegene Gegend im Bundesstaat Washington. Von dort blickten wir auf den Mount St. Helens, der Vulkan hatte 1980 einen großen Ausbruch erlebt und dabei fast seinen gesamten Gipfel verloren. Es war unbeschreiblich kalt, das Ferienzentrum der Covenant Church stand leer, wir versorgten uns mit Lebensmitteln aus einem Supermarkt. Fast jedem von uns stand für die Nacht eine Blockhütte zur Verfügung. In der Hütte, ich der ich übernachtete, waren acht leere Doppelstockbetten aufgestellt. Nie zuvor habe ich mit so vielen Kleidern geschlafen, alles, was mir an Textilien zur Verfügung stand, zog ich an. Trotzdem fror ich erbärmlich.

Schon früh am Morgen war's mit dem Schlaf vorbei. Ich stand auf und wanderte allein durch die großartige Landschaft im klaren Morgenlicht, umgeben von Wäldern und Seen. Der Mount St. Helens leuchtete in der aufgehenden Sonne. Mir fiel ein Lied ein, das wir früher in Ronsdorf angesichts einer überwältigenden Schöpfung gesungen haben:

Wenn ich, o Schöpfer, deine Macht,
die Weisheit deiner Wege,
die Liebe, die für alle wacht, anbetend überlege:
so weiß ich, von Bewundrung voll,
nicht, wie ich dich erheben soll,
mein Gott, mein Herr und Vater.[32]

Aber der IFFEC wäre mir fast noch näher auf den Leib gerückt. Das war im Januar 1998 auf einer Sitzung in Lidingö bei Stockholm. Der amtierende Präsident erklärte uns, dass er sein Leitungsamt in der »Evangelical Covenant Church« niederlege und damit frei für die Aufgabe des Generalsekretärs sei. Als seinen Nachfolger im Präsidentenamt hatte er mich auserkoren. Es traf mich wie ein Blitz, fast alle schienen dem zuzustimmen, nur ich war beim besten Willen nicht bereit dazu. Mein Englisch wäre dafür wirklich nicht gut genug gewesen, und vor allem hätte es meine Kräfte angesichts der anderen Leitungsämter, die ich bereits übernommen hatte, auch total überfordert.

Aber offen gesagt, es gab noch einen weiteren Grund für meine Absage, und der war heikel. Der amtierende Präsident, der mich als seinen Nachfolger vorschlug, war – gelinde gesagt – ein wenig strukturierter Mensch. Er war zwar eine starke und liebenswürdige Leitungspersönlichkeit, aber hätte er nicht Bjørn Øyind Fjeld als Generalsekretär zur Seite gehabt, wäre vermutlich im IFFEC längst das Chaos ausgebrochen. Satzungsgemäß hat vor allem der Generalsekretär des IFFEC die administrative Arbeit zu leisten, er führt den Schriftwechsel, lädt zu den Sitzungen und Konferenzen ein, schreibt Protokolle und vieles mehr. Der Präsident hat eher eine repräsentative Funktion, außerdem leitet er die Sitzungen und Konferenzen (mit einem Team!), führt Gespräche mit den verantwortlichen Leitern einzelner Länder, besucht Konferenzen und Jubiläen in den verschiedenen FeG-Bünden.

Ich sprach mit Harald Peil, der als Delegierter des Jugendausschusses zum »Executive Committee« gehörte und mir in dieser Situation eine wertvolle Hilfe war. Am späten Abend traf ich mich mit dem Präsidenten und dem Generalsekretär im kleinen Kreis. Noch einmal nannte ich meine Gründe, die mich hinderten, einer möglichen Wahl zuzustimmen. Offen äußerte ich – möglichst schonend und liebevoll – meine Zweifel an einer in dieser Konstellation funktionierenden Zusammenarbeit. Aber die beiden unternahmen alles, um mich doch noch für den Plan zu gewinnen. Ich empfand das Gespräch als eine menschlich äußerst schwierige Angelegenheit. Im Klartext hieß das: Selbst wenn ich bereit gewesen wäre, das Amt zu übernehmen – mit dem amtierenden Präsidenten als Generalsekretär wollte ich es nicht. Als wir am nächsten Morgen die Sitzung fortsetzten, wurden der amtierende Präsident und ich gebeten, den Raum zu verlassen. Währenddessen einigte man sich dann auf eine andere personelle Lösung.

Heute denke ich umso mehr, wie gut das war. Wie hätte ich neben allen anderen Aufgaben dieses Amt noch bewältigen sollen?! Ähnlich erging es mir auch kurze Zeit darauf, als mich Horst Marquardt für die Leitung des deutschen Zweiges der Lausanner Bewegung gewinnen wollte. Auch er wollte mich als seinen Nachfolger, und ich bat ihn um eine kurze Bedenkzeit, obwohl mir eigentlich von vornherein klar war, dass diese Aufgabe für mich nicht infrage kam. Auch hier geriet ich eindeutig an meine Grenzen und habe ihm schließlich abgesagt.

Brasilien

Im Sommer 1996 habe ich noch einmal ein Missionsland der Allianz-Mission besucht, diesmal ging es nach Brasilien. Ich glaube, es war auf einer Hamburger Glaubenskonferenz, wo ich den Präses des brasilianischen BFeG traf, aber auch auf einer Konferenz des IFFEC waren wir uns schon begegnet. Mario Junghans lud mich zu Vorträgen auf einer Pastoren- und Mitarbeitertagung in Curitiba ein.

Aber es gab noch eine weitere Einladung nach Brasilien, und die hatte mit meinen Liedern zu tun. In São Paulo gibt es Gemeinden, deren Mitglieder ihre Wurzeln in Deutschland haben, auch in anderen brasilianischen Städten und Ländern Südamerikas ist das der Fall. In der Regel sprechen in diesen Familien die Großeltern noch deutsch, die Eltern verstehen die Sprache noch, bei den Kindern ist das nur in Ausnahmen der Fall.

Ich wurde gefragt, ob ich bereit sei, in São Paulo eine Chorwoche mit meinen Liedern durchzuführen, Zielgruppe sollten deutschstämmige Christen sein. In einem abschließenden Gesangsgottesdienst sollten die Lieder dann vorgetragen werden. Ich war bereit. Edelgard wurde ebenfalls eingeladen: So flogen wir am 9. Juli 1996 nach São Paulo.

Es war sehr früh am Morgen und noch nicht ganz hell, als wir dort eintrafen. Mario und Telly Junghans holten uns vom Flughafen ab. Eine eigenartige Atmosphäre lag auf der Stadt. Unter den Brücken sahen wir Bretter und Kartons, in denen Menschen hausten, auch die ersten großen Favelas (Armenviertel) rückten in unseren Blick, ein dichtes Geflecht von Hütten auf engstem Raum an den Berghängen. Mario und Telly erzählten uns von der Kriminalität in der Stadt, und je länger wir unterwegs waren, desto dichter und aggressiver empfanden wir den Straßenverkehr. Zwar war er nicht so chaotisch wie in Manila, aber São Paulo mit seinen über 20 Millionen Einwohnern bildet den größte Ballungsraum in Lateinamerika, das wirkt sich selbstverständlich auch auf den Straßen aus.

Gleich am ersten Abend begannen wir mit dem Chor in der Gemeinde »Capela do Redentor« zu üben, ich hatte einen guten Übersetzer zur Seite, und das Singen mit den Christen aus mennonitischen, baptistischen und Freien evangelischen Gemeinden machte viel Spaß. Während dieser Zeit wohnten wir bei Klaus Rempel, der später Nachfolger von Mario Junghans als Präses des brasilianischen BFeG wurde. Bei ihm und seiner Frau Celina fühlten wir uns schnell zu Hause. Weder die beiden noch Mario und Telly Junghans kannten wir vorher, und doch spürten wir eine tiefe Verbundenheit. Das ist eine Erfahrung, die mich bei vielen Reisen immer wieder bewegt hat: Es gibt eine Verbundenheit des Volkes Gottes über alle nationalen Grenzen hinweg, die sich menschlich nicht wirklich erklären lässt.

An einem dieser Tage fuhren Mario und Telly mit uns an die Küste. São Paulo liegt in 800 Meter Höhe auf einem Hochplateau, die Straße schlängelt sich in vielen Serpentinen hinunter ans Meer. Wir überholten schwere Lastzüge mit qualmenden Bremsen, manchmal überholten sie auch uns. In einer Kurve hielt Mario plötzlich an und zeigte uns am Straßenrand Rückstände eines nächtlichen »Macumba«-Rituals. Auf dem Boden lagen Zigarren, Maismehl, Salz, eine Schnapsflasche, dazu Kerzen und Blumen. Macumba ist ein in Brasilien verbreiteter Okkultismus, in dem böse Geister, Hexen und Fetische eine Rolle spielen. Die Wurzeln liegen in Afrika, aber der Kult dringt mehr und mehr auch in die weiße Bevölkerung Brasiliens ein. Er richtet sich gegen Menschen, die man aus dem Weg räumen will: Nachbarn, Kollegen, auch Familienangehörige und besonders Christen. Mario erzählte uns Beispiele, die deutlich machten, wie real man diese Dinge nehmen muss. Aber sie zeigten auch, dass Jesus darüber längst Sieger ist, er ist der Herr aller Herren und der König aller Könige.

In São Paulo wurde uns zum ersten Mal so richtig bewusst, dass es weltweit gesehen keine Selbstverständlichkeit ist, in einem Rechtsstaat zu leben. Immer wieder begegnete uns in Gesprächen das Problem der Kriminalität und einer korrupten Polizei. Die Leute redeten nicht aus dritter oder vierter Hand davon, sondern viele verbanden persönliche Erfahrungen damit. Wenn wir abends in unser Stadtviertel zurückkamen, brannten an den Straßenecken kleine Feuer, an denen Männer privat organisierter Wachdienste saßen und sich wärmten. Obwohl die Fenster und Türen der meisten Häuser vergittert sind, haben viele Eigentümer Angst vor Dieben und Verbrechern. Nie haben wir erlebt, dass ein Autofahrer ausstieg, um seine Garage zu öffnen, jeder benutzte dazu einen Funkkontakt – nicht aus Bequemlichkeit, sondern weil das Aussteigen zu gefährlich war. Stand eine Ampel in der Stadt auf Rot, hörten wir die Verriegelung der Wagentüren klicken, denn viele Überfälle passieren während der Wartephase vor den Ampeln. Deshalb dürfen die Frauen am späten Abend und in der Nacht trotz roter Ampel weiterfahren. Celina, die einige Monate mit ihrem kleinen Sohn in Deutschland war, erzählte uns, das Schönste sei für ihn gewesen, allein nach draußen auf die Straße zu dürfen. In São Paulo ist das nur mit Begleitung Erwachsener möglich.

Am Sonntagmorgen vor unserem Gesangsgottesdienst wurde eine junge Missionarin überfallen. Der Räuber verlangte Geld von ihr, aber sie hatte nur das Geld für die Kollekte dabei und sagte es ihm: »Eigentlich war es für Gott gedacht, aber wenn du es wirklich brauchst, gebe ich es dir.« Mir wurde noch eine andere Geschichte in diesem Zusammenhang erzählt: Auf irgendeiner Straße in São Paulo wurde ein Mann überfallen. Der Straßenräuber verlangte aber nicht nur sein Geld, sondern auch seine Kleidung. Sein dreckiges Zeug ließ er liegen, und der Überfallene zog es notgedrungen an. Als er auf dem Weg zu seiner Wohnung in die Taschen der schmutzigen Klamotten griff, fand er dort nicht nur sein Geld, das der Straßenräuber ihm abgenommen hatte, sondern die komplette Beute des Tages.

Den zweiten Teil unseres Brasilienaufenthaltes verbrachten wir in Curitiba, einer Stadt mit 1,8 Millionen Einwohnern. Sie liegt ungefähr 400 Kilometer südlich von São Paulo, dort in der Nähe fand die Tagung mit Pastoren und Missionaren statt. Auf der langen Fahrt dorthin erzählten uns Mario und Telly viel über die Situation der Gemeinden in ihrem Land. Bereits 1955 reiste ein Ehepaar Möller aus der FeG Witten nach Brasilien und begann mit einer Gemeindegründungsarbeit und einer Krankenstation. Weitere Missionarinnen und Missionare schlossen sich an und begannen im Westen des Bundesstaates Paraná mit der Missionsarbeit. 1984 vereinigten sie sich mit einer deutschsprachigen Gemeinde in São Paulo zum brasilianischen Bund Freier evangelischer Gemeinden (CIELB). Heute gehören etwa 30 Gemeinden mit fast 3 000 Mitgliedern dazu.

In Curitiba wohnten wir bei Walter und Krista Feckinghaus. Beide kommen aus Deutschland und leben seit vielen Jahren als Missionare in Brasilien. Walter ist »Feldleiter« des brasilianischen Zweigs der Allianz-Mission, außerdem leitet er einen Verlag, der inzwischen die gesamte Wuppertaler Studienbibel und viele andere christliche Bücher in portugiesischer Sprache herausgebracht hat. Kaum waren wir bei Walter und Krista eingetroffen, da hörten wir schon von einem Überfall im Supermarkt nebenan.

Die Tagung mit der Missionarsgemeinschaft und den brasilianischen Pastoren tat nicht nur ihnen, sondern auch Edelgard und mir richtig gut. Dazu trug zweifellos die Mentalität der Brasilianer bei. Ihr Temperament und sprühendes Leben wirkten sich auch auf unsere Gemeinschaft aus. Von ihrem begeisternden Musizieren und Singen wurden wir geradezu angesteckt. Später übernahmen wir diese Impulse in unseren Herbsttagungen auf Langeoog. Heute ist das alles nichts Besonderes mehr, aber damals lief vieles bei uns noch sehr konventionell und traditionell ab.

Ich hatte auf der Tagung eine Vortragsreihe zum Thema »Leben in der Kraft des Heiligen Geistes« zu halten, viele Gespräche schlossen sich daran an. Nachts schliefen wir in der Wohnung der Familie Feckinghaus, denn von dort zum Tagungszentrum war es nicht weit. Aber es war empfindlich kalt. Manchmal zogen wir selbst im Haus über unsere Pullover noch unsere Jacken und Anoraks an. Das wirkte zwar nicht gerade gemütlich, war aber trotzdem sinnvoll. Während in Deutschland ein heißer Sommer herrschte, war es in Brasilien Winter. Der wird dort zwar nicht ganz so kalt wie bei uns (deshalb sind viele Häuser ohne Heizungen), aber doch kalt genug, um zu frieren.

Von Curitiba aus besuchten wir einen kleinen Ort namens »Blumenau«. Er klingt nicht nur deutsch, er sieht auch so aus. Hier war Claudio Ebert Pastor einer expandierenden Gemeinde, wir kannten uns vom »G!-Kongress«, auch er war einer unserer Redner dort. Vier Jahre lag das inzwischen zurück, und es war ein schönes Wiedersehen. Schaute man sich in Blumenau um, so fühlte man sich unmittelbar nach Bayern versetzt. Die Stadt wurde 1850 von deutschen Einwanderern gegründet, und ihr Stadtbild wird von altdeutschen Fachwerkhäusern geprägt – eingebettet in grüne Hügel und Berge. Vielleicht war es das, was Walter und mich auf der Rückfahrt zu einem Männerduett inspirierte. Unseren Frauen auf der Rückbank des Wagens zur Freude schmetterten wir: »Wenn wir erklimmen schwindelnde Höhen, eilen dem Gipfelkreuz zu, in unsern Herzen brennt eine Sehnsucht, die lässt uns nimmermehr in Ruh ...«

In der letzten Woche unseres Brasilienaufenthalts fuhren wir mit Walter Feckinghaus über 500 Kilometer in Richtung Westen. Toledo heißt die Stadt, in der die Allianz-Mission seit 1973 ein Kinderdorf unterhält, mit hervorragenden Förderprogrammen für Kinder aus sozial schwachen Familien. Für alle Altersgruppen wurden Einrichtungen geschaffen, die den Kindern helfen, ins Leben zu finden. Leider waren wir während der Ferienzeit dort, und die Häuser standen leer. Nur die FeG in Toledo feierte mit ihren Kindern ein großes Fest, und wir wurden schnell integriert.

Auch Toledo gehört noch zum Bundesstaat Paraná; wie ich bereits schrieb, begann hier im Westen die Missionsarbeit. Die Namen einiger Orte, die wir besuchten, waren mir seit vielen Jahren vertraut. In den Berichten des »Missionsboten« und in anderen Veröffentlichungen der Allianz-Mission hatte ich viele Male von ihnen gelesen, nun erlebte ich sie direkt vor Ort.

Was haben diese Reisen gebracht? Waren sie sinnvoll? Auch damals schon habe ich mir diese Fragen gestellt. Ja, sie ergaben Sinn. Und das ist auch heute trotz hervorragender Kommunikationsmittel noch so. Heute können wir zwar für ein Minimum der Kosten telefonieren, die damals für ein Auslandsgespräch zu zahlen waren. Mit Skype gelingt uns das sogar kostenfrei. Aber das alles ersetzt nicht die direkte Begegnung und das unmittelbare Gespräch vor Ort. In vielen meiner Berichte und Predigten schlugen sich Erfahrungen nieder, die ich bei meinen Reisen machte. Sie prägten auch mein Denken und meinen Lebensstil. Keine Frage: Reisen bildet! Außerdem kann die Erfahrung der Weite des Volkes Gottes vor frommer Engstirnigkeit bewahren.

Deshalb sollten junge Leute unbedingt die vielen Möglichkeiten zum Reisen nutzen, die sich ihnen heute bieten. Schüleraustausch, ein Auslandspraktikum, die Shorttermer-Programme, das alles sind hervorragende Möglichkeiten, um Einblicke in andere Kulturen und auch christliche Gemeinden und Kirchen zu gewinnen. Und wir Eltern und Großeltern sollten sie dabei unterstützen! Sie und wir alle brauchen auch in dieser Hinsicht einen weiten Horizont.

Und die Charismatiker gehören auch dazu!

Am 1. Juli 1996 trafen wir uns in Kassel, um eine gemeinsame Erklärung zwischen dem Bund Freikirchlicher Pfingstgemeinden (BFP) und der EA zu unterschreiben. Wir, das waren Ingolf Ellßel, Gottlob Ling, Gerhard Oertel und Richard Krüger vom BFP und Rolf Hille, Hartmut Steeb, Christoph Morgner und ich von der EA. Dieser »Kasseler Erklärung« waren eine Reihe von Gesprächen vorausgegangen. In unserer gemeinsamen Erklärung wurde die Glaubensgrundlage der EA von allen Beteiligten anerkannt. Außerdem bekannten sich die Unterzeichner zur vielfältigen Wirkung des Heiligen Geistes. Grundlegend dabei sollte die Bibel, das Wort Gottes sein. Und trotz unterschiedlicher Bewertung von spektakulären Erscheinungen, wie zum Beispiel Ruhen im Geist, Lachen im Geist, die Austreibung sogenannter »territorialer Geister«, waren sich die Unterzeichner einig, dass diese Dinge um des gemeinsamen Auftrags willen auf Allianzveranstaltungen keinen Raum finden sollten.

Das war übrigens seit jeher ein wichtiges Allianz-Prinzip, das für jede beteiligte Kirche gilt. Im Leitfaden für die Arbeit vor Ort heißt es dazu: »Wer in der Evangelischen Allianz mitarbeiten möchte, jedoch bestimmte dogmatische Aussagen oder eigene geistliche Erkenntnisse höher bewertet als das gemeinsame Bekenntnis zu Jesus Christus, wer solche Aussagen und Erkenntnisse werbend vertritt oder sie gar zum Maßstab der Beurteilung seiner Brüder und Schwestern macht, ist nicht allianzfähig.«

Aber meine Geschichte im Spannungsfeld zwischen Evangelikalen, Pfingstgemeinden und Charismatikern begann viel früher. Bevor ich 1991 als Präses meine Arbeit begann, hatte der Nachrichtendienst »idea« mit mir ein Interview geführt, es war als Vorstellung des zukünftigen Leiters des BFeG gedacht. Selbstverständlich wurde ich auch zu aktuellen Problemfeldern befragt, und dazu gehörte das Verhältnis zwischen der Charismatischen Bewegung und der EA. Der damalige »idea«-Redakteur Wolfgang Thielmann fragte mich, ob es meiner Meinung nach gelingen werde, die Charismatiker in den Strom der EA zu integrieren. Ich antwortete, nach meiner Erfahrung gingen die Spannungen nicht nur von den sogenannten Charismatikern aus, sondern auch von Anticharismatikern in unseren eigenen Reihen. Außerdem liege dieses Spannungsfeld weniger im theologischen Bereich als vielmehr in typisch charismatischen Frömmigkeitsformen, die für evangelikale und pietistische Christen oft fremd und ungewohnt sind. Verschärft werde die Situation allerdings auch, weil einige Charismatiker mit manchen Geistesgaben (wie Sprachenrede, Prophetie, Krankenheilung etc.) besondere Wertungen verbänden. Gemeinden und Gruppen, in denen der Gebrauch dieser Gaben nicht üblich sei, würden dadurch abqualifiziert.

Für Leser, die in der Materie nicht so zu Hause sind, sei hier nur kurz der Hintergrund skizziert: Zu Beginn des 20. Jahrhunderts kam von den USA über Norwegen eine Bewegung nach Deutschland, in der das Wirken des Heiligen Geistes und seine Gaben (1. Korinther 12) neu ins Bewusstsein der Gemeinden rückten, wovon vor allem die Gemeinschaftsbewegung betroffen war. Eine besondere Betonung lag dabei auf den Gaben der »Sprachenrede« (Zungenrede) und der Prophetie (1. Korinther 12,10). Doch nachdem es vor allem in Kassel im Juli 1907 zu Unruhen in Veranstaltungen kam, polarisierte sich die Situation zusehends. Die Auseinandersetzungen führten schließlich im September 1909 zur »Berliner Erklärung«, in der es unter anderem heißt: »Die sogenannte Pfingstbewegung ist nicht von oben, sondern von unten.« 56 meist führende Personen aus der Gemeinschaftsbewegung und aus den evangelischen Freikirchen unterschrieben sie, auch FeG-Prediger waren dabei (Otto Schopf, Eduard Wächter). Seitdem haben die Spannungen nie wirklich aufgehört.

In den 60er-Jahren kam dann die sogenannte Charismatische Bewegung auf, auch sie betonte besonders die Geistesgaben, führte aber kaum zu Gemeindegründungen, sondern verstand sich als Erneuerungsbewegung bestehender Kirchen. Das wiederum führte in den folgenden Jahrzehnten zu Spannungen vor allem im evangelikal-pietistischen Raum.

Ich hatte mich durchaus auch kritisch gegenüber Charismatikern geäußert – aber für einige Leute wohl nicht kritisch genug. Ein Mitglied und Ältester einer FeG schrieb daraufhin einen Brief an all unsere Pastoren und Verantwortungsträger im BFeG. Er warf mir eine gewisse Blauäugigkeit im Blick auf die Charismatische Bewegung vor. Im Gegensatz zu mir habe mein Vorgänger noch glasklar zum Ausdruck gebracht, dass der Kontakt zu pfingstlichen Charismatikern fast zwingend zu Auseinandersetzungen und Spaltungen führe. Diese Klarheit sei mit mir wohl verloren gegangen. Und mit einer gewissen Logik stellte er abschließend fest: Nach der Manila-Verbrüderung (bezogen auf Lausanne II 1989 in Manila) traue sich offenbar keiner mehr, gegen den Strom zu schwimmen. Und wie fast immer in solchen öffentlichen Briefen, wurde gleichzeitig noch ein weiteres Fass aufgemacht. Der Schreiber fragte die Empfänger seines Briefes: »Ist der Einbruch bibelfremden Denkens bei Br. Strauch auch in der Frage nach dem verantwortlichen Lehren und Leiten von Frauen als Ältestinnen und Pastorinnen schon gelungen?« Mal ganz abgesehen davon, dass ich in der Frage der »Pastorin« durchaus eine differenzierte Meinung habe – was hatte das eine mit dem anderen zu tun? Gegen solche Verdächtigungen lässt sich kaum etwas unternehmen. Am besten, man schweigt dazu.

In einem hatte der Briefschreiber allerdings recht: Positionen, die seit Jahrzehnten im pietistisch-evangelikalen Raum geklärt zu sein schienen, bewegten und veränderten sich. War die »pietistische« Geschichte in der ersten Hälfte des 20. Jahrhunderts noch stark von der »Berliner Erklärung« und ihrer Verurteilung der pfingstlich-charismatischen Bewegung geprägt, so kam es allmählich – zuerst in den Freikirchen, aber auch in der Gemeinschaftsbewegung – zu einer gewissen Öffnung ihr gegenüber. Auslöser waren Begegnungen auf internationalen Kongressen, neue charismatische Aufbrüche, aber zweifellos auch die immer stärker werdende säkulare Herausforderung. Sie erfordert, dass echte Christen zusammenstehen, trotz Lehrunterschieden in Bereichen, die nicht heilsentscheidend sind.

Von meinen Erfahrungen im internationalen Bereich habe ich bereits erzählt. Auch meine frühen Begegnungen mit der Jesus-Bewegung und einige Jahre später mit der Calvary-Chapel in Kalifornien trugen bei mir zu einer gewissen Offenheit bei. Andererseits hatte ich als Bundespfleger auch Auseinandersetzungen und Spaltungen wegen dieser Fragen erlebt. Gemeindemitglieder beriefen sich auf Erfahrungen mit dem Heiligen Geist und meinten, jeder geisterfüllte Christ müsse die gleichen Erfahrungen machen. Wer das anders sah, zu dem ging man auf Distanz. Nur sehr selten begegnete mir dabei allerdings die klassisch pfingstlerische Lehrauffassung vom zweiten Segen und der Zungenrede als Nachweis einer besonderen Geistestaufe. »Geistlicher Hochmut« war meiner Ansicht nach das Kernproblem, und ich fand ihn auf beiden Seiten, bei Charismatikern und Anticharismatikern.

In der Jugendzeitschrift »PUNKT« hatte uns das Thema bereits in den 70er-Jahren beschäftigt. Im Juni 1989 brachte Ulrich Eggers eine komplette Themennummer zu diesem Thema heraus, darin kamen Ekkehart Vetter (Christlicher Gemeinschaftsverband Mülheim), Keith Warrington (Jugend mit einer Mission), Andreas Malessa (EFG) und Jürgen Blunck (Evangelische Landeskirche) zu Wort. Ich hatte darin einen Artikel zum Thema »Geist von oben oder von unten?« geschrieben, der Untertitel lautete: »Persönliche Anmerkungen zur Frontbildung zwischen Charismatikern und Anticharismatikern«. Darin hatte ich mich nicht um Ausgewogenheit bemüht, sondern versucht, die Vielfalt eines »geistvollen« Lebens zu beschreiben und vor der Gefahr des Alleinvertretungsanspruchs einzelner Gruppen gewarnt.

1994/1995 kochte das Thema »Toronto-Segen« in Deutschland hoch. In einer Vineyard-Gemeinde am Flughafen von Toronto fielen seit einer Veranstaltungsreihe im Januar '94 Besucher scharenweise um und »ruhten im Geist«. So wenigstens bezeichneten es die Anhänger. Andere sahen darin eine gefährliche Verführung von unten. Und wieder andere glaubten an ein menschlich-psychisches Phänomen. Wie auch immer, die Vineyard-Airport-Gemeinde wurde damals so etwas wie ein Wallfahrtsort. Aus vielen Ländern reisten Christen dorthin und kehrten begeistert zurück, um andere mit ihrer Begeisterung anzustecken.

Als FeG-Bundesleitung gaben wir damals ein warnendes Wort heraus, es fand großen Zuspruch, aber auch Widerspruch. Manche erhofften sich endlich wieder »klare Verhältnisse«, andere betrachteten es als Rückfall in eine anticharismatische Zeit. Ein eher humorvolles Erlebnis aus jenen Tagen ist mir noch in Erinnerung. Erhard Michel wurde als neuer Leiter der Inland-Mission des BFeG eingeführt. Das geschah in der FeG Würzburg, wo er bis dahin Gemeindepastor war. Zur Einsegnung kamen er und seine Frau Ruth nach vorn, und wir beteten und erbaten den Segen Gottes für sie. Als ich für Ruth betete und ihr die Hände auflegte, fiel sie plötzlich um und blieb zunächst liegen. Es wurde unruhig im Saal, einige Frauen kamen nach vorn und halfen ihr wieder auf die Beine. Doch ich war sehr erschrocken und betete: »Herr, muss das jetzt sein?« Ich glaubte ernsthaft, der »Toronto-Segen« sei jetzt auch bei uns ausgebrochen. Aber es klärte sich schnell, dass Ruth beim langen Knien oft Probleme hatte. Ihr Mann und ihre Freunde kannten das schon.

Offen gesagt, war ich im Blick auf den »Toronto-Segen« weder auf der einen noch auf der anderen Seite. Man mag das »orientierungslos«, vielleicht sogar »verantwortungslos« nennen, aber ich vertrat eher einen unaufgeregten Umgang damit. Schon John Wesley berichtete in seinen Tagebüchern von ähnlichen Phänomenen. Menschen fielen um, gerieten in Zuckungen oder begannen laut zu schreien. Das ging Wesley gründlich gegen den Strich, und doch bemerkte er, dass diese Menschen, nachdem für sie gebetet worden war, ohne Schaden daraus hervorgingen, manche von ihnen sogar im positiven Sinn verändert waren. Wesley beschloss, ein wachsames Auge auf Simulanten zu haben, aber gleichzeitig solche Erscheinungen weder zu suchen noch zu verhindern. Er schreibt:»Von jetzt an hoffe ich, werden wir alle dulden, dass Gott sein Werk auf die Weise vorantreibt, wie es ihm gefällt.«

Am 25. November 1756 notierte Wesley in sein Tagebuch:»Die Gefahr bestand, dass außergewöhnliche Umstände zu viel Beachtung fanden, wie zum Beispiel lautes Schreien, Zuckungen, Visionen, Verzückung, als ob diese Dinge für die Arbeit des Herrn notwendig gewesen wären. Vielleicht läuft man auch Gefahr, so etwas gar nicht oder zu wenig zu beachten, sogar all das zu verdammen oder die Menschen zu verurteilen, dass nichts vom Geist Gottes in ihnen wohne und sie ein Hindernis in der Arbeit des Herrn seien. Die Wahrheit sieht so aus: Erstens: Gott überzeugte viele Menschen plötzlich und so sehr von ihren Sünden, dass die natürliche Folge davon Schreie und starke körperliche Zuckungen waren. Zweitens: Um die Gläubigen zu stärken und zu ermutigen und sein Wirken öffentlich kundzutun, hatten viel dieser Menschen Träume, die sich bewahrheiteten. Drittens: In einigen Fällen wurde später die Gnade Gottes mit dem menschlichen Geist vermischt. Viertens: Satan ahmt oftmals das Wirken Gottes nach, um die ganze Arbeit des Herrn herabzuwürdigen.«[33] Das scheint mir ein weises und heute noch aktuelles Fazit zu sein.

Ein AUFATMEN-Gespräch

1996 veröffentlichte Ulrich Eggers in der Zeitschrift »AUFATMEN« ein Gespräch zwischen Walter Heidenreich und mir. Walter ist Gründer und Leiter des »Wiedenhofs«, einer charismatisch ausgerichteten »Freien Christlichen Jugendgemeinschaft« (FCJG) in Lüdenscheid. Ulrich befragte uns zu Begriffen wie Charismatiker, Evangelikale, Erneuerung, Uneinigkeit und mangelnde Intimität mit Gott. Das Gespräch wurde mit Fotos groß aufgemacht und erregte öffentliches Interesse.

Offen gesagt, ging es mir bei dem Gespräch nicht um Versöhnung, ich denke, auch Walter Heidenreich ging es nicht darum – wir lagen ja nicht miteinander im Streit. Vielmehr sollte das Gespräch zur Transparenz einer Beziehung beitragen, in der beide Seiten wissen: Wir gehören zu Jesus und sind »Brüder«, trotz unterschiedlicher theologischer Erkenntnisse und Schwerpunkte. Mein Eindruck war, dass mindestens in meinem eher pietistisch geprägten Umfeld viele Christen mit einseitigen Bildern von Charismatikern lebten. Zum Teil waren diese Bilder undeutlich, verzerrt oder auch völlig falsch, manchmal aber auch zutreffend und beachtenswert. So etwas lässt sich am besten in einer ehrlichen Begegnung klären, bei der man sich in die Augen schaut, miteinander redet, aufeinander hört, Unterschiede nicht verschweigt und andere daran teilnehmen lässt. Für eine solche Begegnung sollte unser Gespräch beispielhaft sein.

Dann also folgte im Juli 1996 die gemeinsame Erklärung zwischen dem BFP und der EA. Selbstverständlich rief sie Kritik hervor, auch bei Christen, die mir nahestanden. Andere waren darüber hocherfreut und meinten, nun sei endlich ein jahrzehntelanger Graben überwunden. Ich bin überzeugt, dass diese Vereinbarung und öffentliche Erklärung richtig war. Es gibt nur eine ernst zu nehmende Trennungslinie, und die entscheidet sich allein an dem Bekenntnis zu Jesus Christus, dem menschgewordenen Sohn Gottes, der am Kreuz für die Sünde der Welt gestorben ist und am dritten Tag von den Toten auferstand. Wer an ihn glaubt, der gehört zum Volk Gottes. Johannes schreibt in seinem ersten Brief: »Ein jeder Geist, der bekennt, dass Jesus Christus in das Fleisch gekommen ist, der ist von Gott; und ein jeder, der Jesus nicht bekennt, der ist nicht von Gott« (1. Johannes 4,2-3).

Allerdings unterscheide ich zwischen EA und der eigenen Gemeinde, in der wir verbindlich leben und geistlich zu Hause sind. Die Allianz ist ein loser Dachverband, in der sich alle wahren Christen zusammenfinden, da ist große Vielfalt angesagt. Aber eine Ortsgemeinde oder Kirche muss und kann nicht alles verkörpern, was im weltweiten Volk Gottes zu finden ist. Sie hat ihr eigenes Profil, und das macht sich in der Regel an ihrem Bibel- und Gemeindeverständnis fest, aber auch an ihrer Berufungsgeschichte. Bezogen auf unser Thema heißt das: Nicht jede pietistisch-evangelikale Gemeinde muss eine charismatische Ausprägung haben, genauso wenig wie eine Pfingstgemeinde typisch evangelikal sein muss! Wer zum Beispiel in einer FeG lebt, aber auf die öffentliche Sprachenrede und Prophetie nicht verzichten will, dem rate ich hin und wieder, sich einer anderen Gemeinde anzuschließen. Damit rede ich nicht einer engen Festlegung auf die eigene Gemeindetradition das Wort, bin aber überzeugt, dass der Leib Christi eben viel größer als die eigene Gemeinde ist. Sie kann und muss nicht die Fülle des Leibes Christi in all seinen Facetten widerspiegeln.

Was ich allerdings nie verstanden habe, ist der Antrag auf Rücknahme der »Berliner Erklärung« von 1909. Sie ist ein historisches Dokument, für ungültig erklären lässt sie sich meiner Ansicht nach nicht. Das ist schon deshalb nicht möglich, weil wir nicht die Verfasser dieses Dokumentes sind. Wir leben nicht in ihrer Situation und können letztlich heute nicht nachvollziehen, was sie damals zu dieser Erklärung veranlasst hat.

Stattdessen haben wir allerdings heute zu entscheiden, welchen Weg wir als Gemeinde in diesem Spannungsfeld zu gehen haben. Und genau das ist mit der »Kasseler Erklärung« von 1996 geschehen.

Abschließend halte ich fest, was mir selbst vor vielen Jahren in

Sasel beim Lesen der Bibel dazu wichtig wurde. Hier meine Notizen:

- Der Heilige Geist ist jedem an Christus Glaubenden zugesagt (Johannes 7,38-39; 1. Korinther 12,13), es gibt kein wahres Christsein ohne ihn (Römer 8,9).
- Der Empfang des Heiligen Geistes macht sich an der Umkehr zu Jesus Christus und an der Taufe fest. Wer sich zu ihm bekehrt und sich auf seinen Namen taufen lässt, der empfängt Gottes Geist (Apostelgeschichte 2,38).
- Als Christ muss ich also nicht mehr fragen: »Habe ich Gottes Geist?«, sondern vielmehr: »Hat der Geist Gottes mich?« Wer eigensüchtig lebt und dem Wort Gottes nicht gehorsam ist, der betrübt den Heiligen Geist (Epheser 4,30) und löscht ihn vielleicht sogar aus (1. Thessalonicher 5,19).
- Mein Leben ist ein Tempel (Wohnung) des Heiligen Geistes (2. Korinther 6,16), meine Verantwortung besteht darin, dass dieser Tempel sauber ist und der Geist Gottes ihn ganz füllen kann (Epheser 5,19). Das geschieht durch Schuldbekenntnis (1. Johannes 1,9) und Hingabe (Römer 12,1).
- Ich will für jede Gabe (Charisma) des Heiligen Geistes offen sein, habe es aber ihm zu überlassen, welche Gaben (Charismata) er mir anvertraut (1. Korinther 12,11).
- Grundsätzlich gilt: Die Gaben des Heiligen Geistes sind zum Gebrauch bestimmt und keine Deko für das Schaufenster! Ich soll mit ihnen dienen und nicht prahlen (1. Petrus 4,10).

Ich habe mich oft gefragt, wieso sich mit dem Leben im Heiligen Geist und dem Gebrauch seiner Gaben so viele Spannungen verknüpfen. Häufig lähmen sie eine Gemeinde über viele Jahre und führen auch zu Gemeindespaltungen (ich weiß, wovon ich rede). Es ist hier nicht der Platz, darauf im Einzelnen einzugehen. Aber es gibt nach meiner Erfahrung Gefahrenzonen, auf die wir besonders zu achten haben:

1. Wir sollten uns darauf einstellen, dass ein vom Heiligen Geist gewirkter Aufbruch selten in den uns vertrauten Bahnen verläuft. Fast immer haben Erweckungen auch eine überraschende Seite, wir können uns nicht aussuchen und schon gar nicht bestimmen, wie sie zu geschehen haben.

2. Wir lehnen das Überraschende und Ungewohnte meist allzu schnell als »unbiblisch« ab. Nach meiner Erfahrung wird der Begriff »unbiblisch« oft als Synonym für »ungewohnt« gebraucht. Je älter eine Gemeinde ist, desto mehr vermischen sich die beiden Begriffe. Deshalb haben gerade langjährige Christen immer wieder nachzuschlagen, was dazu wirklich in der Bibel steht (Apostelgeschichte 17,11).

3. Fast alles Neue in der Gemeinde stößt zunächst auf Widerstand. Mitarbeiterinnen und Mitarbeiter, die in großer Treue gearbeitet haben, fühlen sich angegriffen und ihre bisherige Arbeit abqualifiziert. Deshalb ist ein liebevoller, einfühlsamer Umgang mit ihnen wichtig. Allerdings sollten wir die neuen und notwendigen Schritte gehen und uns nicht aufhalten lassen – dabei aber Wertschätzung für das Gewordene zeigen und es auch aussprechen.

Von Leitbildern und Zielvorgaben

Von meinem Naturell her bin ich eher ein impulsiver, emotionaler und nicht sehr strukturierter Typ. Oft habe ich mit spontanen Einfällen zu tun, die meine langfristigen Planungen gefährden. Es ist ein großes Geschenk, dass meine Frau eine ausgeglichenere Persönlichkeit ist. Nach dem DISG-Modell ist sie der »stetige« Typ und ich eher der »initiative« – mit allen Licht- und Schattenseiten. Was habe ich nicht alles an Zeitplantechniken erprobt! Die Ratgeber von Lothar J. Seiwert über Time-Management und Life-Leadership habe ich (fast) alle gelesen. Auch sämtliche Titel von

Jörg Knoblauch kenne ich, die Zeit- und Lebensplanung nach seinem »tempus«-System ist mir bestens vertraut. Für die Ringbücher und Jahresinhalte von »Time/system« habe ich eine Menge Geld ausgegeben. Aber bei allem musste ich lernen: Nicht das System ist der Schlüssel zum Erfolg, schon gar nicht das in Leder gebundene Time Management, sondern seine Anwendung.

Zu meiner Geschichte gehört allerdings auch, dass mir schon früh die Bedeutung von programmatischen Worten und Leitbildern wichtig wurde, vielleicht gerade weil ich hier mein Defizit sah. So sollte mein erstes »Wort des Präses« auf dem Bundestag 1991 ein programmatisches Wort sein. Ihm war ein persönlicher Prozess vorausgegangen. Als meine Berufung als Präses feststand, hatte ich mir die Frage gestellt: Worauf kommt es in einem Bund von Gemeinden wirklich an? Konkreter: Was brauchen wir jetzt als Bund Freier evangelischer Gemeinden? Und persönlicher: Wofür möchtest du dich als Präses mit all deinen Gaben und Möglichkeiten einsetzen? Vier Bilder schälten sich dabei heraus:

Erstens: Ich sah eine missionarische Gemeinde vor mir. Sie sollte nicht zuerst aktionsorientiert, sondern in ihrem Lebensstil missionarisch sein. Je älter eine Gemeinde wird, desto größer die Gefahr, dass sie zum Selbstzweck wird, abgeschottet in einem frommen Kokon.

Zweitens: Ich sah eine liebevolle Gemeinde vor mir. Die Sehnsucht danach war aufgrund meiner Erfahrung als Bundespfleger gewachsen. Mehr und mehr hatte ich den Eindruck, dass Misstrauen, Rivalität und Parteilichkeit nicht die Ausnahmesituation, sondern weit mehr unter uns verbreitet sind, als wir zugeben. Oft sind sie allerdings fromm getarnt und treten erst dann hervor, wenn eine Gemeinschaft von Christen in eine Belastungsprobe gerät.

Drittens: Ich sah eine gehorsame Gemeinde vor mir. Wir wissen so viel und sind stolz darauf, aber wir tun nicht, was wir wissen. Nach Bonhoeffer sollen wir nicht nur eine an Jesus glaubende, sondern auch eine ihm nachfolgende Gemeinde sein. Glaube und Gehorsam gehören nach Bonhoeffers Worten untrennbar zusammen.

Viertens: Ich sah eine kraftvolle Gemeinde vor mir, kraftvoll nicht aufgrund ihrer Größe, ihres Geldes, nicht einmal ihrer Fähigkeiten, sondern durch den Heiligen Geist. Unsere berechtigte Abwehr einer überzogenen Charismatik darf nicht dazu führen, zur Kraft und zu den Gaben des Heiligen Geistes auf Distanz zu gehen.

Aus diesen Bildern wurden dann vier Arbeitsschwerpunkte, die ich am 14. September 1991 den Gemeindedelegierten des Bundestages vor Augen malte. Überschrieben hatte ich sie mit der Zuspitzung »Worauf es ankommt«.

Nun war mir selbstverständlich klar: Sollten daraus wirklich Arbeitsschwerpunkte im BFeG werden, dann reichten sie als persönlich vorgetragene Schwerpunkte nicht aus. Es musste etwas Gemeinsames daraus werden, vor allem als Bundesleitung mussten wir dahinterstehen und sie zu unserem Ziel erklären. Im März 1992 trafen wir uns zu unserer nächsten Gebets- und Arbeitsklausur auf der Insel Langeoog und setzten diese vier Gemeindebilder auf die Tagesordnung. Dort trugen wir gemeinsam zusammen, was uns dazu wichtig schien, und konkretisierten, was ich bisher nur sehr allgemein formuliert hatte. Außerdem setzten wir eine kleine Gruppe ein, die daran weiterarbeitete. Glücklich über dieses Ergebnis, fuhr ich von der Insel zurück, voller Hoffnung, dass uns das als Bundesgemeinschaft wirklich weiterbringen würde.

In der kritischen Rückschau wird mir klar: Wir hätten kontinuierlicher und vor allem konsequenter daran weiterarbeiten müssen. Wir hatten die Referenten unseres Bundes zu wenig einbezogen, sie haben ja für ihre Bereiche eigene Arbeitsgruppen, die wiederum eigene Ziele und Schwerpunkte entwickeln. Auch die Leiter der Bundeswerke hätten dazugehört, ebenso die Dozentenschaft unseres Theologischen Seminars. Später haben wir das nachgeholt. Manchmal wurde mir von Firmenleitern und Unternehmern gesagt, eine straffere Führung des BFeG sei wichtig, verbindliche Vorgaben und klare Regelungen. Mag sein, dass sie recht hatten, und trotzdem stehe ich ihren Tipps auch kritisch gegenüber. Da mag es viel Vergleichbares geben, aber der BFeG ist eben keine Firma. Er baut sich anders auf und hat in seinen Arbeitszweigen eine Eigendynamik, die sich nicht ohne Weiteres durch ein »Machtwort« einfangen und auf ein Ziel ausrichten lässt. Um zu lernen, wie es gehen könnte, habe ich sowohl im BFeG als auch in der EA Fachleute erlebt, die wir bewusst hinzugezogen hatten, um von ihnen zu lernen. Keine Frage, wir haben auch von ihnen gelernt, aber den Schlüssel, wie es gemacht wird, bekamen wir auch von ihnen nicht.

Wie auch immer, die vier Bilder wurden schließlich zu Arbeitsschwerpunkten und flossen in ein Impulspapier zur Jahrtausendwende ein. Alle Gemeinden bekamen sie im Winter 1998 zugeschickt, nachdem wir sie bereits auf den Herbsttagungen ca. 700 Mitarbeiterinnen und Mitarbeitern vorgestellt hatten. Wir forderten die Gemeinden zu Rückmeldungen auf, über 100 machten davon Gebrauch. Und nachdem wir sie durchgesehen und sinnvolle Korrekturen und Ergänzungen eingearbeitet hatten, war es dann beim Bundestag am 11. September 1999 in Essen so weit: Am Vormittag führte ich die Anwesenden in die vier Punkte ein, am Nachmittag wurde in Gruppen darüber beraten. Die Gruppen hatten wir diesmal nicht geografisch nach Bundeskreisen aufgeteilt, sondern nach den Arbeitszweigen des Bundes, das heißt von den Kindern bis zur Seniorenarbeit wurde überlegt und geplant, wie diese Impulse aufgegriffen und im eigenen Bereich umgesetzt werden können. Die vier Schwerpunkte hatten wir allerdings umgestellt und auch ein wenig anders formuliert. Jetzt lauteten sie:

- Leben in der Kraft unseres Herrn Jesus Christus.
- Leben in der Liebe unseres Herrn Jesus Christus.
- Leben in der Nachfolge unseres Herrn Jesus Christus.

- Leben in der Sendung unseres Herrn Jesus Christus.

Es gab eine längere und eine kürzere Fassung. Auf der längeren wurden zu jedem der vier Schwerpunkte die entsprechenden Bibelverse genannt, außerdem eine ganze Palette von praktischen Vorschlägen. Auf der Kurzfassung standen die vier Punkte in Form einer persönlichen Verpflichtung:

- Weil ich erkannt habe, dass ich nicht aus eigener Kraft geistliche Frucht bringen kann, will ich mein Leben in der Gemeinschaft mit Jesus Christus und unter der Leitung des Heiligen Geistes führen.
- Weil ich erkannt habe, dass die Liebe Gottes Grundlage meines Lebens ist, will ich meine Beziehungen innerhalb und außerhalb der Gemeinde so gestalten, dass sie von seiner Liebe bestimmt werden.
- Weil ich erkannt habe, dass zum Leben mit Jesus Christus untrennbar der Gehorsam ihm gegenüber gehört, will ich mein privates und öffentliches Leben nach seinem Willen ausrichten.
- Weil ich erkannt habe, dass wir immer und überall von Christus in die Welt gesandte Gemeinde sind, will ich im persönlichen und im gemeinsamen Leben mit meinen Schwestern und Brüdern das Evangelium durch Wort und Tat weitergeben.

Der Bundestag im September 1999 hatte nicht nur mit der unmittelbar vor der Tür stehenden Jahrtausendwende zu tun, er war auch Teil einer großen Jubiläumskonferenz zum 125-jährigen Bestehen des BFeG. Sie fand unter dem Titel »Weitergehen« in der Essener Grugahalle statt. Dem Bundestag war am Freitag ein Eröffnungsabend mit einem historischen Rückblick und einer Abendmahlsfeier vorausgegangen, »Herrnmahl« heißt das im BFeG. Am Samstagabend folgte dann eine große Geburtstagsfete, bei der Ulrich Parzany unser Gastredner war. Unvergesslich ist mir ein Programmpunkt, bei dem Arthur Nagel und Hans Diebel ein virtuelles Gespräch miteinander führten. Arthur Nagel war Pastor in Köln und mein Vorgänger in der Bundesjugendarbeit, Hans Diebel viele Jahre Gemeindeältester in der FeG Bonn und Vorsitzender des Finanzausschusses. Vor allem waren die beiden Freunde und traten in dem Gespräch als »alte Brüder« auf, die sich über vergangene Zeiten in den FeGs unterhielten, »als die Welt noch in Ordnung war«.

Jahrtausendwende

Auch wenn es nicht mehr als eine Zahl zu sein scheint, eine Jahrtausendwende nimmt man nicht so einfach hin, dafür kommt sie viel zu selten vor. Stattdessen bietet sie eine gute Gelegenheit, grundsätzliche Fragen des Lebens zu durchdenken: Wo komme ich her? Wo gehe ich hin? Was muss ich tun, um das Ziel zu erreichen? Diese Fragen gelten auch für einen Gemeindebund.

Es ist eine merkwürdige Sache mit Tages-, Monats- und Jahreszahlen, manchmal gewinnt man den Eindruck, dass sich mit einem Datum eine besondere Bedeutung verknüpft. Das geht mir so mit dem 9. November. Ist es nicht eigenartig, welche Bedeutung dieses Datum in unserer deutschen Geschichte hat?

Am *9. November 1848* wurde der Abgeordnete Robert Blum in Wien erschossen. Ich weiß fast nichts über ihn, und doch ist er mir vertraut. Denn wenn meine Mutter uns darauf aufmerksam machen wollte, dass sie müde und abgespannt war, dann pflegte sie zu sagen: »Ich bin erschossen wie Robert Blum.«

Am *9. November 1918* rief der Sozialdemokrat Philipp Scheidemann vom Fenster des Reichstages die erste deutsche Republik aus, nachdem Wilhelm II. abgedankt hatte. Er kam damit Karl Liebknecht zuvor, der zwei Stunden später die »Freie sozialistische Republik Deutschland« proklamierte und zur Weltrevolution aufrief.

Am *9. November 1923* marschierte Hitler mit General Ludendorff zur Feldherrnhalle in München. Doch der Putsch scheiterte. Zehn Jahre später kam Hitler an die Macht und erklärte den 9. November zum Gedenk- und Feiertag.

Am *9. November 1938* wurden in der sogenannten »Reichskristallnacht« in Deutschland Synagogen in Brand gesteckt, jüdische Geschäfte geplündert und jüdische Menschen schikaniert. Es war der Beginn einer unbeschreiblichen Verfolgung des jüdischen Volkes. Sechs Millionen Juden wurden unter der nationalsozialistischen Herrschaft ermordet.

Am *9. November 1989* fiel die Berliner Mauer, nachdem Günter Schabowski auf die Frage, wann die neue Reiseregelung in Kraft trete, ein wenig stockend antwortete: »Ab sofort.«

Nun also lag der 1.1.2000 vor uns, und je näher er rückte, desto mehr Voraussagen verknüpften sich damit. Der Begriff »Millennium« wurde 1999 zum Wort des Jahres erklärt, es verband sich viel Geheimnisvolles damit, Endzeitapostel hatten Hochkonjunktur. Ernster zu nehmen waren die Sorgen der Computerindustrie, ganze Katastrophenszenarien wurden vorausgesagt. Wir feierten mit unseren Nachbarn, Dieter und Irmtraud Happel, den Übergang ins neue Jahrtausend, und ich erinnere mich, dass ich kurz nach Mitternacht Dieter, der damals noch Leiter der Spar- und Kreditbank (SKB) war, in sein Büro begleitete. Er wollte nachsehen, ob die Computer erwartungsgemäß auf die neue Zeit umgestiegen waren.

Auch ich stellte mich Monate zuvor in Vorträgen und Predigten auf das neue Jahrtausend ein. Leider habe ich irgendwann einmal fast alle meine Predigtmanuskripte entsorgt, ich hatte den Eindruck, es sei gut für mich, wenn ich nicht mehr darauf zurückgreifen könne (heute bin ich nicht mehr ganz so sicher, ob das richtig war). Deshalb kann ich nicht mehr nachsehen, was genau ich damals gepredigt habe, denn meine Predigten schreibe ich immer noch mit der Hand und nicht auf dem PC.

Aber Zeitanalysen haben mich schon immer interessiert, auch sie machen in meinem Bücherschrank einen besonderen Schwerpunkt aus. Da finden sich Bücher von John Naisbitt, Matthias Horx und Horst W. Opaschowski. Auch der dicke Wälzer »Global 2000« ist dabei. Der amerikanische Präsident Jimmy Carter gab diese Umweltstudie 1977 in Auftrag, um mehr über die Umweltbedingungen beim Einstieg ins dritte Jahrtausend zu erfahren. Fast 1 500 Seiten umfasst das Buch, vor einigen Monaten habe ich noch einmal nachgeschaut, was von den damaligen Prognosen eingetroffen ist.

Ein Buch, das mich vor der Jahrtausendwende ganz besonders beschäftigt hat, wurde mir von einem Freund geschenkt. Sein zunächst unverständlicher Titel lautet: »Der sechste Kondratieff«. Autor ist Leo A. Nefiodow, damals Berater des Bundesministeriums für Forschung und Technologie und Vertreter der sogenannten »langen Wellen«. Mit den »langen Wellen« sind Innovationsschübe gemeint, die in der Vergangenheit durch bahnbrechende Erfindungen (Dampfmaschine, Stahlindustrie, Elektrotechnik und Informationstechnik) ausgelöst wurden und danach für eine gewisse Zeit das Leben der Menschen bestimmten. Nefiodow ist überzeugt, dass sich damit ein Stück Zukunft prognostizieren lässt, vorausgesetzt, man erkennt den nächsten »Kondratieff«. Und nach allen Anzeichen, die er Ende der Neunziger sah, prognostizierte er das Thema »Gesundheit« als bevorstehende »lange Welle«. Dabei verstand er »Gesundheit« ganzheitlich: physisch, psychisch, sozial, ökologisch und spirituell. Nefiodow war überzeugt, dass seelische und soziale Störungen und Erkrankungen (Angst, Mobbing, Aggressionen, Frust, Drogen, Kriminalität usw.) eine Gesundung im psychosozialen Bereich erforderlich machen. Und dann beschreibt Leo Nefiodow in seinem Buch über Seiten hinweg den christlichen Glauben als die Antwort darauf. Im O-Ton klingt das so: »Glaube gibt Geborgenheit in der Welt, weckt Vertrauen in die Zukunft, schafft verlässliche Brücken zwischen Menschen, stabilisiert die sozialen Beziehungen und Institutionen der Gesellschaft. (…) Es ist eine empirisch erwiesene Tatsache, dass Tugenden wie Ehrlichkeit, Hilfsbereitschaft, Rücksichtnahme und Selbstbeschränkung bei aktiven Christen wesentlich häufiger anzutreffen sind als bei Atheisten.«

Inzwischen schreiben wir das Jahr 2015. Hat Nefiodow mit seiner Prognose recht gehabt? Die Themen Gesundheit und Spiritualität erleben zwar eine Hochkonjunktur, aber leider viel zu wenig die befreiende Kraft des Evangeliums. Vielleicht liegt es an uns Christen, die wir so wenig davon zeigen. Es ist eine bedrückende Erkenntnis: Wenn unsere Zeitgenossen an ein befreites und erfülltes Leben denken, suchen sie es vermutlich nicht zuerst bei uns.

Das alles floss während der Jahre 1999 und 2000 in meine Vorträge und Predigten ein, wobei mir wichtig war, dass die Zukunftsschau der Bibel im Zentrum blieb. Ich las also die Zeitanalysen und Zeitprognosen und betrachtete sie im Licht der Heiligen Schrift. Daraus wollte ich dann für mich und andere erkennen, was davon auf unsere Tagesordnung gehört. Nach meiner Überzeugung ist auch das gemeint, wenn Paulus uns in Römer 13,11 auffordert, die Zeit zu erkennen und endlich aufzustehen vom Schlaf. Das Wort »Zeit« ist hier mit »Kairos« wiedergegeben – im Unterschied zu »Chronos«, der laufenden Zeit. Hier wird also der konkrete Zeitpunkt angesprochen und die Herausforderung, die sich daraus ergibt. Mit anderen Worten: Schaut mit wachen Augen und Sinnen auf die aktuelle Zeit! Analysiert sie, kapiert sie und begreift, worauf es jetzt ankommt! Paulus setzt den Vers mit der Aufforderung fort: »Die Stunde ist da, aufzustehen vom Schlaf! Denn das Heil rückt unaufhörlich näher.« Ganz gewiss war dieser Weckruf nicht nur bei der Jahrtausendwende aktuell, er gilt uns auch jetzt.

Wie ein älterer Bruder

Am Spätnachmittag des 17. Februar 2000 war ich auf dem Rückweg von Stuttgart nach Witten, als unterwegs mein Handy klingelte. Ich konnte nicht gleich reagieren und hörte erst wenige Minuten später die Nachricht von Matthias Knöppel auf meinem Anrufbeantworter. Er teilte mir mit, dass mein Cousin Hans-Hermann Dürhager gestorben sei. Matthias war der Pastor der FeG Ronsdorf.

Ich war geschockt und konnte es erst gar nicht begreifen. »Hansel«, mit dem ich Zeit meines Lebens zusammen war, der mich seit frühester Kindheit begleitete, den sollte es plötzlich nicht mehr geben? Erschüttert kam ich zu Hause an, Edelgard wusste schon Bescheid. Ich sprach mit Matthias, um mehr zu erfahren, und rief dann meine Tante an. Stockend erzählte sie mir Einzelheiten. Es war in der Firma passiert, Hansel arbeitete als Fahrer bei einem Busunternehmen. Als sie versucht hatte, ihn über Handy zu erreichen, hatte er den Anruf nicht angenommen, sie hatte es immer wieder versucht. Schließlich fand man ihn tot unter der Hebebühne. Vermutlich war das ständige Klingeln des Handys für die Kollegen der Grund, nach ihm zu sehen. Ich rief die Schwester von Hansels Mutter an, meine Tante Lisa, die in Wetter wohnte. Auch sie konnte es nicht fassen, dass es ihren Neffen plötzlich nicht mehr geben sollte. Edelgard und ich vereinbarten mit ihr, sie abzuholen und noch am selben Abend nach Ronsdorf zu fahren.

Meine Tante Magdalene war ganz aufgelöst. Hans-Hermann war ja ihr einziger Sohn, ihr Mann war schon vor vielen Jahren gestorben. Im ersten Teil dieses Buches habe ich bereits erzählt, dass sie für mich wie eine zweite Mutter war und Hansel wie ein älterer Bruder. Nun saß sie da, fassungslos in ihrer Trauer, und fragte, weshalb nicht sie, sondern ihr Sohn gestorben sei.

Vor wenigen Wochen, bei meinem Geburtstag im Januar, hatten wir noch ein gutes Gespräch miteinander gehabt. Es ging um das freie Beten. Auslöser war die Allianzgebetswoche, Hansel und seine Mutter hatten Probleme damit. Sie hatten den Eindruck, wer sich am freien Gebet nicht beteilige, sei kein »vollwertiger« Christ. Hans-Hermann hatte ein gutes Verhältnis zu Matthias Knöppel, aber gemeindlich tat er sich eher schwer mit unserer Frömmigkeit. So hatte er sich vor einigen Jahren der Reformierten Kirchengemeinde angeschlossen. Zu dem dortigen Pfarrerehepaar war eine Freundschaft entstanden. Bei unserem Gespräch sagte ich den beiden, auf das frei formulierte öffentliche Beten komme es nicht an. Für Gott sei nur wichtig, dass unser Gebet echt und ehrlich sei. Ich erinnerte an das Wort, das Jesus in der Bergpredigt sagt: »Wenn du aber betest, so gehe in dein Kämmerlein und schließe die Tür zu und bete zu deinem Vater, der im Verborgenen ist« (Matthäus 6,6a).

Am 24. Februar 2000 wurde mein Cousin Hansel dann auf dem Ronsdorfer Friedhof beerdigt. Es war der Wunsch seiner Mutter, dass der Pfarrer der Reformierten Gemeinde und ich diesen Dienst gemeinsam übernahmen, ich sollte predigen und er die Beisetzung übernehmen. Mein Predigttext war Hansels Konfirmationsspruch: »Dein Wort ist meines Fußes Leuchte und ein Licht auf meinem Wege« (Psalm 119,105).

1996 hatten wir noch eine gemeinsame Reise unternommen, für die ich rückblickend besonders dankbar bin. Gemeinsam flogen wir für eine knappe Woche in die USA. Auch dazu war der Auslöser ein Gespräch am Geburtstag im Januar. Ich hatte erzählt, dass ich Ende des Monats zu einer Sitzung des IFFEC nach Washington müsse, und Hansels Mutter war es, die meinte, ihr Sohn könne doch mitfliegen, so hätten wir mal wieder ausgiebig Zeit füreinander. Gesagt, getan. Zwei Wochen später trafen wir uns am Düsseldorfer Flughafen und flogen gemeinsam über den großen Teich nach Washington.

Wir beide genossen das Zusammensein außerordentlich. Um ein wenig mehr Zeit zu haben, hatten wir uns bereits einige Tage vor meiner IFFEC-Sitzung auf den Weg gemacht. So wanderten wir in klirrender Kälte vom Kapitol bis zum Lincoln Memorial und fuhren auch für einen Tag mit dem Zug nach New York. Und da wir beide mit großer Begeisterung fotografieren und filmen, genossen wir es, dass uns dabei niemand zur Eile antrieb. Vom Empire State Building schossen wir Fotos in die tief gelegenen Straßenschluchten und umgekehrt von dort auf die bizarren Hochhäuser der Stadt (das World Trade Center gab es noch).

Bevor die Sitzung am Montag begann, waren wir am Tag zuvor noch im Gottesdienst einer schwarzen Gemeinde in einem abgelegenen Stadtteil Washingtons. Hansel, der auf dem Weg seine Videokamera am Stativ über der Schulter trug, wurde von Straßenpassanten darauf hingewiesen, dass das in dieser Gegend nicht ungefährlich sei. Danach erlebten wir einen spannenden Gottesdienst. Die temperamentvolle schwarze Gemeinde, der sich rhythmisch bewegende Chor, der während der Predigt umherwandernde Pastor, der unter dem Jubel der Gemeinde einen frisch geborenen Säugling hochhielt – das alles waren beeindruckende gemeinsame Erlebnisse, noch lange tauschten wir uns darüber aus.

Wir wohnten in einem Hotel zwischen Union Station und dem Kapitol. Bill Clintons »Rede zur Lage der Nation« vor dem Kongress – nur wenige 100 Meter von uns entfernt – verfolgten wir von unseren Hotelbetten aus im Fernsehen. Paul Larsson, der Präsident der »Evangelical Covenant Church«, hatte einen besonderen Draht zu Politikern und ermöglichte uns einen Zugang ins Kapitol und ins Weiße Haus. So sahen wir den Kamin im Oval Office aus nächster Nähe – allerdings ohne mit dem Präsidenten dort Platz zu nehmen.

Das alles lag gerade vier Jahre zurück. Nun standen wir auf dem Friedhof und nahmen Abschied von Hans-Hermann. Obwohl er eine eher stille Person war und nicht viel Aufhebens von sich machte, war die Friedhofskapelle übervoll. In der Predigt beschrieb ich Hansel so, wie ich ihn erlebt hatte: »Er gehörte nicht zu den Menschen, die andere mit ihrer Dominanz erdrücken. Seine Gabe, Beziehungen zu knüpfen, war mit einer großen Sensibilität verknüpft. Er spürte, was anderen guttat.« Ich erzählte auch von einem Brief, den er mir 1962 während seiner Grundausbildung bei der Bundeswehr geschrieben hatte. Darin stand: »Wenn man dich ganz klein macht und du das Gefühl hast, nichts mehr wert zu sein, dann vergiss nicht, du bist ein Mensch, den Gott mit vielen Gaben beschenkt hat ...« Im weiteren Text zählte er dann die Begabungen auf, die er bei mir zu sehen glaubte. So war Hansel. Ich denke, er schrieb diesen Brief auch für sich, denn das Soldatenleben lag ihm nicht. Auch er kämpfte dort gegen das Gefühl, nicht viel wert zu sein.

Es folgten schwere Wochen für meine Tante, die ich ja immer noch »Mutti« nannte, so hatte ich es in den ersten Jahren meines Lebens von Hansel gelernt. Ein Freund von ihm, der in Ronsdorf wohnt und dessen Sohn Hansels Patenkind war, kümmerte sich um meine Tante. Ich konnte ja nur selten bei ihr sein, versuchte aber auch von unterwegs immer wieder Kontakt zu ihr zu halten. Im Oktober 2001 hatten wir in ihrer Wohnung ein Gespräch über den Tod. Ein Bekannter von ihr hatte zu meiner Tante gesagt, seine Sünden machten ihm Sorgen, vor allem, wenn er an das Sterben denke. Daraufhin hatte sie ihm geantwortet: »Aber Walter, dafür ist doch Jesus gestorben!« Fast war ich ein wenig überrascht über ihre eindeutige Antwort und freute mich über die Zuversicht, die daraus sprach.

Kurze Zeit später begannen unsere Herbsttagungen auf Langeoog. Ich war gerade auf der Insel, als ich einen Anruf von Jochen erhielt, der meine Tante betreute. Es gehe ihr gar nicht gut, sagte er mir am Telefon, ihre Nieren hätten versagt, und es müsse entschieden werden, ob sie an die Dialysemaschine angeschlossen werden soll. Ich nahm die nächste Fähre und fuhr zur Klinik nach Wuppertal, konnte aber kaum mit ihr reden.

Einige Wochen später besuchten Edelgard und ich meine Tante in der Klinik. Wir trafen sie sehr deprimiert an. Sie saß aufrecht im Bett, ihr Kopf hing nach vorn, es war zehn Uhr am Vormittag, aber noch niemand war bei ihr gewesen, um sie zu waschen. Das übernahm nun Edelgard, sie half ihr auch beim Zähneputzen, machte ihr die Haare, und schließlich versuchten wir, einige Schritte mit ihr durchs Zimmer zu gehen. Aber es gelang nicht recht, die Beine knickten ein, sie hatte kaum Kraft. Im Dezember wurde meine Tante dann in ein Altenzentrum nach Ronsdorf verlegt, aber sie erholte sich nicht mehr. Beim Sterben war ich bei ihr – gemeinsam mit dem Pfarrer der Reformierten Kirchengemeinde. Wir beteten mit ihr und segneten sie, und ich empfand dabei eine starke Verbundenheit mit meinem landeskirchlichen Kollegen. Am 10. Dezember 2001 hat Jesus sie dann zu sich gerufen, und am 14. Dezember nahmen wir am Grab Abschied von ihr. Nein, eigentlich ist der Abschied schon früher erfolgt, sie hatte ihren Körper ja längst verlassen.

Einige Monate später erlebten Edelgard und ich den Tod ihrer Schwester, meiner Tante Lisa. Auch dabei wurde uns bewusst, dass der Körper nichts weiter als die zurückgelassene Hülle ist. Am Abend waren wir noch bei ihr im Krankenhaus, als wir am nächsten Morgen wieder nach ihr sehen wollten, war sie bereits gestorben. Sie war schön zurechtgemacht, friedlich, mit geschlossenen Augen, die Hände zusammengelegt, lag sie da. Aber bei ihrem Anblick wurde uns beiden klar: Das ist sie nicht mehr, sie ist bereits zu Hause bei Jesus. Es mag ja richtig sein, dass unsere »Leib-Seele-Trennung« nicht dem biblisch-hebräischen Denken entspricht. Aber wenn wir am offenen Grab sagen: »Erde zu Erde, Asche zu Asche, Staub zu Staub«, dann übergeben wir nicht den Verstorbenen dem Schoß der Erde, sondern seinen toten Körper. Der Leib ist zeitlich und wird schnell verwesen. Den Trauernden dagegen schreibt der Apostel Paulus: »Wir wollen euch aber, liebe Brüder und Schwestern, nicht im Ungewissen lassen über die, die entschlafen sind, damit ihr nicht traurig seid wie die anderen, die keine Hoffnung haben. Denn wenn wir glauben, dass Jesus gestorben und auferstanden ist, so wird Gott auch die, die entschlafen sind, durch Jesus mit ihm einherführen« (1. Thessalonicher 4,13-14).

9/11

Am Nachmittag des 11. September 2001 rief Helmut Matthies, der Chefredakteur des Nachrichtenmagazins »idea«, bei mir an. Ich weiß nicht mehr, um was es bei unserem Gespräch ging, aber während unseres Telefonates fragte er mich plötzlich, ob ich schon den Fernseher eingeschaltet hätte, ein Flugzeug sei eben in das World Trade Center gerast. So ging ich nach unserem Gespräch zum Fernseher und blieb dort bis spät in die Nacht. Zwischen immer wieder neuen Augenzeugenberichten, Stellungnahmen und Interviews wurde wieder und wieder gezeigt, wie die beiden entführten Passagierflugzeuge in die Zwillingstürme flogen und einen gewaltigen Feuerball auslösten. Auch der zerstörte Südwestflügel des Pentagon und die Wrackteile der abgestürzten Maschine bei Pittsburgh in Pennsylvania waren zu sehen. Vermutlich sollte sie das Weiße Haus oder Kapitol in Washington treffen.

Steffen Seibert, damals noch beim ZDF, interviewte Udo van Kampen, der 2001 Leiter des New Yorker ZDF-Studios war. Man merkte ihm an, wie sehr ihn das, was er unmittelbar vor Ort erlebte, erschütterte. Fast 3 000 Menschen kamen bei dem Anschlag auf das World Trade Center ums Leben. Irgendwie war die Welt danach eine andere. Es war der Beginn der Auseinandersetzung mit einem gewalttätigen Islamismus, der uns bis heute in Atem hält. Kurz darauf begannen die NATO-Truppen in Afghanistan gegen al-Qaida zu kämpfen, auf deren Konto der Anschlag auf das World Trade Center ging. Die Taliban-Regierung wurde gestürzt und nach Jahren des Krieges Osama bin Laden erschossen.

Friedlicher ist die Welt allerdings seitdem nicht geworden. Während ich hier sitze und schreibe, mordet und foltert die Terrorbewegung »Islamischer Staat« (IS) im Nordirak und in Syrien. Jesiden und Christen werden verfolgt, müssen fliehen oder werden geradezu hingeschlachtet. Die Terroristen behaupten, im Namen Allahs zu kämpfen, und erheben nicht nur Anspruch auf islamische Länder, sondern auf die ganze Welt. Inzwischen weiß man, dass Hunderte junger Europäer aufseiten der Islamisten kämpfen, auch aus Deutschland sind junge Männer dabei.

Der schreckliche Terroranschlag in New York geschah an einem Dienstag, am Samstag darauf fand in Heidelberg der FeG-Bundestag statt. Selbstverständlich stellte ich mich in meiner Andacht auf das ein, was vor wenigen Tagen geschehen war, wir alle standen noch unter dem Eindruck des Geschehenen. Aber ich wagte es, gleichzeitig auf ein Phänomen hinzuweisen, das mich nach wie vor beschäftigt. Es geht um die unterschiedlichen Aufmerksamkeitsgrade, die sich für uns mit Schreckensmeldungen verbinden.

Zur gleichen Zeit, als in den Zwillingstürmen fast 3 000 Menschen ums Leben kamen, tobte in Afrika ein Bürgerkrieg, dem schätzungsweise 1,7 Millionen Menschen zum Opfer fielen. Aber kaum einer sah hin, geschweige denn war auch nur annähernd so erschüttert wie über die Opfer in New York. Ich weiß, wir dürfen das nicht gegeneinander ausspielen, doch der Hinweis darauf, dass Menschen vor allem dort unser Mitgefühl erhalten, wo die Kameras sind und uns das Schreckliche vor Augen malen, muss erlaubt sein. Der Terroranschlag am 11. September wurde zur besten Tageszeit und bei bester Sicht in einer der größten Medienstädte der Welt verübt, aber das Morden in Afrika und in anderen Ländern der Erde geschieht oft fernab von den Augen der Öffentlichkeit. Nein, es geht nicht darum, unser Mitgefühl bei so schrecklichen Ereignissen wie in New York zu reduzieren. Aber es geht darum, uns von den Medien nicht manipulieren zu lassen. Gerade als

anteilnehmende Christen haben wir auch dort genau hinzu-
schauen, wo keine Kameras sind.

Und da ist noch etwas, was nach meiner Einschätzung am 11.
September 2001 einen kräftigen Schub erhielt: unser Sicherheits-
bedürfnis. Die Ereignisse in New York und Washington haben
geradezu eine Sucht nach Kontrolle und Überwachung ausgelöst,
und die digitale Welt bietet dazu inzwischen beste Voraussetzungen. Eric Schmidt und Jared Cohen aus der Chefetage von Google
haben zu dieser Thematik ein lesenswertes Buch herausgebracht.
Es trägt den Titel »Die Vernetzung der Welt« und beschreibt eine
Entwicklung, die mit Riesenschritten auf uns zukommt und –
wenn ich es richtig sehe – nicht mehr aufzuhalten ist. Nach Ansicht der Autoren wird die Politik kaum in der Lage sein, die wachsenden weltweiten Herausforderungen zu lösen, alles zielt auf eine
von digitaler Technik beherrschte Welt. Schmidt und Cohen gehen davon aus, dass in zehn Jahren mehr als sieben Milliarden
Menschen online sind, also fast die gesamte Weltbevölkerung. Bei
allen Vorzügen, die das elektronische Netz uns bringt (auch ich
arbeite gerne damit) – die Kontrollmöglichkeiten werden gigan-
tisch sein.

Wie eine solche Gesellschaft aussehen könnte, zeigt der Roman
»Der Circle« von Dave Eggers. Er erinnert uns an Aldous Huxleys
»Schöne neue Welt«, diesmal mit der totalen Transparenz einer
digitalen Welt. Man erhofft sich auf diesem Weg eine Welt, in der
es keine Kriminalität mehr gibt, weil alle alle jederzeit unter Kontrolle haben. Wo es keine unbeobachteten Momente mehr gibt,
wird sich jeder dem allgemeinen Konsens gemäß verhalten. Bibel-
kenner erinnert das unweigerlich an das, was in Offenbarung
13,16-17 beschrieben wird. Was für unsere Großeltern nur schwer
vorstellbar war, kann heute – zumindest technisch – problemlos
verwirklicht werden.

Beim Schreiben dieses Buches habe ich mir noch einmal einige
Filmsequenzen zum 11. September auf Youtube angesehen. Der

meistgehörte Satz während dieses Anschlags lautete: »Oh my God!« Mag sein, dass es für viele nur eine Redensart war, aber ungewollt richtet sich dieser Schreckensruf doch an den, der diese Welt in seinen Händen hält. Nein, sie ist kein Spielball eines blinden Schicksals! Und schon gar nicht ist sie irgendwelchen Hasspredigern ausgeliefert! Nach wie vor gelten die Worte aus jenem alten Negro Spiritual: »He's got the whole world in his hands!«

Strukturreform

Auf dem Heidelberger Bundestag im September 2001 stand aber noch etwas anderes auf dem Programm. Es ging um unsere Identität als Freie evangelische Gemeinden. Mein »Wort des Präses« dazu lag diesmal schriftlich vor. Es wurde in Form eines kleinen Heftes herausgebracht, das auch nach dem Bundestag zur Verfügung stehen sollte. Meine Rede befasste sich mit drei Sätzen, die wir als Bundesleitung in der Frühjahrsklausur desselben Jahres formuliert hatten:

- Wir gestalten Gemeinden von Glaubenden, die selbstständig und doch miteinander verbunden sind.
- Wir leiten Glaubende an, in Christus zu leben, auf das Wort Gottes zu hören und ihm zu gehorchen.
- Wir bezeugen Jesus, rufen Menschen zum Glauben an ihn, gründen Gemeinden und gestalten sie als Gemeinden von Glaubenden.

Nein, exklusiv sind diese Sätze nicht, auch andere Kirchen und Gemeinden könnten sie für sich in Anspruch nehmen. Man hat hin und wieder ein wenig scherzhaft gesagt, das Besondere bei den Freien evangelischen Gemeinden ist, dass es bei ihnen nichts Besonderes gibt. Und Hartmut Lenhard hat gar nicht so unrecht, wenn er in seiner Dissertation über die Entwicklung der Ekklesiologie (Gemeindelehre) in den Freien evangelischen Gemeinden schreibt: »Was Grafe mit der Gründung der Freien evangelischen Gemeinde bezweckte, war nicht mehr und nicht weniger als die ekklesiologische Umsetzung des Programms der Evangelischen Allianz.« Kein Wunder also, dass ich zwischen meinen Aufgaben als Präses des BFeG und als Vorsitzender der EA keinen Widerspruch empfand. Vermutlich erklärt das auch den relativ hohen Anteil von Verantwortungsträgern aus Freien evangelischen Gemeinden in der Geschichte der EA.

Im März des darauffolgenden Jahres trafen wir uns mit allen Referenten des BFeG, den Dozenten des Theologischen Seminars Ewersbach und der Bundesleitung zu einer Frühjahrsklausur auf Langeoog. Neben den Gebetszeiten ging es dabei um das oben zitierte Leitbild. Dabei hatte jeder drei Fragen zu beantworten.

Erstens: In welchem Bereich sehe ich angesichts dieses dreiteiligen Leitbildes meine primäre Aufgabe?

Zweitens: Was kann ich in meinem Verantwortungsbereich tun, um das Gemeinsame zu stärken?

Drittens: Mit welchem der vorhandenen Verantwortungsbereiche unseres Bundes ergibt sich dabei am ehesten eine sinnvolle Zusammenarbeit?

Selbstverständlich sprachen wir auch über Defizite und wünschenswerte Verbesserungen. Sie betrafen vor allem unsere Beziehungen, Arbeitsmöglichkeiten und Weiterbildungsangebote. Am Schluss der Klausur fertigten wir eine umfangreiche Ideensammlung an. Dabei zeigte sich, dass sich manches doppelte und bei einer gemeinsamen Planung und Umsetzung effizienter getan werden konnte. Die breite Palette der Werke und Arbeitszweige eines Gemeindebundes und einer Freikirche stellen einerseits einen großen Reichtum dar, darin liegt aber auch eine Gefährdung. Jeder möchte gerne sein eigener Chef sein und das Sagen haben. Nicht nur Einzelpersonen sind hier gefährdet, auch die verantwortlichen Gremien für den jeweiligen Arbeitsbereich. Wir sind in unserem Denken nicht immer auf Ergänzung angelegt, sondern sehen schnell in anderen Leitern und Leitungsgremien Konkurrenten. Um dem zu entgehen oder zumindest solche Tendenzen frühzeitig aufzudecken und abzubauen, hatten wir regelmäßig Arbeitszweigleitersitzungen (AZL).

Ich sah es als eine meiner wichtigen Aufgaben an, diese unterschiedlichen Persönlichkeiten und Kräfte zusammenzuführen und zusammenzuhalten. Immer wieder gab es in dieser Hinsicht Gespräche, mal zu zweit, mal in einem größeren Kreis. Wenn ich mich richtig einschätze, bin ich aufgrund meines Typs und meiner Begabung eine eher integrative Persönlichkeit. Vieles lief bei mir über Vertrauensbrücken, sie halfen mir, den Zugang zu Menschen zu finden, sie miteinander zu versöhnen und auf einen gemeinsamen Weg zu führen. Meine Gefährdung bestand zweifellos darin, meinen Gesprächspartnern zu nah zu sein. Ein Präses hat auch zu sagen, was nicht mehr diskutabel ist, und das verlangt im Ernstfall eine gewisse Distanz. Ob er es will oder nicht – es gibt Situationen, in denen er ein »Machtwort« sprechen muss. Und auch das habe ich lernen müssen: Es gibt schmerzhafte Entscheidungen, mit denen einzelne Mitarbeiter oder auch Mitarbeitergruppen nicht einverstanden sind, und doch sind sie unumgänglich.

Auch wenn meine Leser mit dem Innenleben des BFeG nicht vertraut sind, gestatte ich mir noch ein Wort über die Arbeit an seiner Struktur, denn auch sie gehört zu meiner Geschichte. Zweimal im Jahr trifft sich die Bundesleitung mit den Kreisvorstehern zu einem Arbeitsgespräch, also mit jenen Leuten, die die regionalen Bereiche des Bundes leiten. Manchmal sind es Gemeindepastoren, die mit dieser Aufgabe betraut sind, oft aber auch Personen aus säkularen Berufen, die diesen Dienst ehrenamtlich tun. Es gibt 23 solcher nach Geografie und Gemeindedichte aufgeteilten FeG-Bundeskreise in unserem Land. Den Kreisvorstehern stehen in der Regel ein Vorstand und ein Kreisrat zur Seite, in dem Gemeindeleiter, aber auch Arbeitszweige wie Jugend, Kinder, Senioren usw. vertreten sind.

Im Februar 2002 trafen sich Bundesleitung und Kreisvorsteher für ein ganzes Wochenende im Seeschloss bei Eutin. Wir wollten ausführlicher und ohne Zeitdruck miteinander reden. Dabei rückte wieder einmal die Bundespflege auf die Tagesordnung. Zwar hatten wir seit 1991 zwei Bundessekretäre, trotzdem war erkennbar, dass das nicht reichte. Der BFeG war vor allem in den Jahren nach 1970 deutlich gewachsen. Während er 1970 noch unter 20 000 Mitglieder hatte (plus 1 500 in der DDR), waren es bis zum Jahr 2000 bereits über 32 000.

In dieser Sitzung setzten wir einen »Strukturausschuss« ein, er sollte eine Bundesstruktur erarbeiten, die einem wachsenden BFeG entsprach, gleichzeitig aber so schlank wie möglich war. Als Ziel hatten wir eine Struktur vor Augen, die eine ortsnahe und kompetente Begleitung der Gemeinden ermöglicht, die eine klare Verantwortungsstruktur aufweist, möglichst schlank ist und Synergieeffekte erzeugt. Vorhandene Doppelungen sollten beseitigt werden, Entscheidungswege transparent und nachvollziehbar sein.

Im Februar 2003 konnte der Strukturausschuss einen Zwischenbericht geben, und wiederum ein Jahr später legte er einen Strukturentwurf vor, der im März 2004 im Bundesrat besprochen wurde. Danach fanden an sieben Orten des Landes Informationsveranstaltungen mit Gemeindeleitungen statt. Wir informierten sie über die zu erreichenden Ziele und erläuterten den Weg dorthin. Danach folgte im September 2004 die Vorstellung im Bundestag, im Anschluss daran bestand für alle die Möglichkeit, sich schriftlich dazu zu äußern. Im Frühjahr 2005 war es dann so weit, wir schrieben den Abschlussbericht. Und am 19. März 2005 lag der Strukturplan – aufgefächert in drei Phasen – zur Umsetzung vor. Schon damals schien uns statt des bisherigen »Zwei-Kammer-Systems« (Bundestag und Bundesrat) ein »Ein-Kammer-System«

wünschenswert, die Umsetzung wurde aber von vielen noch für unrealistisch gehalten. Allerdings sprach sich unser Abschlussbericht deutlich für eine schrittweise Integration des »Bundesrates« in den »Bundestag« aus. Für die weitere Umsetzung wurde ein Lenkungsausschuss eingesetzt.

Andere Strukturvorschläge sind inzwischen Wirklichkeit. Dazu gehört vor allem die eingeführte Regionalstruktur. Die 23 Bundeskreise wurden in fünf Regionen zusammengefasst, um eine bessere Gemeinde- und Pastorenbegleitung zu ermöglichen, und es gibt inzwischen fünf Bundessekretäre, die dafür verantwortlich sind. Bei Bedarf kann ihre Zahl jederzeit erweitert werden.

Reif für die Insel

Am 31. Juli 2003 sitze ich mit meiner Frau im Flugzeug von Teneriffa nach Düsseldorf. Fast vier Wochen auf dieser Insel liegen hinter uns, eine Zeit, die für mich in jeder Hinsicht wertvoll war. Wie kam es dazu? Im März war mein Ohrenrauschen immer stärker geworden, aber ich lebte schon seit vielen Jahren damit. Bereits in einem Eintrag vom 10. August 1994 lese ich in meinem Tagebuch: »Seit heute Morgen habe ich ein starkes Dröhnen in den Ohren, das alles beeinträchtigt. Ich kann mich nur schwer konzentrieren, keine Musik hören. Hoffentlich kann ich schlafen. Herr, hilf mir!« Ich hatte Infusionen bekommen, der HNO-Doktor hatte mir Tabletten verschrieben, aber nichts half. Trotzdem kam ich mit dem Tinnitus einigermaßen zurecht. Jetzt jedoch wurde es manchmal unerträglich. Während einer Tagung war es so schlimm, dass ich den Tagungsort mitten in der Nacht verließ und nach Hause fuhr. Ich hielt es einfach nicht mehr aus. Außerdem lag ich stundenlang wach und kämpfte dann während des Tages mit dem Schlaf. Auf Autofahrten musste ich anhalten, weil es mit meiner Müdigkeit zu gefährlich wurde. Glücklicherweise gehöre ich zu den Leuten, bei denen es ausreicht, die Rückenlehne des Sitzes für zehn Minuten nach hinten zu klappen. In der Regel fühlte ich mich dann nach kurzer Zeit frisch und konnte konzentriert weiterfahren. Aber auf einer Fahrt zur Hauptvorstandssitzung der EA in Bad Blankenburg kamen Schwindelattacken dazu, ich wurde beim Fahren unsicher und fuhr deprimiert nach Witten zurück. Dort suchte ich meinen Hausarzt auf. Der checkte mich durch, machte ein Langzeit-EKG und meinte, ich brauchte jetzt vor allem Ruhe. Danach lief fast alles nur noch mit halber Kraft. Zwar nahm ich noch die meisten meiner Termine wahr, aber oft war es eine Quälerei.

Im Juni 2003 fand in Bochum unsere Bundeskonferenz statt. Mir ging es nicht gut, und ich blieb möglichst im Bühnenbereich. Als ich mich in einer Mittagspause doch unter die Leute wagte, wurde ich von einer Besucherin so sehr in Anspruch genommen und attackiert, dass ich nach dem Gespräch schleunigst die Flucht ergriff. »Bewegt« lautete das Thema dieser Konferenz, und es war wirklich »bewegend« für mich, dass Gott mir trotz allem die Kraft gab, im Kongressgottesdienst zu predigen. Hätten unser Geschäftsführer Klaus Kanwischer und das Leitungsteam sich nicht so engagiert, wäre es sicher schwierig geworden. Auch Noor van Haaften war als Verkündigerin dabei, die Niederländerin traf mit ihrer biblisch-seelsorglichen Predigt vielen ins Herz und ist seitdem immer wieder in Deutschland unterwegs und hat zahlreiche Bücher veröffentlicht. Hans-Werner Scharnowski und ich hatten für die Konferenz ein Lied geschrieben, es wurde kein Renner, und trotzdem liebe ich es:

Wir singen deine Lieder von Freiheit und von Kraft
und sind doch so gebunden, müde und erschlafft.
Dann wächst in uns die Sehnsucht nach dem, was du verheißt,
nach Leben aus der Fülle, nach deinem guten Geist.

Belebe und bewege uns, Herr! Bewege uns zu dir und zueinander!
Belebe und bewege uns, Herr – in die von dir geliebte Welt.

Wir singen deine Lieder, und plötzlich stehst du da,
legst auf uns deinen Frieden, bist unendlich nah.
Wir können nur noch staunen und vor dir niederknien.
Wir lassen stehn und liegen, was uns wichtig schien.
Belebe und bewege ...

Wir singen deine Lieder mit einem neuen Klang.
Der Grundton ist die Gnade, sie trägt lebenslang.
Sie hält uns, wenn wir fallen, ermutigt und bewegt,
wenn sich der Geist des Schlafes auf die Seele legt.
Belebe und bewege ...[34]

Kurz darauf war ich zu einem Gemeindetag in Österreich unterwegs. Irgendwo in Kärnten klingelte mein Telefon, und ich hatte Karl Heinz Knöppel am Ohr. Es ging ihm gesundheitlich gar nicht gut. Er hatte eine Krebsoperation hinter sich und war seit Wochen mit seiner Frau Christa auf Teneriffa. Ein christliches Ehepaar dort hatte ihn und seine Frau eingeladen, während seiner schweren Krankheit einige Wochen bei ihnen zu verbringen. Sie besaßen einige Gästeappartements auf einem wunderschönen Grundstück hoch über dem Atlantik. Karl Heinz sagte mir am Telefon, er habe gehört, ich hätte gesundheitliche Probleme, und dort, wo er sei, gebe es noch ein leeres Appartement für Edelgard und mich. Ich solle doch nach Teneriffa kommen und mich bei ihnen erholen. Ich hörte mir das an, es bewegte mich auch, dass er an mich und meine schlechte Verfassung dachte, aber ich hielt es für völlig unrealistisch, auf seinen Vorschlag einzugehen. Und offen gesagt: Mich schreckte ein wenig die Vorstellung, dass es dort fromme Vermieter gab, womöglich noch andere fromme Leute, die auf

417

dem Gelände Urlaub machten und mich dann mit Gesprächen belagerten. Bei aller Liebe zum Volk Gottes konnte ich das jetzt einfach nicht gebrauchen.

Aber nach und nach schwanden meine Vorbehalte, und in der zweiten Julihälfte landeten Edelgard und ich schließlich auf dieser schönen kanarischen Insel. Es mag beschämend sein, ich hatte vorher keine Ahnung, wo Teneriffa liegt. Ich kannte den Namen von Urlaubsberichten, stellte mir Teneriffa als Insel im Mittelmeer vor und war völlig überrascht, dass sie im Atlantik vor der afrikanischen Küste zu finden ist. Otto Schippert, unser Gastgeber, holte uns vom Flughafen ab, er und seine Frau Brigitte hatten bereits alles bestens für uns vorbereitet. Sie hatten auch schon einen Termin beim Arzt für mich festgemacht, was mir anfangs ganz und gar nicht schmeckte. Am ersten Morgen fuhren Edelgard und ich dann tatsächlich zur Praxis von Doktor von Behring in Puerto de la Cruz, und von Anfang an fühlte ich mich bei ihm in guten Händen. Sein Urgroßvater war der berühmte Emil von Behring (1854–1917), der 1901 den Nobelpreis für Medizin erhielt. Er war Arzt an der Berliner Charité und später Professor in Marburg.

Tomas von Behring gab mir viele Infusionen, vor allem sorgte er für eine disziplinierte Nahrungsaufnahme bei mir. Schon nach dem ersten Praxisbesuch kauften wir die Lebensmittel ein, die ich während des Aufenthalts auf der Insel zu mir nehmen sollte. Dazwischen gab es wöchentlich einen »asiatischen Tag«, ein exotischer Begriff für eine vollständige Körperentschlackung, außer großer Mengen von Flüssigkeit durfte ich an dem Tag nichts zu mir nehmen. Jeder Morgen begann für uns mit einem 30-minütigen Schwimmen im Pool, anschließend frühstückten wir und machten uns dann zur Arztpraxis auf den Weg. Danach wanderten wir. Teneriffa ist ja eine wunderschöne Insel mit ganz verschiedenen Landschaftstypen, im Norden das Anaga Gebirge und südwestlich von uns der Teide mit seinem 3718 Meter hohen Gipfel.

Edelgard hielt sich peinlich genau an die mir vorgegebenen Speisevorschriften – was mir körperlich guttat, aber meine Umgebung doch erschreckte, als ich wieder in Deutschland war. In zwei Gremien wurde ich im darauffolgenden Herbst gebeten, eine Erklärung zu meinem Gesundheitszustand abzugeben, einmal in Krelingen auf der Vorstandssitzung der EA, dann in den Herbsttagungen auf der Insel Langeoog. Ich weigerte mich zwar zunächst, aber besonders auf Langeoog kursierten wilde Gerüchte. Ich sah wohl so »eingefallen und schmächtig« aus, dass einige meinten, es ginge zu Ende mit mir.

Auch geistlich war für uns auf Teneriffa gesorgt. Es gibt dort eine Gemeinschaft evangelischer Christen (GEC), die sich sonntags in Puerto de la Cruz trifft. Walter Lohrmann (1929–2007), den ich schon vom ERF kannte, hatte diesen Kreis ins Leben gerufen. Schon Anfang der 70er-Jahre verbrachte er die Wintermonate mit seiner Frau aus gesundheitlichen Gründen auf Teneriffa und begann dort einige Jahre später mit einem Bibelkreis. Das war nicht einfach, es gab auch Widerstand. Durch die Hilfe von Wilhelm Gilbert bekam die Arbeit dann die Anerkennung der Europäischen Evangelischen Allianz, was für ihre Akzeptanz in der Stadt, aber auch im kirchlichen Umfeld eine große Hilfe war. 1990 wurde mit Gottesdiensten in der Skandinavischen Kirche begonnen.

Auch meine Frau und ich besuchten während unseres Aufenthaltes den Gottesdienst dort, Wilfried Reuter (1940–2011) hatte den Sommerdienst in der GEC übernommen, seine Predigten taten mir gut. Überhaupt hatten wir mit ihm und seiner Frau Hanna eine gute gemeinsame Zeit. Wir kannten uns bereits von »ProChrist« 1993, wo Wilfried Billy Graham übersetzte. Auch schon Jahre zuvor waren wir uns begegnet, als ich noch Leiter der Jugendarbeit im BFeG war. Wilfried Reuter hatte mich als Verkündiger auf einen Jugendtag in der Bibelschule Bergstraße eingeladen, er war der Direktor dort, und meine jüngste Schwester und mein Schwager gehörten zu seinen Studenten. Er hatte einen wunderbaren Humor, kombiniert mit einer geistlichen Natürlichkeit und natürlichen Geistlichkeit – ich glaube, es war Pfarrer Paul Deitenbeck, der betonte, wie wichtig beides miteinander ist. Gott rief Wilfried Reuter dann 2011 zu sich, viel zu früh für meine Begriffe – aber wie gut, dass unser Leben nicht nach unseren Vorstellungen verläuft.

Es ist eigenartig, vor der Reise nach Teneriffa hatte ich Sorge, dass mir die Frommen zu nahe kommen könnten, denn aufgrund meines angeschlagenen Gesundheitszustandes wollte ich mit meiner Frau möglichst allein sein. Zwar bin ich von Haus aus ein Nähetyp und kann zeitweise auf enger Tuchfühlung mit den Menschen leben, doch dann wiederum brauche ich die Stille und liebe geradezu die Abgeschiedenheit. Ein früher Morgen auf dem Balkon, wenn die Stadt noch schläft und nur die Vögel singen, das genieße ich. Aber wenn ich mich psychisch angegriffen fühle, brauche ich nur Edelgard und flüchte geradezu vor den Menschen. »Sie war mir immer am nächsten, wenn ich am einsamsten war«, hat Heinrich Kemner einmal von seiner Frau gesagt, so ist es auch bei mir. Aber auf Teneriffa begegnete ich trotz meiner Befürchtungen sensiblen Menschen, die sich nicht aufdrängten, sondern einfach da waren, wenn ich sie brauchte: Wilfried und Hanna Reuter, Otto und Brigitte Schippert, auch Oma Luise, die ebenfalls auf dem Gelände bei Schipperts lebte – sie alle taten mir gut. Und auch Christa und Karl Heinz Knöppel gehörten dazu, und von ihnen muss ich noch besonders erzählen.

Es war für mich ein besonderes Geschenk, auf Teneriffa noch einmal mit meinem Vorgänger Karl Heinz Knöppel zusammen zu sein. Seine Frau Christa und er wohnten im Appartement direkt unter uns. Christa trafen wir meist frühmorgens am Pool, sie schwamm einige Runden, bevor sie sich der Pflege ihres Mannes widmete. In meiner »FeG-Bundesgeschichte« war Karl Heinz Knöppel von Anfang ein wichtiger Begleiter für mich. Schon in

Hamburg hatte er Edelgard und mich in unserer kleinen Ohlstedter Wohnung besucht. Als ich im Spätsommer 1972 auf einer Zeltevangelisation in der Lüneburger Heide war, kam er mit seiner Familie vorbei und stellte mich seinen Kindern als zukünftigen Bundesjugendpfleger vor. Dann folgte die lange gemeinsame Zeit in der Bundesarbeit. Ich wusste, wenn ich einen Fehler machte, stand er hinter mir und verteidigte mich. Und als sich bei mir nach der Bundesjugendarbeit eine neue Aufgabe im BFeG anbahnte, machte er mir Mut und erzählte von seinen eigenen Grenzen und Zweifeln, das half mir sehr.

Auch umgekehrt verstand ich Karl Heinz, etwa wenn ihm der Vorwurf begegnete, allzu konservativ und »stur« zu sein. Ich wusste, hinter seinem festen und manchmal sogar kämpferischen Auftreten stand eine empfindsame Persönlichkeit, die unter Angriffen oft mehr litt als andere. Nur einmal (nach meiner Erinnerung) bin ich auf ihn eingegangen, wo ich es nicht hätte tun sollen, das war im Seeschloss bei Eutin. Ich habe an anderer Stelle erzählt, dass ich als Bundespfleger für die Leitung der Herbsttagungen verantwortlich war, dazu gehörte es auch, die Veranstaltungsleiter einzusetzen. So hatte ich auf einer Tagung unsere Kinderreferentin Marita Imhof um die Leitung der Nachmittagsveranstaltung gebeten, und sie war gerne dazu bereit. Karl Heinz, der das ein wenig später erfuhr, fand das allerdings gar nicht gut, und seine Kritik beeindruckte mich so, dass ich einen Rückzieher machte und selbst die Leitung der Veranstaltung übernahm. Ich weiß, Marita Imhof hat das verletzt, was ich heute gut verstehen kann. Vielleicht verstand ich es aber auch damals schon und hatte nur nicht den Mut, es zuzugeben. Es war ja die Zeit, in der die »Brüder« noch alles in Händen hatten und die »Schwestern« nur in Ausnahmefällen mit Leitungsaufgaben betraut wurden – es sei denn, es ging um die Betreuung der Kinder.

Schmunzeln muss ich allerdings darüber, dass ausgerechnet Karl Heinz Knöppel es war, der ein wenig später die Berufung der ersten Frau in die Bundesleitung einleitete – ein damals im BFeG noch sehr umstrittenes Thema. Vermutlich hing diese Offenheit aber auch mit der Frau zusammen, die bereit war für eine Berufung in die Bundesleitung: Else Diehl war über den BFeG hinaus bekannt und genoss ein fast unbegrenztes Vertrauen. Das bestätigt wieder einmal, was ich in den vielen Jahren meiner Arbeit im Reich Gottes gar nicht so selten erlebte: Man kann lange über Ordnungen und Satzungen streiten, wenn die richtigen Leute zur Stelle sind, treten fast alle »Grundsatzfragen« in den Hintergrund, und es zählt nicht mehr das Geschlecht, sondern die Person.

In der Phase, als Karl Heinz aus dem Bundesdienst ausschied und ich als sein Nachfolger startete, hatte es Spannungen zwischen uns gegeben. Ich hatte davon kaum etwas mitbekommen, was die Sache für mich aber nicht entschuldbar macht. Gegen Ende meiner Zeit als Bundespfleger war ich unsicher im Blick auf die künftige Arbeitsstruktur. Ich wusste, die Bundespflege musste erweitert werden, aber in der Beantwortung dieser Frage war ich wie ein schwankendes Rohr. Und da Karl Heinz wegen einer schweren Halswirbel- und Bandscheibenoperation noch nicht im Büro sein konnte, kam es zu Missverständnissen zwischen uns. Die Dinge entwickelten sich, ohne dass wir miteinander sprachen. Zwar suchten Gerhard Hörster, Jürgen Hedfeld und ich ihn während der Zeit seiner Rekonvaleszenz in seiner Siegener Wohnung auf und sprachen das weitere Vorgehen mit ihm ab, aber wenige Tage später, während einer Bundesleitungsklausur auf der Insel Langeoog, kam es zu einem anderen Konzept. Ich stellte dieses neue Konzept sogar im Bundesrat vor, ohne es noch einmal mit Karl Heinz Knöppel abzusprechen. Das hatte ihn verletzt. Und es war auch falsch. Schließlich war er noch der Präses und hatte die Leitungsverantwortung.

Und auch als ich dann seine Nachfolge angetreten hatte und Karl Heinz im Ruhestand war, war das Miteinander nicht wirklich gut. Der Informationsfluss aus dem Bundesgeschehen brach für ihn plötzlich ab, und wenn wir uns begegneten, wirkte mein Gespräch mit ihm pflichtgemäß und aufgesetzt – so wenigstens hatte Karl Heinz Knöppel es empfunden. Oft besteht ja gerade bei Personen, die sich nahestehen, eine größere Verletzungsgefahr. Es schmerzt dann umso mehr, wenn man eine Kluft empfindet und anscheinend nicht mehr zueinanderfindet.

Jetzt, auf Teneriffa, konnten wir noch einmal miteinander reden, das war für mich – und vermutlich auch für Karl Heinz – ein echtes Geschenk. In meiner Tagebucheintragung vom 29. Juli 2003 lese ich: »Besuch bei Karl Heinz. Ich bin erschrocken über sein Aussehen. Es geht ihm nicht gut. Er sagte mir, zwei Dinge seien ihm wichtig: die *Gnade* und die *Treue* Gottes. Mit den ansonsten vielen gut gemeinten geistlichen Wünschen könne er nicht mehr viel anfangen.«

Als wir auf Teneriffa eintrafen, hatte mir Karl Heinz Knöppel gesagt, die Entscheidung sei noch offen, ob er und seine Frau Christa nach Deutschland (zum Sterben) zurückflögen oder aber auf Teneriffa blieben. Doch inzwischen stand offensichtlich fest: Zur Reise nach Deutschland fehlte die Kraft. Auch seine Frau Christa stellte sich auf das Bleiben ein und wohl auch seine Kinder, denn kurz bevor Edelgard und ich nach Deutschland zurückkehrten, trafen auch seine Tochter Christina und sein Sohn Matthias ein. Später kamen noch weitere Kinder, um Abschied von ihrem Vater zu nehmen.

Nun sitzen wir also im Flugzeug und kehren heim. Unter uns taucht im Dunst die Iberische Halbinsel auf. Heute, unmittelbar vor unserer Abreise von der Insel, waren Edelgard und ich noch einmal bei Karl Heinz. Uns war klar, wir werden uns erst in der neuen Welt Gottes wiedersehen. Er legte mir die Hände auf und segnete mich mit den Worten: »Der Herr segne dich und behüte dich. Der Herr lasse sein Angesicht leuchten über dir und sei dir gnädig. Der Herr hebe sein Angesicht über dich und gebe dir Frieden.« Und er setzte hinzu: »Er leite dich, zu schweigen, wo du schweigen sollst, und zu reden, wo du reden sollst.« Am 12. September 2003 hat der Vater im Himmel Karl Heinz Knöppel dann von Teneriffa aus zu sich genommen. Am Dienstag darauf nahmen wir Abschied von ihm auf einer großen Trauerfeier in Siegen. Viele Menschen aus der Bundesgemeinschaft waren gekommen, Gerhard Hörster hielt eine sehr persönliche Traueransprache. Und wir sangen gemeinsam ein Lied, dessen Text Karl Heinz Knöppel selbst geschrieben hatte.

In der letzten Strophe heißt es:

Dein Nam ist Jesus Christ, wir beten an.
Bist unser Gott und Licht und nimmst uns an.
Du führst uns durch dein Wort,
bis wir dich sehen dort,
so, wie du wirklich bist,
Herr Jesus Christ.[35]

Ein großer Schock

Am 19. Dezember 2003 starb mein Vater, im Ronsdorfer »Sonntagsblatt« erschien ein Artikel über ihn. Überschrieben war er mit »Onkel Karl Strauch ist tot«, und darunter stand: »Der Erfinder der Hollandfreizeiten war ein echter Ronsdorfer.« In diesem Artikel wurde berichtet, dass mein Vater 1959 zum ersten Mal mit seinen Mitarbeitern und einem Bus voller Kinder zur Hollandfreizeit gefahren sei. In den vielen Jahren darauf habe man Wartelisten erstellen müssen, weil sich mehr Kinder für die Freizeiten anmeldeten, als man habe mitnehmen können. Auch von dem »offenen Haus« bei Strauchs war die Rede, von der großen Eckbank in der Küche, auf der jeder Platz nehmen durfte und erst einmal ein »Bütterken« bekam. Was der Schreiber nicht wusste und was erstaunlicherweise lange verborgen blieb: 1974 hatte mein Vater in Hollandfreizeiten Kinder missbraucht. Darüber offen zu schreiben, fällt mir sehr schwer.

Im Oktober des Jahres 1974 besuchten meine Eltern uns in Witten, und mein Vater bat darum, mich allein sprechen zu dürfen. So zogen wir uns in mein Arbeitszimmer zurück. Sichtlich bewegt beichtete er mir, er habe in der Hollandfreizeit im Schlafraum der Mädchen Kinder durch eine intime Berührung missbraucht. Sie hatten nach der Freizeit ihren Eltern davon erzählt, und die hatten sich mit dem Gemeindepastor in Verbindung gesetzt. Anschließend hatte es ein Gespräch mit meinem Vater gegeben, in dem er sein Vergehen gestand. Die Eltern sahen von einer Anzeige ab. In der Mitgliederversammlung wurde die Gemeinde darüber informiert und mein Vater umgehend von jeder Mitarbeit ausgeschlossen. Nun suchte er uns vier Geschwister auf, um uns diese Schuld zu beichten. Für uns vier war das ein großer Schock.

Zwei oder drei Tage später waren mein Bruder Diethelm und ich auf dem Weg zur Pastorentagung auf Langeoog. Auch der Gemeindepastor, mit dem die Eltern gesprochen hatten, saß mit uns im Wagen, und während der Fahrt informierte er uns ausführlich über das, was damals geschehen war. Auf Langeoog angekommen, belastete mich die Sache so sehr, dass ich meinen Vorgesetzten, den damaligen Präses Karl Heinz Knöppel, um ein Gespräch bat. Ich erzählte ihm, was vorgefallen war, und teilte ihm mit, dass mich der Gedanke beschäftige, meinen Dienst ganz aufzugeben. Wie sollte ich ihn denn tun als Sohn eines Vaters, dessen Leben mit solch einer Schuld behaftet war?! Ich wusste nicht, wer die Kinder waren, die er missbraucht hatte, kannte vermutlich auch nicht die Eltern, aber stellte mir vor, sie säßen mir gegenüber in einem Gottesdienst. Wie sollte ich da noch frei und unabhängig predigen können? All diese Gedanken gingen mir durch den Kopf.

Aber Karl Heinz Knöppel sah mich an und sagte: »Wenn du deine Berufung aufgibst, dann hätte ja der Teufel sein Ziel erreicht.« Nein, er hat die Schuld meines Vaters damals nicht kleingeredet. Aber er machte mir klar, dass wir sie als seine leiblichen Kinder nicht zu tragen haben. Selbst wenn das Vergehen meines Vaters sich herumspräche und öffentlich würde, dürfe ich mich nicht davon abhängig machen. Und unmissverständlich sagte er mir: »Du hast den Dienst weiter zu tun, zu dem dich Gott berufen hat.« In diesem Sinne beteten wir dann miteinander. Damals ahnte ich noch nicht, welche Nachwirkungen diese Sache haben sollte, denn Jahre später stellte sich heraus, dass mein Vater sich auch an seiner eigenen Familie vergangen hatte.

Vermutlich werden sich jetzt manche Leserinnen und Leser fragen, weshalb in diesem Buch überhaupt davon die Rede ist. Gehört so etwas in die Öffentlichkeit? Offen gesagt, ich kann jeden verstehen, der dagegen ist oder zumindest eine solche Veröffentlichung kritisch hinterfragt. Für mich war vor allem dies der Grund, trotz Anfrage des Verlages mit dieser Biografie über sechs Jahre zu warten. Ich war wie blockiert, schließlich ist meine Geschichte ja untrennbar mit meinem Vater verknüpft. Hätte ich von ihm geschrieben und den Missbrauch verschwiegen, würden mir einige mit Recht vorwerfen, ich hätte etwas Gravierendes unter den Tisch gekehrt. Und meinen Vater aus meiner Biografie ausklammern konnte ich ja nicht. Nach langem Zögern, nach Gesprächen mit meiner Frau, unseren Töchtern und meinen Geschwistern, schreibe ich jetzt darüber.

Und es gibt noch einen weiteren Grund, der mich heute darin bestärkt, die Taten meines Vaters nicht zu verschweigen. In den letzten Jahren habe ich lernen müssen: Alle dunklen Familiengeheimnisse, die nicht ans Licht kommen, behalten ihre Macht. Und das gilt keinesfalls nur für den Verursacher, es gilt auch für die Betroffenen. Lange habe ich mich gegen diese Einsicht gewehrt.

Auf der Trauerfeier meines Vaters hat meine jüngste Schwester etwas zum Vergehen meines Vaters gesagt. Als sie mit ihm selbst darüber sprechen konnte, war er bereits verwirrt. Aber vermutlich hat sie ihn trotz seines verwirrten Zustandes noch erreicht, denn sie hatte den Eindruck, dass er ihre Worte aufnahm und es für ihn eine Befreiung war. Davon wollte sie nun auf seiner Beerdigung berichten, aber noch Minuten vor der Trauerfeier versuchte ich sie davon abzubringen. Glücklicherweise ging meine Schwester nicht darauf ein. So hörte die »Trauergemeinde« zum ersten Mal von diesem Missbrauch. Einige fanden das Wort von Ilse-Ruth mutig und gut, andere lehnten es ab, und wieder andere haben vielleicht nicht wirklich verstanden, wovon dabei die Rede war. Für viele war und ist mein Vater ein so legendäres Vorbild, dass sie es einfach nicht wahrhaben wollten.

Als meine Frau und ich einsehen mussten, dass auch unsere beiden Töchter betroffen sind, sprachen wir mit ihnen darüber. Bis dahin hatten wir ihnen nie erzählt, was 1974 ans Licht gekommen war. Und offen gesagt, ich habe auch nie geglaubt, ja, nicht einmal in Erwägung gezogen, dass mein Vater sich an seinen Enkelkindern vergangen haben könnte. Heute, nachdem ich einige Bücher über dieses Thema gelesen habe, ist mit klar, wie blauäugig das war. In dem Buch »Familiengeheimnisse« von John Bradshaw heißt es: »Familien sind so krank wie ihre Geheimnisse, Geheimnisse, derer sie sich schämen. Solche Geheimnisse können Generationen zurückliegen und alles Mögliche betreffen: Selbstmord, Völkermord, Inzest, Abtreibung, Gesichtsverlust in der Öffentlichkeit, Abhängigkeiten, finanzielles Desaster etc.« Heute bin ich überzeugt, dass das stimmt. Dunkle Geheimnisse gehören ins Licht – nicht nur ins verborgene Licht Gottes, auch ins Licht einer gewissen Öffentlichkeit. Hätte Johannes sonst geschrieben: »Wenn wir im Licht leben, wie er im Licht ist, dann haben wir Gemeinschaft untereinander« (1. Johannes 1,8)?

Während meines Dienstes in den Gemeinden und im Bund wurde ich verschiedene Male mit Missbrauch konfrontiert – Missbrauch auch in unseren frommen Kreisen. Und ich bin sicher, was ich mitbekommen habe, ist nur ein Bruchteil von dem, was wirklich geschieht. Einerseits bin ich überzeugt, dass auch für die Täter gilt: »Wenn wir unsere Sünde bekennen, ist er treu und gerecht, dass er uns die Sünde vergibt und reinigt uns von aller Ungerechtigkeit« (1. Johannes 1,9). Was dagegen nicht vergeben werden kann, lesen wir in dem Vers zuvor: »Wenn wir sagen, wir haben keine Sünde, so betrügen wir uns selbst, und die Wahrheit ist nicht in uns« (Vers 8). Interessanterweise kann der biblische Begriff »Wahrheit« wörtlich mit »Nicht-Verborgenheit« übersetzt werden. Es geht dabei also auch darum, dass die Tat aus der Verborgenheit heraus ins Licht Gottes kommt und damit »sichtbar« wird. Auch für die vom Missbrauch Betroffenen ist das in der Regel eine Befreiung.

Aber wer meint, das Opfer eines Missbrauchs wird von heute auf morgen von dieser Vergangenheit frei, versteht nicht, wie tief und schmerzhaft die Tat über Jahre wirkt. Für die Opfer bleibt es in der Regel ein langer und äußerst schmerzhafter Prozess, für den sie nicht selten eine fachkundige Begleitung brauchen. Schnelle, gut gemeinte fromme Worte verletzen eher, als dass sie helfen. Sie erwecken den Eindruck, dass derjenige, der sie sagt, keine Ahnung hat, wovon er spricht, nicht von der Dimension einer solchen Tat und nicht von ihren Nachwirkungen auf die Betroffenen.

Ich befürchte, auch das, was ich hier darüber schreibe, klingt für viele Opfer zu glatt und zu fromm. Und es ist ja erstaunlich, wie schnell auch Kirchen und Gemeinden den Schutz des Täters im Blick haben und nach einer Entschuldigung für sein Verhalten suchen – zumal wenn er aus ihren Reihen kommt. Das mag damit zusammenhängen, dass es sich bei ihnen nicht selten um außerordentlich sympathische und hingebungsvolle Persönlichkeiten handelt. In der Regel setzen sie sich ein und genießen Vertrauen – selbst wenn ihre Tat ans Licht kommt, weigern wir uns oft zu begreifen, was da geschehen ist. Und was die Opfer betrifft, so erwarten wir Vergebungsbereitschaft und verstehen nicht oder wollen nicht verstehen, dass sie oft selbst nach vielen Jahren noch nicht fassen können, was mit ihnen geschah. Aber wie sollen sie vergeben, was ihnen selbst noch als unfassbares und furchterregendes Dunkel auf der Seele liegt?!

Schäme ich mich für meinen Vater? Bin ich wütend auf ihn? Ich bin mir nicht sicher. Am Anfang habe ich mich geschämt. Andererseits war mein Vater nie ein unantastbares Denkmal für mich. Und spätestens seit 1974 wusste ich ja von seiner Schuld und habe nach einigen Wochen des Schocks sogar positiv gesehen, dass er mit uns, seinen Kindern, darüber gesprochen hat. Als ich gebeten wurde, für die Zeitschrift »family« einen Artikel zu dem Thema »Das haben meine Eltern gut gemacht« zu schreiben, habe ich das als beispielhaft vermerkt. Ich schrieb: »Meine Eltern lebten, was sie glaubten – ehrlich, mit Pleiten und Pannen ...« Heute weiß ich allerdings, so ehrlich war es nicht. Er hat uns nur gesagt, was bereits herausgekommen war. Dass er mit dem Geheimnis leben konnte, verstehe ich nicht. Oder verstehe ich es doch?

»Was ist mit der Segensgeschichte eures Vaters?«, werden wir manchmal von denen gefragt, die von der Tat unseres Vaters wissen. Keine Frage, für die Betroffenen ist das ein riesiges Problem. Es geht unseren Kindern ähnlich wie uns: Immer noch begegnen uns Menschen, die von unserem Vater (Onkel Karl) schwärmen. Sie sind begeistert von seinem Einsatz, von seiner Sonntagsschularbeit, seinen Freizeiten, von seiner Freundlichkeit, er sei immer hilfsbereit und zuvorkommend gewesen. War das denn alles nur vorgegaukelt? Versuchte er damit den Missbrauch zu vertuschen? War sein jahrelanger Einsatz nur ein Mittel zum Zweck? Wir kennen sein Innerstes nicht, damals nicht, als er noch lebte, und auch heute nicht im Nachhinein. Meine Geschwister und ich empfanden seine Frömmigkeit als echt und nicht aufgesetzt. Aber wie kann jemand, der so etwas tut und Kinder missbraucht, es dennoch mit seinem Glauben ernst meinen? Ich weiß es nicht.

Vermutlich hängt es mit der Unergründlichkeit unseres Herzens zusammen, wir durchschauen es nicht, nicht einmal bei uns selbst. Jesus sagt, aus dem Herzen kommen böse Gedanken (Matthäus 15,19), und nicht von ungefähr betet David: »Erforsche mich, Gott, und erkenne mein Herz; prüfe mich und erkenne, wie ich's meine. Und sieh, ob ich auf bösem Wege bin, und leite mich auf ewigem Wege« (Psalm 139,23-24). David wird in der Bibel ein Mann nach dem Herzen Gottes genannt (Apostelgeschichte 13,22), aber er war auch ein Ehebrecher und Mörder (2. Samuel 11). Nein, eine Entschuldigung ist das nicht, aber es zeigt, dass es für unser Verhalten nicht immer einfache Erklärungen gibt. Die Persönlichkeit eines Menschen zeigt auch eine unergründliche Widersprüchlichkeit. Tatsache ist, die Vergebung Gottes macht die Schuld des Täters nicht im Geringsten kleiner, im Gegenteil, sie ist groß, so groß, dass Jesus Christus dafür sterben musste. Und selbst damit ist die Tat an den Opfern nicht aufgehoben und ihre Verletzungen sind damit nicht geheilt. Allzu schnelles und frommes Reden von Vergebung erweckt diesen Eindruck, für die Opfer ist es wie ein Schlag ins Gesicht.

Gleich und gleich

Vor mir liegt ein Brief. Jemand beklagt sich bitterböse, ja geradezu wütend, über einen Artikel in einer Zeitschrift des Bundes-Verlages zum Thema »Homosexualität«. Er hält die exegetische Arbeit des Autors für schlampig und tendenziös. Das ist lange her. Inzwischen hat sich die Situation weiter zugespitzt.

Im Frühjahr 2004 gaben wir als Bundesleitung eine Stellungnahme zu diesem Thema heraus. Darin wurde die veränderte Haltung unserer Gesellschaft gegenüber homosexuell empfindenden Menschen beschrieben. Außerdem bezog die Bundesleitung eine eigene Position. Das entsprach auch ihrem in der Verfassung beschriebenen Auftrag, danach hatte sie Zeitströmungen zu prüfen und wegweisende Empfehlungen zu geben. In ihrer Stellungnahme unter dem Titel »Homosexualität im Spannungsfeld von Gesellschaft und Gemeinde« kam sie zu dem Schluss, dass sowohl das Alte wie auch das Neue Testament ein homosexuell ausgerichtetes Leben ablehnen. Sie machte aber gleichzeitig deutlich, wie sehr sie es unterstützt, dass die Kriminalisierung der Homosexualität vonseiten des Staates aufgehört hat. Man kann es nicht laut genug sagen und bekennen: In der Zeit des Dritten Reiches wurden ca. 15 000 Homosexuelle in Konzentrationslager verschleppt, zum Teil für Experimente missbraucht und ermordet. Das ist eine große Schuld. Wenn man also heute über Homosexualität redet und gegen einen homosexuellen Lebensstil Stellung bezieht, muss man diese bedrückende Geschichte im Auge behalten.

Selbstverständlich kann aber die Schuld der Vergangenheit nicht Antwort auf die Frage geben, welche biblische Lebensausrichtung richtig bzw. falsch ist. Auch wenn es viele Theologen anders sehen, auch solche, die mir nahestehen: Eine homosexuelle Partnerschaft entspricht nach meiner Überzeugung nicht dem, was Gott für unser Leben will. Dabei lasse ich mich weder von traditionellen Einstellungen leiten (so hoffe ich), noch von dem, was heute Mainstream ist. Meines Erachtens sind genau diese beiden Pole zwei gefährliche Fallen, wenn es um den ethischen Maßstab für einen Christen geht. Entweder tradieren wir das, was in unserer Kindheit und Jugend als anständig galt, oder aber wir richten uns nach dem, was heute die Allgemeinheit denkt. Das eine scheint mir so falsch wie das andere zu sein. In der Präambel des Bundes Freier evangelischer Gemeinden haben wir uns festgelegt: »Verbindliche Grundlage für Glauben, Lehre und Leben in Gemeinde und Bund ist die Bibel, das Wort Gottes.«

Aber auch einen solchen Präambeltext kann man vor sich hertragen, ohne geklärt zu haben, wie er auszulegen ist. Es gibt nicht nur einen liberalen Missbrauch der Bibel, sondern auch einen Missbrauch der orthodoxen Art. Von beiden Seiten stehen wir in der Gefahr, Meinungen in einen Bibeltext hineinzulesen. In diesem Zusammenhang plädiere ich für das, was Adolf Schlatter (1852–1938) den »Sehakt« nannte. Für ihn galt als Voraussetzung allen wissenschaftlichen Denkens die Wahrnehmung vor der Urteilsbildung. Er schrieb: »Wissenschaft ist erstens Sehen und zweitens Sehen und drittens Sehen und immer wieder Sehen« (»Atheistische Methoden in der Theologie«). Auch als Exeget lehnte er alle rationalen, aber auch orthodoxen und dogmatischen Spekulationen und Vorentscheidungen beim Bibellesen ab. Bibelauslegung hieß für ihn, einen Bibeltext kritisch zu lesen, wobei er »Kritik« als aufmerksame Beobachtung verstand. Dazu gehörten für ihn der theologische Gesamtentwurf eines biblischen Buches und die philologische Beobachtung jedes Details. Und offen gesagt: Ich kann einfach nicht nachvollziehen, wie man auf diesem exegetischen Weg zu einer positiven Beurteilung der homosexuellen Praxis kommt, selbst dann nicht, wenn die beiden Partner in gegenseitiger Treue und Verantwortung zusammenstehen.

Allerdings dürfen wir nur ein praktiziertes homosexuelles Leben ablehnen und auf gar keinen Fall einen homosexuell empfindenden Menschen. Das mag abstrakt und theoretisch klingen, ist aber ganz und gar praxisbezogen gemeint. Zweimal bin ich im BFeG Pastoren begegnet, die homosexuell empfanden, ohne sich für eine homosexuelle Lebenspraxis zu entscheiden. Im Gegenteil, beide lehnten eine gelebte homosexuelle Partnerschaft aufgrund ihres Bibelverständnisses ab. In der 2004 veröffentlichten Stellungnahme der Bundesleitung steht ausdrücklich: »Es geht für die Gemeinde darum, homosexuell empfindende Menschen nicht zu verurteilen und sie mit ihrer Sexualität zu identifizieren, sondern sie anzunehmen.« In der Praxis heißt das, homosexuell empfindende »Geschwister« wertzuschätzen und nicht von der Mitarbeit in der Gemeinde auszuschließen. Wie alle anderen Gemeindemitglieder sollen sie die Möglichkeit haben, sich mit ihren Gaben in die Gemeinde einzubringen. Aber leben wir, was wir geschrieben haben?

Sieben Jahre, bevor das Wort der Bundesleitung zu diesem Thema erschien, schrieb mir ein homosexuell empfindender Pastor, dessen Ehe gescheitert war, enttäuscht einen Brief. Darin heißt es: »Ich erlebe, wie von eurer Seite eine Veranlagung, die ich mir weder ausgesucht noch gewollt noch gepflegt habe, immer wieder als Grund der Verneinung meines Dienstes hervorgeholt wird. Obwohl ich nicht homosexuell gelebt habe noch leben will. Und obwohl trotz dieser Veranlagung Gott meinen Dienst bis heute gesegnet hat. Gott hat doch keinen Fehler gemacht, als er mich in den Dienst berief, er kennt mich doch durch und durch.« Dieser »Bruder« und Kollege hatte in der DDR eine radikale Bekehrung erlebt, war vom Kommunisten zum Christen geworden, im Gymnasium hatte man ihm daraufhin mit dem Rauswurf gedroht. Aber voll Vertrauen zu Jesus Christus und auch zu seiner Gemeinde war er diesen Weg gegangen. Es schmerzt mich, wenn ich seine Zeilen lese, und ich schäme mich, nicht mehr für ihn unternommen zu haben.

Vor einigen Jahren nach einer Predigt in Ruhpolding beim »Gemeindefamilienfestival Spring« sprach mich eine Frau an. Ich hatte mich zum Thema Ehe geäußert, aber auch das Thema Homosexualität erwähnt und etwas vollmundig davon gesprochen, dass Gott auch homosexuell empfindende Menschen verändern kann. Vermutlich hatte es so geklungen, als ob das der Normalfall wäre, denn eindringlich sagte sie mir, ich solle doch bitte niemals einen homosexuellen Menschen in die Ehe drängen, weder in der persönlichen Seelsorge noch von der Kanzel. Das Ergebnis könne für alle Beteiligten außerordentlich belastend sein. Vermutlich sagte sie mir das aufgrund einer persönlichen Erfahrung. Heute weiß ich, wie aktuell diese Gefahr ist, von der sie sprach. Heute gehe ich viel sensibler, aber auch zurückhaltender mit diesem Thema um – auch weil ich Freunde habe, deren Kinder betroffen sind.

Allerdings scheint mir die verfolgte Minderheit heute eher die Gruppe derer zu sein, die eine homosexuelle oder lesbische Lebenspraxis für unvereinbar mit ihrem christlichen Glauben hält. Sie wird auch dann wortstark angegriffen, wenn sie diesen Lebensstil nur für sich beansprucht. Leben wir inzwischen in einem Land, in dem nicht mehr gesagt und gelebt werden darf, was man glaubt? Dürfen wir unsere ethischen Maßstäbe, wenn sie vom Mainstream abweichen, nur noch hinter vorgehaltener Hand äußern? Mehr und mehr höre ich geradezu vom Jagdeifer auf Andersdenkende, undifferenziert und plakativ werden christliche Organisationen angegriffen und diskreditiert. Es war wohl Rosa Luxemburg, die Freiheit auch als die Freiheit Andersdenkender verstand. Im Blick auf die Homosexualität scheint mir diese Freiheit heute zumindest bedroht zu sein.

Aber auch das sei noch einmal unmissverständlich gesagt: Kein Christ kann seine ethischen und moralischen Überzeugungen undemokratisch über eine staatliche Gesetzgebung einfordern. Ein säkularer Staat ist etwas ganz und gar anderes, als eine vom Evangelium geprägte Kirche oder Gemeinde, die ihre Lebenspraxis den Geboten Gottes unterstellt. Und völlig absurd wäre es für Christen, eine biblische Gesetzgebung mit Gewalt einzufordern, egal um welches Thema es sich handelt. Dies stünde im totalen Gegensatz zu den Worten von Jesus, der seine Leute aufruft, Andersdenkenden, ja selbst den Feinden mit Liebe zu begegnen (Lukas 6,27-28).

Impulstour und mehr

Im Jahr 2004 beschäftigte mich die Leitungsaufgabe in der EA in besonderer Weise. Wir planten eine Öffentlichkeitskampagne zum Kernthema der EA: Einheit in Christus! Von Anfang an dachten wir an ein eintägiges Zusammensein möglichst vieler Christen über alle kirchlichen Grenzen hinweg. Es sollte zeitversetzt an verschiedenen Orten in Deutschland stattfinden. Ganz praktisch und ein wenig salopp gesagt ging es darum, dass Gott in den verschiedensten Kirchen seine Leute hat und sie sich möglichst nicht erst im Himmel in die Augen sehen sollten. Gelebte Einheit, nicht nach Lust und Laune, sondern weil Jesus es so will – das war unser Thema! Und genau das ist Evangelische Allianz pur. Ein zentraleres Thema hat sie nicht.

Wir hatten diesen Gedanken bereits im Jahr 2000, und in den weiteren Monaten schälte sich ein immer konkreteres Programm heraus. Es sollte in acht deutschen Großstädten an verschiedenen Samstagen stattfinden und bestand jeweils aus einer Folge von Plenumseinheiten, überschaubaren Gesprächsgruppen, Modellberichten und Gesprächen an Infoständen. Für die Abende planten wir ein eigens dafür geschriebenes Musical. Jürgen Werth schrieb den Text, und zunächst ging Johannes Nitsch an seine Vertonung. Als er dann im September 2002 starb, übernahm Hans-Werner Scharnowski diesen Part. Das Musical erschien dann unter dem Titel »Noch einmal Kapernaum«. Auch die Schauspieler Eva-Maria Admiral und Eric Wehrlin baten wir um Mithilfe, ebenso den Präsidenten und den Generalsekretär der Europäischen Evangelischen Allianz (Dr. Nick Negelchef, Gordon Showell-Rogers). Auch unsere beiden damaligen Allianz-Referenten Ulrich Materne und Rudolf Westerheide waren dabei; Rudolf Westerheide schrieb extra ein Buch zur Impulstour (»EINS – Wie wir als Christen glaubwürdig leben«). Und da es uns bei dieser »Impulstour« auch um eine persönliche Verpflichtung der Teilnehmerinnen und Teilnehmer zur »Einheit« ging, formulierten wir einen entsprechenden Text. Jeder, dem es ernst damit war, konnte ihn persönlich unterschreiben. Er legte sich damit fest, alles zu lassen, was der Einheit schadet, und zu fördern, was der Einheit dient.

Ich bekenne offen, dass mich während der Zeit meines Allianzvorsitzes kaum etwas so beschäftigt hat wie dieses Projekt. Eines Nachts im Dezember 2003 wurde ich wach, hatte die angemieteten Säle vor Augen und dachte mit Schrecken daran, ob wir sie würden füllen können. Trieben wir nicht auf ein finanzielles Fiasko zu? Ich machte mir große Sorgen und sprach mit unserem Generalsekretär Hartmut Steeb darüber. Er verstand mich gut, auch ihm ging es zeitweise so. Einige Monate zuvor hatte ich mich noch einmal mit möglichen Sponsoren in Verbindung gesetzt – etwas, was mir absolut nicht liegt. In einer Telefonkonferenz überlegten wir auch, ob wir das gesamte Projekt noch abblasen sollten, aber inzwischen hatten wir schon so viel investiert, dass das nicht mehr möglich war, ohne erhebliche Kosten zu verursachen.

Acht Großstädte unseres Landes hatten wir für die Impulsveranstaltungen ausgewählt, zwischen dem 24. April und dem 3. Juli 2004, jeweils an einem Samstag, sollten die Veranstaltungen dort stattfinden. Am 23. und 24. April tagten wir noch als Bundesleitung im Mutterhaus der Stiftung Elim in Hamburg-Niendorf, dann machte ich mich auf den Weg nach Hannover. Als ich an der Stadthalle eintraf, war ich erfreut über die vielen geparkten Autos mit Fischen an den Heckscheiben, aber im Saal selbst empfing mich gähnende Leere. 600 Besucher saßen während unserer Veranstaltung in dem großen Kuppelsaal, der 3 000 Menschen fassen kann. Beim Musical am Abend kamen noch 200 Leute hinzu. Zum Glück ist die Architektur dieser Stadthalle so angelegt, dass man sich auch mit 800 besetzten Plätzen nicht ganz verloren vorkommt. Auch eine Woche später war die Hamburger Sporthalle nur zu einem Drittel besetzt. Hinzu kam die Jugendveranstaltung mit etwa 300 jungen Leuten.

Als es dann eine Woche später in Essen weiterging, war ich eher hoffnungsvoll, das Pfarrerehepaar Jürgen und Brunhilde Blunck kümmerte sich intensiv um die Evangelische Allianz im Ruhrgebiet. Jürgen war mit einigen Mitarbeitern sogar zur ersten Impulsveranstaltung nach Hannover angereist, um mitzuerleben, wie das Projekt läuft. Aber der Besuch in Essen war noch schlechter als in Norddeutschland. Selbst eine Woche später in Stuttgart ließ der Besuch zu wünschen übrig, trotz des großen pietistischen

Umfeldes. Ulrich Parzany, der auch am Impulstag in Stuttgart beteiligt war, hatte eine Woche zuvor auf der Veranstaltung »Miteinander für Europa« in der Hanns-Martin-Schleyer-Halle in Stuttgart gesprochen, 10 000 Zuhörer waren gekommen, obwohl für einen Platz dort 30 Euro gezahlt werden musste. Veranstalter des Treffens waren katholische und evangelische Gruppen und Bewegungen. Es hatte viel Kritik von pietistisch-evangelikaler Seite gegeben, viele verstanden die Mitwirkung von Ulrich Parzany nicht. Auch ich hatte Ulrich meine Bedenken mitgeteilt. Die evangelikale Kritik machte sich vor allem an den mitwirkenden katholischen Bewegungen fest, an der Gemeinschaft Sant'Egidio und der Fokolar-Bewegung mit ihrer Gründerin Chiara Lubich. Andererseits faszinierten diese Gruppen durch die Einheit von Gebet, Evangelisation und Freundschaft mit den Armen, die sie praktizierten. Thomas Römer, damals Pfarrer an der Matthäuskirche in München, hatte mir schon Monate zuvor davon erzählt. Er war der Meinung, ich müsse diese Bewegungen erst persönlich kennenlernen, bevor ich sie kritisiere – sicher hatte er recht damit.

Ulrich Parzany hatte den 10 000 Teilnehmerinnen und Teilnehmern das Evangelium von Jesus Christus gepredigt, diese Möglichkeit war für ihn wohl der entscheidende Schlüssel zur Zusage. In seiner Ansprache hatte er auch bemängelt, dass es in der Präambel der EU-Verfassung keinen Raum für den Gottesbezug geben solle, dafür hatte er große Zustimmung erhalten. Auch Romano Prodi, damals noch Präsident der Europäischen Kommission, nahm an der Veranstaltung in der Schleyer-Halle teil.

Weitere Impulstage folgten, es würde zu weit führen, sie alle einzeln zu beschreiben: Am 5. Juni waren wir in Chemnitz, am 12. Juni in Berlin, am 19. Juni in München und am 4. Juli in Frankfurt. Eigentlich war es immer das Gleiche: Der Besuch war relativ schwach, die Veranstaltungsräume zu groß.

Eines Nachts bedrückte mich die Situation so sehr, dass ich nicht mehr schlafen konnte. In meinem Tagebuch finde ich den

Eintrag: »3:45 Uhr. Sorgen lassen mich nicht zur Ruhe kommen. Sie betreffen vor allem die Impulstour. Wie hoch werden die Schulden sein, wenn das Projekt abgeschlossen ist? Wer wird dafür aufkommen? Weshalb habe ich vor Monaten nicht deutlich gesagt, dass wir die Sache aufgeben sollen?« Selbstverständlich weiß ich längst, dass ich nachts keine Probleme lösen kann. Trotz meines Betens habe ich manchmal das Empfinden, die Last will nicht weichen – am Morgen sieht es dann oft anders aus. Während einer solchen Nacht las ich in einem Buch von Friedhold Vogel den Satz: »Was wir im Gebet sind, das sind wir wirklich.« Wer war ich aufgrund dieser Aussage? Der Gedanke ließ mich nicht los. Wie oft predigte ich über das Gebet – aber war ich wirklich ein Beter? Lebte ich nicht viel zu sehr außenorientiert? Vor Jahren hatte ich mir in meine Bibel ein Wort von Adolf Köberle geschrieben, und ich habe es oft zitiert: »Entscheidend wird es in unserem Dienst darauf ankommen, wie unsere stillsten Stunden verlaufen, da wir von niemand gesehen oder beobachtet werden. Wir können in der Wirkung nach außen niemals mehr sein, als wir im Verborgenen darstellen. Darum müssen wir im Blick auf Herz, Fantasie und Gedankenleben Gottes Geist unablässig an uns arbeiten lassen.«

Der Impulstag in Berlin verlief besser, weil wir im Saal der Baptistengemeinde in Schöneberg zusammenkamen. Endlich einmal schienen sich der Raum und der Veranstaltungsbesuch zu entsprechen, Eva-Maria und Eric spielten großartig, und auch Ulrich Parzany hatte eine Botschaft, die die Herzen erreichte. Ich erinnere mich an ein Gespräch mit einem jungen Mann, der mir von seiner Anstellung in einer Kirchengemeinde erzählte. Sie komme ihm vor wie ein Turnverein, der nicht turne, meinte er. In der Gemeinde gebe es zwar ein umfangreiches und vielfältiges Angebot, aber das Evangelium komme so gut wie nicht vor. Nur alle vier Wochen leuchte es hin und wieder auf, wenn ein pensionierter Pfarrer die Predigt halte.

Einige Male kam es auf der Impulstour zu Begegnungen mit Anhängern von Horst Schaffraneck. Seine Leute traten in jenen Jahren immer wieder vor den Türen christlicher Veranstaltungen auf. Beim Impulstag in Berlin hatten sie ein aggressives Spruchband aufgestellt, und als ich zur letzten Veranstaltung unserer Tour vor der Frankfurter Eissporthalle eintraf, rief mir einer von ihnen lautstark Gerichtsworte zu. Ich sei ein frommer Verführer, schrie er und verstummte auch nicht, als ich am Eingang alte Freunde begrüßte. Sichtlich irritiert schauten sie auf den lauten Mann. Horst Schaffraneck war – ich wage es kaum zu schreiben – früher einmal Prediger einer Freien evangelischen Gemeinde. Er verfasste kleine, eher verworrene Schriften, die seine meist jugendlichen Anhängerinnen und Anhänger verteilten. Sie gebärdeten sich wie alttestamentliche Propheten. Ihm selbst bin ich nie begegnet. Einmal begleiteten mich zwei seiner Leute vom Veranstaltungsraum bis zum Bahnhof, während der 20 Minuten redeten sie von rechts und links auf mich ein. Hin und wieder saßen sie auch in einer unserer Veranstaltungen, standen plötzlich auf und riefen lautstark ihren Urteilsspruch in die Menge. Einige Male hatte ich mir Zeit genommen, mit ihnen zu diskutieren, aber es brachte nichts, ihre Meinung stand fest.

Trotzdem frage ich mich heute manchmal: Bin ich mit meinen Kritikern richtig umgegangen? Hin und wieder bekam ich seitenlange Briefe, den einen war ich geistlich zu weit, den anderen zu eng – wobei der Ton der Kritiker, die mich für zu weit hielten, bedeutend schärfer und aggressiver ausfiel. Einer (oder eine?) schickte mir damals anonym die Kopie unserer Werbung der Impulstour zu. An der Stelle, an der sich mein Bild und meine Unterschrift befanden, hatte er seine Bemerkungen mit einem grellen Marker eingefügt: »Verräter, Verführer der FeG und aller evangelikalen Gemeinschaften« las ich da. Selbstverständlich ließ mich so etwas nicht kalt. So robust bin ich nicht. Fast amüsant fand ich dagegen die Titelseite der rechtsevangelikalen Zeitschrift »TOPIC«

unmittelbar nach der Impulstour. Unter der Überschrift »Turbulenzen bei Evangelikalen – Konservative sammeln sich« schrieb der Herausgeber: »Was TOPIC aus Hintergrundgesprächen erfahren hat, lässt nichts Gutes ahnen. (…) Nach der Besucherpleite stehen vor allem Generalsekretär Hartmut Steeb und der 1. Vorsitzende Peter Strauch in der Kritik. Auf der nächsten Sitzung des 41-köpfigen Hauptvorstandes der EA werden wohl die Fetzen fliegen. (…) Altgediente Allianzler tragen sich mit Rücktrittsgedanken. Steeb und Strauch führen in der Allianz ein zu starkes Eigenleben, heißt es.« Nun, auf der nächsten Hauptvorstandssitzung sind weder »die Fetzen geflogen« noch ist meines Wissens jemand zurückgetreten. Aber ich kann nicht behaupten, dass die Problematik der Impulstour spurlos an mir vorübergegangen ist. Trotzdem haben wir mit ihr Hunderte von Menschen erreicht, und das Echo der Teilnehmerinnen und Teilnehmer war immer gut.

Doch während dieser zehn Wochen fanden noch andere Veranstaltungen statt, und von einigen will ich erzählen. Zwei Tage vor der Impulsveranstaltung in Berlin war ich wieder einmal beim »Christustag« in Württemberg, am Vormittag predigte ich in Leinfelden (ca. 15 Kilometer von Stuttgart) und am Nachmittag in Bad Liebenzell. Viele meiner Verwandten und langjährigen Freunde aus der Umgebung waren nach Leinfelden gekommen, wir nutzten die Pause, um uns herzlich zu grüßen und einige Sätze miteinander auszutauschen. Danach fuhr ich weiter nach Bad Liebenzell und kam dabei durch Möttlingen, ein kleines Dorf, in dem Johann Christoph Blumhardt (1805–1880) im 19. Jahrhundert Pfarrer war. An der Durchgangsstraße, mit dem Blick auf den Ort und die Kirche, hielt ich an.

Blumhardt wurde vor allem durch den Befreiungskampf der besessenen Gottliebin Dittus bekannt, aber es gibt viel mehr, was man von ihm lernen kann. Vor allem sein bewusstes Leben in der Naherwartung und Gegenwart Christi ist mir bei der Beschäftigung mit seinem Leben wichtig geworden. Er sprach davon, dass der Auferstandene uns »fortwährend umschwebt«, eine Formulierung, die mir nur bei ihm begegnet ist. Unvergesslich sind mir seine »Merks«, eine wohl von Blumhardt ganz eigene Wortschöpfung für das sanfte Reden des Geistes Gottes und das Empfinden seines Willens in der jeweiligen Situation. »Jesus ist Sieger« – das vor allem war Blumhardts Thema, und es schlägt sich nieder in seinem Lied »Dass Jesus siegt, bleibt ewig ausgemacht«.

Eine halbe Stunde später traf ich dann auf dem »Missionsberg« in Bad Liebenzell ein, dem Domizil der Liebenzeller Mission. Es ist eine geradezu spannende Geschichte, wie auch dieses Werk in seiner Anfangszeit wiederum mit dem Hamburger Holstenwall verbunden war. Manchmal habe ich den Eindruck, Gott hat ein riesiges Mosaik geschaffen, bunt und vielfältig, in dem alles irgendwie zusammengehört. Heinrich Coerper (1863–1936), der Gründer der Liebenzeller Mission, war ein Freund von Johannes Röschmann, jenem Pfarrer, mit dem die Geschichte der Hamburger Freien evangelischen Gemeinde (damals: Philadelphia-Gemeinde) begann. Erst als Coerper dort in große Raumnot geriet und die Türen im Norden anscheinend für ihn verschlossen waren, zog er mit seiner Mission in den nördlichen Schwarzwald nach Bad Liebenzell.

Die Nachmittagsveranstaltung wurde vom Leiter der Liebenzeller Heimatmission moderiert. Im Vorstellungsinterview fragte er mich nach meinem persönlichen Wunsch für mein Leben, und ich antwortete, wie sehr ich mich danach sehne, das zu verkörpern, was mein Glaube ist: ein vertrauensvolles und uneingeschränktes Leben mit Jesus Christus. Bei seiner zweiten Frage nach meinem Wunsch für die FeGs sprach ich aus, was ich seit vielen Jahren als Wunsch in mir trage – nicht nur für die Freien evangelischen Gemeinden, sondern für die gesamte pietistisch-evangelikale Welt in unserem Land: Wir brauchen dringend quellfrisches Leben, nicht nur in unseren Predigten und Liedern (auch da!), sondern ganz praktisch im Alltagsbereich. Zunehmend mache ich mir Sorgen, dass unser Glaube in Verkrustungen erstarrt. Zwar predigen wir das Richtige, aber wir leben es so wenig! Und was noch gefährlicher ist: Wir merken es nicht einmal. Oder aber wir geben es nicht zu!

»Hofacker-Konferenzen« hießen diese »Christustage« früher, sie erinnerten an den schwäbischen Pfarrer Ludwig Hofacker (1798–1828), der mit seinen Predigten Tausende von Menschen erreichte, aber bereits mit 30 Jahren starb. Inzwischen liegt es Jahre zurück, als ich zum ersten Mal bewusst auf seinen Namen und sein Leben stieß, ich will erzählen, wie es dazu kam. Ich war als Bundespfleger in Norddeutschland unterwegs und hatte in Hohenlockstedt zu predigen, einer kleinen Stadt in Schleswig-Holstein. Am späten Abend traf ich bei dem Gemeindepastor ein, das Pastorenehepaar war nicht da, und der Sohn führte mich in das Zimmer, in dem ich übernachten sollte. Müde und ein wenig hungrig machte ich mich für die Nacht zurecht. Aber dann entdeckte ich im Bücherregal zwei dicke Predigtbände von Ludwig Hofacker, die mich wieder wach werden ließen. Im ersten Band fand ich eine kurze Lebensbeschreibung über ihn. Ich las und las und habe mir die beiden Bände schließlich selbst gekauft, auch noch weitere Bücher über sein Leben.

Seinen Freunden und Kommilitonen in Tübingen schrieb Hofacker: »Lasst euch nicht alles in Gedankenformen zerschmelzen. In der Bibel ist lauter Realität.« Und im Blick auf seine Predigten zog er das Resümee: »Ich werde, je länger ich predige, desto einfacher und finde, dass nicht der Schmuck der Worte, sondern selbst bei dem kunstlosesten, vielleicht sogar holperigen Vortrag eine gewisse Herzlichkeit fast alles ausmacht. Man muss es dem Prediger abfühlen, er suche das Heil der Seelen.« Man kann als Prediger vieles von ihm lernen. So schreibt er: »Ich möchte manchmal zweifeln, ob ich jemals für einen evangelischen Prediger tauge. (...) Rede ich in der Einfalt?« Einfalt bedeutete für Hofacker: Keine Hintergedanken, keine versteckten Motive, nicht primär den Menschen gefallen wollen! Hofacker war in den wenigen Jahren, die ihm zur Verfügung standen, ein im besten Sinn begnadeter Prediger. Sonntags kamen Tausende in die Stuttgarter Leonhardskirche, um ihn zu hören. Man musste mindestens eine Stunde vor Beginn des Gottesdienstes in der Kirche sein, um überhaupt noch einen Platz zu finden. Wir sollen die »Väter« nicht kopieren, sondern kapieren – Ludwig Hofacker ist solch ein Vater für mich. Ich will »kapieren«, was sein Geheimnis war.

Ebenfalls noch im Juni 2004 fand in Gießen der »Auf!-Kongress« statt, eine Tagung unserer Inland-Mission. Es ging um geistliches Leben in alten und jungen Gemeinden, um die Motivierung und Ermutigung der Mitarbeiter, auch um Gemeindeneugründungen. Zugleich feierte die Inland-Mission, die im BFeG für Evangelisation und Gemeindeneugründungen zuständig ist, ihren 100-jährigen Geburtstag. Hauptredner war Bill Hamel, Präsident der Evangelical Free Church in den USA. Selbstverständlich war sein Vortrag vom amerikanischen Background geprägt, aber Bill gab auch viele praktische Tipps und Hinweise für unsere Situation in Deutschland weiter. Vor allem sprach er eindrücklich über Visionen und Leitbilder. Er hielt es für wichtig, dass jede FeG ein Wunsch- und Leitbild vor Augen hat, die entscheidenden Schritte dahin formuliert und sich auch daran hält. Auch ein Gemeindebund braucht solche Ziele. Vielleicht hing es auch damit zusammen, dass wir als Bundesleitung in der darauffolgenden Klausur (März 2005) das Ziel »In 10 Jahren 100 neue Gemeinden« ins Auge fassten.

Am Freitagabend fand dann die große Jubiläumsveranstaltung statt. Das Festprogramm enthielt so viele Beiträge, dass es bereits sehr spät war, als ich mit der Predigt begann. Ich startete mit der Geschichte von einem Pastor, der eine lange Predigt hielt und dabei kein Ende fand. Als ihm endlich auffiel, dass die Konzentration seiner Gemeinde nachließ und einige seiner Leute bereits mit dem Schlaf kämpften, sagte er: »Eigentlich hätte ich euch noch so viel zu sagen, aber der Herr Jesus flüsterte mir gerade ins Ohr, dass ich aufhören soll« – worauf einer seiner Zuhörer spontan das Lied »Welch ein Freund ist unser Jesus« anstimmte. Aber während der anschließenden Nachtfahrt nach München (dort wartete die nächste Veranstaltung der Impulstour auf mich) fragte ich mich: Ist es sinnvoll, eine Predigt mit einem Lacher zu beginnen? Einerseits: Ja. Ich liebe es, wenn es in einem Gottesdienst auch etwas zu lachen gibt. Andererseits: Worauf setze ich dabei? Was traue ich dem Heiligen Geist in solch vorgerückter Stunde noch zu? Gegen drei Uhr am Morgen erreichte ich mein IBIS-Hotel in Garching bei München.

Am Sonntag nach dem Münchener Impulstag (ein Raum mit 4000 Plätzen und 400 Besuchern) predigte ich in der FeG München. Trotz der großen Entfernung von Witten war ich einige Male hier – besonders in der Anfangszeit, als die Gemeinde noch kein Haus hatte und sich sonntags im Haus des CVJM zu Gottesdiensten traf. Sogar mit einer Berufung nach München hatten meine Frau und ich uns vor Jahren beschäftigt, der damalige Pastor Hermann Schürenberg hatte uns darauf angesprochen. Mit ihm begann die Geschichte der FeGs in München und Umgebung. Als er noch Gemeindepastor in Nürnberg war, hielt er 1963 einen evangelistischen Vortrag im Konferenzsaal des Münchener Hauptbahnhofs. Die Miete von 100 DM bezahlte eine Zugsekretärin der Deutschen Bundesbahn, die über ein Gespräch mit einem Nürnberger FeG-Mitglied zum Glauben an Jesus gefunden hatte. Im November 1964 folgten dann weitere drei Vortragsabende, diesmal im Deutschen Museum, Hermann Schürenberg selbst lud mit dem Slogan »Ohne Gott ist alles sinnlos« dazu ein. Die 400 DIN-A1-Plakate dafür zahlte er aus eigener Tasche. Nicht jeder in seiner Nürnberger Gemeinde unterstützte ihn, und der Bundesleitung der FeG schien das Unternehmen wohl nicht seriös genug. Es war wie so oft bei den Pionieren im Reich Gottes: Die ersten

Schritte müssen sie manchmal einsam und von vielen unverstanden gehen.

Wenn ich bei Schürenbergs in ihrer Schwabinger Wohnung übernachtete, wurde mir bewusst, welch hohen Anteil Elfriede Schürenberg an dem Weg ihres Mannes hatte. Mit großer Weisheit unterstützte sie ihn, beriet ihn und betete mit ihm. Außerdem hatten die beiden ein offenes Haus, für viele der Gemeindemitglieder werden sie geistliche Eltern gewesen sein. Wie die beiden mir später in ihrem Ruhestand zur Hilfe bei der Krebserkrankung meiner Frau wurden, habe ich bereits erzählt, selten habe ich so unmittelbar eine tröstende Nähe von Menschen erlebt.

Und von noch einer weiteren Veranstaltung während dieser Zeit will ich erzählen, sie findet jedes Jahr im Juni in Berlin statt, im Französischen Dom am Gendarmenmarkt. Der Bevollmächtigte des Rates der Evangelischen Kirche am Sitz der Bundesregierung lädt ein zum »Johannisempfang«. Als ich dort eintraf, war die Kirche dicht gefüllt mit Vertretern aus Politik, Kultur und den Kirchen. Prälat Dr. Reimers, der damals das Amt des Bevollmächtigten wahrnahm, las bei seiner Begrüßung den Text der Tageslosung aus 2. Könige 6,16: »Fürchte dich nicht, denn derer sind mehr, die bei uns sind, als derer, die bei ihnen sind.« Zunächst knüpfte er mit dem Bibeltext an die politischen Mehrheitsverhältnisse an und erntete ein Lachen. Dann sprach er von der Gegenwart Gottes in ausweglosen Situationen.

Ich war Dr. Stephan Reimers bereits vor einigen Jahren in Hamburg begegnet, damals war er noch Leiter des Diakonischen Werkes in der Hansestadt und Gast bei einem Abendessen mit Bundesleitung und Stiftungsvorstand im Niendorfer Mutterhaus. In Hamburg hatte er in jenen Jahren die Obdachlosenzeitschrift »Hinz und Kunzt« ins Leben gerufen, ein Straßenmagazin, das obdachlosen Menschen einen gewissen Verdienst ermöglichte. Andere Städte übernahmen seine Idee.

An Reimers Begrüßung schloss sich dann der Ratsvorsitzende

der EKD mit einem Vortrag an. Wolfgang Huber sprach über das Thema »Kirche – ein Global Prayer« und machte dabei den Anwesenden bewusst, dass diese Bezeichnung nicht als Rückzugsparole verstanden werden darf. Der Wechsel des einen Buchstabens signalisiere: Die Kirche sei nicht einfach ein Mitspieler (Global Player) neben anderen, sondern beteilige sich an der weltweiten Verantwortung auf ihre eigene Weise, eben mit dem Gebet (Global Prayer). Wolfgang Huber im O-Ton: »Aus der Haltung des Gebets heraus nehmen wir teil an den Nöten unserer Welt und mühen uns um unseren Beitrag zu mehr Gerechtigkeit. Aus der Haltung des Gebets heraus warten wir auf Gottes Zeit und tragen Verantwortung in je unserer Zeit. Aus der Haltung des Gebets heraus sind wir bis in die letzten Wochen hinein dafür eingetreten, dass der Horizont aller menschlichen Verantwortung auch in die neue Verfassung der Europäischen Union Eingang finden sollte.«

Erstaunlich, wie viel politische Prominenz gekommen war: die (damalige) Fraktionsvorsitzende Angela Merkel, die Familienministerin Renate Schmidt, der Verkehrsminister Manfred Stolpe, die Bundestagsvizepräsidentin Antje Vollmer, auch der frühere Bürgermeister und Bundespräsident Richard von Weizsäcker. Ich habe diesen Abend noch in besonderer Erinnerung, weil ich bei dieser vielfältigen Zusammensetzung ein erstaunlich konzentriertes Hören auf Hubers Worte empfand. Es wurde deutlich, wie sehr das Gebet für die globale Politik mit ihren schwierigen und manchmal unlösbar scheinenden Herausforderungen eine besondere Art der Mitwirkung sein kann. Unter Politikern scheint es eine Sehnsucht nach solchen Betern zu geben, einige Male fiel mir das bei Begegnungen mit ihnen auf. Zum Abschluss sangen wir gemeinsam das Lied, mit dem Wolfgang Huber seinen Vortrag über die »Global Prayer« begonnen hatte:

Ist uns die Sonn zur Ruhe gegangen,
weckt sie die Brüder überm Meer,

und stündlich neu wird angefangen
ein Loblied, dass dich preist, o Herr.[36]

Als ich am nächsten Morgen vom Hotel in Berlin nach Frankfurt zur letzten Veranstaltung der Impulstour aufbrechen wollte, übertrug der Sender »Phoenix« die Bundestagsdebatte zur EU-Verfassung aus dem Reichstagsgebäude. Angela Merkel setzte sich für den Gottesbezug in der Präambel ein. Franz Müntefering, der als nächster Redner an der Reihe war, ärgerte sich offensichtlich über den Anspruch der CDU, eine »christliche« Partei sein zu wollen. Er empfahl der Fraktionsvorsitzenden, doch einmal in die Bibel zu schauen. Dort stünde, dass man wahre Christen an ihren Werken erkenne und nicht an der Verfassung oder ihren Redebeiträgen. Nur ungern verließ ich den Fernseher und machte mich auf den Weg in die Mainmetropole.

Technischer Fortschritt

Ich hatte mir angewöhnt, vieles unterwegs zu erledigen, mit entsprechender technischer Ausrüstung war das kein Problem. Aber das war nicht immer so. Als ich 1973 mit der Bundesjugendarbeit begann, war Gunhild Leppert meine Mitarbeiterin und Sekretärin. In den zehn Jahren Bundesjugendarbeit schrieb sie fast alles für mich, was zu schreiben anfiel: meine Korrespondenz, Protokolle, Zeitschriftenartikel, auch meine ersten Bücher tippte sie von meinen handgeschriebenen Seiten ab.

Als ich dann 1983 Bundespfleger wurde, wechselte auch Gunhild den Arbeitsbereich, und Monika Hohenhoff begann als Sekretärin im Bundeshaus. Sie wurde für das Sekretariat des Präses und des Bundespflegers eingestellt. Karl Heinz Knöppel wohnte nach wie vor in Siegen und kam eher sporadisch in sein Wittener Büro. Dann aber erwartete er, dass ihm seine Sekretärin zur Ver-

447

fügung stand. Und auch ich war nicht regelmäßig anwesend. Manchmal, wenn ich auf längere Dienstreisen ging oder auch vor unserem Familienurlaub, sprach ich vorher noch viele Briefe aufs Band. Sie sollten möglichst umgehend geschrieben werden, da ich sie noch vor meiner Abreise unterschreiben wollte. So hatte es Monika Hohenhoff mit sporadisch verfügbaren Chefs zu tun, das machte ihre Arbeit nicht gerade leicht. Glücklicherweise behielt Erika Engels bei allem die Übersicht, sie stand als Sekretärin und Büroleiterin viele Jahre dem Geschäftsführer zur Seite. Fast alle Fäden liefen bei ihr zusammen. Gab es Fragen, Überschneidungen, Zusammenstöße oder sonst irgendwelche Schwierigkeiten, dann fand Erika Engels meist eine Lösung. Als sie dann in den Ruhestand ging, übernahm Heike Escher ihren Aufgabenbereich.

Während ich zu Beginn meiner Arbeit in Witten noch viele Briefe ins Diktiergerät sprach, übernahm später der Computer weitgehend diese Aufgabe. Jüngere Leute können sich heute kaum noch vorstellen, was für eine tief greifende Umstellung das war. Es muss das Jahr 1990 gewesen sein, als Wolfgang Schulze und ich mit einem Commodore-Laptop vertraut gemacht wurden. Andreas Junge, der zum »PUNKT«-Team gehörte, führte uns in die Bedienung dieses Laptops ein. Nach heutigen Maßstäben war es allerdings kein Laptop, sondern ein »Schlepptop«, denn es war gar nicht so einfach, das schwere Ding mit auf Dienstreisen zu nehmen. Und vom Vertrautsein mit dem Gerät konnte zumindest bei mir am Anfang noch keine Rede sein. Am Anfang trübte er auch nicht selten unser Eheglück.

Ich hatte einen Freund in Wuppertal-Ronsdorf, der mir treu in allen Computerproblemen zur Seite stand. Wenn ich gar nicht mehr weiterwusste, brauchte ich ihn bloß anzurufen. Zweimal war ich bis nach Mitternacht bei ihm, mit außerordentlicher Geduld führte er mich in die Geheimnisse meines Laptops ein. Einmal stimmte die Tastatur plötzlich nicht mehr, die gedrückten Tasten schrieben nicht mehr das, was sie laut Aufschrift schreiben sollten.

Das »Z« wurde zum »Y«, die Umlaute blieben weg, ich vermutete einen schwerwiegenden Hardware-Fehler. Aber in Wirklichkeit hatte ich nur ungewollt die Tastatursprache gewechselt, überraschenderweise schrieb ich nun nach der Anordnung der englischen Tastatur. Mein Freund in Ronsdorf führte mich mit »fernmündlichen« Anweisungen auf das mir vertraute Terrain zurück. Übrigens: Mein zweiter Laptop hatte damals eine Festplatte mit 40 MB, und ich war mächtig stolz darauf. Die Festplatte des darauffolgenden Computers besaß die sagenhafte Menge von 60 MB, unvorstellbar, wenn ich daran denke, dass mein aktuelles Notebook jetzt 500 GB zur Verfügung hat (1 GB = 1024 MB).

Doch mit den Jahren wurden die Laptops kleiner und ihr Fassungsvermögen größer, inzwischen war ich mit einem Notebook von Sony unterwegs. Reiste ich mit dem ICE, dann wählte ich meinen Sitzplatz so, dass eine Steckdose in der Nähe war, und gegen Ende meiner Dienstzeit hatte ich sogar einen Surfstick, mit dem ich beinahe von jedem Ort ins Netz kommen konnte. Die Arbeit mit diesen technischen Errungenschaften wurde immer selbstverständlicher für mich, und nur so konnte ich auch auf meinen Reisen mein Arbeitspensum bewältigen. Schaue ich heute in meine alten Kalender, so frage ich mich, wie ich nur so verrückt planen konnte, und ich bewundere meine Frau, die trotz allem bei mir blieb.

In den ersten 20 Jahren meines Reisedienstes rief ich sie am Tag von irgendeinem Münzfernsprecher an, meist aber passierte das erst am Abend in meinem Übernachtungsquartier. Mitte der 90er-Jahre bekamen die beiden Bundessekretäre und ich dann Handys zur Verfügung gestellt – sie waren allerdings nicht so klein und gefällig, wie wir sie heute kennen, sondern groß und ein wenig klobig. Ich weiß noch genau den Streckenabschnitt auf der Autobahn, als ich zum ersten Mal unterwegs einen Anruf bekam. Edelgard rief mich an, es war ein unbeschreibliches Gefühl. Heute, wo bereits jeder unserer Enkelsöhne ein Handy besitzt, braucht es schon eine enorme Vorstellungskraft, um nachzuempfinden, wie das früher war. Noch gravierender muss die Umstellung für die unter uns gewesen sein, die bis zur Wende 1989 in der DDR gelebt haben. Jahrelang mussten sie auf die Genehmigung eines eigenen Telefonanschlusses warten – wenn sie ihn überhaupt bekamen.

Auch bei den Navigationsgeräten geht mir das so, dass ich kaum begreifen kann, wie wir früher ohne sie unsere Wege und Ziele gefunden haben. Klar ging das auch, man kannte es ja nicht anders, aber leicht war es nicht. Manchmal, wenn ich in einer Stadt eine Adresse aufsuchte, lag der Stadtplan neben mir auf dem Beifahrersitz. Kamen noch Regen und Dunkelheit hinzu, wartete ich oft sehnsüchtig auf eine rote Ampel. Sie verschaffte mir die Möglichkeit, einen Blick in den Stadtplan zu werfen. Es war ja schwierig, im laufenden Stadtverkehr eine Haltebucht zu finden. Bei den ersten Navigationsgeräten gab es auf dem Display noch keine Straßenkarten, geschweige denn eine 3-D-Ansicht. Man sah schlichte Pfeile nach links und nach rechts und hörte dazu die entsprechende Anweisung. Auch das war noch in den 90er-Jahren so, ist also noch gar nicht so lange her.

Ich vergesse nie, dass Erhard Diehl davon sprach, es gebe nun ein Gerät, bei dem ein Schriftstück über eine Telefonleitung von einem zum anderen Ort übertragen werden könne. Er sah darin geradezu eine bahnbrechende Erfindung. Heute allerdings spielt das Faxgerät keine besondere Rolle mehr. Nein, nicht jeder technische Fortschritt ist ausnahmslos gut, in der Regel hat er eine gute und eine schlechte Seite. Nicht nur die alten Geräte waren irgendwann überholt, auch ganzen Berufsgruppen erging es so. Und die Entwicklung wird weitergehen – für einen älteren Menschen klingt das bedrohlich, aber für die Jungen öffnen sich dadurch wieder neue Möglichkeiten.

Nur an einer stillen Stelle ...

Aber trotz all dieser technischen Errungenschaften und zeitsparenden Arbeitsmöglichkeiten blieb die Frage: Bin ich zu viel unterwegs? Stimmt das Verhältnis von Arbeit und Stille bei mir? Ich erinnere mich an ein spannungsreiches Gespräch, das ich bereits während meiner Seminarzeit in Ewersbach mit unserem Rektor hatte. Noch immer arbeitete ich damals bei den Ronsdorfer Hollandfreizeiten mit, und ich bat Friedhelm Sticht um die Genehmigung, nach Wuppertal zu einem »Hollandabend« fahren zu dürfen, denn ich war aktiv am Programm beteiligt und hatte den (trügerischen) Eindruck, dass es ohne mich nicht ging. Der Hollandabend fand jeweils einige Wochen nach der Freizeit statt, es war ein großes Ereignis, zu dem über den Teilnehmerkreis hinaus auch die Eltern und die ganze Gemeinde eingeladen wurden. Aber unser Seminarrektor Friedhelm Sticht war der Meinung, mein Kontingent an Reisen sei inzwischen aufgebraucht (man benötigte damals zu jeder Fahrt, die eine Übernachtung einschloss, noch die Genehmigung des Rektors). Selbstverständlich sah ich das anders, und unser Gespräch wurde zunehmend schwieriger.

Bei dieser Gelegenheit sagte er einen Satz, den ich heute noch in Erinnerung habe: »Bruder Strauch, werden Sie nicht zum Hans Dampf in allen Gassen!« Hatte er recht? Stand ich wirklich in dieser Gefahr?

Seit meinem Buch »Entdeckungen in der Einsamkeit« gehörte die erste Woche des Jahres meiner persönlichen Stille. Dann fuhr ich für einige Tage an einen einsamen Ort, um mit Gott und mir allein zu sein. Außer meiner Frau wusste dann niemand, wo ich zu erreichen war. Viele Jahre bin ich zu dieser Klausur nach Holland gefahren, aber in den letzten zwanzig Jahren habe ich sie meist an der Ostsee verbracht. Ich bin glücklich, dass Edelgard diese »Stille Zeit« immer unterstützte, jetzt – im Ruhestand – habe ich damit aufgehört.

Weshalb machte ich das? Was war das Ziel? Auslöser war die Situation, die 1980 zu meinem ersten Aufenthalt an der holländischen Küste geführt hatte. Mir war klar, so etwas könnte sich jederzeit wiederholen, wenn ich meinen Lebensrhythmus nicht grundsätzlich korrigierte. So hörte ich zum Beispiel auf, Anfragen direkt zu beantworten. Das gab mir die Möglichkeit, sie noch einmal mit klarem Kopf zu durchdenken, Möglichkeiten und Grenzen abzuwägen und vor allem darüber zu beten. Auch meine Frau konnte ich mit ihrer Einschätzung einbeziehen. Sie kennt mich am besten, auch meine Stärken und Schwächen, und sie hat oft genug miterlebt, wie ich an meine Grenzen stieß, wenn mir alles zu viel wurde.

Ich bin Besitzer eines kleinen Neuen Testamentes von den Gideons, das nahm ich bei meinen Spaziergängen mit, manchmal auch eine kleine »Senfkornbibel«. Nachdem ich zuvor in meinem Quartier den Losungstext oder den Bibeltext des Tages gelesen hatte, machte ich mich auf den Weg und las unterwegs den Text Satz für Satz betend durch. Das Beten war gleichzeitig ein bewusstes Hören. Immer noch mache ich gute Erfahrungen damit. Schon früh gab mir jemand den Tipp, meine Bibel nicht zu schonen – und er meinte nicht nur, was das Lesen betrifft. Ich begann, in meine Bibel zu schreiben, seit meiner Teenagerzeit arbeite ich dabei mit einem Farbsystem: Ich markiere »rot«, was die rettende Liebe Gottes betrifft; »braun«, wenn es um Sünde geht; »gelb« die Hinweise auf den Heiligen Geist und »grün«, was ich dabei zu tun habe.

Hinzu kommen Notizen, die ich mir an den Rand oder zwischen die Zeilen schreibe. Früher habe ich dazu Bleistifte benutzt, heute nehme ich einen Tintenschreiber mit kleinster Spitze. So finden sich viele Notizen an den Rändern meiner Bibel, oft auch ein Datum als Erinnerung an besondere Momente und Entscheidungssituationen oder ganz besondere Hinweise Gottes. Neben Psalm 28 habe ich zum Beispiel das Datum 8. 9. 82 notiert. Es erinnert an eine Grenzsituation, verknüpft mit meiner Wahl als Bundespfleger; Gott gab mir damals den Vers 8: »Der Herr ist seines Volkes Stärke, Hilfe und Stärke für seinen Gesalbten.« Neben Jesaja 38,17 steht die Notiz: »Anruf von H. Rust«, auch daran erinnere ich mich. Ich war unterwegs auf der A4 bei Eisenach, als ich auf meinem Handy einen Anruf von Heiner Rust bekam. Heiner ist Baptistenpastor, und wir sind uns öfter auf Sitzungen begegnet. Er habe ein Bibelwort für mich bekommen, sagte er mir am Telefon, und dann las er es mir vor: »Siehe, um Trost war mir sehr bange. Du hast dich meiner Seele herzlich angenommen, dass sie nicht verdürbe; denn du wirfst alle meine Sünden hinter dich zurück.« Das war wie Balsam für meine Seele. Neben 1. Chronik 28,20 steht: »Wort von F. Laubach auf der Kreiskonferenz in Erda, 22.6.03«. Das war während der Zeit, in der ich gesundheitliche Probleme hatte – wenige Wochen vor unserer Reise nach Teneriffa. Fritz Laubach hatte mich damals nach der Predigt angesprochen und mir dieses Bibelwort gesagt.

Neben Hesekiel 8 habe ich notiert: »16./17. 11. 01, Kirchheim, nachts aufgewacht.« Auch an die Situation erinnere ich mich gut. Ich übernachtete im Rasthof am Kirchheimer Dreieck und hatte am Abend viel zu lange ferngesehen. Und es waren nicht die besten Bilder, die ich sah. Irgendwann in der Nacht war ich plötzlich hellwach und schlug – wie auf einen Befehl – dieses Kapitel auf. Es ist eine merkwürdige Geschichte, die in diesem Text berichtet wird: Der Prophet wird im Geist an das Nordtor des Jerusalemer Tempels versetzt, dort sieht er unmittelbar neben der Herrlichkeit Gottes ein schreckliches Götzenbild, vermutlich das Bild der Aschera. Von dort wird er weiter in einen verborgenen Raum geführt, in die Wände sind scheußliche (unreine) Tiere geritzt. 70 Älteste haben sich dort heimlich versammelt und beten diese Geschöpfe an. Und der Gipfel der Selbsttäuschung ist, dass sie glauben: Der Herr sieht uns nicht (Vers 12). Ich erinnere mich nicht mehr, ob ich nach dieser Bibellese wieder eingeschlafen bin, aber ich weiß, dass dieser Text wie ein grell blinkendes Warnlicht für mich war. Und ich wusste sofort, er gilt mir.

Ein ganzes Buch könnte ich über solche Erfahrungen mit Bibeltexten schreiben, besonders intensiv erlebte ich sie während meiner Klausuren zum Jahresbeginn.

Leider habe ich nicht mehr alle Bibeln, die ich im Laufe der Zeit benutzte. Zuerst war es eine Lutherbibel mit dem Text von 1912, vermutlich könnten meine Enkel sie gar nicht mehr lesen, denn sie war noch in der alten Frakturschrift gedruckt. Auch mit der Lutherbibel von 1975 habe ich gearbeitet. Danach folgte über einen langen Zeitraum die Einheitsübersetzung; trotz aller Kritik halte ich sie für eine Übersetzung, die am ehesten einen guten Ausgleich zwischen Genauigkeit und unserem aktuellen Sprachempfinden trifft. Interessanterweise arbeite ich nun seit einigen Jahren wieder mit der Lutherübersetzung, diesmal mit der Revision von 1984. Ich liebe ihre markante und einprägsame Sprache.

Aber es gab auch Bücher, die ich in meinen Klausuren zum Jahresbeginn las. Während ich normalerweise für ein breites Spektrum an Buchthemen plädiere, wählte ich für meine Klausur nur solche Titel aus, von denen ich wusste, dass sie mich geistlich prägen können. Das waren zum Beispiel die Bücher von Klaus Bockmühl (1931–1989), besonders sein letztes Buch mit dem Titel »Leben mit dem Gott, der redet«. Klaus Bockmühl war Dozent am Predigerseminar St. Chrischona, später Professor für Theologie und Ethik am Regent College in Vancouver. Ich bin ihm zuerst während meiner Zeit in Hamburg auf einer Miko-Klausur begegnet. Dr. Fritz Laubach hatte ihn eingeladen, und schon damals haben mich seine Ehrlichkeit und Konsequenz beeindruckt. Bockmühl war von Frank Buchmans »Moralischer Aufrüstung« und vom »Marburger Kreis« geprägt. Vor allem gehörte auch er zur Riege derer, die durch das Zeugnis des Essener Jugendpfarrers Wilhelm Busch zum Glauben fanden. Das Buch »Hören auf den Gott, der redet« hat er noch unmittelbar vor seinem Sterben am

10. Juni 1989 fertiggestellt. Vielleicht ist es von seinen vielen theologischen Büchern das wichtigste Buch. Horst-Klaus Hofmann berichtet, dass der krebskranke Bockmühl noch wenige Monate vor seinem Tod auf einen Zettel schrieb, was er an die nächste Generation unbedingt weitergeben wollte: »Spiritualität ist die Krone der Theologie – Stilles Ausharren im Gebet und Hören auf den Gott, der redet – Vereinfache dein Leben dafür.«

Ein anderes Buch, das mich in einer persönlichen Klausur so sehr beschäftigt hat, dass ich auch hier darüber schreiben will, trägt den Titel »Theologie der Erweckung« (ich habe bereits daraus zitiert). Sein Autor ist Richard Lovelace, und er gehört mit seinem Buch irgendwie zu meiner Biografie. Oft trieb mich die Sehnsucht nach einem intensiven geistlichen Leben. Von Anfang an war mir klar, dass es im liberalen Christentum nicht zu finden ist. Aber auch die fromme Rechtgläubigkeit, die ich manchmal in meinem Umfeld erlebte, enttäuschte mich. Richard Lovelace war von Haus aus kein Christ, erst durch das Buch des Katholiken und Trappisten Thomas Merton (1915–1968) erfuhr er zum ersten Mal, dass hinter der Schönheit und Ordnung der Natur die schöpferische Weisheit Gottes liegt. So begab er sich auf die Gottessuche. Liberale protestantische Freunde reagierten darauf hocherfreut, aber Lovelace nahm sie nicht ernst, ihr Leben zog ihn nicht an. Er schreibt: »Mir erschien ihr Glaube verwüstet und seiner Übernatürlichkeit beraubt. Da war zwar menschenfreundliche Moral, aber keine echte Frömmigkeit.« Auf den dringenden Rat eines Freundes hin begann er dann die Bibel zu lesen: »Da wurde mir der unüberbrückbare Abstand von Sünde und Schuld bewusst, der mich von Gott trennt.« Aber niemand verstand ihn. Richard bekam dann Kontakt zu fundamentalistischen Christen, aber auch sie waren nicht attraktiv für ihn, er empfand ihr Singen, Beten und Predigen als hohl. Doch dann fand er schließlich zum Glauben an Jesus Christus.

Lovelace entschied sich, Kirchengeschichte zu studieren. Dabei lag sein besonderer Schwerpunkt auf Pietismus und Puritanismus. Er wollte herausfinden, weshalb diese protestantischen Bewegungen zur Evangelisation und zu sozialen Aktionen führten. Sein Ziel war es, Hauptströme des geistlichen Lebens herauszuarbeiten, die die Kirche in der Vergangenheit bewegt haben. Und eine wichtige Erkenntnis seines Studiums war: Eine Reform der Lehre und Ordnung der Kirche bleibt wirkungslos, wenn das persönliche Leben der Menschen nicht reformiert und erneuert wird!

Lovelace sieht vor allem drei Ursachen für den Verlust geistlichen Lebens in der evangelikal-pietistischen Welt: billige Gnade, Gesetzlichkeit und Moralismus. Er ist überzeugt, dass wir Evangelikale aus einem bloßen Kopfglauben orthodoxer Lehre wieder zu der Erfahrungswirklichkeit geistlichen Lebens finden müssen. Die Wirkung echter Erneuerung der Gemeinde beschreibt er mit dem Satz, den der Erweckungsprediger Jonathan Edwards (1703–1758) von seinem Großvater übernahm: »Ihre Rechtgläubigkeit glich nicht länger einer geheimnisvollen Landkarte von fernen Ländern, die sie nie gesehen hatten, sondern einem klaren Führer zu Erfahrungsbereichen, die ihnen täglich zuteilwurden.« Und das war genau das, was auch mich bewegte, wenn ich an unsere Gemeinden und Gemeinschaftskreise dachte. Im Grunde ist es zeitlebens mein Thema geblieben.

Auch viele andere Bücher könnte ich nennen, die mich geistlich geformt haben oder zumindest zum Nachdenken brachten. In meiner Biografie spielen sie eine kaum zu unterschätzende Rolle. Dazu gehören Autoren wie John Stott, Francis Schaeffer, Corrie ten Boom, Leanne Payne, Eugenia Price, Os Guiness, Johannes und Wilhelm Busch, Helmut Thielicke, ebenso viele der alten pietistischen Väter: Johann Christoph Blumhardt, Ludwig Hofacker, Oswald Chambers, Johannes Roos, Ernst Modersohn, Johannes Seitz. Auch Karl Barth gehört in diese Reihe, sein Buch »Einführung in die evangelische Theologie« war eine echte Entdeckung für mich, ebenso seine Biografie von Eberhard Busch.

In der Regel schrieb ich mir während meiner Klausur (und nicht nur da) Zitate aus den Büchern in kleine Notizhefte, die ich dann bei mir trug. So konnte ich sie während des Tages »abrufen«, darüber nachdenken und beten. Darüber hinaus versuchte ich den Extrakt meiner Klausur am Ende schriftlich festzuhalten. Oft schrieb ich ihn mir in Form einer persönlichen Verpflichtung auf. Hinzu kamen meine Tagebuchaufzeichnungen, bei denen es allerdings immer wieder große Lücken gab. Während meiner Klausur zum Jahresanfang ging ich auch kritisch meinen alten Terminkalender durch: Was war gut und was weniger gut? Welche Motive führten mich zu meinen Zusagen? Auf welchen Termin hätte ich besser ganz verzichten sollen? Und auch meine neue Jahresplanung schaute ich mir noch einmal sorgfältig an, obwohl daran in der Regel kaum noch etwas zu ändern war.

Vielleicht klingt vieles hier ein wenig zu rund. Nicht alles, was ich mir vornahm, habe ich auch ausgeführt. Und doch halfen mir diese Klausuren am Jahresbeginn, disziplinierter und konsequenter zu leben. Vor allem aber waren sie ein Antrieb für mich, bewusster aus der Quelle des Lebens zu trinken und abgestandene Zisternen in meinem Hunger nach Leben zu entlarven und möglichst für die Zukunft zu meiden. Wer nicht darauf achtet, der vertrocknet schnell – zu seinen Lasten und zu Lasten der Menschen, für die er verantwortlich ist. Nicht zufällig beginnt Paulus sein Hirtenwort an die Gemeindeältesten von Ephesus mit dem Wort: »Achtet auf euch selbst« – und erst dann setzt er den Satz mit dem Hinweis auf die Herde fort, die ihnen anvertraut ist (Apostelgeschichte 20,28).

Im Krankenhaus

Für manche meiner Leserinnen und Leser wird ein Krankenhausaufenthalt, wie er für mich im September 2004 nötig wurde, nichts

Weltbewegendes sein, vielleicht halten sie ihn nicht einmal des Berichtens wert. Ich aber empfand ihn als echtes Problem und habe lange versucht, ihn hinauszuzögern. Nur als Teenager hatte ich einmal kurz im Krankenhaus gelegen, aber es ging dabei um keinen schwerwiegenden Eingriff. Diesmal hatte mein Urologe mich seit Monaten vorgewarnt. Ich hatte eine stark vergrößerte Prostata und mit den sich daraus ergebenden Problemen zu kämpfen – für Männer in meinem Alter nichts Ungewöhnliches. Hinzu kam noch etwas anderes: Der Urologe hatte auch ein Gewächs am Blasenrand festgestellt, konnte aber nicht sagen, ob es gut- oder bösartig war.

Am 6. September machte ich mich schließlich auf den Weg ins evangelische Krankenhaus, meine Frau und unsere älteste Tochter begleiteten mich bis zur Pforte. Nach Aufnahme meiner Daten wurde ich über die mir bevorstehende Operation informiert und durfte dann mein Zimmer beziehen. Es war ein Dreibettzimmer, ein Patient lag bereits da, ich entschied mich für das Bett am Fenster. Wir kamen ins Gespräch, ich erzählte von meinem Beruf und dem, was mir wichtig war, er berichtete mir daraufhin von seinem Bruder, der in der Kirche aktiv sei und ehrenamtlich Hilfstransporte in ein osteuropäisches Land begleite. Während des Vormittags wurde ich einige Male zu Untersuchungen abgeholt, der Urologe machte eine Ultraschallaufnahme und meinte, die Prostata sei sehr groß und rage in die Blase hinein. Wichtig sei aber vor allem zu klären, was es mit dem schwulstartigen Gewebe an der Blasenwand auf sich habe. Erst wenn das geklärt sei, könne man mich operieren.

Am Nachmittag kamen Edelgard und unsere Tochter Christina noch einmal vorbei, wir gingen in den Krankenhauspark, setzten uns auf eine Bank und sprachen und beteten miteinander. Danach fuhren die beiden nach Hause. Ich ging auf mein Zimmer, und nach dem Abendessen war ich noch einmal im Park und fühlte mich maßlos allein. Es mag für einige theatralisch klingen, ich

458

weiß, viele machen ganz andere Dinge durch, was ist schon eine Prostata-OP! Aber ich habe mich nun einmal entschlossen, in diesem Buch zu schreiben, wie es war. In meinem Tagebuch heißt es dazu: »Ich höre die Lieder von Albert und Andrea Frey. Sie tun mir gut. Denn ich empfinde nicht die Geborgenheit in IHM, die ich sonst kenne.« Seit einigen Wochen war ich Besitzer eines kleinen MP3-Players, und ich hatte mir die Motetten von Johann Sebastian Bach, aber auch Lieder von Albert Frey aufgespielt, die hörte ich vor allem in der ersten Nacht, die einfach nicht enden wollte. Eigentlich hatte ich gehofft, möglichst schnell wieder das Krankenhaus verlassen zu können, die nächsten öffentlichen Termine standen in einer guten Woche an, vor allem eine Sitzung mit den Kreisvorstehern und der Bundestag des BFeG. Aber schon nach der ersten Untersuchung wurde ich auf einen längeren Krankenhausaufenthalt vorbereitet, und es war klar, zu diesen Terminen würde ich noch nicht wieder entlassen sein, geschweige denn aktiv daran teilnehmen können.

Zwei Tage später stand fest: Das Gewebe ist nicht bösartig. Ich wurde operiert, im Anschluss an die OP gehörte ein Katheter zu meiner Ausstattung. Aber es passierte noch etwas: Als ich noch benommen von der OP in meinem Bett lag, kamen zwei Schwestern in den Raum, und eine von ihnen sagte: »Wir wussten ja gar nicht, dass Sie Pfarrer sind.« Dann fragte sie mich, ob ich ein Einzelzimmer wolle. Ich wollte, und ehe ich mich versah, hatten sie mich samt Bett aus dem Raum bugsiert und über den Gang in ein anderes Zimmer geschoben. Es war ein kleines Zimmer mit nur einem Bett, und ich konnte es kaum fassen: Ich wohnte allein! Erst viel später erfuhr ich, dass da jemand nachgeholfen hatte, ich will ihn nicht nennen, es wäre ihm wohl nicht recht. Ich aber genoss die neue Umgebung sehr.

Noch während ich in meinem Dreibettzimmer lag, hatten mich Klaus Kanwischer, unser Geschäftsführer, und Wolfgang Schulze, einer unserer beiden Bundessekretäre, besucht. Wir sprachen über den anstehenden Bundestag und vereinbarten, dass ich ihnen einen Text mitgäbe, der dort verlesen werden sollte. In meiner Einzelsuite war das Schreiben nun kein Problem. Und nicht nur das, nach und nach sammelte sich an, was zu einer guten Büroausstattung gehört. Auch mein Notebook gehörte dazu. Ich schrieb Texte für »Christsein heute« und »idea-Spektrum«.

Am Sonntag kamen auch mein Schwiegersohn Achim und meine Tochter Kerstin ins Krankenhaus, selbstverständlich hatten sie unsere Enkel dabei. Der wenige Wochen zuvor geborene Jonas lag auf meinem Bett, ihm wurden gerade die Windeln gewechselt, als der Krankenhauspfarrer ins Zimmer kam. Ich kannte ihn, weil ich schon einmal zu einem Vortrag in seinem Seniorenkreis war, nach meiner Einschätzung war er ein Ästhet, dem gepflegte Formen wichtig waren. Ich weiß nicht mehr, was er wollte, als er das quirlige Gewusel samt zu entsorgender Windeln in meinem Zimmer sah, zog er sich schnell wieder zurück. Am Abend dieses gefüllten Tages rief kurz nach 22 Uhr noch Johannes Hansen an. Ob er noch schnell vorbeikommen solle. Als ich ihn vorsichtig darauf aufmerksam machte, wie spät es sei, meinte er, das mache nichts, er kenne das Personal.

Ich lag zwar allein auf meinem Zimmer, aber es ist erstaunlich, wie viele Leute in dieser Zeit bei mir vorbeigesehen haben. Auch mein Gemeindepastor Martin kam. Er brachte mir nicht nur frisch gebackenen Pflaumenkuchen von seiner Frau Christiane mit, er betete auch mit mir – und das mit einer solchen Selbstverständlichkeit, dass es für ihn wohl gar keine Frage war. Und das war nicht erst in meinem Einzelzimmer der Fall, sondern auch schon vorher, als ich noch im Dreibettzimmer lag. Ich schreibe das, weil ich weiß, dass sich manche Seelsorger hier nicht ganz sicher sind: Sollst du jetzt beten oder besser nicht? Wünscht es der Kranke, oder wünscht er es nicht? Inzwischen bin ich fest überzeugt: Es ist gut, für den Betroffenen zu beten. Zum einen ist es ja das Beste, was wir ihm geben können, zum anderen ist er in der

Regel auch dankbar dafür. Manchmal habe ich bei Besuchen auch die »Mitbewohner« gefragt, ob sie es wünschen, dass ich sie einbeziehe, und noch nie wurde es mir verwehrt.

Gerhard und Christel

Zu den Menschen, die das Leben meiner Frau und mir über viele Jahre begleiten, gehörten Gerhard und Christel Grosse, ich habe schon einige Male von den beiden erzählt. Immer wieder, manchmal in größeren Intervallen, besuchten wir uns. Als die Grenze zwischen Ost und West gefallen war, wurde es selbstverständlich einfacher. Trotzdem blieb die Entfernung zwischen Witten und Radeburg groß.

Als Gerhard zum ersten Mal dienstlich in die Bundesrepublik reiste, genoss ich es, mit ihm auf den westdeutschen Straßen unterwegs zu sein. Ich wollte ihm zeigen, welche Wagen hier fuhren und vor allem mit welcher Geschwindigkeit. Eigentlich bedeutet mir so etwas nicht viel, aber in diesen Momenten plötzlich doch. War es ein Gefühl versteckter Überlegenheit? Gerhard hatte ab und zu die Möglichkeit, im Auftrag des BFeG zu reisen, wenn es auf unserer Seite die entsprechenden Anlässe und Einladungen gab. Später durfte dann auch Christel in den Westen, sie hatte die Altersgrenze für »Reisen in die BRD« erreicht. Sie lag bei den Frauen etwas niedriger als bei den Männern.

Zunächst war es ein großer Schock, als Edelgard und ich eines Tages hörten, dass Gerhard unter der Parkinsonkrankheit litt. Seine Bewegungen wurden langsam und schwer, das war für ihn und Christel nicht leicht anzunehmen, aber sie haben das vorbildlich gemacht. Von Gerhard habe ich nie ein klagendes Wort gehört. Er nahm die Realität so, wie sie war. Das hatte mich immer schon bei ihm beeindruckt. Während andere gebannt in den Westen starrten und ihn verklärten, ging Gerhard sehr nüchtern damit um.

Als er noch gesund war und die DDR noch existierte, waren wir einmal in Dresden auf einer Kunstausstellung. Vor allem zeitgenössische Künstler der DDR stellten dort ihre Bilder und Skulpturen aus. Eines der Bilder habe ich noch in Erinnerung. Es hatte den Titel »Die Rosa- und die Schwarz-Bebrillten«. Zwei Gruppen von Menschen waren darauf zu sehen, die einen eher dunkel in Arbeitsklamotten, die anderen mit weißen Hemden und leuchtenden Krawatten. Die Schwarzbebrillten hatten einen düsteren und pessimistischen Gesichtsausdruck, die Rosabebrillten standen lächelnd da, aber ihr Lächeln wirkte gekünstelt und aufgesetzt. Gerhard Grosse sah die Welt weder schwarz- noch rosabebrillt. Bei unseren Gesprächen auf Autofahrten war ich jedes Mal überrascht, wie realistisch er Situationen einschätzte, auch wenn es um Politik und Gesellschaft ging. Ich habe viel von ihm gelernt.

Im Mai 2005 waren Christel und Gerhard noch einmal bei uns in Wetter. Den Ostersamstag nutzten wir zu einer Fahrt zum holländischen Keukenhof. Es war ein strahlender Sonnentag, und wir staunten über die unbeschreibliche Blumenpracht. Auch auf die Nordsee warfen wir einen Blick, Gerhard und Christel genossen das sichtlich. Dankbar fuhren wir an jenem Abend zurück. Am Tag darauf hatte ich im Ostergottesdienst der FeG Wetter zu predigen, hinterher unterhielten wir uns über den Gottesdienst. In der Predigt ging es um die Begegnung der Maria aus Magdala mit dem auferstandenen Herrn (Johannes 20,11-18). Zuerst erkennt sie ihn nicht und meint, es sei der Gärtner. Doch dann spricht er sie mit ihrem Namen an – und plötzlich weiß sie: Es ist der Herr! Im Gottesdienst sangen wir ein Lied, das ich vor Jahren für ein Jubiläum des Bibellesebundes geschrieben hatte und in dem es um genau diese Begegnung geht:

Stehen wir so wie Maria traurig vor dem leeren Grab?
Scheint uns hoffnungslos verloren, was uns Gott zum Leben gab?
So bist Du uns doch viel näher, als wir's ahnen, als wir's sehn.

Du nennst uns bei unsrem Namen, heißt uns, zu den andern
  gehn.
Wie der Vater uns gesandt hat, sendest du uns in die Welt.
Und wir wollen fröhlich gehen, weil uns deine Liebe hält.[37]

Als ich die beiden nach dieser Zeit bei uns zum Dortmunder Hauptbahnhof brachte, sagte Gerhard mit seltener Bestimmtheit, dies sei seine letzte Reise zu uns gewesen. Und auf dem Bahnsteig bedankte er sich noch einmal ausdrücklich für die Predigt im Ostergottesdienst. Es war tatsächlich seine letzte Reise zu uns.

Im Juni rief Christel an und erzählte, dass Gerhard gestürzt sei. Eigentlich war Christel ausgerutscht, Gerhard hatte sie greifen wollen, verlor dann selbst den Halt, und es kam bei ihm zu einem Oberschenkelhalsbruch. Nun lag er in einem Radebeuler Krankenhaus. Am 21. Juni machte ich mich auf den Weg zu ihm. Als ich in Radebeul eintraf, sagte man mir, dass er vor einer Stunde in ein Pflegeheim nach Radeburg verlegt worden sei – also fuhr ich nach Radeburg. Er staunte nicht schlecht, als ich den Raum betrat. In seinem Zimmer lag außer ihm ein Patient mit einem viel zu kleinen Körper und einem verwirrten Geist. Unaufhörlich wippte er mit seinem Oberkörper hin und her. Eine Pflegerin versuchte ihn zu füttern, geduldig und liebevoll. Gerhard stellte mich ihr vor und sagte ihr, dass ich christliche Lieder schrieb. Da begann die Frau von sich zu erzählen, von ihrem Nervenzusammenbruch, der wohl mit dem Tod ihres Vaters zusammenhing. Ihr Lieblingslied sei, so erzählte sie uns:

Jesu, geh voran auf der Lebensbahn.
Und wir wollen nicht verweilen,
dir getreulich nachzueilen.
Führ uns an der Hand bis ins Vaterland.[38]

Eigenartig, wie diese Strophe geradezu programmatisch für die nächsten Tage Gerhards wurde. Am 28. Juni 2005 rief Christel uns an: Gerhard sei heimgegangen. Der Oberschenkelhalsbruch hatte sich entzündet, es waren wohl böse Keime in die Wunde gelangt. Man hatte zwar versucht, ihn noch einmal zu operieren, aber ohne Erfolg. So hatte Jesus seinen Jünger Gerhard Grosse nun selbst an die Hand genommen und ins Vaterhaus geführt.

Das liegt inzwischen auch schon über neun Jahre zurück. Als ich im vergangenen Jahr 70 wurde, war Christel Grosse noch einmal bei uns. Meine Frau und ich genossen das Zusammensein mit ihr. Und wir tauschten uns über alte Zeiten aus, sahen aber auch getrost nach vorn. Eigenartig, wie sich die Wege von Menschen berühren, viele Jahrzehnte gemeinsam verlaufen und dann irgendwann wieder auseinandergehen. Auch Christel betonte am Flughafen, bevor sie in den Flieger nach Dresden stieg, sie sei wohl das letzte Mal bei uns gewesen. Aber was wissen wir Menschen schon über die vor uns liegende Zeit! Was wir wirklich wissen, ist die Tatsache, dass uns nichts und niemand von Gott trennen kann, und das reicht vollkommen aus.

Geschwistertreffen

Im April 2005 kamen wir zum ersten Mal zu einem »Geschwistertreffen« zusammen: meine beiden Schwestern, mein Bruder und unsere Ehepartner. Seit dem Tod unserer Eltern gab es ja nicht mehr die großen Geburtstagsfeiern, auf denen wir und unsere Kinder uns regelmäßig begegneten. Also mussten wir eigene Begegnungspunkte schaffen.

Edelgards Vater, Carl Höngen, starb bereits, als ich noch Pastor in Hamburg-Sasel war, dort hatte er uns noch einige Male besucht. Er war ein großer Liebhaber von Pflanzen und Tieren. Edelgard hat wohl von ihm ihre Leidenschaft für Blumen geerbt. Wenn er uns in Hamburg besuchte, ging er manchmal frühmorgens mit mir in den »Duvenstedter Brook«, einem großen Naturschutzgebiet nicht weit von Sasel. Jeder von uns hatte ein Fernglas dabei, wir wollten Wild beobachten, aber ich musste das »Sehen« erst lernen. Immer wieder stieß mein Schwiegervater mich an und deutete in eine Richtung, und erst wenn ich den Feldstecher vor die Augen hielt und durch den Morgennebel in die angedeutete Richtung sah, entdeckte ich es auch: Rotwild, Damwild, Hasen, die über den Acker hoppelten ... Das alles war für mich eine ganz neue Welt. Richtig sehen, das habe ich von ihm gelernt – nicht nur, was den Blick durchs Fernglas betraf. Hintergründiges sehen, Trends und Entwicklungen wahrnehmen, Zusammenhänge erkennen, das alles drängt sich unseren Augen nicht auf. Es braucht diesen ruhigen und sorgfältigen Blick, um zu »durchschauen«, was wirklich geschieht.

Meine Schwiegermutter, Magdalene Höngen, starb am 28. Februar 1984. Sie kam aus der Halveraner Familie »Voss«, eine Verwandtschaft mit beachtlicher Größe. Ich hatte anfangs Mühe, bei den vielen »Vössen« die Übersicht zu gewinnen, trotz fleißiger »Antrittsbesuche« mit Edelgard. Es brauchte eine gewisse Zeit, bis ich den richtigen Namen der richtigen Person zuordnete – meist schickte ich Edelgard vor und hörte ihrer Begrüßung aufmerksam zu. Die Familie Voss war zum großen Teil in der FeG zu Hause und setzte sich leidenschaftlich für sie ein. Das hatte vielleicht nicht nur eine gute Seite, starke Familienclans können für eine Gemeinde auch ungewollt problematisch sein. Auch meine Schwiegermutter konnte sich energisch für Anliegen einsetzen, die ihr wichtig waren. Vor allem aber hatte sie eine große Portion Humor. Hinzu kam ihre angeborene Gastfreiheit, sie freute sich wirklich über jeden Besuch. Ich glaube, dass das eine ihrer großen Begabungen war.

Das Wort »Schwiegermutter« wird oft in negativen Zusammenhängen gebraucht, für mich hat es einen guten Klang. Edelgards Mutter hat mich mit großer Liebe in der Familie aufgenommen, und von dem Geld, das sie an langen Abenden durch Heimarbeit verdiente, bezahlte sie unter anderem mein Schulgeld in Ewersbach. Als Edelgards Mutter sich in Halver nicht mehr allein versorgen konnte, zog sie zu uns nach Witten. Gesundheitlich ging es ihr nicht gut, einige Male musste sie ins Krankenhaus. Als sie in ihren letzten Tagen wieder dort eingewiesen werden sollte, wehrte sie sich energisch dagegen, aber der Arzt bestand darauf. Sie starb dann bereits einen Tag nach ihrer Ankunft im Krankenhaus. Unsere Tochter Kerstin hatte sie am Nachmittag noch besucht und kehrte weinend zurück, die Oma sei so traurig gewesen. Als meine Frau dann am Abend zu ihr kam, war sie bereits tot. Sie starb umgeben von lebensverlängernder Technik, und genau das hatte sie nicht gewollt. Ich war zu diesem Zeitpunkt wieder einmal unterwegs und habe sie nicht mehr sprechen und mit ihr beten können. Das belastet mich hin und wieder heute noch. In Halver auf ihrer Beerdigung sprach ich über das Bibelwort, das auf ihrer Todesanzeige stand: »Die Gott lieben werden sein wie die Sonne, die aufgeht in ihrer Pracht.«

Meine Mutter Ruth starb am Morgen des 27. Juni 1995 in Solingen-Aufderhöhe. Dort, im Seniorenzentrum des Diakoniewerks Bethanien, haben meine Eltern ihre letzten Lebensjahre verbracht. Erst sehr spät habe ich begriffen, was meine Mutter in unserer Familie alles aufgefangen und geleistet hat. Als ich den ersten Brief von Edelgard bekam – damals vom Wartenberg, als ich meine Bibel vergaß –, wollte meine Mutter ihn unbedingt lesen. Nach langem Zögern willigte ich schließlich ein. Es war keine Neugierde, schon gar keine Eifersucht, die sie dabei trieb, sondern einfach die Sorge im Blick auf den weiteren Weg ihres Sohnes. Aus ihren vielen Briefen wissen wir, wie viel Anteil sie an den Wegen ihrer Kinder und Enkel nahm. Nachts, wenn sie nicht schlafen konnte, betete sie für uns. Meiner Schwester Bärbel schrieb sie einmal: »Meine Gedanken wandern in der Nacht immer wieder zu all meinen Lieben. Ich habe immer wieder in der Nacht Gelegenheit, an Euch alle zu denken.« Und sie war nicht nur für uns Kinder und später für ihre Enkel da, auch für die vielen jungen Leute im Ronsdorfer Gemeindehaus war sie die »Tante Ruth«. Das blieb auch so, als meine Eltern später nicht mehr dort wohnten. Nach ihrem Umzug nach Remscheid-Lüttringhausen hat mein Vater den Haushalt geführt. Während dieser Jahre haben die beiden noch viel unternommen, haben Fahrten quer durch Deutschland gemacht und Verwandte besucht.

Im Seniorenzentrum in Solingen-Aufderhöhe ging es dann gesundheitlich mit meiner Mutter rapide bergab. In den letzten Monaten ihres Lebens war sie nicht mehr ansprechbar, bis auf ihre Augen nahmen wir keinerlei Reaktionen mehr bei ihr wahr. An jenem 27. Juni 1995 sprach und betete mein Vater am Morgen mit ihr, wie er es immer tat, da hörte er so etwas wie einen Schrei und sah, wie das Blut aus ihrem Gesicht entwich. Auch bei meiner Mutter habe ich auf die Bitte meines Vaters hin die Trauerfeier übernommen.

Im April 2005 trafen wir uns dann nach dem Tod unserer Eltern als Geschwister zum ersten Mal alle vier – gemeinsam mit unseren Ehepartnern. Seitdem haben wir diese regelmäßigen »Geschwistertreffen« beibehalten. Meine Schwester Ille ist die kreative Persönlichkeit. Seit Jahren bietet sie Tanz- und Bewegungstherapien an und erreicht über diesen Weg auch Menschen, die für spirituelle Erfahrungen offen sind. Oft haben diese Leute nie wirkliche Christen kennengelernt. Ille hat eine große Begabung, sie auf eine unkonventionelle Art mit Jesus und seiner Liebe bekannt zu machen. Sie ist nicht darauf fixiert, in ihrem Kurs geht's um Tanz und Bewegung, aber ich staune jedes Mal, wenn sie von ihren Erfahrungen erzählt. Außerdem bietet sie Supervision für Gruppen und Einzelpersonen an. Seit einiger Zeit hat sie einen wunderbaren Mitarbeiter mit einem biblischen Namen zur Seite, Itthai (2. Samuel 23,29), einen Golden Retriever, ein besonders von unseren Enkeln heiß geliebter Therapiehund. Mit ihrem Mann »Sie-gi«, der Pastor einer FeG ist, lebte sie viele Jahre in Krefeld. In-zwischen versuchen die beiden, im Sauerland heimisch zu werden.

Bärbel ist die Kunstexpertin unter uns, vor allem was Malerei und Musik betrifft. Oft ist sie mit ihrem Mann Uwe unterwegs, die beiden besuchen Kunstausstellungen, manchmal auch Konzerte und zählen auch Künstler zu ihrem Freundeskreis. Und seit vielen Jahren gibt sie ihre Liebe zur Musik im Klavierunterricht an Kin-der weiter. Auch sie hat Lieder geschrieben. Bärbel ist die, die am meisten von unserer Familiengeschichte weiß. Wenn ich mich bei der Arbeit für dieses Buch nicht genau erinnern konnte, habe ich sie gefragt.

Diethelm ist vier Jahre jünger als ich. Nach seiner Arbeit als Grundschullehrer war er zehn Jahre beim Bibellesebund und führ-te dort viele Freizeiten und Schulungen durch. Danach leitete er die neu gegründete »Bibelschule Bethanien« in Solingen. Viele, meist junge Leute, besuchten diese dem Diakoniewerk Bethanien angeschlossene Kurzbibelschule, und die meisten von ihnen gin-gen als Mitarbeiterinnen und Mitarbeiter in ihre Gemeinden zu-rück. Für manche war es aber auch der Startschuss in einen voll-zeitlichen Dienst. Diethelm und seine Frau Gerti führten auch viele Wochenendseminare durch, vor allem Eheseminare. Da-durch entstand die Dienstgemeinschaft »standup«, in der die bei-den noch heute tätig sind. Inzwischen ist Gerti die Leiterin und Diethelm arbeitet als »Senior« mit.

Von meinen Geschwistern war ich am meisten mit meinem Bruder Diethelm zusammen, einige Geschichten habe ich schon erzählt. Bereits im ersten Jahr in Ewersbach half er mir beim »Fe-riendienst«, einer Arbeit, die wir als Seminaristen zu leisten hatten, wohl auch, um das Schulgeld möglichst niedrig zu halten. Dazu gehörte die Gartenarbeit. Ich sehe meinen Bruder und mich noch einigermaßen hilflos vor den Gartenbeeten stehen und verzweifelt überlegen, was hier Unkraut ist und was nicht. Auch in Sasel half er mir in der Anfangszeit, meine ersten Schritte als Pastor zu tun. Er hatte gerade sein Abitur gemacht, wir erkundeten gemeinsam Norddeutschland und traten bei Gemeindeveranstaltungen in Heidedörfern als Gesangsduo auf. Ich bin mir nicht mehr ganz sicher, was davon der Gemeinde in Sasel zugutekam, wir waren wohl ein wenig zu oft unterwegs …

Das Wichtigste zwischen mir und meinem Bruder Diethelm war ein Tag, den wir von Zeit zu Zeit gemeinsam verbrachten. Dann wanderten wir durchs Ardeygebirge und führten dabei tief gehende Gespräche. Außerdem beteten wir miteinander und füreinander. Das Zusammensein schlossen wir meist mit einem gemeinsamen Essen in einem gemütlichen Restaurant. Ich empfand es immer als großes Geschenk, dass es zwischen uns Brüdern nie Rivalitäten gab. Das ist heute noch so. Geistlich-theologisch verliefen unsere Entwicklungen unterschiedlich, Diethelms Weg führte mehr in den charismatischen Bereich, während ich vielem davon offen, manchem aber auch kritisch gegenüberstehe. Doch unsere Bruderschaft hat das nie beeinträchtigt.

Berliner Begegnungen

Im März 2007 war ein Gespräch zwischen der EA und der Kanzlerin Angela Merkel geplant. Bereits drei Jahre zuvor hatte ich ein Gespräch als Allianzvorsitzender mit ihr, gemeinsam mit Wolfgang Baake, dem Leiter der Konferenz evangelikaler Publizisten (heute Beauftragter der Evangelischen Allianz am Sitz des Deutschen Bundestages und der Bundesregierung). Er hatte diese Begegnung vorbereitet. Damals war Frau Dr. Merkel noch Bundesvorsitzende der CDU, und wir trafen uns in der Berliner CDU-Zentrale mit ihr. Schon damals hatte ich den Eindruck, dass Angela Merkel eine aufmerksame Zuhörerin ist. Das zeigte sich auch jetzt bei dem Gespräch im Kanzleramt. Sie führte uns durch ihr

Büro, zeigte uns den Blick von ihrem Büro auf das Reichstagsgebäude, machte uns mit Thomas de Maizière bekannt, der damals
noch Chef des Kanzleramtes war, und setzte sich dann mit uns in
einen kleinen Raum und hörte wirklich zu, bevor sie kurz und
präzise auf unsere Fragen antwortete. Wir waren acht Personen
aus unterschiedlichen Verantwortungsbereichen.

Ich halte das auch deshalb für besonders erwähnenswert, weil
es im Dezember 1997 bei einem Gespräch zwischen dem Bundes-
kanzler Helmut Kohl und der EA ganz anders lief. Wir hatten
vonseiten der EA zwar die Chance, einige Themen anzusprechen,
aber im Wesentlichen sprach Helmut Kohl. Eigentlich war es kein
richtiges Gespräch, wenigstens empfand ich es nicht so. Um es ein
wenig respektlos zu sagen: Mehr als den Gesprächsinhalt habe ich
von dieser Begegnung eine Zigarre in Erinnerung, Ulrich Parzany
und ich bedienten uns, da die Zigarrenkiste auf dem Tisch im
Kanzleramt unmittelbar vor uns stand. Die Zigarre habe ich noch
lange auf meinem Schreibtisch aufbewahrt, inzwischen habe ich
sie einem Freund vermacht. Noch einen Satz habe ich aus dieser
Begegnung in Erinnerung, ich hatte ihn mir notiert. »Wir haben
alles im Griff«, sagte Helmut Kohl, ich bin mir nicht mehr sicher
in welchem Zusammenhang. Tatsache ist, ein knappes Jahr später
(27. September 1998) verlor er die Bundestagswahl, und danach
kamen mit der CDU-Spendenaffäre 1999 schwere Zeiten auf ihn
zu.

Ein Jahr zuvor, im Februar 1996, hatten wir mit einigen Leuten
vom Allianzvorstand ein Gespräch mit dem Bundespräsidenten.
Es war das große Jubiläumsjahr der Deutschen Evangelischen Allianz, und wir nutzten es, um Roman Herzog mit dem Dachverband der evangelikalen Bewegung bekannt zu machen. Selbstverständlich standen auch gesellschaftsbezogene Themen auf der
Tagesordnung. Roman Herzog war kein Mann, der viele Worte
machte, es war ein fast kühles, sachorientiertes Gespräch. Bei all
diesen Gesprächen fragten wir am Schluss unsere Gastgeber, ob

wir mit ihnen beten dürften, und immer hatten wir den Eindruck, sie waren gerne damit einverstanden.

Noch ein weiteres politisches Gespräch habe ich in Bonn miterlebt, dabei ging es allerdings nicht um die EA, sondern die VEF. Als damaliger Präsident der VEF wurde ich zu einer »nicht öffentlichen Anhörung« eingeladen, sie ging von einer Enquetekommission des Deutschen Bundestages zum Thema »Sogenannte Sekten- und Psychogruppen« aus. Diese Kommission wurde eingerichtet, um vor allem Kinder und junge Leute vor Gefahren und Konflikten zu schützen, die von solchen Gruppen ausgingen. Ich fuhr damals mit einer gewissen Spannung nach Bonn, da ich fürchtete, wir würden als Freikirchen wieder in eine Schublade gesteckt, aber das Gegenteil war der Fall. Man sprach von uns mit hohem Respekt, vor allem die »Grünen« erlebte ich in dieser Hinsicht positiv. Offensichtlich schienen wir als Minderheitskirchen für sie besonders interessant zu sein. Überhaupt zeigte sich, dass aus dem Bereich der religiösen Gruppierungen nur die Scientology-Kirche am Pranger stand.

Als sich dann der politische Betrieb von Bonn nach Berlin verlagerte, versuchten wir als EA die Begegnungen mit Politikern zu intensivieren. Gerade bei der Beschäftigung mit unserer Geschichte wurde uns 1996 bewusst, dass das Eintreten für Verfolgte und Benachteiligte von jeher unser Auftrag war. So sehr wir einerseits die Entwicklung einiger Kirchen ablehnten, für die die politische Arbeit das Wichtigste zu sein schien, so war uns andererseits doch bewusst, dass sie aus unserer Arbeit nicht ausgeklammert werden durfte.

2005 feierte Helmut Kohl seinen 75. Geburtstag, Hartmut Steeb als Generalsekretär und ich als erster Vorsitzender der EA erhielten eine Einladung und nahmen sie an. Es war ein schöner Frühlingsabend im Innenhof des Zeughauses an der Straße »Unter den Linden« in Berlin, Ludwig Güttler spielte mit seinem Bläserensemble, es wurden Grußbotschaften weitergegeben, und Wegbegleiter von Helmut Kohl berichteten von Begegnungen mit ihm. Ich erinnere mich, dass der frühere Premierminister John Major von einem EU-Gipfel in Birmingham erzählte. Die britische Regierung hatte zu dem Zeitpunkt viele Kohlebergwerke schließen müssen, und die Arbeiter reagierten außerordentlich empört darauf. Zehntausend von ihnen waren nach Birmingham gekommen, um den EU-Gipfel für Demonstrationen zu nutzen, und während die Staatsoberhäupter tagten, schrie die Menge draußen: »Coal, coal forever!« Helmut Kohl hörte das, glaubte, sie riefen seinen Namen und war entzückt. Er war überzeugt, die englisch-deutschen Beziehungen hätten einen neuen Höhepunkt erreicht.

Solche Zusammenkünfte wie diese Geburtstagsfeier sind Gelegenheiten, Kontakte zu knüpfen. Ich bewunderte dabei immer Hartmut Steeb, ihm gelang das erstaunlich gut. Ich saß an dem Abend noch mit Vater und Sohn Deichmann zusammen. Da war nichts von dem Gehabe, das hin und wieder Leute befällt, die sich für besonders wichtig halten. Aber als Hartmut Steeb und ich ihnen einige Minuten zuvor über den Weg liefen, spürte ich auch ihre innere Vorsicht und Abwehr gegenüber Funktionären, die auf der Jagd nach Sponsoren sind. Auch Joachim Gauck begegneten wir, er stand damals noch der sogenannten »Gauck-Behörde« vor, die eigentlich eher etwas umständlich »Stasi-Unterlagen-Behörde« hieß. Gauck schien erstaunlich gut über die EA informiert zu sein. Die Gespräche in der großen Halle des Zeughauses gingen bis in den späten Abend hinein.

Für den März 2006 bereiteten wir das erste Forum »Christ und Politik« mit der Konrad-Adenauer-Stiftung (KAS) vor. Einige Wochen zuvor trafen wir uns dort zu einem Gespräch. Als ich das Gebäude der KAS betrat, hörte ich hinter mir jemand rufen: »Hallo, Bruder Strauch!« Diese Anrede, die selbst in kirchlichen Gebäuden eher ungewöhnlich ist, hätte ich hier am wenigsten erwartet. Ich blickte mich um und entdeckte Hermann Gröhe, damals noch Vorsitzender des CDU-Arbeitskreises »Menschenrechte«, heute der Bundesminister für Gesundheit. Freundlich kam er auf mich zu. Mit Hermann Gröhe, Wilhelm Karl Staudacher (Generalsekretär der KAS) und Thomas Rahel (Bundesvorsitzender des Evangelischen Arbeitskreises der CDU/CSU) hatten wir dann ein gutes Gespräch. Von unserer Seite nahmen außer mir Hartmut Steeb, Wolfgang Baake (KEP), Axel Nehlsen (»Gemeinsam für Berlin«), Reinhard Holmer (Direktor des Allianzhauses in Bad Blankenburg) und Dieter Boy (»Salon in Mitte«) daran teil. In Erinnerung ist mir, dass sich einer von uns über den Bau von Moscheen beklagte, worauf Hermann Gröhe meinte, vielmehr machten ihm die leeren Kirchen Sorge.

Vom 30. März bis 1. April 2006 fand dann im Haus der KAS das Forum »Christ und Politik« statt. Aus ganz unterschiedlichen Gruppierungen nahmen Menschen daran teil, aus Politik und Gesellschaft, Kirchen und Gemeinden. Einige waren bereits, was die politische Verantwortung betraf, hellwach, andere wollten noch herausfinden, was auf diesem Feld ihre Aufgabe sein könnte. Hermann Gröhe empfahl den Christen, neben dem Gebet für die Politik auch Gespräche mit Kommunalpolitikern und Wahlkreisabgeordneten zu suchen. Thomas Rahel ermutigte die Teilnehmer, sich in die Debatte um Bioethik und Lebensschutz einzubringen. Auch Philipp Mißfelder war dort, damals noch Vorsitzender der Jungen Union, ebenso der Leiter der »Arche« in Berlin-Hellersdorf, Bernd Siggelkow. Damals wusste ich noch wenig von seiner beeindruckenden Arbeit für sozial benachteiligte Kinder, aber sein Bericht und seine Persönlichkeit haben mich tief beeindruckt. Ich selbst hielt zu Beginn ein Grundsatzreferat mit dem Thema »Suchet der Stadt Bestes«. Wenn ich es richtig weiß, fanden später noch zwei weitere Foren statt, und die Referenten kamen nicht nur aus der CDU. Überhaupt versuchten wir als EA auch Gespräche mit anderen Parteien zu führen, fanden aber keine Offenheit dafür.

Im Herbst des Jahres 2006 folgte dann noch ein »Parlamentarischer Abend« im Haus der Parlamentarischen Gesellschaft in Berlin. Als EA richteten wir uns damit an Politiker des Deutschen Bundestages, stellten ein Thema in den Mittelpunkt und verknüpften es mit einem geistlichen Impuls. Es sollte ein zwangloser Abend sein, der nach einem kurzen Programm in ein offenes Gespräch überging, aber mindestens der erste Abend fand nicht den erhofften Zuspruch.

Das Haus der Parlamentarischen Gesellschaft ist das frühere Reichstagspräsidentenpalais und steht unmittelbar gegenüber dem Reichstagsgebäude. Jemand, der dieses historische Gebäude gut kannte, führte mich nach Schluss der Veranstaltung durch die Räume des Hauses und erzählte mir seine Geschichte: Bis 1919 nutzten es die Reichstagspräsidenten als Wohn- und Arbeitssitz. Während der Weimarer Republik stand es dann für politische Begegnungen und Debatten zur Verfügung. 1932 zog Hermann Göring als Reichstagspräsident dort ein, und einige Historiker vermuten, dass der unterirdische Gang, der in den Reichstag führt, am 27. Februar 1933 von Angehörigen der SA benutzt wurde, um das Parlamentsgebäude in Brand zu setzen. Nach Kriegsende wurde es wieder notdürftig instand gesetzt und von der VEB Deutsche Schallplatten benutzt. Von 1961 bis 1989 lag es unmittelbar an der »Mauer«, sie verlief zwischen dem früheren Palais und dem Reichstagsgebäude. Nach 1994 wurde das Gebäude gründlich restauriert und der Deutschen Parlamentarischen Gesellschaft als Sitz zur Verfügung gestellt. Einschließlich des Verbindungstunnels zum Reichstag steht es heute unter Denkmalschutz.

Während der Berliner Begegnungen und Tagungen lernte ich auch Dieter Boy kennen. Er und seine Frau Mary wohnten in Berlin-Mitte und haben verstanden, wie wichtig es für Menschen in politischer Verantwortung ist, christliche Ansprechpartner zu haben, die zuhören, mittragen, mitbeten und ganz einfach da sind, wenn sie gebraucht werden. Dieter lud mich als Ehrengast zu seinem »Salon in Mitte« ein, einem partei- und konfessionsübergreifenden Zusammensein. Der Abend fand einmal im Monat in der Wohnung von Dieter und Mary statt. Die Teilnehmerinnen und Teilnehmer wurden persönlich eingeladen und waren meist Führungs- und Nachwuchskräfte aus Politik, Wirtschaft, Kultur und der Medienwelt. In der Regel gab es einen »Ehrengast«, der zunächst vorgestellt und interviewt wurde. Daran schloss sich dann eine Frage- und Antwort-Runde an. Die unterschiedlichsten Leute waren schon im »Salon in Mitte« zu Gast: Andrea Nahles, Annette Schavan, Norbert Lammert, Manfred Lütz und viele andere.

Gespannt machte ich mich am 28. November 2006 auf den Weg. Freundlich wurde ich in der gemütlichen Berliner Altbauwohnung von Dieter und Mary empfangen, der Raum war bis auf den letzten Platz besetzt. Ein Pianist, der gerade den »Echo«-Klassik für Nachwuchskünstler erhalten hatte, spielte ein Eingangsstück. Anschließend begrüßte uns der Hausherr. Danach wurde ich vorgestellt und von Markus Spieker (ARD-Hauptstadtstudio) interviewt. Das alles verlief in einer angenehmen und gelösten Atmosphäre. Hinterher kam ich mit Gästen ins Gespräch und war beeindruckt von den Persönlichkeiten, die sich hier trafen. Ich erlebte viele aufrichtige und ernsthafte Menschen, die sich ihrer Verantwortung in ihren Positionen durchaus bewusst sind – die oft so grelle Medienwelt verschweigt uns, wie viele solcher Menschen es im öffentlichen Leben gibt. Beeindruckt machte ich mich nach diesem Abend auf den Weg in mein Hotel.

Doch noch etwas gehört in die Reihe meiner Berliner Begegnungen. Den Namen »Einstein« verbinde zwar auch ich zuerst mit Begriffen wie »Physik« und »Relativitätstheorie«, aber in Berlin hat er noch eine andere Bedeutung. An der Straße Unter den Linden gibt es ein Café mit diesem Namen, und es muss im Frühjahr 2005 gewesen sein, als ich mich dort zum ersten Mal mit Peter Hahne traf. Neben seiner 18-jährigen Mitgliedschaft im Rat der EKD, dem obersten Leitungsgremium der evangelischen Kirche, war er über viele Jahre Mitglied des Hauptvorstandes der EA, und in diesem Zusammenhang hatte ich etwas mit ihm zu bereden. Es war ein gutes und freundschaftliches Gespräch, und es sollte nicht das einzige im Café Einstein bleiben. Beim Zusammensein mit ihm wurde mir zum ersten Mal wirklich bewusst, wie anstrengend und vielleicht auch unangenehm ein Leben als Promi sein kann. Ob nun Leute im vorbeifahrenden Bus bei der Stadtrundfahrt oder Passanten, die uns auf dem Bürgersteig entgegenkamen – alle starrten ihn an, hielten kurz inne, manche winkten verhalten, andere auffällig und begeistert. Im Café Einstein saßen wir dann relativ ungestört. Auch andere Politiker waren da und grüßten freundlich. Peter Hahne konnte interessante und auch anrührende Geschichten erzählen, eine seiner großen Stärken, die Zeit verging wie im Flug. Da traten Oskar Lafontaine und Gregor Gysi an unseren Tisch, sprachen ihn an und frotzelten ein wenig. Als sie wieder gegangen waren, war für Peter Hahne klar: »Die haben was miteinander vor.« Einige Wochen später wurde es dann öffentlich: Lafontaines WASG und Gregor Gysis PDS gingen ein Bündnis ein und traten im September 2005 gemeinsam zur Bundestagswahl an.

2008, ich war bereits wenige Wochen im Ruhestand, war ich noch einmal zu einer Hauptvorstandssitzung der EA in Berlin. In dieser Sitzung besuchten uns zwei aktive Politiker, Peter Struck und Volker Kauder. Und ob man es glaubt oder nicht: Der engagierte und kontaktfreudige Vorsitzende der CDU/CSU-Bundestagsfraktion und der etwas schroffe und bärbeißige Struck waren wirklich Freunde, das zeigte sich auch unübersehbar in dieser Begegnung. Als Erster traf Peter Struck ein, Volker Kauder hatte sich ein wenig verspätet, und es war unübersehbar, dass Struck sich bei uns auf für ihn ungewohntem Terrain befand. Aber Jürgen Werth, der den Vorsitz hatte, gelang es, die Situation (und Peter Struck) schnell zu entspannen. Dann kam Volker Kauder dazu, und es ergab sich ein richtig gutes Gespräch. Ich hatte den Eindruck, hier wurden keine leeren Floskeln gedroschen, sondern ehrlich und erstaunlich offen miteinander geredet. Peter Struck, der etwas früher gehen musste, erzählte uns noch sichtlich bewegt, was der Psalm 23 ihm bedeute. Wenn ich mich richtig erinnere, hatte ihm der Militärbischof eine Karte mit dem Text geschenkt. Seitdem habe sie einen festen Platz auf seinem Schreibtisch, erzählte er uns.

Ich schließe diesen Abschnitt der Berliner Begegnungen mit einem Menschen, der schon nicht mehr lebte, als ich ihn traf. In Berlin-Mitte gibt es den Dorotheenstädtischen Friedhof, er liegt an der Chausseestraße und ist geradezu eine Fundgrube berühmter Söhne und Töchter der Stadt. Auf ihm wurde auch Johannes Rau beerdigt. Ich empfand immer schon eine besondere Nähe zu ihm. Zum einen kommt er aus meiner Heimatstadt Wuppertal und ist im bergischen Pietismus aufgewachsen. Sein Vater war ein Prediger. Eine Zeit lang hatte er auch den Jugendkreis der FeG in Wuppertal-Barmen besucht und dort im Chor mitgesungen. In einem Interview, das unser damaliger Pressesprecher und Öffentlichkeitsreferent Dr. Arndt Schnepper vor Jahren mit ihm führte, erzählte Rau von Jugendfreizeiten in Ronsdorf und Volmarstein. Was mir besonders gefiel, war der Mix aus Humor und Ernsthaftigkeit, der ihn auszeichnete.

Als Arndt Schnepper ihn fragte, wie er die Barmer FeG erlebt habe, meinte er, dass freie Gebet sei dort typisch gewesen. Manche Gebete hätten sie als junge Leute scherzhaft die »Heilsplan-Gebete« genannt: »Die fingen bei der Schöpfung an, arbeiteten sich dann ganz langsam durch die kleinen und großen Propheten, bis sie zum Schluss endlich sagen konnten: Amen, ja komm, Herr Jesus.« Und auch das erzählte er und erinnerte mich damit an meine eigene Jugendzeit: »Als ich einmal ganz schüchtern ein Mädchen ansprechen wollte, legte mir ein ernsthafter Altersgenosse seine Hand auf die Schulter und fragte mich: Was würde Jesus wohl dazu sagen?« Johannes Rau sagte, sein kirchlicher Hintergrund sei eine Mischung von lebendiger Volkskirche und pietistisch-freikirchlicher Frömmigkeit gewesen. Er empfand das als einen Glücksfall: »Ich bin nie ein Pietist wie die Gestalten gewor-

den, die nicht mehr lachen können. Aber ich bin auch nie wegge-
kommen von dieser ursprünglichen Frömmigkeit.«

Schon öfter hatte ich mir vorgenommen, sein Grab zu besuchen. Eines Tages war es dann so weit, es ergab sich ein Zeitfens-
ter, und ich machte mich auf den Weg. Als ich die Eingangspforte
des Friedhofs hinter mir hatte, wanderte ich staunend zwischen
Denkmälern, Säulen und Portalen umher – manche wirken
schlicht und bescheiden, andere protzig und groß, eine Präsentation der Steinmetzkunst des 19. und 20. Jahrhunderts. Ich las den
Namen von Karl Friedrich Schinkel, dem berühmten Berliner
Baumeister, und stieß auf das Grab von Bertold Brecht, dessen
»Dreigroschenoper« einer der größten Theatererfolge der Weimarer Republik war. Auch das Grab des Komponisten Hanns Eißler
fiel mir auf, er vertonte viele Texte von Bertold Brecht, und auch
die Musik der DDR-Hymne »Auferstanden aus Ruinen« stammt
von ihm. Nein, ich bin nicht in der Lage, alle Namen zu nennen,
die mir auf diesem Friedhof begegneten: die Philosophen Hegel
und Fichte, die Schriftsteller Heinrich Mann, Anna Seghers und
Arnold Zweig, der Firmengründer August Borsig und viele andere
mehr.

Ein wenig später stand ich dann tatsächlich am Grab von Johannes Rau. Oben auf dem Grabstein war sein Name zu lesen,
darunter befand sich ein Relief seines Kopfes und ganz unten der
Satz: »Dieser war auch mit dem Jesus von Nazareth.« Der Mann,
dem dieses Bibelwort (Lukas 22,56) als Erstem galt, wollte sich
keinesfalls zu Jesus bekennen. Vehement stritt er ab, jemals mit
Jesus etwas zu tun gehabt zu haben (Vers 60). Anders bei Johannes
Rau. Er, dessen Lebensmotto lautete: »Ich halte, weil ich gehalten
werde«, wollte offensichtlich, dass jeder Besucher seines Grabes
weiß: Ich war mit Jesus unterwegs. Das reichte ihm zum Leben
und zum Sterben.

Gottes auserwähltes Volk

Als ich den Dorotheenstädter Friedhof verließ und zurück in Richtung Innenstadt ging, fiel mir die goldene Kuppel der Synagoge in der Oranienburger Straße ins Auge, leuchtend im Licht der Abendsonne überstrahlte sie den dichten Feierabendverkehr. Am 9. November 1938, in der sogenannten Kristallnacht, wurde diese Synagoge in Brand gesteckt. Eine Gedenktafel am Eingang mit der Aufschrift »Vergesst es nie« erinnert daran.

In meinem Bücherschrank steht ein Buch über das Leiden Wittener Jüdinnen und Juden unter dem Nationalsozialismus. Es trägt den Titel: »... *vergessen kann man das nicht*«. In diesem Buch wird berichtet, wie in Witten SA-Trupps in der Nacht vom 9. auf den 10. November jüdische Menschen brutal drangsalierten und aus Geschäften und Wohnungen auf die Straße trieben. Auch hier wurde in der »Kristallnacht« die Synagoge in Brand gesetzt. Witten ist eine überschaubare Stadt, anders als Berlin. Was hier geschah, werden die meisten Einwohner damals mitbekommen haben. Wo waren sie in dieser Nacht? Wo waren die Christen? Was haben wir als FeG dagegen unternommen? Ich bin 1943 geboren, kenne das alles nur aus Büchern, Fotos und Dokumentarfilmen. Darüber zu schreiben, kostet nicht viel. Hätte ich damals den Mut gehabt, dagegen aufzustehen? Habe ich ihn heute, wenn sich so etwas wiederholen sollte?

Während meiner Zeit als Präses wurde in den FeGs einige Male die Frage gestellt: Wie gehen wir als BFeG mit der Schuld um, die wir damals auf uns geladen haben? Müssten nicht auch wir sie öffentlich bekennen – auch wenn die heute Lebenden nicht mehr unmittelbar betroffen sind? Gemeinsam und offiziell beantwortet haben wir diese Frage nie. Am 8. Mai 1995 blickten wir in Deutschland auf 50 Jahre nach Kriegsende zurück. Damals schrieb ich dazu in unserer Gemeindezeitschrift »Christsein heute« den folgenden Text:

»Wir als Freie evangelische Gemeinden haben während des Hitlerregimes versagt. Politische Abstinenz, ein falsches Obrigkeitsverständnis und sicher auch Angst haben uns schweigen lassen. Mit dem gettohaften Leben als Gemeindebund wollten wir einen Freiraum für gemeindliches Leben bewahren, aber dieser Freiraum kann das Unrecht nicht aufwiegen, an dem wir durch unser Stillschweigen mitgewirkt haben. Wie viele Juden und andere Menschen wurden bestialisch ermordet?! Das von unserem Volk ausgegangene Leid sprengt jedes Vorstellungsvermögen. ›Wir haben gesündigt‹, betet Daniel angesichts der Schuld seines Volkes (Daniel 9,15). Aber zu der Schuld, die wir als Deutsche auf uns geladen haben, kommt die Schuld als Männer und Frauen, deren Leben Christus gehört. Salz und Licht der Welt werden solche Leute im Neuen Testament genannt (Matthäus 5,13-14). Als solche hätten wir gegen das Unrecht aufstehen müssen. Wir haben es nicht getan. Ohne dieses Eingeständnis der Schuld, ohne dieses Bekenntnis, gibt es keine Vergebung.«

Als ich vor einigen Jahren noch einmal auf der Blankenburger Allianzkonferenz zu predigen hatte, hängte ich einen weiteren Tag an. Jetzt als Ruheständler konnte ich das, früher war mir das nie gelungen. Zunächst fuhr ich über Erfurt nach Stotternheim, wo nach der Legende Martin Luther gelobte, ein Mönch zu werden. Ein Blitzschlag soll der Auslöser dazu gewesen sein. Dann folgte ich der kleinen Straße zum Ettersberg und besuchte die Gedenkstätte Buchenwald. Es war ein Montag, da sind die Museen geschlossen, das galt auch für Buchenwald, und deshalb waren nur wenige Menschen da.

Aber das frühere KZ-Gelände war offen und auch der Gefängnistrakt mit der kleinen vergitterten Zelle, in der man den Pfarrer Paul Schneider (1897–1939) gefangen hielt. Hier also wurde der Mann gequält, der nicht bereit war, die Fahne des »Tausendjährigen Reiches« zu grüßen, anderthalb Jahre verbrachte er dort. Während dieser Zeit war er dem Sadismus des berüchtigten SS-

Scharführers Sommer ausgesetzt. Oft hörten die Lagerinsassen ihn aus dem Gefängnisblock rufen: »Kameraden, hört mich. Hier spricht Pfarrer Paul Schneider. Hier wird gefoltert und gemordet. Um Christi willen, erbarmt euch. Betet zu Gott. Bleibt standhaft und treu ...« Nach solchen »Predigten« wurde er dann auf den Appellplatz geschleift und durchgepeitscht, bis das Blut durch die Kleider drang. Augenzeugen berichten, dass sein Körper zahlreiche schwarzblaue Striemen aufwies und die Unterschenkel in unvorstellbarer Weise geschwollen waren.

Ich verließ das Gefängnis und ging über das weite Lagerfeld, am Boden sah ich die angedeuteten Standplätze der Baracken. Es war ein nebliger Tag, und ich war allein auf der weiten Fläche. Fast unwirklich farblos und trist lag sie vor mir. Keine Frage, Paul Schneider hätte ein leichteres Leben führen können. Er hätte nicht zum Märtyrer werden müssen. Aber er war nicht kompromissbereit. Er brachte weder den »deutschen Gruß« über die Lippen, noch grüßte er die Fahne des Naziregimes. Während der Beerdigung eines Hitlerjungen widersprach er dem Kreisleiter öffentlich, der den Verstorbenen frisch-fröhlich in den himmlischen Sturm Horst Wessels versetzte. Für Paul Schneider ließen sich die nationalsozialistische Regierung und ihre Gott und Menschen verachtende Ideologie nicht voneinander trennen. Für ihn war der erste Satz der Theologischen Erklärung von Barmen verbindlich, dass Jesus Christus das eine Wort Gottes ist, »dem wir im Leben und im Sterben zu vertrauen und zu gehorchen haben«.

Und ich? Hätte ich diesen Satz im Ernstfall in einen abstrakten theologischen Bereich meines Lebens geschoben? Hätte ich nicht zig Argumente zur Hand gehabt, weshalb ich ihn in einer solchen Situation nicht so wörtlich nehmen muss? Je länger ich darüber nachdachte, desto erschrockener wurde ich, mir wurde bewusst, wie nah ich meinen damals versagenden Vätern und Müttern bin.

Im »Stuttgarter Schuldbekenntnis« der Evangelischen Kirche steht der Satz: »Wir klagen uns an, dass wir nicht mutiger bekannt, nicht treuer gebetet, nicht fröhlicher und nicht brennender geliebt haben.« Unterschrieben wurde dieses Bekenntnis am 18./19. Oktober 1945 von Männern wie Hanns Lilje, Gustav Heinemann, Otto Dibelius und Martin Niemöller. Und dann wird im weiteren Text eine Absicht genannt: »Nun soll in unseren Kirchen ein neuer Anfang gemacht werden. Gegründet auf die Heilige Schrift, mit ganzem Herzen ausgerichtet auf den alleinigen Herrn der Kirchen gehen sie daran, sich von glaubensfremden Einflüssen zu reinigen und sich selber zu ordnen.« Ist das geschehen? Geschieht es noch? Geschieht das bei mir?

Zurück nach Berlin: Während ich weiter durch die Straßen zum Bahnhof Friedrichstraße ging, fielen mir auf dem Bürgersteig einige »Stolpersteine« auf. Das sind kleine, 10 Zentimeter breite quadratische Platten, die in den Boden eingelassen sind und an Wohnorte von NS-Opfern erinnern. In die kleinen Messingplatten sind die Namen und Daten der Opfer eingraviert. »Stolperstein«, ein treffendes Wort. Anstatt zur Tagesordnung überzugehen und so zu tun, als hätten »wir alles im Griff«, müssen wir endlich ins Stolpern kommen, damit wir mit hellwachen Sinnen leben und einschreiten, wenn wieder einmal Menschen verhöhnt, verfolgt und vernichtet werden.

Abschied von der EA

2006 lief mein Turnus als erster Vorsitzender der EA aus, und mir war klar, dass ich keinen zweiten ansteuern wollte, denn im Januar 2008 stand mein offizielles Dienstende im BFeG an. Ziemlich schnell wurde klar, dass Jürgen Werth der richtige Nachfolger ist, er arbeitete beim ERF in einem echten Allianzwerk und war mit einem großen Personenkreis in der EA vertraut. Außerdem hat er jede Menge Erfahrung im Umgang mit Leitungspersonen, und da er Mitglied der Evangelischen Kirche ist, würde für ihn der Kontakt zu den evangelischen Landeskirchen leichter sein, als er für mich gewesen war. Am 22. März 2007 wurde ich verabschiedet und Jürgen Werth in sein neues Amt eingeführt. Der stellvertretende Ratsvorsitzende der EKD, der thüringische Landesbischof Christoph Kähler, meinte, es sei ein Geschenk Gottes, dass sowohl Jürgen als auch ich das Lob Gottes musikalisch verbreiten, von beiden fänden sich Lieder im Gesangbuch.

Ich blieb danach zwar noch im Geschäftsführenden Vorstand der EA, aber meine aktive Zeit in der Bewegung, die mir zeitlebens viel bedeutet hat, ging damit zu Ende. Auch die enge und gute Zusammenarbeit mit wirklichen Freunden! Besonders Hartmut Steeb gehörte dazu, nur selten habe ich eine so unkomplizierte und vertrauensvolle Zusammenarbeit erlebt wie mit ihm. Jürgen Werth hatte mir zum Abschied einen Text geschrieben, in dem er sage und schreibe 47 Anfänge meiner Lieder untergebracht hatte. Er schloss mit den Sätzen: »So bleiben wir ohne unseren Vorsitzenden zurück. *Mag sein, du kannst es nicht verstehn.* Aber es war schon immer so: *In der Welt habt ihr Angst.* Aber du lächelst uns zu und sagst: *Hab keine Angst. Hell strahlt die Sonne.* So sagen wir: *Danke, Herr,* für dich, lieber Peter. Und wir singen getrost: *Herr, wir bitten, komm und segne uns!* Und dir singen wir zu: *Unser Vater im Himmel wird dich tragen! Jesus Christus segne dich!*«

Im letzten Jahr meines offiziellen Dienstes saß ich noch einmal im Flugzeug nach Chicago. Es war im Mai 2007, und ich war auf dem Weg zur Trinity Evangelical Divinity School. Gregory Waybright, der Präsident dieser Ausbildungsstätte, hatte mir im Januar geschrieben, sie würden mir gerne den Ehrendoktortitel verleihen – ob ich bereit sei, ihn entgegenzunehmen. Ich brauchte einige Zeit, um mich darauf einzustellen, dankte ihm schließlich und erklärte meine Bereitschaft.

Die Trinity Evangelical Divinity School ist mit über 1 200 Studenten eine der größten evangelikalen Ausbildungsstätten der

Welt und bietet vor allem für Pastoren, Lehrer und Missionare zahlreiche Programme mit akademischen Abschlüssen an. Mein persönlicher Begleiter in dieser Sache war Craig Ott, der dort als Professor für Mission und Interkulturelle Studien tätig ist. Er hatte 20 Jahre als Missionar in Deutschland gearbeitet, wir kannten uns aus dieser Zeit. Bei einer Konferenz des IFFEC im norwegischen Kristiansand hatte er mich bei einem Vortrag übersetzt. Selbst Lieder von mir hatte er schon in die englische Sprache übertragen. Er wollte mich in Chicago am Internationalen Airport O'Hare abholen und nach Deerfield bringen. Das alles war ziemlich aufregend für mich.

Auf der Fahrt vom Flughafen ins Hotel machte Craig mich mit dem genauen Ablauf vertraut. Die Verleihung des Ehrendoktors sollte im Rahmen der Absolvierungsfeier der Studenten stattfinden. Dr. Waybright selbst würde das übernehmen und mir das Dokument überreichen. Anschließend erwartete man eine kurze Dankrede von mir. Am 12. Mai war es dann so weit. Es begann mit einem festlichen Mittagessen – gemeinsam mit den Dozenten, ihren Ehepartnern und einigen Gästen. Auch Bill Hamel war dabei, der Präsident der Evangelical Free Church, wir kannten uns von vielen Begegnungen im IFFEC und saßen gemeinsam im *Executive Committee*.

Ein wenig peinlich ist mir ein Erlebnis unmittelbar vor dem gemeinsamen Essen in Erinnerung. Ich musste noch zur Toilette, die im Keller des altehrwürdigen Gebäudes lag, und als ich sie verlassen wollte, bekam ich trotz aller Anstrengung die Tür nicht auf. Laut zu rufen, dazu fehlte mir der Mut, so blieb mir nur die Möglichkeit zu warten, bis ein anderer das Bedürfnis hatte, diesen Raum aufzusuchen. Als ich schließlich Schritte hörte, meldete ich mich. Ich hörte, wie die Schritte sich entfernten und nach wenigen Minuten wiederkehrten mit einer zweiten Person, einem handwerklich begabten Menschen. Dann öffnete sich die Tür, und vor mir stand mein Retter: Bill Hamel.

Übrigens gibt es zwei amerikanische Gemeindebünde, beide sind Mitglieder des IFFEC, die Evangelical Covenant Church mit ca. 800 Gemeinden und die Evangelical Free Church (EFFC) mit über 1 300 Gemeinden. Die Evangelical Covenant Church ist aus schwedischen Einwanderen hervorgegangen. Wer sie besucht und sich in den Wohnungen ihrer Mitglieder umschaut, verspürt einen Hauch von IKEA. Die Evangelical Free Church ist die bekanntere von den beiden, sie genießt in den USA vor allem im evangelikalen Bereich einen ausgesprochen guten Ruf. Immer wieder bin ich bei Begegnungen darauf gestoßen – schon 1977, bei meinem ersten Besuch in den Vereinigten Staaten. Beide Gemeindebünde hatten bis Anfang der 70er-Jahre kaum Kontakt miteinander, erst durch ihre Mitgliedschaft im IFFEC fanden sie auch in den USA näher zueinander.

Nachdem Bill Hamel mich also aus meiner Isolation im Keller befreit hatte, stand die Einkleidung an, außer dem ungewohnten Doktorhut hatte ich eine Art Robe oder Talar zu tragen, bereits Wochen zuvor hatte man mich nach meiner Kleidergröße gefragt. So gekleidet wurde ich dann auf einen Platz geführt, auf dem etwa 20 oder 30 Dozenten und weitere Gäste standen, alle in festlicher Robe. Wir sollten nun gemeinsam angemessenen Schrittes unter den Augen der großen Versammlung in den Saal einmarschieren. Es war ein weiter Weg über den Mittelgang bis hin auf die Bühne. Wir folgten dabei einer präzise festgelegten Choreografie, die für die meisten vertraut, für mich aber gänzlich ungewohnt war. Ich wusste, wer mein Vordermann war, und wurde angewiesen, ihm unter allen Umständen zu folgen, den Hut abzunehmen, wenn er ihn abnimmt, und ihn wieder aufzusetzen, wenn er ihn aufsetzt (wenn ich mich richtig erinnere, passierte das einige Male). Ich atmete auf, als ich endlich meinen Platz auf der Bühne gefunden hatte, und begann mich zu entspannen.

Es war eine lange Reihe von Absolventen, die während der Veranstaltung nach vorne gerufen wurden, um die Abschlusspapiere entgegenzunehmen. Während der gesamten Prozedur saßen wir »Amtsträger« in unseren Garderoben aufgereiht auf der Bühne. Dann wurde ich ans Pult gerufen. Gregory Waybright hielt die Laudatio, er sprach von meinem 17-jährigen Dienst als Präses des BFeG, von meiner Leitungsaufgabe in der EA, von meinen Liedern, die inzwischen in vielen Gesangbüchern zu finden seien, von meinen Büchern und von dem Vertrauen, das ich zwischen den verschiedenen evangelikalen Kirchen und Gruppierungen in Deutschland aufgebaut habe. Eigentümlich, einer solchen Laudatio zuzuhören und sich zu fragen: Bin ich es, von dem der da spricht? Gregory sprach auch von der guten Zusammenarbeit zwischen dem amerikanischen und dem deutschen Gemeindebund, vom Austausch von Dozenten und Studenten. Vor allem Gerhard Hörster nannte er, den langjährigen Rektor unseres Theologischen Seminars in Ewersbach, der an der Trinity Evangelical Divinity School einige Gastvorlesungen gehalten hatte und dem bereits einige Jahre zuvor die Ehrendoktorwürde verliehen worden war.

Eigentümlich, was so ein Ehrendoktor bewirkt. Kaum war ich wieder in Deutschland, wurde ich von der Konferenz Evangelikaler Publizisten (KEP) gebeten, im Französischen Dom am Berliner Gendarmenmarkt eine Laudatio auf Uwe Mönninghoff zu sprechen. Der Korrespondent des Südwestfunks erhielt den »Goldenen Kompass« für eine Sendung über verfolgte Christen. Angekündigt wurde ich auf dem ausgedruckten Programm als »Dr. Peter Strauch«. Nein, das war mir ganz und gar nicht recht. Es entsprach ja auch nicht den Tatsachen. Ohne die Ehrendoktorwürde gering schätzen zu wollen, es ist eben ein Ehrendoktor und nicht mehr. Etwas Besonderes geleistet, um ihn zu erhalten, habe ich nicht. Heute steht er einfach hinter meinem Namen als: »DD«, Doctor of Divinity, die meisten Leute werden nicht einmal wissen, was die beiden Buchstaben zu bedeuten haben, aber nur selten werde ich danach gefragt.

Erneut in Chicago

Übrigens war es mein dritter Aufenthalt in Chicago, das erste Mal war ich zu einer Theologischen Konferenz des IFFEC dort. Das war 1992, ein halbes Jahr nachdem ich Präses geworden war. Wir trafen uns damals in einem katholischen Tagungszentrum, ihm war ein großer Kirchenraum mit einer wunderbaren Pfeifenorgel angeschlossen, und erstaunlicherweise vertraute man mir den Orgelschlüssel an. An der Konferenz nahmen zwischen 60 und 70 Personen teil, und am ersten Tag begannen wir mit einem kurzen Gottesdienst in dieser Kirche. Ich freute mich, die Morgenandachten auch an den folgenden Tagen musikalisch begleiten zu dürfen, aber die Freude währte nicht lange. Unsere Brüder und Schwestern aus Südeuropa hatten Probleme mit dem katholischen Kirchenraum. Als Protestanten erlebten sie Repressalien in den katholischen Ländern, außerdem machten ihnen die Madonnenskulptur und die Heiligenbilder Not, und sie baten darum, dass wir uns zu den Andachten im Konferenzraum träfen. Trotzdem durfte ich den Schlüssel behalten, lernte auch den alten Organisten kennen, einen Mönch, der bereits viele Jahre in dem angeschlossenen Kloster lebte.

Das Tagungszentrum lag zwar außerhalb von Chicago, aber selbstverständlich besuchten wir die Stadt, staunten über die Architektur, schauten vom John-Hancock-Center (344 Meter) und dem Sears Tower (442 Meter) auf das Häusermeer und den Michigansee. Auch die Zentrale der Evangelical Covenant Church mit ihrem Northpark Theological Seminary lernten wir kennen und sahen uns auch auf dem großen Gelände der Trinity Evangelical Divinity School in Deerfield um.

2004 war ich dann noch einmal in dieser imposanten Stadt, in Verbindung mit meiner Reise nach Seattle. Damals wohnte ich bei Lou Hoeneke, bis in die Nacht saßen wir zusammen in seinem Haus, und er erzählte mir seine Geschichte. Lou war die Schlüsselperson für die Willow-Creek-Kongresse in Deutschland, und ich vergesse nicht, wie wir uns das erste Mal begegnet sind. Das muss im Herbst 1993 gewesen sein, Wolfgang Schulze und Erhard Michel hatten Lou auf einer Tagung der AGGA (»Arbeitsgemeinschaft für Gemeindeaufbau«) kennengelernt und zu unserer Herbsttagung auf der Insel Langeoog eingeladen. Lou, der durch die Predigten von Bill Hybels zum Glauben gefunden hatte, war kein Theologe und fühlte sich auf unserer Tagung, die vorwiegend von Pastoren besucht wurde, sichtlich unwohl. Am liebsten, so erzählte er mir an jenem Abend, wäre er wieder abgereist, aber das war von der Insel aus nicht so einfach, man musste sich mindestens an die Fährzeiten halten. So blieb er über Nacht und erzählte am nächsten Morgen den über 200 Pastoren, Mitarbeiterinnen und Mitarbeitern, wie er durch die Willow Creek Community Church in South Barrington zum Glauben gefunden habe. Bill Hybels bat ihn dann, ihn auf seiner ersten Reise nach Deutschland zu begleiten. Lou war Deutsch-Amerikaner, sprach fließend Englisch und Deutsch und war geradezu prädestiniert für diese Aufgabe. Aber er war noch nicht lange Christ, hatte keinerlei theologische Vorkenntnisse und fühlte sich überfordert.

Lou erzählte auf Langeoog mit einfachen Worten davon, und was er sagte und wie er es sagte, zündete besonders bei unseren jungen Pastoren. Viele sprachen ihn an, wanderten mit ihm durch die Dünen, und packten bei ihm ihre Sorgen aus. Keiner konnte damals ahnen, dass noch viele Willow-Creek-Kongresse folgen würden, die das Leben von Kirchen und Gemeinden in unserem Land veränderten. Beim Leitungskongress 2010 in Karlsruhe wurde ich gebeten, über die Bedeutung von Willow Creek für die Freikirchen zu sprechen, Prof. Michael Herbst übernahm diesen Part für die Landeskirchen. Mir selbst wurde dabei noch einmal bewusst, dass die Segensstrecke von Willow Creek auch innerhalb unserer Freikirchen beachtlich ist, ohne genau definieren zu können, wo sie beginnt und wo sie einmal enden wird. Eine der Stärken dieser amerikanischen Gemeinde ist, dass sie uns zwar mit einer Vielfalt von Ideen und Methoden der missionarischen Arbeit versorgt, darin aber nie den eigentlichen Schlüssel sah. Das Gewicht von Willow Creek liegt eindeutig auf geistlichen Prinzipien, auf Hingabe an Jesus Christus und ein leidenschaftliches Leben für ihn.

Das gilt besonders für Bill Hybels, die prägende Gestalt dieser Gemeindebewegung. Ich hatte Bill noch nicht persönlich gehört, da entdeckte ich ein Buch von ihm in der Langeooger Bücherstube. (In den ersten Jahren der Herbsttagungen wurde dafür im Haus Bethanien ein ganzes Zimmer ausgeräumt, in dem ich manchmal die halbe Nacht zubrachte.) Ich denke, es war das Buch »Aufbruch zur Stille«, in dem er davon erzählt, dass er in seiner Wohnung eine Gebetsecke eingerichtet habe. Während ich darin blätterte, kam der Rektor unseres Theologischen Seminars dazu und erzählte mir, welche Konsequenzen dieser Hinweis für ihn habe. Es war ja nicht alles neu, was Bill schreibt und sagt, es ist die Eindrücklichkeit und Echtheit, mit der das geschieht.

Überhaupt – was ist schon neu? Eigentlich ist bereits alles gesagt, und doch brauchen wir immer wieder Menschen, die uns im Auftrag und Namen Gottes das bereits Gehörte neu zusprechen. Und es ist eine Gnade, wenn das so geschieht, dass es unsere Herzen erreicht. Das war und ist bei Bill Hybels der Fall. Auf einer Konferenz des BFeG in Nürnberg sprach er zum Thema »Geliebt!« und machte uns unmissverständlich deutlich, dass jeder Mensch eine von Gott geliebte Person ist. Nein, auch das war für viele von uns nicht neu, aber es ergriff uns neu. Übrigens bekam jeder Teilnehmer dieser Konferenz einen Ring, in dem dieses eine Wort »Geliebt!« eingraviert war. Ich habe ihn lange getragen.

Auch in meiner »Heimatgemeinde«, der FeG Witten, profitierten wir von Willow Creek. 1996 reiste unser damaliger Gemeindepastor Wolfgang Kraska mit der kompletten Gemeindeleitung zum ersten Willow-Creek-Kongress nach Hamburg, und das

Team kehrte mit großer Begeisterung und voller Anregungen und Ideen zurück. Auch ein »älterer Bruder« war dabei, der viele Jahre zum Ältestenkreis gehört hatte. Eigentlich war er vor allem mitgekommen, um zu prüfen, ob diese Bewegung sich in biblischen Bahnen bewegt, aber er wurde dort so angesteckt, dass er bei dem sich anschließenden Veränderungsprozess in der Gemeinde zu einer Schlüsselperson für die ältere Generation wurde.

Auch ich persönlich habe von Willow Creek vieles gelernt. Mein Lieblingssatz der zehn Grundwerte von Willow Creek lautet: »Wir sind überzeugt, dass die Gemeinde kulturell relevant sein sollte, ohne dabei ihre Identität und Lehre zu verleugnen.« Objektiv gesehen beschreibt dieser Satz sicher nicht den wichtigsten »Grundwert« einer Gemeinde, aber ich halte ihn nach wie vor für besonders aktuell. Es ist dieser Mix von Kultur und Frömmigkeit, der so oft Veränderungsprozesse bei uns erschwert. Entweder passen wir uns kulturell der Gesellschaft so weit an, dass wir unsere geistliche Substanz verlieren, oder wir isolieren uns so sehr von ihr, dass wir aus unserem kulturellen Getto heraus nicht mehr von unseren Zeitgenossen verstanden werden. Aber nur der Inhalt unseres Glaubens ist zeitlos gültig, nicht sein Gefäß. Das Gefäß ist zeitgebunden und muss immer wieder neu auf unsere Zielgruppe zugeschnitten werden.

Jahre später rief mich Lou Hoeneke an und fragte, ob er mich sprechen könne. Da ich auf dem Weg in den Süden war, verabredeten wir ein Treffen am Frankfurter Flughafen. Er habe den Auftrag, mich im Namen des Vorstandes zu fragen, ob ich bereit sei, den Vorsitz von »Willow Creek Deutschland« zu übernehmen. Ich war nicht bereit, wie sollte ich auch?! Nun hat Ulrich Eggers schon seit vielen Jahren diese Leitungsposition, und ich habe nicht den Eindruck, dass die Willow-Creek-Bewegung unter Ermüdungsentscheidungen leidet. Auch in diesem Jahr (2014) wurde der Leitungskongress von 8 000 haupt- und nebenamtlichen Mitarbeitern besucht, und es sind bereits weitere Kongresse geplant.

Ernst Wilhelm Erdlenbruch

Es war Mitte August 2007, als ich einen Brief von Ernst Wilhelm Erdlenbruch erhielt. Er war über viele Jahre der Leiter der Inland-Mission, in dieser Funktion kannte ich ihn, seit ich 1973 meine Arbeit im BFeG begann. EWE, wie er von vielen liebevoll genannt wurde, gehörte zu den Menschen, die auch im Alter nie den Draht zu jungen Leuten verloren haben. Weil er so echt und natürlich war, blieb er für viele junge Kollegen ein begehrter und kluger Gesprächspartner. Ernst Wilhelm Erdlenbruch schrieb mir, er sei sehr krank, nach Auskunft der Ärzte habe er nicht mehr lange zu leben. Und es sei sein Wunsch und der Wunsch seiner Familie, dass ich auf seiner Trauerfeier die Verkündigung übernähme. »Du kennst mich und uns gut«, schrieb er, »wir sind ein ganzes Stück unseres Lebens- und Dienstweges miteinander gegangen. Und bei aller Selbstständigkeit hat sich daraus nicht nur Bruderschaft ergeben, sondern ist Freundschaft entstanden.« Daraufhin rief ich Wilhelm an und sagte ihm den Dienst zu.

Ernst Wilhelm Erdlenbruch kam ursprünglich aus meiner Heimatstadt Wuppertal, seine Eltern gehörten zur Brüdergemeinde in der Elberfelder Baustraße, jener Gemeinde also, mit der auch ich Kindheitserinnerungen verband. In amerikanischer Kriegsgefangenschaft hatte er zum Glauben an Jesus gefunden. Seine Mutter hatte ihm als jungen Soldaten ein Neues Testament mitgegeben, und es war wie so oft der Römerbrief, der ihn zum Vertrauen auf die Gnade Gottes brachte. Die Familie war in Wuppertal ausgebombt, und Wilhelm fand nach dem Krieg eine Bleibe bei seinen Tanten in Essen. Dort, auf einer Jugendfreizeit der Essener FeG, lernten Wilhelm und Ruth sich 1947 kennen und lieben.

Selten habe ich ein Ehepaar auch beruflich so sehr als Team erlebt. Als ihre Kinder erwachsen waren, fuhr Ruth ihren Mann Tausende von Kilometern, die beiden begleiteten viele junge Pastorenehepaare in Inlandmissionsgemeinden, gaben ihnen Tipps, hielten den Kontakt zu ihnen und beteten für sie. Nun waren sie bereits seit Jahren im Ruhestand. Sie hatten ihr Haus in Essen verkauft und waren ihrem Sohn Ulrich nach Hamburg nachgezogen.

Als ich ihr Haus betrat, ging es beiden gesundheitlich schlecht, in ihre Bademäntel gehüllt saßen sie mir im Wohnzimmer gegenüber. Ruth litt unter einer starken Magengrippe und konnte sich kaum auf den Beinen halten, und Wilhelm war gerade mit dem Hinweis aus dem Krankenhaus entlassen worden, dass man ihm nicht mehr helfen könne. Während unseres Gespräches sah mich Ernst Wilhelm plötzlich an und sagte: »Weißt du, Peter, ich freue mich richtig auf da oben.« Worauf Ruth ihn ansah und in ihrer unnachahmlichen Art sagte: »Wilhelm, du hast gut reden! Und was ist mit mir?« Es war gerade diese Natürlichkeit, auch in geistlichen Dingen, die mich bei den beiden immer wieder beeindruckte.

Wenige Wochen darauf, Anfang September 2007, nahm der Vater im Himmel Ernst Wilhelm Erdlenbruch zu sich. Und sechs Jahre später seine Frau Ruth. Auf der Trauerfeier erging es mir wie so oft bei Trauerfeiern für Menschen, die mir nahestanden. Ich habe meine Mutter und meine Schwiegermutter beerdigt, auch die Schwestern meines Vaters. Der offizielle Teil fiel mir eigentlich nie besonders schwer, ich konnte in der Predigt sehr persönlich aus dem Leben der Verstorbenen erzählen und Jesus als die Quelle ihres und meines Lebens bezeugen. Aber wenn alles vorüber war, ergriff mich die Traurigkeit, auch bei Ernst Wilhelm war das so.

Unterwegs erlebt

Den größten Teil unseres Lebens haben meine Frau und ich in Witten verbracht. Da wir in einer Dienstwohnung lebten, war klar, dass wir nach meinem Abschied beim BFeG eine andere

Bleibe brauchten. Bereits einige Jahre vorher schauten wir uns also um, wie und wo wir unseren Lebensabend verbringen wollten. Da in Witten damals nichts zu finden war, sind wir dann in die Nachbarstadt Wetter gezogen. Für Pastoren sind Ortswechsel und Umzüge nichts Außergewöhnliches, doch was das betrifft, entsprachen wir nicht der Regel. Als ich noch für die Pastorenschaft verantwortlich war, bekam ich manchmal mit, wie schwierig ein Ortswechsel für eine Pastorenfamilie sein kam. Besonders die Kinder, die ja in den Berufungsprozess des Vaters nicht immer einbezogen waren oder ihn nicht verstanden, litten darunter. Bei uns gab es zwar fünf Wohnungswechsel, aber nur einen echten dienstlichen Umzug von Hamburg nach Witten.

Trotzdem habe ich das Empfinden, fast ständig unterwegs gewesen zu sein. Ob als Leiter der Bundesjugendarbeit, als Bundespfleger oder Präses – ein großer Teil meiner Arbeit war mit Reisen verknüpft, meist mit dem Auto, manchmal mit der Bahn, selten im Flugzeug. In den ersten Jahren habe ich fast ausschließlich in Privatwohnungen übernachtet, habe das auch gerne getan. Vielen Menschen bin ich dabei begegnet, habe viele Geschichten gehört, aber auf Dauer kann das sehr anstrengend sein. Ich erinnere mich an eine alte Berlinerin, die alles unternahm, um mir den Aufenthalt in ihrer Wohnung so angenehm wie möglich zu machen. Egal, wann ich am späten Abend in ihre Wohnung kam, sie saß da mit einer Flasche Herva mit Mosel (Berliner Weinschorle) und freute sich auf ein »Schwätzchen« mit mir. Einmal schlief ich in einem (freundlich ausgestatteten) Kellerraum und musste durch das halbe Haus, um zur Toilette zu kommen. Für jemand, der nachts so oft rausmuss wie ich, kann das sehr anstrengend sein. Ein anderes Mal hatte ich mich bei der Abreise aus einer Wohnung ausgesperrt. Meine Gastgeber mussten früh aus dem Haus und hatten mich angewiesen, den Schlüssel in der Wohnung zu lassen und die Etagentür zuzuziehen. Aber nachdem ich das erledigt hatte, fiel mir ein, dass ich in der Wohnung etwas vergessen hatte. So arbeitete ich mich mittels eines Drahtes zurück in die Wohnung – mit der Angst im Nacken, von den Nachbarn als Einbrecher entlarvt zu werden.

Später habe ich fast ausschließlich in Hotels übernachtet, ich genoss es geradezu, nach anstrengenden Sitzungen oder Veranstaltungen nicht mehr reden zu müssen, sondern einfach für mich zu sein. In einigen Hotels kannte man mich bereits, in anderen war ich überrascht, dass man mich kannte. Einmal übernachtete ich nach einer Bundesratssitzung in einem Hotel, in dem ich nie zuvor gewesen war. Aber der Mann an der Rezeption sprach mich mit meinem Namen an, und nachdem die Anmeldeprozedur vorüber war und ich mein Zimmer aufsuchen wollte, fragte er mich: »Reisen Sie eigentlich immer mit ihrem Namensschild?« Erst da wurde mir klar, dass ich mein Namensschild von der Sitzung immer noch am Revers meines Anzugs trug.

Die Bahn benutzte ich, wenn ich zu Sitzungen oder Tagungen in größere Städte fuhr, dabei bevorzugte ich Großraumwagen, möglichst mit einer Steckdose am Platz. Einmal saß ich in einem Aussichtswagen, einem Wagentyp, der damals zwischen Köln und Frankfurt auf der Rheinstrecke fuhr, die neue ICE-Trasse gab es noch nicht. In der Mitte des Wagens war eine »Glaskanzel« mit erhöhten Sitzen, dort zu sitzen und an Weinbergen und Burgen vorbeizurauschen, genoss ich sehr. Irgendwo hinter Koblenz hörten wir plötzlich die Stimmübung eines hellen Soprans. Auch Tonfolgen bekannter Arien waren zu hören, und die Unruhe, woher die Stimme kam, war unter uns Fahrgästen offensichtlich. Da stellte uns plötzlich der Zugführer eine junge Dame aus Japan vor. Sie sei Sopranistin und auf dem Weg nach München, dort habe sie am Abend die »Königin der Nacht« zu singen. Und da ihr Flieger ausgefallen sei, müsse sie nun im unteren Raum des Wagens üben. Die Dame lächelte uns freundlich und ein wenig verlegen an und bat um Verständnis für die kleine »Lärmbelästigung«. Wir bemühten uns, ihr klarzumachen, dass von Lärmbelästigung nicht die Rede sein könne.

Manchmal strebte ich bei meinen Reisen eine Kombination zwischen Bahn und Auto an. Zum Beispiel hatte ich herausgefunden, dass ich, wenn ich am Samstagabend bis 19 Uhr den ICE-Bahnhof Kassel-Wilhelmshöhe erreichte, es von dort noch am selben Tag nach München schaffte, von den Bahnhöfen in Hagen oder Dortmund war das nicht mehr möglich. Einmal, nach einer Bundesleitungssitzung, die bis zum Samstagnachmittag dauerte, hatte ich am darauffolgenden Sonntag in München zu predigen. Es war im Dezember, die Straßen glatt, und ich erreichte nur mit Mühe und Not den ICE-Bahnhof in Kassel-Wilhelmshöhe. Dort parkte ich den Wagen und schaffte es gerade noch in den Zug. Ziemlich fertig ließ ich mich auf meinen Sitz im Großraumwagen fallen, stülpte den Kopfhörer über und zappte mich durch das Musikprogramm des ICE. Da hörte ich plötzlich ein tröstendes und stärkendes Lied von Hella Heizmann. Es war eine ihrer berühmten Kinderschallplatten (»In Israel, da war was los«), vermutlich hatte die Deutsche Bahn sie ins Programm genommen, weil bald Weihnachten war. Besonders den Titel »Denn er hat seinen Engeln befohlen über dir, dass sie dich behüten« empfand ich als persönlichen Gruß und Zuspruch Gottes.

Hella hatte ich übrigens einige Wochen zuvor in dieser Stadt getroffen, sie wollte mich sprechen, und wir verabredeten uns am Rasthof Kassel, in der Nähe des Autobahnkreuzes. Sie hatte damit begonnen, an Samstagnachmittagen gemeinsam mit den Patienten der Fachklinik Hohe Mark in Oberursel zu singen, und erzählte mir ganz begeistert davon. Eine Zeit lang war sie selbst Patientin in diesem Haus, und sie hatte erlebt, wie Lieder in depressiven Stimmungslagen trösten und helfen können. Sie war 58 Jahre, als sie 2009 starb. Ein christlicher Verlag schrieb: »Hella Heizmann ist tot«, aber die Nachricht war falsch. Hella glaubte an den, der ver-

spricht: »Wer an mich glaubt, der wird leben, auch wenn er stirbt«
(Johannes 11,25)!

Aber meist war ich mit dem Auto unterwegs, denn viele Ziel-
orte lagen im ländlichen Bereich und waren nur schwer oder gar
nicht mit der Deutschen Bahn zu erreichen. Im Frühsommer 2003
war ich auf dem Weg zum Ostfriesischen Gemeinschaftstag in
Leer, als mir plötzlich auf der A1 einfiel, dass auch meine Tochter
Kerstin auf dem Weg in den Norden sein musste. Sie wollte ihre
Cousine in Hamburg besuchen, vermutlich benutzte auch sie die
A1. Kurz entschlossen rief ich ihre Mobilnummer an. Sie meldete
sich und war nur wenige Kilometer hinter mir, also verabredeten
wir uns am Autobahnbrückenrestaurant »Dammer Berge«. Das
unerwartete Zusammensein empfand ich als ein kostbares Geschenk. Wir erzählten uns viel, lachten miteinander, und ich be-
staunte meinen Enkel Niklas, den ich seit seiner Geburt vor wenigen Wochen nicht mehr gesehen hatte. Als Kerstin dann vor
unserer Weiterreise noch zur Toilette musste, nahm ich Niklas auf
den Arm, schmuste mit ihm und bemerkte aus den Augenwinkeln,
wie einige Leute lächelnd an mir vorübergingen. Sie werden sich
über den weißhaarigen Großvater mit seinem kleinen Enkelkind
gefreut haben. Und ich war mächtig stolz! Enkel sind was ganz
Besonderes, und ich bin gerne Opa. Ich erlebe ihr Aufwachsen
bewusster, als es mir bei unseren Töchtern gelang.

Dies war nur eine kurze Begegnung auf der Autobahn, aber ein
schöner Auftakt zu dem Dienst, der am folgenden Tag in Leer
begann. Seit langer Zeit waren Manfred Siebald und ich wieder
zusammen, und wir spielten uns in den beiden Veranstaltungen
die Bälle zu. Ich empfinde es immer als besonderes Geschenk,
wenn Musik und Wort in einer Veranstaltung nicht beziehungslos
nebeneinanderstehen, sondern zu einem gemeinsamen Thema
verschmelzen. Mit Manfred Siebald gelingt das besonders gut. In
der Mittagspause gingen wir in ein gemütliches Restaurant und
nahmen uns viel Zeit zum Gespräch. Zwar pflegte meine Mutter

zu sagen: »Mit vollem Mund spricht man nicht«, aber miteinander essen und reden empfinde ich nach wie vor als eine gelungene Kombination!

Manfred war wie ich seit 1971 Mitglied im ERF-Verein, er war damals 23 und ich 28 Jahre alt. Einmal, auf einer der Vereinssitzungen in Wetzlar, brachte er mir eine Postkarte mit. Darauf dankte ihm der Schreiber für sein schönes Lied »Herr, wir bitten: Komm und segne uns«, hatte aber wohl übersehen, dass das Lied von mir und nicht von Manfred ist. Ganz ähnlich erlebte ich es umgekehrt. Jemand bedankte sich geradezu leidenschaftlich bei mir für das Lied »Geh unter der Gnade«, das allerdings nicht von mir, sondern von Manfred Siebald geschrieben wurde.

Die weitaus meisten Verwechslungen habe ich mit einem Titel von Dieter Trautwein erlebt. So las ich vor Monaten staunend in einem Autorenverzeichnis, dass ich eines der bekanntesten neueren Lieder im Evangelischen Gesangbuch geschrieben habe. Danach folgte die Titelangabe: »Komm, Herr, segne uns, dass wir uns nicht trennen«. Schon oft musste ich bei diesem Lied sagen: Nein, das ist nicht von mir! Mein ganz ähnlicher Titel steht zwar auch im Evangelischen Gesangbuch, ist aber längst nicht so bekannt geworden:

Herr, wir bitten: Komm und segne uns,
lege auf uns deinen Frieden.
Segnend halte Hände über uns.
Rühr uns an mit deiner Kraft.[39]

Abschied

Am 19. Januar 2008 war es so weit. Im Wittener Saalbau wurde ich aus dem Bundesdienst verabschiedet und mein Nachfolger Ansgar Hörsting eingeführt. Meine langjährigen Mitarbeiter, die mich gut kannten, hatten Lars Mörlid und Peter Sandwall zur musikalischen Gestaltung dieser Veranstaltung eingeladen, und Jürgen Werth predigte über die beiden eindrücklichen Sätze »Jedermann sucht dich!« und »Lasst uns woanders hingehen« (Markus 1,37-38). Den ersten Satz sagten die Jünger zu Jesus, den zweiten Satz Jesus zu seinen Jüngern. Vor wenigen Tagen habe ich Jürgens Ansprache noch einmal gehört und mir daraufhin meinen »Ruhestand« angesehen. Sieben Jahre lang habe ich inzwischen Erfahrung damit. Sonne ich mich im Licht des ersten Satzes? Und unterschlage ich den zweiten? Habe ich aufgehört, mit Jesus an einen anderen Ort zu gehen? Gute 30 Jahre lang gehörten die ersten Tage des Jahres der persönlichen Stille mit ihm. Im Ruhestand habe ich das aufgegeben – nicht die Stille, aber den Rückzug an einen abgelegenen Ort. War das eine gute Entscheidung? War sie richtig?

Es war ein schönes Abschiedsfest, und doch schwang ein Stück Wehmut mit – wie sollte es auch anders sein?! Ich hörte die vielen Dankesworte, Grüße und Wünsche von Menschen, die mir in den vielen Jahren ans Herz gewachsen waren, und ich spürte, hier endet ein wichtiger Abschnitt eines beziehungsreichen Lebens.

Immer wenn ich durch den Hausflur in unsere Wohnung gehe, leuchtet mir ein Bild mit einem Baum entgegen, seine große Krone füllt fast die gesamte Bildfläche. Und je näher ich herantrete, desto mehr Porträtfotos erkenne ich, der ganze Baum ist aus winzigen Bildern von Pastoren zusammengesetzt. Das Bild ist ein Geschenk der Pastorenschaft unserer Bundesgemeinschaft. Auch zwei Predigtbände mit dem Titel »Unterm Strauch gepredigt« gehören dazu. 295 Pastoren haben dazu ihre Predigten zur Verfügung gestellt. Nein, ich habe sie (noch) nicht alle gelesen. Aber überflogen habe ich sie – mal mehr, mal weniger intensiv. Und ich bin glücklich, in diese »Bruderschaft« noch immer eingebunden zu sein. Im Anschriftenverzeichnis des BFeG stehe ich nun in der Rubrik: »Pastoren, Missionare und leitende Mitarbeiter im Ruhestand«.

TEIL 7

AB 2008:
RUHESTAND IN WETTER

Ein neuer Lebensrhythmus

Nun lag auch dieser Tag hinter mir. Ich war verabschiedet und mein Nachfolger eingeführt. Ein eigenartiges Gefühl. Aber keinesfalls ein schlechtes. Ich war ja selbst gespannt darauf, wie es mir erginge, wenn ich das »Bundesschiff« verließ. Entgegen mancher Ratschläge gestaltete ich den Abgang radikal. Ich hatte sogar öffentlich bekannt gegeben, dass ich mindestens im ersten Halbjahr keine Termine annähme. Dabei ging es mir nicht um eine Ruhepause nach einem anstrengenden und herausfordernden Dienstleben. Edelgard und ich wollten das, was nun kam, als einen neuen Lebensabschnitt annehmen. Es sollte nicht mit reduzierter Kraft wie bisher weitergehen, sondern etwas ganz Neues beginnen.

So setzte ich mich schon bald nach dem Ende meines offiziellen Dienstes hin und schrieb mir Kriterien für Zusagen bzw. Absagen kommender Anfragen auf. Ich wollte mich ausschließlich auf das konzentrieren, was meiner Begabung entspricht, und anderes, was ich zwar auch tun könnte, aber ebenso ein anderer, vielleicht besser als ich, wollte ich lassen. In jedem Beruf muss man Aufgaben übernehmen, die man sich niemals aussuchen würde. Sie gehören dazu, man kann ihnen kaum entfliehen. Aber »Ruhestand« bedeutet für mich, gabenorientiert zu leben. Wobei der Begriff »Ruhestand« nicht annähernd wiedergibt, was jetzt begann. Schließlich werden Ruheständler nicht ruhiggestellt.

Zunächst einmal bestand die Veränderung meines Lebens darin, in unserer Wittener FeG mitzuleben, das war mir vorher nicht wirklich gelungen. In der FeG Witten ist es nichts Besonderes, dass ein Präses oder Altpräses Gemeindemitglied ist. Die Gemeinde kennt das seit vielen Jahrzehnten, auch mein Nachfolger gehört zur Gemeinde. So können wir hier ein ziemlich normales Leben führen – das wäre längst nicht in jeder FeG der Fall. Es tut auch gut, in einem Hauskreis zu sein, auch das gelingt mir erst jetzt richtig im Ruhestand. Nach meiner Vorstellung sollte neben den vielen altersspezifischen Gemeindegruppen der Hauskreis eine Begegnungsstelle vieler Altersgruppen sein. Wir Alten haben von der Kreativität und Spontaneität der Jungen zu lernen, und die Jungen von der Kontinuität und den Erfahrungen der Alten. Um das zu ermöglichen, brauchen wir Begegnungsebenen – ein Hauskreis bietet dazu die beste Möglichkeit. Früher boten das auch die Gemeindechöre an, aber die gibt es in den meisten Gemeinden nicht mehr.

Predigen – meine Berufung

Selbstverständlich predige ich noch gerne, nach wie vor sehe ich darin meine eigentliche Berufung – wobei ich hoffe, dass ich mitbekomme, wenn die Grenze erreicht ist und ich als Prediger abtreten muss. In diesem Fall brauche ich geistliche »Brüder« und »Schwestern«, die mir das offen sagen, und ich wünsche mir sehr, dann weise genug zu sein, auf ihren Rat zu hören. Aber noch immer werde ich zum Predigen gerufen, dabei wähle ich meine Zusagen sorgfältig aus. In Witten und einigen Gemeinden der näheren Umgebung habe ich einen regelmäßigen Predigtrhythmus, was das Predigen in Gemeinden über einen Radius von 50 Kilometer hinaus betrifft, sage ich nur sparsam zu. Zwar bin ich sehr oft in weiteren Entfernungen unterwegs, halte mir diese Fahrten aber für besondere Aufgaben frei. Meist handelt es sich um Konferenzen, Tagungen und Allianzveranstaltungen. Ich mache die Erfahrung, dass es auch über den BFeG hinaus immer noch viele Vertrauensbrücken gibt. Entstanden und gewachsen sind sie meist während meiner Allianzarbeit, nicht selten auch über meine Lieder. Ich betrachte das als ein ganz besonderes Kapital, das ich sorgsam und verantwortungsbewusst einsetzen will. Manchmal fühle ich mich unwohl, wenn ich allzu weit im Voraus plane. Vor Kurzem habe ich einen Predigtdienst in drei Jahren zugesagt. Ist das für einen über 70-Jährigen überhaupt sinnvoll? »So Gott will«, lautet die Kurzformel, die ich seit frühster Jugend kenne. Allerdings weiß ich auch bei einer Zusage für morgen nicht, ob ich sie einlösen kann. Niemand von uns hat seine Zukunft in der Hand.

Ich habe ja bereits von damals in Ronsdorf berichtet: Unser Gemeindepastor beteiligte uns Mitarbeiter an seinen Predigten, indem er einen Predigttext zwischen uns aufteilte. Das passierte nach meiner Erinnerung zum ersten Mal bei einer Silvesterfeier, die in Ronsdorf in der Regel über drei Stunden ging. Schon seit frühsten Kindertagen waren meine Geschwister und ich bei diesen Feiern dabei. Was sollten wir auch sonst tun, wo doch unsere Wohnung über dem Gemeindesaal lag und unsere Eltern ohnehin mit der Vorbereitung der Veranstaltung beschäftigt waren?! Über Mitternacht wurde immer gebetet, jeder durfte sich daran beteiligen. Als Kinder hätten wir zwar gerne das Feuerwerk zum Jahreswechsel gesehen, aber dazu bestand keine Möglichkeit. Noch heute habe ich diese Lärmkulisse der mitternächtlichen Gebetsgemeinschaft im Ohr, erst das Läuten der Kirchenglocken, dann das Knallen der Feuerwerkskörper und darüber die Gebete der Gemeinde, die das gerade begonnene Jahr in die Hände Gottes legte.

Doch bevor es so weit war, stand jede Menge Zeit zur Verfügung – nicht nur für Kaffee und Kuchen, auch zum Hören auf einen Bibeltext. Und so predigten wir als Mitarbeiter in der von unserem Pastor festgesetzten Reihenfolge. Heute kann ich es kaum fassen: Auch ich als fast 18-Jähriger war dabei. Das war ganz schön mutig von unserem Prediger Helmut Georg, der damals nicht einmal 30 Jahre alt war. Und für mich war es eine Hilfe auf dem Weg zu meinem späteren Beruf.

Als ich dann in Ewersbach mit der theologischen Ausbildung begonnen hatte, wurde das Predigen schwerer für mich. Ich verlor die Unbekümmertheit, mit der ich zuvor in Sonntagsschule, Jungschar, Freizeiten und eben auch in der Gemeindeveranstaltung gesprochen hatte. Es war wie beim Klavierspiel. Bevor ich etwas von den strengen Regeln der Harmonielehre wusste, habe ich mit großer Begeisterung improvisiert. Als ich damals gefragt wurde, ob ich bereit sei, zwei Sängerinnen bei einer Schallplattenaufnahme des Schulte-Verlages in Wetzlar zu begleiten, sagte ich selbstverständlich zu. Doch dann machte mich Margret Birkenfeld, die langjährige Leiterin der Musikabteilung des Verlages, darauf aufmerksam, dass ich unerlaubte Quintenparallelen benutzte. Ich hatte noch nie etwas von Quintenparallelen gehört. Von da an wurde das freie Klavierspiel kompliziert für mich. Erst als ich mich ein wenig mit den Gesetzen der Harmonielehre beschäftigt hatte, begann ich wieder ernsthaft auf dem Instrument zu improvisieren.

Mit dem Predigen war es nicht anders. Auch von Predigtlehre wusste ich noch nichts vor meiner theologischen Ausbildung. Ich erinnere mich, dass ich während meiner Seminarzeit einen Ostergottesdienst besuchte. Es war am zweiten Ostertag in Halver, und Prediger Langemann leitete die Predigt nur kurz ein, dann bat er weitere »Brüder«, die Auslegung fortzusetzen. »Wortbetrachtung« nannte man das in der Gemeindetradition des Sauerlandes. Ich sah mich um und war sehr beunruhigt, denn ich entdeckte niemanden, von dem ich wusste, er würde jetzt nach vorne gehen. Prediger Langemann wartete und wartete, bevor er dann noch einmal zur Kanzel schritt. Doch anstatt den Gottesdienst zu beenden, wiederholte er erneut, wenn jemand ein »Wort« habe, möge er sich anschließen – und ich wurde den Eindruck nicht los, dass er mich dabei intensiv ansah. Schweren Herzens ging ich nach vorn, stotterte ein paar Sätze und kam mir sehr hilflos vor. Anschließend schlich ich zurück auf meinen Platz. Und wie das so ist, hörte ich Monate später, dass gerade meine hilflosen und stotternden Worte einen Besucher angesprochen hatten, der sonst eher selten im Gottesdienst war. Nun sollte man kein Prinzip daraus ableiten, aber es stimmt schon, unser persönlicher Eindruck sagt wenig über die Wirkung unserer Predigten aus. Gerade, wenn wir schwach sind, ist Gott stark – was allerdings nicht heißt, dass wir stottern müssen, damit Gottes Geist durch uns wirken kann.

Meine Predigtwerkstatt

Mir hilft es, relativ früh den Bibeltext zu kennen, über den ich zu predigen habe. Ich nutze zuerst alle Möglichkeiten, wirklich aufzunehmen, was da steht. Dabei gehe ich einzelnen Begriffen in ihrer Grundsprache nach, kläre den Zusammenhang und Hintergrund des Textes, mache mich mit der Zielsetzung des betreffenden biblischen Buches vertraut. In diesem Zusammenhang komme ich noch einmal auf Schlatters »Sehakt« zu sprechen, also auf eine »Wahrnehmung« des Textes ohne jede vorhergehende Festlegung oder Urteilsbildung.

Gleichzeitig beginne ich mit einer Stoffsammlung zum Bibeltext bzw. zu meinem Predigtthema. Bereits sehr früh lege ich eine Mappe an und sammle, was mir zur Predigt wichtig wird. Manchmal erinnere ich mich an ein Buch, das ich gelesen habe, oder an einen Zeitungsartikel, oft ist es auch eine Begegnung oder ein Erlebnis aus meinem Leben. Hin und wieder gehen mir auch beim Einschlafen Gedanken dazu durch den Kopf, dann stehe ich noch einmal auf und mache mir eine Notiz. Was immer es ist, ich halte es in meiner Predigtmappe fest. Es ist eine Grobsammlung, bei der ich zunächst weder auswähle noch das Material sichte und ordne.

Erst zwei oder drei Tage vor dem Predigttermin beginne ich, nach einer Struktur oder möglichen Disposition zu suchen. Die innere Struktur meiner Predigt hat eine große Bedeutung für mich, ich brauche von meinen Predigten so etwas wie ein 3-D-Bild, eine Landschaft, durch die ich gehe, während ich predige. Da ich in der Regel mein Manuskript nicht mit auf die Kanzel nehme (sofern es eine Kanzel gibt), muss meine Predigtstruktur in sich logisch und schlüssig sein, nur so kann ich sie mir gut einprägen. Ist sie gefunden, kommt es nicht mehr auf einzelne Sätze an, ich wandere dann während meiner Predigt wie durch eine Landschaft von Punkt zu Punkt und versuche, meine Predigthörer auf dieser Wanderung mitzunehmen.

Es liegt viele Jahre zurück, dass ich mit dem »freien« Predigen begonnen habe, das war auf einer Jugendwoche unter dem Titel »Kairos« in der hessischen »Hinterlandhalle« in Dautphetal. Mein Bruder Diethelm und ich waren gemeinsam dort, Harald Peil, damals Jugendpastor im Biedenkopf-Kreis, hatte uns eingeladen. Ich begriff, wie wichtig es ist, die jungen Leute während der Predigt anzusehen, damit der Kontakt zu ihnen nicht abbricht. Noch wichtiger wurde mir das einige Monate später bei einer Allianz-Jugendwoche in Dortmund. Es kamen junge Leute, für die solche Veranstaltungen völlig ungewohnt waren, und ich spürte geradezu, wie der Draht zu ihnen abzureißen drohte, sobald ich in mein Manuskript sah und sie dabei aus dem Auge verlor.

Allerdings gelang mir die freie Rede nicht sofort. Manchmal trat ich auf der Stelle, überlegte angespannt, wie es weiterging, aber mit der Zeit wurde ich sicherer. Heute fällt es mir fast schwerer, mit einem Predigtmanuskript zu sprechen. Ich brauche die Kommunikation mit den Gesichtern, den Augenkontakt. Das weckt in mir eine Kreativität, die sonst vermutlich nicht vorhanden wäre. Wer allerdings glaubt, damit ersparte ich mir das Predigtmanuskript, der täuscht sich gewaltig. Zwar schreibe ich meine Predigten nicht wörtlich aus, halte aber doch relativ ausführlich fest, was ich sagen will. Und obwohl ich seit vielen Jahren fast alle Texte mit dem Computer schreibe, sind meine Predigtmanuskripte immer noch handgeschrieben. Das ermöglicht mir, bis zum letzten Augenblick daran zu arbeiten, Gedanken einzufügen, anderes zu streichen; manchmal kommt mir noch zu Beginn der Veranstaltung eine Idee, die ich festhalte. Und auch wenn ich das zuletzt Eingefügte beim Predigen nicht vor Augen habe, hilft mir allein der Schreibvorgang, es mir einzuprägen.

Aber auch das laute Sprechen der Predigt ist eine Hilfe für mich, Gedanken zu ordnen und neue zu entwickeln. Das muss nicht in meinem Arbeitszimmer geschehen, manchmal wandere ich dazu durch eine Landschaft, in der ich ungestört laut reden kann. Dabei merke ich, wie sich Gedanken entwickeln, mir neue Bilder und Vergleiche zur Veranschaulichung einfallen; manches nehme ich auch wieder heraus, was zwar interessant, aber nicht wirklich zielfördernd ist. Insgesamt mache ich (auch bei Artikeln und anderem) die Erfahrung, dass der Verzicht auf Länge fast immer der Übersichtlichkeit zugutekommt. Eine große Gefahr liegt darin, dass wir alles bringen, was wir an Einfällen und Lieblingsgedanken in unseren Köpfen haben, aber eine Predigt letztlich langatmig und langweilig werden lässt. Weniger ist mehr!

Das gilt auch für die Predigtzeit, auch da ist weniger in der Regel mehr. Es gibt Gemeinden, die Wert darauf legen, dass der Prediger nicht unter 40 bis 45 Minuten spricht. Damit soll wohl unterstrichen werden, welchen Stellenwert man der Verkündigung des Wortes Gottes beimisst.

Aber nicht die Quantität, sondern die Qualität ist entscheidend. Schwieriger noch empfinde ich es, wenn mir Pastoren und Prediger sagen, dass sie nicht bereit sind, unter 40 Minuten zu predigen. Manche weisen mit einem gewissen Stolz auf ihre lange Predigtzeit hin. Manchmal habe ich den Eindruck, sie leiten von der Predigtlänge die Wichtigkeit ihrer Botschaft ab, was selbstverständlich ein Trugschluss ist. Unabhängig davon bin ich sicher, es würde uns Verkündiger deprimieren, wenn wir wüssten, wie viele unserer Zuhörer gedanklich auf der Reise sind, während wir predigen. Langjährige Predigthörer haben oft eine ganz erstaunliche Fähigkeit entwickelt, während solcher Gedankenreisen aufmerksam und interessiert auszusehen. Offen gesagt, bin ich mittlerweile davon überzeugt, dass sich in 20 bis 25 Minuten Predigtzeit alles, worauf es ankommt, sagen lässt.

Drei geistliche Grundlinien sind mir im Laufe der Jahre beim

Predigen immer wichtiger geworden. Sie betreffen weniger die Predigt als vielmehr den Prediger:

1. Nur wenn meine Beziehung zu Jesus stimmt, wird auch meine Predigt stimmig sein. Als Verkündiger des Evangeliums brauchen wir eine ungestörte Beziehung zu dem, in dessen Namen wir predigen. Von dem Theologieprofessor August Tholuck (1799–1877) wird erzählt, dass er seinen Studenten ab und zu auf die Bude rückte und sie fragte: »Bruder, wie steht es mit deinem Herzen?« Ist die Beziehung zu Jesus gestört, können unsere Predigten noch so gut vorbereitet sein – sie werden kaum die gewünschte Wirkung haben. Mag sein, dass das einigen zu subjektiv klingt. Ist das Wort Gottes nicht in sich eine Kraft, die auch unabhängig vom Prediger wirkt? Aber nach meiner Erfahrung kommt auch die schönste Musik mit dem besten Musikanten nicht zum Klingen, wenn das Instrument verstimmt oder beschädigt ist. Und auch das habe ich erlebt: Meine Beziehung zu Gott kann nur dann ungestört sein, wenn auch meine Beziehung zu den Menschen ungestört ist (so viel an mir liegt). Manchmal musste ich vor der Predigt zuerst meine Frau aufsuchen, um dann mit innerer Freiheit predigen zu können.

2. Nur wenn ich selbst von dem bewegt bin, was ich predige, kann ich auch meine Predigthörer bewegen. Es gibt die eindrückliche Geschichte von Martin Luther King und seiner großen Rede 1963 vor dem Lincoln Memorial in Washington. Trotz sorgfältiger Vorbereitung wollte die Rede vor den 250 000 Leuten beim »Marsch auf Washington« nicht so richtig überspringen. Die große Mahalia Jackson, die hinter ihm stand, soll ihm daraufhin zugeflüstert haben: »Martin, tell them about the dream« (»Martin, erzähl ihnen den Traum«), woraufhin King dann seine berühmte Rede begann: »I have a dream …« Nein, es geht dabei nicht in erster Linie um die Frage, ob wir mit oder ohne Manuskript predigen, sondern vielmehr darum, ob wir

noch diesen Traum haben, der uns bewegt, für den wir brennen und den wir unter allen Umständen weitergeben wollen. »Wir können's ja nicht lassen, von dem zu reden, was wir gesehen und gehört haben«, sagten die Apostel denen, die ihnen den Mund verbieten wollten (Apostelgeschichte 4,20). Darum geht es.

3. Nur wenn ich meine Predigt loslasse und in die Hand Gottes lege, wird sie zu einem wirkungsvollen Werkzeug in seiner Hand. Jesus hat mir vor vielen Jahren gezeigt, dass meine Predigten sein Eigentum sind. Das mag eine Binsenweisheit sein, aber ich konkretisiere das: Unmittelbar bevor ich zur Predigt aufstehe und nach vorne gehe, bete ich: »Herr, jetzt übernimm, was ich sage. Ich will, dass es dir gehört! Mach du das Beste daraus.« Fast ist daraus ein gutes Ritual geworden. Manchmal spüre ich geradezu, wie die Anspannung, die mich auch nach fast 50 Jahren Predigtpraxis nicht wirklich verlassen hat, nachlässt und ich mich auf das Eigentliche konzentrieren kann. Nicht immer, aber oft erlebe ich dann etwas von dem, was in Apostelgeschichte 4,13 mit »Freimut« (*parresia*) übersetzt wird. Gemeint ist eine freie, offene, unbekümmerte und auch mutige Rede.

Aber das alles hebt nicht auf, dass ich Augenblicke kenne, in denen ich nach meinen Predigten unzufrieden bin. Oft fällt mir ein, was ich hätte noch besser sagen können. Weshalb habe ich einen Gedankengang nicht sorgfältiger vorbereitet, ihn nicht eindeutiger und konkreter zu Ende geführt? Auch kleine Predigtbausteine fallen mir dann ein, die ich während der Predigt vergessen habe. Diese nachträglichen Gedanken können zermürbend sein und mich nach unten ziehen. Corrie ten Boom hat einmal erzählt, dass sie nach ihren Predigten und Vorträgen betet: »Herr, decke mit deinem Blut, was von mir stammt. Segne und mehre, was von dir ist. Darum bitte ich dich in Jesu Namen. Amen.« Anschließend habe sie dann konsequent nach vorn geblickt. Dieses Gebet habe auch ich mir in solchen Situationen zu eigen gemacht.

Heute helfe ich hin und wieder jungen Kollegen, als Prediger des Evangeliums tätig zu sein. Dann gehen wir ihre Predigt gemeinsam durch und überlegen miteinander, was gut ist und was noch besser werden kann. Und was mir besonders wichtig ist: Ich versuche, ihnen bewusst zu machen, was für einen wunderbaren Beruf sie haben. Wir sind Prediger des Evangeliums!

Erfahrungen im Gottesdienst

Wenn ich zu Predigtdiensten im Land unterwegs bin, staune ich immer, welche Buntheit sich in den Gottesdiensten zeigt. Von einer festgelegten Liturgie bis zu unvorhersehbaren Überraschungsevents ist fast alles vorhanden. Nun fällt es mir nicht schwer zu akzeptieren, dass unsere Ausdrucksformen beim Singen, Beten und auch Predigen so unterschiedlich sind. Menschen sind verschieden, also müssen auch unsere Angebote unterschiedlich sein. Ich akzeptiere diese Vielfalt nicht nur, in vielen Fällen kann ich mich durchaus darüber freuen. Trotzdem habe ich Vorstellungen für die Gestaltung eines Gottesdienstes, die mir wichtig sind, und ich nehme mir die Freiheit, darüber einige Sätze zu schreiben.

Obwohl ich mit dem »Du« persönlich eher großzügig umgehe, ist es mir wichtig, die Anrede des »Sie« oder »Du« im Gottesdienst nicht nach Lust und Laune zu gebrauchen. Ein Gottesdienst hat Öffentlichkeitscharakter, jeder Gottesdienst, nicht nur der Gästegottesdienst, deshalb bevorzuge ich dort die Anrede »Sie«. Ein vereinnahmendes »Du« kann schnell übergriffig wirken. Oder aber der Gottesdienstteilnehmer hat den Eindruck, der Einzige von »außen« zu sein, da sich hier anscheinend jeder mit jedem duzt. Selbstverständlich gibt es auch Zielgruppen, in denen das »Du«

zum normalen Sprachgebrauch gehört, das ist meist bei Jugendlichen und jungen Erwachsenen der Fall, manchmal ist es auch je nach Geografie und Bevölkerungsdichte verschieden. Während man sich im städtischen Bereich selbstverständlich siezt, kann das »Sie« in einer Dorfgemeinschaft distanzierend wirken. Im Ruhrgebiet siezt man sich zwar, gebraucht aber das »Ihr« und »Euch«, sobald es um mehrere Menschen geht. Hin und wieder verwende ich das »Du« als Zuspitzung in der Predigt, das heißt, ich beginne mit dem »Sie« und wechsle ins »Du«, wenn's persönlich wird.

Ich mag es nicht, wenn die Predigt zum Schulunterricht wird, wenn also der Pastor vorne beginnt, Fragen zu stellen. Auch spontane Gemeinschaftsaufgaben mit meinem Stuhl- oder Banknachbarn schrecken mich eher ab. Dabei bin ich eigentlich kein Distanztyp. Wie mag es erst denen gehen, die ohnehin Mühe haben, sozusagen auf Tuchfühlung mit anderen gehen zu müssen? Ich kenne Menschen, die sich gerade aus diesem Grund eher eine Kirche oder Gemeinde suchen, in der sie vor solchen Aktionen sicher sind.

Beliebt war vor Jahren die Aufforderung: »Jeder begrüßt jetzt den, der neben ihm sitzt«, also sozusagen eine Begrüßung des Nachbarn auf Geheiß. Da fand ich den Satz schon origineller: »Jeder begrüßt jetzt die Person, die hinter ihm sitzt« und das spontane Erstaunen, wenn die Hand dabei ins Leere griff. Aber schlimmer sind zweifellos noch andere Gemeinschaftsaufgaben, die ich mit meinem Stuhlnachbarn anstellen soll. Etwa: »Sag der Person, die neben dir sitzt, weshalb du hier bist, was du vom Gottesdienst erwartest, was du Schönes erlebt hast, wofür du jetzt danken kannst usw.« Nein, diese Beispiele sind nicht in meinem Kopf geboren, ich habe sie so oder so ähnlich alle schon erlebt. Es ist keine Frage, dass man bei der Gestaltung von Gottesdiensten kreativ sein sollte, dass es gut ist, sie aufzulockern, um das Gemeinschaftsgefühl zu stärken oder die Teilnehmer zum Thema hinzuführen. Aber ein Gottesdienst ist eben keine interne Gemeindeveranstaltung; er sollte jedem neuen Besucher den für ihn erforderlichen Freiraum lassen und ihm die Möglichkeit bieten, sich auch ohne interne Kenntnisse wohlzufühlen.

Das gilt auch für unsere Sprache. Wer eine Gottesdienstgemeinde allzu selbstverständlich mit der Anrede »Liebe Geschwister« begrüßt, muss sich nicht wundern, wenn es Irritationen gibt. Meine Frau und ich saßen einmal mit einem Ehepaar zusammen, das uns erzählte, wie es zum Glauben fand und daraufhin einen Hauskreis besuchte. Als sie von ihrem ersten Hauskreisabend nach Hause kamen, wurden sie von ihren erwachsenen Kindern gefragt, wie es gewesen sei. Es sei schön gewesen, sagten sie, »aber stellt euch vor, das waren alles Geschwister«. Nein, das ist kein Witz, so hatten sie es erlebt und verstanden.

Ich weiß, es ist nicht ganz einfach, eine fromme Sprache so zu übersetzen, dass dabei nichts vom Inhalt verloren geht. Wenn ich davon spreche, dass ein Mensch »heimgegangen« ist, ist das etwas anderes, als zu sagen: Er ist verstorben. Und wenn ich von einem »Christen« rede, kann das in einem Land, in dem immer noch Zweidrittel der Bevölkerung einer Kirche angehören, sehr unpräzise sein. Aber es wird kaum besser, wenn ich von einem »Gläubigen« rede, denn ein »Gläubiger« ist nun einmal im allgemeinen Sprachgebrauch etwas anderes als einer, der an Jesus Christus glaubt. Wir sollten also nach Möglichkeit allgemein verständlich reden, auch in diesem Buch bemühe ich mich darum.

Und da gibt es noch ein heikles Gebiet, das ich in diesem Zusammenhang ansprechen will – es betrifft das Gebet. Ich weiß, dass die öffentliche Gebetsgemeinschaft im Pietismus eine lange Tradition hat, besonders in freikirchlichen Gottesdiensten und Gemeinschaftskreisen ist sie vielen vertraut. Manche sind sogar versucht, daran den geistlichen Puls einer Gemeinschaft zu messen, was selbstverständlich Unsinn ist, denn jeder von uns weiß, wie schnell auch eine Gebetsgemeinschaft zu einer leeren Tradition werden kann. Mit der Zeit weiß man, wer was betet, wenn er betet. Das muss nicht verkehrt sein, macht aber deutlich, dass die spontane Antwort auf die Predigt im Gebet keineswegs immer so spontan und geistgeleitet ist, wie wir es gerne betonen. Vor allem liegt in der öffentlichen Gebetsgemeinschaft aber auch eine Gefährdung. Es fällt in einer Gebetsgemeinschaft nicht leicht, ehrlich mit Gott zu sprechen und nicht mit denen, die uns dabei zuhören. Auch ich als langjähriger Prediger des Evangeliums bin nicht frei von dieser Gefahr. Sitze ich in einem Gottesdienst, in dem zum Gebet aufgefordert wird und es entsteht eine lange Pause, dann spüre ich einen gewissen Druck: »Peter, du bist Pastor, warst lange Präses, die Gemeinde erwartet jetzt, dass du betest.« Erst seit einigen Jahren habe ich den Mut, diesem inneren Erwartungsdruck zu widerstehen.

Aber für mich kommt noch ein weiterer Grund hinzu, weshalb ich auf die öffentliche Gebetsgemeinschaft im Gottesdienst lieber verzichte, und der ist ganz profan. Je älter ich werde, desto mehr Mühe habe ich, überhaupt zu verstehen, was in einem großen Raum gebetet wird. Oft ist die Stimme der Beterin oder des Beters so leise, dass ich nicht einmal weiß, wann ich Amen sagen soll. Da hilft dann auch nicht das Gebet in kleinen Gruppen, denn der akustische Background macht es für mich dann eher noch schwerer, den Gebeten inhaltlich zu folgen.

Noch problematischer habe ich vor Jahren eine weitere Aufforderung zum Gebet erlebt. Es war nicht weit von Stuttgart in einem Festgottesdienst. Wir sangen gemeinsam, der Gottesdienstleiter begrüßte die Gäste freundlich – es gab viele Gäste, auch Ehrengäste aus dem kommunalen Bereich. Da machte er einen folgenschweren Vorschlag: Er legte uns auf eine Gebetsgemeinschaft mit unserem Sitznachbarn fest. Neben mir saß der Bürgermeister der Stadt, man hatte ihn eingeladen, um der Festgemeinde ein Grußwort zu sagen. Wie er zum christlichen Glauben stand, wusste ich nicht, folglich überlegte ich fieberhaft, wie ich die Situation auffangen könnte. Allerdings betete dieser Mann, der sich

512

eindeutig auf für ihn ungewohntem Parkett befand, dann ein so einfaches und kindliches Gebet, dass ich beschämt wurde. Trotzdem: Auf die Aufforderung zur Gebetszweierschaft mit unserem Sitznachbarn sollten wir im Gottesdienst verzichten! Sie erschwert manchen unserer Gäste (und nicht nur ihnen) die Teilnahme am Gottesdienst und verführt zum unehrlichen Umgang mit Gott.

Lieder aus 40 Jahren

Was das Liederschreiben betrifft, so habe ich den Eindruck, dass Gott mir heute diese Gabe genommen hat oder sie zumindest hat »einschlafen« lassen. Vor zwei Jahren wurde ich um ein Lied zur Jahreslosung gebeten, es sollte auf einer CD-Card veröffentlicht werden, und die Anfrage beflügelte mich ungemein. Mit großem Tatendrang ging ich an die Arbeit. Aber es wurde nichts daraus. Ich unternahm zwar viele Versuche, hatte eine Unmenge von Versionen des möglichen Liedes im Kopf und einige davon auch auf dem Papier, aber nichts davon sagte mir wirklich zu. Heute denke ich, Gott hat mir die Gabe des Liederschreibens nur für einen begrenzten Zeitraum anvertraut. Vielleicht hängt es auch mit dem neuen Musikstil in unseren Kirchen und Gemeinden zusammen. Viele der aktuellen Lieder sind mir fremd. Nicht, dass ich sie nicht gut fände. Ich teile nicht die Auffassung, die heutigen Lieder seien meist oberflächlich und bestünden nur aus einer Kette von Wiederholungen. Mag sein, dass das für eine bestimmte »Lobpreiskultur« gilt, aber es gibt viele gute und tief gehende Lieder aus jüngster Zeit. Besonders die Lieder von Albert und Andrea Frey haben geistliche Substanz, Titel wie »Anker in der Zeit«, »Wo ich auch stehe«, »Siehst du das Lamm« und »Komm zu Jesus« und viele andere bewegen mich tief. Das gilt auch für die Titel von Christoph Zehendner, Manfred Staiger und auch von vielen anderen Autoren und Komponisten, die ich nicht alle nennen kann.

Mein Problem ist allerdings, dass ich diese Lieder gerne höre, aber rhythmisch auf dem Klavier nicht präzise spielen kann. Gab es früher in Jugendliedern hin und wieder eine Synkope, so scheinen sie heute der Normalfall zu sein. Zwar übernehme ich in unserer Wittener Gemeinde hin und wieder noch die Begleitung am Flügel, bin aber, was den Rhythmus betrifft, auf ein sicheres Gesangsteam angewiesen.

Allerdings bekümmert mich die Einseitigkeit der Liedauswahl in vielen Gemeinden. Wir verlieren viel, wenn wir auf die Liedschätze verzichten, die im Laufe einer langen Kirchengeschichte entstanden sind. Aber diese Schätze dürfen nicht nur gesungen werden, man muss sie ausgraben und heben, manchmal ist eine kleine Liedzeile der Schlüssel dazu. Manfred Siebald hat ein Lied über die Lieblingsliedzeile seiner Mutter geschrieben, sie lautet: »Verricht das Deine nur getreu« und gehört zu dem Choral »Wer nur den lieben Gott lässt walten«. Wer sich den Text dieses Liedes aus dem 17. Jahrhundert anschaut, der kann kaum unberührt daran vorübergehen. Vor einigen Monaten hatte ich plötzlich eine Zeile aus dem Erntelied »Wir pflügen und wir streuen« im Kopf und wurde sie nicht mehr los: »Es geht durch unsre Hände, kommt aber her von Gott!« Was für eine starke Aussage! Und ein hervorragender Einstieg zum Singen dieses alten Erntelieds von Matthias Claudius.

Grundsätzlich gilt: Das Gemeindesingen hat in den vergangenen Jahrzehnten einen tief greifenden Wandel erlebt. Zweifellos wurde dadurch eine große Kreativität freigesetzt, und neben vielen »Eintagsfliegen« sind gute und starke Lieder entstanden. Aber wir dürfen nicht den Fehler machen, den ich auch bei Gemeindegründungen hin und wieder beobachte: Wir beginnen nicht im Jahr »Null«, sondern sind immer auch Teil einer langen Geschichte. Das gilt auch für die Kirchenmusik bzw. den Gemeindegesang. Wer das nicht sieht oder nicht sehen will, schneidet sich damit von einer Segensgeschichte ab. Und auch wenn es heute üblich ist, nicht mehr aus Gesang- und Liederbüchern zu singen, so gehören zu einer guten Lieddatei und ihrer Projektion Verfasser- und möglichst auch Zeitangaben (nicht nur aus rechtlichen Gründen). Sie helfen mir, das Lied als einen Teil dieser Geschichte zu sehen.

Etwa ein Jahr nach meinem offiziellen Abschied aus dem Dienst im BFeG meldete sich eine Alpha-Buchhandlung bei mir. Ob ich bereit sei, eine Veranstaltung mit meinen Liedern und Texten zu gestalten, wurde ich gefragt. Nur mit großer Zurückhaltung ging ich darauf ein. Schließlich bin ich kein Sänger, jedenfalls nicht als Solist. Doch die Veranstaltung verlief gut und machte offensichtlich den Besuchern und auch mir viel Freude. Es war ein »Mitsing-Konzert«, die Buchhandlung hatte eine Gemeinde gebeten, ihren Saal dafür zur Verfügung zu stellen. Zwischen den gemeinsamen Liedern las ich kurze Textpassagen aus meinen Büchern und erzählte Entstehungsgeschichten zu den Liedern. Die Alpha-Buchhandlung hatte einen Büchertisch aufgebaut, und ich erklärte mich bereit, nach der Veranstaltung meine Bücher zu signieren. Dabei ergaben sich viele gute Gespräche.

Inzwischen liegen fast 50 solcher Veranstaltungen hinter mir. Offen gesagt, wusste ich vorher nicht, wie viele christliche Buchhandlungen es in Deutschland gibt – wir sollten alles tun, um sie in einer Zeit des zunehmenden Onlinehandels zu unterstützen. Aber auch Kirchen und Gemeinden haben mich zu solchen Konzerten und Lesungen eingeladen. Vor drei Jahren schloss sich nach einem Gemeindewochenende in Karlsruhe eine solche Veranstaltung in Freudenstadt im Schwarzwald an. Als ich eine gute Stunde vor Beginn in der Freudenstädter Stadtkirche stand, fragte ich mich, wie dieser große Raum gefüllt werden sollte. In meiner Vorstellung sah ich eine beängstigend kleine Gruppe verloren in der Kirche singen. Dazu kam die bange Frage, ob diese Menschen meine Lieder überhaupt kannten. Ein guter Freund, der frühere Eigentümer eines Freudenstädter Musikgeschäftes, hatte den Abend organisiert. Und es wurde ein wunderschöner Abendgottesdienst. Von »Hell strahlt die Sonne« bis »Jesus, wir sehen auf dich« sangen die Leute alle Lieder mit. Und bisher habe ich das immer so erlebt, trotz unterschiedlichster Veranstaltungen und Veranstalter. »Lebensspuren« habe ich das Programm überschrieben und ihm den Untertitel »Lieder und Texte aus 40 Jahren« gegeben.

Bestsellerkolumne

Zum Predigen und zur Musik kommen bei mir noch das Lesen und Schreiben, auch das empfinde ich als Teil meines Gabenprofils. Zwar habe ich in meinem ganzen Leben viel gelesen, aber jetzt im Ruhestand verbindet sich zum ersten Mal für mich eine Aufgabe damit. Bereits im Herbst 2008 sprach mich Arndt Schnepper an, der damalige Öffentlichkeitsreferent des BFeG und Redakteur unserer Gemeindezeitschrift: Ob ich Lust hätte, in »Christsein heute« eine Bestsellerkolumne zu übernehmen. Ich hatte Lust und fing sofort an. Konkret heißt das: Ich schaue mich in den Bestsellerlisten um und wähle einen säkularen Titel aus, von dem ich glaube, dass er auch für Christen lesenswert ist. Ich empfinde diese Arbeit als Privileg, denn ich kann mich für etwas engagieren, was mir seit vielen Jahren wichtig ist.

Ich habe in diesem Buch bereits erzählt, wie prägend John Stott für mich war, und das gilt auch in diesem Zusammenhang. Stott sprach von einem doppelten Hören (*Double Listening*), das für uns als Christen wichtig sei: zum einen und zuallererst auf die Bibel, das Wort Gottes, dann aber auch auf das, was unsere Gesellschaft bewegt. Und er hielt es für erforderlich, beides in Beziehung zueinander zu bringen.[40] Als er 1982 das »London Institute for Contemporary Christianity« ins Leben rief, ging es Stott um die Ausbildung und das Training von Christen und Gemeinden für ein geistliches Leben mitten in der Welt. Nur wenn unser geistliches

Leben als Nachfolger von Jesus Christus in Relevanz zu dem gelebt wird, was die Menschen beschäftigt, werden wir ihre Ohren und Herzen erreichen. John Stott gehörte zu den wenigen Christen, bei denen – recht verstanden – geistliches und weltliches Leben sich berührten, ohne dass das eine auf Kosten des anderen gelebt wird.

Für mich ist genau das ein wesentlicher Grund, warum ich säkulare Bücher lese. Schon immer wollte ich wissen, was Menschen bewegt, die keine Christen sind. Wie ticken sie? Was beschäftigt sie? Den späten Freitagabend halte ich mir in der Regel für Fernsehtalkshows frei. Die Sendung »Riverboat« des MDR, der »Kölner Treff« des WDR, die Sendungen »NDR-Talkshow«, »3nach9« und »Bettina und Bommes« bieten sich alle freitags an. Oft schaue ich vorher in den Programmanzeigen nach, welche Gäste eingeladen sind, und wähle aus, wer mir wichtig zu sein scheint. Selbstverständlich haben dabei auch themenorientierte Sendungen wie »Günther Jauch«, »Anne Will« und »Maybrit Illner« ihren Platz. Ich weiß, man kann nicht alles hören und sehen, man muss es auch nicht. Aber die Kenntnis und bewusste Auseinandersetzung mit der Gesellschaft, in der wir leben, ist für Christen wichtig. Denn selbst die Frömmsten leben ja nicht außerhalb von ihr. Unsere säkulare Umgebung beeinflusst uns viel stärker, als wir denken, nur wird uns das meist nicht bewusst. Es ist diese unbewusste und schleichende Veränderung unseres Lebensgefühls und Rechtsempfindens, die so gefährlich ist. Vertraute biblische Maßstäbe werden uns fremd, und wir können nicht einmal sagen, weshalb. Ethische Positionen, die wir früher leidenschaftlich verteidigt haben, halten wir inzwischen für abwegig, ohne dass dabei ein bewusster Veränderungsprozess stattgefunden hat. Damit sage ich nicht, dass die alten Positionen richtiger waren. Mir geht es um die verborgene Infiltration, die dahintersteckt. Es ist wie mit den großen Philosophen: Kaum jemand hat ihre Bücher gelesen und sich mit ihren Philosophien auseinandergesetzt, aber irgendwann gestaltet ihr Denken unser gesellschaftliches Leben und scheint uns ganz selbstverständlich zu sein – ohne dass wir sagen könnten, wie es dazu kam.

Ich bin glücklich über meine Bestsellerkolumne. Selbstverständlich lese ich die Bücher komplett, anders geht es nicht. Und ich frage auch nach der Relevanz des Textes für mich persönlich. Je persönlicher ich mir diese Frage stelle, desto besser kann ich darüber schreiben. Inzwischen habe ich auch in der Zeitschrift »AUFATMEN« einen solchen Kolumnentext. Fast 50 Titel sind es inzwischen, über die ich auf diese Weise geschrieben habe. Ähnliche Texte könnte ich mir auch über Talkshows denken. Oder über die Lieder säkularer Liedermacher. Auch sie sind eine Fundgrube für das, was uns als Gesellschaft beschäftigt.

Mein Traum von Gemeinde

George Carey, der frühere Erzbischof von Canterbury, hat ein Buch mit dem Titel »The Church in the Market Place« geschrieben. Der Titel bringt auf den Punkt, was mir in diesem Zusammenhang wichtig ist: Eine Kirche auf dem Marktplatz, mitten in der Stadt, da, wo das Leben spielt, unübersehbar für die Menschen, das war immer mein Traum. Dazu braucht es allerdings Voraussetzungen. Freikirchen existierten früher oft in Hinterhöfen oder in der verborgenen Ecke eines verschachtelten Straßengewirrs. Das hat mit ihrer Geschichte zu tun. Nicht selten hatten ihre Gemeindehäuser den Charme einer privaten Wohnung, die man nicht ohne persönliche Einladung betreten mag. Als die FeG Witten vor Jahren ihr Gemeindezentrum umbaute, bekam es eine große Glasfront. Sie ermöglicht es den Besuchern nicht nur, während des Gottesdienstes nach draußen zu sehen, sie gibt Straßenpassanten auch den Blick ins Innere frei. Eine landeskirchliche Gemeinde kennt diese Problematik weniger, aber auch ein Kirchengebäude mit Kirchturm kann sehr verschlossen wirken.

Wir sollten also alles unternehmen, um Zugangsbarrieren abzubauen und den Eingang in unsere Räume so offen und freundlich wie möglich zu gestalten. Das betrifft auch den Raum, der hinter der Eingangspforte liegt. Eine freundliche Begrüßung an den Türen kann kaum überschätzt werden. Und selbstverständlich gehört dazu die Sensibilität, sich neuen Besuchern nicht aufzudrängen, sondern ihnen den für sie passenden Freiraum zu gestatten. Nicht jeder und jede will gleich vereinnahmt werden. Und je mehr liturgische Formen in einer Kirchengemeinde üblich sind, desto mehr sind neue Besucher auf Anleitung angewiesen: Wann steht die Gemeinde auf? Wann setzt sie sich? Welche Texte spricht oder singt sie auswendig? Ein kleines Faltblatt zur Gottesdienstliturgie kann hier Wunder wirken.

Vor Jahren, als ich in der Bundespflege noch mit so vielen schwierigen Gemeindesituationen beschäftigt war, drohten mich die negativen Erfahrungen gefangen zu nehmen. Ich erlebte Gemeinden, die nur noch mit sich selbst beschäftigt waren, in denen dominante Personen selbstgefällig das Sagen hatten, die nicht mehr zu wissen schienen, was ihre eigentliche Berufung und Bestimmung war. Diese Gemeinden führten ein abgeschottetes Leben, wie ein alteingesessener und überalterter Verein. Ich spürte, wie ich den Blick für die Schönheit und Leuchtkraft der Gemeinde Gottes verlor, einer Gemeinde, die schon jetzt Appetit auf die neue Welt Gottes macht. Damals schrieb ich mir meinen Traum von der »Church in the Market Place« auf, den ich nicht aus den Augen verlieren wollte, und der lautet so:

Meine »Traumgemeinde« trifft sich in einem hellen, freundlichen Gebäude, mit offenen Türen und großen Fenstern, durch die man von draußen schon sehen kann, was drinnen passiert. Sie feiert ansprechende Gottesdienste, in denen sich Menschen ganz offensichtlich über Gott und übereinander freuen – ohne aufgesetzte Feierlichkeit und fromme Worthülsen, die nicht hal-

ten, was sie versprechen. Menschen aus allen Generationen be-
völkern den Raum, etablierte Leute, traditionell gekleidet, und
Teens in Alltagsklamotten. Alle begegnen sich offen, ohne Vor-
behalte. Kulturelle Verschiedenheiten werden in dieser Gemein-
de nicht als Problem, sondern als Reichtum angesehen. Auch
ganz neue Besucher sind da, noch ein wenig unsicher betreten sie
den Raum. Aber die einladende Freundlichkeit der Gemeinde
bewirkt, dass sie sich schnell zu Hause fühlen. Selbstverständlich
gehören auch Predigten zu meiner Wunschgemeinde, Predigten,
die das Wort Gottes zur Sprache bringen, unter die Haut gehen
und vor allem die Herzen treffen.

In meiner Traumgemeinde hat man längst begriffen, dass
zum Reichtum der Kirche nicht nur ein Haus und ein anspre-
chendes Veranstaltungsprogramm gehören, sondern vor allem
Menschen, die auch während der Woche außerhalb des Kir-
chengebäudes als Gemeinde leben, verteilt in der Stadt und mit
einer großen Ausstrahlung der Liebe Gottes in vielen Alltagsbe-
gegnungen. Nein, meine Gemeinde toleriert keine Sünde, son-
dern nennt sie beim Namen, sie richtet sich an den Geboten
Gottes aus, unabhängig von den jeweiligen gesellschaftlichen
Trends. Aber sie liebt auch jene, die dabei schuldig werden. Die
Gnade Gottes bestimmt die Beziehungen untereinander, sodass
auch offensichtliche Versager nicht den Kopf einziehen müssen.

Ich träume von einer Gemeinde, die es nicht lassen kann,
Jesus Christus unter die Leute zu bringen, wo immer sich die
Gelegenheit dazu bietet. Sie kapselt sich nicht ab, lebt nicht in
einem frommen Kokon, sondern wagt sich auf die Straße. Sie
betet für offene Türen zu den Menschen und nutzt sie. Sie nimmt
teil an den gesellschaftlichen Fragen und bringt sich konstruktiv
ein. In ihren Gebeten kommt auch der Inhalt der Tageszeitung
zur Sprache, sie betet für Verantwortungsträger in Politik und
Wirtschaft, für die Stadt und das Land.

Meine Gemeinde entdeckt auch die Begabungen junger Leu-

te, fördert sie und ermutigt entsprechend Begabte zur Ausbildung als Pastoren, Pädagogen, Journalisten und Künstler, also zu Berufen, in denen sie prägend für andere sind. Meine Gemeinde weiß, dass Gott der Schöpfer des Himmels und der Erde ist und dass es deshalb nicht den geringsten Grund gibt, die Erde sich selbst zu überlassen. Das Wort von Jesus: »Ihr seid das Salz der Erde und das Licht der Welt« (Matthäus 5,13-14), nimmt sie als Zusage in Anspruch, nach dem sie auch lebt.

Vorgänger und Nachfolger

Es gibt etwas, für das ich als Ruheständler ganz besonders dankbar bin: Es ist das Verhältnis zwischen meinem Nachfolger und mir. Während meines Dienstlebens habe ich eine Reihe angespannter Beziehungen zwischen Vorgängern und Nachfolgern erlebt. Hin und wieder wurde ich gebeten, als Schlichter zwischen ihnen tätig zu sein. Manchmal habe ich den Vorgänger davor gewarnt, an seinem früheren Dienstort wohnen zu bleiben. Ich weiß, es kann sehr schwierig werden, wenn der vorherige Pastor noch in der alten Gemeinde lebt und sein Nachfolger vergeblich versucht, darin Fuß zu fassen. Aber nicht immer liegt das Problem beim Vorgänger, manchmal ist auch der Nachfolger das Problem, zum Beispiel wenn er aus Prinzip alles anders als sein Vorgänger macht.

Es liegt auf der Hand, dass auch ich mir Gedanken gemacht habe, ob es gut ist, weiter in Witten zu wohnen, sozusagen in Rufweite meines alten Büros. Bereits einige Jahre bevor ich aus dem Dienst ging, sind wir ja von Witten in die Nachbarstadt Wetter gezogen. Es hätte nahegelegen, damit die Gemeinde zu wechseln, denn auch in Wetter gibt es eine FeG. Aber damals war ich noch sehr viel auf Reisen, und ich wollte nicht, dass Edelgard sich in eine neue Gemeinde einleben muss. Als ich dann Anfang 2008 in den Ruhestand ging, blieb es dabei, ich übernahm später einen

Hauskreis der Wittener FeG an unserem Wohnort und arbeitete auch in einem weiteren Verantwortungsbereich mit. So lebe ich also nach wie vor in der Gemeinde, in der nun mein Nachfolger Gemeindemitglied ist. Auch viele meiner früheren Mitarbeiterinnen und Mitarbeiter sind hier in der Gemeinde zu Hause, und mein altes Büro liegt gleich nebenan.

Es fällt mir nicht schwer, darüber zu schreiben, denn das Verhältnis zu den Menschen und Räumen meines früheren dienstlichen Lebens ist herrlich unkompliziert. Und da mein Ausscheiden inzwischen sieben Jahre zurückliegt, gibt es darüber schon Erfahrungswerte. Klar war ich selbst gespannt, ob es gelingen würde, den BFeG plötzlich loszulassen. Schließlich ist er fast 35 Jahre ein wichtiger Teil meines Lebens gewesen. Selbstverständlich hatte ich bei meinem Ausscheiden konsequent mit meinem Abschied aus dem Bund zu sein. Obwohl mir versichert wurde, dass ich jederzeit im Bundeshaus willkommen bin, mache ich davon keinen Gebrauch. Wenn ich wirklich dort zu tun habe, melde ich mich vorher an und frage nach, ob und wann es passt. Außer bei der Pastorentagung auf Langeoog habe ich in den ersten beiden Jahren auch an keiner Bundesveranstaltung teilgenommen, vor allem nicht am Bundestag und Bundesrat. Dort stand damals eine wichtige Entscheidung an, und ich wollte nicht hineingezogen werden, was ja nicht nur durch Reden, sondern ebenso durch Schweigen geschehen kann. Doch so eigentümlich es klingen mag – der Abschied von der Bundesarbeit tat nicht einmal weh. Ich liebe unseren BFeG, bete für ihn, aber lebe auch ohne ihn ein erfülltes Leben. Und das gilt auch für die EA und andere frühere Gremien und Aufgabengebiete.

Und das Verhältnis zu meinem Nachfolger? Nicht die Spur von Spannung empfinde ich zwischen ihm und mir, und ich hoffe und vermute, dass es bei ihm nicht anders ist. Er ist eine andere Persönlichkeit, arbeitet strukturierter, als ich es tat, und hat ein eindeutiges Leitungsprofil. Ich halte das für wichtig. Es mag eine

Binsenweisheit sein, aber es ist gut, wenn sich mit einem Leitungs-
wechsel auch ein Persönlichkeitswechsel verknüpft. Wir haben bei
der Suche nach neuen Verantwortungsträgern nicht nach Kopien
Ausschau zu halten, sondern nach Menschen mit anderen und
auch neuen Gaben und Möglichkeiten, Gottes Schöpfung gibt das
her! Sie widerspricht damit unserem oft so kleinen Denken.

Aber da ist noch etwas, worüber ich glücklich bin, und das hat
nicht mit Verschiedenheit, sondern mit Übereinstimmung zu tun.
So unterschiedlich mein Nachfolger und ich als Persönlichkeiten
auch sind, in unserem geistlichen Grundanliegen sind wir eins! Im
kirchlichen Umfeld sehe ich, dass das keinesfalls selbstverständlich ist. Als unser neuer Präses zum ersten Mal die Abendmahlsfeier der Pastorentagung auf Langeoog leitete, bat er mich, beim
Austeilen von Brot und Wein zu helfen. Andere sagten mir hinterher, für sie sei das ein starkes Erlebnis gewesen. Unterschiedliche
Menschen im Reich Gottes müssen nicht Rivalen sein, selbst dann
nicht, wenn sie als Vorgänger und Nachfolger miteinander ver-
glichen werden und der eine oder andere dabei besser abschneidet.
Sie sind und bleiben »Geschwister« in Christus. Wo das gelebt
wird und nicht nur in der Theorie existiert, kann sich der Reichtum der Schöpfung Gottes entfalten.

Freunde

Was meiner Frau und mir im Alter immer wichtiger und wertvoller wird, sind gute Freunde. Bei manchen Kollegen beobachte
ich: Wenn sie fehlen, kann man im Alter sehr einsam sein. Zweifellos gilt das auch in jüngeren und mittleren Jahren, aber vermutlich fällt es uns da weniger auf. Manch einer war im aktiven Leben
so sehr mit seinem Beruf verbunden, dass sich sein gesamtes Kontaktnetz ausschließlich darauf bezog. Steigt er dann aus dem offiziellen Berufsleben aus, fehlen ihm die Freunde.

Edelgard und ich haben Freundschaften, die seit Jahrzehnten bestehen, zum Teil gehen sie noch auf die Zeit in Hamburg-Sasel zurück. Wenn wir im Norden sind, besuchen wir unsere Freunde, tauschen uns über Erlebtes aus und vertrauen uns auch unsere Sorgen an. Wegen der weiten Entfernung sehen wir uns oft über Monate nicht, aber wenn wir zusammenkommen, brauchen wir keine Aufwärmphasen. Es ist, als wären wir nie voneinander getrennt gewesen. Auch mit unseren dänischen Freunden geht uns das so, hier ist die Entfernung doppelt so weit, und dementsprechend seltener sehen wir uns.

Aber auch in der Nähe haben wir gute Freunde, mit denen wir uns regelmäßig treffen. Und auch mit den meisten von ihnen verbindet uns eine lange Geschichte. Wir steuern unsere Besuche heute bewusster an als in früheren Jahren und nehmen uns mehr Zeit dazu. Da wir beruflich nicht mehr eingespannt sind, ist das möglich, und es tut uns gut. Zwei von ihnen hatten wir über Jahre aus den Augen verloren. Es brauchte erst ein Konzert in der Kölner Philharmonie, um uns wiederzufinden. In der Pause auf der Herrentoilette hörte ich plötzlich meinen Namen, drehte mich um, und wir lagen uns in den Armen. Unsere Frauen machten große Augen, als sie uns gemeinsam nach der Pause in den Saal kommen sahen. Seitdem besuchen wir uns mindestens zweimal im Jahr, unternehmen kleine Ausflüge und reden viel miteinander. Auch mit Dieter und Hanna ist das so. Dieter lernte ich ja bereits in Ewersbach kennen, in diesem Buch habe ich von ihm erzählt. Wir haben schwere Zeiten miteinander erlebt, aber gerade auch das schließt uns zusammen. Und die Freundschaft mit Erhard besteht bereits seit über 50 Jahren! Früher klang es wie ein Ideal, wenn wir betonten, dass wahrer Reichtum nicht aus Sachen, sondern aus Menschen besteht. Jetzt im Alter erfahren wir das ganz real und sind dankbar dafür.

Und dann gibt es noch einen Kreis von fünf Männern unterschiedlichen Alters, mit dem ich mich regelmäßig treffe. Wir gehören verschiedenen Kirchen an und haben bzw. hatten alle Leitungspositionen. Weshalb treffen wir uns? Wir hatten den Eindruck, die Begegnung in Gremien ist zwar wichtig, deckt aber nicht ab, was wir darüber hinaus brauchen: einen persönlichen Austausch und das ehrliche Wort zueinander. Da wir alle an verschiedenen Orten in Deutschland leben, treffen wir uns jeweils zwei halbe Tage, bauen also in unsere Begegnungszeit eine Übernachtung ein. Mal abgesehen von dem Zeitgewinn, den das bringt, spricht es sich einfach entspannter in den Abendstunden, wenn man weiß, dass es am nächsten Morgen weitergeht. In der Regel kommen wir zweimal im Jahr zusammen. Die Zeit ist gefüllt mit dem Austausch über das, was im Blick auf das Reich Gottes in unserem Land geschieht. Vor allem aber erzählt auch jeder von sich, also von dem, was ihn persönlich bewegt, von eigenen Fragen, Grenzen und besonderen Herausforderungen. Danach geben wir einander das, was uns beim Zuhören für den anderen wichtig wird: ein ermutigendes Wort, einen Hinweis auf Beachtenswertes, manchmal auch Gedanken, die schmerzhaft, aber notwendig zu sein scheinen. Bald 20 Jahre geht das schon so, und es tut uns gut. Auch mir.

Im Februar 2010 habe ich an einem Gottesdienst in der Dortmunder St. Marienkirche teilgenommen – an einem Werktag, am späten Vormittag. Johannes Hansen feierte seinen 80. Geburtstag, die anwesenden Gäste spiegelten die Weite seines Freundeskreis wider: Protestanten und Katholiken, Kirchenführer und Künstler, Professoren und einfache Leute. Johannes Hansen pflegte mit den unterschiedlichsten Menschen Kontakte. Einmal erzählte er mir von einem seiner Bücher, das gerade erschienen war, und fügte hinzu: »Kloppo (Jürgen Klopp, Trainer vom BVB Dortmund) hat es schon, Kerner kriegt es die Tage und Hape Kerkeling auch.« Auch mit Gregor Gysi wollte er Verbindung aufnehmen, allerdings weiß ich nicht, ob es dazu noch gekommen ist, Johannes starb wenige Monate darauf. Zu seinem großen Bekanntenkreis gehörten viele suchende und kritische Leute. Besonders mit ehrlichen Atheisten korrespondierte er gern.

Manchmal brachte mir Edelgard Grüße von ihm mit, sie hatte ihn in der Buchhandlung des Bundes-Verlages getroffen. In kürzester Zeit war er dort mit den Kunden im Gespräch. Leider vergaß er darüber manchmal, weshalb er gekommen war. Die typische Frage an die Verkäuferinnen lautete:»Könnt ihr mir sagen, was ich bei euch wollte?« Das hatte nichts mit Altersdemenz zu tun, er war einfach so. In diesem Buch habe ich schon erzählt, wie sehr Johannes Hansen mit Stationen meines Lebens verknüpft war, von der Begegnung in der FeG Hamburg-Sasel bis zu meinen unterschiedlichen Diensten in Witten, immer wieder hatten wir Kontakt miteinander. Aber meine erste Begegnung mit ihm reicht noch weiter zurück.

Ich muss 16 oder 17 Jahre alt gewesen sein, als ich Johannes Hansen in Lüdenscheid predigen hörte. Er sprach Abend für Abend in einem großen Zelt. Mein Vater besuchte Freunde in der Stadt, nahm mich mit, und so hörte ich ihn. Er muss damals noch sehr jung gewesen sein, aber es zeigte sich schon, was seine besondere Begabung war: In einer Zeit eher angsteinflößender Predigten brachte er den Grundton des Evangeliums zu Gehör:»Du bist ein von Gott geliebter Mensch. Er gab sein Bestes für dich, seinen Sohn.« Das war auch der Ton, mit dem er auf einer Pastorentagung auf Langeoog sprach. Erst war sein Kommen trotz Absprache fraglich, er fühlte sich körperlich nicht gut, war abgespannt und müde. Die Reise auf die Insel sei kein Pappenstiel, sagte er mir am Telefon.

Doch dann traf er ein, und 200 Pastoren hörten ihm gespannt zu. Seine Vorträge über die Einzigartigkeit der Gnade Gottes trafen ins Herz. Gerade die Gestressten unter den Pastoren, auch jene, die unter ihrer Unvollkommenheit litten und spürten, dass sie den Anforderungen und Erwartungen ihrer Gemeinden nicht gewachsen waren, saugten seine Botschaft auf wie ein trockener Schwamm. Ich erinnere mich, dass wir noch abends spät in den Inselrestaurants saßen und über das reformatorische »sola gratia« diskutierten. Einige Jahre später war Johannes Hansen noch einmal als Referent bei uns. Es waren sein menschenfreundlicher Ton, die Wertschätzung jedes Einzelnen, die in den Predigten von Johannes Hansen zu spüren waren. Sie öffneten die Herzen seiner Zuhörer und schafften Raum für das Evangelium.

Einmal saß ich im Zug nach Stuttgart, unterwegs zur Ludwig-Hofacker-Konferenz (Christustag), als Johannes Hansen mich überraschend im Großraumwagen ansprach. Er hatte im Zug bereits Kontakte geknüpft und erzählte mir begeistert von seinem Gespräch. Auch auf dem Lausanner Kongress, bei dem ich zunächst etwas verloren vor dem Palais de Beaulieu stand, war er plötzlich da und machte mich mit Leuten aus dem landeskirchlichen Pietismus bekannt. So begegneten und grüßten wir uns auf Konferenzen, Kongressen und in Gremien – meist irgendwo in Deutschland, eher selten in Witten. Ich erlebte ihn als klug, weltoffen und christuszentriert. Einmal sagte er mir, für manche sei er nicht fromm genug. Aber gerade seine pointierte Predigt der Gnade Gottes tat uns Evangelikalen gut.

Noch im Alter entdeckte Johannes den E-Mail-Verkehr als großartige Möglichkeit der Kommunikation. Entschlossen gebrauchte er dieses Medium und arbeitete begeistert bei »Gott.net« mit, einer Internetplattform, gestaltet von Christen für suchende Leute. Zeitweise mailte er mir (und sicher nicht nur mir) seine Kolumnentexte wöchentlich zu. Einmal schrieb er: »Hallo Peter, hier die neue Message. Jede Woche ein Thema, das ist eine Provo. Aber noch kriege ich die Kurve.« Und ein anderes Mal: »Hallo Peter, hier die aktuelle Kolumne. Ich denke, du magst sie. Auch wenn ich die FeG nicht auch noch nannte. Ich habe die Entstehung der Freikirchen einfach als Spätfrucht der Reformation annektiert. Irgendwie stimmt es doch? Bei den Methodisten allemal, siehe Wesley. Und Spurgeon war in der Gnadenlehre ein solider Lutheraner. Hat ihn ja auch viel zitiert. Und bei euren Vätern war doch die Gnade auch Trumpf!« Das öffentliche Predigen, das zeitlebens seine große Gabe war, fiel ihm zuletzt zunehmend schwer. Im Mai 2008 schrieb er mir: »Ich war immer nur ein Preacher. Gestern auf einer sehr hohen Kanzel in Wanne-Nord. Komisch, ich konnte es noch. Aber ich kam wankend von oben runter.«

Einmal schrieb er mir: »Ob wir uns irgendwann und irgendwo mal zu einer Tasse Wasser mit Kaffee treffen können?« Und ein anderes Mal: »Habe gerade auch Dein Stück Kuchen verzehrt. Ist aber nicht schlimm. Mach Dir keine Gedanken.« Offen gesagt, ich hatte unsere Verabredung total vergessen. War das Wetter nass und grau (wie so oft im Ruhrgebiet), wirkte sich das auf sein Gemüt aus. So schließt er seinen letzten Dankbrief an seine Geburtstagsgäste mit dem Wunsch: »... dass nun endlich die Sonne scheint und es warm und wärmer und Sommer wird.« Und ein anderes Mal schrieb er mir: »Das Wetter geht mir wirklich inzwischen auf den Geist, doch dann tröste ich mich: *Die Sonne, die mir lachet, ist mein Herr Jesus Christ.*« Diese Sonne lacht ihm nun ungetrübt. Oder um das Wort über seiner Todesanzeige aufzugreifen: Nun können die Augen des Dieners Gottes wirklich den Heiland sehen.

Übrigens bekam ich eine E-Mail von ihm mit der Frage: »Guten Tag, lieber Peter. Was machst Du so zu Hause? Schreibst Du deine Memoiren? Ich habe bestimmt, dass man mich erschießt, wenn ich Anstalten mache, dieses zu versuchen.« Damals konnte ich seine Frage noch verneinen, aber nun sitze ich hier tatsächlich an meiner Autobiografie.

Jene E-Mail damals schloss er mit einem Luther-Zitat: »Ich bin ein stinkender Madensack.« Der »Madensack« kam öfter in seinen E-Mails vor. Aber nicht im Sinne einer unterwürfigen Demutsgeste, sondern in der fröhlichen Gelassenheit: »Durch Gottes Gnade bin ich, was ich bin.« Am 21. Oktober 2010 hat Gott ihn dann zu sich gerufen.

Modisches

Ich gehöre zu den Männern, die morgens ihre Frauen fragen, ob die Kleidung, die sie anziehen wollen, passend ist. Und mir fällt dabei auf, wie vieles sich geändert hat. Jahrzehnte war es selbstverständlich, dass ich beim Besuch des Gottesdienstes eine Krawatte trug. Zwar war mir dieser Kulturstrang zeitlebens lästig, ich habe es nicht gerne, wenn mir etwas die Luft abschnürt, aber das Tragen dieses Kleidungsstückes schien mir unumgänglich zu sein. Am Tag meines Abschlusses aus dem »Biblischen Unterricht« habe ich davon zum ersten Mal Gebrauch gemacht. Selbstverständlich wusste ich nicht, wie ein Schlips zu binden war, und da mein Vater damit wohl auch Probleme hatte, bat ich einen anderen Bewohner unseres Hauses darum. Danach trug ich Krawatten bei fast jeder Gelegenheit. Wenn ich die Fotos aus meiner Teenagerzeit betrachte, wundere ich mich, wie alt ich schon war – wenigstens, was mein Aussehen betraf. Manchmal habe ich den Eindruck, heute sehen wir Alten jünger aus, damals war es eher umgekehrt.

Ich gehe heute nur noch selten mit einer Krawatte in den Gottesdienst – es sei denn, ich habe zu predigen. Auch ältere »Brüder«, die ich mir früher kaum ohne Schlips hätte vorstellen können, begegnen mir heute eher locker und leger. Ob wir es wahrhaben wollen oder nicht, es sind wohl die 68er, die uns zumindest an dieser Stelle (und nicht nur da) beeinflusst haben. Mag sein, dass das nicht nur positiv ist, besonders wenn Pastoren in den letzten Klamotten den Gottesdienst leiten und predigen. Es hat wohl mit Wertschätzung zu tun, ob ich in der Lage bin, mich auf meine Zuhörerinnen und Zuhörer einzustellen, auch was die Textilien betrifft. Trotzdem, wie überzogen waren frühere Kleidungsvorschriften! Und was meinten wir nicht alles an der Kleidung ablesen zu können! Schnell und oberflächlich wurde vom Äußeren auf das Innere geschlossen.

Ich war noch ein junger Gemeindepastor in Hamburg-Sasel, als meine Frau und ich einen Besuch bei unseren schwäbischen Verwandten machten. Bei der Gelegenheit wurde ich gebeten, in einer Gemeinschaftsstunde zu predigen, wie es sie bei den Schwaben viele gibt. Wie es damals üblich war, trug ich zur Krawatte ein passendes Krawattentuch. Vor Beginn der »Stunde« stand ich im Foyer, um die Leute zu begrüßen. Da flüsterte mir einer meiner Verwandten zu, ob ich das Krawattentuch verschwinden lassen könne, einige »Geschwister« hätten daran Anstoß genommen. Ich bin nicht mehr ganz sicher, wie ich reagierte, aber ich denke, ich habe seinen Rat befolgt. Wenige Minuten später wurde ich von dem Gemeinschaftsleiter zu Beginn der Veranstaltung offiziell begrüßt. Er leitete meinen »Auftritt« mit den Worten ein: »Wir freuen uns, dass heute der Bruder Peter Strauch bei uns predigen wird. Er kommt aus Hamburg, und wie wir alle wissen, ist Hamburg eine sündige Stadt.« So liebevoll und freundlich willkommen geheißen, predigte ich dann, und wenn ich mich richtig erinnere, fiel es mir nicht ganz leicht.

Manches zum Thema »Mode und Kleidungsvorschriften« hatte ich mir aber auch selbst eingebrockt, zum Beispiel auf einem festlichen Gemeindejubiläum in Köln. Ich hatte zu predigen, und ein unglaublich farbenfrohes Hemd angezogen, es leuchtete, wenn ich mich richtig erinnere, karminrot – zweifellos ein Farbtupfer unter den ansonsten schwarz-weiß gekleideten Männern, die als Gottesdienstleiter und Grußredner in Erscheinung traten. Mir selbst ging schon zu Beginn der Veranstaltung auf, wie unpassend ich gekleidet war.

Ein anderes Mal war ich in Marburg auf einer Konferenz für Psychologie und Seelsorge, das Programm hatte bereits begonnen, als mein Blick gedankenverloren auf meine Schuhe fiel. Ich hatte tatsächlich die »letzten Treter« an den Füßen, abgenutzt und verdreckt schauten sie mich an. Mehrere Tage war ich bereits unterwegs, und diese Schuhe hatte ich nur für kurze Spazier- und Gebetsgänge mitgenommen, die guten Schuhe waren noch im Kofferraum meines Wagens. Aber ich hatte keine Chance mehr, mein Auto zu erreichen, um die Schuhe zu wechseln. Die Zeit vor der Predigt reichte nur noch für einen schnellen Toilettenbesuch. Dort wienerte ich an meinen Schuhen herum, bis sie mir einigermaßen sauber zu sein schienen. Glücklicherweise habe ich während der Predigt nicht mehr an sie gedacht.

Aber man kann es nicht laut genug sagen: Mode ist zeitgebunden und wandelt sich, und sie muss sich wandeln! Wir kleiden uns nicht mehr, wie die Jünger zur Zeit Jesu gekleidet waren, und auch der Mantel, den Paulus in Troas zurückließ (2. Timotheus 2,13), wird anders ausgesehen haben als unsere modischen Mäntel heute. Selbst unser erotisches Empfinden unterliegt im Blick auf die Mode der Veränderung. Während bei unseren Großvätern bereits der Blick auf den Fußknöchel einer Frau das Blut in Wallung brachte, gehört heute mehr Unverhülltes dazu, um uns sexuell zu erregen. Auch die jeweilige Kultur spielt dabei mit. Das macht es so schwer, einen für alle verbindlichen Maßstab zu finden. In südeuropäischen Ländern ist eine ärmellose Bluse bereits unschicklich, während im Norden ein Bikini keine große Aufregung mehr auslöst. Die eigentliche Tragik ist nicht, dass es hier Unterschiede gibt, sondern dass manche Christen erwarten, dass das, was sie selbst für schicklich oder unschicklich halten, auch für alle anderen gelten muss.

Vor Jahren war ich in Rumänien zu Gemeindebesuchen unterwegs. Dort durfte ich nicht mit übereinandergeschlagenen Beinen im Gottesdienst sitzen, da das als unschicklich galt. Vielleicht ging es aber auch darum, Gott in einer akzeptablen Haltung zu begegnen, und die gekreuzten Beine gehörten nicht dazu. Genau weiß ich es nicht, doch ich hielt mich daran. Als dieselben Leute jedoch

mit mir am Abend mit viel zu hoher Geschwindigkeit über eis-
glatte Straßen zur nächsten Gemeinde jagten, da wurde ich dann
wirklich ärgerlich. Dabei wechselten sie bei einem verkehrsarmen
Autobahnabschnitt sogar die Fahrbahn und wurden zu Geisterfahrern. Darauf angesprochen, erklärten sie mir, die »normale«
Fahrbahn sei für ein rasches Vorwärtskommen ungeeignet gewesen. Es war das einzige Mal, dass ich mit Geisterfahrern im Wagen
saß, und ich hoffe, das bleibt auch so.

Jedermanns Peter

Als Jean-Claude Juncker zum EU-Kommissionschef gewählt
wurde, meinte ein Kommentator, das sei schon deshalb eine gute
Wahl, da er in einem Alter sei, in dem er sich und anderen nichts
mehr beweisen müsse. So könne er relativ unabhängig agieren, frei
von Profilängsten und taktischen Abhängigkeiten. Aber ist das
wirklich so? Mal ganz abgesehen davon, dass er gerade erst 60
wird – sind wir Alten wirklich frei von Machtstreben und Gel-
tungsdrang? Vor einigen Wochen lief mir in der Wittener Innenstadt ein alter Herr über den Weg, der früher im zwischenkirchlichen Bereich eine Leitungsposition hatte. »Bruder Strauch«, sagte
er, »ich habe eine Aufstellung für meine Enkel gemacht, in wie
vielen Gremien ich war und wem ich in meinem Leben alles die
Hand gegeben habe.« Und dann strahlte er mich an, nannte mir
die Zahlen und meinte: »Und Sie waren auch dabei!« Nein, wir
über 70-Jährigen sollten nicht so tun, als gehöre der Drang, sich
ins beste Licht zu stellen, der Vergangenheit an.

Die Suche nach Ehre und Anerkennung sitzt tief in uns, und
selbstverständlich muss ich mir auch bei diesem Buch die Frage
gefallen lassen, aus welcher Motivation ich es geschrieben habe.
Die Frage nach dem eigentlichen Beweggrund meines Dienstes
und der daraus resultierenden Aufgaben hat mich oft beschäftigt.

Es gab eine wenn auch kurze Zeit, in der ich dachte, wahre Demut bedeute, sich kleinzumachen, was natürlich Unsinn ist. Irgendeiner meiner Ewersbacher Lehrer sprach davon, dass ein Mensch aus lauter Demut unter den Tisch kriechen könne, um von dort zu den anderen hinaufzusehen und ihnen zu zeigen: Seht mal, wie demütig ich bin! Demutsbezeugungen können Zeichen eines versteckten Stolzes sein, so wie bei der Gestalt des Uriah Heep in Charles Dickens' Roman »David Copperfield«, der sich mit vielen Demutsgesten eine beherrschende Spitzenposition erschlich.

Als ich 1981 alle meine Dienste absagen musste, weil es mir physisch und psychisch nicht gut ging, war eine meiner größten Sorgen, was die Leute wohl denken, wenn ich mein Arbeitspensum nicht mehr bewältigen kann. Ich wollte ein möglichst schönes Bild von mir malen, und dazu gehörte eine Person, die möglichst immer für alle da ist. Dieses Bild erhielt damals ziemliche Schrammen. Und das war gut. Es war ein Ideal, das der Realität meines Lebens nicht entsprach. Es ist schlimm, wenn Christen in einer virtuellen Welt der Frömmigkeit leben, die mit dem wahren Leben nur noch wenig zu tun hat.

Sein, der ich bin, das wollte ich. Manchmal habe ich in meinen Predigten von jenem Großvater erzählt, dessen Wort ich im Poesiealbum seiner Enkelin fand: »In diesem Buch wünschen Dir so viele Menschen so viel Gutes. Doch ich wünsche Dir einfach, dass Du die Bärbel wirst, die Gott sich dachte, als er Dich schuf.« Wen hat Gott sich gedacht, als er mich, Peter Strauch, geschaffen hat? Wenn ich Psalm 139 ernst nehme (was ich tue), dann stehen auch die Tage, die noch werden sollen (Vers 16), bereits im Buch Gottes. Und da wir keine willenlosen Marionetten in seiner Hand sind, schließt die Verwirklichung dieses von ihm gewollten Lebens unser eigenes Wollen, Hören und Handeln ein. Aber es gibt so viele Kräfte, die dies Bild Gottes in uns verdunkeln, verzerren und in eine fremde Form zwängen wollen. Das Ergebnis ist manchmal bedrückend, und damit meine ich nicht nur Menschen, die ganz offensichtlich fern von Gott sind. Auch in unseren eigenen Reihen gibt es erstaunlich viel verkrampfte und verkrümmte Frömmigkeit.

Von meinem Naturell her neige ich dazu, mich von meiner Umgebung bestimmen zu lassen, auf dominante Persönlichkeiten zu hören, auf meine Erziehung und Prägungen, die nicht unbedingt gut für mich sind. Dass ich manchmal an meine Grenzen stieß, hatte zweifellos auch damit zu tun. Ich musste vor allem lernen, nicht immer und überall ansprechbar zu sein. Es hängt wohl mit meiner Nähe zu den Menschen zusammen, dass jeder meint, ich sei für ihn da. Einerseits mag diese Nähe eine Gabe Gottes sein, doch sie birgt auch eine Gefahr, denn sie führt schnell in die Abhängigkeit. Meine Burn-out-Problematik, mein Tinnitus, meine Schlafstörungen, all das hatte und hat sicher auch damit zu tun. Ich musste lernen, nicht jeden Brief beantworten zu können, aber ich wollte es. So trug ich meine Post auf meinen Reisen mit mir herum und brachte sie doch wieder unbeantwortet mit nach Hause, wo dann neue Post auf mich wartete. Und so großartig die Erfindung des Telefons auch sein mag, manchmal empfand ich dieses Gerät (und den Anrufbeantworter) auch als Last. Längst nicht jeder versuchte mich aus ernst zu nehmenden Gründen zu erreichen.

Ich denke an den Mann, der mich manchmal anrief, um mir ein Lied an seinem Harmonium vorzusingen, er gab mir nicht einmal die Möglichkeit, sein Vorhaben abzulehnen. Er rief an, hörte meinen Namen, und dann legte er los. Andere Anrufer waren schnell bei ihren zeitraubenden Lieblingsthemen. Es mag ja eine spannende Frage sein, ob Engel singen können (die Frage ergibt sich aus der Weihnachtsgeschichte, wo die himmlischen Heerscharen das Lob Gottes »sprachen« und nicht sangen; Lukas 2,13-14), doch ich bat solche Anrufer dann möglichst freundlich, aber bestimmt, zum Ende zu kommen. Nicht immer zeigte das die gewünschte Wirkung. Wenn ich unterwegs war, kam ich nach

Gottesdiensten und bei Konferenzen meist nicht einmal dazu, etwas zu essen, weil ich unaufhörlich Gespräche führen musste. Auf einer Kreiskonferenz in München hatte ich bei Gesprächen an unterschiedlichen Plätzen während der Mittagspause mein Predigtmanuskript aus dem Blick verloren, und weil bereits die Nachmittagsveranstaltung begonnen hatte, musste ich zu Beginn meiner Predigt fragen, ob jemand mein Manuskript gesehen habe. Irgendjemand aus dem hinteren Saalbereich wedelte es mir dann freundlich zu. Das Problem war auch, dass sich nach vielen solcher Predigtdienste neue Schriftwechsel ergaben. Inzwischen bin ich sehr vorsichtig geworden, meine E-Mail-Adresse weiterzugeben. Ich verstehe gut, dass allein aus diesen Gründen meine liebe Frau nicht gerne mit mir reist. Wollen wir wirklich Zeit füreinander haben, dann gehen wir allein auf »große Fahrt«, was inzwischen ja problemlos möglich ist.

Cornwall

Eine Frau aus unserem Hauskreis erzählte begeistert von Cornwall, von der Landschaft, der Küste, von den wunderbaren Blumengärten. Und da meine Frau ein dickes Buch von Rosamunde Pilcher (»Die Muschelsucher«) gelesen hatte und inzwischen auch einige ihrer Filme kannte, war sie schnell Feuer und Flamme für eine Reise in Englands äußersten Südwesten. Wir besorgten uns die Telefonnummer des Reisebüros, ließen uns Prospekte schicken und machten uns tatsächlich im Sommer 2007 zum ersten Mal auf den Weg nach Cornwall.

Als wir mit der Fähre Calais hinter uns ließen und nach einer Stunde die Kreidefelsen von Dover erblickten, war auch ich begeistert. Die Umstellung auf den Linksverkehr fiel mir nicht schwer, wir fuhren bis Salisbury, übernachteten dort »very british« und reisten am nächsten Morgen weiter nach Falmouth. Ein uraltes Cottage hatten wir uns ausgesucht, und je näher wir diesem Ort kamen, desto schwerer wurde es mir. Wie würde es dort sein? Das Cottage schien sehr ländlich zu liegen. Im Geist hörte ich schon den frühen Hahnenschrei, sah die Kühe, die morgens durchs Fenster schauten, roch den Misthaufen unmittelbar nebenan. »Ferien auf dem Bauernhof«, das war noch nie mein Ding. Wir folgten einer dieser unglaublich schmalen, für England typischen Straßen, rechts und links mit hohen und undurchdringlichen Hecken gesäumt. Dann öffneten sich ein Weg und ein Tor, und plötzlich umgab uns ein Blumenmeer, und unsere Gastgeberin begrüßte uns in fließendem Deutsch. Sie kommt aus Österreich, ist aber seit Jahrzehnten in England zu Hause. Von Beruf ist sie Innenarchitektin, richtet alte Schlösser und Gutshöfe ein, stilecht mit wertvollen Stoffmustern, Tapeten und geschmackvollen Bildern. Ihr Beruf schlägt sich auch in der Einrichtung ihres geschichtsträchtigen Cottage nieder, das jetzt für zwei Wochen unser Zuhause sein sollte. Es war geschmackvoll eingerichtet, das Wohnzimmer mit zwei alten Sofas und reichlich Kissen ausgestattet, das Schafzimmer mit einem riesigen Bett. Nur mit dem Kamin tat ich mich schwer, wenn ich nicht aufpasste, wurde er ungewollt zu einer zeitraubenden Nebenbeschäftigung für mich.

Im letzten Jahr waren wir zum sechsten Mal dort, die Region ist uns inzwischen vertraut, und wir lieben sie. Wir kennen Cornwalls Gärten, die malerischen Orte, die lange Küste, an der wir über den Coast Path des National Trust viele Kilometer gewandert sind. Unserer Gastgeberin ist unser christlicher Glaube fremd, wir haben ihr mein Buch »Lebensspuren« und mein Büchlein »Echt« geschenkt. Auch eine CD mit Liedern ließen wir da, obwohl wir nicht wissen, ob sie damit etwas anzufangen weiß.

Bei unserem ersten Aufenthalt hatte ich eines Nachts einen bedrückenden Traum. Darin begegnete ich meiner Mutter, ich sah sie mit übergroßer Deutlichkeit. Ich sprach sie auf den Himmel an, auf die Erfahrung, die sie dort machte. Dabei sah ich in ihr Gesicht. Da war keine Spur der Krankheit der letzten Jahre, es schien mir geradezu jugendlich zu sein. Doch plötzlich sah ich, es ist ein Wachsgesicht, verblüffend echt und doch nachgebildet. Und das eigentlich Bedrückende war, dass sie auf meine Frage nach Jesus und dem Himmel gar nicht einging, sondern von Erfahrungen mit einem indischen Guru sprach. Was sie über ihn sagte, weiß ich nicht mehr. Schockiert wachte ich auf. Am nächsten Morgen erzählte uns unsere Gastgeberin, dass sie in der Küche und im Schlafzimmer über unserem Bett ein Kristallstück an den Balken gebunden habe – wegen der positiven Energieströme. Mit Religion habe das alles nichts zu tun, sondern mit uraltem tibetanischen und chinesischem Wissen. Nein, Edelgard und ich, wir fürchten uns nicht vor bösen Mächten. Wir wissen: Auch unter einem heidnischen Stück Kristall ist und bleibt Jesus der Sieger!

Unser Cottage liegt nicht am Wasser, der nächste Fjord ist etwa 10 Kilometer entfernt. Dafür ist aber auch die Atlantikküste im Norden in einer knappen Autostunde erreichbar. An jedem Tag suchten wir uns einen Ausgangspunkt, und dann wanderten wir. Falmouth, St. Ives, St. Just, Land's End, diese cornischen Städte klangen bereits vor unserer Reise für meine Ohren vertraut, ich hatte in den bereits erwähnten Tagebüchern John Wesleys von ihnen gelesen. Es war im 18. Jahrhundert, als er auch durch Cornwall reiste und in vielen der Städte und Dörfer geistliches Leben aufbrach. Menschen kamen in Scharen zum Glauben. Immer wieder fielen uns bei unseren Fahrten die Wesley-Hallen auf, alte methodistische Kirchsäle, die in Cornwall oft größer als die hübschen anglikanischen Kirchen sind.

Wesley ist hier im 18. Jahrhundert mit seinem Pferd gereist und hielt in den kleinen Orten große Versammlungen ab. In seinem Tagebuch liest sich das so: »St. Ives. Um 19.00 Uhr lud ich alle schuldigen, hilflosen Sünder ein, die wussten, dass sie nichts dazutun konnten, um die freie Vergebung zu empfangen. Der Saal war überfüllt, und die Menschen standen auch draußen. Alle verhielten sich still und waren aufmerksam ...« Allerdings ging es nicht immer so friedlich zu. Über den Besuch in Falmouth schreibt er: »Der Pöbel brüllte aus vollem Halse: Bringt den Methodisten heraus! Wo ist der Methodist? Weil sie keine Antwort erhielten, öffneten sie mit Gewalt die Haustür und stellten sich in den Flur. Zwischen ihnen und uns befand sich nur noch eine Holzverkleidung, die nicht lange standhalten würde.« Am 9. September 1743 war Wesley in St. Just in der Nähe von Land's End, dem äußersten südwestlichen Zipfel Englands. Dazu heißt es in seinem Tagebuch: »Zwischen acht und neun Uhr predigte ich in St. Just auf einem Rasen nahe der Stadt zu der größten Versammlung (wie man mich informierte), die man jemals in diesem Teil des Landes erlebt hatte. Ich rief mit aller Vollmacht der Liebe aus: ›Warum wollt ihr sterben, ihr vom Haus Israel?‹ Die Menschen zitterten und verhielten sich ruhig. Nie zuvor hatte ich eine solche Stunde in Cornwall erlebt.«

Unmittelbar an der Küste entdeckten Edelgard und ich alte Industriegebäude, sie stammen noch aus der Bergwerkszeit, als hier noch Kupfer und Zinn gefördert wurden. Auch darüber schreibt Wesley, manchmal predigte er schon in aller Frühe zu den Arbeitern: »Mittwoch, den 21. September: Zwischen drei und vier Uhr morgens wurde ich plötzlich von einer großen Gruppe Verzinner geweckt, welche – da sie befürchteten, zu spät zu kommen – sich um das Haus herum versammelt hatten, sangen und Gott lobten. Um fünf Uhr predigte ich noch mal über die Worte: ›Glaube an den Herrn Jesus Christus, so wirst du und dein Haus selig.‹ Sie verschlangen diese Worte förmlich. Oh, mögen ihre Seelen dadurch gesunden, und mögen sie Kraft erlangen.«

Unter Historikern wird Wesley das Verdienst zugeschrieben, England vor den Schrecken einer blutigen Revolution bewahrt zu haben, wie es sie in Frankreich gab. John Stott meint, dass John Wesley beides war, Verkündiger des Evangeliums und Prophet der sozialen Gerechtigkeit. Er schreibt: »Bei der Erwähnung seines

Namens denken die meisten Leute an einen Evangelisten und Wanderprediger, der seine Erweckungspredigten oft unter freiem Himmel hielt, und genau das ist er gewesen. Doch die Botschaft, die er verkündete, veranlasste viele seiner Zuhörer dazu, im Namen Christi für soziale Verbesserungen einzutreten.« Leider haben wir bei uns diese Kombination in den vergangenen Jahren eher selten erlebt. Da gab es fromme Pastoren, die ausschließlich vom Himmel predigten, und christliche Sozialreformer, die sich auf die Erde konzentrierten. Und es gibt sie immer noch säuberlich getrennt. Wesley und der frühe Pietismus hatten beides im Blick.

Doch so faszinierend dieser geistliche Aufbruch im 18. Jahrhundert auch gewesen sein mag, konservieren lässt er sich nicht. Man kann ihn nicht über die Jahrhunderte retten, indem man seine Tradition bewahrt. Denn auch das wurde uns in Cornwall deutlich: Die alten Orte und Erinnerungsmale der Erweckung haben weithin den Charme eines Museums, geistlich lebendige Wirkungsstätten scheinen sie heute kaum noch zu sein. Auf unseren Tagesfahrten besuchten wir das malerische Küstenstädtchen Polperro und stießen dort auf das historisch bedeutsame »Old Market House«. Am Eingang des Hauses entdeckten wir eine alte Steintafel mit der Aufschrift: »On Sep. 17th 1760 John Wesley stayed here.« Es mag ja interessant für die Besucher sein, dass John Wesley vor rund 250 Jahren hier eingekehrt ist, aber das quellfrische Leben, von dem er damals predigte, lässt sich mit einer Gedenktafel nicht halten. Auch nicht mit dem Stuhl, auf dem er gesessen hat, ja nicht einmal mit der Bibel, in der er damals las. Das ist ja das tragische Missverständnis – auch im Umgang mit allen sogenannten heiligen Reliquien. Selbst wenn es sich bei ihnen wirklich um die Windeln, den Rock oder das Leinentuch von Jesus handeln sollte: Die Textilien sind tote Materie, sie vermitteln weder Leben noch Segen – so wenig wie die kupferne Schlange es tat, die Mose in der Wüste aufrichten ließ (4. Mose 21,8-9). Sie musste später vernichtet werden, denn das Volk vergötterte sie (2. Könige 18,4). John Wesley ist schon lange nicht mehr unter uns, auch die Orte, die er betrat, sind inzwischen Geschichte und vermitteln kein Leben. Aber der, von dem er gepredigt hat, der ist gestern, heute und in Ewigkeit derselbe (Hebräer 13,8).

Inzwischen haben wir die Reisen auf die britische Insel aufgegeben. Von Dover bis Cornwall sind es 500 Kilometer, hinzu kommt die Fahrt durch Holland und Belgien, das ist uns über 70-Jährigen inzwischen einfach zu weit. Aber noch immer zehren wir von unseren Besuchen in dieser Landschaft und von ihren Menschen. Auf einer unserer Küstenwanderungen fanden wir ein Kreuz, es steht hoch oben auf einem Steilufer und ist weithin sichtbar. Auf seinem Sockel lasen wir den Satz: »In the firm hope of the second coming of our Lord Jesus Christ, and for the encouragement of those, who strive to serve him, the cross is erected.« (In der festen Hoffnung auf das zweite Kommen unseres Herrn Jesus Christus und zur Ermutigung jener, die danach streben, ihm zu dienen, wurde dieses Kreuz aufgerichtet.)

Ein junger Mann kann nicht mehr

Im August 2012 sitze ich im Auto auf der Fahrt nach Karlsruhe, um den jüngsten Sohn guter Freunde zu beerdigen. Vor einer Woche hatte mich Wolfgang angerufen und mich um diesen Dienst gebeten. Sein Sohn Michael habe sich vor einen ICE geworfen, sagte er mir. Er und seine Frau Dorle waren fassungslos. Zehn Jahre dauerte seine Leidensgeschichte, zuletzt verbrachte er zehn Monate in einem psychiatrischen Zentrum, und die Prognosen für ihn waren denkbar schlecht. Trotz schwerer Psychopharmaka konnte er seinen Zustand kaum ertragen. So hatte er einen Abschiedsbrief geschrieben und sich mittags, während der Ausgangszeit, vor den Zug geworfen.

Selbstverständlich war ich bereit, für meine Freunde und auch für Michael diesen Dienst zu übernehmen. Doch die Aufgabe belastete mich umso mehr, je näher sie rückte. Das Bibelwort, das Michael als kleines Kind von der Gemeinde bekam, als seine Eltern ihn unter den Segen Gottes stellten, steht in Johannes 10,12: »Jesus spricht: Ich bin der gute Hirte. Der gute Hirte lässt sein Leben für die Schafe.« Aber wie sollte ich darüber predigen? Wo war der gute Hirte, als Michi nicht mehr weiterwusste? Was sollte ich den Eltern, den Geschwistern, den Großeltern angesichts seines offensichtlich gescheiterten Lebens sagen?

Eines Nachts, zwei Tage vor der Beerdigung, wurde ich plötzlich wach und hatte einen Bibeltext im Kopf: »Hoffen wir allein in diesem Leben auf Christus, dann sind wir die elendesten unter allen Menschen.« Ich stand auf, ging in mein Arbeitszimmer, um meine Frau nicht zu stören, musste sogar nachschauen, wo diese Bibelstelle stand, es fiel mir nicht sofort ein. Doch dann fand ich den Text im 15. Kapitel des 1. Korintherbriefes, dem großen Kapitel des Apostels Paulus über die Auferstehung von Jesus Christus. Der Apostel ist sich sicher: Wenn Jesus Christus nicht auferstanden ist, dann ist der Glaube an ihn sinnlos. Dann gibt es auch keine Vergebung der Sünden. Dann sind wir bedauernswerter als irgendjemand sonst auf der Erde.

Für mich war dieser nächtliche Einfall ein Geschenk Gottes. Vorher hatte ich hin und her überlegt, was ich in dieser Situation sagen sollte, und um eine Antwort gebetet. Dabei kreisten meine Gedanken immer wieder um das Leben von Michael, das so sinnlos zerbrochen und hoffnungslos schien. Wie sollte ich dem noch etwas Gutes abgewinnen?

Aber nun richtete Gott meinen Blick auf Michis Leben *hinter* der Todeslinie aus. So schwer sein Leben diesseits dieser Linie auch war, die Gewichtung war falsch. Auch für Michi gab es eben nicht nur die Hoffnung auf ein diesseitiges Leben mit Christus, sondern auf das überwältigende und noch nicht zu fassende Leben danach. Jesus hatte mir eine Botschaft für die Eltern, Geschwister und die Trauergemeinde anvertraut.

Trotzdem blieb der Dienst auf der Beerdigung schwer. Mit bibbernden Knien hatte ich mich am frühen Morgen auf den Weg nach Karlsruhe gemacht. Ich kam ohne Probleme voran und lag gut in der Zeit, sodass ich an der Autobahnraststätte bei Bruchsal hielt und betend durch ein kleines Waldstück ging. Ich bat Jesus um innere Ruhe und Aufmerksamkeit für seinen Geist. Plötzlich signalisierte mir mein iPhone, dass eine Nachricht eingegangen war. Ich nahm es aus der Hosentasche und schaute nach: Mein Gemeindepastor Martin, ebenfalls auf dem Weg zur Beerdigung nach Karlsruhe, schickte mir ein stärkendes Wort und versicherte mir, für mich zu beten. Man mag ja viel Negatives über die moderne Technik und unsere zunehmende Abhängigkeit von ihr sagen, aber es gibt auch Gründe, für sie von Herzen zu danken. So ging es mir in jenem Moment. Und so eigentümlich es klingen mag: Mit großer Freude bezeugte ich in der Traueransprache Jesus, den guten Hirten und auferstandenen Herrn, der seinen Nachfolgern das Leben verheißt, nicht nur diesseits, auch jenseits des Todes.

Es war das erste und bisher einzige Mal, dass ich die Trauerpredigt zum Tod eines Menschen hielt, der seinem Leben selbst ein Ende setzte. Es hat Zeiten gegeben, in denen die Kirchen bei einer Selbsttötung die kirchliche Bestattung verweigerten. Manche Christen fragten, ob ein Mensch, dessen Leben so endet, das Vaterhaus Gottes überhaupt erreichen kann. Was für eine Anmaßung! Was wissen wir schon über das verborgene Leben eines Menschen, von seiner Not, seiner Hilflosigkeit, aus der er keinen anderen Ausweg sieht! Das gilt auch für die frömmste Person.

Aber ganz abgesehen davon, dass wir ohnehin nicht über die Rettung oder Verlorenheit eines Menschen zu urteilen haben: Es gibt schließlich nicht nur die Erkrankung des Körpers, sondern auch der Seele, und so schonend, mitfühlend und voller Wertschätzung wir mit körperlich kranken Menschen umzugehen haben, so mitfühlend und wertschätzend haben wir mindestens auch einem psychisch kranken Menschen zu begegnen.

Michael hatte in ganz jungen Jahren bezeugt, dass er Christ geworden war. In seinem Abschiedsbrief schrieb er:»Ich habe alles probiert, meine Probleme zu lösen, aber ich habe es nicht geschafft.« Und er setzte hinzu:»Ich bin jetzt bei Jesus und Gott. Also geht es mir jetzt besser als euch.« Sein Brief endet mit dem Satz:»Wir sehen uns im Paradies wieder.« Michael war 28 Jahre alt, als er starb.

Vorbilder

Vor einigen Monaten war ich in Lüdenscheid. Wieder standen die »Gemeindetage unter dem Wort« in der Christuskirche vor der Tür. Bärbel Wilde hatte mich eingeladen. Neben ihrem Dienst als evangelische Pfarrerin hat sie viele Jahre dieses Projekt geleitet, im März 2014 übergab sie die jährliche Veranstaltungsreihe dann in andere Hände. Ich hatte im Schlussgottesdienst zu predigen und erlebte so ihre Verabschiedung mit. 1975 hatte sie als Vikarin bei Paul Deitenbeck (1912–2000) ihren Dienst begonnen, und während ich beim Vorprogramm in dem großen Raum der Christuskirche saß, dachte ich an ihn zurück. Er ist für mich ein echtes Vorbild gewesen.

Paul Deitenbeck war Pfarrer der Lüdenscheider Kreuzkirchengemeinde, seine Zeit als prägende Gestalt der EA habe ich nur noch kurz erlebt. Zu den Geburtstagen und auch hin und wieder zwischendurch bekam ich eine Karte von ihm. Er schrieb Sätze wie:»In täglicher Fürbitte bin ich Dir seit Jahren verbunden.« Und ich nahm es ihm ab, dass er täglich für mich betete, obwohl ich weiß, dass er es vielen schrieb.

Als ich noch für die Jugendarbeit im BFeG verantwortlich war, traf ich ihn auf einer Sitzung, es ging wohl um die Planung eines

Allianztages, genau weiß ich es nicht mehr. Ich erinnere mich, dass er mir in der Mittagspause einen Zehnmarkschein zuschob, oder richtiger: Er gab mir die Hand, und plötzlich spürte ich den Schein. »Für Erdbeeren, für deine Frau«, flüsterte er mir zu, und ich bedankte mich ebenso leise bei ihm. Als die Sitzung nach der Pause weiterging, saß ich neben Jürgen Werth, und es reizte mich, ihm den Geldschein zu zeigen: »Sieh mal, von Paul Deitenbeck – für Erdbeeren, für meine Frau.« Worauf Jürgen aus seiner Hosentasche einen Zehnmarkschein hervorholte und mir zuflüsterte: »Sieh mal, von Paul Deitenbeck – für Erdbeeren, für meine Frau.« Keine Ahnung, wen Paul Deitenbeck noch alles damit beglückte, aber er war dafür bekannt, dass er gerne und großzügig gab.

Einmal war ich in der Kirchengemeinde seiner Tochter Monika zu Gast. Sie ist Pfarrerin in Oberrahmede, einem kleinen Ort nicht weit von Lüdenscheid. Monika hat ein Herz für obdachlose Menschen, arbeitet auch bei »Gott.net« mit, die Kirche war übervoll. Sie sieht nicht gerade aus wie eine Pfarrerin, sie ist ein echtes Original, wie auch ihr Vater ein Original war. Viele Aussprüche von ihm fallen mir ein, manche habe ich mir aufgeschrieben und trage sie seit Jahren mit mir herum:

- *Jesus ist immer noch größer.*
- *Menschen, die mit Jesus rechnen, kommen immer in vorbereitete Verhältnisse.*
- *Gott wird in Christus Mensch, damit ich durch Christus Gottes Kind werde.*
- *In den eigenen vier Wänden darf man nicht predigen, da muss man leben.*
- *Junge Leute darf man nicht einkästeln, sondern muss sie der schöpferischen Kraft des Heiligen Geistes überlassen.*
- *Beten bedeutet: mit Gott Geheimnisse haben.*

Da Edelgard ursprünglich aus dem sauerländischen Halver kommt, kannte ich über sie auch Paul Deitenbecks Freund Gerhard Bergmann (1914–1981). Meine Frau war mit seiner Nichte befreundet, so hörte ich einige originelle Geschichten von diesem Junggesellen, der einen Bestseller über »Das Geheimnis einer guten Ehe und Familie« schrieb, aber nie verheiratet gewesen ist. Gerhard Bergmann hatte Theologie und Philosophie studiert und nach dem Krieg promoviert. Als Theologe wurde er vor allem durch sein Buch »Alarm um die Bibel« bekannt, ein maßgebliches Buch der Bekenntnisbewegung. Als ich ihn zum ersten Mal im Evangelischen Vereinshaus in Halver predigen hörte, sprach er begeistert vom »Bibelkampf« und rief uns auf, den letzten Kinderwagen dafür einzusetzen, was er selbstverständlich nicht wörtlich meinte. Beim Predigen nahm er in der Regel seine Brille von der Nase und drehte sie über Minuten hinweg unverwechselbar in der Hand. Hätte Robert Lembke beim »Beruferaten« nach der typischen Handbewegung gefragt, wäre es wohl diese Geste mit der Brille gewesen. Aber Gerhard Bergmann war auch Evangelist, seit 1959 reiste er immer wieder mit der Deutschen Zeltmission umher, predigte in ihrem größten Zelt (2000 Plätze), nicht gerade eine typische Kombination für einen Theologen. Auch als er 1984 im württembergischen Esslingen starb, war er als Evangelist unterwegs.

Gerhard Bergmann und Paul Deitenbeck teilten das gemeinsame Anliegen, das Evangelium unter die Leute zu bringen, dafür setzten sie sich leidenschaftlich ein. So begannen sie gemeinsam mit der »Fabrikmission«. Dazu erbaten sie sich von den Firmenchefs die Möglichkeit, die Arbeiter an ihren Arbeitsplätzen mit einer kurzen Präsentation der Guten Nachricht Gottes anzusprechen, und viele sauerländische Unternehmer gaben ihnen dazu die Gelegenheit.

Bei Paul Deitenbeck waren Natürlichkeit und geistliches Leben kein Widerspruch. Als ich ihn 1997 zum letzten Mal bei den »Gemeindetagen« in Lüdenscheid traf, beteten wir miteinander vor meiner Predigt in der Sakristei. Danach sah er mich an und sagte: »Weißt du, dass du ein Bischof bist – nicht nur für die Freien evangelischen Gemeinden –, auch für die Gemeinde Jesu in Deutschland?« Nein, das wusste ich nicht, und ich bin auch ganz und gar nicht sicher, ob das zutraf. Aber angesichts der Tatsache, dass ein »Bischof« nicht nur »Aufseher«, sondern vor allem Hüter und Hirte für das Volk Gottes ist, wollte ich es gerne sein.

Aber noch jemand fällt mir in diesem Zusammenhang ein: Rolf Scheffbuch. Auch ihm verdanke ich viel. Er war fast 20 Jahre jünger als Paul Deitenbeck, aber auch ihn hat Jesus bereits zu sich in den Himmel genommen. Wenn ich mich richtig erinnere, hatten wir den ersten persönlichen Kontakt in den 80er-Jahren am Hamburger Holstenwall. Er und sein Bruder Winrich waren mit ihren Frauen dort, auch Edelgard war dabei, es war wieder einmal eine Glaubenskonferenz. Dort hörte ich Rolf Scheffbuch zum ersten Mal predigen – und er hörte mich und kam nach der Veranstaltung zu mir. Was er genau sagte, weiß ich nicht mehr, aber es war ein Wort der Ermutigung für meinen Predigtdienst, nicht allgemein, sondern sehr konkret. Es ging in die Richtung, die der Apostel Paulus seinem jungen Mitarbeiter Timotheus schreibt: »Lass nicht außer acht die Gabe in dir ...« (2. Timotheus 4,14).

Danach gab es Begegnungen mit ihm auf den Hofacker-Konferenzen bzw. später den »Christustagen«. Dass ich dort viele Male gepredigt habe, hatte sicher auch mit ihm zu tun. Er hatte mich auch als einen der Verkündiger beim »Gemeindetag unter dem Wort« im Neckarstadion angefragt, und mit großer Freude war ich dabei. Später folgte die gemeinsame Zeit im »ProChrist«-Vorstand. Die Scheffbuchs entstammen, wie auch Wilhelm und Johannes Busch, der schwäbisch-pietistischen Familie Kullen in Hülben, einem kleinen Ort auf der Schwäbischen Alb. Auch Konrad Eißler hat dort sein Zuhause. 14 Jahre war Rolf Dekan in Schorndorf, später Prälat in Ulm. Auch als er im »Ruhestand« in

Korntal lebte, hatten wir immer einmal wieder Kontakt. Als es ihm gesundheitlich sehr schlecht ging und die Ärzte ihm nur noch wenig Heilungschancen einräumten, bat er mich, einen noch ausstehenden Termin in Bad Liebenzell einzuplanen, er wisse nicht, ob er dann noch auf der Erde sei. Glücklicherweise musste ich nicht für ihn einspringen, Jesus schenkte ihm noch viele weitere Jahre, um mit der für ihn typischen Klarheit und Eindeutigkeit das Evangelium zu predigen.

Zuletzt sorgte er sich um den Weg der EA. Wir waren dort 2006 mit der deutschen »Micha-Initiative« gestartet, einer Bewegung, deren Name sich auf Micha 6,8 bezieht: »Es ist dir gesagt, Mensch, was gut ist und was der Herr von dir fordert, nämlich Gottes Wort halten und Liebe üben und demütig sein vor deinem Gott.« Im Jahr 2004 hat die »World Evangelical Alliance« diese Aktion ins Leben gerufen (»Micah Challenge«), um einerseits Christen zum Engagement gegen extreme Armut und für globale Gerechtigkeit zu mobilisieren, andererseits aber auch, um sich für das Erreichen der von den Vereinten Nationen bis 2015 zu erreichenden Millenniumsziele einzusetzen. Dabei geht es um die Halbierung von Armut und Hunger, um Schulbildung für alle Kinder und vieles andere.

Rolf Scheffbuch sah in der Initiative eine Fehlinterpretation des Micha-Wortes, vor allem aber fürchtete er, dass die Aktion auf Kosten einer eindeutigen zu Jesus einladenden Verkündigung ging. Im März 2006 schrieb er mir: »Ich nehme nicht zu rasch (...) in Anspruch, prophetisch im Namen des Herrn Brüdern ins Gewissen zu reden. Aber in dieser Sache bin ich so sehr davon überzeugt, Euch im Auftrag des Herrn sagen zu müssen, Ihr seid auf einem falschen Dampfer, dass ich sogar meine, ich könnte darum bis zum heutigen Tag am Leben sein, um dies Brüdern warnend sagen zu können.« Wir sind als EA trotzdem diesen Weg weitergegangen und rufen bis heute Jesus-Nachfolgerinnen und Nachfolger auf, auch in dieser Weise als Salz und Licht tätig zu werden. Oft bin ich geradezu beschämt, wenn ich sehe, wie Menschen, die keine Christen sind, ihr Leben investieren, um das furchtbare Leid von Menschen zu lindern.

»Was würde Jesus dazu sagen?«, lautete ein Satz, den der Pfarrer und spätere Kirchenpräsident Martin Niemöller als kleiner Junge im Haus eines alten und kranken Bandwirkers las, während sein Vater, der Pfarrer in Wuppertal war, dort einen Krankenbesuch machte. Als Martin Niemöller im hohen Alter davon erzählte, meinte er: »Ich bin in puncto christliche Ethik heute nicht schlauer als damals mit acht Jahren.« »Was würde Jesus dazu sagen?« Diese Frage beschäftigt mich immer wieder, wenn ich abends die Tagesschau sehe und mit Hunger, Krankheiten und Terror konfrontiert werde. Ich kann mir einfach nicht vorstellen, dass Jesus zu solchem Elend schweigt. Ich bin sicher, er will, dass wir alle Möglichkeiten nutzen, um uns barmherzig und friedenstiftend einzumischen (Matthäus 5,7 und 9).

Nun gehörten diakonische und soziale Einsätze schon immer zur Geschichte des Pietismus, sie waren auch für Rolf Scheffbuch unumstritten. Rolfs Bruder Winrich leitete die Hilfsorganisationen »Hilfe für Brüder« und »Christliche Fachkräfte International«, und auch Rolf setzte sich für solche Projekte ein. Umstritten war und ist, ob wir uns als EA auch einzumischen haben, wenn es um politische Programme und strukturelle gesellschaftliche Veränderungen geht. Bei der Beantwortung dieser Frage hilft mir jenes eindrückliche Bild von der Straßenkreuzung, an der es immer wieder zu Unfällen kommt. Wenn ich mich richtig erinnere, hat John Stott es gebraucht. In solchen Gefahrenzonen reiche nicht allein der Einsatz von Krankenwagen aus, da könne auch die Änderung der Straßenverkehrsordnung notwendig werden. Weshalb sollen sich engagierte Christen nicht daran beteiligen oder zumindest die Verantwortlichen an die Notwendigkeit einer neuen gerechteren Ordnung erinnern? Genau darum geht es bei der Micha-Initiative. Trotzdem ist Rolf Scheffbuchs Brief und Warnung wie ein Vermächtnis für mich. 2006 schickte er mir sein Buch »Ich will keine Wetterfahne sein«, und als Widmung hatte er hineingeschrieben: »In Verbundenheit – trotz S. 82 – Dein Rolf«. Auf Seite 82 steht der Satz: »Es ist so schade, wenn in unseren Tagen in der weltweiten evangelikalen Christenheit als prophetischer Micha-Impuls ausgegeben wird, dass Christen für das UNO-Programm zur Halbierung der wirtschaftlichen Armut eintreten sollen! Die Propheten Gottes wollten doch für Gott Werbung machen, nicht für ein idealistisches ökonomisches Programm! Mit Jesus zu leben, dazu einzuladen, das ist noch immer der beste Beitrag zu einer neuen Welt.« Sein letztes Buch (2013 im SCM-Verlag erschienen) trägt den Titel »Allein Jesus Christus, der Gekreuzigte«. Besser lässt sich nicht ausdrücken, was die Mitte in der Verkündigung und im Leben von Rolf Scheffbuch war. Am 10. November 2012 hat der Vater im Himmel ihn im Alter von 81 Jahren aus diesem Leben abgerufen.

Wenn die Zündung versagt

Es war an einem Samstagmorgen. Wir hatten es eilig und mussten nach Haan im Rheinland, aber vorher wollte Edelgard noch den Saal im Gemeindezentrum mit Blumen für den Gottesdienst schmücken. So fuhren wir zunächst nach Witten und parkten vor der Buchhandlung des Bundes-Verlags. Fast 20 Jahre hat meine Frau dort gearbeitet, zwar nicht vollzeitlich sondern in der Regel an zwei Tagen in der Woche. Auch in den ersten Jahren meines Ruhestandes war das noch so. Ich fuhr sie dann nach Witten und nutzte die Zeit, um im Gemeindehaus auf dem Flügel zu spielen. Da mein Klavierspiel sich bei unseren Nachbarn nicht ungeteilter Beliebtheit erfreut, war ich glücklich über diese Möglichkeit.

Aber an diesem Morgen blieb dazu keine Zeit. Als der Blumenschmuck auf dem »Altartisch« stand, machten wir uns wieder auf den Weg zum Auto. Doch als ich den Zündschlüssel einsteckte, ließ er sich in keiner Weise drehen, er saß fest wie in Beton. Nach erfolglosen Versuchen rief ich unseren Präses an, nicht weil das Lösen festsitzender Zündschlösser zu seinem Aufgabenbereich gehört, sondern weil er, wie ich, VW-Fahrer ist. Ansgar Hörsting versuchte mir am Telefon die Funktion eines Lenkradschlosses zu erklären: »Du musst, wenn du den Schlüssel einführst, ihn ein wenig drehen, und dann löst sich das Lenkrad …« Ich fahre seit 50 Jahren Auto und kannte den Umgang mit einem Lenkradschloss, versuchte ihm das auch freundlich, aber bestimmt klarzumachen.

Uns fiel dann ein gemeinsamer Freund ein, der eine VW-Werkstatt im hessischen Hinterland besitzt. Ich erreichte ihn über seine Privatnummer (es war ja ein Samstagmorgen!) und erklärte auch ihm meine Situation. »Ja«, meinte er, »das ist eigentlich ganz einfach. Wenn du den Schlüssel einführst, musst du ihn ein wenig drehen, und dann …« Ich unterbrach ihn und machte ihm klar, dass hier nicht der Fehler zu suchen sei. Daraufhin kam er auf den Gedanken, einen seiner Meister anzurufen, und der hatte schließlich eine Idee. Er habe vor wenigen Tagen das gleiche Problem gehabt, meinte er, und ein Tropfen »Caramba« habe Wunder bewirkt. »Caramba« ist ein bewährtes Schmiermittel, aber ich hatte nur wenig Hoffnung, damit mein Problem zu lösen. Resigniert wollte ich nach einer anderen Möglichkeit suchen, wäre da nicht meine Frau gewesen. »Frag doch mal in der Tankstelle gegenüber«, meinte sie, einen Versuch sei es doch wert. Also überquerte ich als gehorsamer Ehemann die Straße, sprach den Tankwart an, der griff unter den Ladentisch und zog eine angebrochene Dose »Caramba« hervor. Und um die Geschichte abzukürzen: Es funktionierte tatsächlich! Es dauerte keine halbe Minute, und der Schlüssel bewegte sich geschmeidig im Schloss wie eh und je.

Weshalb ich davon überhaupt erzähle? Zum einen, weil es eine schöne Geschichte ist, zum anderen, weil mir sofort ein Vergleich einfällt (was bei mir fast immer bei solchen Geschichten der Fall ist): Auch unser Christsein fährt sich manchmal fest. Jahrelang funktioniert es so selbstverständlich, dass wir uns darüber keine Gedanken machen, aber plötzlich geht's nicht mehr weiter. Mitarbeiterinnen und Mitarbeiter kennen das: Wir haben eine Andacht zu halten, einen missionarischen Einsatz zu leiten oder stehen unmittelbar vor einer Predigt und sind wie blockiert. Was dann?

Ich habe bereits erzählt, dass mein Vater Lkw-Fahrer war. Auch von meinen Fantasiespielen auf dem Fahrersitz habe ich geschrieben, bei denen ich durch großartige Landschaften fuhr, obwohl der Wagen sich keinen Millimeter von der Stelle bewegte. Auch wir Christen machen das manchmal so: In unseren Köpfen läuft alles wie geschmiert, aber in der Realität unseres Glaubens rührt sich nichts mehr. Mag sein, dass uns eine fromme Fantasiereise für kurze Augenblicke zufriedenstellen kann, auf Dauer ergibt sie keinen Sinn und schafft nur Frust. Kein Wunder, dass fromme Theoretiker irgendwann aussteigen, wenn die geistliche Realität ihres Lebens auf der Strecke bleibt. Manchmal geschieht ihr Ausstieg offensichtlich, manchmal aber auch »nur« im Verborgenen, was nicht weniger gefährlich ist.

Was in solchen Fällen hilft? Nein, »Caramba« ist da nicht sinnvoll, wir brauchen ein anderes Schmiermittel: tiefer gehend, reinigend, anregend und im besten Sinn bewegend. Vielleicht kann dieses Buch uns helfen, die Masken unechter Frömmigkeit abzunehmen und darüber nachzudenken, vielleicht sogar miteinander darüber zu reden, wer wir wirklich sind. Was ist bei mir echt und was nicht? Was an meinen christlichen Lebensgewohnheiten ist zu einer leeren Fassade geworden? Ein festsitzender Zündschlüssel des Glaubens muss keinesfalls das Ende sein, Krisen können zu entscheidenden Wendepunkten werden. Hätte es sie in meinem Leben nicht gegeben, vermutlich wäre ich längst nicht mehr dabei.

Evangelikal – na und?

Etwa seit Anfang der 70er-Jahre waren wir stolz, Evangelikale zu sein. Eigentlich bedeutet der Begriff nicht mehr und nicht weniger als: dem Evangelium gemäß leben. In der englischen Sprache wird er ganz allgemein für »evangelisch« verwandt. Aber in den USA und in England kennzeichnet er auch eine erweckliche Strömung innerhalb der Kirchen. Als Wegbereiter gelten die Puritaner des 17. und die Erweckungsbewegungen des 18. und 19. Jahrhunderts. Durch Dienste von Billy Graham in Deutschland, aber auch durch die Jesus-Bewegung bürgerte sich der Begriff »evangelikal« bei uns immer mehr ein. Fritz Laubach hat diese Entwicklung 1972 in seinem Buch »Aufbruch der Evangelikalen« beschrieben (R. Brockhaus Verlag).

Den eigentlichen Schub und sein Profil in Deutschland bekam die Bezeichnung »evangelikal« vor allem 1974 durch den Lausanner Kongress für Weltevangelisation. Tonangebend dabei waren Theologen wie John Stott, Michael Green, Donald McGavran, René Padilla, Samuel Escobar und Francis A. Schaeffer, ich habe ausführlich über diese Konferenz berichtet. »Evangelikal« bedeutete, geistlich authentisch mit Christus zu leben und zugleich Licht und Salz Gottes mitten in unserer Gesellschaft zu sein. Theologisch war die Bewegung eher konservativ und dennoch sowohl gesellschaftsbezogen als auch kreativ.

Wenn ich mir allerdings die vergangenen 20 Jahre ansehe, so dominiert heute ein anderes Bild der Evangelikalen, und das wurde und wird wesentlich von den säkularen Medien bestimmt. In Büchern, Radio- und Fernsehsendungen werden Evangelikale mehr und mehr in die Nähe militanter Islamisten gerückt. »ProChrist« und das »Christival« werden als inszenierte Massenerweckungsfeiern bezeichnet und die EA als Sammelbecken fundamentalistischer Gruppen. Und wenn der Begriff »Freikirche« oder »freikirchlich« fällt, gewinnt der unwissende Zuschauer den Eindruck, dass es dabei um sektenhafte Gruppierungen geht, bei denen höchste Vorsicht geboten ist.

Im April 2009 erschien das Buch »Mission Gottesreich«, in dem zwei ARD-Journalisten vor dem wachsenden Einfluss der Evangelikalen warnten. Als dann im Juni 2009 zwei ehemalige Bibelschülerinnen im Jemen ermordet wurden, stellte die ZDF-Sendung »Frontal 21« unter dem Titel »Sterben für Jesus« ihren Tod fast als selbst verschuldet hin. Die beiden hatten als Krankenschwestern im Jemen gearbeitet, ebenso verschwanden auch Johannes und Sabine Hentschel, die dort als Entwicklungshelfer tätig waren. Jahrelang hat man von Hentschels und ihrem einjährigen Sohn Simon nichts mehr gehört; seit dem September 2014 wissen wir, dass auch sie getötet wurden (die beiden Töchter konnten 2010 befreit werden). Auf eine ähnlich diffamierende Sendung des Deutschlandfunks schrieb ich einen offenen Brief, der in »idea-Spektrum« und auf der Titelseite der Zeitschrift »Unsere Kirche« (Evangelische Zeitung für Westfalen und Lippe) abgedruckt wurde. Der Deutschlandfunk hat nicht einmal den Posteingang bestätigt, geschweige denn auf mein Schreiben geantwortet.

Nun mag es nicht überraschend sein, dass die Medien auf eine deutlich positionierte Frömmigkeit auch deutlich reagieren. Mich erstaunt jedoch, wie sich manche Kirchenvertreter davon beeindrucken lassen, denn oft werden sie in den Sendungen als Zeugen für die Fragwürdigkeit und Gefährlichkeit evangelikaler Christen angeführt. Für eine Reihe von ihnen scheint eine wohltemperierte Kirchlichkeit der einzig gültige Maßstab für Seriosität zu sein. Wer sich oberhalb dieses Levels bewegt, steht unter Generalverdacht. Manche Kirchenvertreter werfen den Evangelikalen Intoleranz vor, weil sie ihren Glauben für den einzig richtigen halten und allein die Bibel ihre Glaubensgrundlage ist.

Aber was ist eigentlich so außergewöhnlich daran? Gilt das reformatorische »solus Christus« (allein Christus) nicht mehr?

Wurde das »sola scriptura« (allein die Schrift) der Reformation abgeschafft? Ich habe Sorge, dass auch manche in unseren eigenen Reihen von dieser medialen Kritik so beeindruckt sind, dass sie nicht mehr als »Evangelikale« gelten wollen. Dabei geht es in erster Linie ja gar nicht um einen USA-Import unter der Bezeichnung »evangelikal«. Es ist das Erbe des Pietismus, dem man den Krieg erklärt. Machen wir uns nichts vor: Das trifft evangelische Freikirchen, die Gemeinschaftsbewegung und darüber hinaus einen nicht zu unterschätzenden Flügel lebendiger landeskirchlicher Gemeinden.

Im Juni 2003 schrieb Dr. Richard Ziegert, der Beauftragte für Weltanschauungsfragen der Evangelischen Kirche der Pfalz, einen langen Artikel im »Deutschen Pfarrerblatt« (»Die EKD angesichts der Globalisierung«). Darin warnte er vor einem US-Evangelikalismus und seinen »deutschen Hauptagenturen«, die er vor allem in der »Evangelischen Allianz« und der »Lausanner Bewegung« sah. Aber auch gegen Willow Creek und die SMD zog er zu Felde, sie seien – so schrieb er – allesamt vom US-Evangelikalismus unterwandert. Es war eine regelrechte Verschwörungstheorie, die hier entfaltet wurde. Auch ich wurde in dem Artikel angeführt: »Der Allianz-Vorsitzende Peter Strauch ruft die wiedergeborenen Allianz-Christen zu massiven politischen Aktionen auf und scheut nicht die Werbung für die Partei Bibeltreuer Christen.« Auch theokratische Tendenzen warf er mir vor.

Mal ganz abgesehen davon, dass ich mich nicht erinnere, jemals für die PBC geworben zu haben: Eine Theokratie, also einen »Gottesstaat«, habe ich nun wirklich nicht im Sinn. Das geht schon aufgrund meiner bewussten Mitgliedschaft in einer evangelischen Freikirche nicht. Schließlich plädiere ich konsequent für die Trennung von Kirche und Staat. Weiter hieß es in dem Artikel: »Zielgerichtet will der Allianz-Vorsitzende Strauch die Mitglieder anhalten, die Medien zu kontrollieren und sich bei widergöttlichen Dingen sofort massenhaft zu beschweren, in Schulen und Bildungseinrichtungen Ämter zu übernehmen und bei ›eklatanten Verstößen gegen das biblische Menschenbild‹ die Schulaufsicht, die Medien und politische Instanzen informieren ...« Eigenartig, der Artikel erweckte mit seinen vielen Fußnoten den Anschein sorgfältiger Recherche und Gründlichkeit. Sah man aber genauer hin, so blieb dunkel, wen und wie der Autor zitierte. Von dem, was er über mich schrieb, stimmte nur wenig. Richtig war: Ich bin der Meinung, dass es für evangelikale Christen keinen Grund zur politischen, medialen und kulturellen Abstinenz gibt. Wir haben uns in die Gesellschaft einzumischen, nicht aufgrund irgendwelcher Machtbefugnisse, sondern ganz einfach, weil wir ein Teil dieser Gesellschaft und engagierte Bundesbürger sind. Ich will keine »christliche« Politik, sondern eine Politik, in der auch Christen tätig sind.

In einem zweiten Artikel, der etwa ein Jahr später vom selben Autor erschien, wendete er sich vor allem gegen den im Evangelikalismus vorkommenden »Missionsimpetus«. Dabei verwies er auf die »Studienhefte zum Internationalen Kongress für Weltevangelisation«. Die dort propagierte Mission lebe von der Ideologie, »dass diejenigen, die keine Wiedergeburt erleben, für immer verloren sind«. Hier hatte er die Evangelikalen nun ausnahmsweise einmal richtig verstanden. Allerdings galt sein Widerspruch nicht nur ihnen, sondern dem Neuen Testament, denn schließlich sagt Jesus dem Schriftgelehrten Nikodemus: »Es sei denn, dass jemand von Neuem geboren werde, so kann er das Reich Gottes nicht sehen« (Johannes 3,3). Richard Ziegert war überzeugt, dass »unsere kirchliche Mission (...) eine subjektive ›Bekehrung‹ und ›Wiedergeburt‹ niemals zur Bedingung des Christseins machen kann«. Die Frage bleibt allerdings: Wen meint er mit »uns«? Glücklicherweise kenne ich viele landeskirchliche Pfarrer (es gibt sie auch in der Pfalz!), die tatsächlich noch Menschen zur Bekehrung rufen (Apostelgeschichte 2,38) und von der Notwendigkeit einer geistlichen Geburt (Johannes 3,3) überzeugt sind.

Was mich allerdings damals wirklich irritierte, waren nicht so sehr diese Artikel, sondern der Brief einer unserer Pastoren, der meinte, in dem Text sei doch auch Beachtenswertes und Wahres zu finden. Zwar bin auch ich überzeugt, dass in jeder Kritik etwas Beachtenswertes steckt, aber ich werde den Verdacht nicht los, dass es in unseren Reihen einige schick finden, in solchen Auseinandersetzungen eher die Nachdenklichen und Abwägenden zu sein. Das mag auch damit zusammenhängen, dass der Artikel im »Deutschen Pfarrerblatt« mit dem Urteil der »Schlichtheit der neoevangelikalen Akteure« schloss. Seien wir ehrlich: Der Vorwurf der Schlichtheit trifft uns besonders hart. Deshalb sind wir versucht, manchmal eindeutigen biblischen Antworten auszuweichen. Es ist auffallend, wie oft den Evangelikalen vorgeworfen wird, ihre Antworten seien zu schlicht und zu einfach. Manchmal wird gerade daran ihr »Erfolg« festgemacht.

Allerdings scheint dieser Vorwurf besonders »deutsch« zu sein. Gerade als deutsche Theologen sind einige von uns der Meinung, mit zunehmender Kompliziertheit steige der Wahrheitsgehalt. Nur so ist zu erklären, dass selbst eindeutige Bibelstellen komplizierte Predigten hervorbringen, die kaum jemand verstehen kann. Einer jungen Frau, die vor Jahren in einer Allianz-Evangelisation zum Glauben an Jesus kam, riet ich, regelmäßig an ihrem Ort den Gottesdienst ihrer Kirche zu besuchen, sie brauche die dort angebotene biblische Kost.

Als ich sie nach Wochen wiedertraf, meinte sie unglücklich, sie bemühe sich zwar, verstünde aber nicht, was der Pfarrer sagt. Ich riet ihr daraufhin, Bibel samt Schreibzeug zum Gottesdienst mitzunehmen. Aber auch das half ihr nicht. Es gebe kein Resultat, das sich aufzuschreiben lohne, meinte sie. Vielmehr bliebe alles sorgfältig austariert in einem »Sowohl-als-auch«.

Im »Ökumene Lexikon« (Lembeck/Knecht 1983) werden sechs Merkmale evangelikaler Christen genannt, und es lohnt sich, sie in den Blick zu nehmen. Nach meiner Überzeugung beschreiben sie ein Profil, das auch unter uns nicht mehr selbstverständlich ist, dass wir aber keinesfalls verlieren dürfen:

1. Die Notwendigkeit einer persönlichen Bekehrung und Wiedergeburt im Glauben an Jesus Christus durch den Heiligen Geist. Bekehrung und Wiedergeburt werden mehr und mehr als Spielart einer pietistisch-evangelikalen Frömmigkeit angesehen. Werden junge Leute gefragt, weshalb sie Christen sind und sich einer Gemeinde anschließen, ist nicht selten von der »coolen Gemeinschaft« und »geilen Atmosphäre« die Rede. Das sehe ich keinesfalls nur negativ, es reicht aber als Basis keineswegs aus. »Bekehrung« ist ein wichtiger biblischer Begriff – sowohl im Alten als auch im Neuen Testament. Mag sein, dass wir Evangelikale manchmal versucht waren, der persönlichen Glaubensentscheidung ein falsches Gewicht zu geben, so als wäre sie das grundlegende Element. Tatsache ist, dass wir allein aus Gnade gerettet sind (Epheser 2,8). Unsere Basis ist, dass Gott in Christus Ja zu uns sagt und nicht umgekehrt. Aber ohne den persönlichen Glauben ist es unmöglich, Gott zu gefallen (Hebräer 11,6). Allein durch den Glauben haben wir Frieden mit Gott durch unseren Herrn Jesus Christus (Römer 5,1).

2. Die Betonung der absoluten Verbindlichkeit der Heiligen Schrift für Glauben, Leben und Lehre.

Um es deutlich zu sagen: Ich rede keiner Verbalinspiration (von Gott wörtlich eingegebener Text) das Wort, eine detaillierte Inspirationslehre ist der Bibel fremd. Die Schreiber der Bibel waren keine willenlosen »Griffel«, ihr kulturelles Umfeld, ihre Mentalität, ihre Erziehung, ihre ganze Persönlichkeit war mitbeteiligt an dem Entstehungsprozess der Heiligen Schrift. Aber Gott leitete diesen Prozess durch seinen Geist (2. Petrus 1,21), er »hauchte« den Schreibern seine Botschaft ein (2. Timotheus 3,16). Es gibt für uns keinen Grund, in der Bibel zwischen Gottes Wort und menschlichen Worten zu unterscheiden. »Die ganze Bibel ist Gottes Wort, wiedergegeben durch menschliche Worte« (Gerhard

Hörster). Dabei ist Jesus Christus eindeutig die Mitte der Schrift. Jede Aussage, jede Auslegung der Schrift muss sich daran messen lassen. Wir werden als Christen auch in Zukunft nur standhalten können, wenn die Bibel in ihrer Gesamtheit unsere verbindliche Grundlage für Glauben, Lehre und Leben ist.

3. Evangelisation und Mission unter allen Völkern und in allen Sprachen als Auftrag Jesu an seine Gemeinde.

Auch wenn es absolut nicht in das postmoderne Klima unserer Tage passt: Die Bibel spricht von einem Drinnen und Draußen (Matthäus 25,1-13), von der Rettung und auch von der Verlorenheit (1. Korinther 1,18). Diese Unterscheidung macht sich nicht an Kirchenmitgliedschaften und Moralvorstellungen fest, sondern allein an der Beziehung zu Jesus Christus: Wer an ihn glaubt, der hat das Leben. Wer nicht an ihn glaubt, der hat das Leben nicht (1. Johannes 5,12). Wer zwischen Glaubenden und Nichtglaubenden im neutestamentlichen Sinn unterscheidet, der kann gar nicht anders, als dem Thema Mission und Evangelisation höchste Priorität zu geben.

4. Gemeinschaft der Kinder Gottes.

Wer Evangelikalen vorwirft, sie schmorten im eigenen Saft und hätten keinen Sinn für ökumenische Weite, der kennt die evangelikale Bewegung nicht. Bereits im 19. Jahrhundert suchten sie ihre »Brüder« und »Schwestern« in anderen Kirchen auf, um mit ihnen »in Christus« zusammenzusein. Aber nicht Kirchen-, sondern Christengemeinschaft ist nach der Überzeugung Evangelikaler der biblische Weg der Einheit. Das hebt die Kirchengemeinschaft keinesfalls auf, verkörpert aber das, was organisatorisch nicht zu schaffen ist. In den vielen Jahren meines Dienstes habe ich weit über die eigene Freikirche hinaus immer wieder erlebt: Die Einheit in Christus muss (und kann) nicht geschaffen werden, sie existiert bereits.

5. Biblische Heiligung des persönlichen Lebens und der Gesellschaft.

So sehr die Bibel die Rettung des Menschen allein aus Gnade kennt (Epheser 2,8), so hält sie doch auch an der willentlichen Veränderung unseres Lebensstils fest. Sie spricht nicht nur von den Gaben des Heiligen Geistes, sondern auch von seiner Frucht (Galater 5,22). Gute Frucht ist die Folge der Bindung an Jesus (Johannes 15,5). Die Bibel nennt das Heiligung und kennt dabei durchaus auch einen Imperativ (1. Petrus 1,15). Gott wirkt in uns, aber nicht ohne uns!

Die Herausforderung zu einem geheiligten Leben scheint mir gerade heute besonders aktuell zu sein. Wir leben in einem vom Heidentum geprägten Land. Ob es um das intime Zusammenleben außerhalb der Ehe geht, um eheliche Treue, um homosexuelle Handlungen, um Abtreibung und aktive Sterbehilfe: Wer in diesen Bereichen nach biblischen Kriterien lebt, gerät mehr und mehr auf die Seite einer unverstandenen und auch störenden Minderheit. Damit rede ich nicht denen das Wort, die eine christliche Gesetzgebung durchsetzen wollen. Jede Macht- und Gewaltposition ist dem Evangelium ganz und gar wesensfremd. Aber wenn wir leben, wie Gott sich unser Leben wünscht, liegt darin eine die Gesellschaft prägende Kraft (Matthäus 5,13-14).

6. Ausrichtung auf die Wiederkunft Christi.

Die gute Nachricht, dass Jesus Christus wiederkommt und es dafür bereits Anzeichen gibt, haben wir inzwischen weithin den Sekten überlassen. Obwohl in unserem Land immer noch zwei Drittel der Bevölkerung Mitglieder der großen Kirchen sind, ist der Gedanke an das zweite Kommen von Jesus Christus als öffentliches, sichtbares Ereignis (Offenbarung 1,7) den meisten Christen sehr fremd. Das ist umso erstaunlicher, weil immer noch Millionen von Christen Sonntag für Sonntag im Glaubensbekenntnis sprechen: »... von dort wird er kommen, zu richten die Lebenden und die Toten«. Tatsache ist, dass die Nachricht von der Auferstehung der Toten und dem ewigen Gericht im Neuen Testament zum Basisprogramm der christlichen Lehre gehörte (Hebräer 6,2).

Und nach Apostelgeschichte 24,25 war sie wohl auch Bestandteil evangelistischer Verkündigung.

Angesichts zunehmender evangelikaler Profillosigkeit stimme ich allerdings nicht in den Chor derer ein, die glauben, es sei schon alles verloren. Es gibt ein frommes Lagerdenken, dass sich nur noch von Feinden des Evangeliums umlagert sieht. Hin und wieder bin ich erschrocken, wie aggressiv und feindselig hier von den sogenannten »Außenstehenden« gesprochen wird. Eine Ablehnung, wie sie sich Rechte gegenüber Ausländern leisten, treffe ich bei den Frommen manchmal gegenüber Andersdenkenden und Anderslebenden an. Die feministische Theologin Dorothee Sölle schreibt in ihrer Autobiografie »Gegenwind«: »Für die Evangelikalen bin ich seit über 30 Jahren eine Hexe, die man eigentlich verbrennen sollte. ›Geh zur Sölle, fahr zur Hölle‹ waren oft gehörte Sprüche der rechtsgerichteten Bewegung *Kein anderes Evangelium.*« Ich kann nicht beurteilen, ob das wirklich so war, fest steht, wir haben allen Grund, liebevoll und gelassen mit unseren Gegnern umzugehen.

Vor vielen Jahren bekam ich einen schönen und bildhaften Text von Helmut Thielicke in die Hand. Jetzt, beim Durchsehen meiner Unterlagen für dieses Buch, stieß ich wieder darauf. Thielicke schreibt über seine »fundamentalistischen Brüder«. Sie kämen ihm vor wie jene Jünger in dem Schiff, in dem auch Jesus war und schlief (Markus 4,35-41): Während er ruht, schleichen sie heimlich durch den gesamten Schiffskörper und horchen die Bordwände ab, ob nicht irgendein Frosch- oder Bultmann die Bordwand anbohrt (Rudolf Bultmann war ein Marburger Theologieprofessor, der durch sein Programm der »Entmythologisierung« bekannt wurde). Als der Herr aufwacht, sieht er mit Erstaunen, dass seine Leute planlos und aufgeregt auf dem Schiff umherrennen, statt ihrer regulären Arbeit nachzugehen. Er fragt sie: »Warum achtet ihr nicht auf den Kurs?« Sie antworten: »Wir passen auf, ob nicht irgendein Frosch- oder Bultmann den Schiffsleib anbohrt.« Darauf sagt Jesus, der Herr: »Warum interessiert euch das? Wisst ihr nicht, dass das Schiff gar nicht untergehen kann, solange ich an Bord bin?

Beim Griechen

Seit etwa vier Jahren gehen wir mit unseren Kindern und Enkelkindern an meinem Geburtstag zünftig essen. »Zünftig« heißt: Wir gehen in ein griechisches Restaurant. Seit unserer ersten Griechenlandfahrt liebe ich diese Speisen. Worte wie Gyros, Souvlaki, Suzuki und Bifteki lassen mir das Wasser im Mund zusammenlaufen. Und wenn ich dann den Retsina (geharzter Weißwein) am Gaumen schmecke, habe ich den hellen Strand und das türkisblaue Mittelmeer vor Augen und höre den Klang der Bouzoukis (Sie merken, ich komme ins Schwärmen).

Im Ruhrgebiet ist es nicht schwer, ein gutes griechisches Lokal zu finden. Jahrelang hatten wir in Witten ein Restaurant, in dem wir mit unseren Freunden schöne Stunden erlebten. Nein, wir aßen dort nicht nur, wir haben die Abende zelebriert. Der Wirt vertraute uns einmal an, er fände es schrecklich, dass das Essen für manche Deutsche wohl nur eine Nahrungsaufnahme sei. Er weigerte sich konstant, die Rechnung zu bringen, wenn jemand am Tisch noch aß.

Auch in Verbindung mit Sitzungen, Dienstgesprächen und vor allem mit Gästen war ich dort und wurde immer begeistert von Dimos empfangen. »Chairete« (»Freut euch!«), schmetterte er uns dann entgegen, und wir grüßten kaum weniger fröhlich zurück. Aber seit wir nicht mehr in Witten wohnen, ist der Besuch in seinem Restaurant selten geworden, außerdem hat er längst die Altersgrenze erreicht und lebt inzwischen in seiner griechischen Heimat. Seine Kinder haben das Lokal übernommen. Vor einigen Monaten traf ich ihn nach langer Zeit noch einmal, als ich mit einem Freund dort essen ging. Voller Begeisterung nahm er mich in seine Arme.

Aber mit unseren Kindern und Enkeln haben wir ein anderes Restaurant gefunden, es wird von einer Dame geleitet, die nicht weniger freundlich ist. Wenn ich sie anrufe, reserviert sie einen großen Tisch für uns, an dem wir alle bequem Platz finden. Und es ist ein besonderer Augenblick, wenn sie uns die umfangreiche Speisekarte reicht und bereits vor unserer Bestellung die Gläschen mit dem Ouzo verteilt (für die Kinder hat sie ein besonderes Getränk). Unser ältester Enkel Lukas beginnt dann in der Regel mit großer Sorgfalt die Speisekarte zu studieren. Er ist wählerisch, will nicht einfach essen, was jeder isst. Stattdessen ist er erstaunlich risikobereit und bevorzugt eher ausgefallene Speisen. Niklas, unser mittleres Enkelkind, ist ein Genießer und greift zu dem, was ihm mit Sicherheit schmeckt und setzt dabei auf Erfahrungswerte. Ganz anders Jonas, der Jüngste. Für ihn ist die Speisekarte eher uninteressant, da er sich bereits vor dem Betreten des Lokals treffsicher für »Pommes frites« entschieden hat. Wenn er die in ausreichender Menge hat, ist er ganz und gar zufrieden.

Nun ist es ein wirklich gutes griechisches Restaurant, das heißt: Es ist fast immer gut besetzt und verlangt trotz Voranmeldung auch manchmal längere Wartezeiten auf das Essen. Für Lukas ist das Warten ein besonderes Qualitätsmerkmal, immer wieder tröstet er uns (und sich) damit. Aber für Jonas ist die Wartezeit ganz und gar nicht verständlich, schließlich will er ja nur seine Fritten. Edelgard und ich genießen dieses festliche Essen und Zusammensein mit Christina, Kerstin und Achim und unseren drei Enkelsöhnen.

Einmal, während eines solchen Festmahls, sprach mich ein älterer Herr vom Nachbartisch an. Er musste uns mit seiner Frau eine ganze Zeit beobachtet haben und gratulierte mir zu dieser wunderbaren Familie. Er könne das beurteilen, versicherte er mir, er habe auch Enkel, und er sei ganz bewegt, wie wir miteinander umgingen und wie gut wir uns verstünden. Klar freute ich mich über seine Worte und erinnerte mich an ein schönes Lied von Reinhard Mey mit dem Titel »What a lucky man you are«. Er erzählt darin von einem letzten Ferienabend, an dem er mit seiner Familie in einem Straßenrestaurant sitzt und sie essen und fröhlich miteinander sind. Am Nachbartisch hat ein grauhaariges Paar aus Texas Platz genommen, das immer wieder zu ihnen herüberschaut. Als die Texaner gezahlt haben und aufbrechen, beugt sich der Mann zu Reinhard Mey herunter und flüstert ihm mit einem Blick auf seine Familie zu: »What a lucky man you are!« Ja, auch ich bin ein glücklicher Mann im Kreise meiner Kinder und Enkel! Wir beide, Edelgard und ich, sind glücklich über dieses große Geschenk.

Er wird euch bewahren

Juni 2014. Edelgard und ich verbringen zwei wunderschöne Wochen in Sassnitz auf Rügen. An jedem Morgen gehe ich als Erstes auf den Balkon und schaue aufs Meer. In der Ferne kann ich gerade noch mit bloßem Auge die Ostseebäder Binz und Sellin erkennen, dazwischen den Wald der Granitz, aus dem der Turm des Jagdschlosses herausragt. Jeden Tag, ja, oft mehrmals am Tag, wechselt das Meer sein Gesicht. Mal zeigt es sich spiegelglatt und schillert in den Farben des Himmels, dann wieder ist es aufgewühlt, wild und rau. Gestern und vorgestern hatten wir einen richtigen Sturm. Die Gischt spritzte weit über den Uferweg, die Luft war voll vom Rauschen des Windes und der Wellen.

Im Bücherregal der Ferienwohnung stieß ich auf ein Buch, das die letzten Kriegsmonate in Pommern beschreibt. Zeitzeugen erzählen davon, und ihre Berichte gehen mir unter die Haut. Beim Lesen muss ich immer wieder an meine Mutter denken, die mit ihrem kleinen Sprössling im Januar 1945 nach Polen reiste, um

563

ihren Mann zu besuchen – auf den ersten Seiten dieses Buches habe ich davon erzählt. War das nun Liebe oder Leichtsinn, dass sie sich mit mir, dem gerade mal Zweijährigen, zu diesem Zeitpunkt noch auf den Weg in den Osten machte?

In dem Buch lese ich, wie die Bewohner im früheren Ostpreußen und Pommern buchstäblich im letzten Augenblick ihre Heimat verließen. Die Rote Armee rückte immer näher, den meisten war klar, dass der Krieg bereits verloren war, aber das Naziregime hatte ihnen jede Flucht in den Westen untersagt. Wer es trotzdem wagte, dem drohte der Tod durch Erschießen. Meine Mutter muss buchstäblich noch im letzten Augenblick über Berlin ins heimatliche Wuppertal gekommen sein, denn am 10. Januar hatten sie und mein Vater ja noch mit mir meinen Geburtstag gefeiert. Aber bereits Mitte Januar 1945 schloss sich der Fluchtweg über Land, und für viele blieb nur noch der Weg über die offene See. Hier, im Hafen von Sassnitz, machte am 31. Januar 1945 das Torpedoboot »T 36« fest, während der Nacht hatte es 500 Überlebende der »Wilhelm Gustloff« aufgenommen, jenem Kreuzfahrtschiff, das – getroffen durch einen sowjetischen Torpedo – mit 9000 Flüchtlingen unterging.

Vor wenigen Tagen stand die Herrnhuter Losung im 90. Psalm, und wie ich es immer bei Losungstexten mache, las ich auch diesmal das ganze Kapitel. »Unser Leben währet siebzig Jahre«, heißt es da. Diese Zahl habe ich bereits überschritten. Ist es nicht ein Wunder, dass ich überhaupt so weit gekommen bin? Die Frage beantwortet sich mir zurzeit besonders deutlich, ich muss dazu nur in den Spiegel schauen. Ich sehe wie eine ägyptische Mumie aus, beide Arme und ein Bein sind in Mullbinden gehüllt. Was ist passiert?

Wir haben unsere Fahrräder dabei und sind vorgestern über die Insel nach Seedorf gefahren. Dort haben wir unser Auto abgestellt, um mit den Rädern weiter nach Putbus zu radeln. Edelgard fährt nicht besonders sicher, und die Radwege auf Rügen können sehr holprig sein, so machte ich mir beim Fahren ernsthafte Sorgen um sie. Doch dann passierte etwas, womit weder sie noch ich gerechnet hatten: Plötzlich blockierte mein Vorderrad, und ich stürzte über den Lenker hinweg buchstäblich kopfüber auf die Straße. Ein Berliner Ehepaar, das den Sturz beobachtet hatte, kam angelaufen und half mir auf. Ich muss ziemlich ramponiert ausgesehen haben, wobei ich das zuerst an der Reaktion meiner Umgebung ablas, ich selbst spürte nur wenig davon. Trotzdem, die Rippen schmerzten, die Oberlippe schwoll an, an Armen und Beinen hatte ich Schürfwunden und an der Hand eine Schnittwunde, die sehr tief zu sein schien. Die Frau fuhr mich mit dem Auto zum Arzt, während ihr Mann sich um meine Frau kümmerte und mit ihr und meinem Fahrrad folgte. In meinem Kopf liefen Schreckensszenarien ab: ich im Krankenhaus, Edelgard ohne Führerschein auf Rügen, das Auto in Seedorf, die Ferienwohnung in Sassnitz ... Die beiden Berliner blieben bei uns, bis ich verarztet war, versuchten Edelgard zu beruhigen und fuhren uns schließlich mit ihrem Wagen zu unserem Golf in den etwa 15 Kilometer entfernt liegenden Ort. Die Hilfe und Freundlichkeit dieses uns völlig fremden Ehepaars hat uns tief bewegt. Es gelang uns nicht einmal, sie in irgendeiner Weise zu entschädigen, sie wollten es einfach nicht. Und wie durch ein Wunder blieb mein Sturz ohne schwerwiegende Folgen, obwohl ich keinen Helm getragen hatte. Eine echte Bewahrung!

Das alles ging mir durch den Kopf, als ich am frühen Morgen auf dem Balkon unserer Ferienwohnung saß. Vor mir lag das Manuskript dieses Buches, das noch längst nicht fertig war, aber das Stichwort »Bewahrung« brannte sich bei mir ein und ließ mich nicht mehr los. »In wie viel Not hat nicht der gnädige Gott über dir Flügel gebreitet!« heißt es in einem alten Choral. Etwa 40 000 Kilometer bin ich in meinen Dienstjahren jährlich gefahren, oft waren es auch mehr. Doch bis auf den Unfall im Januar 1989 ist nie etwas passiert. Dabei weiß jeder Autofahrer, dass es Situationen gibt, da wird man sich erst im Nachhinein der Gefahr bewusst. Und selbst das beschreibt ja nur die Spitze des Eisbergs. Das Gefahrenpotenzial ist weit größer, als wir es jemals wahrnehmen – nicht nur im Blick auf körperliche Gefährdungen, auch was unser inneres Leben betrifft.

Selten, doch manchmal habe ich Zweifel gehabt: Was, wenn das alles nicht stimmt mit dem uns liebenden Gott, dem auferstandenen Jesus Christus, mit seiner Kraft, die im Heiligen Geist in uns wohnt? Sind nicht Menschen anderer Religionen genauso von ihrem Glauben überzeugt wie wir? Nein, Zweifel an der Existenz Gottes hatte ich nie.

Wer mit wachen Sinnen wahrnimmt, welches Wunder das Universum und das Vorhandensein menschlichen Lebens auf der Erde ist, dem wird es eher schwerfallen, nicht an einen Schöpfer zu glauben. Der Physiker Freeman Dyson hat gesagt, das Weltall komme ihm ganz und gar maßgeschneidert vor. Es sei fast so, als habe es bereits vorher gewusst, dass es uns Menschen einmal geben wird. Es fällt schwer, angesichts der erforderlichen Kette äußerst präziser Vorgänge bei der Erschaffung des Lebens an einen Zufall zu glauben.

Schwieriger ist es mit dem persönlichen Gott, der mich kennt und mich so liebt, als gäbe es außer mir niemanden auf der Erde. Immerhin leben inzwischen über sieben Milliarden Menschen auf diesem Planeten. Mir hat immer geholfen, meine Fragen und Zweifel unmittelbar zu einem Gebet zu machen – so wie Asaph in Psalm 73 oder Jeremia, der mit dem Gedanken spielte, nicht mehr an Gott zu denken und nicht mehr in seinem Namen zu predigen, in dessen Herz es aber wie Feuer brannte, sodass er nicht loskam von Gott (Jeremia 20,9). Es klingt paradox, aber wenn ich meine Zweifel, meine Not, meine Mutlosigkeit oder was immer mich belastete, dem Vater im Himmel anvertraute, fühlte ich so etwas wie eine innere Heilung meiner Seele, und es wuchs in mir eine neue, tiefe Geborgenheit. Jakobus schreibt einmal: »Naht euch zu Gott, so naht er sich zu euch« (Jakobus 4,8). Genau das habe ich erlebt! Und erlebe es immer noch!

Und was die Zukunft betrifft: Was erwartet Edelgard und mich? Wie lange dürfen wir noch beieinander sein? Manchmal in der Nacht, wenn sie neben mir liegt, ich aber nichts von ihr höre, beuge ich mich zu ihr, um herauszufinden, ob mit ihr alles in Ordnung ist. Mit dem Alter wächst die Sorge, ihr könnte etwas passieren, Gott könnte einen von uns beiden plötzlich zu sich rufen. Auch wenn wir wissen, wohin die Reise geht, der Abschied tut weh. Und was unsere Kinder und unseren Schwiegersohn betrifft: Das schönste Geschenk ist, dass sie mit Jesus leben und seine Nachfolger sind. Das ist auch mein größter Wunsch für unsere Enkelsöhne. Jeden Morgen am Frühstückstisch beten Edelgard und ich für sie. In welch eine Welt sind sie unterwegs? Was wird in zwanzig oder dreißig Jahren sein – angesichts einer Technik, die dem Menschen fast alles ermöglicht, doch sein egoistisches und machtsüchtiges Herz nicht verändern kann? Neurowissenschaftler sprechen heute von einer großen Zukunft durch ein immer stärkeres Zusammenwachsen unseres Denkvermögens und der Computerwissenschaft (Human Brain Project).

Technik kann segensreich sein, aber in den Händen von Egozentrikern und Diktatoren wird sie zu einem teuflischen Instrument. Das gilt mehr denn je angesichts der unübersehbaren Entwicklung auf diesem Gebiet. Sind wir als Christen darauf vorbereitet? Manchmal beobachte ich auch in der pietistisch-evangelikalen Welt eine Entwicklung zu einem »frommen« Humanismus, der zwar nach wie vor die vertrauten biblischen Vokabeln gebraucht, aber in Wirklichkeit ausschließlich auf unsere menschlichen Möglichkeiten setzt. Der Abfall vom Glauben geschieht fast immer zuerst im verborgenen Bereich. Erst nach und nach werden die vertrauten frommen Rituale brüchig. Wird Gott noch einmal ein großes geistliches Erwachen schenken – auch in unserem Land? 1991 habe ich in England zum ersten Mal das Lied von

Graham Kendrick gehört, das wir seitdem viele Male betend gesungen haben: »Jesus, dein Licht füll dies Land mit des Vaters Ehre! Komm, Heilger Geist, setz die Herzen in Brand! Fließ, Gnadenstrom, überflute dies Land mit Liebe! Sende dein Wort, Herr, dein Licht strahle auf!« Oft habe ich dafür gebetet, dass das wieder einmal geschieht. Und ich werde es weiter tun.

Es hängt wohl mit dem Alter zusammen, wenn ich mir zunehmend Sorgen mache. Mein größter Wunsch gilt dem, was weder Edelgard noch ich den Menschen, die uns folgen, vererben können: ein vertrauensvolles, behütetes und hingegebenes Leben mit Jesus Christus; dem Herrn, dem mein Leben seit über sechs Jahrzehnten gehört. Vor einigen Jahren habe ich ein Lied zu 2. Thessalonicher 3,3 geschrieben: »Der Herr ist treu; der wird euch stärken und bewahren vor dem Bösen.« Ohne seine Treue, seine Stärke und Bewahrung wäre ich längst nicht mehr dabei. Daran halte ich fest. Eine bessere Zusage gibt es nicht.

Der Herr ist treu! Der Herr ist treu!
Er gibt euch Kraft und bewahrt euch vor dem Bösen.
Der Herr ist treu! Der Herr ist treu!
Er richte eure Sinne ganz auf sich.

Gott ist viel größer als die Großen dieser Erde,
die Macher sind in Gottes Augen winzig klein.
Denn aus dem Nichts schuf er die Welt und sprach: Es werde.
Wer sich auf ihn verlässt, der wird ganz sicher sein.

Er ist nicht wetterwendisch wie das Herz des Menschen,
er ist nicht launisch und verliert nicht die Geduld.
Wenn wir versagen, dann wird er selbst für uns kämpfen,
und wenn wir schuldig werden, nimmt er uns die Schuld.

Sein Licht ist heller als die Lichter, die betören,
sein Wort ist klarer als die Worte dieser Welt.
Und seine Stimme werden wir nicht überhören,
wenn wir bereit sind, das zu tun, was ihm gefällt.

Gott ist viel stärker als Gedanken, die uns binden,
er sprengt die Ketten, die uns in den Abgrund ziehn.
Trotz aller Zweifel werden wir doch Frieden finden,
wenn wir auf Jesus und auf sein Erbarmen sehn.

Der Herr ist treu! Der Herr ist treu!
Er gibt euch Kraft und bewahrt euch vor dem Bösen.
Der Herr ist treu! Der Herr ist treu!
Er richte eure Sinne ganz auf sich.[41]

ANMERKUNGEN

1 Dietrich Bonhoeffer, aus: Dietrich Bonhoeffer, Widerstand und Ergebung. Briefe und Aufzeichnungen aus der Haft (DBW 8). Gütersloher Verlagshaus, Gütersloh 1998.

2 Wir sind eine Mannschaft
Text & Melodie: Peter Strauch
© 1972 SCM Hänssler, 71087 Holzgerlingen

3 Wir wollen singen, Lieder bringen
Text & Melodie: Peter Strauch
© 1969 SCM Hänssler, 71087 Holzgerlingen

4 Wir sind junge Menschen
Text & Melodie: Peter Strauch
© 1969 SCM Hänssler, 71087 Holzgerlingen

5 When all my labors trials are O'er
Text, Melodie und Satz: Charles Hutchinson Gabriel 1900/1903
Deutsch: Hedwig von Redern 1905/© (dt. Text) Musikverlag Klaus Gerth, Asslar

6 Woher weiß ich, was du willst
Text: Peter Strauch (Freizeitgruppe Grönland)
Melodie: Peter Strauch
© 1979 SCM Hänssler, 71087 Holzgerlingen

7 Walter Brandin, aus dem Musical Hair.

8 Theo Lehmann/Jörg Swoboda, aus: Ich will dir danken! Lieder für die Gemeinde. Hänssler Verlag, Holzgerlingen 1991.

9 Theo Lehmann, Jörg Swoboda 1986, © Oncken Verlag, Wuppertal und Kassel.

10 Otto Riecker, … mit 60 fing mein Leben an. Hänssler Verlag, Neuhausen-Stuttgart ^{2}1996.

11 Abend (Ich gehe weiter)
Text & Melodie: Manfred Siebald
© 1974 SCM Hänssler, 71087 Holzgerlingen

12 Siegfried Fietz, aus dem Lied: »Seht, man musste sie begraben«, ABAKUS Musik

13 Gott lädt uns ein zu seinem Fest
   Text & Melodie: Manfred Siebald
   © 1976 SCM Hänssler, 71087 Holzgerlingen
14 Reinhard Mey, aus dem Lied »Viertel vor sieben«; © 2014 Universal Music
   GmbH.
15 Du bist Immanuel
   Text: Karl Heinz Knöppel
   Melodie: Peter Strauch
   © 1989 SCM Hänssler, 71087 Holzgerlingen
16 Herr, ich sehe deine Welt
   Text & Melodie: Peter Strauch
   © 1977 SCM Hänssler, 71087 Holzgerlingen
17 Meine Zeit steht in deinen Händen
   Text & Melodie: Peter Strauch
   © 1981 SCM Hänssler, 71087 Holzgerlingen
18 Die Möwen
   Text & Melodie: Peter Strauch
   © 1982 SCM Hänssler, 71087 Holzgerlingen
19 Jesus, wir sehen auf dich
   Text & Melodie: Peter Strauch
   © 1982 SCM Hänssler, 71087 Holzgerlingen
20 John Stott, Christsein in den Brennpunkten unserer Zeit, Bd. 1: … in einer
   nichtchristlichen Gesellschaft. Verlag der Francke-Buchhandlung, Marburg 1987.
21 Michel Quoist, aus: Michel Quoist, Herr, da bin ich. Verlag Styria, Graz/
   Wien/Köln 1975.
22 Sei mutig und stark
   Text & Melodie: Peter Strauch
   © 1997 R. Kawohl-Verlag, Wesel
23 John Wesley, aus: Das Tagebuch John Wesleys. Hänssler Verlag, Holzgerlingen 2000.
24 John Wesley, aus: Das Tagebuch John Wesleys. Hänssler Verlag, Holzgerlingen 2000.
25 Charles A. Miles, 1913.
26 Jesus, leite mich mit deinen Augen
   Text: Peter Strauch
   Melodie: Johannes Nitsch
   © 1992 SCM Hänssler, 71087 Holzgerlingen

27 Kommt, atmet auf
Text & Melodie: Peter Strauch
© 1992 SCM Hänssler, 71087 Holzgerlingen
28 Gott ist da
Text & Melodie: Peter Strauch
© 1999 SCM Hänssler, 71087 Holzgerlingen
29 Herr, wir bitten: Komm und segne uns
Text & Melodie: Peter Strauch
© 1979 SCM Hänssler, 71087 Holzgerlingen
30 Alles will ich Jesu weihen
Originaltitel: I surrender all
Text: J. W. van de Venter (1855–1939)
Melodie: W. S. Weeden (1847–1908)
31 Unser Vater im Himmel wird dich tragen
Text & Melodie: Peter Strauch
© 1996 R. Kawohl-Verlag, Wesel
32 Text: Christian Fürchtegott Gellert 1757.
33 John Wesley, aus: Das Tagebuch John Wesleys. Hänssler Verlag,
Holzgerlingen 2000.
34 Belebe und bewege
Text: Peter Strauch
Melodie: Hans Werner Scharnowski
© 2012 Hit 'n Run Publishing, Siegen
35 Du bist Immanuel
Text: Karl Heinz Knöppel
Melodie: Peter Strauch
© 1989 SCM Hänssler, 71087 Holzgerlingen
36 Ist uns die Sonn zur Ruh gegangen
Originaltitel: The Day Thou Gavest, Lord, Is Ended
Text: John F. Ellerton (1870)
Melodie: Clemens Cotterill Scholefield (1874)
Dt. Text: Gertrud Hüssy-Dalgas (1924)
37 Sind die Türen auch verschlossen
Text & Melodie: Peter Strauch
© 1998 SCM Hänssler, 71087 Holzgerlingen
38 Nikolaus Ludwig von Zinzendorf

39 Herr, wir bitten: Komm und segne uns
    Text & Melodie: Peter Strauch
    © 1979 SCM Hänssler, 71087 Holzgerlingen
40 John Stott, Christsein in den Brennpunkten unserer Zeit, Bd. 1: ... in einer
    nichtchristlichen Gesellschaft. Verlag der Francke-Buchhandlung, Mar-
    burg 1987.
41 Der Herr ist treu
    Text & Melodie: Peter Strauch
    © 2000 Felsenfest Musikverlag, Wesel

ABKÜRZUNGEN

FeG: Freie evangelische Gemeinde

BFeG: Bund Freier evangelischer Gemeinden

EA: Evangelische Allianz

VEF: Vereinigung Evangelischer Freikirchen

ACK: Arbeitsgemeinschaft Christlicher Kirchen

IFFEC: Internationaler Bund Freier evangelischer Gemeinden

Peter Strauch

Gott ist da
12 Klassiker von Peter Strauch

CD
Nr. 097.260, €D 9,95

Anlässlich seines 70. Geburtstags erscheint dieses Album mit Peter Strauchs bekanntesten Werken, die in zahllosen Gemeinden inzwischen zum festen Liedgut gehören. Gesungen werden Strauchs Lieder von Sarah Kaiser, Dania König, Andreas Volz und Lars Peter, die dieses Album mit ihren herausragenden Stimmen zu einem echten Highlight machen.

Peter Strauch

Lebensspuren
Lieder aus vier Jahrzehnten

Doppel-CD
Nr. 097.070, €D 12,95

»Kommt atmet auf«, »Die Gott lieben werden sein wie die Sonne«, »Hell strahlt die Sonne« und viele Lieder mehr von Peter Strauch gehören heute zum festen Liedgut christlicher Gemeinden. Eine Zusammenstellung von über 40 der bekanntesten Lieder von Peter Strauch, gesungen von verschiedenen Interpreten (Die Wasserträger, Jugend-für-Christus-Chor, Studiochor ERF, Werner Hoffmann, Manfred Siebald, Beate Ling u.v.a.).

Bitte fragen Sie in Ihrer Buchhandlung nach diesen CDs!
Oder schreiben Sie an: SCM Verlag, D-71087 Holzgerlingen;
E-Mail: info@scm-haenssler.de; Internet: www.scm-haenssler.de